张胜 著

张爱萍人生记录

从战争中走来

两代军人的对话

（修订版）

生活·讀書·新知 三联书店

Copyright © 2019 by SDX Joint Publishing Company.
All Rights Reserved.
本作品版权由生活·读书·新知三联书店所有。
未经许可，不得翻印。

图书在版编目（CIP）数据

从战争中走来：两代军人的对话 / 张胜著. —修订版. —北京：生活·读书·新知三联书店，2013.9（2024.6 重印）
ISBN 978 – 7 – 108 – 04695 – 6

Ⅰ.①从⋯　Ⅱ.①张⋯　Ⅲ.①张爱萍（1910～2003）– 传记　Ⅳ.① K825.2

中国版本图书馆 CIP 数据核字（2013）第 189680 号

责任编辑　唐明星
装帧设计　康　健
责任印制　董　欢

出版发行　生活·讀書·新知 三联书店
　　　　　（北京市东城区美术馆东街 22 号）
邮　　编　100010
网　　址　www.sdxjpc.com
经　　销　新华书店
印　　刷　北京隆昌伟业印刷有限公司
版　　次　2013 年 9 月北京第 1 版
　　　　　2024 年 6 月北京第 6 次印刷
开　　本　720 毫米 × 1020 毫米　1/16　印张 44
字　　数　552 千字　图 36 幅
印　　数　23,001 – 27,000 册
定　　价　65.00 元

（印装查询：01064002715；邮购查询：01084010542）

一代人为之艰苦奋斗的事情在另一代人往往看得平淡无奇。

——美国未来学家丹尼尔·贝尔

张爱萍墨迹

第一流人物对于时代和历史进程的意义,在其道德品质方面,也许比单纯的才智成就还要大。

——1935年,爱因斯坦悼念居里夫人

目 录

三联版序 …………………………………………… 1
原版序言 …………………………………………… 1

第1章 皖东北

历史在这里凝固 ………………………………… 2
元始天尊的弟子们 ……………………………… 7
战场上的游僧 …………………………………… 23
殊途同归 ………………………………………… 39
草莽江湖 ………………………………………… 50
龙争虎斗 ………………………………………… 69
不以成败论英雄 ………………………………… 83

第2章 八千里路云和月

苏北战场 ………………………………………… 101
战争叫女人走开 ………………………………… 111
我是他的"克星" ……………………………… 123
我愿意为他做出牺牲 …………………………… 130
有所为，也有所不为 …………………………… 146

第3章 第一代海军军人

诞生在小村落中的中国海军 …………………… 160
两个跛子 ………………………………………… 167
带回来一架手风琴 ……………………………… 178

陈船厉炮 …………………………………… 186
首长和战友 ………………………………… 192
老死杭州 …………………………………… 198

第4章 最后的战争

迷雾中的一江山岛 ………………………… 210
华东军区的心腹之患 ……………………… 213
一波三折的作战方案 ……………………… 221
战略的契机 ………………………………… 226
目标，一江山 ……………………………… 234
天空和海洋 ………………………………… 244
见微而知著 ………………………………… 253
"D"日 ……………………………………… 258
谋事在人，成事在天 ……………………… 263
战争奏鸣曲 ………………………………… 270
让历史来做结论 …………………………… 275

第5章 最高统帅部

彭老总 ……………………………………… 285
和平年代的总参谋部 ……………………… 295
一把板斧 …………………………………… 307
庐山云雾 …………………………………… 317

第6章 大漠黄沙

鱼和熊掌，可否兼得 ……………………… 333
周恩来和中央专委 ………………………… 343
青山处处埋忠骨 …………………………… 357
死亡之海 …………………………………… 370

第7章　桃花源

严重的问题在于教育农民 …… 382
理想的缩影 …… 392
平民教育 …… 396
毛泽东思想的信徒 …… 401

第8章　大彻大悟

走出桃花源 …… 411
暗箱操作 …… 423
覆巢之下，岂有完卵 …… 431
"文革"专案 …… 439
让思想冲破牢笼 …… 453
理性的思考 …… 461
自由 …… 475

第9章　艰难的航天之路

召回 …… 482
七机部230厂 …… 494
达摩克利斯剑 …… 505
在政治残局中 …… 511
卢晨征的回忆 …… 515
四块石头 …… 522
困兽犹斗 …… 529
生死由命 …… 540

第10章　强国之梦

老马识途 …… 551
浩瀚的南太平洋 …… 561
惹不起的人 …… 579

水头如箭破夔门 …………………………………………… 595
在改革的大潮中 …………………………………………… 610
国防发展战略的对话 ……………………………………… 625
老革命面前的新问题 ……………………………………… 637

第11章　最后一个"士"

回归之路 …………………………………………………… 649
末日到了 …………………………………………………… 659

三联版序

感谢三联的朋友们看重我这本书,并予以再版。

这是一本"旧"书了。从酝酿构思到今天已经二十多年了,即使从完稿报审算起,也过去七年了。今天的网络为普通人提供了主张自己意志的平台,中国思想界、学术界也发生了前所未有的变化,新的史料、新的视角、新的立论不断涌现。这些都在提醒我,需要重新审视自己这本书所涉及的那段历史,包括对书中的主人公——我的父亲,他的经历和信仰的思考。随着时光的流失,当年的伤痛会渐渐平慰,回首往事,心态会渐渐平和,对人对事会变得更为宽容。当然这不等于说忘记苦难、忘记罪恶、忘记作家的社会责任。视角是随距离而扩展的,从对个体情感的关注,更多地延伸至对时代的剖析;从探索真相、伸张正义、抨击邪恶,潜入到探讨形成它的背后条件。历史的真实总是在后人的质疑声中一点点地浮现出来的。应该承认,如果我现在再写这本书,很多地方会写得不一样了,在观念上也许会跳出我成长的那个环境所给予的政治化思维的定势,更多地站在人类共识的高度上观察那个时代。但出于对历史的尊重,我不可能按自己新的认识对此书再做修改了,哪怕是在文字上。这就是一本在那个特定环境下写的书,一定会带有时代的痕迹和残缺。当然,这并不代表我固守书中的看法和结论。

我盼望与读者讨论这本书所涉及的那段历史。

张胜

2013 年 7 月

E-mail: ym1012003 @ vip.sina.com

原版序言

想给我的父亲写本书,这个愿望可以追溯到十六年前。上世纪80年代末,在经历了那个动荡的岁月后,我这个总参谋部的战役局局长,一下子清闲下来。那时,我的父亲张爱萍已年届八十,从国防部长的位置上退下来已近两年。我想,不如借此机会请他系统地谈谈自己的人生和对一些重大问题的思考,由我记录,编撰成书。我给上级打报告,迟浩田总长批准我一年假,他说:这件事很重要。

我能天天和父亲在一起了。就像两个匆忙赶路的人,放下一切烦忧琐事,静静地回顾走过的旅程。在那些温馨的清晨和黄昏,我们坐在什刹海边那所居住了近四十年的四合院里,听他一点一滴地回溯往事。父亲款款而谈,我间或提问,他时而激动,时而感伤。他的经历和情感,拍打着我的心灵,冲刷着我的思绪,我沉浸在不可名状的感动之中。不知不觉间,我为父亲录下了满满一箱磁带。

可是,当我用了三年的时间完成了四十万字的初稿时,我突然发觉,自己距离父亲和他的那个时代还很远很远。就像父亲自己说的:"你就当故事听听吧,搞什么回忆录,书店里有的是,拿下一本,换个名字就行了。"

我才明白,面对的父亲的人生,是一座大山,我看见的只是山上的一条小径，一棵树，一块岩石。因为我在仰视。不去探明那个时代重大事件的来龙去脉和因果缘由，不去开掘和理解那一代人的人生信念和特有的行为方式，概念化、功利化地将局部表象简单地叠加，其结果只能是对他和他们这一代人从整体上的曲解。

我明白，自己在不经意间触动了一座大山。

几年过去。

父亲的生命就像西沉的太阳，我仿佛听见了时钟滴滴答答的催促声，生命在流逝。2003年7月5日，父亲永远地离开了我。作为他的儿子，我是多么希望他能亲自读一读我写的书啊。

但我也老了。转瞬间，自己的前半生已经消失得无影无踪。我早已离开了军队，奔走于江湖之上，在市场经济的大潮中领略风雨。在商海拼打后的迷茫间，在异国漫长黑夜的寂寞里，在与亲人和战友欢聚的酣酊中，在偶尔追怀往事的一刹那，倏然闪过脑海的，常常由此而发的是对自己人生和父亲人生的感悟。如果他的人生像一道激流，这激流也将自己对人生的追怀融入其中。要写他，你就必须是他，这是一项任何人都无法替代的事业。

就文化现象来看，我把自20世纪20年代以来的中国历史看作是两个时代。从建党到文化大革命结束的五十五年间，姑且称它为革命的时代。改革开放以来，则进入了一个市场化的时代。对上一个时代而言，我们今天，同样是个翻天覆地的时代。上一个时代建立起来的文化道德体系还能驾驭眼前这匹狂奔的经济野马吗？社会究竟需要什么样的信仰？公众又需要什么样的英雄呢？

我的父亲属于前一个时代，他少年时就投身革命，立志改天换地，并果真和他的战友们一起改写了中国的历史。我的儿子属于后一个时代，他精通电脑、英语和跨国商务，在未来的岁月里，他们这一代人，将走出另外的人生。

我则是跨越了这两个时代的人。我们这一代人，在第一代人的影子里长大，注定了我们没有出息。童年时的模仿，青年时的崇拜，在世界观形成的整个学生时期，以他们的理想为理想，以他们的人生信条为生活准则。父辈的一切，都几乎潜移默化地溶在了我的血液里。顾炎武谈到写书，说："其必古人之所未及就，后世之不可无。"面对这个新到来的时代，写一本前人没有来得及做完的，而对后人又是需要的书，应是我的使命。

从头开始。我自信还来得及，经过多年的积淀，有可能做好这件事。我能以我的亲身经历和感知去把握父亲，以他曾有过的视角去看待世界、审视人生，以我的理智和判断由父亲而说开去的整整那一代人包括那个时代。我感到了周身无法遏制的灼热。

我关起门来，一个人，静静地回忆、思考，写他也写自己。好像他生前一样，我每天都在和他对话，讨论战争、军队、人生的意义和国家的命运。

这真是一种享受，虽然我常会写着写着就掉泪。我甚至都不想把这本书写完，我的每一天都有意义。

张胜

2003 年 10 月

修改于 2007 年 7 月 5 日

第 1 章
皖东北

像我这样生于战乱的一代人,很少有会对自己当年出生的地方留下记忆的。尤其是成长在一个革命军人的家庭,从小随父母转战南北,根本就没有家乡的概念。

在抗日战争的八年中,除了党中央所在的陕甘宁边区外,中国共产党在日伪占领区内建立了十八块敌后根据地。其中之一的淮北抗日根据地,地处华中战略要冲,为日伪政权、蒋介石顽固派,以及我党领导的抗日民主力量三方争夺较量的战场。淮北根据地被津浦线,也就是今天的京沪铁路,分割成两块。铁路线以西,为豫皖苏根据地,俗称路西;以东为皖东北根据地,俗称路东。我的父亲张爱萍,就是皖东北这块抗日根据地的创始人和主要领导人。在抗日战争的前半期,他就是在这里生活和战斗的……

皖东北,也是我的出生地。从我懂事时起,父亲就常对我说:"我一生中最困难的时候,就是在生你的那个地方。"他会在墙上挂着的地图上去找,习惯地用手指敲打着说:"皖东北!"

我的生命和父亲的命运就是这样联系在一起的。

历史在这里凝固

1997年初秋，我终于下决心，重返我的出生地——皖东北。目的，我自己也很难说得清，冥冥之中，总有一种冲动在支配着。父亲那时还健在，只是很衰老了，他正艰难地走完人生最后的旅程，已经无力与我同行。

我是自己开车去的，一路上，父亲成了我的"遥控领航"。他对我这趟旅行，兴趣盎然，我们不间断地用手机保持着联系。他总是用习惯的指挥作战的口吻说："报告你现在的位置！"

半个多世纪过去了，八十七岁的他，对眼前的许多事常会糊涂，但对当年他曾经战斗过的地方，却是历历在目，说起那里的山川河流、道路村落，犹数家珍。

这是一条修建中的高速公路，两侧堆积着沙土石料。时近傍晚，路上的车越发多起来，想是要赶在天黑前多跑些里程。进入宿迁地域，前方的路就被堵实了，车辆排起了长龙，大多是卡车。我的越野吉普，只得沿路肩侧行。前方不远处横起了一溜齐人高的土障，一群老乡手拿锹镐锄镐，横刀立马，堵截在那里。显然，这是一起有组织的聚众闹事。不少过路的司机在愤然理论，听了听，大概是政府修路占了老乡的耕地，可补偿款又迟迟未到，上访几次没有结果后，便自己组织起来断路了。"此树是我栽，此路是我开，谁要过此路，留下买路财！"嘿！都什么年头了，虽然也让人同情，但总不能明火执仗吧！远处薄暮笼罩的村落间像似有车辆在移动，只能是迂回了。我驶下公路，沿着坑凹的乡间机耕路绕道而行，往后看，一溜长长的车队也跟上来了。我们顺着颠簸的小路缓慢地爬行，眼见着要接近公路了，迎面突然开出辆拖拉机，拖着一车木头，横挡在路中间。"封锁公路是违法的！""违法？在咱地盘上，老子就是法！"开车人熄了火，背对着我们抽起烟来。"你哪个村的？叫什么名字？小心政府拘你！"我开始吓唬他。"少来这套,老子见多了。"说着,跳下车,扭头便走:"不奉陪了,回家吃饭去啦!"这可真麻烦了。"搬开它!"我招呼道。司机们见有人指挥,便一拥而上。哪晓得路基一松,连车带料,统统栽进河里。原本只想吓唬一下,却生出事端来。我一挥手,快!上车。成群的村民们手拿棍棒、铁锹呼喊着奔堵过来。但他们来不及了,卡车一辆接一辆地冲上公路。我朝着车窗外目瞪口呆的老乡们敬了个军礼,谢谢送行!但最后几辆车还是遭到了袭击,土块和石头雨点般地投掷过来,好在都是些铁皮的集装箱货车。飞驶而过的司机们纷纷向我招手,呼啸而去。欢呼吧!胜利大逃亡。

车灯照亮了前方路牌——泗洪。

老爷子来电话了:"到了吗?"我讲述了刚才惊险的一幕,听得出电话那头他疑惑的神情:"咦?当年老百姓对我们可是很好的啊!""我相信。不过这次……大概又把我们当成日本鬼子了!"

民风强悍啊!

一夜征程,从繁华的大都市来到了这个偏僻的小城,朦胧中,一种神秘而略带惊讶的回归感攫住了我的心。在我眼前闪现的,是低矮的黑瓦房,拴牲口的土坯墙,和一条条弯曲的时隐时现的田间小路,雨季的泥泞留下的车辙更增加了颠簸。紧张、疲倦、黑暗、迷路,已经无法再走了。我在路边找了个坡地把车停下来,今晚就在车上过夜吧。

清晨的阳光把我刺醒,瞬间,我被惊呆了。眼前是一望无际的湖水,波光粼粼、水天相连。在初秋的骄阳下,湛蓝的湖水变成一注注耀动的金星,烟波浩渺,渔舟点点,一切都凝冻住了……

鬼使神差。昨夜的风尘仆仆和清晨宁静的湖光山色,我感叹大自然带给人生的奇幻。父亲的话在耳旁响起:"你,要记住,你生在洪泽湖边,青阳县(泗洪县)阳景镇大胜庄,生你的时候抗日战争胜利了，天时、地利、人和，所以你的名字中也有个'胜'字。"

这真的是我出生的地方吗？当我写这本书的时候，父亲已经过世，想起当年他说的那些话和注视着我的目光，我的心就在颤抖。

泗洪的美丽得益于洪泽湖。我走过祖国的许多山川湖泊，但亲历生我的洪泽湖畔，这还是第一次。这就是古书上记载的泗州地界，隋唐时称洪泽浦。黄、淮在此并交，连年洪水侵吞，泗州城及周围均浸入湖底。明清两代，不断加高防洪大堤，洪泽湖遂成为"悬湖"，高出地面二至五米。"倒了高家堰（洪泽湖大堤），清淮（原清江市、淮安府）不见面"的民谣至今还在流传。

当地党史办的蒋中建同志后来告诉我，就这半个世纪来，洪泽湖被血洗过三次。日本鬼子一次扫荡就屠杀双沟百姓六百多人，填埋坑里，掘出白骨累累。我军为掩护群众转移，一个连一百二十人竟无一人生还。泗洪产的双沟大曲驰名中外，但我在互联网上搜寻，竟然找不到双沟惨案的条目。第二次，是全面内战打响后，国民党反动派卷土重来。我军放弃两淮，洪泽湖工委姚克书记，带领一些干部藏于湖中。结果四周区乡县来不及撤离的干部军民越聚越多，达三千多人。你想，就凭个湖边的芦苇荡能藏多少人？又没有粮食、药品。走投无路中，姚克书记说，上面说撤就撤了，丢下了我们，组织上对不起同志们了，有亲投亲，无亲靠友，上岸去吧……但要记住，无论到了什么时候，都不能出卖同志。结果，上了岸的，还是有上千人被抓被杀。好不容易挨过来的，文化大革命一来，旧事重提，不说领导责任，全怪在下面，又是难逃一劫，多少人丧命。

湖光波影，无声无息。水际边成片的半生的矮树林中，栖息着成千上万只白鹭。霎时间，成群的白鹭惊恐地飞起，天空顿时就像张开了一张白羽的网，铺天盖地，真是非常的神奇啊！

它们真的会是亡灵吗？

不知什么时候，我的车已经被成群的男女老幼包围住了，他们趴着张望，脸和鼻子在车窗上印成扁平。他们皮肤黧黑，用兴奋的目光直直地盯住你，憨憨地朝着你笑，表达着他们的好奇和友善。我想起妈妈曾多次说过的话："你生下来后，你爸就负伤了，人整个不行了。鬼子不缴枪，国民党又大举反攻，两淮失守，当时真难啊！好几次要把你送给老乡，但兵荒马乱的，这一丢下，可真就是天各一方了。你爸说，这孩子今后的命运会怎样？我都不敢想……"看着周围好奇的目光，我在想，如果，我真的被丢失在这里呢？不是没有这种可能的，有许许多多的孩子，不就是因为战争而失散的吗？那么，在这憨憨的人群中，在那些挥舞着铁锹追赶着汽车的老乡中，可能就会有我……

历史在这里凝固。这里的时钟似乎从不曾走动，我就像穿过悠长的时间隧道，走进了历史的深处。

洪泽湖西的半城镇，是当年新四军九旅旅部和四师师部的驻地。在新四军纪念馆的墙壁上，有父亲年轻时代的照片，透过灰黄的底色，他那深邃的眼神仿佛要和我说话。我看到了他和他的战友们当年穿过的军装、用过的武器、斑驳的弹壳……我依稀闻到了他们年轻的生命的气息，那是散发着火药味的青春的气息。

当年，他只有二十九岁，独自一人单枪匹马地潜入到皖东北，以中共豫皖苏省委书记的身份，经一年半的浴血奋战，拉起了一支队伍，大概就是拿铁锹追赶我的那些人的祖辈们吧，他们组成了一支抗日劲旅。最早称四总队，以后改为三支队，又叫九旅，就是现在的人民解放军二十一集团军六十三师。皖东北抗日根据地由此诞生，"皖东北"这三个字也由此被中国抗日战争的历史所记住。

这里有雪枫墓园——父亲青年时的战友、新四军四师之魂彭雪枫师长就长眠在这里。松涛阵阵，凝重而空寂。在众多的碑文中，我看到了父亲为彭雪枫写的一首长诗，记得最深的两句是："多年同患难,长别在战场。"当年为彭雪枫送葬时,这首长诗由彭雪枫创办的拂晓剧团谱曲并演唱。国民党反攻回来后,彭雪枫的尸骨被掘出抛撒。墓是解放后重建的。

还有江上青墓。江是父亲开辟皖东北时的向导和助手,是创建皖东北根据地的奠基人之一。这个才华横溢的儒雅书生,被敌人射杀后抛尸河中。当年抗演六队为这位年轻的共产党员咏唱挽歌:"让几十里的弱流,亲吻你的尸身。死者啊,愿你手持巨灯,照着我们前行……"父亲把他的牺牲喻为:"我失臂膀,屋失栋梁。"

江上青墓碑上,父亲那信马由缰的字迹,模糊了我的视线……

皖东北、洪泽湖、泗洪、大胜庄,你不但记下了我来到人世间的第一声啼哭,更记下了父亲当年作为一个热血男儿的报国赤诚,这里有他的志向、他的足迹、他的成功、他的战友,还有,他年轻时代纯真而炽热的爱情……

洪泽湖,正因为你的美丽伴随着苦涩,才更加凸显出凄婉和空旷。

父亲晚年曾花费许多时间和我谈他自己。

他说:"我常回想起自己走过的路。真正成熟起来,学会从全局上思考筹划,单当一面,还得说,是从抗战时开始的。皖东北,就是你出生的那个地方,是我独当一面的开始。"

皖东北,它太小了。如果说它仅是整个淮北根据地的一半的话,那么它在全国十八块敌后抗日根据地中,最多只占到三十六分之一。我没有很好地调查过全国其他根据地创建的过程,不知道有多少是和皖东北根据地这样,由几个人单枪匹马开辟出来的,但肯定是有。也许这才是皖东北对他人生的真正意义。这块引领我来到人间的土地,也是我父亲事业和人生走向成熟的起点。

去年,我再次路过这里,一晃,又八年过去了。从京沪高速转下来，眼前是一条宽达百米双向六车道的高速公路，直达南京。我看了一篇报道，说是当年为了修路，抗法的、聚众的、拦路的，比比皆是。市委书记仇和同志因此受到围攻和责难，劳民伤财，面子工程，说什么的都有，状子一直告到北京。路的尽头是一块巨大的标语牌，刻着这位市委书记的决心："务实苦干、奋起直追、自强不息！"八年前曾遭村民拦截和袭击的地方是这里吗？已无从考证了。

江山依旧，岁月蹉跎。半个世纪前，父亲曾在这里指挥过一场平定洪泽湖的水上大战，双方三百多条船只，把个湖水搅得昏天黑地。父亲每当回忆起这段往事，总是将手用力一挥："哈，打得他稀里哗啦！"

面对这片烟波浩渺的湖水，哪里还能找得到当年的影子？清朝人孙髯翁的长联写得好：汉习楼船，唐标铁柱，宋挥玉斧，元跨革囊。伟烈丰功，费尽移山心力……都付与苍烟落照。

在抗日战争的激流中，他是怎样被抛到这里来的呢？

元始天尊的弟子们

1935年10月，在经历了艰苦卓绝的二万五千里长征后，中央红军到达陕北。终于可以歇息一下了。中央红军进行了改编，以刘志丹的陕北骑兵为基础，组建了第一支在中央军委直接领导下的骑兵部队，番号为中国工农红军骑兵第一团，父亲被任命为团长兼政治委员。这是一支装备精良的铁甲骑兵，相当于现在的机械化部队。可以想象，在当时极端困难的情况下，组建这样一支部队，中央是下了很大决心的，对他的人选，也是经过深思熟虑的。父亲说，他明白这里的分量，"每一个战士，每一匹战马，都是我身上的一块肉。"但就是这样一支中央寄以厚望、倾注了他全部心血的骑兵队伍，在父亲出任后的几个月，却在一次战斗中意外地遭到了失利。

这是一次刻骨铭心、终身难忘的教训。

2004年，在纪念父亲去世一周年的座谈会上，原兰州军区政委李宣化谈起了与骑兵团有关的一件往事。他说："那年我去看望爱萍同志，说起到摩托化步兵第八师检查工作，这个师的前身就是当年爱萍首长指挥过的军委骑兵团。当我谈起要求部队继承发扬战争年代的光荣传统时，爱萍同志问，部队知道他当年在陕北青阳岔打败仗的事吗？他告诉我说，讲战史，一定不要回避错误和失败，不管是对谁，都要实事求是。他要求我，告诉部队，一定要把他打了败仗的这件事写在战史上，以警示后人。"

1936年2月，陕北青阳岔，老爷子的"麦城"。

我是为了写这本书专程去那里的。从陕蒙交界的毛乌素沙漠的南端，沿长城故道向东行驶，看到的只有残壁的城墙，它们和破碎的沟壑、断裂的山脊、绵亘的黄沙，纵横交错，浑然一体。据说，当年构筑城墙的土是用米汤和羊血搅拌煮成的。史料记载"若锥过寸，则杀工匠"。就是说，城墙筑好后，用铁钉检测，如钉进一寸，工匠就要人头落地了。以此酷刑来保证筑出来的城墙"硬可砺斧"。但世上哪有能逃得过时间打磨的东西呢？当年辉煌一时的巨大工程，终于沉寂在历史的长河中了。

血腥的传说和干燥劲厉的风沙更增添了周围的原始与荒凉。父亲说的"以警示后人"的战斗，就发生在这里。为配合红军主力东征，父亲率骑兵团一举荡平了盘踞在北部三边地区的马匪武装。仗打得艰苦，但还顺利，全歼了靖边之敌，只是在消灭被当地人称作是"泼跛子"这股骑匪时，副团长霍海元牺牲。部队随即奔赴安边，与蒙汉支队联合作战，现在还留下一首父亲当年在马背上写的诗句："百里扬鞭奏凯归"，兴奋自豪之情溢于言表。可能就是这个"奏凯归"吧，在回师途中被游匪打了个埋伏。据《中国人民解放军步兵第八师（原骑兵第一师）师史》记载："1936年2月下旬，骑兵团在靖边张家畔全歼盐寨子民团。……后在张爱萍率领下,部队转至安边配合蒙汉支队作战。不久,奉命返回瓦窑堡。途经安定县青阳岔的北道川时,遭敌伏击,战马损失三分之一。"

现在看来,当时情况并不很复杂。骑兵团返回瓦窑堡,路经青阳岔时,得知我边区政府被一股游匪给端掉了。枪声就是命令,父亲命一营断后,自己率大部追击。父亲说:"一口气就追出去三十里,马出的汗把裤角鞋子都打湿了……"这帮游匪见红军穷追不舍,只得丢弃掠来的人和物。这次遭遇战如果到此结束,也就皆大欢喜了。但被俘的干部群众怒不可遏,强烈要求活捉匪首,下面的部队也嗷嗷叫,都说何不趁势端掉敌人的老巢?

父亲回忆说:"我当时是犹豫了一下,连续打下来,部队已经很疲劳了。"但匪巢就在眼前,哪有放过之理?于是一场夺占敌人营垒的攻坚战开始了。这里还有一段插曲,父亲说:"我指挥部队刚越过防护墙,一颗手榴弹落在跟前,吱吱冒烟,躲是不行了,一急,我就喊,你炸不响!果然它就没炸,是个哑弹,真奇了!"打进去后,除了弹药粮秣,俘获的敌人并不多,一查才知道,那个人称炮兵张营的匪首带了他的人马出外游猎去了。所谓游猎就是去抢劫。事后才知道,正巧他返程,听说老巢给端了,就在红军撤回的路边设下了埋伏。又是赶巧,父亲预先安排掩护的那个营偏偏这时又撤离了警戒位置。他们久等大部队不来,不放心,擅自决定向这边靠拢接应。这就给了敌人设伏的条件。

当各种偶然因素相交在一起时,灾难就降临了!

父亲回忆说:"撤下来时,我在队伍后面断后,听到前面有枪声,一惊,驱马上前,一排子枪就扫过来了,打在马身上,把我掀翻,要不是被马压住,命就没了。我的腿部负伤,是事后才知道的。当时只顾得收拢部队,组织反击。"古长城故道上,历代都是强匪出没的地方,这是一股狞匪,凶险之极。父亲说:"后来偷袭在保安的中央机关的就是这伙人,毛泽东都差点成了俘虏。"杨尚昆在他的回忆录里专门记载了这个事件。当然，这是另一个故事了。

懊恼和沮丧是可想而知的。

长征后期，红军到达甘肃省俄界，一方面军主力改编为陕甘支队。父亲所在的三军团红十三团划归一军团建制。那天军团通知连以上干部开会，红十三团住得远些，父亲是政治委员，带队进会场时，其他部队已经入座了。主持会议的军团政治部领导人指着他说，看看！你们部队的作风一贯就是稀稀拉拉的……

"什么你们你们的？我一听就来气了。"父亲回忆说，"两个军团之间本来就有些摩擦。我们的衣服是烂得不行了，但并没有迟到啊！怎么就稀拉了？我问，是以先到的为准，还是以表为准？我是不客气。"都是在战场上打红了眼下来的，能吃你这套？脖子一梗，当场两人就干起来了。

"毛泽东、总司令（注：似指朱德。据史料记载，此时朱已离开陕甘支队。此处回忆似有误。）都坐在台上，脸色不好看了。我才不管他这一套呢！回来后，来了个电话，是陈赓接的，彭雪枫这时已经调走了，陈赓接他的团长。陈赓说，找你的。我一听是要调我到政治部工作，就问，干什么？回答是，去当统计干事。我一下子就把电话机给摔了，要撤老子，你他妈就明说！"后来呢？"有什么办法？我带了匹马和一个警卫员报到去了。"我觉得真好玩，说，你是够狼狈的！父亲也笑了："当时罗荣桓是政治部副主任，邓小平是宣传部长，谭政是组织部长，刘晓是民运部长，都是些老熟人。""他们见我来了都笑了，说这里没什么事可做，你打仗也辛苦了，休息休息挺好嘛！我们就这样，几个人在一起，每天就是搞点东西吃，再就是扯乱谈。一路走到了陕北。"

两个月后，父亲被重新起用，出任军委骑兵团团长兼政治委员。据说是政治局会议上有领导同志提出来，说长征一路过来，多不容易。一个主力团的政治委员，就因为饺饺了几句，说撤就给撤，走了二万五千里，没有功劳，总也有苦劳吧！这件事，后来在反宗派主义倾向时，还成了个典型例子。

父亲当然知道这里的意义，恢复他的职务，不完全是他个人的事情。他把全部精力都投进去，憋足了劲，想争口气的，哪晓得时运不济，偏偏事与愿违，真是大意失荆州啊！

父亲说："回瓦窑堡后，向张云逸汇报了，军委决定连以上干部开批判会。袁国平主持，一连指导员攻得最凶，因为我当时没有采纳他的意见。第二天，军委下令通报全军，对我的处分是撤职查办。周恩来找我谈话说，对你的处分要重一些，主要是从政治上考虑，你是中央派到陕北红军的。"

事情并没有到此结束，而是又引出了一段更有意味的情节，这才是真正改变了父亲人生的故事。

就在他接受批判自我反省的日子里，他得到通知，立即去见毛泽东主席。

父亲曾很多次谈起过他与毛泽东的这次谈话：

"他看我进来，把书往桌上一扣，怎么！你还不服气？"父亲没有形容毛泽东的表情，但我仍能感受到这单刀直入的开场白所带来的威慑力。

"我没有不服气，我接受处罚。"

"接受处罚？胜败乃兵家常事嘛！对吧？"

"坏了！这句气头上讲的话，怎么这么快就捅到毛泽东这里来了？"

还是两天前，父亲遇到过去在中央苏区共青团共事的一位同志，他讥讽道："张爱萍，你落马湖这出戏唱得倒不错嘛！"《落马湖》是施公案中的故事，施公率黄天霸等众英雄擒寇，回归半途，不意被落马湖水盗铁臂猿猴李佩所擒。真够挖苦的！年轻人，哪有肯示弱的，这一激，"胜败不过兵家常事"便冲口而出。对方也不饶他："打了败仗还嘴硬？小心军法处置！""要杀头，老子伸长脖子等着！"越说越离谱了……

之所以情绪失控，缘由两人曾有的过节。在党史上，这位朋友可是个大名鼎鼎的人物，原中革军委十五人成员、二十八个半之一。"二十八个半"，是指上个世纪20年代，当时中国共产党的领导人王明说，在苏联学习的中共同志中，只有二十八个半人是可以被称作为布尔什维克的，这就在党内营造了一个小圈子。这些人回国后，大多被破格安排进重要的领导位置，有些人不免就趾高气扬起来。毛泽东后来说："中国的左倾机会主义者差不多都是在苏联受到影响的，几百人在苏联学习，为什么只有二十八个半呢？就是他们左得要命，自己整自己，使自己孤立。""'二十八个半'（布尔什维克）统治了四年之久，打着共产国际的旗帜，吓唬中国党，凡不赞成的就要打。"父亲回忆："这些人跑到苏联后，和王明搞到一起，回来后就不可一世了。不听他的那套就整你，动辄就扣你帽子。我是看不上这个布尔什维克，自己没什么本事，却好大喜功，处处以工人阶级出身自居。"

不久，父亲就因"偷运贩卖托洛茨基主义"的错误而受到党内警告处分，理由是在张爱萍主持起草的文件中引用了托洛茨基"继续革命"一词。我相信，现在的青年人听起来一定会觉得荒唐，甚至难以置信。但在老一代人，怕是有不少都有过这种经历。好在遵义会议后，王明的势力在党内衰败，这个人在中央机关挂了个闲差，没有什么要紧的事做了。

其实这种斗嘴的事，气恼一下也就过去了。没想到竟把毛泽东搬出来了，看来问题是要升级了。

毛泽东是红军的灵魂。父亲不是没有和毛泽东接触过，只是能和这位伟人单独在一起交流思想、聆听教诲，我想，他会不止一次地企盼过这样的机会。"打了胜仗去见毛主席"，我军有这样的传统，但今天，他无论如何也想不到，机会带给他的竟是在窘境下这样尴尬的见面。

"我说，那是句气话。""气话？我看你还是不服气吧！"父亲回忆他和毛泽东一问一答的细节。

"我能说什么？我向来认为，论功行赏，按律问罪，打了败仗理应撤职，这次撤我，理所当然。"

毛泽东很生气吗？我问。

父亲说："有点。"

父亲这个人太要强了。我深知他的秉性，自己既然做了，就要敢承担责任。决不能小家子气，让人小瞧了。

父亲曾多次对我提起过："老帅中，我最敬重的是彭老总和陈老总，他们对部下是，有了功劳是你的，有了失误是他们的，他们对上面去承担责任。邓（小平）也是这样，搞原子弹时，他对我说，搞成了是你们的，搞不成是书记处的。75年，也是这样……"父亲这里指的是，1975年底"反击右倾翻案风"开始，邓小平在倒台前夕，和毛泽东谈到我父亲在七机部搞整顿的问题，邓小平说："张爱萍是我派去的。"

我问，在这以前你和毛泽东有过接触吗？

"在中央苏区，他是红军的政治委员，我那时是团中央秘书长。每次打了胜仗，中央机关总要搞些庆祝活动，一般都由共青团出面组织。他认识我，但没有机会说话。长征过大渡河，彭德怀带着我到毛那里受领任务。后来张国焘闹分裂，在巴西、阿西地区，我们和南下的四方面军部队擦肩而过，战士们之间发生了口角，推推搡搡的。毛出来制止。给我印象深的是，他站在路边一个坡上，对四方面军的同志大声说，既然你们接到了南下的命令，你们就去吧，我相信你们会回来的！这件事对我印象很深。真正深谈，还就是这次了。"

父亲接着回忆："毛泽东说，胜败乃兵家常事，这句话并不错，世上哪里有百战百胜的将军呢？但这话从你嘴里说出来，就不行！接受教训吧！"

"后来就是闲扯了。问起了我的经历，知道我在上海做过地下工作。天南海北的，很亲切。

"临走问我还有什么想法。我的职务已经被撤掉了。我说，这些年来，就是猛冲猛杀，有机会还是想好好学点东西。他很高兴，说红军大学要开学了，我就当你的介绍人吧！拿起毛笔，给罗瑞卿写了封信。罗那时准备当教育长了。"

父亲回首往事，常会感怀："'文革'中把我关起来，我常想起这段往事。对自己犯过的错误，我从来不讳过。但这时的我，却不能服气。现在要去找主席，又能到哪里去找呢？"

他停顿许久，说："我留恋在瓦窑堡的时光。"

红军大学，是共产党的最高学府了。林彪任校长，毛泽东兼政委，罗瑞卿任教育长。父亲谈起这一段生活是轻松的。

世界上不会有这样的学校，没有校舍，没有讲堂，甚至没有专门的教员。这实际上是个中国革命的研究生院，选修的课程是中国革命和战争，采取听课、研读、讨论的方式。一科是高级科，师和一部分团干。二科是团，也有一部分营干。党内一些学识很深的领导同志轮流执教。毛泽东讲授的题目是《中国革命战争的战略问题》，他的讲课大纲后来印成书。父亲说，1937年他在武汉搞统战工作时看到过这个本子，原稿中还有反围剿的作战略图，后来收集到《毛泽东选集》中就删掉了。张闻天讲中国近代史，从鸦片战争开始；王稼祥讲政治经济学；徐特立讲汉语拼音，父亲说，大家对这个东西没有兴趣，他讲了两次就不再来了。

父亲关于学习生活的回忆,很多书籍中都有记载,大同小异,大体是:

我搞共青团工作时曾系统地读过不少马列的经典著作,自认为对马列还是懂一些的,听了洛甫(张闻天)的课后,才感到自己知道得太少了。因为长期作战没有这样的机会,所以就拼命地学,不仅自己用功,所有的人都很用功。学习分几个小组,一组组长刘亚楼,二组组长彭雪枫,三组杨勇,四组是我,我们组有王平、贺晋年、张达志、耿飚、肖永银(注:未查到此人当时在红大的历史资料)、周建屏。上课没有书,都是靠自己记。我记得最快,下了课都来抄我的。我们还组织小组辅导,经常搞到深夜。毛知道了这个情况,怕大家身体搞垮,要我们吃了饭先去散步,但没人去。后来罗瑞卿(教育长)就每个窑洞地赶,晚上还来检查熄灯没有。

除了公开发表的这些外,他还讲了些逸事:"那时生活很清苦,党中央和军委下了很大力气,到处去买羊肉,给我们改善伙食。一次林彪和罗瑞卿搞了些狗肉来,叫上我、彭雪枫、刘亚楼,都是一、三军团的,记得还有罗帅。一次,陆定一来学校说,红军长征是段很重要的历史,要大家都写下来。开始是杨尚昆来催,没人响应。以后陆定一又来催,但大家普遍感到学习忙,没有时间写这个东西,同时也不知怎么写。他就说,经过什么就写什么,催得紧了,大家也就写起来了。我是有点应付式的,彭雪枫写得最好。后来汇编出了本《红一方面军长征记》。"(注:该书收集了众多长征亲历者在1936年间写的回忆文章,1937年2月汇编成书,是关于长征最早,也是最可靠的记录。1954年内部出版,定名《中国工农红军第一方面军长征记》。)

"一、四方面军会师后,朱德、张国焘来到保安,红大组织了欢迎会。毛讲话,提出要团结奋斗,印象深的是他讲到朱总司令,说他肚量大如海。

"斯诺也来过,看到我们打网球,很吃惊,给我们照了相。我们问他美国是什么样的？他说，就像一块奶油吊在房梁上，只能去舔。1938年我在武汉看到他出版的照片，说这上面的人都是蒋介石出了几万大洋来买他们人头的。"

我找出斯诺的《西行漫记》，上面有父亲打网球的照片。父亲指认说："彭雪枫、赵尔陆、陈士榘、萧文玖……"后来我妹妹在美国堪萨斯州立大学的斯诺博物馆中还找到了更多当年的照片。

父亲退休以后，生活的节奏一下子慢了下来。为了调节他的状态，我们会用更多的时间陪他聊天。战争，就成了我们永恒的话题。时间已经过去六十年了，整整一个甲子，但当年毛泽东在"红大"讲授的内容他仍然记忆犹新。

他几乎是在背诵原文似的回顾着：毛泽东说，我们所从事的不是一般的战争，是革命战争；不是一般的革命战争，是中国的革命战争。我们不但要研究一般战争的规律，还要研究特殊的革命战争和更加特殊的中国革命战争的规律。他话锋一转，指着我说："而对一个指挥员来说，对一个从事实际工作的领导者来说，把握其特殊性规律才是最重要的。这就叫从实际出发。记住！"

他联系自己亲历的红十四军的失败来谈毛泽东："毛泽东讲，敌我力量异常悬殊且短时期内又难以改变，这就决定了中国革命战争的长期性和红军作战的游击性。我们在苏北农民暴动中急于占领大城市的举动，是幼稚的、盲目的。"

父亲曾撰文记述过当初在听毛泽东讲课时的感受，他写道：毛上课讲到，一个鲁莽的、专凭热情的军事家，之所以受敌人的欺骗，被表面或片面的情况所引诱，被部下不负责任的、无真知灼见的建议所鼓动，就是因为他们不知道或不愿意知道，任何军事计划，都是要建立于必要的侦察和对敌我情况周密的思索的基础之上。听到这里，和讲台上的主席目光对视，我就把头低下去。晚饭后散步到主席的窑洞，他问我们对讲课的意见。我说想到青阳岔一仗,你说的那个鲁莽汉就是我。他大笑起来说,红军中有不少这样的同志,总怕被敌人打烂坛坛罐罐……毛泽东的这些话,在他后来撰写的《中国革命战争的战略问题》一文中都能找到。

看得出,只是到了这时,他才从失败后的沮丧和被人羞辱的浮躁中真正沉静下来,他不再仅仅是因为一口气而甘愿接受处罚了,他开始思索过去,思索自己。

我曾和父亲讨论过这个战例。第一阶段,在没有担负任务的情况下,主动追击敌人、解救被俘人员,这个决心是正确的,也是必需的;第二阶段,夺取敌营垒。由于两个作战行动衔接得很紧,指挥员当机立断处置是允许的;趁敌垒空虚将其捣毁、扩大战果,这种积极求战的精神也是提倡的。问题出在撤离战场时,匆忙大意了。虽然导致这次失利的直接原因是一营擅离掩护位置,使回援之敌趁此占领有利地形,完成了设伏。但作为一个指挥员来说,在孤军深入的情况下,面对生疏、险恶的地形,对敌情变化缺乏持续不间断地侦察,对原有部署没有及时的检查和调整,是失职的。尤其是在取胜后,丧失警觉,更是不可原谅的。从指挥角度检查,整个作战行动的指导思想,带有相当的盲目性和情绪化,决心是仓促的,是被眼前的现象和周围的情绪所影响的。

这是一次教训。这次教训对他来说,不仅是对指挥失误的一次经验教训的总结,更是对自我的一次再认识。他是从对自己人生的反思来回顾和认识的:

"参加革命的头十年很幼稚,是磕磕碰碰、懵懵懂懂、跌跌撞撞地走过来的。争强好胜、不甘服输,只知道拼命。"

他的青少年时期是坎坷艰难的,但他都闯过来了,他曾为他自己而自豪过,他说:"我就是靠死打硬拼,从不求人,再难,我也能硬着头皮顶过去。我相信,靠我自己,我总能做得最好。"但今天,他突然觉得自己是如此浅薄,是那样缺乏功底。他至今都记得那次谈话中毛泽东对他说的话:"一个优秀的指挥员,无论在任何情况下，都不应被部下不负责任的意见和情绪所左右。""每临大事有静气"，这，才是考量一个指挥员素质的关键。他回忆说："我到毛泽东的窑洞里去聊天，毛问我学得怎样了，我说，越学，书读得越多，就越觉得自己不行，越觉得自己贫乏……毛说，这就是进步的开始。"

"红大"学习结束后，学员们纷纷要求上前线。父亲回忆："西安事变了，全国抗战的局面很快形成。大家纷纷写请战报告，争着要上前线。毛泽东说，好嘛！翅膀都硬了。谁写，就没谁！"

"我被安排在'红大'二期任教。毛泽东说，新形势到来了，学校还要扩大，都走了，学校怎么个办法？鸟翼蓝天，放心，有你们用武的地方。"当然，留校的不全是因为写了请战书的缘故。为什么？他自己也不知道，我猜大概是那次战斗失利的后遗症；或许是看他多少还有些文化底子。有个笑话，五分的留校当老师，三分的出去当老板，不及格的竟选当总统。这时"红大"已改名为"抗大"。他极不情愿，但没有办法。他说，这期间许多同志都张罗着找对象，徐平羽，也叫白汀，是女生队长，也给他介绍过，但他认为自己志向未酬，谢绝了。他很少接触人，上完课就回宿舍读书，多少流露出不得志的苦闷。

这期间，他找毛泽东又深谈过一次，表露出自那次战斗失利后以及留校不能上前线的压抑心态。三天后，毛泽东给他写了封信，据父亲回忆，大意是："一定不要因为自己有的过失而降低信心。一般地说，信心过高，容易犯左的错误，信心不足，容易犯右的错误。"父亲离开延安时，想到抗日战场生死未卜，将信和自己的学习笔记、日记交给蔡畅大姐保管。解放后，父亲向蔡大姐索要，方知已全部丢失了。父亲每谈及此，都会陷入深深的惋惜之中。

红军大学留给你的最值得回忆的是什么事情？

父亲沉吟片刻，缓缓站起来。他说："开学典礼上，毛泽东上来的第一句话就问，这是个什么地方啊？指指背后的那座山。这是元始天尊修炼的地方！今天，坐在这里的，就算是元始天尊的弟子啦！你们这些弟子跋山涉水地跑到这里来是做什么呢？是求道！求中国革命之道！不要多久，一个新的局面就要到来了，就要轮到你们下山了。今天我要说的是，你们今天是深山学道，明天要下界去普度众生！"

元始天尊——阐教的第一大神。

传说宇宙之初，盘古觉得天地混沌，浊气弥漫，好生不爽，便信手一斧，开出个新天地来。从此便有了山川大地，江河湖海，万物生灵，清风明月。他忍受着难以想象的寂寞，仿佛要完成某种约定的使命，他创立了一个新的教派——阐教，所收门人弟子无数。后人念其开天辟地之功，尊盘古为元始天尊。

"毛泽东预言的要到来的将会是怎样的一个新局面呢？"父亲继续说："按那时算，中国革命已经走过十五个年头，历尽千辛万苦。我写过一篇文章《从遵义到大渡河》，为什么截止到大渡河？因为过了大渡河，就进入了藏民区，蒋介石追堵到这里，他认为红军完了，雪山草地，就是不打你，也会冻死饿死。辗转到了陕北，从在中央苏区的几十万人，到现在的几千人（注：指中央红军）。革命的前途在哪里呢？我们的学习快结束时，西安事变爆发了。在毕业典礼上，周恩来给我们做了关于西安事变的报告，全国抗战的新局面到来了。我恍然大悟，这就是毛泽东在开学时所讲的新局面啊！结业时，毛泽东对大家说，现在该是你们下山的时候了！"

我看过许许多多有关"红大"的回忆文章，但是没有一篇记载过毛泽东讲的这句话。父亲的回忆文章，初稿是在"文革"前写的，题目叫《亲切的教诲》，也没有提到"元始天尊"。我问他，他说，执笔的同志怕引起歧义，给删掉了。文章压了很多年，也没有发表。我问过他缘由，他说，稿子写好后，反复看了几遍，总觉得言犹未尽,事情一多,也就放下了。或许就是删去了这句话的缘由吧?使这个故事失去了灵性。随着岁月的流逝,生活中许多五光十色的东西渐渐地褪去,生命的精髓浮现出来,就像黑夜里茫茫大海上的一座灯塔,朦胧,但却真实。

父亲晚年评议自己的这段经历时,他是这么说的:

"在上红军大学之前,我最多只是个战术家,但从那以后,我应该是个战略家了。这不是自夸,毛泽东说,红军将领都要成为战略家,就是一个小小游击队长也是一个战略家。因为游击队是在一个独立的地区作战和发展的。作为一个游击队指挥员,胸中要有全局。正是红军大学,使我系统地接受了毛泽东思想,对中国革命的道路、前途、战略有了更深刻的理解。在以后的战争中我再也没有失败过,条件再艰难我都有信心战胜。就是在瓦窑堡,就是从毛泽东那里,我懂得了这个道理。"

有这样一种说法,事业上的成功离不开三条,勤奋、才华、通神。什么是"通神"?冥冥之中总会有一种暗示,能感悟和把握住这点灵犀的人,才会是成功的人。

"七七"事变的枪声终于在北平郊区的卢沟桥打响了。父亲说:"那天晚上,毛泽东找我去,一进窑洞,他就说,你不是想走吗?准备一下吧,尽快出发。北平打响了,下一个就是上海。你任江浙省委军委书记,立即赶赴上海。上海,你在那里做过地下工作,应该是熟悉的,到了后和刘晓同志取得联系。"父亲清楚地记得,毛泽东交给他的任务是:"迅速组织起沪杭宁地区的抗日游击战争。并明确指示,沦陷后要发动并组织上海的工人阶级在郊区进行游击作战。"

父亲的这段回忆,印证了军事史上一个重要的问题,即:毛泽东关于在抗日战争中开展敌后游击战争的战略思想和决策,究竟是什么时候提出来的?由最初的在国民党防御体系内集中主力作战,转变为分散的、独立的敌后游击作战，这是抗日战争初期我军战略指导思想的重大变化。从毛泽东给我父亲交代的任务看，这个时间应该是在北平、天津沦陷后，淞沪会战前夕。

这就和历史吻合了。

此前，应南京政府保卫平津和华北的整个战略部署的需要，中共中央做好了红军主力前往河北或平绥防线加入正面防御的准备。中共中央给其谈判代表的指示是，红军主力三个师出动后集中作战，不得分割，并拟担任绥远一线防卫（注：《毛泽东军事文集》，第2卷5页、18页）。

但国民党数十万军队组织的平津抗战不过三日即告瓦解，北平、天津相继失陷，毛泽东对原定的四万红军加入正面防御的实际作用和后果迅速产生了怀疑。1937年8月1日，洛甫、毛泽东为此专门致电在南京谈判的周恩来，重新向国民党方面提出红军的作战原则。要求："（甲）在整个战略方针下，执行独立自主的分散作战的游击战争，而不是阵地战，也不是集中作战，因此不能在战役战术上受束缚"；"（乙）依上述原则，在开始阶段，红军以出三分之一的兵力为适宜。兵力过大，不能发挥游击战，而易受敌人的集中打击，其余兵力依战争发展，逐渐使用之。"（注：《毛泽东军事文集》，第2卷20页）

毛泽东如此快地放弃集中作战和担任一线阵地防卫的要求，改提分散作战和独立自主进行游击战的主张，父亲的看法是，这同毛泽东此前对国共两党军事斗争历史经验的总结是分不开的。

为了明确这个结论，我插话说，毛泽东在总结第二次国内革命战争经验时说，只有当几个帝国主义列强瓜分我国时，在反动阵营内部出现了各种势力相互割据时，中国的革命力量才能够得以生存和发展。日本帝国主义的入侵，客观上为中国革命力量的发展提供了条件。在民族存亡的关头，高举抗日救亡的大旗，引领时代的潮流，走向抗日的最前线，毛泽东对中国共产党领导抗日战争的决心和信心，就是基于他自己的这个理论吧？父亲说："可以这样认识。"

父亲接着说：日本帝国主义虽然抢占了我大片国土，但它真正能控制的只是少数的城市和交通线。国民党的军队大多撤向大后方。由此，敌进我进，到敌人的后方去，才能获得我们生存的空间。畏缩不前，夹在日本人和国民党之间，只能是被消灭。父亲认为："抗日战争中，我们在与国民党反摩擦时遭到的损失，从主观指导上检查，大多出于此原因。"

"红大"培养出了一批我军的优秀指挥员，在以后的抗日战争、解放战争和抗美援朝战争中，显示出他们卓越的才能，打遍了整个中国。1965年12月21日，毛泽东在杭州的一次谈话中说："国民党的军官，陆军大学毕业的都不能打仗。而我们的元帅、将军，没有几个大学毕业，却能打胜仗。"毛泽东在为他自己的学生骄傲。

父亲回忆，他受领任务后向毛泽东提出，想带些干部去。毛说你自己挑吧。他挑了余立金、吴克华和另外几个同志。我揣测父亲当时的心态，先不说上海郊区能不能开展游击战，仅就这种准军事性质的工作而言，并非父亲的初衷。谁不愿意到战斗部队？指挥千军万马，和战友们一起驰骋战场，痛快过瘾而且军史留名。

但是，在毛泽东面前，是不能讲条件的。

毛泽东要他顺路把贺子珍带到西安治病。父亲说，她一路话很多，什么都说……"一路上，国民党的县长们听说是毛泽东的夫人，都摆了酒席。哈，我们都沾了她的光……"

父亲回忆，他在离开毛泽东窑洞时，毛泽东最后说了句话："中国大得很哩！"是啊！面对势如破竹的强大敌人，毛泽东大概是要说，格斗才刚刚开始，小鬼子们，接招吧！

第二次国内革命战争结束了，代之而来的是中华民族反抗日本帝国主义的战争。在这场伟大的民族独立战争到来之际，毛泽东为他的弟子们做好了思想上、理论上的准备。"今天深山学道，明天要下得界去，救苦济世，普度天下苍生。"我的父亲正是背负着这样的使命和思辨走向了抗日的战场。

中国共产党人要走出深山，走向抗日的最前线。他们身负使命，迎接他们的将是八年的浴血奋战。

战场上的游僧

国共两党再次携起手来。红一、二、四方面军和陕北红军改编为八路军一一五师、一二〇师、一二九师。稍后，南方八省红军游击队改编为新四军。

这点点军力是远远不够的。中国实在是太大了，日本人的胃口同样也太大了。为了在全国范围内发动并组织起各个阶层的民众打击侵略者，也为了中国共产党在这场史无前例的战争中真正确立起自己无可争辩的领导地位，毛泽东又一次展现出他的智慧。他把他的弟子们像棋子一样地布满了整个中国战场，在八路军、新四军没有到达的地方，在广阔的敌后战场，大批的红军指挥员和党的干部，单枪匹马地深入到一个独立的方向或地区，搞统战、拉队伍、建政权、打游击。他们身边没有队伍，甚至没有同伴。他们孤身只影，就像一个个游僧，在战火中布道，为了他们的信念，吃尽了千辛万苦。我不知道当时有多少这样的游僧，但我知道我的父亲——

在抗战最初的两年里，他，就是这样一个在战火中布道的游僧。

上海，他太熟悉了。大革命失败后他曾在这里，转眼就八年了。这里有他上过学的中华艺术大学，也就是后来的上海艺术大学，他为此和创办这所大学的中国文学泰斗夏衍成了校友。父亲说他当时叫沈端先，是教务长；还有他和同志们秘密集会的虹口公园，他还记得路边那家常给他赊账的小饭铺，1949年解放大上海后，他专程去找过，他说，我还欠他们的饭钱；南京路上最大的百货公司——先施公司，他在它的顶层撒过传单；还有苏州河上的泥城桥，他是在那里被捕后关入同孚路巡捕房的，和他一起坐监的有后来成为朝鲜人民军副总司令的武亭将军。武亭个子魁梧，父亲戏谑地叫他"狗熊"；南京东路的会审公堂他也记得，和他一起受审的还有红极一时的影星王莹；提篮桥监狱，在那他被关了二十多天；还有窦乐安路（多伦多路）的亭子间，他在诗中记载："残更陋巷传叫卖，涎水画饼充饥肠"；再就是龙华警备司令部，中国共产党早期的领导人，农民运动的领袖彭湃，就是在这里走向刑场的。父亲说，他年轻时心目中的英雄就是彭湃。

九十高龄的父亲在回忆他青年时代的流离生涯时，旧上海的一切，他都历历在目。

父亲到达上海后不久，日军在虹桥机场挑衅，引发争端，驻扎的日海军陆战队遂以此为借口，向中国守军发起攻击，中国政府发表《自卫抗战声明》，由此拉开了上海"八一三"抗战的序幕。我妈妈说，当时她也在上海组织青年抗日救护队。只是他们还无缘相识，偌大个上海，命运的红丝线还来不及把他们拴在一起。

据前国务院副总理张劲夫回忆，当时从延安派来上海一批老红军干部，都担任过师长以上职务，省委负责军事工作的是张爱萍同志，我们在卡德路旅馆二楼见到他，直接归他领导。张劲夫写道："我高兴极了，见到的不仅是红军，而且是老红军干部，可以跟他们学干军事工作了。"（注：张劲夫《抗日战争时期我在安徽的经历》，3页）

经过第二次国内革命战争，拉队伍、搞武装，对父亲来说并不陌生。他回忆道："第一步是培训骨干。先组建骨干培训班，然后扩编成抗日游击军。我盯住了难民群，这些人，对日寇怀有仇恨且又无后顾之忧，尤其是平津的流亡学生，吸纳其中的激进分子，经短期整训后，就可以作为骨干使用了。"

"我一直关注着战局的发展，国民党溃败之势已成定局。我通过地下党，开始联络他们中的爱国分子，国民党一旦溃散，就连人带枪编入自己的队伍，坚持沦陷区的游击作战。时不我待。"

淞沪之战是抗战初期中日两军主力的首次会战。六十年过去了，史学界谈起这场会战的意义以及由此引发对国共两党在抗战中作用的讨论，至今仍喋喋不休。但父亲对我回忆起这段历史时，是从一个职业军人的角度来分析的。这场会战不管在当时对我父亲，还是今天对我们这些后人，的确留下了许多值得思考的地方。

父亲说，你把地图翻来看看。

上海地区实际上是夹在杭州湾与长江口之间的一个半岛，水网密布，地势平坦，地域狭窄，属战略防御的浅近纵深。在这样一个既无战场筑垒准备，又无回旋机动余地的地幅内，面对强敌，国民党囤积精锐主力七十万大军，摆开了决战架势，这在战争初期，在战略指导上，是极其轻率的，也是危险的。从战役布势和兵力运用上看，是典型的内战套路。国民党军队是在追剿农民起义军和吞并地方军阀势力中崛起的，虽人数众多，但作战指导思想远不能适应"二战"机械化兵团大纵深突击的特点。既未形成纵深梯次的配置，又未掌控强大的反突击预备队。一线部署绵亘狭长，紧贴水域，在日舰炮不断轰击下徒增伤亡；二线兵力既不能支援一线，也不能相互构成犄角。这就给对方分割、围堵、聚歼提供了便利。其实，日陆军战术呆板，平推硬攻，但即使这样，开打十天后，防御体系即被日军割裂。由于没有组织起强大的战役反突击，增援部队逐次添油，不疼不痒，导致各守军被敌紧紧咬住，无法脱身，待援无望，最终只能在一城一地孤立拼杀。

11月12日，日军于杭州湾金山卫登陆成功，对国民党军实施侧后迂回。以"二战"的水准，这并不是上档次的行动，但由于我方只顾正面，原守军调离，遂腹背受敌，导致整个防线瓦解。仓皇间蒋介石又下令全面撤退，最终形成了兵溃如山倒的狼狈局面。上海沦陷。

淞沪会战书写了中国抗日战争史上壮烈的一页。参战军民面对强敌，浴血拼杀，以二十五万人伤亡的高昂代价，毙伤九万敌军，粉碎了日本三个月亡我中华的迷梦，可歌可泣。但一个不争的事实是，初战一仗，国民党精锐主力即被打残，由此导致首府南京的轻易陷落，三十万生灵涂炭，日军沿江长驱直入，直逼我中原腹地。这一仗，是否就如现代许多评论家说的，提高了中国军民抗战的士气和信心呢？还是给当时的人们对抗战的前途、对胜利的希望，蒙上了一层阴影呢？父亲回忆时说："可以看清楚了，依靠国民党抗战，没有希望。"

中国，危在旦夕。

就在父亲按原定计划在沪杭三角洲地区组建扩充游击军时，"在武汉的中央代表团来指示了，要我立即撤出上海。什么原因没有讲。"父亲说："太可惜了！"

日军从三面围住了南京。日军以保护国际自由航道为名，在北面长江一线虚留生路。守军长官唐生智弃城逃跑，慌不择路，下了最后一道命令，全体官兵渡江北撤。日军立即用军舰拦击……血染长江。对当时南京情形的描述，父亲的回忆与我们现在所看到的有关南京的报道视角不同。他说，到处是散兵游勇，到处是遗弃的枪支和随手可捡的军用物资，都是国民党退败时丢弃的。老百姓虽恐慌，但也有勇敢的、被激怒的。日本人只占了中心城市和交通枢纽，周边地区一片空白。人数不多的一些民众自发武装和土匪游击队开始出现，反抗的、打劫的，无政府状态出现了。父亲说他怦然心动，通过曾山同志向武汉中央代表团报告，建议吸取上海失守后仓皇撤退的教训，就地组织武装。等了十来天，中央代表团指示到了："张爱萍，立即撤回武汉述职。"

究竟是什么原因？对这个延安派来的军委书记如此漠视。按时间推算，长江局这时还没有成立，华中党的工作由中央代表团指导。据后来接任这一地区领导职务的刘少奇同志回忆，在上海、南京、武汉相继失守时，中央代表团赋予党的各级组织的任务只是协助国民政府，组织党员和同情分子撤往大后方（注：《刘少奇自述》，111 页）。父亲在回忆中没有提到撤回他的具体原委，我也只能是推测了。上面那些大员们大概会想，这个爱舞棒弄枪的家伙，别再生出什么事来，干脆撤他回来吧！毛泽东委任他的"江浙省委军委书记"的使命转瞬间就这样结束了。

武汉八路军办事处。许多当时显赫的人物，王明、博古、周恩来、项英、叶剑英、董必武、林伯渠等，还有叶挺、郭沫若都已云集在此。父亲的主要工作：一是周旋于国民党上层，二是接待抗日青年。

父亲说："在武汉八路军办事处，在总理、叶帅手下工作的，当时还有李涛、聂鹤亭、边章五、张经武、童小鹏。可我不喜欢这个工作，整天和国民党高层周旋、打嘴仗，有什么意思？可一些人热心得很。当时随处可见国民党溃撤下来的军队，都是些散兵游勇，扒火车、抢东西，问起他们战事，连日本人什么样都没见过。军官是一身呢子，扎着武装带、挂着佩剑，金光闪闪的，神气得很。一支军队，衣着漂亮，但贪生怕死；高谈阔论，又没有实在的学识，有什么用？抗战打得那样艰苦，但在武汉的国民党上层圈子里，仍然是一派浮华奢靡的风气。一次蒋介石来训话，也邀请了我们八路军代表，国共合作了，我们也算是友军了。在一个大剧院里，蒋介石一进来，全体起立，只听见乒乒乓乓的椅子声，佩剑掉在地上，叮叮当当的好不热闹。主持人喊，不要再捡啦！听委员长训话。刚安静下来，蒋介石一开口，当啷一声，又掉了一支，大家偷偷地笑。蒋介石皱皱眉头，还没讲两句，当啷！又一声，全场忍不住哄堂大笑……"后来呢？""还有什么后来。蒋介石发了一顿脾气，就拉倒了。"父亲说完，一个人先哈哈大笑起来。

东北三省不战而失；平津沦陷，华北沦陷，察哈尔、绥远沦陷；太原丢失，沪杭丢失，华东、华中丢失，武汉告急；在南京发生三十万同胞被屠杀的惨剧……知耻而后勇！一个把自己的人民丢给凶残的敌人的国家元首，一个偏安苟且的政府，一个丢失了大片国土而不知羞耻的军队，是没有胜利的希望的。

这个故事，我不仅听过一遍，在他的笑声里，我感到被他嘲弄的不完全是这批国民党的高官们，也包括对这些他蔑视的高官们寄以希望的中共领导人。怪不得人家不喜欢他呢！

他在武汉八路军办事处所做的工作中，现在有据可查的是按周恩来的指示，到李宗仁那里游说，促使他尽早定下台儿庄会战的决心。这是国共合作的典范，李宗仁也因为这一仗而成为了抗战的英雄。直到几十年后，在欢迎李宗仁回国的宴会上，李见到他说，这位将军好面善啊？在一旁的陈老总说，大总统，你好健忘啊！台儿庄，不记得啦？追忆往事，李宗仁感慨万千。

这件事，不仅对国民党，对共产党在当时也有着重大的意义。但父亲在回忆中，似乎没有多少兴趣谈它。他在另外的场合曾说过："我们党这时已经取得了合法与半合法的地位，不利用这个机会独立自主地开展游击战争，反以帮助国民党抗战为满足，能有什么出息！"

国民党浙江省主席黄绍竑因为赞赏共产党的政治工作，希望周恩来给他派个能人去传授传授。父亲因此化名张舟，以政训协理员的身份来到金华黄绍竑的行营。黄是国民党第二战区副司令长官，带兵老到。旧军队中有个行规，来了新人，总要找个机会在训练场上比试比试，一来显显自己的威风，二来也摸摸对方的底，算是个杀威棒吧。我军有些部队也常爱干这种事，上级机关派下去检查工作的一些参谋干事，听到下部队就发怵。父亲说他一到，就举行了实弹射击操演，这可是军中的最高礼仪，连以上军官参加，算是欢迎友军代表。为了表示尊重，先请友军代表打第一枪。靶子是装有石灰的罐头盒，打中了白灰就扬起来，老远就看得到。

父亲说："这帮家伙鬼得很，摆的是鸿门宴，要看我的洋相。因为很久没有摸枪了，不敢大意，第一枪瞄了很久，枪一响，白灰就扬起来了，哈！首发命中。下面两发就有底了，三发三中，全场给我鼓掌。这下该轮到我将他的军了。国民党军队中裙带关系很多，想的是升官发财，他手下的几个将军，试了几个都不行，说是准星有问题，换了几支枪，还是打不上。黄很没有面子，不过他脑子也快，说，都看见了吧！这就是我给你们请来的八路军的训导官。哈哈！"

从目睹上海的"八一三"保卫战，到唐生智的南京大溃败，再到参加李宗仁的台儿庄会战，以至这次到浙江，亲身感受了日军轻而易举地渡过钱塘江，占领萧山的情景。多次战场实地的考察，使父亲对这场战争有了更深刻的认识。这是一场特殊的战争，敌、我、友、顽，几种力量交织在一起；正规军、游击队、地方民团、社会组织，还有土匪武装、散兵游勇，形形色色的人物活跃在战争的舞台上。他开始制订浙江敌后抗战的战略计划。这个计划的文本，今天还保存在地方党史博物馆里。

早已发黄的纸页上印着这样的文字："浙江处在敌人进攻武汉的外线和敌人进攻华南的后方，敌在指向武汉，占领南昌后，把浙江丢在后面，这就给我们控制浙江，坚持浙江的游击战提供了有利的条件。我可北击向武汉进击之敌的翼侧，威胁他的江南后方；南可出击向华南发展之敌的后背，钳制敌向华南的行动。"（注：《张爱萍军事文选》，25页）

文中列举分析了国民党军的状况。为阻挡日军，竟然炸掉了刚建成两个月的我国唯一的双层铁路公路大桥，即使这样，日军以极少兵力，利用夜暗偷渡过江，夺取萧山。国民党当局偏安苟且，一遇战事，则风声鹤唳，一乱百乱。此次沿途所见，逃难最忙者，多属机关眷属，拉车包船，惊慌不堪……如日军下一步发动打通浙赣线的攻势，黄绍竑部必然撤逃。因此建议，立即在黄绍竑部发展我党力量，组织起我党领导的真正抗战的骨干队伍。

在信的最后，他表达自己的决心："一旦浙东为敌占领，我决心和这里的同志们留在金华地区开展游击作战。"父亲回忆说："在江浙一带开展敌后游击战争，这是毛泽东亲自交给我的任务，离开延安算来快一年了，还在东奔西走，我觉都睡不着。"

他在焦虑中等待了一个月，中共长江局的密件到了：张爱萍立即撤出黄部，迅速回武汉述职。

他又踩上红线了！

现在我们从许多历史资料中得知，长江局的工作思路仍是沿袭大革命时期依靠、利用国民党进行北伐的方针，派人打进国民党军队，帮助他们恢复政治工作，寄托于他们进行抗战。和我父亲在同时期工作的张劲夫说："我们当时接受的任务，只明确帮助国民党军队坚持抗战，推动国民党军队进步。至于国民党军队撤退后怎么办？是否留下来组织群众坚持游击战争，没有得到明确指示。"（注：张劲夫《抗日战争时期我在安徽的经历》，5页、12页）

当他重新坐在武汉八路军办事处的办公桌前的时候，他内心的郁闷是难以言表的。没有人会告诉他这是为什么。长江局的书记是王明，而他只能找周恩来，周恩来在静静地听完他的倾诉后说道，就把它刊登在《群众》周刊上吧！这是一本中共长江局出版的刊物，我是在中央档案馆找到的。翻开1938年8月13日出版的《群众》杂志，《目前的浙江应该做些什么？》的标题映入眼帘。它在这里静静地躺了六十年，我不知道当时有多少人看过这篇文章，但我能感受到当年父亲那颗跳动的心和他无法诉说的委屈。

使他感到委屈的还远远不止这些。在这之前，有一个叫孙力的女孩走近了他。武汉蛇山抱冰堂有个抗日干部培训班，周恩来派父亲去授课。几次以后，下课时总有一个女孩子在等他，左问右问的，两人慢慢熟悉起来，自然有了好感。父亲还给她改了个名字，把孙力的"力"，改成了"莉"。大概是经历了战火的男人更渴望柔情吧。就在爱情悄悄地向这对青年男女走来的时候，军委特工部长李克农找到父亲。李是父亲的老相识，私交甚密，李告诉他，孙力可能是个托派分子。父亲极为诧异。李劝导说，不能再来往了！你和孙力的事，延安都知道了，毛泽东在一次开会时还点了你的名，听说张爱萍被一个托派拉下水了……这无疑是五雷轰顶！托派、恋爱、战争、特科、领袖……当这些名词连在一起时，意味着什么？当然，今天的人们可能不会再在意这些了。

托派，这是个让几代人都谈虎变色的名称。这个从共产国际引进来的概念，几乎就是反革命的代名词，而中国的托派则又增加了汉奸、特务的色彩。这种情况一直延续到上个世纪的八九十年代，中共中央1991年出版的《毛泽东选集》第二版的注释中，才对托派做了客观公允的评价，不再把他们称之为敌人了。这大概算是一种委婉的正名吧。

我问过父亲，他说："是别人诬告的，一个同志的妹妹，原想介绍给我，我没有理睬她。后来，她知道了我和孙力的关系，想拆散我们，就编出了这个故事。这也是事后李克农告诉我的，组织上查明了是诬告。"

但时光不再倒流。后来，这个姑娘去了三斗坪，我的父亲去了豫东，从此天各一方。再见到时，我都已经出生了。

"此情可待成追忆，只是当时已惘然。"

我陪着父亲在庭院里漫步，月光如水。已是风烛残年的父亲，用他浑浊的目光仰望那轮圆月，很久才说出一句话来：

"这是没有选择的；……这是党的纪律。"

爱情的失意与事业上的无奈交织在一起。他在奔赴抗日前线的那个晚上，在延安毛泽东的窑洞里，领袖亲自交代他任务的情景仍然历历在目。这一晃，一年就过去了，毛泽东交给他的在江浙敌后开展游击战的任务，他完成得怎么样呢？今天，终于又听到领袖的声音了：自己是被个女人，而且是个托派，拖下了水，不管这个传言是真是假，足以使他心痛了。这一切究竟是怎么回事？命运竟会如此地捉弄着他，二十八岁的他，真的想不明白了。

但厄运并没有到此结束。三弟从家乡来了。三弟张灿明，也就是我的三叔。父亲曾写过信，要他和家乡的青年们一起出来参加革命。巧的是，他们一行遇到了父亲的挚友中共四川省委书记罗世文。据说是在船上，罗见一群青年学生在唱抗日歌曲，凭着共产党人特有的敏感，他去接近这些孩子们。当知道是投奔延安时，他好奇地问："你们到延安找谁呢？""找我哥哥！我哥来信叫我到延安参加革命。"后来成为中华人民共和国最高检察院副检察长的三叔当时天真地说。"噢！你哥哥是谁？""张爱萍！他哥叫张爱萍！"后来成为了解放军艺术学院第一任院长魏传统夫人的刘超抢着说，当时她还是个小姑娘呢。"哎呀！太巧了，我是你哥哥的朋友。""当真？""当然，他现在就在武汉，到八路军办事处找他去吧！"

罗世文、车耀先（注：四川省委军委书记）后来在重庆歌乐山监狱被国民党杀害。小说《红岩》中记载了他们的故事。"他们两人都是我最要好的朋友，是坚定的共产党人，他们的牺牲是壮烈的。"父亲沉痛地说。

兄弟情同手足，一晃离家已快十年了。

"我第一句话就是问妈妈怎样了？"父亲说，"你三爸哽咽了半天说不出话来，我急了……母亲去世了。这是我平生第一次这样号啕大哭。这些年来，几次从死亡边上走过来，再怎么难，我也没有掉过眼泪。今天，我实在忍不住了……"

悲从中来，所有积淤在胸中的郁愤都宣泄出来了。

我三叔回忆："母亲在弥留之际，几次呼喊二哥的名字，说你二哥回来了，到了村口。为了能让她平静下来，只得装着出去看看，这样反复几次，她才咽气。"一直到他们老了后，闲聊中，我三叔无意间讲起这段往事，父亲都会摆摆手，转过头去，意思是不要再提了吧。

我们小时候，常听父亲自己说，他的爸爸，也就是我爷爷，不喜欢他，喜欢他的哥哥。母亲喜欢他，他也特别爱他的母亲，每每提及，总会流露出伤感。尤其是他到了暮年，回忆孩童时代的生活就更多了，他像是对我们说，又像是自言自语："你们的奶奶死得很早……"就说不下去。"小时候太穷了，连张照片都没留下。"他找人按我大姑的模样画了张像，挂在床头，或许是想弥补一下吧，他要多陪陪母亲。

安庆、九江陷落，日寇沿江而上，武汉门户洞开。在武汉的共产党人，真的该考虑沦陷后的问题了。刘少奇后来总结华中工作时说，当时在华中负责的同志认为日本人不致打到武汉，中国军队可以在长江下游地区阻止敌人，中国可以速胜。因此没有必要在敌后大搞游击战争。（注：《刘少奇自述》）

乱世出豪强。在全国抗日的浪潮中，各式各样的游击军如过江之鲫，其中不乏扩张势力者，消灭异己者，打家劫舍者，占山为王者，鬼子还没见到，自己便已打得不可开交了。多灾多难的中华民族啊！内忧外患交织而来。

要在角逐中占据有利位置，就要依附更强势的集团。现在的人们大概不会忘记改革开放之初，为什么有那么多的小公司要寻找挂靠单位。据说，中国字头的康华公司，下面就有多得连他们自己都搞不清楚的儿子公司、孙子公司。而在当时，最热门的就是挂靠在国民党和共产党这两块招牌下了。

有个叫李应权的人，是河南信阳地方民团的一个团总。他找到八路军办事处，向周恩来报告，说河南一带有许多流散武装，如果八路军能助他一把，拉起个几千人的队伍应该不成问题。这个信息太有诱惑力了，何况这又不是去挖"友军"的墙脚。周恩来即派父亲和罗炳辉去河南考察。罗是共产党里带有传奇色彩的江湖好汉，原本就是靠拉民团起家的，枪法极准，为人豪爽，父亲年轻时喜欢结识这样的朋友。行前，周恩来还特别叮嘱，一定要亲自看到，不能有水分。果然，这里民众的抗日情绪十分高涨，河南人一直就是不安分的。父亲想，与其磨嘴皮子收编别人的，不如自己拉起队伍。李应权出身豪门，有人有枪，当地人脉关系又广，干脆就不回去了，将在外，王命有所不受！他们两人拍合后就打出了"新四军挺进纵队"的牌子，以确山为基地，开始招兵买马。他让李任司令，自己是书记兼政治委员，随行的共产党干部杨子仿、李林分别当参谋长和政治部主任。李应权的表弟孙石，是一员武将，带了几百人投奔上山，被任命为大队长。这群确山聚义的青年们，有着各自不同的社会背景，走过各自不同的人生道路，但他们有一个共同的信念，"国家兴亡、匹夫有责"。他们歃血为盟，共举义旗，在这个深山的古庙里，第一次接触了共产党人的理想和信念。

父亲自豪地说："大雄宝殿就是我的指挥部。"古庙里的生活是艰苦的，但也是自延安出来后，第一次如愿以偿。国破山河在，他在武汉办事处的办公室里再也坐不住了。他就喜欢干这种事，就像小时候梦想当一个大侠一样。虽然，他已经是一个有信念、有组织的共产主义战士了，但他血管里流淌的仍然是不安分的因子。

正当他要一展宏图时，接到了长江局的来电，命他迅速赶到豫东执行新的任务。父亲说："我找到陈少敏（注：时任中共河南省委书记），她也希望我在当地拉武装，说帮我向上反映，但长江局坚持原有决定。"

送行的场面是悲壮的。队伍从山上一直排到山下，他们没有多少枪，大刀长矛的红穗穗迎风飘舞。大家都掉泪了，一直送出确山地界。"千里送君，终需一别。都请回吧！"父亲说，"这一别，和李应权，竟是生死诀别。"

　　李应权家在当地是个很有势力的大地主，他的父亲是被红军杀掉的，但后来他们兄弟俩都成了坚定的共产主义者。李后来在抗击日寇的战斗中壮烈牺牲，是民族英雄。他的表弟孙石解放后是国家水利电力部人事司司长，"文革"中和他的妻子双双被折磨致死。是父亲把他们引上了革命之路。这是一段离奇的历史，每当我想起这段故事，总会被共产主义思想的巨大征服力所震慑，也为革命最终吃掉了自己的儿子而悲泣。

　　父亲的第三次折腾又宣告"无疾而终"。

　　"黄河大堤决，一泻千里泽……尸骨逐水流，树梢鸡啼血。"这是父亲当年在奔赴豫东的途中，路过黄泛区时写下的诗句。不难看出，他的心情是忧郁和焦虑的。

　　由于国民党军队内部的矛盾和争斗，原本让中国军队士气大振的兰封会战失利了。二十万中国军队竟然未能消灭土肥原的两万人，连蒋介石也愤而称之"在战史上亦为千古笑柄"。（注：现保存在中国第二历史档案馆中"蒋介石1938年5月28日给程潜的密件"。）

　　为阻止日军进犯，蒋介石采纳陈果夫建议，在花园口掘开黄河大堤。据当年目击者称，参与掘堤的工兵营对着河堤上的关帝庙祷告，关老爷啊，中华民族眼下遭大难了，我们打不赢，只好掘了河堤，淹死的都是中国人啊，你宽恕我们吧。悲伤的官兵们齐刷刷地跪在地上，面向波涛汹涌的黄河，放声大哭。

　　滚滚黄河水，从天而降。虽然暂时阻滞了日军的西进，但却淹没了河南、安徽、江苏三省四十四个县，八十多万人被淹死，一千四百多万人无家可归，中原大地成了汪洋一片。

灾难深重的中华民族啊！真的只能靠掘黄河的大堤来苟且吗？面对两万日军，真的要用八十八万同胞的生命为代价吗？

我记得，小时候我们唱歌，引得父亲兴起，他说我来教你们唱一首："风在吼，马在叫，黄河在咆哮！……万山丛中，抗日英雄真不少！青纱帐里，游击健儿逞英豪！端起了土枪洋枪，挥动着大刀长矛，保卫家乡！保卫黄河！保卫华北！保卫全中国！"

这才是中华民族真正的黄河精神！

三次折腾，三次夭折。这第四次了，是什么任务如此紧急呢？

就在前不久，彭雪枫率游击支队离开竹沟，往豫东进发。豫东有个国民党主战派将领叫魏凤楼，任鹿邑县长，一向与共产党交好。父亲此行，正是长江局因彭雪枫的要求，指派他到魏凤楼部做统战工作，将鹿邑县发展为我们党的可靠后方，保障彭雪枫游击支队顺利进展。

据父亲回忆："彭雪枫一见面就说，你在那个庙子里干什么！"

和彭雪枫认识是在中央苏区的时候，彭在江西军区当政治委员，父亲是少共中央局秘书长。长征开始时，彭是三军团红五师师长，父亲在红四师当政治部主任。遵义改编后，师的番号取消，彭是红十三团团长，父亲在红十一团当政委。过了大渡河，父亲调红十三团当政治委员，与彭雪枫一起翻雪山、过草地，可以说是生死至交了。还是在红军大学的时候，彭雪枫入学没一个月就神秘地消失了，走前只给父亲打了个招呼。父亲后来才知道，是被中央秘密派到太原与阎锡山搞统战去了。1938年2月，彭雪枫来到河南确山县竹沟镇，任中共河南省委军事部部长，父亲当时正在确山拉队伍，今天，两人又走到一起了。

放弃自己好不容易占据的地盘，过来为别人做保障，他实在是不情愿。但又能说什么呢，和彭雪枫的这种亲密关系，何况人家是看得起自己。父亲说:"我还能说什么?帮他把事情做好吧。"苦也!

当年彭雪枫的参谋长张震在回忆录中记载:"出征后的第一个冬天来临,部队衣着甚单,后经张爱萍交涉,魏凤楼答应给我部解决棉衣和部分经费。"押运棉衣是个女同志。张震回忆录中描写:"脸冻得通红,军装领口露出红衬衣,与盆中炭火相映,更添了少女的羞涩……"她是谁?她叫马龄松,后来成了军委副主席张震的夫人。去年我去给马阿姨祝寿,张震指着她说:"她可是你爸爸的兵。"

父亲回忆要简单得多:"我整顿了魏的部队,想以这支力量为主,建立抗日武装。彭雪枫的军服都是靠这个县给的。"

鹿邑县的老人们还记得,新来了一支出没无常的神奇队伍,还有男女学兵。这支队伍是张爱萍将军带领的,不光纪律严明,而且能歌善舞,是真心实意专打日本的。说太上老君曾用铁鞭帮他们打过日本,连沉睡八百年的陈抟老祖也醒了和他们一道驱赶鬼子(注:摘编自《张爱萍在豫东》)。

当年参加过我父亲主办的"鹿邑县抗敌训练班"的老同志展新回忆,当时师范、初中的同学大多数都参加了张爱萍办的抗敌训练班。集中上课,分组讨论,课外组织文体活动。实行只供食宿,官兵平等。这种方式大家感到很新鲜、有生气。特别像我们这样十几岁的青少年,唱啊,跳啊,简直像置身于一个新天地。

他说,张爱萍身材修长,温文尔雅而又英姿勃发。上课从不带讲义或笔记。说起话来出口成章,写起字来龙飞凤舞,常打破习惯笔顺,一些偏旁字从右向左写;有的对联从下向上写,不拘一格,笔意纵横,挥洒自如,学员叹为观止。好多人想学习模仿,但都学不会仿不像。年龄大些的说他是文韬武略的儒将,更多的人说他是安邦治国的奇才。他是我平生最敬佩的人物之一。

他说得对。父亲毛笔字的书写习惯确是从左往右。陈老总就说他:"你这个张爱萍真是不守规矩,中不中,西不西的。"周恩来补充道:"不用看落款,就知道是谁写的,全党就你一人。"他自己说:"我这是兼收并蓄,各取所长。用毛笔写字,竖着写甩得开,由左至右,不会弄脏了袖子。"(注:中国传统写法格式是,书写,由上至下;排列,由右向左;五四新文化运动后,学西方书写习惯,由左至右,横排书写。我父亲是按中国传统书写习惯,由上至下;但排列却又按西洋习惯,由左至右。)这只是个插曲。

我和父亲谈起,他说:"我们的抗战,不是政府抗战,是全民抗战。正如毛泽东说的,把独立和民主结合起来,就是民主的抗日,或者叫抗日的民主。没有民主,抗日是要失败的。没有民主,抗日就抗不下去。有了民主,则抗他十年八年,我们也一定会胜利。所以我们提出要建立抗日民主政权,蒋介石不懂得这一点。"何止是蒋介石不懂?现在很多人也不懂。他们把中国的抗战简单地等同于"二战"中一般的作战行动,只是计算作战的规模、歼敌数量,而忽略了中国抗战的性质,是在一个半封建半殖民地的国家里的民族独立战争,是中国民主主义革命历史进程的一个组成部分。

但亲历过那个时代的人懂得它的意义。展新写道:"鹿邑县抗敌训练班,是血沃中原的艰苦年代里长出的一株劲草;是寒凝大地的救亡战线上萌发的一朵春花。我永远怀念它,永远怀念1938那闪光的年华!"(注:展新,原名展耀祖,毕业于中央大学法学院。中国民盟成员,南京中学高级教师。)

父亲的回忆没有展新那样浪漫:"那次遇到红枪会,差点送了命。"红枪会是当地的一个地主武装,有上千条枪。父亲说:"刚进村子,突然冲出一伙人,扎着红头巾,举着红穗子的扎枪,围上来乱刺。我一下子抓住刺过来的两支枪,撕扯在一起,没法子腾手拔枪。围上来的人越来越多,我想这下可糟了。正巧路边有个两人多深的壕沟,就喊警卫员,快跳下去!在沟底,我们才得以掏出手榴弹，甩上去，炸得他个人仰马翻。上来后，一摸，脖子上全是血。原来，打斗时，背后的枪刺过来，我正巧低头，一枪就把头皮挑破了……"

"我把部队整顿得不错了，魏凤楼不信，非要自己检查一下。夜里哨兵问口令，他就是故意不答，哨兵就开枪了。他这才服了气。我说你不听，送了命我可不管。魏后来靠上了卫立煌，他要拉我跟他一起走，说卫立煌要给我个少将参谋长。这时，少奇同志从延安来了，决定还是让他走，我就撤回来了。"

从当时的情况看，我们党是完全可以控制这支部队的，但刘少奇同志没有同意这样做。魏的背景、经历很复杂，对他的看法评价也不尽一致，像他这样的情况，在革命斗争中是不奇怪的。但要父亲跟他走，这未免过于荒唐。

第四次的折腾，就这样结束了。

时间到了1939年的3月。父亲离开延安已经是第二个年头了，可他还是孑身一人。

殊途同归

豫皖苏地区党政军委员会第一次会议。

时间：1939年5月；地点：永城孙团集镇游击支队驻地。

党政军委员会是掌有地区最高权力的领导机构，它由三方面的人员组成：彭雪枫——游击支队的司令兼政委；张爱萍——豫皖苏省委书记；吴芝圃——他是最早在豫东建立抗日游击武装的领导人。此时，他在党和军队里都兼有职务，任省委副书记兼游击支队副司令。会议由彭雪枫主持，他同时又是豫皖苏地区党政军委员会主席。

会议主题：确定下一阶段的战略发展方向。

党的六届六中全会召开，批判了把抗战胜利希望寄托于国民党军队，把人民的命运寄托于国民党统治下的合法运动的错误倾向。长江局一分为二，由周恩来任书记的南方局和由刘少奇任书记的中原局。1939年1月28日少奇同志到达河南确山县竹沟。据曾任第二机械工业部副部长的刘玉柱回忆：

3月，彭雪枫司令员派我到竹沟向中原局书记刘少奇汇报工作，少奇同志指出了我们的缺点："扛着枪要饭吃。"并指示："迅速建立豫皖苏边区省委；对彭雪枫、张爱萍、吴芝圃三位领导同志的职务提出了建议。"（注：见之于《刘玉柱纪念文集》40页）

据父亲回忆："少奇同志原来打招呼是要我到彭雪枫那里任政治委员，我是有些犹豫。……后来彭雪枫宣布时，我为豫皖苏省委书记。"

此时的彭雪枫，已拉起了五千人的队伍，下属三个团，除司、政、后机关外，还办了随营学校、拂晓剧团、拂晓报社等。战史记载，1939年初的彭雪枫支队，已经可以抗击二千多日伪军的进攻了，有好几次是一仗消灭敌三百多人，缴获枪支数百支。有一仗，光重机枪就缴获了十三挺，迫击炮两门。应该说，在抗战初期这已经是很不得了的战绩了。他的麾下，已有吴芝圃、肖望东、张震、滕海清、谭友林等几员大将，除吴芝圃建国后当了河南省委书记外，这些人都分别被授予了中将、少将军衔。随着父亲的加盟，彭雪枫的班底就更厉害了。

但他们并没有走到一起。

我听过一些老同志有关这次会议的一些回忆，似乎这是多少带点火药味的会议。争论的焦点是：彭雪枫的游击支队，是向西，还是向东发展。

父亲要我把地图摊开，给我介绍了当时的情况：

一种意见是：向西发展，进入河南腹地，进而控制中原；

我个人的意见是：向东跨过津浦路，进入皖东北敌占区，并以此为跳板，图谋苏北，进而配合夺取华中。

讨论围绕三个方面展开。

一是战略目的。

向西：以现在所处的豫东为前进基地，向西发展，进入伏牛山，建立根据地。由此可以连接北部的晋冀鲁豫和南部的鄂豫皖两个根据地，形成控制中原的局面；

向东：华中是敌后，虽为日伪占领区，但除城市和交通干线外，大部处于无政府状态，时不我待，应趁国民党地方势力尚未恢复前，先期抢占。而向西，进入国统区，势必与国民党第一、第五战区碰撞，政治上被动，军事上不利。

二是如何理解贯彻中央意图。

向西：毛泽东有此意图，中央规定我们的任务是向西发展，进入伏牛山建立根据地，准备日军打通平汉路时，尾随跟进，趁势控制河南；

向东：武汉保卫战后，战争进入相持阶段。"一鼓作气，再而衰，三而竭。"抗战初期日军的那股强劲势头削减了，强弩之末，已见端倪。粤汉路日军没有打通，现在看来，打通平汉路他也难。因此，河南局面不会有大的变化。尾随日军西进，进而控制河南图谋中原的设想，恐难以实现。

三是作战环境。

向西：东面地形平坦，无险可居，不利于开展游击战；

向东：港湾湖汊、水网稻田，同样不利于敌人大部队行动。

再则，豫东面对日军，背靠国民党，环境险恶。两军在同一地盘上摩擦难以避免，不如尽早向东，深入敌后开辟根据地。

双方意见相左，争执不下。讨论到最后，问题集中在一点上：对路东，谁熟悉？你了解吗？坐在这里空谈是没有用的。

"我愿意走一趟！"父亲回忆当时的情景说。

很多书籍，在写到这一段时，都用了"与会同志一致同意爱萍同志的意见"。我总觉得不合逻辑，我问父亲，他说："这样的场面，没有人好再说话了。这时天都快亮了。……他们都知道我的脾气，拗得很。也真巧，这时候，路东就来人了。"

我怎么不明白这些同志的良苦用心，也明白挑出这一矛盾可能产生的麻烦，但我必须忠实地反映父亲的本意。历史已过去了六十五年了，当事者早已不在人世，面对残酷的对敌斗争，分歧和碰撞，甚至是争执、是分道扬镳，都是难免的，甚至是必需的。掩饰，并不是尊重。

父亲回忆这段历史时，他对我说："争论到这时，我已经下了决心，……分道扬镳。"

为了印证这段历史，我找到了父亲当年写的文章，题目是《巩固团结，坚持皖东北的游击战争》。他的战略观点在这里有详细的记述。该文写于1939年7月12日，也就是这场争论的一个多月后，从时间上看，应该是可以作为依据的。

文章首先谈了皖东北的形势和开辟皖东北的战略意义：

皖东北是徐州至南京的中间地带。控制这个地区，可直接威胁徐州、蚌埠，间接威胁南京；破坏扰乱敌主要路上（津浦、陇海）水上（淮河、运河）交通线。从而吸引牵制沿南北两侧向我中原进攻之敌，成为华中战场的一个有力阵地。

文章接着分析了坚持皖东北的可能条件：1. 虽为平原，但有洪泽湖为依托，南有淮河，东北有运河为屏障。中间地带有浍河、北股河、南股河、沱河、淮河支流，以及沱湖、天井湖等众多湖地，形成湖河港汊的交错地带。同时，村庄园林稠密，便于小部队机动隐蔽，不亚于山岳地带。2. 人口众多、民性强悍，会门组织和争斗渊源长久，除刀矛剑戟外，台儿庄和徐州会战后的枪支弹药广为遗留于民间，具备组织抗日武装的基础。3. 麦、杂粮、白米丰富，一年丰收可供三年食用，即令敌铁壁封锁，也难使我经济恐慌。

文章后半部分主要阐述了开展皖东北游击战争的方向（方针），和应该重点把握的几个问题。

……

要理解争执双方的观点，就要了解那段历史。

翻开抗日战争初期的形势图，映入眼帘的是这样一个马蹄形：黄河以北地区，也就是华北、山西为敌占区；南部，沿长江两侧至武汉周边也为敌占区；中部，华中地区，包括山东、江苏、河南东北和安徽东半部也为敌占区。在抗日战争进行到快两年时，日寇对我国的入侵态势，正如一个口子朝西的马蹄形。在马蹄形的口子内的广大中原地区，也就是河南大部、安徽西部、湖北西半部、陕西南部均为国民党占领区。八路军、新四军在哪儿呢？除了陕甘宁延安的大本营外，他们大部渗入到日寇占领区内。由于日伪兵力有限，广大农村就成了共产党的天下。这也就是我们习惯上所指的敌后根据地和敌后游击区。正如毛泽东说的，孙悟空钻到铁扇公主的肚子里了。当然，也有一部分处在日伪占领区和国民党占领区的夹缝地带。这是一个极其危险的地带。以后发生的几次惨案和失败，大多源于此处。

对下一步局势的走向，父亲说："我那时在武汉八路军办事处，当时普遍的看法是：日军在夺取武汉后，必然要打通平汉线，也就是北平至武汉的铁路沿线，控制以河南为中心的广大中原地带，使黄河流域和长江流域的占领区衔接起来。然后，以此为依托，沿粤汉线，也就是武汉至广州的铁路线向南推进，夺取华南。从而挤压蒋介石于大西南，夺取并控制大半个中国。"

依据这个判断，我们就不难理解毛泽东初期的战略意图了：待上述形势来到时，我军随敌后跟进，渗透中原，以豫西的伏牛山和鄂北的大别山为依托，北联华北，中联华中、华东，南联鄂豫皖根据地，在马蹄形的两端，拉直南北的这条轴线，形成一个完整的中原敌后游击区。为此，要求在豫东等待机会的彭雪枫支队随时准备向西出击，实现这一战略意图。

宏伟的构想，神圣的使命，让热血男儿心潮澎湃。应该说，向西较之向东，气魄更大，前景也更为诱人。

但实施这一构想，必然会遇到两个不确定的因素：第一，这个局面什么时候才会到来？第二，这个局面一定会到来吗？这，就是这一计划致命的死穴——因为，这个局面的到来，是有赖于日本人的。但如果日本人无意或是无力打通和控制平汉线和粤汉线两侧的广大地区呢？那么中原地区仍然会维持日、蒋对峙的局面，我们就没有机会。与其坐等，不如另图发展，这正是父亲坚持向东发展的立论依据。

1938年10月25日，汉口弃守，抗战以来最大的一场战役——武汉会战结束。四个多月来，中日两军在数千里的战线上，进行着激战。日军使用兵力达十二个师团，死伤达十万人以上。中国参战部队一百三十三个师又十三个团，伤亡十四万三千四百人，被俘官兵九千五百余人。仅大别山一役，据日方统计，日军伤亡约四千四百余人，中国军队阵亡约一万五千人。战况惨烈。

武汉虽然丢失了，但武汉会战的意义并不在于此。历史学家们是这样评价的：这次会战虽以放弃武汉告终，但使日军力量受到很大消耗，尔后无力进行大规模的战略进攻。日军歼灭中国军队主力、迫使中国投降的战略企图破产了。

战争的双方，从此进入了相持阶段。

随着双方战争力量的消耗，战事渐次进入僵局，参战各方的作战意志和企图在发生微妙的变化。

日本领导人认识到，他们对中国的抵抗能力估计错了，中国军民在武汉战败后并未屈服。中国实在太大了，假如继续深入中国的腹地，无休止地追击那些不可捉摸的防守者，结果只会使自己精疲力竭。而他们自开战以来所占领的华北和华中地区，能有效控制的还不足百分之十——基本上是在主要城市以及主要铁路和公路干线上。因此，当务之急不是继续西进，而是确保对占领区的控制。首先，要集中兵力清剿在占领区内共产党的抵抗力量，使占领区内的资源能够弥补一下捉襟见肘的日本战时经济。其次，要拖垮国民党人，瓦解他们的意志，直到他们因"内部分裂"而崩溃。

面对日本进攻势头的衰减，国民党领导人也意识到，日本人其实并不可怕，两军只要保持不温不火的接触势头，以中国的地广和众多人口拖住他们，坐等西方盟国腾出手来，局面不愁不变。现在，令人不安的倒是共产党人日益增强的势力和地区性的实际控制，这些，对战后的国家统一和稳定显然是一个不祥之兆。他们对与日本人作战，开始不如对遏制共产党人那么专心了。

共产党应该怎么办？

抗战初期，我军在华北敌后的战略展开大体完成后，毛泽东把他的目光投向了华中。这里所说的华中地区，和现在的概念有所不同，是指中共中央华中局领导的范围，长江中下游地区，主要集中在淮河流域的江苏、安徽，连带河南东部。这是一个位于敌人后方的，直接威胁到南京、上海敌伪巢穴的战略前冲地带。抢先夺占它，可以打通华北和华东的联系，北连八路军，南接新四军。而皖东北又是通向华中核心区苏北的必经之路，是经略华中的滩头阵地。回顾这段历史，父亲曾撰文写道："党中央和毛泽东提出'巩固华北，发展华中'的任务。并强调，大力发展以苏北、皖北为中心的华中敌后抗日根据地。明确指出，这个地区战略地位极为重要，北可连山东，背靠八路军一一五师；西可连冀鲁豫，与一二九师相呼应；将来连成一片，既可独立作战，相互配合，并可为以后西进南下预作安排。"（注：《刘少奇同志在华中》张爱萍、刘瑞龙等著）

父亲回忆说："中央当时考虑日本人控制了平汉路，我们可以依靠平汉路以西，在南阳、伏牛山一带打游击。但现在情况变了，它已经不是抗战初期大举进攻的架势了，它占了大半个中国，控制都困难，没有力量继续向西了。我们不能把自己摆到面向日本人，背靠国民党的位置上。我们只能向敌后发展，这样，国民党想和我们搞摩擦也没有办法了。"

"再一点，即使日本人要打通平汉路，什么时候呢？难道我们就在这里坐等？豫皖边的南面紧靠国民党第一战区，摩擦要发生了，待在这个地方是不行的。不如乘此向路东发展。"

父亲继续他对这次会议的回顾："我太了解彭雪枫了。我向彭雪枫提出来，自己先去路东，算是给你们侦察一下。彭先不敢同意。正巧晚上路东来了个同志，叫刘子吾，是宿县地下党的。他报告说，敌人兵力不大，只占了几个县城和大一点的镇子。特别提到，立煌（注：金寨县）来了个专员，叫盛子瑾，很开明，在发展武装。根据他谈的情况，更坚定了我的决心。第二天，我又提出到路东去的想法。吴芝圃同意了，彭的想法也变了。"

"我太了解彭雪枫了"，我相信父亲的这句话。在我很小的时候，听父亲讲起他自己的经历时，总会时不时地蹦出彭雪枫这个名字。我读过《彭雪枫家书》，林颖编撰。她在前言中说，在她和彭雪枫相识后的短短三年里，彭给她写了八十多封信。实在是不算少了！信中那些文笔流畅、细腻婉约的语言，凸显出20世纪30年代新潮派文人的风格。信的内容，充满了对人生的抱负和为理想而献身的豪情，同时，流溢于笔端的是军旅男儿对年轻妻子缠绵悱恻的恋情，使人联想起苏东坡笔下的周瑜："遥想公瑾当年，小乔初嫁了，雄姿英发……"以我有限的涉猎范围，我至今尚不曾发现在党内老一辈人中是否还有第二个人，像彭雪枫这样将文人雅士的多情善感，与金戈铁马的军人气质集于一身。侠骨柔肠啊！

彭雪枫比我父亲大三岁。长征中过了大渡河，调父亲到十三团当政委，和彭雪枫搭班子，父亲死活不愿意。他说："我那时在红十一团，团长邓国清负伤了，王平是政治处主任，我们两个配合得很好，调我去彭雪枫那里当政委，我就不去，那个家伙英雄主义的厉害。后来，彭德怀发了脾气，我只好去了。"前些年，听王平也说起过这件事："本来是要我去的，我一听说给彭雪枫当政委，我不干。我说自己能力不行，还是张爱萍行，哈哈！把这个难题推给他了。"邓子恢也有类似的说法。张震回忆录中说："一次，子恢同志同我讲，开始上级要他到四师来时，他心里也有点害怕，因为听说雪枫同志爱发火，脾气怪。在一起工作后，彼此间都很尊重，配合得很默契，相处很好。"（注：《张震回忆录》，216页）

我军将领中，有一些人，是很难给他们搭班子选政委的。彭德怀算一个；林彪也算一个；彭雪枫当然不用说了，这么多人都不愿意给他当政委。我也听有人说过，张爱萍也算一个，哈！说到我们老爷子头上了。还有说刘亚楼、韩先楚、王震的。我自己接触过的有北京军区的司令秦基伟、周衣冰，给他们当政委也不是件轻松的事。除了我们通常讲的德才和资历外，气质、秉性都至关重要。军、政首长搭班子，两个一把手，要互补，而不是相克。奇怪的是，人们在谈起他们的这些毛病时，似乎都很宽容，看来对一个军事指挥员来说，脾气大兴许不是缺点，重要的是看他在战场上的勇敢顽强。

父亲和彭雪枫有许多相似的地方。他们都是极富理想的热血男儿；都是小知识分子出身，博览群书，擅长吟诗作赋；既热衷于真刀真枪地拼杀，又喜欢钻研军事理论。性格气质上，又都是那样桀骜不驯；甚至，两个人名字的风格都那样相似，一个爱萍，一个雪枫，都带着同样的飘逸和浪漫。在我们这支以农民为主体的军队中，他们的个性特征尤显得惹人耳目。生活的阅历告诉我，可以是朋友的，未必能成为搭档。也许正是这种相似，使他们在情感上惺惺相惜；而在建立功业上，都会固执地沿着自己的轨迹前行，而义无反顾。

父亲说："长征时，一路走着，彭雪枫总说，要走到哪一天呢？我说，管他呢，天塌了有长子顶着。有几次聊得彭火了，就喊……

"……翻过了四座雪山，我就感到体力不行了，没有力气，这种感觉过去是从来没有过的。沿途看见的都是牺牲的战友，特别在宿营地，到处是尸体，只能把他们抬开，再睡在那里。自己明天还能起来吗？不知道……冻、饿、疲劳。最后一座雪山是梦笔山，一些战士走着走着就倒下了，许多带的是冲锋枪，我舍不得丢掉，就自己挑起来。彭雪枫一直在山顶等着我，说你老兄终于上来了，你挑那么多枪给谁用啊？我一想，是啊，部队一再减员，妈的，一下子全扔到山谷里去了。"

我没有见过彭雪枫，也不知父亲年轻时的样子，但说到这里，他们两个身上不同的特质我已经能够触摸到了。彭雪枫已经是一个成熟的指挥员了，而我父亲呢？他好像还没开窍。

父亲决心离开彭雪枫，执意独闯路东，是不是还另有隐情？据刘玉柱（注：二机部副部长，时任彭雪枫支队宣传科长、豫皖苏省委秘书）讲，他到竹沟向刘少奇汇报，带回了一封信。他向我父亲透露说，少奇同志对几个领导同志的职务已经做了安排，并决定成立豫皖苏省委，由吴芝圃（注：建国后曾任河南省委第一书记）当书记云云。

父亲说："这封信没有看到，宣布时，我任豫皖苏省委书记，上面还有个党政军委员会。……我就有了些想法。"

究竟有没有这件事？刘少奇的信上写了些什么？历史尘封的往事无人知晓。干部的配备，要考虑的因素很多，何况这种事捣腾出来又有何意义呢？我只是想了解我的父亲，为什么他就不肯留在彭雪枫的部队里，为什么如此义无反顾地冒着危险独自走向敌人的营垒。不错，他向来在自己认定的事情上，是不容动摇的。但这里或许多少也有些委屈和不平，因为他毕竟还是个年轻人，那年他才二十九岁。

而年轻人身上的冲动是可贵的。应该说，父亲的这个决定是理性的，是建立在对抗日战争特殊规律认识的基础上的，但同时也是冲动的、激昂的。孤立和不服气有时也是兴奋剂，也会激励人，尤其是当自己怀有抱负、握有真理，它会激励人们去探寻、去冒险、去证明自身的价值。

同生共死的战友，今天又要各奔前程了。

前面的道路有多艰险？谁也不知道。但决心一下，就再也不允许瞻前顾后了。也许是不放心吧，彭雪枫说，再带一个人去吧。据国防科工委办公厅主任黄林同志回忆，他当时是党政军委员会秘书，临行前，彭雪枫说，看你的鞋都破成这样了，要供给处给爱萍赶做双新鞋吧。父亲记得，过雪山时，他有些喘不上气来，彭雪枫说，你病了吗？骑我的骡子吧！父亲的那匹骡子在过泡桐岗时摔死了，全团就剩彭的这匹。两人你推我让，最后还是伤员骑了。

他曾就独闯皖东北这段经历写过一首长诗，但诗中反映他当时心态的只有两句："恨不生双翅，疾飞到路东。"

后来的事实证明，父亲向东发展的举措是正确的。他到皖东北后，仅用了三个月，就拉起了自己的队伍，建立了五县十六区的皖东北根据地。很快又将豫皖苏与苏北连成一片，以至于日后彭雪枫在路西走麦城时，才有了便捷可靠的退路。

对这段历史，至今人们说法不一。1987年，长期跟随彭雪枫、担任彭雪枫参谋长的张震曾撰文，题为《新四军第四师的战斗历程和淮北抗日根据地的创建与发展》。其中写道："根据少奇同志5月份关于……的指示以及张爱萍在淮上时曾提出的可向津浦路东发展的意见，7月份张爱萍到皖东北地区……创建皖东北抗日民主根据地。""这时，由于我们对皖东北的情况不了解以及对开展这一地区工作认识不足，没有派部队随爱萍去，失去了一段有利时机。"

这段话，可以看作是对那段历史一个委婉的交代吧。

草莽江湖

在回顾自己的人生经历时，我曾经问过父亲这样一个问题：
"爸，在你这一生中，什么时候最苦、最艰难？"
沉默……
显然，在这以前，他还没有从这个角度回顾过自己的人生。
"是在上海做地下工作时吗？还是在长征途中？"我试图诱导他。
过了好一会儿，他才表情凝重地说："不！在皖东北，在九旅，在生你的那个地方。"

他为什么会把在皖东北敌后组织抗日武装这段历史，看作是人生最为艰难困苦的时期呢？这仅仅是他个人特有的经历？还是深含着更大的全局上的背景呢？当年曾为中原局书记的刘少奇是这样回顾的："国民党最初对敌后的形势估计得过分严重，他们惊慌失措，退却逃跑。那时敌后是空虚的。到了这时候，国民党逐渐了解了敌后的具体情形，又看到我们在华北敌后的大发展，它对于敌后的观念有了改变，觉得敌后还是可以经营的。国民党最初是不愿到敌后去的，而指令我们到敌后去抗战，他们自己站在后方。然而在此时，他们就大胆、积极地向敌后伸展，恢复他们在敌后的统治，并

严格限制与排挤我们。形势对我们是非常危险的。"（注：《刘少奇自述》，119页）

毛泽东要深入敌后，抢占华中，蒋介石也不是傻瓜，更有甚者，他都联想到，华中一旦被共产党控制，即使抗战胜利了，他要再回南京、上海恐怕都困难了。华中局书记刘少奇又说："这是和华北不同的道路。我们不独是在同敌伪的不断战斗中，而且也是在同反共顽固派的不断自卫斗争中，即是说，是在三角斗争中来建立敌后抗日民主根据地的。"（注：《刘少奇自述》，122页）父亲解释说，华中抗日斗争的特点，是和敌、伪、顽的斗争。这里的敌，是指日军，伪是汪伪汉奸，顽则是指专门和我党搞摩擦的国民党反动派，也叫顽固派。

历史的事实是，刘少奇的这个先敌抢占华中的战略思想并没有被党内同志所理解。刘少奇在《自述》中继续回忆道："1938年，党的六中全会决定了发展华中的方针，但这时发展华中的最好时机已经过去了。"但"还来得及补救"。可我们又"继续犯了一个错误，又失去了一些时机"（注：《刘少奇自述》，117页）。

刘少奇在这里指的是又犯了个什么错误呢？他说，我们估计日军攻陷武汉后将继续向内地发展，因此我们将着眼点集中于可能成为敌后的河南，而忽略了津浦路和淮南路以东现有的敌后广大地区。他的这个结论和我父亲当时的主张是一致的。刘继续说，一直到1939年冬，才确定认识抗战的相持阶段到来了，在河南发展不可能了，才把中心移到津浦路两侧去。但这时，时机过去了，条件更困难了。国民党在敌后恢复了他们的秩序，而我们在那里则很孤立。他写道："形势对我们是非常危险的。"（注：《刘少奇自述》，119页）

皖东北，这是个不算太大的地区，相当京津唐地区，甚至还要小一些。用现在作战条令来衡量，也就是约合一两个集团军的活动地幅，但从当时历史条件下军队的作战和机动能力来看，建立一个旅一级的游击区已经是足够的了。鬼子和伪军一万六千人，占据了绝大部分的县城和乡镇，共一百多处，平均每个点不过百八十人，兵力相当分散。父亲回忆说："国民党正规部队都跑光了，这个地区从国民党统治变为日伪统治，但国民党的地方政权还在，只不过已经被大大削弱了。"

我是沿着父亲当年进入皖东北的路径寻访的。经涡阳的临涣集向东北，再从宿县的符里集和夹沟之间穿越京沪铁路（当年称津浦线），就进到皖东北地界了。现在这里已经是车水马龙，居民点、集贸市场星罗棋布，熙熙攘攘。为了体验当年的感觉，我特意将车开上了一条早已废弃的老路。

一组镜头：1939年的夏天。一个二十九岁的青年，着布衫，戴斗笠。手里拿着东西？或者没拿？这不重要。空旷的原野上依稀散落着村庄，两边的庄稼随风浮动，像大海的波涛，天好蓝，云好深。在战火纷飞中，告别了自己的同伴，只身走向敌营，没有武器，没有队伍……前面等待他的将会是什么呢？

是你一个人去的吗？父亲告诉我，还有一个向导，叫刘子吾，是宿县地下党的交通员；再一个是游击支队的民运科长刘作孚。后来，刘作孚换成了宣传科副科长刘玉柱。一行三人，穿越了鬼子的封锁线。

生活在太平盛世的人不懂得什么叫乱世，当年在这里作过战的军委副主席张震用两句话作了概括："三里一司令，五里一队长。"战乱中的皖东北大地，一时群氓蜂起、土匪啸聚、水寇出没、恶霸横行。

父亲他们一跨过铁路，就遇到一伙人，簇拥着，斜挎着盒子枪，看不清面目，但从走路的姿势看，侉侉的，不像是好人。是土匪！快跑。好在这时青纱帐起来了，也就是高粱地，皖东北叫绿豆秫秫，钻进去对方就不敢贸然进来了。父亲考虑，敌后侦察，免不了鬼子盘查，反复权衡，就不带枪了，可不带又有不带的麻烦，他说："撞死在土匪手里才冤呢！"

肚子走饿了，到集镇上搞点吃的。在铁路边临涣集的一个小饭铺里，遇上了鬼子汉奸盘查。他说："我倒真想会会他们。鬼子这样分散，组织小分队突袭应该是不成问题的。"

第一站在宿县的时村歇脚，巧遇国民党泗县县长黎纯一带着百十号人的队伍过来。"秦失其鹿，天下共逐之"，不要以为就共产党懂得敌后游击战，国民党的零星小股也先我渗透进来了。既是友军，不妨一会，黎还是四川老乡呢，见是武汉八路军派来的高参，大地方来的，设宴款待。酒刚过三巡，就听枪声大作，说是鬼子来了，黎连告辞都来不及，拽着县大队就溜了。父亲说："他不行！"听得出，他根本不把这个异党的竞争对手放在眼里。军人就是军人，枪声很刺激，它让人兴奋，枪声里隐含着重要的信息，他迎上前去。果然，枪声给他引来了八路军一一五师苏鲁豫支队的营长梁兴初（注：原成都军区司令员），他带了一个营从山东窜过来，和鬼子打了个照面。这是北方局所属的一支山东部队，而父亲是中共豫皖苏省委书记，属中原局。虽不是一个系统的，但他对外的身份是八路军一一五师政治部副主任，驻武汉八路军办事处高级参谋，也可以说是梁的上级了，何况他们在红军时期就很熟悉。他才得知，山东的八路军也在打皖东北的主意，时不时地派小股部队在这一带出没。梁还告诉说，我们的头头可是你的老熟人，谁？吴法宪；谁是吴法宪？就是吴文玉啊！

噢，吴胖子！这真是一个意外的惊喜。在中央苏区团中央工作时，吴年纪小，他们愿意带着这个活泼的小胖子一起玩。由彭明治、吴法宪带的苏鲁豫支队，是支正规的红军部队，长征路上一起走过来的，如今兵员齐整，装备精良。他这个豫皖苏省委书记，不过是个空头司令，谁知道那儿水有多深，既然您老兄一意孤行，就自己去蹚蹚吧。他现在该知道这里的凶险了，他真诚地说服梁能留下，共图大业。但梁实在为难，他们归山东方面节制，今晚就得返回，军令如山啊。父亲说："我还是给吴胖子写了封信，并交代了电台沟通的办法。"

吴胖子还真不错！父亲再次过路东时，吴法宪真带着部队来接应他了。吴说，我给你开路。父亲说，那还不把人家都吓跑了，怎么搞统战？你就带人后面跟着吧。

中国自古以来就是枪杆子的天下，有了吴胖子保镖，现在可以大大方方地拜会地头蛇了。许志远，当地恶霸，抗战后投靠国民党桂系，被任命为沦陷区灵璧县县长。雷杰三，许的嫡系，握有五六百条枪，横霸一方。他们在几里路外就布开了阵势，刀枪剑戟地欢迎新来到的友军代表。

是挺悬的！我说，国共两党是多年的仇家，就不怕人家下毒手？

父亲说："见到面倒是挺客气的。"其实，也就是要给他个下马威，有吴法宪的队伍蜷伏在身边，父亲解释道："双方都还在摸底。"同时他也承认："对危险，确实也没有想那么多。"不久，对方终于动手了，我方人员江上青牺牲，那是后话了。

开张还是顺利的，但没多久，一纸调令，吴法宪被调走了。苏鲁豫支队的隶属关系本来就不顺，不是一个系统的，谁会听你招呼？全靠有熟人。父亲说："算了吧，求人不如求己。"他又成了孤家寡人。好在苏鲁豫支队南下时收编了徐州附近的一支小游击队，头头是孙象涵，大概因为是后娘养的吧，反倒很配合，以后成了父亲创建皖东北天下时组建九旅的一支重要力量。

对吴法宪在困难时的帮助，父亲常会提起。我们小的时候，常来家里的客人不是很多，但吴胖子是一个。他的夫人陈绥圻也是我妈妈战争年代的好友，曾有过一段生死相伴的经历，后面我还会提到他们。可惜"文革"后我们两家就形同陌路，父母每次谈起和吴、陈夫妇的往事，总会陷入深深的叹息。

灵璧县的许志远、雷杰三是一批地方势力。父亲说："表面上殷勤，但我知道他们很难合作。"共产党是穷人的党，他把目光投向民间。许志远的副官倒是很热情，给父亲介绍了当地的开明士绅苌宗商和姚隆源、陈北余一伙。他们是许的后勤物资供应商，是靠许吃饭的，就像现在许多愿意和军队、政府做生意的商人一样，官商一体嘛！这帮人是个特殊的群体，平日里好习文弄墨，舞枪使棒，上联官府，下结豪强，标榜豪爽仗义，抱打不平，在地方上形成势力，很有些人气。他们办有一个龙源糟坊，题名"抗日大饭店"，南来北往之客，凡和抗日沾边的，一律免费食宿，临别还赠钱粮。有的书上描写苌宗商是胸飘长髯，衣着黑衫，骑头毛驴。父亲说起他："是个大地主，民团团长，儿女都是共产党，小儿子苌征参加了八路军，不久前牺牲了，他对抗战有贡献，解放后安排他任地方的水利委员会委员。"他们一听我父亲的来由，就大哥小弟地乱呼起来，再一神侃，立马折服，大有相见恨晚之势。父亲说："皖东北许多重大事项的议定，我都是在龙源糟坊筹划的。"说到这里，我想，假如不是在淮北，而是在漠北古道上，还不成了"龙门客栈"？刀客剑客，藏龙卧虎，浪迹江湖，看来古往今来皆有之。

他们得知我父亲要继续深入皖东北腹地，遍访当地的地头蛇们和豪强势力，便提醒说，去青阳一路，要走老周圩子，有个周汉波，是个抗日的士绅，仗义疏财。我插话，八成像《水浒》里的柴大官人吧？他们还告诫说，万不可走张楼，张楼有个张海生，生性凶残，暗中与日伪勾结，是个黑店，不少抗日人士都成了他的刀下之鬼。父亲说："听了这话，我倒吸一口凉气。"

"是不是像《水浒传》里的祝家庄？"我打趣说。"不要打断我！"老爷子讲到兴头上，是不允许别人插话的。

从泗县往东四十里就是皖东北专区的首府青阳了，今天这里叫泗洪。原来洪泽湖是安徽、江苏各占了一半，20世纪50年代统划给了江苏，青阳也随着给了江苏，名字也就改了。从泗县到泗洪的泗泗公路有一半在安徽，一半在江苏。这条路我走过，很特别，江苏境内相对繁华整洁些，一进安徽，整个一个脏乱差。泗县的人请客要专程跑到泗洪去，真惨。但父亲讲起这里，还是习惯叫青阳。据当年陪他同行的刘玉柱回忆："根据苌宗商的指点，我们过老周圩子，住在周汉波家。紧接着就巧遇了到宿灵两县视察工作的杨纯和她的随行人员邓青（女）。"（注：《刘玉柱纪念文集》）

刘玉柱回忆中提到的这个女人杨纯，可是个大名鼎鼎的人物，她当过周恩来总理的秘书，在我党众多的妇女干部中，她没有甘心当"夫人"，而是一路从政，官做到了中华人民共和国卫生部副部长的位置。据说，她当年可帅了，剪着短发，挎着手枪，当过游击队长，她是中共山东分局派过来的，职务是中共皖东北特委书记，公开身份是国民党皖东北行政公署的民运科长。我父亲当年什么样？画家芦芒随郭沫若组织的抗日宣传队曾来过这里，解放后两人重逢，他凭着记忆给父亲画了幅油画。画布上的人戴了顶破旧的斗笠，低低的，阴影遮住了大半个脸，透过斗笠的网眼，射出的目光是冷冷的，慑人魂魄。像个游侠？下脚注了几个小字：八路军、新四军代表张爱萍在皖东北。现在的一些女同胞看了说："哇噻，好酷啊！"

据有些书上描写：杨纯带着随员邓青正巧和张爱萍打了个照面。见是两个女子，扮相举止不凡，透着一股英气，在这个穷乡僻壤的鬼地方，也会有如此气度之女子？但人家毕竟是个女流，哪里好死死盯着的，张爱萍遂将头一低，擦肩而过。不想，那女子却回过头来，喝道：站住！张愕然；是路西过来的？不等回答，又抢道：哈，你是张爱萍！……杨纯真是快人快语。

这个说法很有戏剧性，我后来看到父亲1959年对安徽党史办同志的谈话记录："他（苌宗商）告诉我很多情况，大庄区的区长石（名字打印不清），是抗战的，好人。还有一个女同志叫陈光薇

（杨纯），八路军派来的。于是我找到了她。"语言直白，平铺直叙，现实生活总归不如小说描写得那样浪漫。

原来就在党政军委员会争论彭雪枫支队向西还是向东发展时，国民党皖东北专员兼保安司令盛子瑾，接受了他的秘书、我地下党领导人江上青的建议，派吕振球持盛函到彭雪枫部，寻求与我合作抗日。父亲奔赴路东，彭遂将这个关系介绍给他，并附上了给盛子瑾的亲笔信。

通过杨纯这条线，父亲认识了江上青，江立即安排父亲和盛子瑾会面。在皖东北，盛是国民党的最高长官，父亲是共产党方面的最高长官，皖东北国共两党最高层的接触由此开始。

盛子瑾，黄埔军校六期生，精明自负，常以三国周公瑾自诩，故名子瑾，人称"粉面金刚"。早在六安县任县长时，就与中共领导的抗日游击队配合，把日军从六安城赶跑了，由此名声大噪。盛子瑾的夫人杨文蔚是军统戴笠的人，承命监视桂系。盛子瑾这次调皖东北敌后任职，是桂系的一个阴谋，假借日本人之手除掉这个隐患。盛子瑾何尝不明白，他到皖东北后，上受省政府打压，下遭许志远等地方势力顶抗。迫于形势，他当然需要借助共产党的力量站稳脚跟，迅速坐大。

父亲这方面又何曾不是这样呢？孤身只影，除了八路军代表这块牌子，他还有什么？

他有杨纯和江上青，在他们身上体现出党的力量在敌后的渗透。杨纯对我父亲说，我来安排你给盛子瑾的军政干部训练班讲课；江上青说，我来邀请盛子瑾到场。父亲表示自己新来乍到的不了解情况，杨纯说，那我给你出题目、给你准备材料总行吧。父亲还记得，她出的题目是，"处于敌后的皖东北地区能不能建立抗日根据地？又怎样建立根据地？"杨纯还找了本盛子瑾写的《我的目前主张》，说，你参考一下，或许会起些作用，并嘱咐讲课时一定要提及。

父亲当年做的《巩固团结，坚持皖东北抗日游击战争》的报告还保存着，收集在他的军事文选中。报告分析了皖东北对敌斗争形势，重点阐述了"建立和巩固皖东北抗日民主统一战线的问题"。旗帜鲜明地提出共产党的主张：一、制定皖东北地区全民抗战的纲领性文件《共同决定》；二、共产党拥护在专署领导下执行《共同决定》；三、净化抗日力量，土匪及各派力量中的腐化、动摇、欺压人民者一律在打击之列；四、为促进抗日力量的发展，各组织、团体、党派保持自己的独立性，发展不受干扰。

这个报告正式向盛子瑾传达了共产党方面的立场。它的实质是：只要盛专员抗战，共产党就坚决支持拥戴；以净化抗日队伍的名义，配合盛一起打击皖东北地区的反动地方势力；同时，为自己今后的发展预留了空间。

这是一份充满了政治智慧的文件，用现在的话说，是"互利双赢"。

讲课那天，盛率公署的许多人来听，父亲不时地引用盛的主张，盛子瑾果然"龙颜大悦"，赞许说，真是个济世之才，大有相见恨晚之感。这不能不归功于这位幕后的女英雄。

共产党方面作出的承诺是：

拥戴盛专员为领导皖东北抗战的领袖，恪守维护当地政府的利益；

积极配合国民党安徽第六区抗敌指挥部，和李宗仁第五战区第五游击区打击日伪军的作战行动。

双方议定的条件是：

准许八路军、新四军在皖东北公开设立指挥机构；

灵璧、泗县二区由共军负责掩护，执行当地行政。也就是说这两个县由共产党行使行政管理权，但接受专区的领导。"一国两制"嘛！多说一句，灵、泗二县是许志远等地方势力的地盘，他盛子瑾插不进去，干脆给你共产党算了。

另划泗宿公路以南及洪泽湖边为共军活动区，共同建立洪泽湖根据地。说白了，是给你点势力范围，别到我的核心区来闹腾。

再有，民运工作由我方派出干部；保安司令部政治部由共方一人担任。

责成当地士绅吴敬轩每月向共军提供军饷法币一万元，共军不就地筹粮。这一条极为关键。

最后，由双方组成设计委员会作为协议执行的权力机关；并吸收各界爱国人士和社会名流参与，共谋抗日大事。

谈判成功！皖东北各阶层团结抗战的新局面形成了，起码大面上是这样了。第一步，站住脚了。有名分、有地盘、有资金，和现在办公司的条件差不多。

这一下可就惊动了国民党上层，岂能容你坐大！

1939年7月29日，当地反动地主武装柏逸荪、王铸九伏击了盛子瑾的队伍。中共党员江上青和他同行，不幸遇难，同时牺牲的还有我党干部朱伯庸等八人。烈士的遗体被丢进濉河，而盛子瑾反倒侥幸逃脱，这就是轰动一时的"小湾子事件"。用现在的话说，这是一次恐怖袭击。据掌握的材料看，柏、王的背后是许志远，许又是秉承桂系安徽省头目李品仙的旨意。刺杀的直接对象是盛子瑾，江上青是误杀。为什么？皖东北共产党的势力发展得太快、太猛了。盛子瑾这小子为了坐大自己，居然纵容共产党？

江上青，中共皖东北地下党负责人，1927年参加革命。和父亲一样，江上青来皖东北前，也深知环境之险恶，临行时作《自祭》联一副："拼得瘦骨埋锋镝，常使英雄祭血衣。"以示誓死之决心。不想此联竟成谶语，九个月后他就遇难了，时仅二十八岁。他的牺牲，是我党在皖东北根据地初创时期的重大损失。大业方兴，折我大将，这个打击对父亲是沉重的。

江上青是中国共产党第三代领导人江泽民总书记的养父。20世纪80年代初,在国防工业系统工作的江泽民找到我父亲,请他为江上青烈士题写碑铭。父亲回忆说:"记得好像是在什么会上。晚饭后,有人敲门,是江泽民同志。他说请我为江上青同志写个墓碑,我问,他是你什么人吗……"其实,早在1949年上海刚解放时,从事上海地下党工作的江泽民便得知了进驻上海军管会领导同志中有他养父江上青生前的战友张爱萍和刘瑞龙,便兴奋地要通了他俩的电话。这一晃又是三十年过去了,父亲回首往事,不禁大恸。江上青牺牲的那年,江泽民才十三岁。江泽民同志后来成为了中国共产党的总书记,牺牲的烈士啊,你可以安息了,中国革命,后继有人。1999年12月31日,江泽民总书记在我父亲九十岁生日前夕赠诗写道:"皖东风雨舞长缨,一片丹心日月明。"父亲去世后,江泽民又填词书赠我的母亲,他用诗的语言赞颂老一代革命者们:"百战千征,碧汉英雄路。"

历史如此沉重,后人岂能忘却?

这时的父亲,虽然作为皖东北地区八路军、新四军最高代表,但只是个光杆司令。在这次恐怖行动后,陇海南进支队的政治部主任李浩然担心父亲的安全,硬是派了王东保带了一支四十人的队伍,给这位省委书记做警卫。王东保后来是从大军区副司令的位置上离休的,他的夫人林浩同志是一位文化修养很高、观念超前、充满朝气和实干的妇女干部。他们的儿子王小雷曾是我的榜样,他"文革"前就放弃了上大学的机会,报名参军,成为全军的标兵,后不幸因公牺牲。

动乱中的中国只认枪杆子。父亲说,早在他读中学时,学生中就以对政府的态度分成两派,用"文革"语言来说是造反派和保皇派,不用说,共产党当年肯定是造反派。两派学生由赛球到辩论,最后发展成武斗。在殴斗中,保皇派首领吴以柯拔枪示众,枪响两声，把在场的人全怔住了。这件事对我父亲印象太深了。后来陈毅以党代表名义来达县，召见当地的党、团组织领导人，我父亲就提出来要搞枪。陈毅大惊，说学校又不是战场，你个中学生要枪干什么？三年后他们在中央苏区重逢，陈毅已不记得他了，提起当年要枪的事，陈毅大笑，原来就是你这个家伙！看来，枪比人更惹眼。

要拉队伍，可不是像电影里那样，登高一呼，贫苦百姓纷沓而至。军队是要花钱的，就是军饷，千八百人的队伍每日三餐，军装，被褥，武器，药品……总不能当土匪去抢吧。我的三叔，当时也在淮北一带工作，他给我描述了当时的情景：穷人有的是，要招兵，满大街没饭吃的都会抢着来。但枪一响，准保跑得一个都不剩……

与盛子瑾谈判的最大成效，是有了地盘有了钱。《三国演义》刘关张三结义，起兵哪来的钱？国学大师南怀瑾考证，是大商人张世平给的钱。曹操起兵是"陈留孝廉卫兹，以家财资太祖"。刘邦则是靠的吕后的娘家给钱。我们老爷子起兵是盛子瑾让大地主吴敬轩给的钱。各有各的路子。

在这里，他看中了一个人。

赵汇川，一个身高马大的汉子，国字脸，讲起话来声如洪钟。这个1933年参加革命的共产党员，因与组织失去了联系，就自己在家乡拉起了一支队伍，打出宿县抗日游击支队的旗号。为了争取合法地位，后经江上青斡旋，编入盛子瑾的麾下，番号六抗三支队。六抗，是国民党的番号，即国民党安徽省第六专区抗敌指挥部下属的第三支队。父亲是一眼就看上了赵汇川。赵在学生时期曾组织过一个篮球队，取名"赫赫"，四个"赤"字，可见其之激进。后来参加了吉鸿昌的抗日同盟军，平定堡一战负伤六处，可见其之勇猛。

赵行，但他的部队不行。这是一支隶属国民党地方编制，而由共产党为领导骨干的"四不像"部队，起自民间，带有浓厚的游击习气和家族色彩。父亲有文:"着意利用一切可以利用的机会,向他们灌输红军建军的传统和经验,建立政治工作制度、严格训练管理、密切军民关系等,使之逐渐和八路军、新四军一样。"他征得盛子瑾同意,借口护送他,把赵汇川的部队拉到彭雪枫部队去参观见学,以连为单位开展结对活动,并派了一大批干部充实进去,最终将这支部队改造成一支真正的人民军队。

"傲然携手天下事,与我义气走江湖。"从此,赵汇川带上这支起家的队伍,随着我父亲转战江淮战场。父亲说起赵汇川来,总是要加一句:"一员虎将!"全国解放后,他又和父亲一起创建海军,后任北海舰队副司令。他的这段出自草莽的曲折经历,在"文革"中肯定难逃一劫。在革命小将的眼里,共产党、八路军都是样板戏里那样的,怎么会有这么乱七八糟的故事?赵小父亲三岁,因备受折磨,先我父亲去世。父亲说过:"我和赵汇川相识相知五十七年,是生死之交。"他的夫人马如珍为他出了一本纪念文集,由父亲题写书名《川汇大海》,取其名字"汇川",意寓风吹浪涌汇入大海。父亲与创业时期这些老同志的友谊,一直延续了他们的一生。赵汇川去世时,父亲为他写了一副挽联:

  八十三载革命路,身经百战,大智大勇,功勋卓著,一身正气奔大海;

  五十七年战友情,并肩抗倭,同创海军,患难与共,满腔悲痛送汇川。

父亲走的那天晚上,我久久不能入睡,天快亮时,一下睡过去,梦见赵汇川一身戎装,带着一支部队,牵了两匹战马,上前对父亲敬了个军礼说,大将军请上马!随后两人纵马飞驰而去……

  梦,许多人认为荒唐,但我信。

就是这支赵汇川支队,成为夺占皖东北最早的也是最基本的力量，后来编为九旅二十七团，解放战争中的华野二十一军六十三师一八九团。另外还有两支队伍：

徐州沦陷后，周围十多个县，一下子涌现出大大小小上百个群众自发的游击队，他们就是陇海南进支队的前身。只要听听他们的名称，就不难想象起家时那种原始的、草莽的特征了：邳县青年义勇队；睢宁救国团；沭阳三县联防自卫队；上马台民众自卫队；铜山抗日游击队，等等，五花八门。山东、安徽、江苏三省交界处的三不管地区，也叫邳睢铜三角区，那里的青红帮头面人物夏慕尧把他四百人的抗日义勇军交了出来。国民党上校军官胡大勋回到家乡铜山组织了二百人的队伍，拥有七十条枪，两挺重机枪，一门迫击炮，也加入进来，编成机炮连。徐海行署蔡少衡把行署常备队交过来，编为第八大队。开明士绅朱庆轩组织了四百人的队伍，编为独立第四营。这样，陇海南进支队，在一年的时间里，即由三百人发展为三个团、七个营，共七千人。1939年9月，八路军山东军区成立苏皖纵队，江华任司令，向华中地区渗透，陇海南进支队编入其中，由江华带进了皖东北。这支队伍的一部分留下来，编入了我父亲的队伍，番号九旅二十六团，也就是解放战争中的二十一军六十三师一八八团的前身。

再一支是铜山县桃山集的抗日游击队，由孙象涵统领。最初只是八十个人，从铁路警察那买了几支枪就起家了。后来并入萧县游击支队，八路军苏鲁豫支队南下时被收编过去，整编为游击七大队，由吴法宪带过津浦路，进入皖东北后，改为八路军苏鲁豫支队独立大队。父亲管这个部队的领导人孙象涵叫孙豁子，说他配合的最为得力。独立大队后来扩编为九旅二十五团，是二十一军六十三师一八七团的前身。

这就是九旅的前身。这样的"乌合之众"能打仗吗？

鱼沟，1940年的春天。

在九旅刚刚三个月大的时候，那时还不叫九旅，还没有来得及给它起名字，就投入了和侵华日军主力部队的一场生死的搏斗，这对久经沙场的我父亲来说，也是一场惊心动魄的战斗。他至今回忆起来情绪上还难免有些激昂。

为了扫灭西部的敌人，半个月来连续打了十三仗，部队异常疲惫，父亲说，他决定在西北部山区暂做休整。我那年到现地去考察时已是夏天了，沿灵璧至徐州的公路蜿蜒而过，周围的山不高，确切地说是丘陵，军事上称为中等起伏地。植被茂盛，尤其是高粱长起来后，有很好的遮蔽作用，皖东北像这样的地方不是很多，应该说是个隐蔽休整的好地方。鱼沟是个集镇，在它的东南方十来里的地方，事情就发生在这里。

据父亲回忆，日本人还是发现了他们，随即调集大部队开始合围。情况来得突然，必须马上转移，直奔东南的洪泽湖地区。这是个大吊脚，部队利用夜暗，轻装简从，从鬼子尚未形成的合围缝隙中跳出去，应该是游刃有余的。但哪晓得走到鱼沟附近时，被邳睢铜地委书记李云和拦住，他恳求部队无论如何要多留一天，好掩护地委机关的同志们转移。又是地方政府机关！这几乎和三年前陕北青阳岔遇到的情况是一样的。不同的是，当时是胜利班师，没有敌情顾虑；而这次是被鬼子围堵，网一旦撒开，再要逃出去可就没那么容易了。但我父亲说，在这样的情况面前，他是没有任何选择的。

多留的这一天，就是差点要了他命的一天。

父亲说："哪里有把自己同志丢下的道理。我给部队动员，决定在这里狙击敌人，掩护地委机关先撤出去。第二天一早，鬼子就围上来了。时村方向是敌人的主力，当面的鱼沟是敌一个中队。我叫赵汇川在时村顶住，自己带一部分先消灭鬼子这个中队。鬼子没有想到我们会出击，一下子就被打散了，一部分躲进围子里。我组织攻坚，迫击炮也用上了。鬼子火力很猛，也很顽强，一直打到中午。我真有些急了，在鬼子合围圈里，久拖不决是很危险的。这时，时村那边枪声越打越近了,我感到不对头,赶过去看看吧。一出高粱地,就和鬼子迎头撞上了,几辆坦克和大股部队包抄上来。这时赵汇川他们也撤下来了,正面敌人攻得很凶,顶不住了,一连连长也牺牲了。这就形成了腹背受敌。我说快往山里跑,不要管队形了,分散开往山里撤,越快越好,越分散越好。赵这边撤了,但鱼沟那边露出了空当,敌人从背后卷击过来怎么办?后果不堪设想。那时又没有通信工具,没有时间了,叫通讯员也来不及了,我就拼命往回跑,叫鱼沟那边的部队赶快撤。也是分散开来往山里撤,越快越好。那是一片上千米的开阔地,敌人的机枪猛扫,每一声都像打在我心上,但没有办法了,我们没有对付坦克的武器,只有尽快通过去。眼看着部队都撤出去了,我身边只留下几个警卫员。敌人的两辆坦克追上来,紧咬着不放。那是个大平原,有些庄稼,跑得我累坏了,没有了力气。实在跑不动了,他们就架着我跑,我说放下我,你们快跑。他们怎么能听,就这样又拖又拉……正巧,前面横了条大沟,坦克过不来,救了我们。我想这下不知要牺牲多少同志了,但清点人数,一个不少,怪了?当夜,我们就转出去了。"

打一个中队的鬼子都如此费劲?

遗留在档案中油印的字迹告诉了我许多连父亲自己也遗忘的事实:

> 部队的逃亡从未停止过(两个月差不多逃跑三百余人),而战斗伤亡也是不断的有。

> 在部队中进行了两次审查,洗刷了一些面目不清者,进行了党的教育,战士质量提高了。但最近又有了变化,就是俘虏成分大大增加。二十六团俘虏占百分之四十至五十,其一连占到百分之七十;二十七团占百分之三十五至四十;二十五团也占百分之三十。

……

都是本地土医生，不愿随队伍上火线，怕死，不能使伤员早些止血，形成死亡率加多。卫生员都是小鬼，打起仗来就发抖，把棉花药品都丢掉。

二十七团二营通讯员听说鬼子来了，就把枪丢了。

二十五团一营三连通讯员，张楼战斗，连长要他送信，他说你枪毙我也不去。

二十五团三营九连、二十六团二营五连，黄圩战斗中，擅自撤退，致使战斗受损失。

干部逃亡严重，二十六团教导员刘民显等十余名，二十七团逃亡排长以上数名。

全旅除十个老干部外，其余全是新的，能力弱，经验差，但一般政治上还进步。

干部质量不强，军事技术差，尤其射击更差。二十七团及独立大队东西梁庄战斗，共消耗子弹七千余发，只打死敌人八九十人，平均射死一个敌人需七十七发子弹，这是相当的浪费。

部队组建时有两个错误：一、只要能够发展，什么人都要，以为只要发展起来，再派干部去洗刷。但并无干部去掌握部队，所以，发展了三千多人，但并未能大部分巩固下来，且纪律很坏，造成以后整理时很大困难。据大概统计，从产生到现在，共发展了一万多人，但现在只有五千多人，只能巩固一半多些。

这就是部队的素质。那么作战方法呢？档案文件告诉我们：

用四轮车造土坦克，加上土坯，三四个人隐蔽在后面推，轻机枪可以射击，一直推到外壕边，几次都发生了作用。

还有火鸡，造法是用老百姓养的母鸡，满身倒上油，先燃上尾巴，着草既（注：即）可烧起来。

利用竹竿手榴弹……

自己造铁弹，用土炮射击，经实验，普通砖墙十炮后即可穿透。

　　土毒瓦斯，是烧辣椒粉，塞进炮楼内，使敌人吃不消，我即可接近。

　　（注：以上均摘自《九旅作战文件汇编》）

　　这时的抗日战争，已经打了两年多了。早在一年前，林彪率领由红一军团和红十五军团改编的八路军一一五师，一仗歼灭了日军一千余人，这就是著名的平型关战役。同级的战友们，许多都在抗日的战场上取得了辉煌的战果。杨成武率领由红一师改编的晋察冀军区的部队，在黄土岭消灭了日军侵华中将阿部规秀；陈锡联率领由红四方面军第十师部队改编的八路军七六九团，夜袭阳明堡机场。就是由南方八省健儿组建的新四军也都大多有红军部队的坚实基础，陈毅和傅秋涛的一支队，由湘赣边的红十六师和湘鄂赣红军抗日游击支队一千五百人构成；张鼎丞和粟裕的二支队由闽西红军和闽粤边红军游击支队，以及浙南红军挺进师构成；张云逸和谭震林的三支队由闽北红军独立师和闽东红军及红十军团部分组成。与他相隔只有百里之遥的彭雪枫部队，现在也已经可以和敌人进行营团规模的作战了。翻开战史的序列表，八路军总部、一一五师、一二九师、晋察冀、晋冀鲁豫、太行山、吕梁山，等等，有多少父亲同时期的战友，在正规部队里，有领导、有机关、有武器、有后方，甚至还有医院、干部学校、杂志刊物，可他呢？偏偏要一意孤行，脱离主体，游离于大部队之外，来到这个鬼地方，单枪匹马，刀耕火种，白手起家，他这是何苦呢？

　　命运注定了，他来到这个世界上，是要经受磨难的。

　　华中抗战的战略地位早已被历史所证明，现在的历史书上，连篇累牍地记述着众多的领导人对发展华中的英明决策。但我就不明白,既然如此重要的战略要地,当年就不能给老爷子一支像样的部队吗?现在的历史书只告诉我们一条信息:所有的人都是正确的。我真的为我的父亲难受。还是彭雪枫够哥们儿,在刘少奇的指示下,借给了我父亲一个团,这无疑是雪中送炭了。

母不嫌儿丑,即使是这样一支杂牌军,父亲对它充满了深情,他在当年的作战情况的总结上写道:"这支部队虽然是游击兵团,战斗力不是很强,然而他不仅是坚持皖东北的一个主要力量,而且这块根据地基本上是他创造出来的,他始终没有离开过那个地区,始终在那里与敌、伪、顽、匪进行了坚决的斗争。"(注:张爱萍《关于九旅工作的报告》)

我们的军队是很讲传统的,但讲传统,就免不了血统。出身,是荣誉,也是本钱。上过井冈山,参加过长征,又是在领袖和著名的将帅统领下,参加过著名的战役,自然会被作为主力培养和加强,部队建设,干部提拔,通常都会得到更多的重视和机会。但九旅呢?它不是红军爸爸和红军妈妈所生,它只是一个孤儿。它来自于民众自发组织的各色各样的游击小组,鱼龙混杂、群龙无首,没有人搞得清他的种族和血统。可怜的九旅,它在混沌的世界中呱呱坠地,自己在草莽中艰难地慢慢长大。

现在的九旅还不足三个月呢!但这并不丢人,以一支这样的部队,去抗击如此强大的敌人,这正是中华民族的精神;坚忍不拔,为人民的利益勇于牺牲,正是这支军队的灵魂。我敬重他们。

1988年,我参与组织兰州军区西部—88演习,军委首长和全军的大军区司令员、集团军军长们都来观摩了。这支由九旅成长起来的集团军,它的坦克集群,伴随着装甲履带巨大的轰鸣声滚滚而来,它扬起的沙尘,遮天蔽日,连太阳都黯淡无光。我想到了皖东北,想到了鱼沟,想到了九旅……我亲爱的战友们,还记得你们的创始人和前辈当年被日寇的坦克追逐的情景吗?

龙争虎斗

翻开地图，可以清晰地看到，处于山东、江苏、安徽三省交界处的皖东北地区，虽只是个弹丸之地，但它北连华北，南控江淮，西靠中原，东向苏北，两条大动脉，横贯东西的陇海线和相连南北的津浦线在它头部成十字交汇，自古为兵家必争之地，由此引起多少政治力量的垂涎。

皖东北上演的是三国演义。总的格局是：日伪、国民党、共产党三方。

国民党方面也是三方：上面是安徽省和第五战区的桂系；中间层是皖东北专署盛子瑾和他后面的军统戴笠；底层是桂系支持的县一级的地方实力派，像许志远、雷杰三、黎纯一，以及杀害江上青烈士的恶霸柏逸逊、张海生之流。

共产党方面就更复杂了，是横向的三方：一方是中原局，刘少奇领导，组建了豫皖苏省委，张爱萍为书记；另一方是北方局山东分局，他们派过来的人又分成三块：为了向南发展，成立了苏皖区党委，金明为书记。又在徐州东南组建了苏皖特委，李浩然为书记。杨纯从山东过来后成立了中共皖东北特委；第三大部分，是安徽省工委张劲夫派过来的人，如江上青、吕震球等，他们主要是渗透在国民党政府行署内部。

这还只是党的系统，军队方面呢？中原局所属的彭雪枫游击支队；属于林彪和陈光的一一五师南下的苏鲁豫支队；属于山东分局的陇海南进支队。后来，八路军山东纵队派江华进入皖东北，成立了苏皖纵队，南进支队又归他们节制；再就是上面提到的，父亲依靠起家的，编在国民党抗敌六区序列的盛子瑾手下的三、四支队，分别由共产党员赵汇川、徐崇福领导。这支既非共产党也非国民党的部队，因为是经安徽省工委策划编排的，当隶属中共安徽省委。

够乱乎的吧？我在听父亲讲述时，也是被搞得晕头转向。但战争要求的是高度统一，和指挥上的绝对权威。

大柏围子战斗。

国民党安徽省主席李品仙，以反共不力为由，将军统系的盛子瑾调离皖东北，而以桂系的马馨亭代之。盛当然不服，老子打下的地盘，凭什么啊！1940年1月，马奉命率部进入皖东北拟强行接管。国民党内讧了！父亲提出"援盛打马"的方针。他规劝大难临头的盛子瑾，进则联合抗日，抵御外侮，和共产党一起成就一番大事业；退，则死路一条，在朋党争立中葬身。人生路口，何去何从，盛专员可要三思啊！据说，盛犹豫再三，反复踱步，是他的夫人帮他下了决心。于是，国共双方，确切地说是张爱萍和盛子瑾联起手来，迎战来犯的马馨亭。

在泗县遭到迎头痛击的马部，龟缩于大土豪柏逸荪盘踞的大柏圩子内，筑垒固守。战史是这样记载的：在张爱萍指挥下，八路军苏鲁豫支队和陇海南进支队攻击西门；新四军六支队一团和六抗三支队攻于东南。我苏鲁豫支队一大队，因后续部队未跟上，改攻外围卫星据点，诱使马部出援。我遂集中兵力从东、南两面出击，马顽动摇，向西北突围。我遂全线出击，马顽溃逃津浦路西，我全部攻占大柏圩子。此战毙伤俘敌四百余人，缴获物资，堆积如山。正值春节，开仓放粮，方圆百里，马驮人背，不少群众得此粮度过春荒。

胜利的喜悦是不言而喻的。但细心的人会发现，战史中"改攻外围卫星据点，诱使马部出援"一句，令人顿生疑窦。马馨亭既已放弃外围，凭借城垒固守待援，何以来的外围据点？又何以使他临时改变计划，离开既设的筑垒而轻易出击，以至遭此大败呢？我问父亲，他的说法与战史的出入就很大了：

"几个部队各有各的打算。马馨亭两个团是桂系的主力，天亮了也没打下来。这时，盛子瑾提出要回去，我很生气，三支队赵汇川团留下了，四支队他带走了。我们继续攻。但拂晓时枪声停了，我派人侦察,才知道北边进攻的队伍自己就撤了。这就给了敌人机会,马馨亭得以从那边的口子突出去,奔向灵璧日伪区。我这就叫赵汇川快追,在运动中将他击溃,抓了几百个俘虏。后来才知道,马已经动摇了,认为我们第二天还要强攻,后半夜就准备跑了。其实,我们也攻不动了。"

原因很简单,因为西北面的部队撤走了,于是,马就趁此机会溜了。只不过他没有留下掩护的部队,在撤逃中被我追歼。胜利到来的是这样的突然,也许这就是战争,它的本质就是意志的较量。然而,胜利把一切都掩盖了。

盛子瑾临阵脱逃不奇怪,跟共产党走,他本来就动摇。但共产党自己的队伍也这样,能行吗?

就地理位置看,皖东北位于陇海线以南,属于中原局地界,但中原局自己不积极,只是豫皖苏省委书记一人潜入。北边的近邻山东局倒是很积极,派苏鲁豫支队和陇海南进支队两支队伍南下进入。自己的地,自己不种,由别人耕种,人家凭什么听你指挥?说到底,不是隶属关系,而是友邻关系。打胜了,功劳是你张爱萍的,打败了,伤亡是我自己的,凭什么啊!老子想打就打,想撤就撤,你管得着嘛!

装甲兵副司令沙风当年的阵中日记有这样一句话:"单位大,复杂,各人自己都想发洋财。"沙风原是萧县县大队的,父亲的部队和鬼子不期遭遇,他正巧路过,带着部队就上来支援。后来在攀谈中知道他是从抗大分到华中来的。他想编到我父亲这里来,他说,编不到这里也会被别人吃掉。这也许就是当年的缩影——有枪便是草头王!

父亲回忆说:"我从陈光薇(注:杨纯)那里知道,山东省委派金明建立苏皖党委,我想,我就没有必要再去建什么组织了。我通过吴法宪的电台给金明发电,希望他南下。"

又是这个杨纯。看得出,她在帮他。

早在这之前,山东分局派金明(注:曾任湖南省委书记,国务院秘书长)到邳睢铜地区开展工作。邳睢铜是指邳县、睢宁、铜山地区,在徐州东南的黄河故道上,它伸进了陇海线以南中原局所属的地盘上,紧接皖东北。后来,中央决定将其与皖东北根据地合并,成立苏皖区党委。父亲当时的想法是,撇开地区门户之见,请金明同志向南发展,统一领导这个地区党的工作。金明在《关于皖东北的情况》中写到:"约在八月中旬,接到张爱萍来信,约我去灵璧张大路会合。张爱萍是七月从豫皖苏地区到皖东北的。……张爱萍说他到皖东北本是建立区党委的,现在已经成立了苏皖区党委,就不必再建了。"

父亲是第一次大革命后期的老共产党员,在中央苏区就是苏维埃候补执行中委,中央局一级干部,在红军中担任师一级领导,抗战初期是党的省委一级干部,以这样的资历和职位,真诚地邀请比他低的同志主持工作,而自己主动提出配合。他说:"我自己当配角,以便调动各方面的积极因素,同时也可以更多的精力抓好武装斗争和军队建设。"

看得出,当年的他,是何等的用心良苦。山东的部队,理应由山东党来节制,他必须认识到这一点,否则就一事无成。金明敬重父亲以事业为重的气度和风格,专程托人送来一件皮袄。八个月后,在抗击国民党顽固派王光夏的战斗中,父亲爬上草垛观察,突然背后像似被人猛击了一拳,栽了下来。原来是被敌狙击手冷枪击中后心。幸亏弹头是从屋脊的横梁上划过,击打在厚厚的羊皮袄上,略有擦伤。父亲开玩笑说:"金明同志给我送了个护身符。"少奇同志说他:"你是侦察兵还是指挥员?记住,有一没有二!"

金钟罩!金明的皮袄护佑了他。

刘少奇来到中原局后,马上意识到,张爱萍孤军奋斗,太困难了。于是他责成彭雪枫支援一个团过去。同时向中央报告，调整并重组皖东北党的领导机构。

1939年12月，为了统一指挥进入皖东北的八路军和新四军，在该地区成立了苏皖边区军政委员会，以张爱萍为书记，金明、江华（注：曾任最高人民法院院长）等同志参加。此决定由中原局下达，报告中央并转山东分局。

我看到父亲当年给华东局的工作报告："不管地方上还是军队上，都是几个不同地方来的。军队本身，又是八路军，又是新四军，弄得内部不团结。虽然华中局（注：六届六中全会后，中原局即改为华中局）指定我负责，但彼此之间没有能够站在党的利益上统一起来。虽然闹不团结的称英雄的不是我，然而我是受党命令负责领导，没有能够想尽一切办法去团结同志，委曲求全地求得大家的一致，这是我应该负责的错误。"

委曲求全。在这种情况下，唯一可做的，大概只能是"委曲求全地求得大家的一致"了。

父亲回忆这段历史时说："当时来到这里的，都是各搞各的，扩大自己的力量，没有建立根据地的思想。刘少奇主张成立皖东北军政委员会。他要我当书记，我建议还是其他的同志来当，后来决定刘瑞龙（注：建国后任中央农村工作部副部长）过来。他一天到晚就是奔走部队和党的这些关系。"

1940年3月28日，刘瑞龙出任军政党委员会书记。大革命失败后，他和我父亲一起在国民党统治的心脏地区举行苏北农民暴动，组建了红十四军。文化大革命中，周恩来总理接见江苏的造反派组织时特意提到："你们江苏是革命的老根据地，红十四军就诞生在你们那里嘛！现在还在的有刘瑞龙、张爱萍、黄火青（注：曾任最高人民检察院检察长）。"这在当时是否也是一种策略的保护方式呢？

老战友的到来，使他不再孤独。父亲写道："义旗少年同心举，敌后苏皖共磋事。"他们是同年生人，当年两个十九岁的青年，在苏北揭竿而起；十年后，两个老战友又在江淮大地上携起手来开辟和创建新的根据地。回顾匆匆而过的人生，父亲在悼念刘瑞龙的诗中写道："五十九载如流矢……哀君先我驾鹤去。"

父亲回忆："1940年，五六月间，我请胡服（刘少奇）同志到皖东北来，在他主持下，召开党政军干部会议，解决了党内不团结、本位主义、不明确发展敌后根据地与游击战争等问题。会后撤消了苏皖总队，留下韦国清（注：后任人民解放军总政治部主任）的南进支队。从此，工作方针、政策明确了，从前限于军事工作，不注意群众工作，这时也纠正了。八届十一中全会上，我说少奇同志在华中抗战是执行毛主席路线的，他们就把我划在刘邓的线上了。"

谈到这里，父亲说："我从来没有过树立自己山头的想法，也从不搞什么派别，争什么地位，那是可耻的。只要对党的事业有利，我干什么都行。"

我知道他是有所指的。天下大乱，群雄并起，战争的舞台造就了多少英雄。共产党内也不例外，向党要兵权的，搞独立拉山头的，占据一方拥兵自重的，也不乏其人。父亲说："在党的历史上，这种人，早晚是要翻车的！把党的事业看成是他的一己天下，把多少同志牺牲换来的胜利当成自己向党争功的资本，我历来最鄙视的就是这些人，也从不靠他们的山头。你就看吧，这种人，十个有十个是要倒霉的！"

要深刻理解毛泽东的建军思想，理解毛泽东一再提到的，"是枪指挥党，还是党指挥枪？"就必须了解历史，了解三湾改编，了解古田会议；当然，也包括了解皖东北。

形势的发展令人目不暇接。大柏圩子一仗消灭了马馨亭，这就把盛子瑾逼到了墙角，这个自比周瑜的"粉面金刚"，终于进入了他自己设计好的怪圈，盛子瑾此时已走投无路。国民党安徽省政府以"勾结奸匪抗击国军"罪下令通缉他这个叛徒。回去的路堵死了，那么就投靠共产党吧。父亲挽留他，统战部长刘玉柱劝说他，珍惜以往的友谊，联合起来共同抗日。共产党开出的条件是，继续拥戴他担任皖东北行署的最高专员。

刘玉柱回忆，苏皖区党委做出决定："争取盛留，准备盛走。盛留，则与他合作抗战到底；盛走，我们则接管政权，建立我党我军公开领导的抗日民主根据地。"同时，区党委要求各级党的组织，凡属我党干部掌握的武装，一人一枪都不许丢失（注《刘玉柱纪念文集》，187页）。

父亲说："我知道他是一定会走的。我们的力量生长使他害怕；而且他也不愿意脱离复兴社戴笠那里的关系。""盛虽然是抗日的，但不是如有些同志所说，盛是左派。他个人野心很大，是想利用共产党，把我们融化成他的干部。他说，共产党三不要，不要金钱，不要美女，不要地位，何苦呢？跟上我，不会吃亏的。这使我警觉，他是个危险的人。"

果然，盛子瑾向戴笠求救了。戴笠说就投靠到苏北李明扬（注：抗战时期为国民党鲁苏皖边区游击总指挥，地方实力派人物）那里吧。盛一面假意逢迎，一面却将前去劝慰的我党三名领导干部扣留为人质，裹挟着逃离皖东北。形势急转直下。他真笨！人急了容易犯糊涂，关键时刻，他犯了一个致命的错误。我军立即封锁了出境的通道，国共终于走到了兵戎相见的地步，这是谁都不愿意看到的。但众目睽睽之下，又在皖东北境内，怎么说动粗就动粗呢？毕竟还有过一段美好的时光，况且人质还在人家手里。关云长不还上演过一段华容道吗？父亲上前去，手一挥，部队退避两厢，闪开一条通道。随后，江北指挥部张云逸部得到消息，途中将盛截获。刘少奇亲自设宴，席间极尽挽留之词。盛子瑾哪里还吃得下，怒不可遏，说你共产党、张爱萍"言而无信"，到了这一步，还谈什么合作？胜利者总是宽容的，刘少奇微笑着说，枪就不要带了吧。盛和夫人带着细软随从，一行三十个挑担伤心地向东走去。

盛子瑾逃离后，国民党在皖东北的势力顷刻间便土崩瓦解。父亲立即公示社会，宣布我党从即日起正式接管皖东北政权，建立共产党领导下的各党派和民间团体联合的抗日民主政府。

真是"枪杆子里面出政权"啊！

盛子瑾事件，被国民党列为共产党破坏国共合作的五大罪状之一，即使在我党内部也颇有微词。我找到父亲在华中局扩大会议上就这一问题所做的阐述："我们党中也有些人认为我们不应该如此发急（即不应该如此做）。我们认为在他准备逃跑前，我们这样做及这样的布置是必要的，是对的。"

我问过父亲，他说，这是对敌斗争。当然，他也承认，即使是对敌斗争也不是什么手段都能采用的。看过《三国演义》了吧，诸葛亮和周瑜最大的不同，前者是阳谋，后者喜欢搞阴谋。在和盛子瑾的既联合又斗争中，用的是智慧，是阳谋！按现在的说法，叫什么……对，游戏规则。

在阶级大搏杀的舞台上，个人是没有选择的。

盛子瑾后来回到了戴笠那里，但解放后没能去台湾，被上海市公安局局长扬帆抓住。盛希望父亲救他，父亲写了封信去，说明盛是抗战的，在皖东北对共产党也是做出过贡献的，至于他到戴笠那里以后，有没有做过恶事，就不知道了。盛的夫人杨文蔚女士，在被关押期间也给父亲来过信，父亲给当地政府去信，他说，善待她吧……她出狱后就留在监狱的医院工作了。

六十年过去了，整整一个甲子，上一代人的恩恩怨怨早已随着岁月的风飘散。撇开政治，就盛个人的命运来说，的确带有些悲剧的色彩。盛子瑾是怀有抱负的，像父亲后来信上写的，是做过贡献的。但盛毕竟缺乏像我父亲那样统揽全局的眼光和因势利导的能力。虽然在初期，国民党的力量要远远大于共产党，但他们各自的野心太大，都要搞自己的独立王国。盛的初衷是想利用共产党来摆脱国民党桂系对他的控制，但眼看着共产党坐大，却又无计可施，最终在两大板块的挤压下粉身碎骨。现在想来，桂系也是蠢，何必呢！扶持一下盛子瑾有什么不好，他无非是有些个人野心，非派人取代他，结果给了共产党一个机会。世界上的事都是这样，控制不了的，不是你的，非要强求，最后只能失去。乱世的中国，群雄并起，但总归要天下一统的，这只是个时间问题。

盛子瑾垮台后，就剩下许志远这支武装了。这是一股更为凶残的带有黑恶性质的地方势力。他们明里归属桂系，暗中勾结日伪。盛子瑾势力瓦解后，既给了许志远一个警告也给了他一个取代的机会，他秘密奔赴桂系省府所在地立煌商讨应对之策。

兵将分离，乃天赐良机，父亲决心乘此解除许部武装，一统皖东北天下。机不可失，时不再来。但许的大本营老周圩子，高墙深垒，易守难攻，一旦打成胶着，不仅引发桂系增援，附近的鬼子也会竭尽相助。只可智取，不可强攻。他想了一夜，第二天在作战会议上，他说：拟请示少奇同志，请新四军五支队罗炳辉部断住许志远的归路，我带一个警卫班假借谈判名义先行进入老周圩子，夜里看见吊桥放下，你们就摸进来……如此如此这般。

赵汇川后来回忆说，我们听了，怎么觉得首长像是在说胡话！从彭雪枫处借来的老一团团长张太生说，哪有司令员去卧底的？张震球不解地说，你要学孙悟空，钻到人家肚子里去？会上不仅一致反对，而且觉得荒唐。父亲回忆说："除了强攻，诸位有什么好办法？既然没有，就听我的。"说实在的，如回到那个年代，我也不能赞同。他给我解释道："和许，名义上还在合作，老周圩子的士绅周汉波是要抗日的，我亲自造访，哪里会有拒之门外的道理？"

一切如预料，许的副官果然相迎，当晚少不了一番觥筹交错。不想，席间突然传来许志远被我军扣留的消息，气氛立马紧张，双方警卫人员的手一下子都按在枪机上。父亲假借酒兴说，误会，我这就写个条子送出去，叫他们放人就是了。父亲说："大概认为我还在他们手里捏着吧。后来都喝得酩酊大醉。夜深了，我就和警卫员上了城楼，缴了守卫的械，放下吊桥，发出信号。送条子出去的警卫员带着赵汇川他们冲进来……不费一枪一弹。"

　　小时候，看曲波的小说《林海雪原》，我们问父母，真这么邪乎吗？吹吧！我妈妈在一边说，怎么没有？你爸爸就干过杨子荣这种事。老了他回忆这段往事时说："说我是杨子荣，不像，说王佐断臂混入敌营倒有点这个意思。"我说，是特洛伊木马！"什么？"他听不明白了。

　　他后来写了首叙事体的长诗："欲效木马计，谁去做内应。……君不见，王佐断臂破金兵，此番内应闯敌营。"

　　这只是个插曲。此前，泗县的黎纯一已经逃离，灵璧的许志远一完蛋，雷杰三、柏逸荪这些土顽就不在话下了。于是，皖东北五县十六区全部归顺。老爷子这时自己能掌控的队伍有四千人了，他把他们编到彭雪枫的系列中，号称新四军六纵队四总队，下属三个团，再加上从彭雪枫借来的一个团，共四个团了。另外，华中局决定，苏鲁豫支队和陇海南进支队的两支力量也归他指挥调度，今非昔比，老爷子可以组织打大仗了。他在诗中记载："敌伪西扫荡，韩顽东侵凌，三军紧携手，……席卷运河滨。"三军即指八路军苏鲁豫支队、陇海南进支队和他自己创建的新四军第四总队。

　　"从那时起，我真正可以独当一面了。"我想起了父亲讲这句话时的自豪神情。他从单枪匹马闯入皖东北，到完全掌控皖东北的局面，前后约用了一年。如果从离开延安算起，已经整整三年了。在这三年里，两年是在闯荡、彷徨，找到了自己的定位后，走向成功，只用了一年。

对于自己的成功，父亲每每回忆起来，总会感慨地说："应该说，先我进去的是山东分局派去的杨纯同志。她成立了苏皖地委，统一泗、灵、五三县党的地下工作。安徽省工委张劲夫派去了江上青同志。三支队赵汇川、独立支队徐仲天，都是共产党控制的队伍。南进支队的钟辉、张震寰活动在邳睢铜一带。苏鲁豫支队的彭明治、吴法宪活动在陇海路以北，吴法宪带了一个团到萧县、灵璧活动过，后来还有李浩然支队。我进去工作开展得很顺利，是和他们造成的基础分不开的。另一路是从立煌郑位三派来的，廖量之，大革命被捕（字迹不清）过，还有赵敏、张国权，他们比杨纯过来得还早。有的同志牺牲了，同去的刘作孚同志，后来在淮北反扫荡中牺牲了（注：这里指1946年自卫战争），记得他们的人不多了。"（注：《1959年与安徽省党史办同志的谈话纪要》）在后来的回忆中，父亲还专门提及"或是后来犯过错误的，如吴法宪，但对革命做过的贡献不能抹去"。

父亲在回忆中多次提到杨纯同志。杨纯曾是我父亲在开辟皖东北初期得力的帮手和搭档，他们在险恶的条件下相依相协，孤军奋斗。后来她走进了他的生活，在他人生经历中播出了一段浪漫的插曲。看得出，从他们第一次在路边邂逅，杨纯就喜欢上了这位比自己大三岁的年轻的省委书记。但他们终没有能继续走下去，一年后，他们分手了。我看过苏联影片《钢铁是怎样炼成的》，看到保尔，看到保尔战火中的恋人丽达，我总会想起杨纯，虽然我不可能见到她年轻时的样子，虽然保尔和丽达最终也没能走到一起。我曾多次问到过父亲，但他总是缄口不言，只是这次谈起皖东北，他说了她许多，但也就是工作、战斗。从父亲那里我只得到了一个印象：她在事业上帮助过他。

关于他们的逸闻，版本很多，但问起一些老人，他们大多都缄口不谈。这也好，像现在这样，有那么多媒体炒作，还不乱套了？但我还是听到了一条关于他们吵架的描述：杨纯气不过说，你知道什么叫丈夫吗？你爸反唇相讥："丈夫就是离你一丈远的男人！"我问父亲有过这事吗？他说："你问陈光薇啊……"就没话了。爱情是浪漫的，而生活是现实的，当在战火纷飞中生成的情感最终沉寂下来时，两个刚性的男女，保尔和丽达还能走到一起吗？

皖东北在众多的抗日根据地中，它的地位、成就、名气，都是微不足道的。但像它一样，靠几个个人，和一些零散的部队在这里折腾起来的，怕也是不多的。父亲说："我从来不羡慕别人如何有成就，也不想去争能给我个什么位置，连想都不想。我只按我自己认定的去做，埋头苦干，做出成绩来，做得最好，证明自己，就够了。我这一辈子都是这样。"我想，不管历史书上怎么评价当时在这个地区每个领导人的功过是非，但皖东北的这段历史，不会不给人们留下印象的。在以后的岁月中，在面临困难局面时，中央和军委的一些领导人总会想到父亲，要他出山，要他主持，委他以重任，不是没有道理的。

父亲在皖东北创建的这支部队，挺进苏北后编为八路军第五纵队第三支队。皖南事变爆发，重建新四军，这支部队又改为新四军三师九旅。父亲是它的第一任旅长。

与九旅接触过的人对九旅有着不同的评价。

当年曾在九旅工作过的，后来成为南京艺术学院院长的丛翰民说过这样一段话："老九不能走"是讲杨子荣的，后来用来形容知识分子的重要性。可是在抗战时，在我们苏鲁豫皖一带，这话是老百姓讲张爱萍领导的新四军九旅的。我们转移时，老百姓就讲"老九不能走"；怀念时也是说"老九不能走"；连敌人都知道"老九不能走"这句话。

陈毅军长是这样赞扬九旅的:"我军攻洋河,残敌踞房屋抵抗,我以洋油火攻,敌无一逃脱。我军在洋河镇收集火攻材料时照价给钱。洋河镇伪军给罗圩伪军信称,洋河一战,人心大变。新四军不仅以力服人,且能于作战混乱之际表现其严密之纪律。如此服人以德,谁不钦佩?"这里指的就是九旅。

当时的华中局书记刘少奇在检查九旅工作后,临别时很有感触地说:"我见到的部队,最艰苦的是你们这支部队,吃饭是吃派饭,6月穿棉衣,12月穿单衣,宁肯饿肚子,也不肯去拿老百姓的东西。"他后来在华中局扩大会议上说:"九旅是华中抗战后新成立部队中之成绩较优者,他已成为正规化的党军之一部,并创作了一些优良的作风。他在开辟皖东北和苏北根据地的工作和战斗中,有相当大的成绩。"(注:1942年2月华中局第一次扩大会议上刘少奇的报告)

刘少奇之所以这样评价九旅,父亲有过一段回忆。

1940年5月间,刘少奇来皖东北检查工作。鬼子得获情报,立即进行扫荡,国民党顽军王光夏乘机夹攻,形势有些麻烦,作为指挥员必须立即赶往前方。父亲回忆说:"临走前,考虑到上级领导和机关的同志们好不容易来一趟,自己又不能亲自招呼,总得搞些吃的才好。当时真是困难,那个地方本身就很穷,都是吃大麦子,地瓜干。我叫张震球到士绅家里筹了些大米白面,给他们留下来。王光夏不经打,一仗就把他赶出三支头。战斗一结束,我就往回赶,夜里到的。本以为少奇同志休息了,但看他房里的灯还点着,就向他汇报情况。谈着谈着肚子就叫起来了,因为部队没有筹到粮食,中午开不了饭,晚上也没有吃。夜深了,饿得有些受不了,就找了个谈话的间隙,出来跟刘彬(注:少奇同志的秘书,后为冶金部副部长,"文革"期间死于批斗)说,能不能给搞点吃的?少奇同志听见了就问怎么饭都没吃?我说没有找到什么可吃的东西,我来时,部队还没有筹到粮食。我无意中讲出了部队和根据地的处境。少奇同志很难受，一定坚持要把给他的粮食拿出来给部队。"父亲的这段回忆，本意是要反映刘少奇同志作为一个党的领导人，在战争年代与部队同甘共苦的革命精神，但也恰恰道出了九旅创建时期的艰难日子。

我翻看过九旅这次战斗的总结："……打顽王光夏战斗十三天，营长都打赤脚，也没有饱饭吃，只吃一些大小秫子稀饭，还能坚持战斗。"（1942年张爱萍《关于九旅的工作报告》）

彭雪枫说："在邳睢铜，二十五团、二十六团曾经有两个月没有解过子弹袋，不要说是脱衣服睡觉了。九旅独立营，夹着津浦路，几乎没有一天不在战斗。所以边区的邳睢铜和宿东可谓最艰苦了！"

曾任九旅政治委员的韦国清说到九旅时，感触颇深："那时穿衣靠打汉奸，吃饭靠地方，鞋子有的穿草鞋，有的打赤脚。……艰苦啊！"

我父亲要潇洒得多，谈到九旅，总爱说，那是个被蚊子会餐的年代。

父亲有个特点，就是不怕蚊子叮。有一年夏天我们陪他去北戴河休假，海边蚊子多极了，晚上散步，就绕着你转，一边走一边轰。可父亲不在乎，挂着根手杖照走不误。我们都说他，你不怕蚊子叮啊？他说，蚊子不叮我。这就怪了？这不蚊子明明在他脖子上嘛！"啪"地一巴掌打下去，尽是血。我说，你真够木的。是吗？他很奇怪。看来，不是蚊子不叮他，而是他不怕叮，叮了也不起包，整个一个没反应！按医学的观点说，大概是身体里产生了抗体。他说在九旅时，"洪泽湖的蚊子真是多得很，我们都是给蚊子会过餐的。哪里有蚊帐？只好用艾条熏，熏的呛得受不了，只好用毯子包起来，又热得不行，干脆敞开了让它去咬，咬得实在受不了了，只好跑来跑去，这样马马虎虎一个夏天就过去了。"（注：1962年9月1日，在九旅成立22周年大会上的讲话。见《步兵第63师军史》）

路西反顽失败后，九旅由新四军三师划归到四师的建制，不幸的是彭雪枫牺牲了，父亲回来接替彭任师长，不久，父亲也负伤离开了华中战场。两个铁腕人物相继离去，这不能不说是九旅的悲哀。九旅在解放战争中归华野二纵，后期改编为二十一军六十三师。战绩如何，我就不得而知了。一个部队要发展，靠的是上面重视，而要受到重视，靠的又是自己干出成绩。后来几次大裁军，六十三师成了乙种师，再裁，成了守备师，再裁，干脆从解放军的战斗序列中划出去了，变成武装警察了。父亲在军委工作时，我和他说起，他说："不要争这些，这不是我们个人该考虑的。"

和平年代，内卫治安、救灾抢险、边防缉私、剿灭歹徒，反倒成了人民群众关注的热点。没有了战争，但武警、公安系统英雄辈出。和父亲的经历一样，我相信，九旅的辉煌，最终还是把握在九旅同志自己的手中。

不以成败论英雄

就在父亲只身进入皖东北后，当时接任中原局书记的刘少奇，在1939年12月的中原局会议上明确提出了他新的战略主张：新四军的发展方向不是向北，不是向南，更不是向西，而是向东。豫皖苏和皖东地区都背靠国民党统治区，如果向西发展，将同国民党一、五战区发生冲突，受到他们限制。北上华北，南渡长江，则都不可能打开新局面。只有苏北，不但全属敌后，地域辽阔，有驰骋回旋的广大地盘，且北近山东，可同八路军互相依托，互相策应。刘少奇指出，应把苏北看作新四军的战略突击方向。他疾呼："广泛猛烈地向东发展，一直发展到海边上去！"

这一点，和父亲在战略上的主张不谋而合了。皖东北的战略地位一下子凸显出来。

三个月后，刘少奇又向中央建议，调华北八路军三个以上主力团来华中作战。中央接受了他的提议，指派黄克诚的三四四旅迅速南下，增援华中。刘少奇这时正在皖东。皖东和皖东北两个根据地只一河相隔，这对长期处于敌后孤军奋战的我父亲无疑是一个绝好的消息，他立即电请少奇同志来皖东北检查工作。刘原本是打算把进军苏北的重心放在皖东的，根本没有去皖东北的计划，回电婉拒了。父亲不死心，再三邀请说，两个根据地就隔一条河，我到河边去迎你总可以吧。盛情难却，刘这才决定亲走一趟，前后打出了三天时间。可哪晓得，一踏进皖东北的地面，他可就走不了喽！这可是名副其实的敌后啊！鬼子马上围了上来，国民党顽固派王光夏四个团又抄了他的后路。这就发生了上节所说的父亲在刘少奇那里找东西吃的故事。没办法，刘少奇一行只有跟着我父亲和敌人在根据地周旋起来，这一呆，就是一个多月。坏事变好事，父亲终于有了和上级领导接触的机会了。在他们相处的一个多月中，两人多次探讨了下一步的战略计划，这正好是我父亲的强项。皖东北比皖东更接近华北，为什么不以它为跳板挺进苏北呢？这不仅在地理上更为便捷，也可和向北发展的陈毅、粟裕的部队，形成南北夹击之势。同时，皖东北这个地块，西有彭雪枫的豫皖苏根据地，南有张云逸的皖东根据地的掩护，南下八路军跨过陇海线就可以在此休整，坐待时机成熟进入苏北。

皖东北的战略价值终于得到了领导层的认同，我想，再没有什么比这个让我父亲欣慰的了。心理学家马斯洛说，人的第一需要是生存、温饱，然后呢？是被认同、被承认。

刘少奇在皖东北和父亲相处的那段日子，正是急切盼望黄克诚到来的日子。他给毛泽东发电："如能多带兵力来为更好。"刘少奇的焦虑跃然纸上。

又过了三个月，6月20日，黄克诚率领的八路军三四四旅和新二旅共一万两千人终于来到豫皖苏首府新兴集,与彭雪枫会合了。

"千呼万唤始出来",黄克诚来了,但又在彭雪枫的津浦路西住下了。彭雪枫哪里能让他走,他胸怀大志,图谋向西发展,拿下整个河南!他们对皖东北没兴趣,更不要说是到苏北去了。究竟是谁的主意?现在各有各的说法,但这已不重要了,重要的是刘少奇急了。29日,刘少奇电告黄克诚做东进准备:"二十天后派三个团过津浦路东活动。"

于是,历史的剧目又一次重新上演,路东路西之争再起波澜。

彭雪枫起草了一份电报,仍然坚持他一贯的想法,即在解决目前反摩擦问题上向东为有利,但从与敌伪顽长期斗争看,则以向西发展为有利。平原作战需有山地作依托,因此,黄部应该留下,培养主力,建立巩固根据地;一旦形势有变,即可西入伏牛山,南进大别山……

黄克诚也正有此想法,他根据华北的经验,平原游击战需要有山地作依托,提出皖东北地区狭小,不如向西发展打通联络。彭黄商定,东面既有张爱萍部,自己不如先完成向西发展的任务,以实现毛泽东早些时候提出的"发展华中,争夺中原"的构想。于是就有了上面的那份电报。他们敢对中原局的最高决策者的几次指示置若罔闻,也不是没有依据的。翻开1940年6月27日中央军委的来电:你部"活动于津浦路西、陇海路以南,以对日寇作战,巩固豫皖根据地,扩大与整训部队为中心任务"。张震在他的回忆录中也详细记载了这段历史,他说在毛泽东致彭德怀的电报中就明确了黄克诚南下的任务:"协助彭雪枫创立根据地,并策应胡服(刘少奇),将来再调一部深入苏北。"(注:《张震回忆录》,170页)他们的意图仍然是看好中原,向西发展。至于向东图谋苏北,可以从山东方面派出,即苏鲁豫支队南下皖东北。

这,就是尚方宝剑。

刘少奇当然不会轻易让步，他的复电是：你们的建议为全国政治形势所不允许，不能采取此方针。他从维护和遵守国共两党联合抗战后形成的战略格局着眼，于7月15日、17日、18日又是连续三封电报，责令黄克诚率部越过津浦路东，进入皖东北。

再折腾就要出麻烦了，抗上，闹独立性，这顶帽子也不是闹着玩的。黄致电向毛泽东请示。毛泽东回答得很干脆：服从中原局胡服（刘少奇）指挥。黄把电报给彭看后，将五千人马留给彭雪枫，自己带着其余七千人，于8月7日到达皖东北。

父亲的部队编入黄克诚的队伍，番号为八路军第五纵队第三支队。他要随黄克诚东征了，他说："我只做了一件事，就是把当初调给我的张太生团还给彭雪枫。我要走了，将这个团齐装满员，完璧归赵。"我问，你舍得吗？父亲感慨道："在那个年代，创建一支部队不容易，有感情是自然的，但那是党的部队，是人民的，个人不能去争这些东西，拥兵自重，有人栽跟头就栽在这里。"我知道，他这话是有所指的。

转眼就两年了，就要告别他亲手开辟的这块土地。当年他孤身一人，而现在呢？站在他面前的是一支由皖东北子弟组成的军队。曾和他一起创立这块基业的战友江上青将永远长眠在这里。他们还会回来吗？

四个月后……

1941年1月4日晚，国民党第三战区顾祝同和三十二集团军上官云相调集了七个师八万余人，将新四军军部和在皖南的部队九千余人团团围住。战斗极其惨烈，新四军浴血奋战七个昼夜，弹尽粮绝。军长叶挺被俘，副军长项英、政治部主任袁国平、副参谋长周子昆牺牲。这就是震惊中外的"皖南事变"。

几天后，1月中旬，蒋介石调集三十万兵力，直指华中。邻近的汤恩伯九个师十万兵力迅速前推至涡河以南的涡阳和蒙城地区，挤压彭雪枫退出豫皖苏边区。皖南的惨剧就在眼前，彭雪枫岂敢怠慢，四师做好了全力抗击的准备。

皖东北抗日根据地也面临着危机。自父亲走后，日伪军借国民党大举压境、我首尾难顾之际，长驱直入，乘势夺占了我根据地首府青阳；盘踞在洪泽湖的伪顽匪三位一体的地方黑恶势力也卷土重来。

蒋介石觊觎华中这块心腹要地久矣！他要挤压共产党退出华中。国共两党的对抗一下子冲上峰顶。这就是史学家们所称的"我军敌后抗战进入了今后两年的最困难的时期"。

华中局发出指令："必须坚持华中阵地，决不退让，也决不能向华北、华南转移。"（注：《新四军战史》，217页）

战云密布，形势严峻。华中局命令我父亲立即率部回师皖东北："肃清当地土匪和顽固武装，建立根据地，并保障皖东北与彭雪枫之后路。"（注：《华中局1941.1.22电令》）

在离开了皖东北的四个月后，父亲又带着他的几员大将赵汇川、李浩然、沙风杀回来了。在回皖东北的路上，1941年1月25日，新四军军部在盐城重建，父亲所在的八路军第五纵队第三支队改编为新四军第三师第九旅。后来，父亲习惯于把整个皖东北时期统称为九旅时期。

自从归了三师，真是把他给憋坏了。父亲的个性和黄克诚完全两个样，黄老成持重，我父亲年轻气盛。"卧枕宝剑夜有声"，他说："我就是一把剑，青萍剑。"这回，统领他的九旅脱离师部，回师远征，将在外君命有所不受，如下山之猛虎，可以杀个痛快了。

首战青阳告捷，皖东北震动。六十三师战史记载："根据地的人民比过年还高兴，肥猪、鸡蛋络绎不绝送来慰劳部队，到处是祝捷的鞭炮声……"当地遗老有做诗的："兵分八路打青阳，小丑岂能再跳梁。"盼新四军如盼云霓。

战史评价，青阳一战是分水岭，在这之前，九旅只能算是个游击兵团，现在它可以打运动战，也可以打攻坚战、阵地战了。华中局给出结论："九旅已经成为了我正规化之党军。"真是"士别三日，当刮目相看"！

紧接着是泗县、宿县、宿迁，还有什么吴圩子、大柏圩子、刘圩、张小坝，等等，只有在五万分之一的军用地图上才能找到的地名，一路打将下来，势如破竹。收复失地还不是目的，这帮鸟人，不给点颜色，不知道爷爷的厉害！

父亲这次回师皖东北还有他更大的野心。

稍事休整后，九旅会同配合作战的二师五旅一个团，发起了洪泽湖之战。父亲指着照片回忆说："看！我发明的钢板划子，两侧铺上钢板，船头架上高射机枪，这就是我的'艨艟斗舰'。"有些老同志回忆说，高射机枪可厉害了，是从鬼子的飞机上拆的，只是子弹不多，张司令舍不得，每次调上去，非得他亲自批准。

你想，双方百余条战船，还不把个洪泽湖打得昏天黑地。老爷子惯于用诗记事，在此一年前，他记述的是："跃马扬鞭去，随员三五人……我部无大炮，攻坚暂不能。"而今天，他写道："神兵夜昏重宵降，分兵扫遍落叶纷。"如秋风扫落叶一般。我说："看来你的心境前后大不一样了。"他说："你再看看我写的战洪泽湖一首。"在这首诗里他用了："蛟、蛇、蟹、鳖一网绝。"他说："这四种东西是什么，知道吗？蛟，大蛇，很凶猛，是指日本鬼子；蛇，很滑很毒，是伪军；国民党顽固派是螃蟹，到处横行；鳖，藏头藏脑的，专做些龌龊之事，和当地的水匪湖霸一样。"嘿！你别说，还真挺形象的。

四十多年前的事了，他讲到兴起时，把手一挥："搅得它昏天黑地，那些乌龟王八蛋被我一网扫尽！"

快九十的人了，难得这样兴奋，我赶快给老爷子助兴，在一旁帮腔:"正如曹孟德所言,我视袁军如土鸡瓦犬耳!"我们父子二人哈哈大笑。

从艰难中走过,老爷子有理由骄傲。

皖东北虽处战略要冲,但不足之处是纵深太浅。洪泽湖平定后,一下子把皖东北和淮南的路东区、苏北的淮宝区和淮泗区连接起来了,使洪泽湖成为华中根据地的内海。不仅可以避开敌人路上的封锁,使华中各战区间通过水运实现兵力的快速集中和转移,同时也消除了对西作战的后顾之忧。

如何经营这一大片根据地呢?父亲的考虑是:"我自知不懂得地方工作,同时也分不出更多的精力来搞政权建设。我知道二师有几个老红军,郑位三、邓子恢(注:邓曾在五支队工作过,改编后,五支队并入二师),专门搞这方面工作,很有经验。想来想去,还是得邀请他们来,这样我可以集中精力打鬼子,抓好部队建设。"

旧时的中国如同一盘散沙,中国人就像鲁迅笔下的人物,愚昧而麻木。这样的民族是不可能战胜外来侵略者的。迟浩田同志曾对我讲过他的亲历,在他的家乡山东招远,一听说日本人来了,从地方官吏到普通百姓,全跑了,一个县啊,挤踏死伤者无数,其实来了多少鬼子呢?一个小队。

建立抗日民主根据地,实行减租减息,建立民主政府,把农民从阶级压迫和封建的桎梏中解放出来,这是抗日战争中共产党区别于国民党所特有的做法。战争是国家综合实力的较量,而其中起决定作用的是觉悟的民众意志;人民,是不会为一个残酷压榨他们的政府而战的。父亲说:"这就是政权建设的意义。"

国民党和共产党比,不仅是战略战术上的差距,也是战争观上的差距。

毛泽东批准了父亲的提议。《邓子恢传》记载:"张爱萍知道,邓子恢在根据地建设和群众工作方面有着十分丰富的经验,因此他向中共中央提出请求,希望派邓子恢到皖东北主持党政工作。5月2日,毛泽东电函陈毅、刘少奇,同意张爱萍的请求,调邓子恢赴淮北路东主持皖东北根据地的工作。"(注:《邓子恢传》,270页)

父亲说,邓老(邓子恢)在他心目中就像是一个"宽厚的长者"。

他回忆道:"邓老是坐船从洪泽湖那边过来的,带着陈兰(夫人)和孩子,跟着一个挑夫,一边是烧饭的,一边是孩子。我们把最好的地方让给他住。"

真是少有的怪事,只听说要部下的,很少有要上级的。

时局如棋。皖东北这边发展得有声有色,可在路西的彭雪枫却经历着一生中最艰难的时刻。

预料中的风暴终于到来了。

就在彭雪枫准备迎战汤恩伯压境的大军时,突然间,意想不到的情况发生了,逼近的国民党大军全线溃退。什么原因?原来,1月24日,日军向汤的侧后发起了豫南战役,集中五个师团兵力(一个师团约两万多人),分三路向豫南挺进,拉开了架势,企图于平汉路以东,将向东北挺进的汤恩伯、李品仙部十五万人一举围歼。面对日军的攻势,汤恩伯立即放弃对我的进攻,丢下豫东、皖北的大片土地,望风而逃。

大军压境,可瞬息间,又销声匿迹,战局的转换,扑朔迷离。

这会是一个千载难逢的大好机会吗?多年来梦寐以求的局面居然顷刻间摆在眼前。日军打通平汉路南下的计划开始实施了,一切正如预料的那样,国民党果然慑服于日军的威势,丢下大片国土逃遁了。大三角的战略关系惟妙惟肖。是彭雪枫摩拳擦掌、跃跃欲试在先,还是中央、毛泽东、华中局急不可耐了呢?这段公案今天已经说不清了,也许都有一点吧!据老同志的回忆:"1月28日晚,我们接到刘少奇、陈毅发来的急电……命我部集中适当兵力控制某些战略要地,积极向敌后发展。之后,我们又收到毛泽东的电报,要求我们准备两个精干的支队,在适当时机派往豫西活动,开展游击战争……2月2日,中央连发三电,强调力争河南,不惜全力以赴。2月3日,华中局和军部也两次电催。"但我还看到另一种说法:"纵队首长向军委建议,抓住当前时机,挺进豫西、陕南,建立战略支点。"

2月3日军委复电:"你们应即向平汉路逐步推进(不要去得太猛,太吓人),在全面破裂前是去抗敌不是去打顽。"华中局同一天电告:"不可进得太猛,不可专打顽军,否则会失败。"我们可否这样理解:此次行动的目的,是进占被国民党放弃的失地,而不是专门去打击他们。这是一个政策界线,听得出,上面使用了带有警示性的语言。

但事实是:2月4日,四师十旅一部已渡过淝河,十一旅三十团则渡过涡河,至2月7日,四师主力已进至阜阳以北、以东和东南的张村铺、阚疃集、江口集一线。显然,这就和国民党军靠得太近了。

这的确是彭雪枫的风格,兵法说:"静如处子,动如脱兔。"四师主力迅猛前出至上百公里之外,根据地一下子扩大了一倍还多。但是,他们忽略了,兵法上还说:"兵不厌诈。"在没有与敌主力决战之前,占据过大的地幅,绝非是件好事。

果然,两天后,2月9日,怪异的现象再次出现:日军突然停止了对国民党军的追赶,迅速撤出战区,放弃了涡阳、蒙城等地,日军声势浩大的"豫南战役"就像泡影一样,忽然闪现,又匆匆地破灭了。

只一天,即2月10日,溃退中的汤恩伯、何柱国部立即卷击回来,以九个师十四万兵力杀了个回马枪。战局发生逆转。此时的四师,由于向西、向南突进过猛,兵力分散在收复国民党留下的城镇据点上,根本来不及收拢部队,面对七倍于己的国民党军,四师陷入重重的灾难中了。

彭雪枫极其顽强，他指挥部队左冲右突，在敌重围中历经三个月的浴血厮杀，终于把部队从虎口中拽了出来。华中局连续两封急电命令：彭雪枫部迅速撤到了津浦路以东皖东北地幅上来；张爱萍，亲率三师九旅并统一指挥北调的二师五旅，封锁津浦路，掩护接应彭雪枫部撤入皖东北根据地内，确保安全……

这就是历史书上所称的彭雪枫三个月反顽斗争。中国政府军和侵华日军配合得竟如此天衣无缝，叫人称奇！是巧合还是阴谋？史学界竟无人深究。

洪泽湖胜利的喜悦气氛很快就被冲淡了。父亲说："开始，我和彭雪枫通电话说，不行就早点过路东这边来。彭雪枫说，暂时还不到这种程度，还能坚持。我是太了解彭雪枫了，以他的脾气，不到最后一刻是绝不会放弃的。"

路西的局势，当时究竟是个什么情况？父亲说："可以考虑先把后方机关转过来，我向军部建议。"

最早一批撤过来的部队是在3月中旬。损失大的是四师十旅，即黄克诚留给彭雪枫的三四四旅，已经打惨了。三四四旅是由鄂豫皖苏区红二十五军和陕甘边红二十六军、陕北红二十七军改编而成，素以作战英勇敢打敢拼著称，但此时，他们元气大伤，不得不撤到皖东北休整。十旅旅长刘震建议集中兵力先打一路，但彭雪枫没有采纳。多少年过去了，刘震回忆起往事，还忿忿的。

十二旅三十四团的一个营全部壮烈牺牲。我十一旅与敌骑兵相遇，三十二团与师直属队遭到严重损失。部队疲劳，人心不稳，给养奇缺，随即豫皖苏根据地中心区被敌侵占。党政军民各机关部队共伤亡、失踪四千余人。

武装坚持已不可能。1941年4月25日，华中局和新四军军部指示彭雪枫部主力转入皖东北地区。

战争是一场生死角逐，一旦被对方咬住了，想要翻过身来谈何容易？从1927年的"四一二"大屠杀开始，到对中央苏区的五次围剿，到红军长征血染湘江，到不久前的"皖南事变"，国民党追杀共产党人是从来不会手软的。撤到皖东北的我军不足万人，枪不足五千。血的代价啊！

父亲率自己的九旅并加强的二师五旅，迅速封锁了津浦路沿线，两个旅六个团成梯次排开，向西构成了强大的防御布势。我打趣地问，这个场面是不是有点像《三国演义》中的"长坂坡"？父亲回忆："彭雪枫撤到路东来，是我去接他的。"据记载，彭由路西撤回路东，进入皖东北根据地后，先在灵璧县南边的濠城安营扎寨，那正是霸王别姬的地方。都是些不祥的兆头。

"彭雪枫见到我，第一句话就说，逃难逃到你这里来了。我说，这是什么话啊？我到这里来不就是给你搞后方根据地的嘛！不要想那么多，这里就是你的地方嘛。"父亲好像在劝慰，又像在解释。他说："我知道彭心里不好受，但又不知怎么安慰他才好。"听得出，两人见面时多少有些尴尬。

我心里想，爸，你可真不会说话，这不明摆着哪壶不开提哪壶吗？就这两句简单的对话，是不是无意中道出了两人潜意识中深埋的心结呢？我不好继续追问下去。

父亲说："我把半城的九旅旅部让出来给彭雪枫，自己带机关住到新兴圩子去。"我到泗洪考察时，根据一些老同志的回忆，四师师部从路西过来后，先没有住半城。一直到7月仁和集会议结束后，对路西失败做出了组织结论，四师师部才从管镇搬来半城的。彭、张两人还是和长征一路走来时一样，相互照应着。

仁和集会议。

仁和集是洪泽湖旁的一个小镇。遵照华东局指示，在这里召开了四师团以上干部大会，总结检查路西反顽战斗失利的经验和教训。

会议由新四军政治部主任邓子恢主持。这完全是个巧合。邓到皖东北后，正赶上彭雪枫的路西失败，于是华中局责成由邓负责对彭雪枫问题的处理。

关于会议的情况，在众多的回忆录中，很少能看到这方面的记载，甚至在一些很权威的历史书中都少有提及。1941年9月15日，华中局和新四军的负责同志给毛泽东和中央军委写出报告，这是第一份正式处理意见；1942年1月华中局第一次扩大会议再次作出决议；同时还有华中局和新四军负责同志给中央的电报，和后来印发时的批语。

父亲没有全部参加会议。他回忆说："军部怕顽固派追到路东来，要我统一指挥二师的五旅，在津浦路设防，五旅旅长成钧，政治委员是赵启民。五旅撤走后，留下十三团，团长是胡炜。青纱帐起来了，我一直抵近到最前面侦察。这时接到邓政委的指示，要我马上赶回半城。根据地已经实行星期天制度了。

"一进去，先遇到彭雪枫，彭说邓在后面等你，我问什么事，他说，你去了就知道了。邓见了我说，彭要调动一下，四师的工作由我来接替。……这也是华中局的意见。我怎么能同意？打了胜仗当然没有问题了，但现在这种情况，彭雪枫已经压力很大了，不仗义嘛！我不干这事。我对邓讲，这个部队是他一手创建起来的，还是要依靠他重整旗鼓，谁也代替不了，尤其是这个时候。邓觉得我讲的有道理，赞同了我的意见。

"……我还要急着赶回前方，出来时，又见到了彭，他指指自己住的屋子，说你就住到我这里来吧。我说，我的部队还展开在那里等着我呢。"

看得出，父亲的意思是，总结教训、追究责任；以及迅速控制局面，稳定部队，恢复战斗力；二者相比，就当前形势来看，孰轻孰重，孰缓孰紧，应当是不言而喻的。当然，在他和彭雪枫之间，确有个感情问题。两人长征路上一道走过来，虽然也有磕碰，但在父亲眼里，彭如同他的兄长，大哥遇到了麻烦，只能是帮衬，岂有取而代之的道理？

至于这里涉及的，关于对彭雪枫和我父亲任职变动的问题，一直是研究这段历史的人们争执不休的问题，原因是没有查到有关这方面的文字记载，而当事人邓子恢和华中局最高领导人都已过世。但我还是忠实地记录下来了父亲的原话，为研究那段历史提供一点佐证吧。

父亲谈话的基本内容后来写成文章，被收集在《回忆邓子恢》文集里。

豫皖苏地区，日、伪、顽、我四股力量交汇，矛盾错综复杂，尤其是"皖南事变"刚刚发生，这就要求一个军事指挥员必须具备很强的政策掌控能力，按中央确定的"政治上采取攻势，军事上采取守势"的方针，逐步化被动为主动。我曾就仁和集会议的内容专门问过父亲，但他所谈不多，只是说了句："是个批判会。"五个月后，1942年1月华中局第一次扩大会议作出《关于四师及豫皖苏边区党委在反摩擦自卫斗争中错误的决定》。《决定》肯定了彭雪枫在初期的成绩，指出由于潜伏着不正确的倾向，导致了这次严重的损失与失败。《决定》还分析了造成失败的四条原因，指出，这次错误首先由该师主要领导人彭雪枫同志负责。

父亲说："失败并不可怕，在战争年代是常有的，我自己就经历过。彭雪枫的态度是诚恳的，我赞成这种态度，不推诿，勇于承担责任。

"我说，虽然确实受到了损失，但还不能说是失败。主力、干部大部分都保存了，肖东、宿东地方武装还在，恢复是有基础的。

"我不赞成因为有了问题，就新账老账一起算的做法，尤其不能以个人恩怨替代党的原则。会前就有几个家伙找我和邓子恢，叽叽咕咕地，我说，要说就会上说去。我是看不惯这种作风，平时吹吹拍拍，到时候又落井下石。"

父亲继续回忆："1942年华中局第一次扩大会议，从春节前开到春节后。会议后期，毛打电报要刘到延安，调中央工作。快结束时，又讨论了四师路西反顽失败的事。主要是邓子恢讲。我不赞成把责任统统归于一个人。敌人那样强大，我们是那样弱小，哪里能百战百胜？因为一次失利，就把所有的罪名加上来，什么好大喜功啦，不执行上级指示啦，算总账，这是不公平的。饶（注：饶漱石，继刘少奇后任华中局书记）最后作的结论，还是维持原来的调子。"

父亲这个人，在共产党里算得上是个异数，他对党内政治生活的问题一直持有自己的见解。他说："在苏区的时候，批邓子恢同志也是，多印了些票子，就扣帽子，是什么右倾机会主义。党内开展批评和自我批评是必要的，但不能搞无情打击。好像只有上纲上线，才能显出是最革命的。更可恶的是有些人就热衷于这些。得势的时候就吹捧，失势的时候就打击，这种作风，党什么时候才能改掉？"

两个人真正的相知相交还是在这之后。

父亲继续说："1944年夏天整风，华中局扩大会议，召集四个师的领导。一师刘炎，二师张云逸、罗炳辉，三师黄老和我，四师彭、邓。这时陈毅调去延安，张云逸接替。会上，揭发陈老总闹独立性，哪天哪月，在什么地方，如何如何。下午，各师同志发言，我说，对军长有意见，当时就应该在党的会议上批评嘛，集中起来算总账，算什么？不符合党内正常的同志式关系。他脸一下子红了，别人都不好说话了。散了会，黄找我，说在会上怎么这样讲啊，谭也说，太不应该了。我说，什么应不应该？整风嘛，不是叫有什么说什么吗？"

我问父亲，你这么让人家下不来台，不怕整你？父亲哼了一声说："笑话！""直到'文革'前，我都信奉党内是讲真理的，把整风变成整人，我是看不惯的。我后来给中央写信，署名是一个共产党员。周恩来说，他一看就知道是我写的。"

嘴上痛快了，就要付出代价。从后来查阅的档案中我知道，彭雪枫牺牲后，任命我父亲接替四师师长，华中局就是反对的，但中央坚持不变。

也许是父亲在会议上表现出的鲜明立场吧，父亲回忆说："晚饭后彭和我一起散步，他说过去对我有误解，他对少奇的话没有重视，路西反顽我没有看他的笑话。他知道了我不肯接替他的事，他说我是个正直的人。我说，我们在红军时期就在一起了，相互间还不了解吗？他也知道了华中局会上邓和我的发言。他说他们的做法是有意整人。"

"我们相识和共事已经很多年了，但这次，是最为推心置腹的一次谈话。"父亲感慨且动容地说，"他终于了解我这个人了。"

"天气太热了，洗澡时被冷水激了一下，起了风疹，住院了，是刘球（注：原总后卫生部副部长宫乃泉的夫人）同志给我治的。会议结束时，彭专程来告别，他握着我的手说，此次分手，又不知何时再见面了？我说，各自为党珍重吧！"

"为党珍重！"这在战争年代，是一句分量很重的话。既是对胜利的期盼和祝福，也是牺牲的准备和决心。彭雪枫向西要回到淮北战场，我父亲向东要返回苏北战场，两个生死与共的战友都做好了在这场民族战争中牺牲的准备，但他们仍然期待着重逢的那一天。

不想这次分手，竟成永诀。

父亲是在苏北得知彭雪枫牺牲的消息的，这时他调到黄克诚那里当副师长已经三年了。1944年9月15日，也就是彭雪枫牺牲的第四天，他接到命令，立即回皖东北接替彭雪枫任四师师长。

这么多年了，一谈起彭雪枫的牺牲，父亲总是很感慨，他说："在哪里跌倒就在哪里爬起来，彭雪枫就是这样的人。我们分手时他说，路西根据地，失之我手，还要复之我手。他真厉害！"

英雄也会失败，但他们决不回避失败，决不回避责任。父亲欣赏的正是他的这种气概。

彭雪枫牺牲在他打回路西的战斗中……豫皖苏真是彭雪枫的宿命！

三个月反顽，彭雪枫吃亏最大的就是没有骑兵。路西是平原（所以彭雪枫总说要向西发展以山地为依托），岳飞有句名言"步利险阻，骑利平地"，果然如此。那三个月，四师被马彪的骑八师追着打，毫无办法。仁和集会议后，彭雪枫做的第一件事就是创建新四军唯一的骑兵团。三年来，他秣马厉兵，励精图治，多次提出：豫皖苏是我丢的，我一定要收复它！

1944年8月，彭雪枫率部西征。下旬，越过津浦路，初战小朱庄，大捷。9月10日，再战八里庄。11日清晨，当警卫员匆匆跑到指挥所，报告他敌人已突围逃跑时，极度疲倦正准备睡一会儿的彭雪枫，要亲自指挥最后的战斗。他登上南门围墙，居高临下……一颗流弹飞过来，正中心脏。彭雪枫都没来得及哼一声，就永远地倒下了。

整整三年了，父亲又回到了他亲手开创的皖东北大地，这次回来，是接替亲爱的战友的事业。回想起与彭雪枫相识相处的许多往事，父亲泪水潸然。

彭雪枫在当地影响太大了，牺牲后，华中局决定密不发丧。彭的妻子正身怀六甲，为使她能顺利地生下彭雪枫唯一的儿子，父亲仍以彭雪枫的名义给其夫人林颖发了几封电报告安。父亲说，写信会暴露字迹的。12月孩子平安出生，她直到1945年2月彭雪枫出殡前，才知道丈夫已牺牲半年了。

彭雪枫创建的拂晓剧团吟唱着我父亲写的挽歌：多年同患难，长别在战场。

2004年9月，彭雪枫殉国六十周年纪念。我正在美国中部的草原上，妈妈来电要我一定赶回来。辗转几个航班才达北京，妈妈说："知道为什么一定要你赶回来吗？你爸爸生前，在众多的高级干部中，唯独和彭雪枫关系不一般。"

是的，父亲和彭雪枫关系的确不一般。9月，当我又一次来到洪泽湖畔，又一次走进雪枫墓园时，我想起父亲常说的一句话："我是为他们而活着的。"

彭雪枫的儿子彭小枫，中国战略火箭部队的政治委员，曾对我说："我有今天，多亏了张叔叔。"当年，在那个一切都讲阶级成分的年代，因他的母亲林颖被错划成"右"倾，小枫不能报考哈军工。他找到我父亲，父亲对政审部门的同志说："难道彭雪枫的儿子也不能信任吗？"小枫上了哈军工后，分到一系，常规武器系。当时最时髦是学导弹专业，年轻的娃娃们谁不想去？正巧父亲到哈军工检查工作，把我哥哥和彭小枫找去，说今天找你们两个来，就是吃红烧肉。因为正赶上60年代初大饥荒的年代。席间，两个娃娃都争着要去学导弹专业，父亲指着我哥哥说："小枫我可以给说句话，但你，不行！"在后来政治斗争的风云中，小枫曾受到组织上的审查。父亲路过沈阳听说后，对军区负责同志说："审查可以，但不能在身体上、人格上折磨人家。"在当时的政治氛围中，上面能有这一句话，其作用可想而知。

前两件事我多少知道些，但后面这件事令我惊讶。按党内政治生活的准则，父亲的做法的确有悖常理，甚至违背了原则，也不是他自己一贯倡导的风格。但他都做了，为什么？因为那是彭雪枫，彭雪枫死了，而他，还活着！

"我是为他们活着的。"父亲的话在雪枫墓园中回荡，令我热泪盈眶。在以后的战争和政治生涯中，每当父亲遇到危险、困难，面对政治风浪，需要他铤而走险时，他总会用这句话激励自己。我理解父亲，他要让那些先他而去的战友死而瞑目。

9月的皖东北，风光秀丽。站在宁静的洪泽湖岸边，望着浩渺的湖水，我的耳边又飘荡起彭雪枫对他妻子的倾述：

"9月，这月份对于我有特别的意义，是我生平过程中的转捩点，阴历八月初二（往往在阳历是9月）是我生日，1926年的9月2日是我由当时的青年团转入党的日子，1930年9月是我们从长沙入江西开始建立苏维埃，而1941年的9月呢，终身大事得以决定了！这叫做巧合吧？我总以为我还是个小孩子。"

也许，9月真是彭雪枫的一个定数。彭雪枫生在9月，死在9月。淮北9月遍地的黄花和飒飒的秋风啊，也许正是为纪念这位英雄才如此金黄。

第2章
八千里路云和月

向东！再向东！到敌人后方去，打进鬼子占领区的纵深去，开辟苏北敌后抗日根据地。华中战场的第二个阶段到来了。

父亲的抗战岁月，一半在淮北；一半在苏北；江淮大地留下了他的足迹。

苏北战场

路西一仗，十旅被打惨了。黄克诚从华北带来的这支劲旅——八路军三四四旅，现在只剩下两个团四个营共三千二百人了，黄克诚能不心疼吗？他提议，将父亲创建的九旅调归四师，换回曾经调出去的十旅。这个建议无论从哪个角度说都是合理的。九旅兵强马壮，又是皖东北土生土长的部队，四师路西失利后，也急需加强。十旅是他自己带过来的，苏北局面相对稳定，过来后可以休养生息。由于路西豫皖苏根据地的丢失，华中局将皖东北改为淮北苏皖边区，成立淮北军区，由邓子恢、刘瑞龙、彭雪枫分别执掌。我父亲被任命为3师副师长兼苏北军区副司令，率十旅奔赴苏北战场。

命令是陈毅宣布的，他专程来了一趟皖东北。他什么时候都不改他特有的洒脱幽默的作风，在大会上他说，我这次就把你们的旅长带走了，你们有意见没有啊？掌声稀稀落落。人们的感情是复杂的，在部队干过的人都明白，自己追随的首长晋升，是好事，当然应该鼓掌；但部队又要并入一个新的单位，过继给人家，成了后娘养的，有了难处去找谁呢？这掌真鼓不起来。许多地方的新四军纪念馆都保存了父亲离开九旅时的照片，中间是陈毅，还有接管他们的彭雪枫师长，新任九旅旅长的韦国清和九旅的其他领导干部，被欢送的主角我父亲却站在最后排的边角上。这是一张喧宾夺主的照片。好奇怪啊，或许是无意识的，是父亲一贯低调的风格所致？或许是有意的？他想跟他的部队说，我已不再是九旅的灵魂了，但我的心，将永远伴随着你们，牵挂着你们。中国革命任重道远，前方的路充满艰险，走好啊，我的战友，我的兄弟！

或许，什么都不是……

新四军的军部和华中局也设在苏北，三师成为拱卫军部的一支劲旅。在这里，父亲和他敬爱的领导人陈毅元帅，以及在战略思想上支持过他、肯定过他的新四军政治委员刘少奇同志有了更多的接触。他以自己的成功赢得了上级对他的信赖和器重，他不再像皖东北时期那样孤军奋斗了。这无疑对他今后的人生起着至关重要的作用。

"十年生死两茫茫"。自第五次反围剿失败后，中央苏区丢失，红军主力被迫转移。父亲随中央大队长征北上，陈毅和其他战友粟裕、叶飞、钟期光、傅秋涛等留下来坚持游击战争，从此天各一方，音信全无。今天，在经历了艰难和困苦之后，老战友们重逢，大家不仅健在，而且戎装齐整、兵强马壮。还是在上次共同开辟苏北时，正赶上父亲打开皖东北的局面，雄心勃勃；陈老总和粟裕又刚指挥了黄桥决战，各自的胜利使他们沉浸在共同的喜悦之中，抚今追昔，怎不叫人热泪盈眶！陈毅元帅即兴写下了他那著名的诗篇："十年征战几人回，又见同侪并马归。江淮河汉今谁属？红旗十月满天飞。"悲喜之情，跃于纸上。

父亲说："陈老总的诗是在大会上写的，黄老（注：黄克诚）拿给我看，我也和诗一首，'忆昔聆教几多回，抗日敌后旧属归。'我是他的部下，就用了旧属；忆昔，过去几次听他的教导；'南援北进江淮会，兄弟共举红旗飞。'兄弟指的是八路军和新四军，陈从南边，黄从北边，共同开辟苏北根据地。"都这么多年了，父亲谈起和陈老总会师的往事，还是那么真切和兴奋。

父亲要与黄克诚共事了。和认识彭雪枫一样，父亲也是在红三军团和黄克诚相识的，长征中，他们都在彭老总手下，黄是四师政委，父亲是师政治部主任；土城战斗后，红三军团在扎西改编，黄是红十团政委，父亲是红十一团政委。

黄克诚生于1902年，比父亲大八岁。也许是他少年老成吧，八岁的跨度，就像两代人一样遥远。父亲习惯称黄克诚为"黄老"，也有时称"黄瞎子"。在父亲当年写的文章中是这样描述长征中的黄克诚的："四师的黄政治委员一副近视眼镜架在鼻梁上，一只脚踏在板凳上，用那嘶哑的喉音在对团一级的干部们谈话。他握着他那瘦得骨头都看见的手，（他说）'一颗流弹牺牲了洪师长……捉着蒋介石来坐铁笼！'"（注：张爱萍《第六个夜晚》1936年写于瓦窑堡。收集于1954年版《中国工农红军第一方面军长征记》）

父亲回忆，长征进广西，过两河口，红四师师部住苗寨。白崇禧为了离间苗人和红军的关系，经常派人化装去苗寨滋事，搞些小名堂。一天半夜，师部突然起火，黄克诚住的苗家小木楼浓烟滚滚。父亲说他组织营救："整个屋子浓烟滚滚，黄克诚这个家伙，还在那里磨磨蹭蹭的，我急了，对警卫排长喝道，架起来，拖走！黄还在那找，我的眼镜！我的眼镜！"父亲边说边学，哈哈大笑。

黄克诚是一位老资格的共产党人，他的性格特征与彭雪枫和我父亲不同。从我母亲嘴里我知道，他是个理性人物，处事缜密，深谋远虑；性情温和，但却外柔内刚。外表看起来，他灰色低调，不像彭雪枫，潇洒英武之气溢于言表。当年在苏北三师师部工作的扬帆同志蒙冤下狱时，写了很多诗词，追忆他的领导和战友。其中对黄克诚的描写是："推食解衣空恋旧，慰海勤勤未敢忘"；而描写我父亲则是："狂人介士尽云从，年少将军气度宏"。历史不能再现，但从扬帆的诗中不难看到，两个人风格和气质的差异跃于纸上。

我很小的时候见过黄克诚。那是上个世纪 50 年代，"五一"、"十一"的夜晚，党的高级干部是可以带子女上到天安门城楼看放烟花的。在天安门城楼上，黄克诚戴一副眼镜，裹着大衣默默地坐着，不像父亲和陈赓、杨勇、刘亚楼、陈锡联那样相互开着玩笑。

再见到他时，已是"文革"结束后的事情了。黄克诚已经很老了，戴着很深的墨镜，坐在轮椅上。他像一尊雕像，凝重而威严。我和周围的青年军官们不由自主地都举起手来，向他致以军礼，虽然我们知道他已经什么都看不见了。

黄克诚在他的自述中说，是他提议把父亲调来给他当副师长的。他是这样谈他自己的："我考虑到自己的实际情况，体质弱，高度近视，这都是作为一个军事指挥员的不利条件。而且我这个人偏于谨慎，选择战机时，对可能造成较大牺牲的作战行动，有时果断不足，这都是作为一个高级军事指挥员在指挥大兵团作战时的不利条件。"（注：《黄克诚自述》，200 页）

应该说，他们之间是一个最佳的组合。黄的老谋深算，我父亲的血气方刚。但我听母亲说："是不是有别的考虑就不知道了，但黄老和你爸爸之间，不是太和谐的。"

喔，是这样，为什么呢？

"黄偏重于稳健，而你爸则是个拼命三郎。再加上你爸这个人，事事都有自己的见解和主意，又不讲究方法，谁愿意要他！"

我问父亲，谁调你去三师的？

"我怎么知道。"回答得真干脆！

当时黄克诚不仅是三师的师长兼政委，还是苏北根据地党政军的第一把手。黄在他的回忆中说道，苏北这个地区长期为反动地主武装所把持，土匪、封建会道门遍及各地。他们打砸抗日政府，杀害干部，抢劫群众。更有甚者，刚来苏北，就遇到海啸成灾，疮痍满目，难民遍野。黄克诚说，他到了苏北后，着力抓了几项工作：抢修海堤；消除匪患；减租减息；精兵简政，加强主力；进行经济文化建设；发展统一战线。黄说，邹韬奋、范长江、钱杏邨（阿英）、沈其震、薛暮桥、贺绿汀等，这些著名文化界人士的到来使这块敌后根据地一时充满了欣欣向荣的气象。

但苏北留给我父亲的记忆好像不完全是这样。父亲是从另一个角度回顾的："苏北这个地方，在人家眼皮底下，卧榻之下岂容他人酣睡？"他说："如佃湖，滨海县的大、小尖子，陈家港等，都是敌人薄弱的部分，我们完全可以从这里扩出去。佃湖就是伸到我们这边的一颗钉子，非常孤立的，完全可以拔掉。我们应该抢在敌人之前，调整态势。"

父亲继续说："……我提了几次也就算了。后来敌人扫荡就是从佃湖这里开始的，一下子就插到我纵深来了。刘、陈说是右倾，重了。但保守是有的，太过分强调保存实力了。"

我已经感觉出来了，父亲调到三师后，他和黄克诚在总体思路上有些微妙的差异。父亲强调军事斗争，黄更偏重于根据地和党政建设。我问过母亲，她说："你爸这人也固执得很，黄老大概也烦他了，后来就不要他再管作战了。"

难得一闲。军人不打仗还能做什么？从皖东北东征西讨的日子走过来，可真不习惯，但总不能无所事事啊，不如下去搞整军，整顿纪律，组织练兵，提高战斗力。父亲说："既然这样，不听就算了。我向黄克诚提出,我还是去整顿部队吧,都是游击队起的家,不正规,不训练,怎么能打仗?黄很赞成。我说,先从军容风纪抓起,我们师里领导可要以身作则喔!黄说那没有问题。二十四团团长谢振华,三军团的保卫干事,就从他的部队开刀。以后他们搞了阅兵式,很是轰轰烈烈。解放后碰到,他还和我说起这段往事。黄克诚军容风纪最差,从来不打绑腿,敞开个领子,揣个手。我就是要将他的军,我说你一个师长军容风纪都不整,要我怎么说服下面?黄克诚这次很痛快,哈,第二天就打起了绑腿。他说,这是他第一次。"

你就不怕他不高兴?我问。父亲说:"怎么可能?他是太了解我了,都计较起这些,还怎么干工作?"他讲起了长征路上的一段往事:

红三军团夺占娄山关占领遵义后,国民党吴奇伟的两个师反扑上来,首先对防守在老鸦山左翼的我父亲指挥的红十一团发起攻击。父亲说:"敌人从一个团增加到两个团,我们三个营都顶上来了,胶着在那里,但后续的敌人还在源源不断地上,我看光靠自己是不行了。黄克诚的十团守在老鸦山顶上,我跑上去要他配合从敌人侧面出击一下。黄不干,说他的任务就是守卫老鸦山顶。我看说服不了他,只好又跑了回来。想不到的是,敌人看攻不动我们,就改变方向攻击老鸦山顶,十团顶不住退了下来。彭老总命令我们从左侧攻上去夺回主峰,攻了两次没拿下来。这时陈赓的干部团上来了,彭要我们配合再攻,又把彭雪枫的十三团用上,并要他统领十二团,他们从侧面,我们从正面,把敌人打下去了。我们一直追到鸭溪,一军团追到刀把水,敌人把浮桥截断,结果后面一个营当了俘虏,吴奇伟的两个师就这样被消灭掉了。"

这是红军长征以来最大的一次胜利。父亲继续说:"我军大获全胜。军团在鸭溪开战评会,我说,你黄克诚就是见死不救!我才不管他是谁呢!彭德怀很恼火,把黄、张给撤了,黄下连队,张宗逊当伙夫。不久，他们又回来了，有意思。我觉得黄克诚、张宗逊的战术思想不对头，依照我的打法不会损失那样大。我同黄、张相处是很好的，打仗总有胜败，但这次黄是太固执了。"

对这一战斗的回述，黄克诚和父亲两人是有差异的。黄克诚在他的自述中说，团长张宗逊已带队出击了，我怎么好擅自离开阵地。另外，他回忆，林彪对他讲，敌人其实已经撑不住了。我理解黄的意思是，形势未必有那么严峻。我没有对这个战例做过详尽的考察，其实孰是孰非并不重要，也许是年代久远，记忆有所偏差；也许是两人观察问题的切入点就不一样。我只是想要证明前面我父亲和黄克诚在作战问题上是有过分歧的，他们可以在彭老总面前开诚布公地争吵，但并不因此影响他们的感情，他一直把黄作为兄长，尊重他、维护他，黄也把他视如小弟，一直器重他、关心他。

我说父亲，就你这样，哪个领导会喜欢你？

父亲说："干什么要别人喜欢？我这个人干起事情来，有时候是有些左倾、鲁莽，只想要干好，不讲究方式方法。打土城时，同敌人对峙在那里，部队很疲劳，在阵地上打起瞌睡来。我在四师当政治部主任，召集各团开会，在会上批评杨勇，说你们十团在阵地上表现最差，打瞌睡。有的同志提醒我，说杨勇同志都负伤了，我说，负伤也不光荣。话一出口，心里很后悔……"

这件事，他曾提过多次，因为自己的情绪一时失控，使战友受到委屈，当时的那种内疚之情，六十年都过去了，可见自责之深。

这就是那一代人的历史。如果说黄克诚像是个兄长，他对这个年轻气盛的小兄弟恐怕真是哭笑不得了。

1942年11月7日，为了庆祝十月革命节，军部和三师原计划组织阅兵式，然后是运动会；晚上还有演出，搞军民大联欢；还办了展览……但一切都在突然间被取消了。

五百里加急：鬼子对根据地要发动大规模扫荡！

"渔阳鼙鼓动地来，惊破霓裳羽衣曲。"

新四军战史记载："日军调集第十七、第十五师团以及华北方面军第三十五师团和独立混成第十二旅团，伪军第二十二、第二十八、第三十六师及徐继泰、胡冠军部，对盐阜区进行大规模扫荡。"这就是华中抗战史上著名的"盐阜区反扫荡"。

华中局紧急会议。

刘少奇早在年初已调延安，会议由华中局书记饶漱石代表华中局党委做出反扫荡部署，他说：为了迎接空前的反扫荡斗争，适应斗争的需要，决定：一、新四军军部转移到淮南二师去；二、三师师部也准备跳出敌合围部署之外；三、坚持根据地内的反扫荡斗争由三师副师长张爱萍统一指挥。根据地内的反扫荡斗争，实行党的一元化领导，由三师副师长张爱萍兼八旅旅长、政委、盐阜地委书记、盐阜军分区司令员、政委，统一指挥八旅和七旅部分部队。四、团以上干部每人准备一套便衣，党校解散，女同志疏散到外地打埋伏（注：打埋伏就是隐蔽在老乡家里或转移到敌占区去）。

……

只准胜利，不准失败！云云。

按照惯例，轮到个人向党组织表态这个程序了。

华中局的这个部署，对于其他人似乎没什么可说的，大家自然把头扭向坐在最后排的张爱萍了。在书记、常委、军长、副军长、师长，还有华中局和军部机关的领导人面前，他的地位最低嘛。

"我不干！"他站起来只说了这三个字就坐下了。

可以想象会场的情景。父亲讲到这里，得意地说："哈，他们全都哑了。"

陈老总赶紧出面打圆场，宣布休会。

"陈把我找出来说，你怎么这样讲话的？我说，要我怎么讲？他们不是总都正确吗？这次就要他们来指挥嘛！陈说，过去的事就过去了吧。陈老总说话我当然是要听的。于是，又复会。我说，打完了仗，那几顶帽子最好都给我收回去。哼！"我明白他的意思是，少给我来这套！

大敌当前，公然抗拒上级党委的命令，这还了得！在他的军事生涯中，过去没有过，今后也再没有过了。可奇怪的是，会上没有人责怪他，大家都沉默着。

以当时新四军部署的态势看，苏北是核心区，华中局和新四军军部驻扎在这里，由三师，也就是黄克诚和父亲这个师，两万余人拱卫；一师，也就是粟裕的部队，一万三千人马，在南面，与上海、南京敌人的政治经济中心区相对峙；四师彭雪枫部队在西面，一万五千人马，原来是占据津浦路两侧的豫皖苏地区和皖东北地区，由于前面讲过的反顽失败，被压缩在皖东北地区；西南方向是张云逸和罗炳辉的二师，在淮南，部队一万五千，与彭雪枫的四师，在南北两个方向上，形成对西防御。北面过陇海铁路，就到了山东解放区了，不属于华中局的地盘。东面，临大海。李先念的五师一万四千人马，远在鄂豫皖地区，名义上是新四军，实际受延安的节制。其他六师、七师是小师，各为六千人马和三千人马，处在敌纵深内的苏南和皖南地区，条件异常艰苦，由谭震林和张鼎丞分别执掌。

这样大的一支力量摆在人家眼皮底下，行吗？

其实，早在一年半前，1941年的第一次盐阜区反"扫荡"结束后，刘少奇和陈毅就向中央报告："利用水网以建立相当巩固的根据地已不可能，因此，在苏北建立华中总的战略根据地之任务，现在无法达到。""我华中今后发展方向应转向西，以皖东为基础，沿长江两岸逐渐向西发展……军部与华中局秘密移至皖东为好。"那次反扫荡，因为司令部自己先行转移，搞得刘、陈大为光火。但中共中央于8月17日复示是："领导机关在最困难时移至皖东是可以的、必要的。"特别强调了是"最困难时"。

现在，这个计划终因眼下日伪军对盐阜区发动大"扫荡"而落实下来了，最困难的时刻到了。华中局和新四军军部决定迁移到苏皖边界的盱眙县黄花塘。年老病残的发给路费回原籍，女同志或者孕妇就地安排打埋伏，隐蔽到可靠的群众家中。将非作战部队的军、师鲁工团（注：新四军鲁迅艺术工作团简称鲁工团，何士德任团长）解散，除少数留下，其余分别去了延安或回上海、大后方等地。1月6日，黄克诚将尚在盐阜区的文化人转移到阜东县海边八大家一带，其中不乏许多当时享誉中外的文人，如芦芒、林山、沈柔坚、阿英、铁璎、贺绿汀等。

一时间，黑云压城。

敌伪这次是针对新四军核心区的扫荡，军部转移后，三师主力留在苏北核心区坚持斗争是理所当然的。三师干部中，适合独立指挥师主力作战的是三个人，一个是参谋长彭雄；一个是原八旅旅长田守尧，他虽然只是旅一级干部，但他是跟随黄克诚南下的。再一个就是父亲，他是副师长，长期指挥作战，对江淮地区熟悉，特别是独立开辟皖东北的业绩，比较起来，当然是最合适的人选。尤其是，彭雄、田守尧这时已准备赴延安学习。对一个军人来说，临危受命，是他的荣誉，是对他价值的认同，何以会有如此情绪呢？

我问过父亲，他说："形势比我在皖东北时好得不知多少倍了。鬼子虽然多，但部队已经锻炼出来了，根据地也建设起来了，敌人进入根据地，主动权完全在我们这边，反扫荡，我有信心。只是心里有气，平时怎么讲都不听，好像天下太平了，临阵又这样惊慌，什么党政军一元化领导，平时那股威风劲都上哪里去了？"

我明白了，原来症结在这里。你是指谁在耍威风？我问道。

父亲没有正面回答："就知道揽权！除了会整人，就是夸夸其谈。少奇同志调走后，就排挤陈老总。有些人是看谁的势力大了，就巴结谁。我们阅兵，还专门去请。今天，我就是要杀杀他的威风！"

无怪陈老总要对他说："过去的事就过去了吧。"真是耍小孩子脾气！

还是我妈说得明白："你爸这个人啊，这辈子就是这样。事也干了，人也得罪了，好坏都是他。"

我知道，他不过又是嘴上痛快而已，有气归有气，对军人来说，炮声一响，一切恩怨情仇、儿女情长都应抛掷脑后。他像一头苏醒过来的狮子，他嗅到了逼近的猎物，战争使他的个性得以张扬，危险使他的生命具有了价值，他属于那种只能被挑战激活的人。

华中局、新四军军部及直属队很快转移到淮南地区去了，三师师部分散到盐阜边与苏中交界地区，政府机关、学校、医院、工厂等非战斗单位和人员也都陆续疏散隐蔽到位。

父亲率八旅及七旅一部的将士们留在敌人的合围圈里，他们将与根据地的人民同在。

战争叫女人走开

苏北的土地是贫瘠的，但风光却是旖旎秀美的。就是在这里，父亲见到了一个使他怦然心动的女人。

这个女人后来就成了我的妈妈，她与父亲相伴到老，她生下了我们兄妹四人，直到父亲去世，他们一起走过了六十一年的人生时光。

对他们来说，这次结合，都已是第二次婚姻了。在这之前，妈妈一直在新四军皖南军部工作。年轻时的她，端庄大气，温文尔雅，在和我父亲认识的时候，她的前夫在皖南事变中已牺牲一年多了。我父亲的前妻也是一个赫赫有名的人物，曾当过周恩来秘书的国家卫生部副部长杨纯。在我们这一代人看来,在漫长的人生旅途中,婚姻的变故是不幸的,但也是正常的,可老一代人往往对此讳言忌深。

父亲似乎不很愿意谈论这样的话题。问起他怎么认识我妈妈的,为什么会看上她。父亲所答非所问:"我这一辈子,最对不起的就是你妈妈,她为我吃了很多的苦,我耽误了她。"

倒是我妈妈很愿意谈他们相识相爱的经过,有时,父亲在一边默默地听着,若有所思。妈妈总会讲着讲着,冷不丁地问他一句:"是不是这样?"父亲会笑一下,但从没有点过头,或是摇过头,那神态好像是不置可否,甚至使人感觉到他心里在嘀咕,都是过去的事情了,有什么好说的,婆婆妈妈的。

反扫荡的战火日益逼近。所有的后方机关和家属们都转移撤离了。

可我妈妈怎么办?她刚结婚四个月,此时已怀上我哥哥了。

父亲回忆这一段时说:"对付鬼子扫荡我有办法,比这更艰苦的都过来了。只是你妈妈怎么办?她必须离开,这里实在是太危险了。"

妈妈转移去了盐东。谁知,过了些天,盐东县委书记过来开会,又把妈妈带回来了,那儿没法藏身。这样又转到阜东县的八大家,那儿有个叫张景惠的棉花商行老板,是个进步士绅,商行又在东海岸边,相对会安全些。可几天后,鬼子的飞机轰炸了八大家,商行被毁,张老板的夫人炸断了一条腿。张老板为难地说,我们家遭大难了,实在没法再留你了。

妈妈说,她是从炸塌的瓦砾堆下爬出来的。当天晚上,她扮成农妇模样,揣了把剪刀,独自离开了张老板家。她唯一的去处是盐东,直觉告诉她,在那儿可能能找到自己的部队。正月,天寒地冻,海风凛冽,四野茫茫,她一生中还从没有像现在这样感到孤独和恐惧。远离部队,远离自己的丈夫,一个人在空旷的夜晚中摸索着寻找归宿。盐东在八大家以东,渐渐地,东方发白了,她知道要往太阳升起的地方走去。

白天只能躲在高粱地里,等夜幕降临了再赶路。终于,她走到了盐东,三师的政治部主任吴法宪带着机关辎重转移到这里。妈妈回忆说:"我一见吴法宪眼泪怎么也止不住了。"离开了集体的个体是难以生存的。"吴拍着我说,好了,好了,你看,这不到家了吗。"

这个故事我们已经听过无数遍了,如果我爸在场,妈妈总会说,该你讲了。我爸就会接着说下去:"吴法宪的电报一到,人还在,我就放心了。鬼子出动了十八架飞机轰炸八大家,那里是我们的被服厂,机器设备都装载上船,鬼子来偷袭,就把船开出海去,时间长了,鬼子摸到了规律,就来轰炸。我一听到消息,想,坏了,很后悔,真不该把你妈转移到那里。"

"文革"时我们家落难,走投无路,想找找关系递个申诉,翻遍了以往的熟人好友,都被打倒了,这就想到了吴法宪,妈妈说,他该不会忘记那时的情景吧?

根据地是回不去了,盐东也非久留之地。经组织安排,她和汪云(曹荻秋的夫人)、陈绥圻(吴法宪的夫人),乘一艘货船来到了上海。

陈绥圻是上海人。说好了她们仨到上海都住陈绥圻家的,可是送她们的交通拿着支票去银行兑现,就再也没有回来。是卷着钱跑了,还是被敌人逮了去,不得而知。什么情况都有可能发生。此时,汪云已临产,她们将她送进医院,不久生下一个男孩,自己却因大出血永远离开了人世。曹后来的夫人姓石。许多年后,我对妈妈说,见到曹荻秋的儿子了。妈问叫什么名字,我说叫"曹纪云"。"是纪念的纪吗?"妈妈一听就伤感起来,说:"那一定是汪云的儿子了。我想见见他。"

偌大一个上海,举目无亲。她想起本家的一个远房亲戚在大陆洋行当差，或许能帮上一把，可天色已晚，又下着小雨。妈妈说，蜷缩在洋行门口的那一夜，她连眼皮都不敢合一下，好不容易才挨到天亮，可以想象得到，那个本家亲戚见到她时的惊讶程度。我妈妈和她的弟弟、妹妹参加新四军抗日，族里有所传闻，只是李家的二小姐忽然出现在这里，看她落魄的样子，实在是难以相信自己的眼睛。终于，在本家亲戚的帮助下，她辗转回了宁波老家小港。

自从离家参加了新四军，这是第五个年头了。战乱和流离，母女相见，欣慰中自然伴随着眼泪。为了安全计，她们搬到乡下，那里有个浪漫的名字，叫沙夏。我妈说："小港的房子不能住了，墙里嵌进去一颗炸弹，没有爆炸，弹头就从那边的墙壁露出来，可你外婆还在这边做饭。"可怕吧！在沙夏，妈妈生下了我的哥哥。

妈妈说她不是家属，而是一名抗日战士。她的丈夫还在和敌人厮杀，她要和他一起战斗。通向敌后的返程道路同样是艰险的，妈妈说："家里当然不让我再回去了，我就把自己的名字改了，把幼兰（注：曾用名，现名李又兰）改为玉化。玉化，这两个字，代表了我的决心，宁为玉碎，不为瓦全。民族存亡，不做兰花，而是战士。"中国的女性，自古就不输男人。

哥哥八个月时，她把他留给了外婆，先到了浙东谭启龙（注：时任浙东游击纵队政治委员；解放后先后出任山东、浙江、青海、四川省委第一书记）那里，陆路不敢走，就由海路返回苏北。船在途中遇上了风暴，大桅都折断了，只得随洋流飘零。骄阳似火，风暴过后，一丝风也没有，船就像凝固在镜面上。渴得受不了了，就喝海水，嘴上尽是盐花，这无异于自杀。只盼着下雨，所有能接水的东西都用上了。大雨过后又是暴晒，生命在挣扎。两个多月后，他们终于看到了地平线。

战争没有能让女人走开。

我弟弟曾向他的一些外国朋友谈起父母的这段故事，这些老外们怎么都听不明白，他们无法理解，世界上怎么还有这样一支军队，他们是带着老婆打仗的，还生儿育女？这离他们生活的常识太遥远了，连想象都产生了困难。

让我们再回到苏北战场。

我找到一些有关当年的资料，从中可窥一斑。

一份是父亲写的《告全体共产党员书》："不怕牺牲，咬紧牙关，克服侥幸心理，和当地群众一起，准备苦斗两年，消灭进犯之敌。"

一份是他在全区反扫荡紧急动员大会上所作的《怎样坚持盐阜区的斗争》的报告。各乡各镇赶快动员起来，干什么？

一是破路挖沟。苏北平原，一览无余。部队怎么机动？群众怎么转移？他下达指令，有路皆沟，沿路挖沟，沟要一人深，通向芦苇荡和青纱帐。敌人来了，就像《封神演义》里的土行孙一样，钻进去，土遁了。

二是拆桥打坝。苏北河湖港汊多，鬼子汽艇一下子就能插到纵深。因此，要求在河里打上暗坝，距水面齐腰深，一是拦住汽艇。这个办法非常有效，经常是鬼子汽艇一头撞上去，人仰马翻，被我射杀。二是便于我部队转移。被鬼子追急了就从暗坝上蹚过去，人一晃怎么就不见了？再一看，"八路的，河的那边！"因为每条暗坝都是做了记号的。

这两条，按现在的军事术语叫作改造战场地形。

父亲说，战场地幅有限，反扫荡初期，敌人势头强劲，要将部分主力地方化，做到县有武工支队，乡有武工大队，充实增强县乡独立作战的力量，使敌处处挨打，疲于奔命。待敌十分疲惫时，再适时集中主力，打它几个歼灭战。这个作战思想和基本战法，在后来的解放战争中运用得更为炉火纯青。

据我查到的资料，最初盐阜区内我军主力只有四五个团，但经过两个月的反扫荡前的准备，他手里握有主力和地方武装已经达到了十三个团，持枪的基干民兵组织达到十几万之众。父亲说："敌人推迟了行动，使我以逸待劳。"

他还办了干部训练班，推行他的独特战法——"敌进我进"。毛泽东讲的是"敌进我退"，父亲说，往哪退？敌人进了根据地，我们没有地方退，只有进。这个进，不是硬碰硬，是进到敌伪区里，有利就抄他的老窝，不利就给我潜伏下来。当敌人撤回去，我们再打回去，端他的新窝。

他在报告里讲，战机不是等来的，是创造出来的。每个部队都要组织精干的小分队，抵近至敌前沿，保持接触。敌前出时，我在宽大正面上实行机动防御，节节后撤，敌集中兵力攻击时，我则分散从两翼转至敌后，咬住不放。不断袭扰，疲惫敌人。

他还在敌人据点周围撒出去大批的谍报人员，知己知彼，方能百战不殆。在敌设伪政权的地方，事先就物色了开明士绅，派进去里应外合。开始没有谁愿意干的，怕将来说不清。父亲说："就叫区政府给他们都立个字据。"

规定是缜密具体的，连党政军各级机关人员所携带的物品都严格限制，一律不许超过六斤。重要物品资料坚壁清野，后勤物资、军火、被服工厂，全部上船，一有情况，就开进芦苇荡。

为了做到白天是敌人的，夜晚是我们的，根据地掀起了打狗运动。父亲说："不过我还是允许他们每个村留下一公一母两条，否则苏北的狗真该绝迹了。夜里部队路过时，常看到老乡把狗搂在怀里，像哄小孩似的，怕它叫嘛。"每每回忆至此，他都会感叹地说："苏北的老百姓真是好啊！"二十二年后，父亲带着工作队回到苏北搞社教，他贸然停止了中央当时确定的对农村基层干部进行"四清"的做法，代之以大学毛主席著作，大学文化，群众自己教育自己的方法，我想，其思想和情感的渊源，大概可以追溯到眼前的这场战争。

他用当地的苏北俗语，对各县武工队和基干民兵规定了三种战法：

一叫"小孩拉瞎子"。就是以小部队佯动，诱敌至错误的方向，徒劳往返，疲于奔命。

二是"狗咬叫花子"。以小分队尾随敌人，黏着他打，有掉队者、后勤补给者，就干掉。

三是"小偷挖洞偷东西"。就是敌人一住下就打，放枪扔手榴弹，有出来挑水的、放哨的，见着就打他黑枪。让他知道，进了我根据地就一天也不得安生。

他要求各级指挥员，不要怕部队被打散，打完就撤，撤就要撤得快，撤得要分散。事先规定好，白天打散了，入夜再集中。第二天接着再干。

有老同志回忆，张爱萍副师长在台上大声问，我说的三种办法，你们记住了吗？

大家回答：记住了！

那就给我重复一遍！

会场就响起："小孩拉瞎子，狗咬叫花子，小偷挖洞偷东西，哈哈，哈哈！……"

这哪像大军压境啊。

最后，张爱萍掏出他的左轮枪，往桌上一拍，说："打起来，谁后退，我就枪毙谁！我后退，你们就枪毙我！"

军中无戏言。面对迫近的敌人，三师的将士们已经跃跃欲试了，他们在进行最后的热身。

就在我写这本书时，一个朋友寄来一张报纸，通栏标题赫然跃于纸上："新四军战斗密令突现京城"。刊登的是一个收藏家从旧货市场获得一本失去封皮的日记，里面有十八篇1942年至1943年的新四军战斗密令。部分密令后有"爱萍"落款。在日记第二页上写有"紧急指令（参字第001号）：据昨日获敌此次作战计划，……

歼灭韩部（注：应是指国民党韩德勤部队）时对我伴动。……根据各种情况分析，敌对我盐阜扫荡是最严重的。……责成各团分别回报情况。爱萍"。

同时还报道，在3月23日的"战字第七号命令"中，详细记载了新四军的作战计划，看得出，战前部署非常细致，仅侦察部分，就分攻击之敌、敌增援部队、可能的进军路线、日伪各据点的分布、通信联络的办法。在攻击器材准备中，甚至还有梯子、洋镐、十字镐、干草、柴火等。在3月24日的敌情通报中，详尽地描述了盐阜地区日伪军的活动情况，大约有十余条信息。撰文者感叹地写道："能让当代的人对我军当年如何奋战在抗日前线有直观而深刻的了解。"他说，"爱萍"所指何人待考证。

我的父亲已经不在人世了。我虽然没有机会看到这本日记，但直觉告诉我，那上面记载的就是他的故事，他在那里，真真切切地留在敌后战斗。不用考证，就是他，不会错的！

半个多世纪过去了，当年硝烟弥漫的战场已经远去，父亲的记忆只剩下一些零散的碎片：

父亲说："一切准备就绪后，我就在三造等着敌人来了。利用这个机会正好去上面汇报一下，我走了一天，到了天都黑了。他们已经吃过晚饭，都换上了便衣，自行车也都准备好了，说扫荡马上要开始了。我还没有吃饭，他们也等不及了，我只好连夜赶了回来。原想大家要分开了，还不知什么时候能再见到，有什么交代的，也好商量一下。其实，我这边一切都准备好了，我们对敌人是以逸待劳，不怕的。但没想到他们会那样慌张，我看不起他们！"

回想起他在华中局会议上那样无法使人理解的愤怒，这会是埋藏在他心底更深层的原因吗？

……没有人和我说起过。

"打陈集外围时,我到了最前沿,是二十五团二营五连,不会有错的,团长王东保。我说,走,到最前面看看。隔着一条河,敌人的哨兵就在桥上站哨,我观察了很久,他老在转圈子,我对尖刀班的班长说,你看见没有,这个家伙很有规律的,你们上去两个人,等他转过去,把他摸掉。那个班长干得很利落。紧接着五连就进去了,这是一次偷袭,很成功。

"陈集是攻坚战,双方反复争夺,我们两次冲锋没有奏效,鬼子也两次反冲锋被我们打下去。我看这样打下去不行,上去想查看情况,重新选择突破口。刚从工事的射孔向外看,警卫员韩兆轩一把把我拽下来,紧接着一枪打过来,把身后的特务营营长打着了……"

"我判断是围得太紧了,放开了一个口子,鬼子就从这里突围了。哈,上当了,半路上截住他,打死了一些,剩下的十几个鬼子就跪下投降了。我一下就控制不住了,喊,鬼子完啦!鬼子完啦!把旁边的刘彬吓了一跳,问什么完了?我说,你没看见吗,鬼子缴枪了。当年我在鱼沟,也是把鬼子围住,打了一上午也没打进去,我想,这帮家伙够顽强的。他们现在居然也缴枪了,看来,鬼子长不了了。张天云把他们绑在村外的树上,我去看时,已经死了。李雪三说违背俘虏政策。我说,算了吧。这一仗缴获了好多的重机枪和轻机枪啊。

"打下陈集我就叫部队撤出来,青纱帐已经起来了,正好隐蔽。果然,下午阜宁的鬼子就出来了,我爬到棵大树上用望远镜观察,见敌人在收尸,还组织哀悼仪式,好机会,我调来迫击炮乒零兵啷地乱放了一通,鬼子又留下好多尸体跑了,我们又回到陈集。

"还抓了两个日本女俘虏,大家都没见过日本女人,传说日本女人漂亮,都争着跑来看。结果一看,哎呀,太丑了,实在难看,而且,一句话不说。后来把她们给送回去了。

"这一仗,鬼子衰败的迹象已经表露出来了。这是1943年春天,我想,我也许可以看到胜利的那一天了……"

回忆真是挺愉快的，尤其是有像我这样忠实的听众。

盐阜区反扫荡并没有像父亲当初动员的那样，要做好孤军奋战两年的准备，仅仅两个月不到就取得了胜利。战史记载：

反扫荡一开始，三师师部在师长黄克诚率领下跳出了敌合围圈，八旅和七旅一个团在副师长张爱萍指挥下与敌周旋。敌人第一次合围扑空后，又梳篦拉网继续寻找我主力决战。我则分散游击，敌人再次扑空。

2月底，敌人集中兵力重点"清剿"，我则寻找敌之薄弱处，主动出击，先后袭击陈集、东沟等敌据点和阜宁县之敌，使敌顾此失彼，不得不收缩兵力。

3月中旬，敌人各路"清剿"部队开始撤退，我立即转入反击。敌如惊弓之鸟，豕突狼奔，正好被我伏击。接着，我全线展开反击，反"扫荡"胜利结束。

黄克诚欣喜若狂，对反扫荡和我父亲给予了高度评价，他在后来的《自述》中写道："我先率师部、区党委机关跳出敌包围圈后，我军在副师长张爱萍的统一指挥下，首先避敌锋芒，采取分散与集中的战法，寻机反击，陷敌于四处挨打的境地。转入反攻后，连克敌伪据点三十余处。盐阜士绅在慰军大会上说，将卒用命，神出鬼没，于此足知中国不会亡！连国民党都说，敌寇以泰山压顶之兵力，新四军能保全已属难能可贵，不料又大举反攻，足见抗战必胜之前途。"

抗战八年间，至少前六年，看不见胜利的曙光。残酷而持久的对日作战，就像漫漫的黑夜，渐渐成为他们习以为常的生活方式。鬼子装备先进，每个小队都配有几挺"歪把子"轻机枪，还配有掷弹筒；连进攻有山炮、野炮掩护；营团进攻就有坦克。可我们，一个连有一挺机枪就不得了了。战士们能用上"汉阳造"，就算是最好的装备了，而可怜的几发子弹，根本不敢随便用，打起仗来，多靠近距离肉搏。

父亲说:"攻坚我们不行,运动战也很困难,只能是游击战。现在可以是游击战加有利条件下的运动战,并配合一定的攻坚战了。没有大口径火炮,没有坦克,就谈不到攻坚,所以,我以后抓装备,陆军一定要重点发展坦克装甲,我们那时的牺牲有多大啊!

"看见鬼子缴枪投降了,那种感觉就像在长久的黑暗中突然看见一盏灯。就是这一次,我相信,抗战最后胜利的日子不会太远了。"

父亲的预感是对的。一年后,抗日战争转入反攻;又过了一年,鬼子投降了。

妈妈四处飘零的艰难岁月,和海上遇险九死一生的遭遇,父亲是以后才知道的。妈妈回到部队后,给父亲洗衣服,看见他贴胸的衣袋里揣着一个小本子。在扉页上写着一行小字:

请捡到本子的朋友:

> 通知我的爱妻李幼兰。地址:宁波小港大琪头李善祥家;
> 通知我的父亲张体元。地址:四川达县罗江口镇张家沟村。

哦,地址写错了!我妈妈家当时确切的地址是镇海江南大碶头。这是生命的托付!但却是一封无法送达的遗书。他真的是没有退路的。苏北大平原——不是他的奖台,就是他的坟墓。回顾胜利,当然是愉快轻松的,所谓"嬉笑怒骂皆成文章"。

但假如失败了呢?那一切都会是沉重的了。

他没有留下遗言,只留下了亲人的地址。对家乡的父老们来说,他们的子弟,牺牲在抗击日本侵略者的战场上,难道还需要再说什么吗?

妈妈经常说:"吃梨子的时候,最忌讳的是分梨,应了分离的谐音。但我不这么认为,只有切开了才能见到核,所谓分梨(离)见真心,这有什么不好。"

这个本子妈妈一直保存着，父亲那一贯龙飞凤舞的字体，在这时变得异常工整。我想，他大概是怕捡到的人辨认不清楚吧。

关于三师在开辟华中根据地中所起的作用，对三师作战的评价，长期以来，一直存在着分歧。华中局一些同志的看法是，皖东、皖北、皖东北根据地之打开，三师主力未参加；郭村战役、两次黄桥战役，三师只在次要方面配合作战；曹甸战役、蒋坝战役，均未完成任务；保卫盐城作战，亦不能令人满意。产生这些的原因是由于三师负责干部战略战术指导原则发生错误。很机械地保存主力并使之绝对化。不了解华中根据地是要顽强坚持，我们不能撤走与放弃的。

黄克诚不同意这种看法，他在华中局会议上说，不是我右倾机会主义，而是军部对反摩擦、反扫荡作战指导原则有问题，要加以纠正。黄认为曹甸战役与黄桥战役不同，不宜打。黄桥战役是自卫反击，曹甸顽军则已退守，不能算是有理；黄桥是运动歼敌，而曹甸是攻坚，不能算是有利；黄桥结束不到两个月，再打曹甸，不能算是有节。

我问父亲是怎么一回事。他说："刘、陈要打曹甸，要我们配合打车桥，进一步压韩德勤。黄不干，认为攻坚不值得，伤亡太大。黄直接给八路军总部彭德怀那里发电请示，引起刘、陈的不满，彭也不好干预，要黄还是听刘、陈的。最后，还是没有打下来，伤亡较大，从此，彼此就有不同意见了。"

也有些研究者认为，黄克诚狠抓根据地建设是必要的，没有一个巩固的政权是难以抗击强大于我数倍之敌的。但在毗邻敌心脏地区，造成过大的声势，尤其是在根据地的敌我态势没有调整、战场建设没有完善的情况下，急于扩大对敌占区文化界、知识界的统战影响，势必过早暴露自己，造成被动。

这些分歧，一直延续到十五年后的庐山会议上。黄克诚和彭德怀被打为反党集团。在揭发批判的热潮中，华中抗战的老账又被翻出来了。除了重提黄克诚在作战中一贯消极、右倾保守外，还提到了这次盐阜地区反扫荡，说黄是放弃指挥，退却逃跑，化装隐蔽。上纲到是执行了右倾机会主义的王明路线，黄克诚是一个言行不一、不向党交心的伪君子。

在三师工作过的许多同志认为，黄克诚同志是掌握了反扫荡的全局的，将作战交由张爱萍副师长机断指挥。在敌反扫荡前，从最坏处准备，跳出敌包围圈，以利前线指挥员放手指挥。在整个反扫荡过程中，黄一直没有离开过盐阜地区。

父亲说："工作中有不同认识是很正常的，把这些分歧带入政治领域，是错误的，有害的。党应该吸取这个教训。"父亲顶着高压，在黄克诚庐山落难时保持着对他客观的评价。他说："我永远不会去做这种卑鄙的事情。"

黄克诚岂能不明白呢？他在《自述》中写道："会议调整了对策，集中了所有和我关系多的人，要求他们揭发我、批判我。为了避免包庇反党分子之嫌，许多人都要表现一下。也有几个和我共事很久、了解我为人的同志，在会上一直没有发言。这样做是要担风险的，连我都担心他们会受连累。"

黄克诚是条硬汉。"文革"中，专案组知道他当年受过华中局的严厉批评，想利用矛盾让他揭发当时的领导人。他说："我们是因工作中意见不同有过争论，这在革命队伍中是常有的事，我不知道，也不认为他们叛党。"

难道历史真的是个可以任人打扮的小姑娘吗？革命战争的历史就是一部充满了矛盾和斗争的历史，战争年代不能回避，现在回忆历史就更用不着回避。

我是他的"克星"

1945 年是让历史难忘的一年。人类有史以来规模最大的一场浩劫，第二次世界大战终于画上了句号；终极武器原子弹，在日本岛国炸响，十数万天皇的臣民，在几秒钟里化成了灰烬，人类从此进入了核时代；雅尔塔协议签署，由此划定了长达半个多世纪的世界"冷战"格局。

这一年，对中国人民来说同样是辉煌的。经过整整八年的浴血奋战，终于赢得了抗日战争的胜利。在中国近代史上，这是中国人民反对帝国主义入侵取得的第一次完全的胜利。是整整一代人，以他们的血肉之躯为代价，留给后人的一份遗产。这次战争激发了中国人民从整体上民族意识的觉醒，中华民族从此由衰败走向振兴。

我，也在这一年降临到人间。

妈妈说，生我的那天，月亮像个银盘，特别亮，亮得都有点儿凄惨，秋风习习，吹过空旷的田野，将世间的一切都吹得似有似无一般。

是难产。整整折腾了一天，大人孩子像过了趟鬼门关。妈妈说，你生下来不会哭，胎死腹中？也是命不该绝，正巧有个妇产科的医生从上海来根据地，就住在隔壁。她听说有新四军家属要生孩子，怎么就听不见动静呢？是医生的天职吧，过来一看，说是被羊水噎住了。吩咐打两盆水来，一盆热的，一盆凉的，就这么来回地浸泡，再拎起双脚打屁股，也不知过了多久，终于"哇"地一声哭出来。

父亲是在我出生的两个星期后才见到我的。国民党李品仙部为夺占徐州，由蚌埠星夜北上。父亲任淮北我军前敌总指挥，四纵在王必成率领下为右路，九纵在张震率领下为左路，阻击来犯之敌，发起了津浦路破袭作战。大战在即，父亲在去前线之前，兴冲冲地赶来看了妈妈和我一眼。

妈妈回忆说："你爸看了一眼说，丑东西！又说，再丑也是我儿子！就急匆匆地走了……"有一种说法，出生的磨难，预示着人生的艰辛与坎坷。也不知是指大人还是孩子。路加福音，……玛利亚的产期到了，就生了头胎的儿子，用布包起来，放在马槽里……

我来的真不是时候。父亲这一走，可就是从生死界上擦肩而过了。

胜利的喜悦是短暂的。当外部的压力消失的时候，国内两大政党、两个阶级的斗争便骤然升温，内战的烟云又一次笼罩在中国的上空。

毛泽东发表了他那段为国人熟悉的精彩讲演："蒋介石对人民是寸权必夺，寸利必得。我们呢？我们的方针是针锋相对，寸土必争。"

毛泽东的话代表了共产党人对中国未来走向的意志和立场，但仅仅一个月后，1945年9月17日，在延安主持中央工作的刘少奇就致电在重庆和蒋介石谈判的毛泽东，提出在"针锋相对、寸土必争"的方针下，具体为"向北推进，向南防御"。毛泽东立即回电赞同。面对四百万美式装备的蒋介石军队，共产党是没有力量和国民党硬碰硬的。他们主动放弃了南方八个解放区，做出收缩南部，巩固华北、山东、华中，控制热察的决定；不到一个月，又进一步明确为放弃华东、华中、中原、华北，只坚守山东、陕甘。他们要干什么呢？他们要集中力量抢占东北。今天看来，在两大政党实力悬殊的殊死搏斗中，共产党人的这第一脚，充满了狡黠和智慧。刘少奇也因此以他的雄才大略又一次赢得了自己在党内的声望。

首当其冲的又是华中。

国民党十七个军约五十万人分批向华东解放区推进，在夺占南京、上海和长江三角洲后，沿津浦路北上，直逼华北、东北。

华中局一分为二；新四军一分为二。新四军军部移往山东，华中局与山东分局合并为华东局，留下的另组成华中分局和华中军区。黄克诚率三师抢占东北走了；罗炳辉的二师和父亲统领的四师，一分为二。二师之四、五旅,连同整个七师都调往山东。四师九旅调山东,四师十一、十二旅和二师六旅留在淮北。粟裕、叶飞的一师留在苏北。新四军的抗日健儿们,八万北上,五万坚守华中。

陈毅、黄克诚走了,而父亲和张鼎丞、邓子恢、粟裕留下来了。中央来电"首先在华中组织一个强大的野战军"。父亲和粟裕被分别任命为华中军区副司令。华中军区开始叫苏皖军区,寓意着苏中和淮北两块根据地的领导人联手保卫华中,准备迎接国民党从大后方调来的百万大军。

按父亲自己的说法,抗日战争是他步入人生的第二个阶段。他成熟了,他不再只是个猛打猛冲的拼命三郎了,他的战略头脑、指挥才能、坚韧吃苦的品格和大刀阔斧的作风,逐渐为党内的高层领导人所认同,开始有人欣赏他了。

彭雪枫牺牲后,由谁来接替他的位置,曾有过不同的意见。华中局曾动议从八路军中选派干部,但最终中央议定是由父亲来接替。他独闯皖东北的战略眼光和胆识;与盛子瑾统战中展现出的政治斗争的谋略;创建九旅的建军治军能力;以及在盐阜区反扫荡中所表现出的指挥艺术和英勇牺牲精神,这些业绩,都成为举荐他担任这一职位的重要筹码。当然,他长期在江淮作战,也是一个重要的因素。在大战来临之际,考虑到华中腹地由苏、皖两个战役方向构成,中央又委以他华中军区副司令的重任,和粟裕分别负责苏北和淮北的对敌斗争。他似乎走到了他的同辈们之前,成为新四军抗战初期旅团一级干部中的佼佼者。父亲有理由接受这一切,因为,这不是靠人际关系,不是靠投其所好,不是靠压抑自己的个性换得的;而是靠浴血奋战、靠不计名利、靠张扬自己的个性赢得的。现在,在一个重要的战略地幅的主要方向上,掩护华东我军的战略转移和展开,面对百万敌军压境,站在抗击国民党进攻的最前线,应该说,这既是中央对他的器重,也是一次严峻的考验。

不知为什么，父亲总好像不愿意多谈他这一段的历史。但我还是从当年他留下的诗篇中，窥探到他的心态。他写道："抗风暴，挽狂澜，胆气豪……手挚龙泉剑，腰斩长蛇津浦。"

在重大的挑战面前，他的人生，理应更加精彩。

当时华中军区驻地在淮安，周恩来老家。从淮安出发到津浦路前线，父亲的习惯是骑马，红军时他任过军委骑兵团团长，骑术、劈刀、马上射击都是挺在行的。这时部队已经有卡车了，大家都建议汽车要快得多，他犹豫了一下，就改坐汽车吧……灾难就这样降临了。

汽车当然要比马快。是缴获日本人的那种大卡车，他坐在驾驶舱，参谋等随行人员在后面车厢里。你想，缴获的车已经破旧，当时又没有修理厂，就这样跌跌撞撞地赶路。离前线不远了，遇到老百姓支前的运输队，马车、排子车、独轮车，把个路堵得严严实实。汽车过不去，天又下着雨，走了一天了，父亲说，既然要等，不如下去搞些吃的东西来吧。他从车窗里探出头来，回身要向后面车厢里的人交代些什么……车缓慢地向后滑动，旁边刚好有一堵墙，他的话音还没落，头就被夹在车门和墙之间了……他顿时失去了知觉。

为什么不骑马？为什么要坐这辆破车？为什么不冲过去，要停在这个鬼地方？但这一切都没有意义了，这就是命！

据在现场的作战科长孙公飞回忆："我听到首长在前面驾驶舱讲话，怎么突然没有声音了，探头一看，啊！可不得了了，血从司令员被挤住的头上涌出来……"

慌乱中有人说，不能倒车，一发动，车身一震，脑袋就挤碎了，只能缓缓地把车推开。人是当时就昏死过去了，血从眉骨处汩汩流出。

华中军区后勤卫生部的王广胜当时在场，他说："头盖骨从眉骨处裂开，或许是他戴的帽子救了他，帽檐折下来垫了一下。首长醒来后就开始大口吐血……"

我问父亲当时的情况，他回忆说："细节想不起来了。只记得醒过来后，眼睛怎么也睁不开，天旋地转的。"

很痛吗？我问。

"没有十分的疼痛。我觉得自己还行，我还是明白的。战斗马上要打响了，让部队知道了，可是大忌。淮北我熟得很，闭着眼睛也能摸到。"

作战科长孙公飞回忆："我看首长渐渐有些苏醒了，就说，要赶快向陈毅司令员和华中局报告。他双眼紧闭，好像听到了，手指动了动，我知道他不许我们说。""他一直这样躺在担架上，眼睛睁不开了，电报由我念。他不需要地图，他在这里创建了根据地，他对这一带太熟悉了。"

卫生部长王广胜说："首长是颅脑损伤和严重脑震荡，我警告他，一定要静卧，不能再这么干了，否则要留下后遗症的。"

妈妈说："我听到前方传来的消息，就到华中局去问个究竟。邓老（邓子恢）安慰我说，估计不会太严重的，前线说，他一直还在指挥作战嘛。但我总有一种不祥的预感。"

一周后，战斗结束。父亲强撑着参加了庆功大会，他要给部队讲几句话，他刚走上主席台，就一头栽下去了……

这时上面的领导同志都还不清楚父亲的伤势，从来往电报看，一切都正常。战斗结束后，陈老总要父亲立即赶赴淮安，参加军调小组，说是美方的雷克上校已经到了。一见面，吓了一跳，陈老总叹道："咋子搞的嘛？受了如此重伤，咋还呆在战场上！"

妈妈说："无怪陈老总都吓了一跳，我见到他时，你爸躺在床上，双眼紧闭、脑袋肿得好大，都认不出原样了。你爸这个人啊，别人的话都不听。脑震荡的人是不能再受震动的，他不要战士们受累抬他，坚持要把担架放在车上，那时都是泥泞路，一路颠簸下来，哪还有好的？"

陈老总、张鼎丞等领导来看望父亲，走后，妈妈听见他们询问医生，议论的声音很低，断断续续地，但妈妈还是隐约听到了"……废了"两个字。

她的奶水就在这一刻再也没有了，从此，我再没吃过妈妈的奶。现实是残酷的，但她必须和他一起承担。

1946年6月下旬，大规模内战爆发。8月9日，随着泗县之战失利，淮北形势急转直下。9月19日，淮安被占。不久，两淮丢失。

在这之前，粟裕和父亲这两个华中军区的第一和第二副司令，曾有过一场关于作战方针的讨论。他们两个共同之处是都不同意放弃华中，分歧是坚守华中，究竟采取怎样的作战方针？粟裕认为应该采取积极主动的运动战打击北犯之敌，大量歼灭敌人的有生力量，才能为日后在华中立足奠定基础。父亲则认为，在来势凶猛的敌人面前，不应匆忙应战，应以有限规模的运动战结合游击战为主要作战形式，做好坚持根据地斗争的长期准备。华中江河湖汊，四通八达，完全可以与敌周旋，避其锋芒后，坐待战机。

现在，究竟谁的意见更为合理，对他来说，都已经没有意义了。

父亲在病榻上收到了九纵政治部主任张震寰和宣传部长赵易亚的信，信上说，两淮丢失了。据有的老同志回忆，当父亲读到信中叙述的两淮失守与淮北失陷后，我军民撤退时的慌乱与匆忙，以及地主还乡团残害根据地群众的惨状，他竟然失声痛哭起来。

我没有向父亲核实过这个细节。他是在为曾经付出了如此重大牺牲的这块土地的丢失而伤心呢，还是在为自己这时多么的无奈而悲泣呢？他在回忆这段经历时只说了一句话："粟裕同志在苏中七战七捷的消息传来，我真为他高兴。可我每天只是头痛，痛得像裂开了一样……"我找到他当时写的诗《捷报》："七战连捷敌难逃，运动战和游击战，胜券稳操。"日期是 8 月 1 日在淮安。他在病痛的折磨中，为战友七战七捷的胜利而祝贺，同时也为无法亲自去实践运动战和游击战相结合的主张而耿耿。

两淮失守后，华中党政机关后勤人员从沭阳方向撤至山东，地方人员因撤退不及遭受很大损失。我们也随父亲转移到临沂。不久，临沂也告急，组织上又决定父亲转道大连养伤。

这本不是他该去的地方！摆在共产党和国民党面前的是关乎着中国命运的大决战，如果说，红军时期、抗战时期，还只是排练；到了解放战争，则是大戏开场了。经历了在分散的根据地上游击作战的共产党军队，今天，他们将整合起来，以野战军为单位，与这个十八年的宿敌，进行最后的决战了。一场大兵团会战的宏伟剧幕已经徐徐拉开，刚刚被提拔到战区领导岗位上的他，本来是可以一展风采的，而现在，在大战来临之际，他不得不与老弱病残为伍，颠沛在后撤的路上。这对他，不仅是焦躁和苦闷，简直是一种惩罚，命运的惩罚！

这次负伤给父亲带来了终生的遗憾。整个解放战争辉煌的战史上，消失了张爱萍的名字。皖东北的大地啊，伴随着我的降临，带给父亲的却是灾难，难道冥冥之中，真的会有什么暗示吗？

我愿意为他做出牺牲

在浩浩荡荡北撤的人流中，有一副担架，抬着一个昏昏欲睡的伤员，他头上缠满了绷带，时而清醒时而昏迷，伴随他的是他的妻子，怀里抱着的是他们未满周岁的儿子。八名警卫战士护送着，他们走得很慢很慢，匆匆而过的士兵们都好奇地回过头来，当他们认出担架上这个双目紧闭、昏睡不醒的人是他们的司令员时，他们向他致以军礼，然后又匆匆赶路了。拥挤的道路渐渐变得空旷，他们翻山越岭，跨河涉水，蹒跚而行，曾几何时，这个在江淮大地上叱咤风云的大将军，此时只能躺在担架上听天由命了。

淮安丢失后，我们（现在可以用我们这个词了）先自蒙阴到临沂，然后过沂水、诸城、莱阳、烟台，从蓬莱登船，到大连。这一带，我后来在总参工作时，曾多次组织过实兵演习。这是当年华东野战军的主要战场，其实地形并不十分复杂，从苏北平原到鲁中南山区，仍属丘陵地，地势虽多有起伏，但并不险恶，用现代作战的理念来看，和我国大多数地区相比，并不是理想的战场。为此，我惊叹当年华东野战军居然能在这里纵横驰骋、决战决胜，消灭了蒋介石正规军和各种武装二百四十七万之多。每念及此，大有愧对先人之感。

妈妈和父亲同命运。

父亲负伤后，组织上明确告诉妈妈，把你的工作交代一下，好好照顾爱萍同志，这是党交给你的任务，也是你今后的工作。妈妈回忆说："听那口气，好像你爸爸已经永远是个需要照顾的残废人了。我真的不敢去想……"此时的父亲不过三十五岁，妈妈只有二十六岁，都是人生最灿烂的年龄。妈妈十八岁离开了豪门之家，抱着"国家有难，巾帼不让须眉"的人生志向投身抗日洪流。当翻天覆地的时代大变革到来时，命运却对他们作出了如此残酷的判决，他们当真是会绝望的啊！

去大连这一路，她又要照顾担架上情绪不安的父亲，又要照看嗷嗷待哺不满周岁的孩子。父亲负伤后，妈妈一急之下没了奶水，我经常在路上饿得哇哇乱哭。走了一天的路，宿营下来的第一件事就是找老乡借口大锅，熬米粉糊糊给我吃。米粉是她自己做的，先把米烤焦了，碾成粉，吃时加水搅拌熬成糊糊。妈妈说，我那时总像疯了似的，两个勺子都喂不过来。

从临沂往北是沂水，过了沂水就是敌占区，沿途有敌人的封锁线，碉堡、炮楼处处可见，鬼子和伪军拒绝向我军缴枪，等待蒋介石政府的接受和改编。听爸妈说,一路上大多是昼伏夜行。过封锁线的那天恰好是个阴天,没有月亮,也没有星星,伸手不见五指,为了肃静,连马蹄子都用棉布和麻袋片包起来。人们唯一担心的就是我,在这样寂静的夜晚,一声哭啼,引来了敌人,八个人的小分队是不堪一击的,何况沿途还有许多跟上来逃难的老乡呢。为了让我熟睡,行前特意用米糊子把我喂饱了。但临近村头时,我突然号啕大哭……真是鬼使神差!

每当父母讲起这段经历时,总会补上一句:"你啊!从小就让人闹心。"这大概也是种暗示,怪不得我这一生无论走到哪里,都被视为是个不安定因素。

走了一夜的路,住下来,大家都能休息,只有妈妈忙着号房子、筹粮,与当地党的地方组织取得联系。再就是照顾爸爸和我,弄饭、换药、洗洗涮涮的。还要计划明天的行军路线,甚至给警卫班上课,给个别战士做思想工作。妈妈说我真是她的"克星",夜里行军骑马抱着你,一颠就睡着了,白天大家睡了你就闹。为了怕我吵闹,总是抱着你到村头去哄,可你精神大着呢。她说,那时真累啊,一倒头就睡着了,就是在老百姓半尺宽的长条凳上也能美美地睡上一觉。睡觉时怕我乱爬,就像拴小狗似的,用绑腿布一头拴住我的脚脖子,另一头拴在凳腿上。

妈妈说,那时她什么愿望都没有,唯一的就是想睡个安稳觉。就这样,也不知熬了多久,突然有一天,她一点觉也没有了,困乏消失了,再也找不回来了。按现代医学的说法,大脑神经和情绪控制的记忆产生了,这就是失眠。直到现在,多少年过去了,每晚她还是离不开安眠药。

战争中的女人啊!

大连,是座美丽的如梦幻般的城市,异国风情的小屋,栉鳞彼伏、依山傍水,比比皆是。在领略了幽美如画的海天山色之后,日俄战争遗留的碉堡、堑壕和街区深巷里破烂不堪、低矮潮湿的小窝棚,以及随处可见的和服、俄文招牌,似乎都在提醒人们曾经有过的殖民地的屈辱历史。

这是一座极特殊的城市,它的行政管理和政治取向也是多重的。第二次世界大战结束后,大连的行政权名义上归还给了中国,但实际上为苏联军队所占领。他们也奉行国际主义,同情中国共产党,暗中赞助并提供便利;但不允许中共进行公开的活动。应该说和平已经来到了这里,但就像所有经历了战乱的城市一样,秩序混乱,物资匮乏,粮食、药品、燃料,弥足珍贵。电力不足,电灯的灯丝总是红红的,像是烛火,在黑暗中仿佛随时都会熄灭。妈妈每天清晨的第一件事就是烧开水,一个小小的电炉,在微弱的电压下,一壶水足足要烧两小时。临来的时候,组织上给了些大洋。随着战事越来越扩大,一些伤病员和领导干部的家属也陆续转移到大连,生活成了最大的问题。妈妈把这些大洋兑换成卢布,分给了大家。

父亲除了昏睡就是抱个收音机不放,是那种用干电池的像电台一样的军用收发报机,缴获日本鬼子的,一天到晚地听有关战事的进展。他的脾气变得异常暴躁,经常拒绝吃饭,成天不说一句话。后来,我听说脑外伤病人的特征就是脾气、情绪异常的焦躁和暴烈。总得要补充营养啊,妈妈是整天去弄吃的。有一次,好不容易搞了点牛奶,热好了端上来,好劝歹劝,不料父亲手一挥,就将牛奶打翻在地上,恶狠狠地说:"要吃你吃!"妈妈说,她一句话都说不出来,只能默默地流泪。她说:"一个病人,你能拿他怎么办?"

"你爸爸总是头疼,他会死死地抱住自己的脑袋说,头要裂开了啊!疼得没办法时,就使劲往墙上撞……他整夜整夜没法入睡,全身疼痛,我就给他揉。祸不单行,你爸又得了急性盲肠炎。手术是个日本医生给做的,你想怎么能不让人揪心?可有什么办法,只能是硬着头皮看着他动刀子。我累一点没关系,就是担心。你想,四肢、五官残了,别人还可以帮一下,还可以做些力所能及的事。

脑子要是坏了,那可全完了,真就是个废人了。"

妈妈每到医院给爸爸送水送饭,把我先喂饱了,拴在桌子腿上。等她回来,我都尿得湿透了。

这是一种没有希望的日子。

妈妈说,在和爸爸的一次争执后,她冲出家门。她找到刘尹兰大姐,诉说内心的苦闷,求大姐帮她找份工作。她还年轻,她要革命,她不能把自己的一生糊里糊涂地葬送在这毫无生气的日子里。刘尹兰当时负责铁路医院的工作,作为女人,她能理解,说你就来我这里吧。妈妈把一切都收拾好了,亲了亲我,就带上了门,这一去,她真的不想再回来了。

她能走得出去吗?一个女人,一个妻子,一个母亲,当她面对一个躺在床上受伤的丈夫,和一个嗷嗷待哺的儿子时,她能迈出这一步吗?在寒风中,除了无助的失声痛哭外,除了默默的叹息自己的命运外,她还能做什么呢?妈妈说,她就这样,一个人沿着岭前的那条小路走了很久很久,前面就是大海……

从此,她就不再去想了,不再去想未来,不再去回忆少女时一切美好的梦境。她将她的青春和对未来的憧憬,"葬送"在陪伴病中的丈夫和年幼的儿子的漫长的日子里了。

当我长大以后,当我也恋爱,当我也有了爱我的女人的时候,我才慢慢地搞懂,父亲的第一个妻子杨纯为什么会离开他。据杨纯的密友、黄克诚的夫人唐棣华回忆,她们之间就杨纯的第一次婚姻曾有过一段对话:

"我的婚姻解体了。"黑暗中,杨纯静静地说。"为什么呢?"唐棣华轻声地问,她忽然间为自己忽略了好友的情绪而自责。"因为我还没有学会为他做出牺牲。"……(注:选自《一个女兵眼中的黄克诚将军》,199 页)

不是所有的男人都能让爱他的女人为他做出牺牲的；也不是所有的女人都甘于为她们所爱的男人去牺牲的。

这应该是什么样的男人，什么样的女人呢？

妈妈比爸爸小九岁。爸爸出身在四川东部一个偏远的山村里，家境并非富庶，他种过地，放过牛。

可妈妈就不一样了，浙江宁波镇海的小港李家，可是个了不起的名门望族。到了我外公那代，正是西方列强用炮舰敲开中国大门的时代，伴随而来的是西学东渐。外公李善祥，性格开朗，敢闯敢干，思想新潮。年轻时接触了同盟会，参加了辛亥革命，是一个实业救国派人士。小时的娇宠，使他养成吸食大烟的恶习，参加革命后，决心戒烟救国。他把自己捆在床上，责令家人无论怎样都不许松绑。现在人们常说戒烟之难，难于上青天，可我外公就是登上了这个青天，戒掉了大烟。我外婆出身贫寒，但我外公破除门第，硬是迎娶了她。外婆吃苦耐劳、勤俭朴实的作风，真诚善良、助人好施的待人态度，立马引起了李家长幼、上下的尊重。她的到来，在这钟鸣鼎食之家，犹如刮进一股清新的风。外公当年是镇海地方长官，为破除旧习树立新风，自己剪掉辫子，让外婆剪成短发，挎着胳膊在镇海街上昭然过市，看热闹的人群，一时沸沸扬扬。不要以为我们现在的观念很超前了，比比老一代人，这种向社会世俗挑战的勇气，我们可差得太远了。

外公后来去了东北。他办农场，建果园，以实业救国。后来又开办学校，提倡耕读，教育救国。1931年，"九一八"东北沦陷，日本人要他出来做锦州地区农会会长，像他这种人怎么可能去给日本人干这种事呢？他流亡逃回到宁波，"八一三"上海抗战，他出资在家乡成立了一支抗日救护队和一支救亡宣传队。

在这样的家庭长大，使妈妈与生俱来地具备了许多特质：家境富庶，因此自幼受过良好的教育，学识丰富；外公是个社会活动家，且思想激进、新潮，妈妈从小跟着他走南闯北，见多识广，具有革命倾向；在大家族中，我外婆是外公的第二个妻子了，这种多少带有"庶出"色彩的背景，使妈妈待人处事内敛、通明、周全；在家数她大，下面一串弟妹，加之外婆是穷苦出身，从小要替母亲分忧，早当家，明事理，能吃苦，养成办事沉稳、练达，极善于和周围融洽相处。这些家庭给予她的特有才质，使她一踏进革命队伍的大门，便迅速崭露头角，受到多方面的赏识。不像我爸，他的那个脾气、秉性，只能靠自己一路打拼出来，不到危急时刻和用人关头，没有人会理睬他的。

"八一三"日本鬼子攻打上海。外公把妈妈和我阿姨、舅舅，连同李氏家族里的许多年轻人，以及他的学生，一行十几个人都送往抗日队伍。我妈妈那时也才十八岁，但论年龄是大姐了，该她带着这帮弟弟妹妹们闯天下了。一开始他们懵懵懂懂地进了浙江青年战时训导团，接受了严格的军事训练。后来发现国民党不是积极抗日，于是就相约逃离投奔延安。他们利用星期天休假，跑出军营，乘船来到武汉八路军办事处。和当时许多青年一样，一心要去延安参加八路军，但被周恩来说服了，来到了皖南新四军军部。我妈妈回忆说："我们异口同声要去延安，不去皖南，周恩来说，八路军是哥哥，新四军是弟弟，弟弟要成长壮大，需要你们。"许多老同志后来见到我妈妈，开玩笑说，幸亏听了总理的话，要是去了延安，就凭这段经历和出身，肯定逃不过康生的"抢救运动"。

妈妈在新四军军部搞速记，很快展现才华，在同期女生队里成为佼佼者，担任了速记班的班长。我没有学过速记，但听妈妈说，真正掌握这门技术是要下功夫的。她说，她做的记录可以一字不落，甚至包括讲话人的习惯语句和口头禅。真是个录音机！不，比录音机还要强，因为整理编辑出来的稿子，比原始的讲话更精练、更具有逻辑性。这就要靠记录人的文字功底了。现在保存下来的许多领导人的讲话，周恩来、刘少奇、叶挺、项英等人的文章，很多都是妈妈速记下来的。我见到过妈妈当年送给父亲的一个小本子，上面是她亲笔记录的少奇同志在华中局做的《战略与策略》的报告。字迹娟秀、工整，密密麻麻的厚厚一本。妈妈把它作为信物送给自己的恋人，或许是想告诉对方，这里凝聚了她的心血，也展示了她的才华。枯燥的速记，被动的文秘工作，在这个小本子里被赋予灵性，也同样找到了成就感。

妈妈终于开始讲她的故事了："第一眼见到就喜欢他了。"

是那种心跳的感觉吗？为什么？我的确是个很难缠的家伙。

"听说是八路军过来了，我们好奇，跑去看……"妈妈指的就是父亲随黄克诚一起由皖东北到苏北来开辟根据地的那回事。

"一看就是标准的军人。骑着马，后面跟着四五个警卫员。军装洗得都灰白了，风纪扣严严的，腰上别着手枪，绑腿打得整整齐齐，一个个可神气啦！翻身下马，一个军礼，我们都不好意思了。"

第一印象太重要了。

"说是从延安过来的，参加过长征，我心目中的红军就该是这样子的。"

究竟是个什么样子？妈妈不肯说了。

但有这句话就够了，什么都明白了。有一次和父母闲聊，我问，为什么当时那么多青年都向往延安？父亲指了指母亲说，你问她吧，她是亲历者。母亲说，还用说吗？要抗日啊！我说，国民党也不能说不抗日啊。卢沟桥、台儿庄、"八一三"坚守四行仓库，武汉保卫战，打得多惨烈啊。佟麟阁、张自忠、谢晋元和八百壮士……出了多少民族英雄！

母亲说："那不一样，去延安是要革命。"

革命？是的，延安是不一样，延安不仅抗战，还革命。对这些生活在国统区的青年来说，对比现实生活的苦闷和压抑，革命，意味着理想、激情、青春和战斗,意味着追求社会的正义,个性的解放。牛虻、保尔以及眼前的年轻的红军指挥员,和他所亲历的二万五千里长征……等等,甚至延安的宝塔山、延河水,统统被革命演绎成为了一种审美。

爱情,当她初来时,细若游丝,但她就是这种审美的胎儿。

妈妈的第一次婚姻是不幸的。结婚没到两个月,她的第一个丈夫就牺牲了。我从小就能感受到在某些场合妈妈的特殊身份,在众多的来宾中,总理、少奇同志、陈老总这些曾在新四军工作过的党和国家领导人,总会过来和我妈妈打招呼,寒暄小叙。对战友的怀念,对历史的尊重,以及对我妈妈个人的安慰,全都蕴涵其中了。

妈妈特殊的身份,并不一定都会给她带来便利。她和我爸爸的恋爱,在一开始就遭遇了潜在而有力的阻击。

没人明确反对他们相爱。为亡夫守节是封建礼教压在妇女头上的一座大山,妇女解放、男女平等、婚姻自由恰恰是革命的内容之一。但一切服从组织,党的利益至上同样也是革命队伍的原则。领导人不在了,他的遗孀总不能想嫁人就嫁人吧?世俗的伦理和领导人身上的光环不知怎么就搅和在一起。何况,张爱萍是什么人?一个从八路军过来的家伙,我们新四军里就真的没人了?岂有此理!

组织出面了。党的会议上说:"有的人把根据地当成上海的霞飞路了!"爸爸写给妈妈的十几封信,也被组织部门扣下了。

在现实的个案面前,革命的理论显得如此苍白。

在事业上倾注全力的人,生活上总难免是粗线条的。父亲原来还真不知道他为之心仪的女人居然会有这样高深的背景,面对人们异样的目光,他不明白,周围的人都是怎么了?他大概从来没有想过,什么样的女人是他不能追求的?也从来没有想过,他张爱萍喜欢哪个女人还要看什么人的眼色,还需要什么人赞同?当他终于知道了事情的原委时，他愤怒了：真是岂有此理！

妈妈呢？当有人婉转地提醒她是否需要明白自己的身份，注意一些影响时，她说："谁的人我也不是，我只是我自己。"

谁追的谁？

"华中局开会。那天是分组会，我做记录，记得好像是讨论彭雪枫的问题。屋子又小，坐在老乡炕上。我小时候老得冻疮，一热，手就痒得厉害，随手把手套摘了放在一边，是那种无指手套。会散了，手套就找不到了。搞速记是很紧张的，白天要记录，连夜还要整理出来。会一完人就散了，回去各单位要传达，等不了的。那时没有打印机，全靠手写。手套丢了，也就没心思去找。第二天，你爸来找我，说是捡到了我的手套。我真是又好气又好笑，这么拙劣的把戏！"

"他说党校请他去做报告，要我给他做记录，我知道他憋的什么主意，但还是想去听听。"

在这次华中局的扩大会上，应刘少奇同志要求，父亲向各单位介绍了他白手起家创建九旅的经验。当时邱一涵（袁国平夫人）在华中局党校工作，她参加了会，会后邱一涵就邀请父亲到党校再讲一次。袁国平是红三军团政治部主任，他和夫人邱一涵，以及我父亲都是长征路上一道走过来的。后来他们又到皖南新四军军部，和我母亲在一起工作。邱一涵对我妈妈说，爱萍为人正直，是个可以信赖、托付的男人。妈妈和邱一涵，还有吕振羽的夫人江明，她们三个人是桃园三结义，同属当时的新文化女性，她们在苏北那样落后保守的地方，冬天里下河游冬泳，以现在的眼光看，应该是很新潮、很时尚的。

妈妈说："你爸口才真好，也不用稿子，口若悬河。我是搞记录的，他的报告，逻辑性强，条理清楚，很好整理。讲起话来，旁征博引，生动有趣，没有那些官话、套话。一连四个小时，听得人都入神了。"

对女人来说，男人的语言也是魅力。

"他可赖了！不理他吧，他就死磨硬泡。跑到你宿舍里，把被子一拉，蒙头装睡，当着一宿舍人，打他拉他，就是不起来。真是厚脸皮！"

厚脸皮！当一个男人钟情于一个女人时，他应该怎么去做呢？敢恨，也要敢爱。也许，正是这个厚脸皮，显现出来了在这个英武的军人背后的童真和率直。

不是有人说过吗？一个女人，当她觉得眼前这个男人像一个孩子似的时候，她就是真的爱上他了。

新四军干部的婚姻情况，张震在他的回忆中有阐述："中央规定的结婚标准为'二八、五、团'，即男方是二十八岁、五年党龄、团级干部，女方年龄不限。我们商定也按这个规定办。部队中有些女同志认为这不合适，一找就是老头子，说这是走干部路线。尽管这样，当时基本还是照此执行的。因为这是关系到干部切身利益的问题。"（注：《张震回忆录》，162页）

组织真是万能的，什么都能管。

一个红小鬼，一个穷学生，当他历尽千辛万苦、出生入死地走到了今天，成为我党我军的高级干部，甚至是领袖级人物时，当他面对大批投身革命队伍的年轻女孩子，他是否会突然意识到，自己打拼了多年，怎么还是孑然一身呢？即使是铁人也会青春萌动。但怎么去向这些涉世未深的女孩子敞开自己的心扉呢？爱情和性欲，婚姻和堕落，简直就像是一对孪生兄弟，怎么能够分得清楚？我们在她们的眼里可是英雄、是领导，甚至是长辈啊！虽然也就大那么十来岁。年龄、地位、文化的种种差异如同三座大山，横跨在他们面前。于是，组织就出面了！

但遗憾的是，世上的事，并不是都能由组织解决的。当组织部门的领导找这些天真烂漫的小姑娘们去谈话时，先给你倒一杯水，笑眯眯地，做出关心你的样子，绕了一百八十度的弯子后，会神情严肃地说，某某首长很关心你啊，你对他的印象怎么样啊？所有的人都会摸不着头脑对付说："很好啊！"那就太好了，要的就是这句话！某某首长希望和你结成革命的伴侣。"啊！"革命伴侣？不就是夫妻嘛！怎么？不明白？那就好好考虑一下，不！是认真地考虑一下……应该说，这样的介绍成全了很多人的幸福。婚姻就是婚姻，浪漫的爱情毕竟不是婚姻，婚姻是现实的，是漫长的人生道路上必要的程序。当你面对一个自己根本不熟悉的人，当你刚刚走出少女的阶段，当爱情对你还是那么神秘时，你就要站在"对待革命的感情"这样的高度去选择自己的幸福了，你会是怎样去想、怎样去做呢？

父亲是个不愿意走组织路线的人。不错，组织在他眼里是神圣的，但这和爱情有什么关系？我自己的事，既然喜欢，为什么就不能说出来？他大概从来没有想过，也不会去想，自己会遭到拒绝。是啊，像他这样的男人，哪个女人能拒绝。

对一个年轻女孩来说，眼前发生的一切变故，使她头晕目眩。未亡人的帽子压得人透不过气来。而现在，摆在她面前的是一个真真切切追求她的男人，而她也喜欢他，虽然他的追求显得那么笨拙，但爱一个人是不讲求优点和缺点的，有时缺点也是优点，而且更显得可爱。

这就是爱情吗？当它向你悄悄走来的时候，你会品尝它的甘美吗？

是陈老总亲自批准了他们结成伴侣。面对这对新人，面对自己的部下和战友，面对这段苦涩的爱情故事，组织上难道就不应当承担点什么吗？他就像一个长者，不！一个主教，为他们祝福。他特意送了一支派克钢笔作为给这对新人的贺礼。

也许，因为他们都有过一次不幸的婚姻；也许，因为他们为了自己的幸福都痛苦地挣扎过，当幸福终于降临时，这幸福就伴随着他们走完了整个人生。他们是一对互补型夫妻。父亲刚烈，伟岸如山；妈妈细腻，柔情似水。父亲是为了事业忘身忘家的英雄，母亲则是甘愿为丈夫，为丈夫的事业牺牲自己的女人。

妈妈说："你爸爸送给我一个类似指环的银圈，是绑在军鸽腿上传递信件用的，从鬼子那里缴获的战利品，小巧精致。"是信物吗？古人鸿雁传书中确有雁足系帛的说法。这是战场上的礼物——伴随着硝烟气息的军人特有的婚戒。

1942年8月8日，这一天，永远成为了我们家庭最重大的节日。长大以后，儿女们走向四方，一年中节日众多，难以聚齐，但只有"八八"这一天，我们都不会忘记，因为我们知道，对两位老人，这一天意味着什么。

父亲的第一个爱人杨纯是一个丽达式的女英雄，她的飒爽英姿能吸引男人，但未必能做个好妻子。经过浴血奋战走入而立之年的男人，或许更钟情于温柔贤淑、善解人意的女性。她吸引了他，他需要她，这就足够了。至于她的人生理想，她对事业的追求，这一切不知他为她想过多少。

父亲刚烈的性格和对事业的执著，注定了他人生的跌宕起伏。妈妈把一生交给了他，就和他一起品尝甘苦。妈妈本是个军中才女，和父亲结婚后不久，就遇上苏北反扫荡，她辗转回到老家，生下了我哥哥。返回部队又赶上父亲负伤，一直照顾他，失去了工作和发展的机会。全国解放后，出台了一项政策，凡不满三十岁的在部队工作的女同志可以报名学一门专业。妈妈想，这些年照顾病人，脱离了原来的岗位，回去继续从事行政领导工作已不可能，不如趁着年轻学些东西，将来也好从事些专业技术性的工作，但年龄正好卡在三十岁。她说:"我和你爸商量,向组织上说说,通融一下。但他说,这种事怎么好向组织开口的?明明是违反原则的嘛。能做些什么就做些什么吧,实在不行,就在家教育孩子。"我不知道他们是在什么场合下谈起这个话题的,但从妈妈重复爸爸的口气来看,他大概连眼皮子都没有抬一下。

为了照顾伤员牺牲了自己的事业,虽然这个伤员是自己的丈夫,为什么就不能理直气壮地向组织上提出自己的要求呢?难道只要是涉及到个人问题,就一定是违反原则的吗?就算是在原则范围内,难道就真的不能通融了吗?

1955年初,彭德怀签发《国防部关于处理和留用妇女工作人员的决定》,规定军队中,没有专业的女同志一律转业或复员。当时不少人都在找关系、找借口。父亲说:"我就在做别人的工作,我们自己是要带这个头的嘛!"妈妈心里很难受,但又能怎么样?只要对丈夫的事业有利,自己还能讲什么条件吗?

1955年军队授衔授勋,正赶上父亲从华东调来北京。事后妈妈看到有的转业干部照样拿到了勋章,凭自己参加抗战的这段经历,也可以得到一枚"独立自由勋章",她希望父亲出面和自己原属的南京军区的领导说一下,要求补发。不料父亲却极不耐烦地回答:"要那个干什么?实在想要,我的给你就是了!"妈妈一句话都说不出来。很久很久以后,她才对我说:"你爸爸这个人啊,他根本就不考虑别人的感受。"是啊,在我父亲眼里,勋章,就是个漂亮的饰物,但对我妈妈来说,那是她的历史,是她人生的记录;老爷子这个人,他从来不在乎别人怎么看他,也从来不在乎别人承认不承认他的历史。是的,他的确不需要关注这些,因为他的名字已经和共和国的许许多多的重大事件和成就连在了一起,翻开战史、军史,我们不难找到他的名字。张爱萍是个什么样的人,还需要勋章来证明吗?但别人呢?那些许许多多像妈妈一样默默奉献的人,牺牲了自己青春,甚至生命的人,他们呢?

妈妈的心并没有死，她后来在艺术师范学院和民航总局找了份工作，但她的级别很低很低。我妹妹就说她，我一生下来，别人就叫你李科长，我长这么大了，还是叫你李科长。在单位也是挺难的，比她资历低的许多人都成了她的上级。她下班回到家还要抄写文件，她说，处长说她字写得好，老让她誊写文件什么的。父亲讥讽她："叫你不要工作，你不听，干这种无聊的事！"

妈妈眼泪都出来了。

现在的女孩子观念不同了，主张张扬个性，看重自我价值，没有哪个愿意把自己拴在男人身上的，这不能不说是个进步。但我父母那一代人就是这么走过来的。战争要求女人付出。

父亲似乎直到"文革"爆发身陷囹圄，才痛感自己这辈子最对不起的人就是我妈妈。当战场上的浴血冲杀，政坛上的叱咤风云，当一切都成了过眼云烟的时候，男人的心开始沉寂下来，生活中的琐事和情感的波澜浮出水面。他在关押中写过一封"绝命书"，表达了对妈妈深深的歉疚之情："幼兰，是我耽误了你。如果我还能活着出去的话……"

对女人来说，有这些就已经足够了。

为什么要为这个男人做出牺牲？真的不好回答。一个集女人所有优势的丽质女性，为什么愿意为一个"不懂得体察女人的粗线条"男人放弃自己的前途，而与他命运相连？有一首歌叫做《因为爱，所以爱》，可能就表达了这样一种情感，没有逻辑，没有道理，凭的就是一种直觉。一个人，特别是一个坚持自己理想的唯美主义者对自己目标的敏感和执著是一般人所难以理解的。

也许，是她看到了在他阳刚的外表之下，蕴涵着的丰富而细腻的情感？他会为自己的女人感到内疚而流泪，他会写诗，会书法，喜好摄影，他是一个具有艺术特质，感情世界丰富的男人。这些与文化审美情趣有关的东西，需要天分，需要悟性，需要细腻，而粗俗之人，是绝对没有的。

我的这个粗心的父亲为他的女人写下过许许多多的诗篇。热恋中，他为她拍下一张一张的照片，在发黄的相纸背面留下依稀可见的诗句："暖风清、褥芳茵、镜中人"；照片上我妈妈在小溪边洗手，配上的诗句是："潺潺溪流净澈，青山绿水含情，凝冰心"；在他们的洞房花烛之时，面对一轮圆月，他写道："天轮镜，柳梢巅，照寸丹。相见恨晚，同难同甘。"这些诗句，融入战地硝烟，侠骨柔肠，浑于一身。

爱是需要相互欣赏的。战争年代的审美取向可能和现在不同吧，浴血冲杀方显男人本色。一个指挥千军万马、身居高职的军人，是不可能要求他像现在的小白领那样，操持家务、花前月下的。男人吸引女人的东西真的很难说清，既有儒雅、多情的文人特色，又有豪爽、豁达、刚毅的军人气质，包括严谨的习性、潇洒的举止、狂放的性格，以及不可动摇的意志和霸气。就是追求起女人来，也是那么坦然、率性，丝毫没有矫揉造作之气。这，就是男人的性感气质。他会让这个女人感觉到这就是我要用一生寻求的男人。和这样的男人在一起，无论你受了多少委屈和苦难，你都不会离开他，因为只有他，才会让你找到做女人的感觉而心甘情愿地做他的女人。

这种诱惑是致命的，虽不精致，但是极品！男人，是个很神圣的名字，形容他的词汇应该是伟岸和厚重。以性别来划分的只能叫男性。

她对他说过，我可以用青春的代价来等候我爱的人，为什么就不能用生命守护他的一生呢？

新时代的年轻人，有了他们自己对爱的理解。但纯真的爱总会是相通的。周星驰导演的《大话西游》：紫霞仙子向太阳飞去，在那里她将化成灰烬。她回过身来，对她的爱人做了最后的一瞥，说："能够让我去爱的男人，必定是个盖世英雄！"

她，愿意为他做出牺牲。

有所为，也有所不为

父亲的伤一直不见好转。组织上决定送父亲去苏联治疗。

这是十月革命的故乡，是中国共产党人心中的麦加。毛泽东说："十月革命的一声炮响，给中国送来了马克思主义。"父亲说："少年时读过一本'李宁'写的书，以后被翻译成了列宁，这是我最早接触到的共产主义思想。我慢慢知道，世界上有那么一个地方，没有压迫，没有剥削，人与人都是平等的，和陶渊明《桃花源记》里描写的一样，这个地方叫'苏维埃'。"他又说："我一直搞不清楚'苏维埃'这个词在中文里应该怎样解释。"虽然这时他已经是中华苏维埃中央委员会候补执行委员了。现在，父亲终于有机会来到这个少年时曾憧憬的国度，可脑伤令他情绪依旧沮丧。

这个疗养院的周围全是茂密的森林，环绕着一个很大的湖泊，异国的风光，宁静而秀丽，早晚，森林中的雾霭升起，朦胧而清新。苏联医生给他做了检查，然后以不容置疑的口吻说，每天只做两件事：喝酸奶和划船。父亲说，他不屑一顾，难道这就是治疗？第一天，一位老护士送来一杯酸奶，他一闻那怪味就不肯喝。这老护士可能在东北呆过不短的时间，能说一口流利的东北口音中国话，她和蔼地劝说，孩子，酸奶营养好，喝吧。可父亲不理睬。第二天，老护士又按时送来酸奶，父亲还是不喝，第三天依然如此。到了第四天，老护士照样送酸奶，并特意端来一小碟砂糖。可父亲仍是不予理睬。这位老护士突然严肃起来了，她说："你这个中国同志，又是一位将军，你的国家送你来我们这儿养病，你怎么能这样任性呢？如果不能尽快康复，你怎么能尽早回国参加革命战争呢？我们又怎么对得起中国同志呢？"

还没有人会以这样的口吻对他说话的，虽然严厉，但却真切。

父亲说，他一口气喝下了那杯酸奶，这是他平生第一次喝这种怪东西。他开始学划船，在静静的湖面上，荡漾着小舟，一个人也没有，满眼望去，是俄罗斯辽阔的原野，安静极了。他就这样每天划着船，每天喝着酸奶，没有人可以和他说话，也无法说话。医生照例来查房，这里听听，那里听听。从硝烟的战场，来到这神奇的静谧的异国他乡，从厮杀中走来，走到这与世隔绝的湖光山色之中，人生是这样不可捉摸。父亲的心渐渐变得恬静，父亲的思想在恬静的心境中渐渐变得开朗。

人在绝境中往往会回首自己的人生。

父亲就是在这个时候读了《钢铁是怎样炼成的》一书。保尔说的那句话，使他终身难忘："人最宝贵的是生命。生命对于每个人只有一次。人的一生应当这样度过：回首往事，他不会因为虚度年华而悔恨，也不会因碌碌无为而羞耻。这样，他在临终的时候，就可以这样说，我的整个生命和全部精力，都献给了世界上最壮丽的事业——为人类的解放而奋斗。"

我们从小，父亲就教会了我们背诵奥斯特洛夫斯基的这段名言。半个世纪后，有人写文章来置疑这段话了：碌碌无为有什么可羞耻的？一个老农民，一辈子都在黄土地上……为人类的解放而奋斗，难道真的需要现在青年去解放别人吗？当我把这篇文章拿给父亲看时，年近九十高龄的他，眼睛里充满了疑惑，他说："现在的年轻人都赞同这样的人生态度吗？"是啊！两个时代，两个社会，两种观念，他们能够相互理解吗？我安慰他说，我们在南联盟的大使馆被炸时，许多大学生都上街了。他们大概和你当年是一样的。

父亲晚年，我曾和他用很长时间探讨过他们这批共产党人早期思想的形成过程。我问过他，是怎样投身革命的？为什么要把革命确立为自己的人生目标？

他回答得很概略:"我处在那样一个时代。"

什么时代?

面对山河破碎、民族存亡,时代需要青年,需要青年身上流淌着的热血和激情。腐败、黑暗、强权、污秽。他说,当他懂事时,他就知道黄海一战,中国的舰队全军覆没。庚子赔款,四万万五千万两白银,鬼子们是要四亿五千万中国人,人人记住,你们是个劣等民族,你们每个中国人,都要为反抗我们而赔上一两白银。他们不仅把中国人打翻在地,抢占了他们的钱财、土地,而且还强奸了他们。这是民族的奇耻大辱啊!整个中国都在哭泣!

生活在那个时代的青年,还能去跳迪斯科?去追星?去经商发财?去给外国人当买办吗?

父亲说:"我认为自己是觉悟的青年。我在烂漫书社结识了戴治安、张鲤庭,他们是最早期的共产党人。我知道了法国大革命,知道了林肯、华盛顿、马克思、列宁;知道了人权宣言、独立宣言;知道了十月革命,知道了共产党宣言……打碎旧世界!"

"在这场大革命中,他们挣脱的只是身上的锁链;而他们得到的,将是整个世界。"

"全世界无产者联合起来!"

他用已经沙哑了的嗓音,背诵着青年时代曾经启蒙过他、激励过他的经典名句。

那是一个让人窒息的时代,又是一个让人热血沸腾的时代。它像阳光、空气、雨水,混沌的宇宙开始分离,在氢和氧的作用下,最初的生命出现了。生命的进化是漫长的,是以亿年为单位的,但有时又是巨变的、喧闹的,中国社会的"侏罗纪"时代到来了,这是一个群龙争斗的天下……

中国传统知识分子忧国忧民的品格;以天下为己任的爱国思想;国破山河碎的社会现实;帝国主义列强的侵略和国家政治的腐

败；正是这种强烈的忧患和反抗意识，凝练了那一代青年炽热的社会责任感和使命感。

我仿佛看到了父亲年轻时的样子，他和他的学友们，生龙活虎般的生命洋溢着改造社会的激情。他们聚集在烂漫社的书屋里，畅谈理想的人生，抒发少年的鸿鹄之志。中国古代大同、平均的思想学说，西方空想社会主义的理念，构成了他理想社会的蓝图。向往打破阶级差别，争取人人平等；建立人与人之间同情、互助的新型关系；一群十几岁的青年，已经有了对国败民疲现状的深切忧愤，和对人类社会真善美的向往。

可以想见，这样的青年，在国家危亡、民族有难的关头，他们必然会站在时代的前沿，去冲杀、去搏击。

在异国孤身一人疗伤养病的他，远离组织、远离亲人。现实是那样严酷无奈，生活是那般苦闷沉郁，理想是那样的模糊与遥远。

他和我说，在他的人生中，他又一次有机会审视自己走过的人生道路了。第一次是在"红大"学习，打了败仗，受了处分；第二次，就是这次，一个人在异国他乡，生命垂危；第三次，是"文革"时期在监狱里。

这时的他，虽然只有三十七岁，面对这场灾难，也许生命之火将最终燃尽，即使人生之路已到尽头，在这场伟大的民族解放斗争中，他已经贡献了自己的青春和健康，他应该是慨然无愧了。

从父亲自己嘴里，还有老家的亲戚们那里，我早就知道，父亲从小就是个极不安分的人。我不敢说他是个顽童，但他确有过个"拼命三郎"的绰号。

父亲谈起他的童年，讲得最多的就是打架，包括和老师打架：

"我从来就不听老师的，也不听你们爷爷的，学什么临摹字帖？我说，字帖又是照谁写的？我想怎么写就怎么写！你爷爷就骂我是鬼画桃符。

"私塾先生要打我，我就围着桌子跑，逼急了，抄起砚台甩过去，打得他个满脸开花，浑身是墨，这才是鬼画桃符哟。哈哈！"

每当讲到这里，我妈总是着急地说："看看你！怎么教育孩子的？"父亲会立即止住话头："你们不要学我哟！"还补充一句："那是旧社会。"后来我们长大了，他再讲到这里，我们会反击他："旧社会也不该打老师啊！"

父亲说："你们上学背书包，我上学可是手提棍子的。"干什么？"打架！"他说："像我们这样的种田人的娃娃，居然也到县城读书，有钱人家的子弟看到你就有气！他们要挑衅，对付的唯一的办法就是棍子。后来，打出了名，他们见到我就跑。"

我爷爷觉得父亲根本就不是个家业继承人，家里拮据，就只让他哥哥读书，也就是我的伯父。我父亲自尊心大为受挫，独往独来、桀骜不驯的性格愈发激烈。他有梦，他说："等我长大了，当个大侠，专打不平事。"

上中学时，他组织农会，反对封建压迫。回到家里，他对雇请的长工说，知道谁在剥削你吗？就是我的爸爸。我爷爷知道后骂他，你还要不要吃饭了！

他上街宣讲打倒帝国主义。听的群众问，什么是帝国主义？父亲说："这可把我问住了。我就说是蓝眼睛、大鼻子、黄头发的。"

解放初期的总政治部宣传部副部长，后来担任过解放军艺术学院院长的魏传统和我说："我和你爸爸都参加了声援'五卅'大游行，我是策划者，你爸爸那时还是个外围。但他很勇敢，冲在最前面。"我问父亲，你那时是党员吗？他回答"不是"，那你是共青团员？"不是"。我一点也不怀疑，在为数不多的激进派学生中，他恐怕是最容易被煽动起来的。甚至都不要别人煽动，他自己都会抢先跳出来。在几个躲在幕后的身为教师的党组织领导人的鼓动下，坏学生们总是冲在最前面的。

父亲说:"军警鸣枪拦阻,我们的队伍还是一鼓作气地往上冲,他们平时的那股威风劲全没有了,我第一次体验到什么叫人多势众。"达县县志记载,这次游行发生了流血冲突。

正因为有了血光,他拼命三郎的个性才得以凸显出来。

这次行动之后,他被吸收参加了中国共产主义青年团。这一年是1925年。在他以后的简历中记载:"张爱萍,1925年参加革命活动,1926年加入共产主义青年团。"

对他来说,真正的意义还不在这里。他已经意识到了,这个世道需要拳头,需要武力,而这正是他的强项。我常常庆幸父亲生而逢时,庆幸他恰好生长在风起云涌的上世纪初叶。他敢闯敢拼、疾恶如仇、英勇无畏的个性,恰好与时代一拍即合。

性格即命运。以父亲这样的个性,必然会被时代推向风口浪尖。

父亲去世后,我在网上看到这样一副帖子:"张爱萍。你的父母给你起了这样一个柔弱的名字,但你却炼就了一副铮铮铁骨!"

其实,张爱萍这个名字,是在他离开家乡出来干革命时取的。按家族姓氏排列,原名张端绪。"爱萍"的"萍"是浮萍的意思。有一本书对年幼的父亲影响很深,是蒋光慈写的《少年漂泊者》。父亲还记得:"书里的主人翁有一句话,'走出去,走出去,才有出路!'"

"爱萍"这个名字的含义就是"浮萍一叶,浪迹天涯"。

"浪迹天涯",他要去寻找什么呢?

1927年,大革命失败,父亲就是在这时,在革命的低潮中加入共产党的。当时到处在抓共产党,党的组织从达县县城撤出,他的任务是隐蔽在老家莆家场中学,以教书为掩护,发展地下党员。

父亲说:"成天偷偷摸摸的,在一个小圈子里发展个把党员,革命何时才能成功?"这显然是一句带有蔑视口吻的话,这个新党员对他前辈们的眼光和胆识开始嗤之以鼻了。

1929年,十九岁的父亲终于要离开家乡了。

我看过他当年写的一首诗:"男儿血气方刚,东去万里无恐。"

他自己说过,"我这辈子就没有怕过谁!"当然,他不会想到,这一走就是五十八年!1987年,当父亲离休重返家乡时,已是一位77岁高龄的老人了。父亲离家前,将自己的名字张端绪改为张爱萍,从此愿像浮萍一样漂泊一生。可他哪里想到,张爱萍这个名字,日后将镌刻在共和国开国上将的名录上。

这个生长在川东边远山村的青年人,顺江而下,来到十里洋场的大上海。

光怪陆离的大上海是极具诱惑力的。他要看看梅兰芳,就把铺盖卷给当了。我问他,晚上怎么办?他说"盖几张报纸就可以了";我又问,看了有什么感受?"没想到男人也有这样漂亮的。"

二十年后,三野解放大上海,陈老总请梅老板吃饭,父亲作陪。席间陈老总说,在座的有你的知音,遂讲了这个故事。梅老板大为动容,起身叩首说,听我戏的何止万千,但卖掉铺盖来的恐怕只你张将军一人,以后听我的戏一律免票。

在上海,你都干些什么?我问他。

"撒传单,贴标语,搞个飞行集会……还能干什么?"他对自己的那番经历不屑一顾地说。

他还是小时候那个脾气,傻不棱登的,他一个人攀登上黄浦江边最高的楼顶撒传单,他说:"漫天的传单雪花一样地飞舞,路过的人都在争抢,巡警吹着哨子驱赶,乱作一团,我就高兴地大叫……"这期间,他两次被捕入狱,一次关在提篮桥监狱,一次关在苏州监狱。由于是在游行集会时被抓的,敌人搞不清他的真实身份,关了些时候就放了。"少年不识愁滋味!"这两次铁窗生涯带给他的人生恶果,直到四十年后的文化大革命才真正显现出来。这些故事,我将在后面的章节中予以交代。

他常为吃饭发愁,像他们这样的小萝卜头是没有薪水的。锦江饭店的老板娘董竹君办了个四川同乡会,接济到上海闯天下的年轻人，父亲常去她那里蹭饭吃。解放后，我们两家常有来往。据跟我父亲的老秘书丁慎勉告诉我："上海解放后，故地重游，你爸爸专门去找他当年干过苦力的黄包车铺子。我非常吃惊，首长当年还拉过黄包车？"

哦！曾经以拉黄包车混口饭吃的国防部长，全世界恐怕也只有他一人。

我曾看过一个材料，中共中央总书记向忠发在上海被捕后，还没有用刑，就双膝下跪。在搜查他的住所时，还捕到一个舞女，是他的姘头。无怪连国民党特务都不理解，说："你们下面的同志连饭都吃不上啊，还拿这么多钱供他养姨太太！"

蒋介石对北伐的背叛，以及对共产党人的大肆屠杀和围剿，逼得共产党人开始组建起自己的武装。这时苏北农民暴动席卷了整个苏北大地。中共中央决定以苏北农民暴动的队伍为基础组建红十四军，并抽调上海地下党的优秀干部充实到红十四军的各级领导岗位。父亲终于如愿以偿了。

父亲和我讲起他最初打的几仗时，是以自嘲的口吻说的：

"第一仗，一枪没放。冲上去，敌人就跑了。第二仗，差点淹死。我带一个连冲到土围子跟前，被条水渠挡住，我虽然不会水，但想这算不了什么，扑腾几下不就过去了？一脚踩下去，就没了顶，是别人把我捞起来了。第三次，黄桥一仗，左臂被打断了。"

"冲锋的时候，是通信员叫住我，大队长，血！我低头一看，左臂就怎么也抬不起来了。"

尺骨和大动脉整个被切断，扎不住，失血过多，人就昏死过去。当时都以为他死了，抬下去，一个民间医生路过，看见担架下滴血不断，便断定这人还活着，因为死人是不会流血的。就这样，父亲捡回一条命来。这个人解放后还在。父亲记住了他，叫孙蓬仙。

这次伤后留下了残疾，他的左臂再也不能翻转了。多年来，他最习惯的站立姿势就是把左臂弯曲地收在腰间，后来这竟成了在战争中负过伤的中国共产党领导人一个标志性姿势，如周恩来。

对军人来说，伤残的肢体是他们的荣誉。

红十四军在我军历史上只存在了很短的时间，就全军覆没了。父亲因为治伤去了上海，算是捡了一条命。后来他辗转去了中央苏区。也许是他小布尔乔亚的气质吧，让他留在共青团工作，一干就是四年。从共青团中心县委书记，干到共青团中央局秘书长、宣传部长、总训练部长、少先队总队长，1933年当选为中华苏维埃共和国执行委员会候补委员。

听李坚贞（注：当时任苏区中央局妇女部长，解放后任广东省委书记）大姐（这里是按父母的叫法称她为"大姐"）说："那时你的父亲啊，高挑的个子，白皙的皮肤，比你们这几个小子可白净得多了。总是见他手里拿本书，一见面就听他提问题，可能说了，什么阶级斗争啦、无产阶级专政啦、列宁主义啦。中央直属机关搞活动，总能见到他，常主持个什么报告会的，是个挺活跃的人。"

共青团嘛，中央直属机关活动，出来张罗，自然少不了。我想象中的他，瘦瘦高高的，脸上的棱角分明，目光略带些忧郁，有些像保尔·柯察金。也许是在团中央工作的原因吧，给了他和党中央领导同志广泛接触的条件，像周恩来、博古、朱德、顾作霖、任弼时，还有刘伯承、陈毅、叶剑英、罗荣桓、张鼎丞、邓子恢，以及邓颖超、康克清、蔡畅等。大家都很喜欢这个书生气挺足的年轻人。

父亲后来回忆，在中央苏区，第一次感受到了共产党队伍中，独有的人与人之间同志式的关系。他们是一群有着远大抱负和学识的热血青年，有一种全新的观念和自我牺牲的勇气。在这期间，他系统地学习马克思列宁的经典著作，写出大量的文章，《我们怎样进行阶级斗争》、《青年工作的组织与领导》、《对战争和战略的思考》等这类的专题，慷慨激昂、热血沸腾见诸笔端。他组建了少共国际师，并谱写军歌。他率领少先队员们配合正规军作战，活捉韩德勤。但他们不认识他，还像对待一般俘虏一样，放下武器的，一律发给路费，送他回家。这一疏忽给他带来的是意想不到的后果。八年后，在抗日战争中，韩德勤出任国民党江苏省政府主席兼鲁苏战区副总司令，拥兵十万，成了他在苏北反摩擦斗争的死对头。

在共青团中央的几年中，他的眼光和思路打开了，思维层次提高了，思想方式更加趋于理性化，在气质上增添了更多的激情和浪漫。同时也学会和掌握了群众工作、青年工作的艺术，以及高层机关工作缜密的工作方法。尤其是团中央工作的特殊性，使他能够经常地、毫无顾忌地和党内一大批优秀的领导者、军事家、理论家接触。这对他的人生阅历和今后的政治生涯，无疑起着不可估量的作用。虽然他的本性并不喜欢这里的工作。

红色政权在危机中！他要求去红军的机会终于来了。

1934年五次反围剿，红军节节失利，中央根据地风雨飘摇。父亲坚决要求上前线，保卫红色政权。他送走了由少先队扩编起来的最后一批红军队伍，这个少共总队长，先入红军大学，紧接着被派往前线，编入彭德怀统率的红三军团，任红四师政治部主任。与那些久经沙场的红军将士相比，他或许太像个小布尔乔亚式的白面书生了。但战争是不论背景和长相的，在残酷的拼杀中，很快就显现出了他超乎寻常的个性和品质。湘江战役，他率部队担任阻击，身先士卒，敢打敢拼，他拼命三郎的狠劲释放出来，人们对他刮目相看。这是我军有史以来最惨烈的战斗，红军伤亡达五万之众，湘江水成了血水。湘江两岸流传民谣："三年不喝湘江水，十年不吃湘江鱼。"在长征路上，他先后率领红十二团、红十一团、红十三团，作为红军的主力，一路夺关斩将。土城激战、四渡赤水、抢夺娄山关、一占遵义、老鸦山阻击战，然后是二占遵义、威逼贵阳、强渡北盘江、逼昆明、抢占金沙江绞车渡、大渡河、过藏区、翻雪山、过草地，然后是狙击马步芳的骑兵，一路打到陕北。红军长征中的著名战役，几乎都刻上了他的名字。翻开十六军、二十二军（舟嵊要塞区前身）、三十八军、六十四军的军史，记载着这几支王牌军的前身红四师及所属红十团、红十一团、红十二团和红十三团的辉煌战绩。

从此，开始了他长达五十五年的军事指挥员的生涯。

在他身边倒下的战友有：军长何昆，师长洪超，共青团时的好友、参谋长钟伟剑。军团参谋长邓萍牺牲在他的怀里，血和脑浆喷洒了他一身。

他的性格变得粗犷、豪放，言语辛辣、尖刻；他的意志刚强，喜欢独断；他不再热衷奢谈理论，而更崇尚实干；他的面容渐渐脱去了天真和无邪，变得威严而刻板；眼神由温情和忧郁，变得冷峻甚至冷酷；他总是腰板笔挺，再热的天也是风纪扣、腰带、绑腿严紧，不苟言笑；他自信，甚至自负，他认定的事情，几乎没有商量。他不喝酒、不抽烟、不打牌、不和别人闲聊，没有任何嗜好。空闲时一个人关起门来读书。即使读书，也是正襟危坐；他成了一个地地道道的苦行僧。他也很潇洒，探访名胜古迹、写诗、照相、书法、篆刻。他好像总有些和周围的氛围不大和谐。他的上级、同级认同和信任他，但很难说是喜欢他；他的部下倒是喜欢他，但又怵他。

毛泽东说他"好犯上"。

叶剑英说他"浑身是刺"。

邓小平说："军队中有两个人惹不起，你，张爱萍，就是一个！"

彭雪枫说起他："张爱萍，你看人，鼻子都是朝天的。"他也不示弱，谈起彭雪枫也是："你问彭雪枫啊？这个家伙，英雄主义得厉害！"

陈老总挖苦他："被你张爱萍看得上的人没几个；但要知道，看得上你的，也没几个！"

只有周恩来有些袒护地说:"其实,爱萍还是服道理的。"

多么牵强的评价。

他说:"我就是这么跌跌撞撞地走过来的。但我不后悔!"

当一个人真正认识了生命的价值,他便走向了无为。有所为,固然是可贵的,但有所不为,同样也是一种境界。战争、功名、荣辱、生死……当这一切渐行渐远离你而去时,你唯一可以做的就是,学会遗忘。

没有任何的治疗,只有营养和运动。酸奶给予他养分,划船带动他肌体,生命自身的能量被释放出来了。远东浩瀚的西伯利亚大森林,释放出无穷无尽的负氧离子,用当代的术语解释,是否就是"有氧运动"?生命像野草,只要有雨水、空气和阳光,它就能冲破死亡,从石缝中倔强地伸展出来。

命运的转机要到来了。

1948年春末,父亲离开了伏罗希洛夫格勒,转到海参崴红军疗养院。

海参崴虽属苏联版图,却离中国只一水相隔,在这里可以眺望自己的祖国。他毕竟只是凡人,时时站在江边眺望家乡,思念亲人,沉默无语。他似乎能听见隆隆的炮声,看见自己军队前进的脚步:1948年9月12日,东野主力七十万大军,发起了声势浩大的辽沈战役,歼敌四十七万余人;11月6日华野和中野又发起了规模空前的淮海战役,一战歼敌五十六万之众;紧接着平津战役宣告胜利,北平不战而得。蒋家王朝彻底覆灭的日子为期不远了。一个将军,他曾从艰难中走来,在最后的决战关头,却只能远离战场,在异国眺望家乡。

只有在夜深人静时,在进入梦乡时,战火中厮杀的呐喊才会在血液中奔涌。1948年在苏联,在《渴战》一诗中,他写下了这样的句子：

> 决战金鼓催人急，改天换地在旦夕。
> 半生征战血征衣，梦回沙场马扬蹄。

人生有时就是这样的无奈啊。

1949年1月，父亲终于回到了日夜思念的祖国。

当妈妈第一眼看到父亲时，惊讶得目瞪口呆。妈妈说："一开门，你爸爸就站在门口。穿了一身苏式军便装，戴着斯大林式的大檐帽，容光焕发，精神抖擞，我都快认不出他了。他俄文讲得很好，经常和苏军驻守部队的军官们，满嘴'达瓦里施'、'哈拉索'的不算，连生活习惯也苏化了，喜欢吃西餐，喜欢野炊，喜欢洗冷水澡。连洗脸也学俄国人，不管多冷的天，对着自来水龙头，用双手一捧，哗哗地冲，再用干毛巾擦，说这个办法卫生……简直换了个人。"

大连的日子，在我记忆中已经很模糊了，只有凭着照片才能隐隐约约地回忆起来。父亲、母亲和我在一起的时候，最多的就是给我照相。照片上的我，穿一身儿童式的苏联军装，戴上船形帽，再配上一支冲锋枪，那是父亲带回来的模仿"二战"时苏军最常用的转盘冲锋枪的玩具，神气极了。父亲还给我带来一辆吉斯牌的玩具汽车，可以坐在上面脚蹬着跑，这些不要说在当时，就是在90年代前，对中国的孩子来讲，恐怕都是一件奢侈品。父亲每天带我去吃冰淇淋，吃一种只有我和爸妈三个人称它为"高高塔"的奶油点心。在以后的许多年里，一直到我的孩子都长大了，当我和父母单独在一起时，我们还经常翻看那些发黄的照片，千百次地回忆那段美好的时光。

他是不是要弥补自他负伤以来对我和妈妈欠下的关爱呢？他喜欢让我骑在他背上，像马一样的在地上爬。我们有过这样的照片，这照片在"文革"中被抄走,放大后张贴在旃檀寺的国防部大院里,下面写着:"看!张爱萍的丑态!"我后来调总参工作,许多老参谋就问我,你是不是就是骑在你爸头上的那小子?他们说,都说张爱萍厉害,想不到还挺有人情味的。也不知大批判要达到个什么目的。

在以后漫长的人生旅程中,父亲多少次经受了命运的捉弄,跌宕起伏,而他都能以一种恬静的心态泰然处之。或许都可以追溯到这次从生死界擦肩而过的经历。

第3章
第一代海军军人

1949年4月23日,毛泽东统领的解放大军排山倒海般地跨过长江天堑,三野第三十五军率先占领了国民党的首府南京,宣告了蒋介石二十二年的统治土崩瓦解。钟山风雨,兴衰存亡,长达百年的战乱结束了,天下一统。

就在这一天,在长江边上的一个小村落里,新中国的第一支海军部队(华东军区海军)诞生了。它的第一任司令员就是后来担任了中国国防部长的我的父亲张爱萍。

诞生在小村落中的中国海军

他是自己驾着一辆美式吉普车,穿越华北战场,日夜兼程,来到三野司令部驻地安徽蚌埠的。在这之前,他曾通过大连党的组织向华东局反映自己的身体状况,他已经痊愈了,已经是个正常的人了,可以重上战场了。但,迟迟没有回音。他决定自己搭乘火车奔赴前线,途经沈阳、锦州,到了天津,再往前,铁路就不通了。刚刚解放了的天津,由军管会主任黄克诚掌管,在他麾下的正是自己的老部队新四军三师。他调任四师后不久,黄克诚就带着这支部队闯关东了,先编为东野二纵,后扩编为四野十四兵团第三十九军。

老战友们相会，自然有许多话要说，但频频传来的捷报和源源不断向南开进的队伍、辎重，在这大战过后满目疮痍的土地上，愈发使他心急如焚。还是吴法宪了解他，给他弄来了这辆美式吉普。

他来到这个世界上，要扮演的角色，毕竟不只是丈夫和父亲，他是个军人，战场呼唤他。他养伤这一走，就是三年。这三年，是中国现代史上天翻地覆的三年，中国共产党人从五十多名党员起家，经过二十八年的奋斗，今天，他们将执掌国家的政权。当父亲还在身体和精神的创伤中挣扎时，他的战友们已经在大决战的舞台上，上演着一出又一出辉煌的剧目了。

翻开第三野战军战史可以看到，在三年的解放战争中，第一场大规模的作战，就是父亲参加指挥的战役——《津浦路徐济段战役》。战史记载1945年10月12日中央军委下达作战指示，18日战役发起（注：《中国人民解放军第三野战军战史》，16页）。但据父亲回忆似应更早一些，我查到的资料证实，就在"八一五"鬼子投降后的第三天，国共两党就开打了。8月18日父亲接到作战任务，电报指示："集中主力迎击何李两顽，仍采自卫立场，如向南进军，大超出自卫，对国际国内的政治影响均于我不利。……集中力量歼灭一路是有把握的，可相机攻占永城、孙町，以去我心头之患。"

这就与历史的真实相吻合了。蒋介石在得知日本即将投降的四天前，便于8月11日下达抢占战略要点的命令。"去我心头之患！"这是华东局和中央对他的重托。他亲临前线，组织指挥了这场解放战争中的开场大戏。可惜啊！两个月后，他就因车祸负伤，离开了指挥位置。这才仅仅是大决战的序幕啊！

"出师未捷身先死，长使英雄泪满襟。"在这之后，就有了苏中战役、鲁南战役。苏中战役七战七捷；鲁南战役一下子就消灭了国民党两个整编师和一个快速纵队。以后仗就越打越大，莱芜战役，三天之内，干掉国民党精锐师团五万六千余人，连同南线及胶济路东段的作战，共歼国民党军七万余人。不到三个月，华野部队在孟良崮战役中消灭了蒋介石称之为五大主力的王牌军整编第七十四师，中将师长张灵甫毙命。陈毅说："我就是要在百万军中取上将首级！"紧接着是洛阳、豫东战役，济南战役揭开了战略大决战的序幕。淮海战役歼灭国民党军五十六万余人，它的恢弘战绩铭刻在世界战争史上。

与父亲同时期的，也就是大革命后期或第二次国内革命战争初期的这批干部，长征前后，由于各个根据地的情况不同，在中央红军的，大多是师团级干部；在二、四方面军的大多是军师级干部；抗日战争中，在八路军中大多是旅团级干部，新四军中大多是支队或后来的师旅级干部。解放战争后期，全军统一整编为四个野战军，外加华北军区，共辖十六个兵团，这批人基本都是兵团级的干部了。他当年的参谋长张震，已经是第三野战军的参谋长了；他的副师长韦国清，现在是兵团政治委员了。第三野战军四个兵团，人才济济，齐装满员。虽然国民党仍有半壁江山，但"呼啦啦大厦将倾"，如毛泽东所说，剩下的只是"追穷寇"了。

国共两党二十二年的拼杀已近尾声。在中国的大舞台上，大幕，即将落下。

是啊！遥望决战的旌旗号角，一个有血性的军人，远离厮杀的战场和他的军队，他又能怎样呢？虽已时隔久远，但我仍能从他回忆时的神情中，觉察出当年的孤寂和无奈。每当触及到这个话题时，他只有两个字："养伤。"

被时代遗忘是可怕的。好汉不提当年勇，抗日战争中，他那辉煌的一页已经翻过去了。

"出了天津我就自己开车，第一晚住德州，第二晚到济南，又经徐州到蚌埠，陈老总见我回来很高兴，那时正准备渡长江，华东野战军改成七、八、九、十兵团，向长江边推进。陈老总问了我身体情况后，想把我留在三野司令部。我说，情况我不熟悉，还是想到部队去。他说，各兵团都配齐了，要去，只能是副职了。我历来不计较这些。宋时轮当时在九兵团，我和他很熟悉，我说，那我就到九兵团给宋时轮同志当个副手吧。宋听说了对陈老总说，让爱萍当司令，我当副司令好了。那当然不行！"

父亲的回忆跳过了一个细节。据资料记载，他回前线后，先是到的总前委。总前委是中共中央在淮海战役前线的代表机关。随着战争规模的扩大，为了在与国民党军进行最后决战时形成力量的优势，中央决定，把第二和第三两个野战军整合起来，组成百万大军，形成压倒之势。总前委于1948年11月成立，由刘伯承、陈毅、邓小平、粟裕、谭震林组成，邓小平任书记。淮海战役结束后，总前委继续行使职权，组织第二、第三野战军和第四野战军先遣兵团进行渡江战役。父亲就是在这个期间重返前线的。他的情况多少让组织上有些尴尬，给父亲任了个总前委委员，算是暂留总前委帮助工作。显然，在这个"天翻地覆慨而慷"的大转折年代，像我父亲这种人是绝不会甘于这种闲差的。于是就有了前面他提出给宋时轮当副手的情节。

在父亲一生中，宋时轮是他最信赖也是最知心的朋友。宋比他年长三岁，他们都是大革命后期的干部，同年入团、同年入党。解放战争一开始，父亲留在华中军区任副司令，宋给陈老总统领的山东野战军当参谋长。他们身上有许多相似的地方，豪爽、正直、疾恶如仇。只不过宋比父亲更有城府，更为老辣，父亲见到他，总是叫一声"宋老鬼！"

"尚有半壁山河没有解放，"父亲回忆说，"干什么都可以，只要是自己能胜任的。"他在苏联的疗养院里，像个听话的孩子，遵从医嘱，拼命地划船强身，大口吞食着对他来说是怪味的食物；他在绝望中，惊喜地看到自己的身体奇迹般地复原；他在没有得到任何指令的情况下，自己驾车驶往前线。只要能在火与血中厮杀，让他干什么都行，即使给他的下级去当下级。

但就是当下级也不是想当就能当的。还没走,又来了新的指令,成立后的新中国,急需配备一批外交官,张爱萍喝过墨水,又吃了洋面包,调任驻外使节再好不过了。命运总是和他作对。闹学潮时,他这个拼命三郎就想真刀真枪地干;好不容易走出家乡,来到上海,又分配做地下工作,撒传单、搞游行;要不是因为组织苏北农民暴动,他还去不了红十四军。本想痛痛快快地厮杀一场吧,却打残了一只手;也是像这次,伤好了,辗转到了苏区,结果又被共青团看上了,一干就是四年;五次反围剿临近失败,急需充实干部,他这才得以重回军队。抗日战争开始,别人都去了野战部队,却把他弄去搞统战……

过去在部队呆过的,都有这个体会,没文化不行,但文化太高了也不行。什么写稿了啦、学习啦、宣传啦、俱乐部啦,就找上你了,时间长了,脱离了军事业务,成了个文化兵,结果影响个人发展,一事无成。我当兵时,就怕让我干这个,我就不给他好好干,这一招还特灵,到底还是把我留下搞军事工作了。可我爸就没这么多心眼了。我查到当年由粟裕签发的电报:"……张爱萍已同意出任外使。"不知父亲为什么自己没有说起这一段。有什么办法呢?好不容易养好伤归了队,不仅没位子了,连军装也要扒下了。

"临去时,陈老总找我,走不了了!"

怎么呢?"军委决定,东北建空军,华东建海军,你,立即着手组建海军。""什么海军?"父亲回忆着:"我一点思想准备都没有。我这个人一辈子做事都是这样的,分内的事,认真做好,没有把握的,位置再高,我也不争。对事业负责,对自己负责。但陈说不要再讲了,这件事,军委已经定了,任命我为司令员兼政治委员。他说,你马上给我行动起来!"

"我还能说什么?我问,去海军怎么个干法?他说,到时候你自己就会干了……"父亲苦笑着说,"他倒真是痛快!"

白马庙，这个坐落在江苏泰州城边上的不起眼的乡村小镇，海军"成立大会"在这里召开。参加者算上父亲共五名干部，他们是：八十二师参谋长李进；三野军工部采购科科长张渭清；三野司令部作战参谋黄胜天；管理员温礼芝。另外，还有八名战士。父亲说："加我这个司令共十三个人，我是个空头司令，没有机构。其实，要机构也没用。"

因父亲与四个人在这里开了半天的会而扬名的白马庙，2000年，江泽民为它题写了匾额。如今，白马庙这个名字已经被注册，成了泰州市旅游和招商引资的热点品牌。

关于海军的成立日期一直争论不休。四十年后，1989年，在父亲离开政坛的两年以后，中央军委做出决定，每年的4月23日，为中国人民解放军海军诞生纪念日。像中国的许许多多的事情一样，在经过了历史的沧桑巨变后，当影响政坛的种种因素渐渐淡化，才能被人们认可下来。

父亲回忆说："陆军驾轻就熟，海军呢？我曾读过《对马》这本书，就算是对海军的全部了解了。我没有把握能驾驭它，何况，就眼前来说，一点基础都没有啊，人、船到哪里去搞？"

这本书，我是在长大一些后才读到的。我喜欢在父亲的书柜里翻腾，父亲并不阻止，只是必须保持原有的摆放。书的纸页已经发黄，扉页上有父亲的签名。书中记述了1905年在日本海的对马海峡日、俄两国海军进行的一场海上恶战，东乡平八郎海军大将指挥的日本联合舰队一举摧毁了俄国沙皇的第二太平洋舰队。这是资本主义世界在蒸汽时代阶段规模最大的一场海战，它对之后的世界列强在远东的利益格局和近代海军建设的理论与实践都产生了深远的影响。

小说的作者诺维科夫·普里波伊是这一战役的幸存者，他以亲身的经历记述了许多难为人知的战役战术的细节，可以说，这也是一部军事教科书。还是抗日战争在皖东北时期，根据地被敌人封锁，缺吃少穿，信息闭塞，文化生活相当匮乏。刘少奇来皖东北视察时，特地从上海购买了大批书籍。记得小时候，父亲讲到他当年读到这些书的心境："久旱逢甘露啊！简直是吞食。"后来经历了"文革"，在那个人类文明被扫荡一空的年代，我才体会到父亲所用的"吞食"这个词的真切含义。在父亲吞食的那批东西中，就有《对马》这部书，这是当时唯一能够找到的一本准海战教科书了，它给了在平定洪泽湖战斗中的我父亲以极大的帮助。翻开《张爱萍军事文选》，可以找到《平定洪泽湖》这篇文章。文章附有舰艇战斗编组和攻击路线的插页，一眼就能辨别，这是《对马》书中插图上的舰艇符号，可见此书对父亲影响之深。我至今脑海中还留有书中描绘的战斗场景，呼啸的弹雨，撕裂的铁甲，燃烧的船舱和流淌的鲜血，声声震耳，历历在目，甚至能感到呛人的硝烟扑面而来。巡洋舰顿斯科依号，在日舰的轮番轰击下，载着阵亡的官兵和海军军人的尊严，撞向郁陵岛的石壁，自沉海底……我那颗少年的心在颤抖。

当然，对一个海军司令来说，这本书就太小儿科了。但从他的言谈话语中，仍然能感受到这本书曾对他有过的影响。我多次听到过他对海战史和海洋战略的阐述，虽然那时他早已不在海军了。他像讲故事一样告诉我，那是古老的铁甲战列舰称霸海洋的时代；对马海战所采用的"T"字阵，后来成为了近代海战的基本形式。我也和他侃：大舰巨炮主义的代表是无畏型战列舰和战斗型巡洋舰，直到第二次世界大战，以航空母舰为核心的作战集群替代了巨炮铁甲的战列舰，主宰了世界的海洋……

其实我父亲读的书并不是很多，但他悟性好，一本书，往往能引起他许多思考和感悟。他说，对马一仗，印证了马汉的海权说，战争的结局不仅限于军事方面，而是直接左右了俄国、日本后来的走向。他问我，学过俄国革命史没有？他们这一代人中，相当一些人，对俄国的这段历史很熟悉。他说，对马的失败，加剧了俄国国内的矛盾。一个月后，黑海舰队的"波将金"号起义，喀琅斯塔德和塞瓦斯托波尔的官兵暴动，俄国土地革命由此开始。十二年后，参加过对马海战的"阿芙乐尔"号巡洋舰在圣彼得堡的涅瓦河上向冬宫开炮，这就是毛泽东说的："十月革命一声炮响，给我们送来了马克思列宁主义。"这一仗，同样也给日本带来了利益。《朴次茅斯和约》的订立，使日本从此进入了世界霸权的行列，导致了上世纪二三十年代东亚的危机。他说："所以，中国海军的发展，不能忽略苏联和日本这两个国家的因素。"

我不可能知道在受命组建新中国第一支海军部队时，父亲拥有多少海洋方面的知识，但我能肯定，《对马》这部他无意间读过的书，对他的启蒙作用。许多中国共产党的领导人，在他们最初接手这个国家时，大概都是这个样子的，在他们身上你总能看到悟性和聪慧的光彩，也许这就是中国特色吧。

两个跛子

"说我是海军司令，不如说是'空'军司令。"父亲说，"摆在眼前的难题是，一无船；二无人。当然，第一位的还是人。不是随便什么人，是指懂得海军的专门的人才。"

我翻看过当年招募海军人员的通告，凡当过海军、干过船务、学过船舶、懂得机械，甚至只要生长在江海河湖地区识些水性的，只要本人愿意，都欢迎加入海军。共产党当时若不是被逼上梁山，也不会穷其如此了。

来自国民党海军的一些同志现在还记得，张爱萍当年风趣地对他们说："你瘸了条腿，我也瘸了条腿，我们绑在一起，不就成了两条好腿吗？"

"两个跛子"的笑话，就是海军初创时期的建军方针。父亲解释道:"来自解放军陆军的同志,政治上没有问题,但不懂技术,算是缺了一条腿;来自国民党海军的同志,业务熟悉,但需要提高阶级觉悟,也算是少了条腿。两个跛子合起来,象征着新老海军的同志团结起来,共同建设新中国海军。"

这个方针的原文共三十三个字:"在共产党领导下,以人民解放军陆军为基础,团结原海军人员,共同建设人民海军。"

在这三十三个字里,最关键的是一个字,即"原海军人员"的"原"字,凭着这一个字,注定了新中国海军的性质和命运。海军就是国家的海军,是共产党领导下的人民的海军。今天,国民党海军人员,只要服从共产党的领导,他仍然可以成为人民海军的一员。

共产党自己是不懂得海军的。但在短短的一年中,新中国海军,在基本没有得到苏联援助的情况下,边打仗边建设,从无到有,形成了拥有一百五十条舰船的,可以在近海海域与国民党海军相抗衡的一支海上力量,不能不说是这个字起到了关键性的作用。父亲说,他为了这一个字思考了好几个昼夜,是"老海军?""是旧海军?"都不好,最后定下是"原海军"。几经周折,终于把它写进了海军的文件中,形成了具有法律效应的全党的共识。

毛泽东以他自己的行动支持了海军的创意。他在北京召见海军的代表,这是海军建军史上的第一件大事。为了表示我们共产党人与国民党原海军人员共同建设新中国海军的诚意,父亲通过当时担任第三野战军司令员的陈毅向中央建议,请毛泽东接见海军起义将领和爱国人士代表。毛泽东欣然赞同。

1949 年 8 月 28 日,北京,中南海怀仁堂。

接受毛泽东接见的国民党海军人员有:国民党第二舰队司令林遵,国民党海军总司令部机械署少将署长曾国晟,国民党海军总司令部办公厅主任、我党地下工作者金声,国民党海军兴安号舰长、总司令部办公厅副主任徐时辅。

自 1937 年 7 月算起，我父亲受领毛泽东交付的任务，奔赴抗日前线，他们分别已过去十二个年头了。现在留下的，是接见时父亲给毛泽东拍下的几张照片。后来从这些鲜为人知的照片中，挑了一张收集在他的诗词、书法、摄影集《神剑之歌》里。我问他，你这个海军司令，带着部下去晋见"开国皇帝"，不规规矩矩地，跑来跑去地拍照片，这行吗？父亲说："有什么不行的？毛泽东说，你们随便照！……主要是薛伯青同志拍的。"薛后来去了八一电影制片厂，是我军第一代摄影师。在我家的相册里，至今还保留了他和我父亲当年给毛泽东拍摄的许多相片，有正面的、侧面的、逆光的。毛泽东的头发很密很长，打着手势。不难想见，在座的国民党高级将领，当他们看见共产党队伍中，领袖和下属间毫不遮掩的亲密和平等，以及久别重逢后共享胜利的愉悦心情，他们会是何等的惊讶啊。

不管从什么角度说，这都是一次令人难忘的会见。我曾多次要他详细谈谈，但他回答都很简练："毛泽东赞成我们的做法。"还有呢？"没有了。"怎么可能？"我正计划要出一张报纸，《人民海军报》，顺便就请他题个字。他问写什么好？我一时也想不出来，他说，你回去考虑一下再找我好了。"

毛泽东的这幅题字，成为中国人民解放军海军的珍藏："我们一定要建设一支海军，这支海军要能保卫我们的国防，有效地防御帝国主义的可能侵略。""文革"时批斗我父亲，问他题字的原件呢？他说我怎么知道？给海军报题的，问海军报社好了。又问他题的什么内容，"忘了！"审讯的人大怒，毛主席的话你都敢忘了！父亲说："你说得不对，这话有一半该算是我的，是我提出来的，毛泽东照着写的。"

在中国近代史上，国共两党实际上就是一对孪生兄弟，他们有着深厚的历史渊源和民族文化的积淀，中国共产党的最低纲领与孙中山的三民主义的基本内涵是一致的。第一次大革命就是国共两党为打倒封建军阀，建立一个民主共和国的一次通力合作。父亲回忆说："1925年各个地方都成立国民党，达县成立了左派县党部，重庆有两个省党部，左派在莲花池，右派在土地庙。左派国民党实际上是共产党，大革命失败后，国共分裂，其中有一些人后来没加入共产党。"再以后的抗日战争，也是为了拯救中华民族于危亡的一次两党合作的民族战争。父亲自己就曾以共产党代表的身份参与了李宗仁台儿庄会战的策划，他还给黄绍竑做过政治指导员。在国民党内，在上海民族资本家和各民主党派中，他都有着众多的朋友，何况还有我母亲家族的渊源呢。

父亲说："撇开过去的恩恩怨怨，爱国总是一家吧。国民党起义和流散在大陆的原海军人员中，有众多的英、美、德、日海军军官学校的高才生，他们怀着对甲午海战的耻辱，为了民族振兴、报效国家出洋留学。他们对蒋介石政权的腐败深恶痛绝，只是回天无力罢了。"

他以"雪耻中国海军的历史"为题目，组织了专场报告会。他说，中国近百年的耻辱从哪里来？从海上来！1840年鸦片战争，帝国主义列强用舰炮轰开了中国的大门。英法联军、八国联军，哪一次不是从海上侵入，定下了丧权辱国的条约。中国的海军呢！它在哪儿？

今天，我们终于有了人民自己的海军，如果帝国主义胆敢再欺负我们，我们这支海军将首先在海上予它以重击。他最后慷慨激昂地呼吁："让我们这支人民的海军，在保卫祖国的伟大爱国战争中，为了海军的荣誉，为雪耻中国海军的耻辱历史而奋斗！"（注：《张爱萍军事文选》，111页）

听的人热血澎湃，当然也包括他自己。那年，他三十九岁。

时光过去半个世纪，今天，我们重温这些，仍然感受到它强大的生命力。为了中华民族的振兴，不同政见、不同信仰、不同政党的炎黄子孙们，为什么就不能团结起来呢？

当然，也不是所有的人都吃他这一套的。小儿科嘛！哄哄小孩子还可以。

起义将领，国民党第二舰队司令林遵，长他五岁。

1949年4月23日，也就在新中国海军成立的这一天，国民党第二舰队的二十五艘舰船在司令官林遵将军率领下，在南京笆斗山江面宣布倒戈。林遵，福州市人，1924年毕业于烟台海军学校，留学英国皇家海军学院，任过驻美大使馆海军武官。林遵将军的声望除了他本身的经历外，还得益于他的先人，中国近代史的起始点，鸦片战争中虎门销烟的民族英雄林则徐。

第二舰队起义后，父亲派八十二师参谋长李进去接管。父亲回忆说："很困难，林遵不愿和华东海军合作，还多次说，少管我二舰的事。"

争端是由处理一名违纪水兵引发的。战事刚停，一片混乱，为防止水兵滋事，二舰规定严控外出人员。这帮国民党水兵，个个骄纵惯了，一下子哄闹起来，舰队遂将带头闹事的一个叫赵孝庵的家伙关押起来。解放军当然有自己的一套办法，除严肃纪律外，还讲究的是政治思想工作，启发士兵觉悟。李进亲自探访，原来赵还是个流浪儿，那就是自己的阶级弟兄啦！李进说你现在是解放军了，解放军可不光是个兵，当了解放军，就是干革命，打倒贪官污吏、军阀恶霸，解救天下受苦人，所以解放军叫自己是"革命军人"。我们都是受苦人，都被人家欺负过，怎么就跟着国民党军队欺负老百姓呢？用解放军的话说，这叫忘本啊！赵长这么大，靠的就是拳头，哪里有人给他入微入理地讲过这些？点到伤心处，两人都流了泪。李进遂向林遵反映，赵已觉悟并认错悔改了，是否就解除监禁，并以这个典型教育大家。林遵有林遵的做法，军令如山，司令一言九鼎，不就是个兵油子吗？岂能坏了规矩？愣就是不给这个面子。李进也是个认死理的，解放军讲的是三大民主，讲的是批评与自我批评，既然你投了解放军，就得按解放军的规矩办！

共产党和国民党完全是两条带兵的思路，无怪国民党许多将领奇怪，这帮一听枪声就逃跑的家伙，怎么到了共产党那边全都不怕死了？赵孝庵后来在海战中成了战斗英雄，代表华东海军参加了北京国庆节的庆典，接见他的已经不是第二舰队的舰长和司令了，而是中国人民解放军的总司令朱德。这对这个流浪儿该是多么大的鼓舞和荣誉啊！你说，共产党能不取得天下吗？

老爷子还没见到林遵，他的部下就和林遵冲撞起来了。他不得不为这个小兵引起的麻烦，亲自拜会林遵以化解误会了。他回忆说："接收林遵时，他非常傲慢，认为功劳不小。我是诚恳的，还是讲两个跛子共同建设新中国海军的道理，但他有些不以为然。他坚持说你们是陆军，没有文化，不可能当海军。海军军官要高中毕业，水兵也要是个高小学生。对我这个司令也不买账。"

其实，不仅在共产党内，就是在许多民主人士中，对林遵起义也是颇有微词的。在解放战争将要进入第三个年头时，战场的情势出现易位，解放军逐渐掌握了战争的主动权。美国驻华大使司徒雷登惊呼："局势的恶化已经进展到接近崩溃的地步。"（注：《中美关系资料汇编》1948年8月致马歇尔的报告）蒋介石不是傻子，他当然要考虑后事的。他起用林遵，重组第二舰队，担任东起江阴西至湖口的沿江防务。名为海防，实为江防，以期有朝一日，尚能划江而治。4月20日夜解放军发起渡江战役，国民党知大势已去。22日下午，国民党海军总司令桂永清召林遵到海军总部见面，令其指挥第二舰队和集结在南京的所有舰艇撤往吴淞，掩护退守台湾，并以海军副司令和青天白日勋章期许。这次是想划海峡而治了。林遵自觉时机已到，遂于4月23日晨，召开全体舰长会议。

他摆了几条：一是走，遵旨强行东撤吴淞，可当面仅征至七圩港已有解放军三道炮火拦阻线，东撤，无异于飞蛾扑火，你我弟兄还不都做了水底冤魂；二是等，但对面江阴要塞的弟兄们昨天反水啦，解放军不战而得，窝都给人家端了，没有补给，往哪儿呆啊；最后，也是最重要的，南京政府已作鸟兽散，弃我等弟兄于不顾。兄弟舰重庆号只一艘，起义后尚受到解放军高规格礼遇，况我等是一个完整的舰队呢！大难临头，何去何从，大家议定。彷徨了半日，赞成起义者十人，反对者两人，弃权者六人。江山易主，弃暗投明遂定。但智者千虑，必有一失，反对派假借林遵的指挥帅旗，于当日傍晚挟持几艘不明情况的舰艇东逃，抵七圩港江面时，果遭解放军炮火拦截，"兴安号"沉，"永绩号"伤，搁浅后被生擒。

我去七圩港是1994年，海军成立四十五周年。长江的江面上，大炮响过了近半个世纪，风静江平，沙鸥点点。唐朝诗人杜牧写道："折戟沉沙铁未销，自将磨洗认前朝。"林遵起义，是波澜壮阔的解放战争中的浪花一叠。长江仍是长江。

我继续问，那你就不恼火吗？

父亲说："他们不通，不奇怪，可以等待嘛。我清楚，关键还在自己强！自己不行，人家凭什么尊重你？"

"海军是技术军种，对文化的要求当然不言而喻，但这非一朝一夕之功嘛！我急的是先要有人把船开起来。他是在将我的军。共产党没这个本事，就干脆从海军滚出去！"

华东海军从林遵手里接收了二十五艘舰船、四十五艘小艇，从上海和其他地区接收了十艘舰船，这大概就是华东海军的第一批力量吧。但结果怎样呢？仅仅在接受过来的第三天，4月26日那天，国民党出动空军，在南京的燕子矶炸沉"楚同"号；28日在关头炸沉了"惠安"号；30日在采石矶炸沉了"吉安"、"太原"号；

随后,"安东"、"永绥"两舰被炸沉于芜湖江面;停泊在造船厂待修的"常州"、"万寿花"两舰连同其他二十六艘舰船也被炸沉;同时,国民党空军又对江南造船厂和浦东造船厂进行了两次大规模的空袭……(注:《张爱萍军事文选》,625页)

国民党海军司令黎玉玺得意地说:"共产党别想从我手里得到一条船!"这是在向新组建的解放军海军下战表了。当然这是个完全不对等的较量,在对方还没有穿上盔甲,抽剑出鞘时,他的三板斧下去,对手已经是鲜血淋淋了。

战争,这场游戏是不讲规则的。小时候父亲经常带我到南京燕子矶去玩,站在高高的悬崖峭壁上,迎面江风阵阵,脚下江水滔滔。我问父亲,这是什么地方?他说:"自杀的地方!"

真的是自杀的地方!过去很多对生活绝望的人常会选择这块悬崖,站在高高的峭壁上,眼望蓝天,面对大江,纵身一跳,生命就融化在这无际的水天之中了。9月24日,接收过来的国民党第一舰队旗舰"长治"号,打开海底舱门,自沉于南京燕子矶江底。据当时目睹这一现场的老同志回忆,所有在场的海军军人都脱下帽子,"我们都哭了。"是啊!还能有其他的选择吗?这时的华东海军还在襁褓中,他们只能在这里默默地用眼泪送别慢慢消失的战舰。

有过一个电影,名字叫《莫斯科不相信眼泪》;这个电影的内容与海军毫无关系,但它的名字寓意深长。难道战争就相信眼泪吗?大海就相信眼泪吗?张爱萍呢?

父亲当时在苏联谈判,知道这个消息后很不愉快,他用四川话说"很恼火!"他说:"长江沿线支流很多,水域纵深大,港湾湖汊遍布,只要伪装、疏散得好是有办法的。不要因为损失了些舰船就惊慌失措。"文化大革命期间,他被单独囚禁了五年,在漫长的与世隔绝的监狱生涯中,他带话出来:"无论什么时候我都不会自杀,如果有一天听到我死的消息,那不是病死了,就是被他们害死了。相信我,一定!"

"长治"号打捞上来后，改名为"南昌"号。后来毛泽东乘坐这艘舰由武汉到南京，这当然已是后话了。

父亲说："我需要的是人，能够把船开起来的人。刘帅当时在南京，我找刘帅，建议他亲自接见林遵，还是多鼓励，对他的起义行动给以赞扬，同时也要给他指出，必须依靠共产党建设好新海军。"

刘帅是北伐的著名将领，他传奇的军事生涯和卓越的指挥艺术，无论在共产党还是国民党的高级将领中都享有崇高的威望。长征时刘帅作为红军的总参谋长，父亲接受过他的指挥。父亲每次提到这位兄长般的上级，都会流露出敬仰、钦佩的神情，对他的为人和后来的政治境遇，常唏嘘不止。

但刘帅对与林遵的谈话极为失望。父亲回忆当时和刘帅的谈话："送走他们后，刘帅说，他是要当我们解放军的海军司令啊！"

"我随口说，那就让他当嘛。"

"那还是人民海军吗？！"

听得出，刘帅真的不高兴了。这段对话，在《张爱萍传》中也有记载。

一直到毛泽东接见。毛语重心长地对林遵说："你们懂得科学知识，有技术，我们新同志要向你们学习。人民解放军有优良的政治工作和战斗作风，你们也要向新海军学习。新老海军要团结，相互学习……"（注：《张爱萍军事文选》，624页）

古今中外，一个胜利者对他高傲的不服气的对手，有用这样谦和的口气说话的吗？何况是一个开国的元首啊！人格的魅力是内在的，真的不在外表和做派。

江山易改，本性难移。听父亲说："后来苏联顾问来了，在海军学校讨论训练问题，也是那个主张，你们文化太低，不能训。林遵依然坚持他的观点。"

"但我还是给中央报告，任命他为副司令，而且是第一副司令，我们党的干部排在后面。很多书上说是毛泽东任命他的，这当然不错，但军委的命令没有到，我就向陈老总说，我不等了，先宣布了，这样有利于团结和安定人心。"

我在国外曾看到过台湾方面记述共产党建设海军的文章，在讲到这一段时，作者说，"张爱萍真是个好脾气！"对此，我很吃惊。我爸是好脾气？我曾听萧华上将的夫人王新兰阿姨说起过父亲，她说："你爸爸啊，他脾气大，在党内可是出了名的。"很多老同志都说："你爸现在脾气可好多了，年轻时，可厉害了！"他的秘书丁慎勉对我说："我刚调到你爸爸那儿时，他问我有什么想法？我说，首长，我就是有点紧张。他问我为什么？我说人家都说你厉害。他跟着就追问，人家是谁？吓得我出了一身冷汗……"

林遵真幸运。

"他实在不配合，我只能找别人了。金声同志介绍，我找了3个人，徐时辅负责训练，曾国晟负责搞船，卢振乾负责计划、航海。成立了一个顾问机构，国民党海军中将曾以鼎挂帅。"

"徐时辅开始也为难。我到他家里说服他，我指着电灯开关说，我要求很简单，不要我的战士懂得电灯为什么会亮，只要教会他们怎样做，电灯才会亮。徐说，那我能帮你做到。"

一方是用人心切，求贤若渴；一方是报国有志，相见恨晚。

徐时辅全身心投入到海军创建中去了，他在尝试以最为快捷的方式使来自解放军陆军的他的同志们掌握操船、枪械的技能。父亲亲自为他举办了婚礼，这在刚刚解放的上海，一个海军司令为招聘来的国民党海军人员主办这样纯私人性的活动，反响可想而知。后来，他还担任了军事学院海军系司令部工作教授会副主任、海军学院军事学术研究部副部长等职，为海军发展壮大贡献了自己的一生。

父亲与徐时辅之间的亲密关系最初是否带有功利的色彩，我不得而知，但我知道的是，后来他们的友谊的确是真诚的。徐的夫人告诉我们，徐老晚年退休在家，时常面对挂在墙上父亲给他的题字，久久地发呆，有时竟泪流满面。1998年12月，徐时辅不幸病逝，父亲在悲痛中，为他写下五言诗《创业贵得人》，他写道："倏忽五十载，犹念昔日情。"人老了，远离了是非与功名，剩下的只有情、义二字。

对林遵，我感觉父亲确实有些恼火，但他并不否定他意见的合理一面，他说："国民党过来的同志有他们自己的看法是正常的，他们提出来，也是善意的。我认为，不否定这个问题，但当时首先要解决的是开得起来、打得起来、用得起来的问题。林遵说得对，要真正培养出一支高素质的海军，没有文化是绝对不行的。"林遵后来当了东海舰队副司令，兼任海军学院副院长。父亲说："人尽其才嘛。"

原国民党第一舰队司令方莹参加华东海军后，被任命为七舰队副司令。四十年后，方莹的女儿从海外回国，不忘旧事，登门拜访，感谢父亲对方莹的器重和知遇之恩。

美国人易劳逸著《毁灭的种子》一书称，蒋介石的失败很大程度上是因为他的许多部队倒戈投向共产党。这当然有些言过其实了。

还是毛泽东讲得更确切。1949年9月23日，毛泽东主席和朱德总司令在北平举行宴会，专门宴请了程潜、张治中、傅作义等二十六名国民党起义将领。毛泽东的祝酒词是："由于国民党军中一部分爱国军人举行起义，不但加速了国民党残余军事力量的瓦解，而且使我们有了迅速增强的空军和海军。"

历史似乎要告诉我们什么。一个党靠的是什么得到了天下；另一个党为什么会丢掉了江山。但随着历史的演进，一些东西也在起着微妙的变化。当年经中共华东局批准的"在共产党领导下，以人民解放军陆军为基础，团结原海军人员，共同建设人民海军"这条海军建设方针，在军委海军成立后被改为"在共产党绝对领导之下，以工农为骨干，以解放军为基础，吸收大量革命知识分子和科学技术人员，争取、团结、改造旧海军人员"的建设海军的组织路线（注：《海军组织建设大事记》，12页）。不久，父亲就离开了海军。

时过境迁。父亲回忆起当年他的这些老朋友时说："就是这些人，他们帮助共产党撑起了最初的海军。"

带回来一架手风琴

1949年9月间，正在北京参加全国政治协商会议的父亲，接到周恩来的指示，和空军司令刘亚楼一起赶赴莫斯科。要求立即动身！

中国共产党在中国大陆的胜利冲击了雅尔塔会议划定的"二战"后的世界格局，中苏走到一起了，东西方阵营的对垒平衡在起着微妙的变化。中共派出以刘少奇为首的高层代表团访苏，与斯大林会晤。双方就中华人民共和国成立后世界格局的走势、国际共产主义运动的准则和相互关系，以及中国共产党对国家大战略的思路和构想、外交政策等，作了详细的阐述和讨论。在此基础上，又就苏联援华问题、台湾问题、东三省及苏在华利益、情报资源共享等具体问题上，展开了讨价还价。说服、争辩、妥协、签协议、抠字眼、会上、会下，尽展各自的外交智慧，时间长达两个月。据现在披露出来的资料证实，苏联原则上同意在空军和海军的发展建设上对中国给予支持。父亲和刘亚楼如此十万火急地奔赴苏联，就是为了落实刘少奇这项谈判的成果。

父亲坐火车到满洲里，他回忆说："战争过后，一片混乱，车站上、列车上到处是难民。给我订了个包厢，但外面过道上挤的都是人。一个老太婆很可怜的样子，我就把她请进来坐，结果她的乡亲们也都陆陆续续地挤进来，最后反倒把我给挤了出去。哈！就这样，我一直站在过道里，挨到了满洲里。"随后他登上了苏联方面派来的专机，中途经几次加油后，到达莫斯科。

空军刘亚楼司令的境况就好得多。据跟随他的人回忆："8月1日上午，我们乘火车经沈阳、长春于4日到达哈尔滨。刘亚楼司令员向当时的东北局书记、东北军区司令员兼政委高岗汇报了情况，第二天高岗让我们乘他的专列赴满洲里。这是一列特制的柴油机车，设有舒适的小会客室、卧室、洗澡间、餐厅、厨房等，沿途一路绿灯，所有客货列车均为这辆专列让路。行驶速度比从北京到哈尔滨的客车快多了。在满洲里车站，我们换乘苏联宽轨列车，到赤塔后，改乘一架美制C—47型飞机（联共中央政治局的专机），经伊尔库茨克、新西伯利亚、鄂木斯克、斯维尔德洛夫斯克、喀山，历时三天，9日方到莫斯科。"

父亲这个人啊！怎么说他呢？堂堂一个司令，和难民挤在一起过夜，哦……可他不觉得，他说："这有什么？脱了这身军装，不也是老百姓。"跟随了他多年的秘书丁慎勉告诉我，你爸身上可有故事了，"一次从部队检查工作返回，那是个小地方，临时订不到卧铺。我们劝他等等，首长说，站着也要走。车上人多得很，怕出意外，我和部队派来护送他的两个保卫干部围住他。站得久了，警卫参谋周裴正就动员旁边的老百姓给让个座。首长这下可真生气了，说你把人家拉起来了，我就能坐吗？看看头顶上的帽徽吧，向来都是子弟兵照顾好老百姓的嘛！还有你们这几个，干什么老是围着我？现在都是我们人民自己的火车了，有什么危险啊！旁边的几个青年学生听见就问，这位首长一定是老红军吧？请他坐下来给我们讲个红军的故事好吗？这样大家就挤在一起，围了里三层、外三层的，听他讲了一路。"

空军刘亚楼的谈判非常顺利。

在苏联武装力量部办公大楼，苏军总参谋长华西列夫斯基元帅和空军总司令维尔希宁元帅,热情地迎接了中国客人。

苏方答应,组建六所航校,其中歼击航校四所,轰炸航校两所。一年内,通过速成训练,帮助中国培养三百五十名至四百名飞行员。这样加上中国自己训练的一百一十名飞行员,经半年改装和战斗课目训练,即可组建一个能担负作战任务的混合师(两个歼击团、一个轰炸团)。一年后,六所航校的飞行学员全部毕业,又可组建歼击师两个,轰炸师一个(均三团制)。

苏方还答应,每所航校配用雅克—18初级教练机各15架,雅克—11(轰教机"乌特伯")中级教练机15架,乌拉—9、乌拉—2高级教练机各15架,六所航校共配教练机二百七十架。每所歼击机航校配拉—9战斗机三十架,每所轰炸航校配杜—2轰炸机二十架。作战飞机一百六十架(歼击机一百二十架、轰炸机四十架),运输机四架。第一批援助飞机总数为四百三十四架。半年后混合师成立,可从航校抽歼击机八十架、轰炸机二十架。苏方将派出飞行教员和其他地勤、理论教员、航医、后勤保障人员以及派驻空军司令部和组建空降旅的专家,共计八百七十八名。

同时双方还议定,半年后再商定第二批援助项目,即组建三个作战师的具体办法。

刘亚楼司令表示,关于购买飞机、器材以及聘请专家的各项经费,请按世界通常价格计算,由我国政府核实结算,将来向苏联政府偿还。

签字后,维尔希宁元帅盛情地邀请中国客人观光名胜和航空设施。老大哥是慷慨的,盛在篮子里的礼物是丰盛的。

刘亚楼司令和代表团的同志对此感触颇深,他们说,苏方一直待我如上宾,这既是中苏友谊的体现,也是我国解放战争胜利在望,在社会主义阵营中的国际地位大大提高的缘故。

是吗?结论下得早点了吧!也许和坐火车的经历相仿吧,父亲代表海军在苏联受到的待遇和刘亚楼代表空军可是大相径庭了。

父亲说:"到苏联后,连海军的参谋长都没接见我。我说我们海军初建,希望苏联当老师,可苏方只派了个海军中校和我谈,而且谈得很简单。我看谈不出什么名堂,就提出到列宁格勒参观一下海军舰队。他们同意了,但只把我弄到'阿芙乐尔'号上看了看。我提出看他们的战斗舰艇,他们既不答应也不否定,等了三天,也没有回音。他们接待很好,我和刘亚楼都出席了他们十月革命节的盛会。送给我一把海军的佩剑,镶金的,很漂亮,还有很多油画,有列宾的、苏里科夫的,但这不是我想要的。回国后向总理做了汇报。"

"阿芙乐尔"巡洋舰,20世纪无产阶级革命的标志。据从俄罗斯回来的朋友告诉我,今天的涅瓦河上,仍然停泊着这艘百岁高龄的巡洋舰,舰体油漆一新,在太阳下银光闪闪,舰上挂着大字标语:欢迎各地的旅游者!

中国海军代表团难道是来朝圣或旅游的吗?简直是个笑话!这里带着明显的嘲弄。中国方面提出的要求你可以不同意,可以讨价还价,但不能承诺了又反悔;即使反悔,也不能用这种方式,这比明明白白的拒绝更令人愤慨。用中国的观念衡量,难道连讲真话的勇气也没有吗?缺乏了真诚,难道还能是朋友吗?

父亲在养伤期间积累起来的对苏联人的好感,荡然无存。虽然我看得出他十分欣赏那把做工精良的短剑。

同样是两个中国的代表团,反差为什么会如此之大?在这悖于常理的后面,难道还隐含着更深层的秘密吗?后来的历史告诉我们,中国和苏联,这两个大国的海军,第一次走到一起时,出现的尴尬场面,仅仅是冰山的一角,在深不可测的大洋下面,隐含着巨大的国家利益。

俄罗斯究竟是个什么样的国家呢?苏联共产党究竟是个什么样

的政党呢？对这个刚刚走上国际大舞台的中国共产党的领导集团来说，的确需要一个拭目以待的过程。

苏联的海军战略。请允许我使用这个词汇，苏联人自己并不承认他们有海军战略，他们习惯的词是"战略使用"，但这并不重要。海军自诞生起，就是与国家对外战略紧密相连的。俄罗斯是一个喜欢大海的国家，它濒临两个大洋十三个海，共拥有四万公里海岸线。但机会不会总落在一个人身上，上帝给了你海洋，却唯独忘记了给你出海口。俄海军面临的几个大洋，天各一方。往西进入大西洋，要走西北的波罗的海，从沿线的芬兰、瑞典、挪威、丹麦、波兰、德国、法国和英国的鼻子底下经过；由西南的黑海走吧，又有土耳其、希腊、意大利、西班牙，还要经过狭窄的博斯普鲁斯海峡、达达尼尔海峡和直布罗陀海峡；走西南进入印度洋吧，那就只有借道苏伊士运河，穿红海，过曼德海峡；进入太平洋就更困难了，且不说，日本像一条锁链紧紧地环箍着它在远东的出海港符拉迪沃斯托克，单就西伯利亚大铁路这条维系东西方的生命线，就无法承载向外扩张所需的巨大的战略物资保障。北边呢？那是北极圈恶劣的严寒，终年封冻，要不发展破冰船，要不靠潜艇。而潜艇冰下航行是危险的，库尔斯克号的沉没至今让人不寒而栗。没有出海口的海洋就像橱窗里的蛋糕，其作用就是催生涎水。几个大洋和海域之间既无法进行战役的协同，也难以构成战略的支援。三百年来，面对西欧列强的崛起和历史的挑战，为了打通地中海和波罗的海的出海口，沙皇彼得一世开始组建海军。铁血女皇叶卡捷琳娜时期，在黑海、波罗的海、地中海、日本海频频爆发了为夺取出海口而引发的战争。但结果呢？三百年来出海口的争夺，也只是个美丽的梦。

中国共产党在东方的胜利，似乎给苏联人带来了转机。中国是个海岸线达一万八千公里的临海大国，在她的东面是浩瀚的西太平洋；转道南中国海，可以直下东南亚、澳洲，迂回印度洋。意识形态上的一致性，以及初生婴儿寻求母乳和襁褓的紧迫性，都给苏联人提供了畅想的空间。中国人需要什么舰队啊？他们只要提供军港就足够了。这个鬼主意，在后来的中苏谈判中，果然昭然若揭了。当然，谁都知道，当年掌握着权力的中国领导人，并不是吃洋面包长大的那批留苏的共产党人。更有甚者，他们还曾受过那批洋博士的欺负和嘲弄。对斯大林来说，这的确是个难于摆弄的精灵，既要使它迅速地长大，又不能大到难于驾驭，尾大不掉。机遇和风险同在，每一步都必须慎之又慎。

海军和空军不同，虽然每个军种都爱把自己说成是老大，都爱给自己冠以战略军种的头衔，但就"二战"结束后的科学技术水准而言，空军最多只是执行和配合实现某些战略任务的军种，而海军，则是独立达成国家对外战略目标的军种。以马汉为代表的海权论的提出，争夺海上主导权对于主宰国家乃至世界命运都会起到决定性的作用。任何一个国家要想成为强国，必须先控制海洋，尤其要控制具有战略意义的海峡、通道。为了争取和保持制海权，必须拥有强大的海上实力，即强大的海军舰队和商船队以及能控制战略要地的海军基地。

英国人说得好：海军——女王皇冠上的一颗钻石。海军，你将担负起共和国未来的使命！

还能再说什么呢？当涉及到国家核心利益的时候，个人又能起到多大作用呢？父亲的看法和回国后的汇报，并没有引起当时最高决策层的注意。共产主义运动本身是国际性的，"二战"结束后社会主义阵营的出现，一度极大地鼓舞了各国共产党人的信心，强化了意识形态的一致性对国家关系的主导作用，混淆和误导了社会主义阵营内部执政党之间的关系和国家利益的关系。但在这个星球上最终起作用的还是利益。果然，没有多久，社会主义阵营内部的这种脆弱的同盟关系，在受到国家利益的挑战时，合作就再也无法维持下去了。后来发生的远东防空协议、建立长波电台和成立海军联合舰队等事项，终于激怒了毛泽东。九年后，也就是1958年他对苏联驻华大使尤金说："你们就是不相信中国人，只相信俄国人。俄国人是上等人，中国人是下等人，毛手毛脚的，所以才产生了合营的问题。要合营，一切都合营，陆海空军、工业、农业、文化、教育都合营，可以不可以？或者把一万多公里长的海岸线都交给你们，我们只搞游击队。你们只搞了一点原子能，就要控制，就要租借权。"（注：外交部、中共中央文献研究室编《毛泽东外交文选》，中央文献出版社、世界知识出版社1994年版，322—333页）

究竟谁对谁错？谁应该负主要责任？史学界看法不一。但我知道，没等多久，中国共产党人终于认清了他的这位老大哥。

父亲说他心里清楚，一个大国的海军，靠别人怎么行？北洋舰队不就是想靠外国人吗？结果怎样？还是要靠自己。后来萧劲光司令亲自去了趟苏联，他比父亲强，多少要回了点东西。1950年8月12日这天，驻青岛的海军部队像过节一样兴奋，经萧司令亲自奔走，终于迎来了从苏联老大哥手里买来的6艘木壳鱼雷艇。大家都说，别看这玩意小，是木头壳的，大军舰也经不起它打。那倒是，当初对海军的认识，不都是从苏联电影上看来的吗。1953年6月4日，中苏签订了海军交货和技术转让协议，俗称"六四协议"。苏方承诺，两年内，卖给中国舰艇三十二艘，转让制造四十九艘。在这份菜单上，虽然一多半都是鱼雷艇，还有部分潜艇，但毕竟包含了四艘驱逐舰，后来它们被中国海军自豪地称之为"四大金刚"。对老毛子来说，中国海军不是进攻，而是防御；还不是近海防御，而是近岸防御。这距离父亲访苏已经整整过去了四个年头，而许诺的这点东西还要再等两年才能到手。

哦！可怜的中国海军。

父亲说他一个人沿着涅瓦河畔走着。就这么回去吗？两手空空的？他听到手风琴的声音，伴随着俄罗斯歌曲低回忧郁的旋律，使人感伤。在一家乐器店的门口，他驻步良久，口袋里还有点卢布。他回忆说："这东西只怕在这里还有点用处。"他买回了一架手风琴。

在列宁格勒的涅瓦河畔，他想起了他的那支文工团。

江南古城苏州。

自海军在白马庙的小村镇里成立后，父亲就率领他的十三个人的队伍进军大上海了，在那里他将接管国民党海军。途经苏州，父亲和十兵团司令叶飞受到当地欢迎。晚会是由一支管弦乐队承办的，这是一次高水平的演出。父亲说，你们可真阔气啊！还养了这样庞大的一支乐队。这是一支满洲国的宫廷乐队，满洲国解体后这批人流落到江南，被荣毅仁收留，现在归了苏州当地，正面临个去向问题。叶飞说，那就跟我十兵团走吧；父亲说，当然是海军要了。这下可为难了。父亲说，干脆，由他们自己决定吧！

兵荒马乱、颠沛流离、浪迹天涯，忽然间，命运之门向他们开启，展现在这些艺术骄子们面前的是一条光明大道，这就可以穿上军装了！不会是在做梦吧？更惊喜的是，去陆军还是海军？由他们挑。或许是海军更浪漫些吧？大海、舰队、雪白的海军服和飘带，还有涌起的波涛，和跟在舰艇后面成群的海鸥……

海军，我们要去海军！

于是，新中国的第一支海军，不是先有的坚船利炮，而是先有的会唱歌跳舞的文工团。

当他们的司令从万里之外的异国给他们扛回了这架手风琴的时候，父亲说，出乎意料的是，大家把他举起来了。人们欢呼着：张司令万岁！

多少年后，当我问起他这段插曲时，他只是说了句没头没尾的话："海上生活是枯燥的。"

海军官兵们当然知道，对他们来说，这世上的确还有比军舰更值得珍惜的东西。

奇特的创业之路，只有亲历过它的人才能咀嚼出其中的苦涩甘甜。

陈船厉炮

父亲从苏联回来后，就接到了攻打台湾的任务。"张震找我，给我看了粟裕从北京发来的电报，内容是，中央决定由三野完成解放台湾的任务，同时要我们海军负责搭载并掩护登陆行动。我觉得可笑，我说你这个参谋长也替我想想，我拿什么配合几十万大军行动？你告诉他，我无法完成这个任务。张震很为难，说，还是你自己向他报告吧。我就给粟裕发了电报。粟回来后在前委开会时说，你怎么把电报发到军委去了？我说，不讲，怎么完成？反正我认为，在毛泽东面前是不能夸这个口的。"

"粟问，那你说怎么办。我说接受这样一个任务，一定要有准备期，除空军外，海军主要是登陆舰艇和战斗舰艇的准备。我提出，国民党留下的船都在地方和招商局，都给我调来。海军建设是综合性的，现有的领导机构不够用，调几个现成的军一级机构来，再就是搞几所学校，加大培养的力度。粟裕他赞同我的意见，马上报告华东局批准了。"

我曾经和父亲探讨过，在当时条件下渡海作战的可能性。当然，我知道历史是没有假如的。父亲的看法是，作战行动是受地理条件制约的，作战指挥就是建立在这个条件之上的艺术。登陆作战，尤其是跨越海峡的登陆作战，是建立在优势的武器装备基础上的作战行动，拿不到制海权、制空权，登陆行动就无法进行。渡海解放台湾的作战行动与我们历次作战都有本质的不同，已经超出了我军擅长的运动战的作战样式。这不是什么深奥的道理，只是个常识问题。以消灭了八百万蒋匪军作为完成这次作战的依据，是荒唐的、可笑的。如果没有苏联在海空军上的支持，单靠我们自己在短时期内是难以实现的。中央是希望苏联的介入，但这只是单方面的愿望。撇开两国间复杂的利益纠葛不说，单从"二战"后的战略格局上看，斯大林是不可能打破与美国的力量均势的。所以，只能是立足于自己。

父亲的这些看法，从近几年公布的历史档案中可以得到印证。

1991年，苏联解体后，前苏联援华专家组负责人Ｎ．Ｂ．科瓦廖夫对俄罗斯科学院远东问题专家Ｃ．Ｈ．冈察洛夫披露："斯大林认为，苏联在军事方面支持攻打台湾将意味着与美国空军和海军发生冲突，并为新的世界大战造成口实。战争已使苏联经济遭受了巨大损失，如果我们领导人这样干，俄国人民是不会理解我们的。不但如此，他们还可能把我们赶走。"不管斯大林的这些话是否带有蛊惑性，反正他是不会出兵的。更不用说，不到一年，朝鲜战争就爆发了。

对苏联人的失望，几乎影响到整整一代的中国共产党人。在后来三十多年从事国防工业的生涯中，父亲成了死硬的自力更生派，不能说这与海军的创建没有关系。中国要想强大，只有靠自己。

打台湾的作战行动取消了，但海军却得到了长足的发展。

成了父亲朋友的国民党海军将领曾国晟给他出了个主意："陈船厉炮"。这个国民党海军总司令部机械署的少将署长，是一个卓越的造船专家。父亲请他出山，主抓舰船装备。做事在于思路，海军的当务之急是清剿沿江沿海的国民党残匪，保卫航道和海上运输的畅通，完成这一任务，并不一定需要大舰。关键是一旦遇上国民党的大舰怎么办？那就要比试一下谁的火力更强了。在现有的较小吨位的舰艇上，改装上口径大、射程远、射速快的火炮，增强炮火的威力。大炮上小舰，取个好听点的名字："陈船厉炮"。

船从哪来？一是国民党投诚、缴获的舰艇，第二舰队遭国民党空袭后所剩不足二十六艘；在镇江向我八兵团投诚的国民党第五巡防区的二十六艘；长江沿线投诚的六艘；向中南、西南军区投诚的七艘；自己俘获的六艘；共计七十余艘。

江南造船厂提供的十艘；招商局四十七艘（含登陆舰）；后来上海水产公司又改装了巡逻艇五十六艘。共计一百一十三艘。这样华东海军大大小小有了一百八十艘舰船的规模。

这些船并不是都能用的，但可以改造。按曾国晟的观点，商船和军舰的区别主要在船体的舱隔上，商船大些，军舰间距小些，防止中弹后进水太多沉没。明白了这个道理后，不难改造。

再就是火炮。军舰买不到，舰炮还是可以搞到的。"战争基本结束了，地面火炮和大口径机枪有的是，要多少就能调多少，何况改装炮架和操控、瞄准系统也不是什么难事。有些特殊的设备需要从香港去搞。"父亲说，"张渭清同志就干的这件事。"张渭清，华东海军供给部长，知道他的人不多，但看过电影《51号兵站》的人不少，故事的主人公富商小老大的原型就是他。

有了舰船，还需要修理、加油、码头、导航、水文监测等等。海军是个综合性的军种，岸防的炮台、警戒、观测，都需要配套。父亲说："这些都是经过努力可以做到的。"

"陈船厉炮"政策很快就显现出它的威力了。

1949年10月，人民海军展开了它成立后的第一次大规模的作战行动。分别在长江、太湖水域；主要的出海口吴淞、白龙港和崇明岛；以及近海海域的重要地段上，全面清剿国民党海上残匪。加装了火炮的各类民用舰船，使敌人难辨真伪，往往是抵近了，打他个措手不及。更有趣的，有些海匪见是民船，追着靠上来想抢上一把，真是踏破铁鞋无觅处，得来全不费功夫。这就正巧应了那句俗语："歪打正着"。紧接着海军又协助陆军进剿苏南沿海岛屿，扫清了宁沪杭沿海南北方向的海上通道。老土的陆军弟兄们，很多人这才第一次见到头顶上有两根飘带的海军军人。

共产党占领大陆后,国民党断言,你打仗行,但经济上你玩不转。1950年初,国民党在长江口内外海域布设了大量水雷,说是要封死你大上海。这期间果然多艘商船触雷,其中还发生了几起外国商船触雷沉没事件,国际舆论哗然。父亲说:"周恩来那里过来话,说你张爱萍的海军到底行不行?"

怎么不行?别说有了几条破船,就是没有,我们老爷子也丢不起这个人啊!1950年4月,他组建起海军的第一支扫雷艇大队,一个半月后即投入长江口扫雷作业。父亲说:"说是扫雷艇大队,其实哪里有一艘正经的扫雷艇啊,十多艘扫雷艇全是用登陆艇改的。"他给扫雷艇起了个怪名:"秋风"。我问他什么含义?他把手一甩:"秋风扫落叶!""我叫孙大炮(注:孙公飞,第三野战军教导师参谋长)当大队长,把曾国晟也带去吴淞,大家一起商量办法。用两艘登陆艇拖一根钢缆,沿航道搜索,挂住雷后拉走,然后击毁它。"

这些改装的登陆艇排着密集的队形,夜以继日地在航道上往返清扫,整整折腾了三个月,于9月底终于将国民党布下的这些可怕的"落叶",一扫而尽。

经国民党教官训练出来的第一批来自解放军陆军的指战员们,打起海战来,竟然使他们的老师们目瞪口呆。为数众多的小艇集中起来,利用夜雾和岛礁,前冲到敌舰舷侧,搭载的重火器将炮弹像雨点般地倾泻出去。这完全是解放军在陆上突破攻坚的那套打法,集中火力,快速突破,猛打猛冲。当时国民党封锁我们用的是一千吨以上的护卫舰和炮舰,而我军是三百吨以下的护卫艇和炮艇。父亲回忆说:"一千吨算什么?小了还不过瘾。按陆军的打法,抵近了,刺刀见红。"后来成了海军福建基地司令的陈雪江率先打了一仗,他的十二艘炮艇像狼群一样地猛扑上去,围着敌护卫舰撕咬,创造了我海军史上小艇打大舰的典范。从陆军过来的我海军第一代的指挥员有傅继泽、肖平、刘中华、冯尚贤、苏军、陈雪江、聂奎聚等，他们在后来的海战中屡建奇功。父亲专门请来大画家徐悲鸿给立功人员画像。有一张题为"徐悲鸿给战斗英雄画像"的照片就是我父亲的作品。快门一闪，艺术家和英雄浑然天成。

据2005年7月1日军事科学院编写的《中华人民共和国军事史要》记载：随着大吨位舰船的改装交付，海军开始把作战目标指向距离海岸线较远的敌占岛屿。先是主要协同陆军向东南沿海敌占岛屿展开进攻，随后，南下浙东沿海进行反封锁战斗。先后夺取了马鞍列岛的嵊山岛、嵊泗列岛的泗礁岛、崎岖列岛的大、小洋山岛、披山岛、檀头山岛、南韭山岛和杭州湾外的滩浒山岛。1951年上半年，为护航和保护渔业，华东军区海军奉命在北起青口、南到浙江三门湾的地区进行了清剿海匪的战斗，使游匪袭扰锐减，航运和渔业生产开始恢复。

但这并不是说，"陈船厉炮"就无往而不胜。

1950年7月10日，我"炮3"号艇在大陈岛洋面担任警戒任务。太阳刚刚升起，透过晨雾，三分队长邵剑鸣在望远镜中发现敌大型舰只一艘黑压压地向我驶来，03号艇立即起锚向敌舰迎去，敌舰即掉头驶向外海。敌舰吨位十倍于我，何以不战而逃呢？难道真的是因为我小舰都加装了大口径火炮了吗？应该动一下脑筋，敌人是鉴于以往的教训，怕我多艇围堵，而诱我单艇追击。03艇的邵剑鸣不请示，也不顾其他艇的劝阻，直逼敌舰而去。果然，敌见我是单艇逼近，遂先我于六百米外开火。为发挥我近战优势，03艇直到逼近敌舰二百米时才还击，双方在外海进行了近距离激战。在实力如此悬殊的情况下，03艇驾驶室被敌两发炮弹连续击中，副艇长许慎和操舵兵马全福当即牺牲，整个艇失去控制。敌又以四十五毫米双联装大口径机炮对我艇覆盖扫射，将艇上二十五毫米机炮击毁,失去了反击能力的艇在海面打转,任由敌人撕扯。分队长邵剑鸣爬上舰艇顶部,拿起陆军用的火箭筒还击,弹片从他的左眼穿进,将整个头骨击碎。前面讲过的被林遵关了禁闭的大胡子水兵赵孝庵负伤六处,试图将艇开回,但敌舰就是穷追不舍,03艇在连续中弹的情况下沉没了。赵孝庵等五人在冰冷的海水中经长途泅水遇救。邵剑鸣和其他十四名海军官兵、三名陆军士兵壮烈牺牲。他们的遗骨永远静卧在一江山岛到大陈岛的海底。

邵剑鸣,海军炮艇支队分队长,原汪伪海军驻刘公岛练兵营起义人员,时年二十八岁。

父亲说他喜欢陈毅元帅的《梅岭三章》,他念道:"断头今日意如何?创业艰难百战多。"

1950年4月23日,也就是白马庙五人聚义的一年后的今天,父亲在南京草鞋峡江面上举行了盛大的阅兵式。这时他手里已经有近一百五十艘舰艇了,这次参加命名的舰艇共一百三十四艘,编成了三个舰队。一切按正规的海军礼仪,战舰列阵,乐队奏响《红海军进行曲》。父亲写诗道:"碧波滔滔漫大江,鸣笛一声喜若狂。"喜若狂!是啊,列强侵凌、百年屈辱、有海而无海防的时代一去不复返了。

每艘舰艇都冠以一个地名为其称号。护卫舰以大城市为名,如南昌、广州;炮舰的名字要小些,如延安、瑞金;登陆舰以名山大川为号,如井冈山、泰山;黄河、海河;前者称"山字号",吨位大些;后者称"河字号",吨位小些。就像一个婴儿降临时,他的父母总想给他起个好听的名字。我不知道这些创业者们当时是怎么考虑的,这些名字看起来很平常,但想想似乎也没有更好的称谓了。总之,大概是想告诉水兵们,即使是远航到天涯海角,也不要忘记祖国,不要忘记家乡。

粟裕并没有因为父亲对他的不恭敬而对海军的阅兵式冷淡,他发表了热情洋溢的讲话，他说："去年的今天，我们还一无所有，但一年后，在这样困难的条件下，我们建设起了一支像样的海军，这在世界各国建军史上，都应该算是个奇迹。"三野各个兵团的司令和省委书记宋时轮、叶飞、王建安、江渭清、吴芝圃都专程赶来了。老战友们的到来使父亲感到欣慰，他知道，他们是来为海军的成长做历史见证的；同样，海军的事业也折射出第三野战军领导核心的战斗情意。

在纪念海军司令萧劲光的文章中，我看到这样一段故事：1950年3月，新上任的海军司令员萧劲光风尘仆仆到了山东威海。为了过海到刘公岛考察，向当地渔民租了一条渔船。航渡中，随行人员告诉渔民，你们知道吗？搭乘你们船的可不是一般人，他可是中国的海军司令啊。船老大大为不解，疑惑地说："海军司令还要租我的渔船？"萧劲光为此受到刺激。我无法考证这个故事的真伪，但它却形象地道出了海军当年的尴尬。我想值得萧司令慰藉的是，一个月后，他的部属，华东海军，在草鞋峡江面上，以一百三十四艘舰艇的阵容为他出了这口鸟气。

首长和战友

记得是在1992年，那时我还在总参工作，计划搭乘最新引进的美国"黑鹰"直升机勘察西藏中印边界方向上的地形。因为一个临时情况延误了登机，这架飞机刚升起来就遇到一股强烈的横向气流，在紧贴侧方的山崖上撞得粉碎。好险啊！我觉得冥冥之中似乎有一只看不见的手在左右着人们的命运。我和父亲闲聊时谈起这些生活中的故事，他一点也不惊讶，他说："要做事情总会遇到危险，撞上了就撞上了，撞不上就接着干。"

"和死神擦肩而过的事，这一生你遇到过几次？"我问他。

"1986年，检查出我有癌，扩散没有不知道，手术前，我回忆了自己的一生，算起来，遇到过的致命危险有九次。第一次是在红十四军，第二次是长征打遵义，杨尚昆说，是邓萍替你死了。……海军有过一次，那是出海遇上了风暴……

"1950年冬，抗美援朝战争开始，华东沿海的形势也紧张起来。我们从苏联买了些海岸炮，部署在长江口，吴淞、川沙、浦东、佘山；还有嵊泗、舟山、岱山一带。那时我正在学习操船，勘察时我自己指挥，下达口令，有时也自己驾驶。林遵说得也对，你们是陆军来的，是外行，外行怎么领导内行？毛泽东说，从来都是外行领导内行。但我可不能以外行自居。从头学起，学开船、学航海、学轮机。只要有机会我就上船，熟悉军舰，熟悉海上生活。先从驾驶开始，学习停靠码头。船长们要向我报告，我说，今天我是你的学生，先就从如何下达起航命令开始。学习停靠码头时，我才知道应该逆水停靠。先在江里学驾驶，经过九江，我想都说不识庐山真面目，是啊，不亲自上去，不自己亲自实践，怎么识得真面目？我带着大家游了庐山。

"江里学会了还不行，我们不是江军，是海军，我开始驾船出海。结果遇到了麻烦……

"我乘的遵义号炮舰，一出岱山港就遇到风暴，舰长是商船学院毕业的。我只知道要迎着风浪，船被抛起来，螺旋桨都露出来了，舵轮两个人都把不住，就躺在地上，用脚蹬住。船身倾斜得非常厉害，在风浪中前后俯仰不怕，就怕左右摇摆。大家都慌了，风浪越来越大，我想这下有麻烦了。有一个班长，是跟徐时辅到美国接船的，很有经验，说只能倒着走，把船尾对着浪峰。可怎么掉头呢，两个浪头间隔很短，转一次不行，转两次不行，第四次才调过来，衣服全湿透了。回到岱山，苏联顾问要拥抱我，说以为我这次可完了！我这才体会到气象的重要，海军开始设立气象部门了。"

在海边生活过的人都会有这样的感受，风暴过后的大海出奇的宁静，像一湖秋水，如一湾寒塘。太阳升起来了，龙鳞闪烁、晨风万里。

"巨鲲沉,大鹏起,寰穹低。胸中日月,扶摇与天齐。愿把此身壮烈,付与浩茫广宇……永世无穷期。"想想当初,对照他来海军时的不情愿;而现在,面对大海的搏击,和对事业的义无反顾,真是令人感慨。

他还记得,当初,他带着林遵一行到北京接受毛泽东的接见,前一天晚上,他和聂老总,当时是代总参谋长,一起商讨向毛主席汇报的事,父亲说:"我又提起不想在海军干,聂很为难,说这他可定不了,你自己和总理说吧。总理一听就急了,说你这个张爱萍,都什么时候了,还搞不通。记住,到主席那里,不许再提了!我想他们心里一定会认为,真是个不识时务的家伙。哈哈!"

为什么呢?我看过保存在档案馆里他写给毛泽东的信:"主席:我自觉参加革命以来,直到在'红大'学习前,很长一个时期,都在糊糊涂涂地过日子。……我害怕把这一完全新的,又是技术性多的海军工作弄不好。你还记得吧,长征到陕北,要我到骑兵团工作,结果打了败仗,开斗争大会,被通令撤职。而现在搞海军,我怕搞不好,碍事。我三天后就要返南京了,怕无机会面陈了。敬祝健康!张爱萍"

毛泽东没有给他答复。今天,海军,在他手中,从一张白纸,终于走上轨道,他也渐入佳境。

当他决心把自己交给大海的时候,1951年2月15日,中央军委命令:"免去张爱萍华东军区海军司令员兼政治委员的职务,调任第七兵团司令员兼浙江军区司令员。"

人生真的像大海,变幻莫测吗?

许多海军的老同志回忆,要找张司令汇报,找不到了,哪去了?才知道调离了。为什么?

自离开海军后,他就很少参加海军的活动了,虽然也有过有限的几次，但很少听他主动谈起过海军。似乎那一段经历在他的记忆中消失了。

直到1994年，纪念华东海军成立四十五周年时，当年华东海军文工团的同志们聚会北京。父亲已经退休七年了，他现在已经不再带有任何政治色彩了，真正是一个名副其实的海军退役的老军人了。请柬送来，父亲在请柬上写下："和大家共同纪念自己的节日"。我没能陪他，但贺茂之（注：著有《张爱萍传》）同志记载了当时的情况：

"消息传出，老战友们激动不已，电告信传，相约前往。有首席小提琴手之称的张琦与夫人歌唱演员宋允芳，……当年曾是《保尔·柯察金》话剧导演的田凯，……年过古稀体弱多病的饶丁（注：作家），书法家山河病逝、他的夫人带着他的作品来了，……分布在全国十六个省市的二百三十多人均按预定时间云集北京。

"为什么呢？一次聚会何以有如此大的魅力？大家都想见见几十年未见面的张司令员。话剧《甲午海战》的作者之一的朱祖贻说，大家也都十分珍惜张司令员创建领导的这个集体。

"……二百多名老同志夹道欢迎老司令员……

"张爱萍说：我很想念你们！瞬间，欢迎的夹道变成热烈的围墙，叙不完的往事，说不尽的今情，一个个热泪盈眶，一个个感慨万千。

"……张爱萍环视了一下大家，突然问道：童若华来了吗？童若华的父亲曾是国民党政府立法院院长。南京解放前，举家飞往台湾，唯独她留在南京参加了华东海军文工团。转业到地方后，在反右斗争中曾被作为阶级异己分子遭到审查。张爱萍得知后，致函证明她是积极参加人民海军建设并卓有贡献的革命同志，才幸免于难。文化大革命中她的遭遇怎么样呢？张爱萍的一声问，使站在人群外正在跷着脚注视着张爱萍的童若华骤然一惊，赶忙回答：司令员！我来了。六十三岁的她眼噙热泪……张爱萍问：'文革'那几年遭了不少罪吧？童若华点了点头，擦去流到面颊的泪水说：比起您老人家受的罪算不了什么。听说您的腿断了，我们都很难过。说着哽咽起来，顿时好几个同志都哽咽出了声。哎，张爱萍似在劝慰他们，文化大革命中都有所失，可我大有所得，我多了一条腿嘛！说着扬了扬手杖。

"联谊会开始，主持人赵志说，请我们的老首长老司令讲话！……张爱萍说，不要叫我司令，我们是老战友，是风雨同舟的老战友。遂大声朗诵道：四十五年情，友谊胜纯金……"

这次聚会后，华东海军的这些老同志们出了套书，取名《半个世纪情》。这套丛书汇集了当年投身新中国海军事业的许多老同志的回忆文章，记述了1949年这一代青年的理想、追求、经历和命运。同时也收编了许多当年的历史文件和资料。海政文工团的老团长胡士平送给我一套，共六本。2003年，父亲在他病重最后的日子里，叫我给他逐段逐句的读。他那时已经不能说话了，但他的眼神告诉我，他想听。

书中有篇署名"南望"的文章，大概寓意"难忘"的意思吧，根据八位老海军同志的往来信件编成。文章中说：张爱萍司令员曾经问道，古往今来，两三人之间，十个八个人之间的友谊佳话不少，但像这样几百人，几十年如一日的友情不变，愈久愈深，从未有过。这是为什么？

是啊！这的确是个耐人寻味的现象。

五十年前，一批热血青年，怀着爱国报国的真诚愿望投身革命军队，在华东海军这个大家庭里接受了革命的洗礼。但随后而来的政治风暴使他们和整个国家坠入了理想、信仰、道德、思维的黑洞。青年时代的梦，破灭了又点燃，稚嫩的心灵被击伤了，但却成熟了。当年满怀爱国壮志的热血青年，面对镜中霜鬓白发时，用什么去抚平历经苦难后的累累创痕呢？用什么去平衡内心的空旷和苍茫呢？他们相聚在一起的时光可能是他们生命中最美好的时光，青春和热血、理想和追求，还有纯真如水晶般的友谊，都融化在海军神圣的称号中了。或许这是一段满怀理想和希望而又没有结果的经历吧。没有实现的梦是最美的。因为，在那里，他们能找回自己。

2003年7月5日，父亲去世了。华东海军老人们泪水纵横，他们在挽联上写道：

海浪奔涌，海风凄厉，海云漫卷悲无际；白发将军乘鲸去，万千老兵心欲泣！忆往昔，半世纪前，率众同创新海军，乘风破浪，建多少丰功伟绩！

战将风骨，战士心态，战斗诗情永澎湃；赤心安邦铸神剑，敢言真理坦襟怀。抬眼望，海内域外，深情厚谊爱民者，万世千秋，终赢得人民敬爱！

7月23日，华东海军老战友在网上举行追思会，悼念父亲：

……得知司令员辞世，真是失魂落魄！就像刚刚失去爹娘的孩子，顿觉无依无靠了，我心戚戚！

……今天，我们这群七〇、八〇的老战士，怀着深如大海的人间真情，自发自愿地汇集在自建的海石花网站，为我们永远敬爱的张爱萍司令员送行。

……张司令的精神永在！张司令永远不会离开我们！

……我们这些人为什么会"半个世纪，情胜纯金"？因为铸造这纯金战友情的，是我们敬爱的张司令！他以他高尚的人格力量凝聚着我们。他是将军，他爱士兵，他是人，也是"神"，他永远不会离开我们。

……

作家胡士弘在记述父亲与华东海军的友谊时，写道："张司令员是首长,也是战友。并不是每一位首长都能成为他属下的战友。首长比战友多了一分严肃,战友比首长多了一分亲切。我们有张司令员这样伟大的战友而感到荣幸,张司令员也以有众多属下为战友而感到欣慰。他称我们是与他'同创新海军'的战友。在老战友北京聚会中,张司令员高呼'老战友万岁',这是他的和我们的共同的心声。"

当一个人不管是什么原因离开他的集体时,能留下这些,也就足够了。

老死杭州

1951年初,我们全家随父亲来到了杭州。杭州是举世闻名的历史文化古城,春节一过,杭州的春天就到来了。苏堤两岸,"一株杨柳一株桃",桃红柳绿,赏景以清晨最佳,故有"苏堤春晓"之称。

杭州是1949年5月3日由七兵团解放的,父亲到来之前,七兵团兼浙江军区司令员是王建安。因王建安调任上海军事指挥部任司令员,父亲离开华东海军后接替了他。但父亲上任时,七兵团和浙江军区已经有了变化。原下辖二十一、二十二、二十三、三十五四个军,十个军分区和所属部队,父亲到任时,三十五军番号已撤销,军直和炮兵团归海军。到了7月,二十三军又划归九兵团,1952年1月军委决定取消兵团建制,所属各军直接归华东军区暨三野指挥。这样,父亲的头衔就只剩浙江军区司令了,部队只剩下军分区和独立师。不久,军委决定成立公安军,独立师改编为公安师。浙江军区成了个空架子。

从他负伤算起,一下子从峰顶跌落下来,经过三年的痛苦挣扎,终于康复重返前线;在海军刚有起色,又调离,来到兵团;现在兵团又撤消了,从指挥野战军作战,到专搞民兵工作的省军区。

海军司令终于变为"空"军司令了。

其实，父亲初来浙江时还是很有些想法的，他回忆说："浙江当面的敌情还是很严重的，从渔山列岛一直到大陈列岛都是国民党控制，海上交通不畅通，连渔船都无法出海。我想，凭我们浙江本身的力量，通过逐岛作战的方式，是完全可以解决的。51年秋冬，温州军分区的独立师，占领了洞头岛，不想又被增援之敌反击下去。我到温州前线考察，不是登陆问题，而是登上后守备的问题，重火器没有及时跟随上去。于是决定利用夜晚再次登陆，上陆后，不等纵深战斗结束，就抢先把炮兵、工兵送上去，快速构筑火炮工事。第二天天刚亮，胡宗南的舰队果然又增援上来了，但这次他可来不及了，哈！被我们的炮火打得稀里哗啦。本来我是想继续发展胜利的，一个一个岛子的都拿下来。但这时军委决定把七兵团撤销掉，又组建了公安军，没有了部队，攻岛的计划实现不了了，军区更没事做了，只搞民兵工作。"

在军队中，许多人瞧不起做民兵工作的。这不仅是因为在作战行动中，它处在一个辅助和保障的位置上，更重要的是，和野战军相比，省军区系统的干部配备年纪通常较大，提拔较慢。部队干部的行话是："这回我可完了，被塞到人武部去了！下一步就等着脱这身皮了。"这身皮，指的是军装，复员转业，不就是脱下军装滚蛋嘛。如果某某是调到野战军去任主官，那一定是说："这小子，他妈的挤进野战军了，下一步准保还得升。"一个"塞"字、一个"挤"字，不是明明白白吗？省军区、军分区、人武部，在相当一部分人的眼里，就是个养老院、转运站、垫脚石。这难道能怪他们吗？

父亲在回忆到这段经历时，好像是在对我说："不在于别人瞧得起瞧不起，而在于自己瞧不瞧得起自己。自己不努力，在哪里干都没出息。当时书记是谭震林兼，但他专注搞他的地方工作。我是副书记，我和参谋长赵俊和政治部主任丁秋生商量，召开干部大会。我就讲，不管野战军、地方军还是民兵，都是国防工作的需要，没有高人或低人一等的问题。现在任务轻了，那就更可以集中精力把民兵工作做好了。上有天堂，下有苏杭，我们三个人都是下了决心的，决心老死杭州！哪个不愿干可以报名调走。"

好一句"老死杭州！"从狂风激浪和战火硝烟中走来，他在浙江的生活相对是恬静的，如涓涓溪流。

初到杭州，组织上安排我们住在原美国驻华大使司徒雷登的公馆。全国解放后，中央人民政府宣布，原国民党政府及其官僚资本的财产归国家所有，杭州地区没收的房产就由当地的党政军机关和部门分别使用。说起司徒雷登，国人并不陌生，中学教科书中选用毛泽东的那篇檄文《别了，司徒雷登》，让大家知道了这个美国人，虽然，现在有人说这里多少有些历史的误会。这个大名鼎鼎的豪宅，父亲去看了看，他说，这怎么行？把它改作招待所。当年在浙江军区工作的林杰同志还记得："负责安排的副参谋长赵俊解释说，你是这里的最高首长嘛！张爱萍说，什么最高？生活上的事，向老百姓看齐，不向美国佬看齐。"

我们搬到了万松岭，90年代我故地重游，这里已改为司令部的通信总站了。司徒雷登的房子经过整理后，朱总司令、董老，还有少奇同志来杭州时都在这里下榻。后来我们搬去南京，安排在人和街11号，住进去后又搬了出来。父亲说我不能住这样好的房子。身边的工作人员不服气，说你搬走了，其他军区首长不照样住？父亲一下子恼怒起来，说："管好你自己就行了！"

住不住司徒雷登的房子，对父亲来说，不过是生活中的小事一桩，在他的记忆中早就消失了。还是林杰同志回忆：改为招待所后，机关同志可以散步到西湖边了，每当看到这座豪华漂亮的公馆，都感慨万千。不要小看了这点事，张司令员住房子的故事，在部队的干部、战士中不胫而走，尤其在刚刚解放了的杭州老百姓中，对比国民党大员骄奢淫侈的做派，给这个人间天堂带来了共产党执政后廉洁务实的风气。

林杰同志写过一篇文章《终身难忘的党课》，记述了当年我父亲给军区机关讲党课的情景。他说，我提了个问题，共产党和国民党，两个政党区别的最重要的标志在哪里？张司令的回答使我震惊。他说，除了党的纲领外，主要看领导人的言行。言和行，主要在观其行。不要被政客们的花言巧语所蒙蔽！林杰说："半个世纪过去了，今天仍是那么新鲜，那么值得回味。"（注：《缅怀张爱萍》，357页）

他可以按时上下班了，可以到幼儿园去看望我了。记得他曾给我带来块巧克力糖，看着我把它吃掉。他走后，老师就惩罚了我。知道吗？你违反了纪律，家长带来的东西是一定要上交的，由老师平分给全班小朋友。你既然吃独食，那好，以后别人的东西就没有你的份了。我很痛苦，倒不是因为吃不到别的小朋友的糖果，而是为自己被逐出了这个集体而伤心。

那时正赶上"三反"、"五反"，父亲要母亲和他一起回忆自己有没有占过公家的便宜，母亲说后勤的张渭清同志曾送过一支派克钢笔，父亲说，那要交出来。还有当时公家给每个人做一件便装，父亲说，顺便也就给你妈妈做了一套，这属于占公家的便宜，他做了检讨，补交了钱。

这算是"赋闲"吗？在我的记忆里，父亲和我谈过他和陈老总有一段关于赋闲的谈话。大意是这样的：陈老总对我父亲说，人啊，这一生很难琢磨，这话是毛泽东讲给他听的。1943年，华中局有人告状，中央把他从前线召回延安，他以为毛泽东是要报在闽西时的一箭之仇（注：在红四军时，陈毅、朱德同毛泽东有过分歧和争论，之后，毛泽东被免去了职务）。但毛说，人家要你干，你就干；不要你干呢，你就休息嘛！读些书，下下棋，你不是会下围棋吗？他这一说我就顿悟了……

父亲是不是也顿悟了呢？他没有说。当然，他可不像陈老总那样有高超的棋艺和雅兴。他只是说了句："陈老总对我说，你这个同志啊！太呆板了。"

他有自己专注的领域。

浙江，真是个有意思的地方。在全国，它几乎是地域面积最小的一个省份，但它所属的岛礁却又是全国最多的，达三千多个。它的海域面积超过了陆地的两倍半，海岸线长达六千五百公里，占全国海岸线总长的百分之二十以上，居全国之首。地域的这种特殊性，迫使这位军区司令员把眼光瞄向了大陆架陆海交接线上独特的作战行动。渡海登陆作战、岛屿争夺作战、海岸防御作战、浅近纵深内的反击作战，这在当时，都是我军面对的崭新课题。在所有的作战行动的样式中，登陆作战的组织指挥最为复杂，不仅是因为登陆部队处于毫无遮蔽的广阔水域，难于阻断敌方的火力和隐蔽自己的企图，同时，由于当时各种技术条件的滞后，也使参战的陆海空军的协同和后勤保障更为艰巨。我们家里现在还保存着当年父亲看过的苏、美军登陆作战、空降作战的资料，和丘吉尔、艾森豪威尔、蒙哥马利、麦克阿瑟等世界著名统帅和将领对"二战"登陆作战的回忆书籍，书上圈圈点点、密密麻麻。他这段"赋闲"的经历，为他日后成功地指挥我军首次陆海空军联合登陆作战打下了基础，也正是这一成功弥补了前面所说的他人生的缺憾，当然这是后话了。

省军区的主要工作是民兵和预备役建设，这对父亲并不陌生，红军时期，在中央苏区搞共青团工作时，组织扩充后备力量就是一项主要任务，俗称"扩红"。他大胆地构想了组建完整的后备役团和后备役师的动员方案，把后方的共青团员和少先队员按战斗部队编组，经过短期强化训练直接开赴前线，如当时曾名赫一时的少共国际师。这一做法加快了"扩红"的速度，大大地鼓舞了士气，但由于从战斗部队抽调干部和骨干难度很大，不如过去分散补充到部队的老办法更为便捷。应该说，是一个过于超前的方案，这个年轻热情的团中央书记似乎过于理想化了。父亲说，还是毛泽东讲得好，一个正确的方针政策，来自于实践的检验。民兵工作属于战争动员的范畴，是国家战争潜力的重要组成部分，在我军现代化、正规化的进程中，它的重要性日渐显现出来。后来父亲调总参工作，向军委提出了建立两种不同类型部队的方案，规范了省军区、军分区、武装部等地方军事系统的任务和编制，建立调整了符合那个时代反侵略战争需要的国防动员系统。他在总参制定的这些法规和制度，一直延续到今天。

上述这些，不能说不是得益于在浙江军区"赋闲"时的收获。

自少小离家，匆匆走过了血雨腥风的青年时代，今天他终于有机会去给自己全方位地充电了。

浙江秀美的山水和浓郁的文化氛围，给了这个具有浪漫气质的军人以更多的陶冶。他崇敬和喜爱的历代大师许多都出自于这里。王充、王阳明、黄宗羲、龚自珍、贺知章、骆宾王、孟郊、陆游，还有沈括、李渔、洪升等。到了近代，中国文学巨匠鲁迅，以及茅盾、王国维、夏衍、艾青、徐志摩等也在这块土地上成长。父亲是个喜欢文学和历史的人，在跑遍浙江的山山水水时，都不放过觐见游览历代大师的故居和庙宇。跟随他多年的司机老安（注：老安全名安全德，1948年参军，后任首长驻地管理员）说："常赶不上吃饭，就带三个苹果，洗好了，包起来。首长一个，你妈妈一个，我一个。你爸爸是连皮一块吃的，叫我也这样，我可学不来。"后来老安恋爱了，对象是家住对面的姑娘，人不错，只是姑娘的父亲有点历史问题。老安说："组织上不同意，首长就说，他又不是娶她父亲，就这么定了，我来做个大媒。"

杭州美丽的湖光山色，使他的心渐渐归于宁静，他写道："幽谷翠峦崎径陡，竹茂溪流影瘦。空留雁荡枯塘，雁飞何不还乡？"这时他的小女儿降生了,这是他盼望已久的。就是在同一首诗里,他写道:"杨梅枝头鹊报,喜兆西子湖畔。"(张爱萍《纪事篇》,78页)欢快之情跃于纸上。随着妹妹的降生,我们几个哥哥的地位在家里起着微妙的变化,对我们的褒奖,往往要看我们对这个妹妹的态度,我常为此愤怒,背后说他"爱屋及乌"。长大点后我就明白了,我们是男子汉,要做顶天立地的英雄,岂能在呵护和溺爱中长大!

父亲匆匆离开海军,到浙江军区后又多少有些赋闲。对他的这段经历,在了解和爱戴他的老同志中,尤其是华东海军的许多老同志中,留下了难以割舍的情结。尤其是,从带着几个人白手起家,到一夜之间从海军消失,一切都是那样的突然和出人意料。这种任职调整上多少带有的不太合乎惯例的色彩,使一些熟悉他的老同志和老部下们常常为他抱以不平,闲谈中自然会生出些鲜为人知的故事来,各种版本都有。就我听到的大致有几种:

一种是形势任务说。毛泽东是要"宜将剩勇追穷寇"的,解放战争后期,中央当时急令三野迅速组建海军,主要是想一鼓作气地拿下台湾。毛泽东亲自接见张爱萍以及国民党海军起义将领,要求华东海军在改编原国民党海军的基础上,迅速形成战斗力。但金门一仗,使领导层冷静下来了。尤其是朝鲜战争开始后,战略重心发生了根本的变化,中美在朝鲜的对抗成为两大阵营的焦点,解放台湾的问题短期内不可能再考虑了。由此,海军的建设可以从三野拿上来,由军委从长计议了。

再就是海军情况说。台湾问题搁置后,海军建设的紧迫性减轻了。当时正值国家初建,百废待兴,考虑到建设一支能用的海军,需大量财力物力,海军的建设只能随着国家经济的发展而发展,绝非一朝之功。同时,当时一些领导人对苏援华寄以希望,这些在客观上,增大了海军人选的考虑范围。天下既定,确有一个各系统的平衡问题,资历、经历、山头、系统、领导人之间的感情和利益渊源，等等，工作以外的因素加重了。

还有从华东的情况来看的。建国初期，我军面临两个主要的作战方向，朝鲜半岛和台湾海峡。北面由军委亲自抓，南面就交给华东自己了。军委海军组建后，华东海军只是准兵团级的架构。同时，海军都是十二兵团带来的人，张爱萍这样的情况继续放在海军，低不成高不就，的确不好安排。正巧，当时三野九兵团入朝，福建当面是叶飞的十兵团，八兵团警备大上海，浙江是七兵团，剿匪和收复沿海岛屿的任务极其艰巨，顺理成章地调张爱萍任七兵团司令。当时，陈老总主要精力放在地方政府，粟裕又调军委工作。华东是我军主要的作战方向，急需一个主持军事工作的同志。这样，又调张爱萍任第三野战军暨华东军区副司令兼参谋长。

当然，还有更为邪乎的。

我怎么能不理解这些老同志们的心情呢？不管是分析得入情入理，还是牵强附会；不平也好，圆场也好，我能体察出这里的战友情谊，以及我父亲身上特有的人格魅力。有时他们也会问到我，问我听说些什么，我的父亲又是怎么想的。我不是个喜欢探究别人内心秘密的人，尤其是那些潜藏在他们内心深处的痛苦，即使无意间触及到，都会有意地避开。但现在我不能回避，我必须进入他的世界，了解和解剖他整个人生的心路历程。因为他并不完全是属于我的，他也属于那些曾经追随过他、爱戴过他的人，属于海军的。

凡是在领导岗位上，特别是当过一把手的同志，都会有这样的体会，最复杂的莫过于人事问题了。许多重要的人事安排，并不是简单地看功劳和能力的，离不开当时的历史背景、人脉关系，以及各个方面平衡的需要。这也许会是个令人尴尬的话题，或许会触及内心深处埋藏的隐痛，谁知道呢？我不想去伤害别人，何况是我的父亲。我需要机会。

我终于找到了这样一个机会，我们一起在翻看过去的老照片，父亲的心情特别好，讲起过去的事情滔滔不绝。

"那是什么时候照的？"我指着他授旗时的照片故意问到。

"是在草鞋峡，那时我们已经搞到一百五十多艘舰船了，我们要给他们每个'人'都起个名字。"是口误吗？他那神情使人联想到，大概他认为那都是他的孩子。

"你真了不起！你在海军干得挺棒的。好多老同志说，你调走挺可惜的。"

"我也认为自己在海军的工作是努力的，也是有成绩的。当时什么也没有，只带了十三个人。"

好，开场是顺利的，我单刀直入："那为什么把你从海军调出去？"

片刻的沉默……

话说到这里，我必须说下去："解放前夕，中央军委决定三野组建海军，四野组建空军，同为上将，但后来刘亚楼当了空军司令，而你连个副司令都没有当上。从后来评定军衔看，海军副司令王宏坤也是上将，副政委刘道生是中将，而你只是华东军区海军，相当于后来的东海舰队的司令，比人家整个低了一级。你在海军的工作是有建树的，现在的东海舰队一直是海军的佼佼者，这与你当年打下的基础不无关系，但你却被调离了海军。这究竟是为什么？你没有感到这不公平吗？"

"是什么人对这些有这样大的兴趣？"父亲反问。

轮到我尴尬了。

"应该说，我回答过。记得吗？还在你们很小的时候，我要你们去读陈老总的一首诗，把它抄在本子上。"

"是《手莫伸》这首吧，当然记得。"

"手莫伸，伸手必被捉。"父亲朗朗上口地念道，"汝言惧捉手不伸，他道不伸能自觉。""不是怕被别人捉到才不敢伸手，而是有这个觉悟。为什么？"他边念边解释："第一想到不忘本，来自人民莫作恶。第二想到党培养，无党岂能自巍峨？第三想到衣食住，若无人民岂能活？第四想到虽有功，岂无过失应惭怍。"

"一个革命者，时时都要想到这四条。我们参加革命队伍的目的，是为了老百姓，不是为了自己做官。当初我确实不想去海军，不是因为别的，只是自己知识有限，怕搞不好，对不起人民的托付。局面打开后，上面对华东海军怎么说，对我个人怎么安排，确实有过许多议论，但我不去听。组织上认为其他同志更合适，那就其他同志干。关系到个人的工作、职务问题，是组织上考虑的事。在这个问题上，对我们个人来说，不用说提，就是想，都是错误的！是党性不纯的表现。离开海军，我的心情是坦然的。干我熟悉的陆军，有什么不好，何况陆军也要向合成军发展，自己有了在海军工作的经验，正可以很好地发挥出来。我参加革命，不是为了一官半职。这种事，在我历史上有过多次。"

这是他发自肺腑的表白。面对功名，面对纷乱错综的官场，质朴、坦然的心态，才是最重要的。

我继续发问，您指的是作为一个个体，固然不错，但从组织的角度，又应该怎样考虑呢？我不认为这些道理能完全说服我。

"当然，不能说一点想法没有。军委海军是后我们成立的，我曾建议把华东海军的干部充实到海军领导机关中去，因为他们毕竟有了些经验。但没有被采纳。对这件事，我的确是有看法的。因事设人，讲是一套，做又是另一套。但这些问题，提了，听不听那就是组织上的事了。作为个人，它提醒我，在今后的工作中，对待下面的干部应该怎么使用，怎么安排。作为上级，我常面对部下，和他们谈话，安排他们的工作，这时，我总会联想起自己的这段经历。"

我想起小时候，家里炊事员的屋子里贴了张年画，是《三国演义》里的各种人物，骑赤兔马的关羽、环眼虬髯的张飞、银盔白甲的赵云，各个栩栩如生。炊事员说，你喜欢，就拿去吧。我把画贴在自己的屋里，从那以后，常为三国里谁的本事最高和我哥争论不休。不像现在独生子女的家庭，那个时代的人，父亲和孩子在一起的时间不是很多。只有在吃饭时，父亲偶尔会参加我们的争论。哥哥说赵云最厉害，我说关羽最厉害，赵云有长坂坡救阿斗，关羽有诛文丑、斩颜良。妈妈插话说，论武艺，吕布可以说最厉害，人称"马中赤兔，人中吕布"嘛！是啊，关羽和吕布斗了五十个回合，不分胜负，张飞上去助战，又斗了三十个回合，还是不分胜负，最后刘备上去，吕布才败下阵来，可见刘关张三个才顶一个吕布；曹操手下六员猛将，许褚、典韦都和关羽、张飞打平手，可他们六个人才打败吕布。我说，吕布算个什么东西，最他妈坏了！"你这个小子说得对！"父亲开始介入了。他说读三国，看人看三条，忠和义，再加上武功。吕布武艺高强，但不足取，因为他不忠不义。相比之下，关羽武功之上又有忠义二字，所以他就被尊为神武大将军。

那就是关羽最厉害了？我说。

"不！义分大义和小义，讲小义而忘大义，个人感情、个人利益至上，不顾大局的人，不足取。孙权要与之联姻，关羽说，虎女焉能嫁犬子，一句话，感情用事嘛，破坏了统一战线，忘掉了背负的责任，丢掉了荆州这样重要的战略要地，导致了国家的失败。封了五虎上将，他不服气，比功劳、争地位。结果还是诸葛亮聪明，送了他一顶高帽子，说他胡子长得漂亮，他听了沾沾自喜。这种人，有什么出息？我看不上。"

那你喜欢谁？

"诸葛亮。鞠躬尽瘁，死而后已！"

我后来重返杭州，是三十年后了。眼前的西子湖，波光粼粼，宛如画中，既亲切又陌生。

晋谒岳王庙时，看见父亲为岳王庙门楣上的题字："三十功名尘与土，八千里路云和月"。我曾问过父亲，这两句写在门楣上合适吗？父亲嗫嚅道："就算是给我自己的吧。"

父亲喜欢唱《满江红》。他总是一边唱，一边有力地拍击着桌子："抬望眼，仰天长啸，壮怀激烈。……驾长车，踏破贺兰山阙。"声调劈裂而低沉。

他的记事簿上有这样的话，"觐见岳飞墓：壮志年华，承母训，精忠报国。"五十年前，母亲把他送出家门。但她和岳飞的母亲不一样，没有在自己儿子身上刺字。她只是说，混不下去了，就回来，别在外面向人家要饭，丢人！

他真的会"老死杭州"吗？

第4章
最后的战争

1995年6月,李登辉以"私人身份"访美,台湾问题再度凸起。

8月15日至20日,人民解放军在台湾以北九十海里处举行导弹实射演练。

1996年3月,台湾"总统直选"在即,人民解放军于3月8日至25日再次向台湾海峡进行导弹实射演练、海军实弹实兵演习和三军联合演习。

3月10日、11日,美国两支航母特混舰队驶入台湾附近的国际水域。

台湾海峡风云激荡,第五次台海危机由此生成。

那时,我已离开军队。但我在总参谋部工作的战友们希望听取我的见解。这使我在为生存打拼之余,将目光移向台湾海峡。

我的注意力落在一江山岛上。

迷雾中的一江山岛

在互联网上点击台海危机,总会蹦出一江山岛这个名词。它是浙江台州海面上的一个小岛,第一次台海危机就是围绕着它展开的。

1954年至1955年初,人民解放军陆海空三军在浙江以东海域发起了以强攻一江山岛为中心的大陈列岛战役，它的胜利开创了我军诸军兵种联合作战的先河，也划定了半个世纪来台海双方对峙的格局。值得骄傲的是，这场战役的总指挥，正是我的父亲。

早在1955年，当我还是个孩子时，这场战争就深深地印在我的心灵里了。我翻看父亲从浙东前线带回的书，其中一本扉页上有"蒋中正"的题字："苦兵之苦，乐兵之乐"。那是我第一次看到这个人民公敌的字。字体好工整啊！但这两句话是什么意思呢？我问父亲。父亲说，孙中山讲过"老吾老，以及人之老；幼吾幼，以及人之幼。"明白吗？喔！原来这里的第一个"苦"字和第一个"乐"字是作动词用的，将士同甘共苦。父亲还带回一把很漂亮的匕首，妈妈说可以用来切西瓜。刀把是牛角做的，镶嵌着青天白日的军徽。这当然不好，砸掉它，结果刀把也给砸掉了一半，可惜了；还有两个像鸭蛋大小的手榴弹，真棒！比我军用的木柄手榴弹要小巧漂亮。我问父亲，我们干吗不用？他说，投不远。后来我参了军，在步兵连，才真正体会到，那玩意是不如木柄手榴弹好投，但它适用于山地防御，无怪一江山的守敌使用它，拉着了引信往山下滚就是了。这两个卸掉了引信和装药的铁鸭蛋，作为摆设放在父亲的写字台上，倒也别有情趣。

啊！当这些依稀弥散着硝烟气味的战利品摆在一个孩子面前时，会起到什么样的作用呢？我幼小的心灵中陡然生出了对战争充满刺激的幻想，和对恐惧的莫名的冲动。

一江山，这座在地图上只有一个标点大的岛屿，是一扇通向历史幽径的门，当我不期然打开这扇门，走进历史深处时，便看到了在它背后更为复杂的时代风云。

1997年夏天，我终于有机会去凭吊一江山这个被遗忘的小岛了。

这是一座被狭长的海沟一劈为二的小岛。整个岛如一块巨大的岩石，四壁陡峭，几乎直立于海面，海水像一条江河从其间贯通而过，形成南江和北江两个区域，遂得名一江山岛。

我是乘武警快艇过海的。在南江和北江之间狭窄的水道中，水流湍急，形成天然的虹吸现象，越靠得近，就越感到一股巨大的力量要把你吞食进去。拍打在岸边的回头浪，回荡在隐约裸露的暗礁中，形成漩流，伴随着强劲的海风，打得快艇跌宕起伏。果然凶险。

我第一次要求登陆，竟被拒绝了。说这是个荒无人烟的小岛，他们在这里服役多年，从未上去过，不久前曾有船只在这里触礁。话讲到这，自然不好勉强人家。基于上次的经验，我们找了条上去过的艇，开始第二次登岛。说真的，这座岛几乎无岸可靠，我们围着岛慢慢地观察着、寻找着，我不禁想起父亲曾几次说过的话："当年，为确定登陆地段可是煞费苦心了。"

……

我终于登上了一江山。就在踏上岛的那一瞬间，我恍然觉得，我的脚就踏在了父亲当年的足迹上，但时间已经过去漫长的四十二年了。

四十二年的风雨足以冲刷和销蚀许多往事。这座小岛实在荒寂得令人毛骨悚然，一眼望去，只有遍布全岛的嵯峨怪异的岩石，从岩缝中探出的杂草，癞痢般的点缀着裸露的地面。战后，当时作为团中央书记的胡耀邦号召共青团员们在这一带垦荒，几十年过去了，当年栽种的树苗居然还不足人高，它们在呼啸的海风中摇曳，似乎要告诉探访者这里恶劣、凶险的自然环境。

久居闹市的人，很少能有机会去感受这样无边的静寂。海风卷起海浪的声响，因为静寂而显得格外令人警醒，海浪拍打岛岸的力量，也因为静寂而显得格外令人心悸。天低浪高，脚下的小岛似乎就要被海浪和天空击碎了、吞噬了。

正由于它远离人世，当年的战场遗迹才得以完整地保留下来。

残破的工事里，人工凿成的枪眼依旧完好，可远眺大陆，近览海滩。当年这里曾有多少黑洞洞的枪口对准了登陆上来的战士们，从水际到工事的崖壁，这几百米的海滩上曾有过多少消失了的生命。洞壁已烧得焦黑，这是当年我军为消灭洞中顽抗之敌，以火焰喷射器射杀所致。血腥味、焦煳味，仿佛至今还夹着海水的盐腥气在这座小岛上弥散。

一江山作战中牺牲烈士们的遗骨都埋在台州市中心的凤凰岭上。台州人民是深情的，当年选择在这里修建纪念塔，或许就是为了让来自异乡的英灵们，东眺大海中燃烧的岛，西望祖国内地他们的家乡和亲人。在纪念馆环形大厅的墙壁上，一层一层一层，镶嵌着烈士们的遗像，镌刻着他们的姓名。照片和姓名层层叠加，一直镶到拱形的屋顶。

无数的英灵包围着你、俯瞰着你。

他们中绝大多数是那样年轻，好像还只是个孩子，他们看我的眼睛是那样清纯，那样的稚嫩，一双一双，默默地望着我这个前线总指挥的儿子。他们生命的音符永远停留在半个世纪之前了。

也有没照片的，只留下了一个不为人知的名字，也许是因为他们来去的是这样匆忙，不想让人看清自己的面容。

我感到了彻骨的哀痛，默默悼念。我要对他们说：我受父亲之托看望你们来了。

这场战争早已离父亲远去，随着岁月的流逝，一切鲜活的东西变成了模糊的影像，父亲已是一个高龄的老人了。2000年的一天，一位当年一江山岛的战斗英雄——一个人消灭了九个敌人的老战士，代表六百多名参加过一江山岛作战的现在还健在的老兵们来看望父亲了。他叫王必和。将军和士兵拥抱在一起，王必和老人在他的司令员肩膀上禁不住大放悲声，在场的人无不动容。父亲眼里也含着泪花，他拍着拥抱着他的老兵说："牺牲了多少同志啊……"

这或许就是战争幸存者的情感吧。

华东军区的心腹之患

1952年初，华东军区司令员兼华东局第二书记、上海市委第一书记、市长陈毅打来电话，叫我父亲立即赶赴华东军区所在地南京报到。何以如此紧急？

原来军委的命令到了，任命我父亲为第三野战军暨华东军区参谋长。这期间，华东军区的人事有所调整。副司令粟裕不久前调总参任副总参谋长，原军区参谋长张震调总参任作战部长。父亲回忆说："当时司令员、政委（注：指陈毅和饶漱石）都在上海主持华东局的工作。陈老总要求我立即到军区报到，把军事工作全盘抓起来。他说，政治部那边由唐亮（注：唐为政治部主任）负责；军事工作，就由你负责。我刚要说点什么，他就发脾气了，都不干，谁干？你这个人总是这样！过去是这样，现在还是这样。我还能说什么？我说具体工作我来做，重大事情，我搞好设想后，到上海向你汇报。他说，这还差不多！他其实是了解我的，我这个人，历来就是这样，只要应承了的事，不管高低贵贱、苦乐难易，拼了命去做，一定要做得最好。不是我的，我绝不插手。位置再高，权力再大，我连想都不会去想。"

其他野战军和军区也有类似情况，刚刚解放，百废待兴，国计民生的事情包罗万象，当时凡是兼中央局职务的野战军第一把手，主要精力大都放在地方上了。按战争年代沿袭下来的指挥体制，参谋长不只是司令部首长，也是部队首长。苏军这方面就更绝对了，副司令管兵种、后勤，司令员下面是参谋长主事，计划、组织、实施全盘工作都掌握在司令部。在和平时期，参谋长就是个大管家。这和公司里老板和总经理的关系有些相仿。这套办法，效率高，但也容易形成独断，党指挥不了枪那还行？于是，又强调集体领导，常委决策。不过在军队中，尤其在军事干部中还是很有市场的。从父亲那里感觉得出，他，还有粟裕都是挺欣赏这套的，以后粟裕挨整，好像多少和这有些关系。

父亲说，他一到华东军区就任，就感到"作战问题极为严峻"。

当时全国分为六大军区，除华东外，还有东北、华北、西北、西南和中南军区，管辖地域与中央局是一致的。华东军区当时管辖的范围比后来的大军区要大很多，北至山东，南达福建，大体相当于后来的南京、福州、济南三个大军区，只是江西和河南不包括在内。这种划分主要是针对东南沿海地区，有利于统一协调沿海地区的防务和守备。不足之处是纵深太浅，而正面又过于宽大，囊括的主要作战方向太多，也就是我们通常所说的，防御布势缺乏韧性和弹性。1955年以后，华东军区改为南京军区，将山东和山东驻军划归济南军区，中南军区的江西划归南京军区建制。再后来，南京军区一分为二，在福建、江西两省设立了福州军区。这都是后话了。

由于蒋介石退守台湾，自全国解放以后，到60年代中苏交恶，华东战区一直是我军的主要作战方向，尤其是东南沿海靠近台湾海峡的浙江和福建，素被称之为对敌斗争的前线。

丢掉大陆后，老蒋蜗居台湾。他不是个偏安苟且之人，发愤雪耻，收编残部，整练新军，挑唆国际社会干预，坐待第三次世界大战爆发，以期卷土重来。作为败军之将，这样做倒也无可非议，还算是条汉子。只是他一口恶气在胸，又无处发泄，处心积虑，不免做出了许多下作之事来。

他的空军，仅1950年，就八次轰炸上海，五次轰炸南京，两次轰炸杭州，宁波、海门、嘉兴、金华、衢州都难遭幸免。狂轰滥炸，炸的都是平民，仅对上海，一次就毁掉四家电厂，死伤居民一千三百五十二人。对比解放军攻打上海不用重火器，对古都北平围而不打、力争和谈，人心向背，顺理成章。

国土防空问题第一次提上了日程，这恐怕是新中国成立后最让人挠头的问题了。1953年1月，当彭德怀站在上海地标型建筑物——国际饭店顶层俯瞰全上海时，他忧心忡忡地说："建筑如此拥挤，人口如此稠密，遭到空袭可怎么是好喔！"陪同的上海警备区司令兼防空兵司令郭化若说："第一次国民党飞机十四架，炸沉黄浦码头上的舰船二十六艘。第二次十七架,死伤群众一千余人,毁民房二千余间。"彭德怀说:"这还只是群众的损失,杨树浦发电厂被炸,停电停水,每天损失是多少?上千亿不止!"

福建军区司令员叶飞在他的回忆录中这样叙述:福州多是木结构建筑,一枚燃烧弹就烧了一大片……有位记者在通讯里把福州比喻为烈火中获得新生的"凤凰涅槃"。一次空袭,就是一场大火。

华东沿海,岛屿星罗棋布,商贸往来发达,于是催生出了一个特殊的族群——海匪。古往今来,海匪盘踞岛屿,专以抢掠为生。以至从事地方志研究的学者们把它上升为华东沿海独特的历史现象。大陆解放后,许多恶霸、散兵游勇、土匪惯犯逃匿海岛,海匪人数激增。蒋介石是个曹操式的人物,"宁可我负天下人!"为达到目的是不择手段的。所以,国民党逃台后,又专事对海匪进行编组、授衔、训练、改装,演练与国民党军的联合行动。他们不断对大陆沿海地区实施海盗式的抢掠,或在边远偏僻之地空降袭扰。你想,这帮人抢滩上陆后,还能有好的吗?一无例外地是炸桥梁,毁公路,烧粮库,抓捕青壮男女。在海上则是劫持勒索过往船只,尤其是对国际商船,行绑架劫持之恶。

政权初建,华东正面海岸线长达几千公里,从山东到闽粤交界,沿海防务体系又极不完善,国民党海空军,这种抓一把就跑的偷袭方式,屡屡得手。

就在父亲到任的前几天,1952年1月28日,住金门蒋军一千余人,在湄州岛登陆,抓走岛上居民三百余人。

这只是在福建沿海。在浙江当面,3月28日,国民党"江浙人民反共救国军"近千人,由头门山出发,对我白沙岛、穿礁岛、达岛守备部队发动攻击。

不久,英国商船被劫,船长罗伯特·亚当斯被打死;后又发生了将波兰商船"布拉卡号"劫持到台湾的事件,以及劫持苏联油轮"图阿普斯号"的事件。周恩来又一次找我父亲，在电话里大为光火。

其实，以民用设施为目标，以老百姓的财产和生命为人质，制造一系列国际事端，这种战术上暂时的得手又有多大的意义呢？军队联合匪恶，政府和帮会勾结，武装教唆一批人渣，其结果只能使自己妖魔化，遭到国人唾弃，致使尚存幻想的人们更加拥戴新政权。联系到北伐、抗日、重庆谈判，蒋介石的短视和功利心态又一次表现出来。

当时到底有多少次形形色色的袭扰和破坏，父亲已经无法记清了。《第三野战军战史》是这样记载的："1950年至1952年间，福建的平和、南靖、晋江、惠安、莆田、漳州、福鼎；浙江的温岭、黄岩、玉环、洞头、象山、乐清、临海；山东的胶南，都曾有国民党军登陆袭扰，少则近百，多则千余人，近万人。"（注：《第三野战军战史》，399页）

仗有时是很激烈的。

1952年6月10日，国民党军一千二百余人，向我驻守在黄礁岛的二十一军六十二师一八六团九连发动突袭。双方争夺数十次，岛上制高点和海岸炮阵地一度被敌攻克，九连扼守要点，坚持到增援部队上来，这一仗消灭敌三百余人。

10月8日，温州以北，公安军的防区。国民党军一千二百人秘密设伏于鸡冠山岛、洋屿岛，先以一部兵力在玉环寨头地区登陆袭扰，诱使我军出击。公安十七师五十团的两个连登上鸡冠山岛后，即遭数倍于我之敌围攻。当增援部队赶到时，敌已撤回披山列岛。此战歼敌约一百人，我损失一百九十二人，仅返回七十五人。敌尝到甜头后，胡宗南又指挥三个野战大队和军官战斗团共一千六百余人，在九艘舰艇掩护下，又一次向洋屿岛发起攻击。公安军和二十军六十师部队顽强抗击，从19日打到21日上午，歼敌七百三十六人，击伤敌舰五艘，击沉大小船只十二艘。公安军终于雪耻。

这真是一个心腹大患。

自华东海军开始，到浙江军区，直至担任华东战区的参谋长，父亲始终处在东南沿海对敌斗争的第一线。此间发生的作战行动战史上都有记载，但也许是出自军人的职业习惯吧，我有兴趣的是作战意图和计划的形成经过，这是一段思维，是一个过程，看不见，但却是战争中最活跃、最生动、最能体现大智大勇的地方。

父亲回忆说："就是一句话，卧榻之侧，岂容他人鼾睡？单纯防范不是办法，要从根本上打破国民党对我海岸线的封锁和沿海地区的袭扰，办法只有一个，登岛作战。坚决夺占沿海敌占岛屿，把他们赶到海峡的另一边去！"

看得出，这个话题对一个退休的老军人来说像一针兴奋剂，把他带回当年的战火和硝烟中，寻找以往的艰辛和荣誉。

他站起身来，解开了上衣的扣子，左手叉在腰间，大有指挥作战的风度。他用拐杖指了指墙壁，说："把图挂起来！"

"你看！瓯江口外有个洞头岛。"他一下就点到了。这可是个八十八岁的老人啊！他的一只眼睛因为误诊而失明，另一只又有严重的白内障，他平时看书看报都要拿着放大镜。但对四十六年前战斗过的地方，他只要凭直觉就够了。

"这里是洞头岛，控制了整个温州地区的出海口。再往上看，喔，就是这里，象山港。在它的外面有一条岛链，是鱼山列岛，控制了宁波的出海口；台州湾当面是大陈列岛。温州、台州、宁波，整个浙江的出海口都被敌人控制着。福建当面情况你就清楚了，你在那里当过兵嘛。"

国民党虽然败退台湾，但它在海峡的部署仍然是攻势防御的架势，即以台湾本土为基地，以贴近浙江和福建的沿海岛链为前沿，以澎湖为中间桥梁，构架起一个直接伸向我的攻防体系。在这个体系中，北边，也就是浙江当面，以大陈列岛为防御核心；南边，也就是福建当面，以金门岛为核心。整个部署像一个牛头，大陈列岛和金门岛是它的两个犄角，直顶华东沿海。防，可以有百余海里的纵深；攻，可以直接在你鼻子底下发起。这是个对我威胁极大的部署，依仗的是海空优势，以弥补远离大本营，战时支援和平时保障的困难。他不就是欺负你没有海空军嘛！

父亲继续说："当时的难题是，朝鲜战场正打得热火朝天，不可能同意我们在这个方向使用过大兵力。但这不等于无所作为。我的决心是：在海空军力量不足的情况下，立足陆军自己，展开逐岛作战。第一步，在岸炮火力范围内，先行夺占离大陆近的岛屿；然后，依托这些岛屿，构筑火炮阵地，逐步向前延伸火力，夺占外海其他岛屿。在具体实施中，可以视情况，对地势有利的岛，上去了再撤回来，反复几次，彻底消耗掉他的有生力量；同时，也是对部队的锻炼，摸索登陆作战的试验。总之，我想在缺乏海空军掩护的情况下，陆军对群岛、列岛的夺占，就是用这种一个小岛一个小岛的解决办法，最后指向、包围主岛，这就是陆军登陆作战的战法。我有把握，完全可以靠自己战区的力量解决问题。"

一方是要依托岛礁封死你；另一方是要冲破封锁拿下它；华东沿海的岛礁争夺战愈演愈烈。

洞头岛。知道它的人不多，但看过电影《海霞》的人却不在少数，拍的就是"洞头先锋女子民兵连"。它位于温州瓯江口外三十三海里的洋面上，由一百零三个岛屿组成，素有"百岛县"之称。洞头人形容自己的家乡，如百颗明珠播撒于万顷碧波之中。旅游介绍说，洞头有七大景区四百多个景点。半屏山岩雕巨屏，被誉为"神州海上第一屏"。多美啊！但唯独没有人再提起五十年前发生在这群小岛上的四场血战。

洞头岛 1949 年 10 月解放。1950 年 7 月，被国民党军突击二大队夺回，我军牺牲营长以下二十七人，被俘三十人。

1951 年 6 月，我军再次攻占后，因兵力不足撤回。

同年 12 月，我军第三次攻占后，主动放弃。

1952 年初，我军第四次攻占洞头，歼敌九百余人。洞头彻底解放。

南日岛。1949 年解放；1951 年 12 月国民党军来犯被我击退；1952 年 10 月 11 日，国民党七十五师、十四师各一部共九千余人，在十艘舰艇八架飞机的掩护下，在福建莆田南日岛上陆。守岛的一个连寡不敌众，大部牺牲。二十八军八十五师、八十三师增援时，由于是逐次增兵，不仅没能解危，反而加大了伤亡。一直到三天后才将敌人击退，共伤亡一千三百余人。

东山岛。1952 年蒋军第一次小股袭扰被我击退。1953 年 7 月，蒋军三个野战师各一部、海军陆战队一个支队、空降兵两个中队，并配有水陆坦克二十一辆，飞机六架、各类舰艇十三艘，共一万三千余人，由敌十九军军长陆静澄指挥，对东山岛发起大规模进攻。当时我守备部队是公安军八十团，顽强坚守。那时我军刚经历了解放战争，部队确实能打，仅二连就坚守阵地十三个小时，打退敌十八次冲锋，为增援部队的反击合围赢得了时间。敌人计划使用空降兵切断渡口，阻我增援，没想到我驻守渡口的水兵大队都是从陆军出身的，陆战是老本行，打起来比他们干海军还得心应手，把个空降兵打得落花流水。后来我援军赶到，除华东的二十八军八十二师、三十一军九十一师二七二团外，中南军区的四十一军一二二师也参加了战斗。激战三个昼夜，歼灭敌三千余人。本来这次行动是号称"拉开反攻大陆的序幕"，没想到却遭如此惨败，想来老蒋一定特痛苦。

但总会有把握不住的时候。

父亲说:"打头门山,我的指挥所设在黄岩。头门山拿下后,原计划派两艘舰担任海上警戒。半夜,接到气象预报说天气不好,空军不能出动了。那时舰艇的防空能力很弱,我们马上通知海军就不要出航了。天刚刚亮,敌人的飞机果然来了,我听到轰炸声很奇怪,它在炸谁呢?一查才知道,海军没接到通知,那时通信器材赶不上,返航已来不及了。瑞金号被炸沉。聂奎聚(注:后为海军副司令兼东海舰队司令)表现得很英勇,落水后把木板让给了战士。我看出来舰队副司令彭德清和参谋长马冠三很难受。我说,责任不在你们,是我指挥的失误。我向军委发电,请求处分。彭老总和粟裕接到电报后并没说什么。那以后,宁波向北的航道就打通了。"

一波三折的作战方案

还是在父亲到任前,前任军区参谋长张震,在调任总参作战部前,用了整整一个月的时间,和苏军顾问巴巴钦果、加古里斯基对浙江、福建沿海地区做了调研,就攻打金门和大陈列岛问题向军区提交了一份作战报告。根据这个报告,陈毅主持华东军区常委进行了研究,形成了正式给军委上报的关于对金门、上下大陈作战方针的建议。其内容实质是:先行攻打上下大陈,一两年内完成对进攻金门的准备。初期作战行动,拟在台风季节过后。

朱德、周恩来、毛泽东批准了这个建议。

1952年6月11日,中央军委致电陈毅、谭震林、张爱萍、周骏鸣,同意9月或10月攻占上下大陈。6月至9月为作战准备期。(注:《闽浙沿海及上海防区军事斗争部分大事记》,4页)

6月15日,华东军区颁发《对解放上下大陈岛登陆作战的指示》(同上)。

一切都在紧锣密鼓地进行着。

但是，彭老总表达了不同看法。

此时的彭德怀，带着满身征尘和赫赫战功，于4月间从朝鲜战场归来，7月19日开始主持军委日常工作。就在到任的第五天即7月24日，在办公桌上待办的文电卷宗中，彭德怀看到了华东军区上报的关于攻打上下大陈岛的作战预案。

彭德怀是一位风格粗犷但才识内秀的军事家。他刚刚和美国人交完手，他对美国，对美国在远东乃至世界局势的影响力，有了自己独到的见解。他说："台湾海峡的斗争，在朝鲜战争前，属国内战争性质……美国虽也暗中给台湾以军火和物资援助，但我们打台湾，是国际上公认的内战。朝鲜内战爆发两天后，6月27日美国军队参加朝鲜战争，同时宣布第七舰队侵入台湾海峡，把台湾置于美国占领范围内，也即是策应朝鲜战场的侧翼。从此，台湾海峡就增添了中美对抗的国际因素。浙闽沿海敌占岛屿是台湾的前哨阵地，我们攻打这些海岛，美国会有什么反应？是否只作壁上观？你们这个预案只针对国民党的军队，而对美国海空军介入的可能，没有考虑和设想对策。我认为在朝鲜战争未结束前，我们应只集中力量于朝鲜方向，对东南沿海在战略上仍继续取守势。即仍照以前方针，消灭海匪，打击敌军窜扰，视情况有利时攻占一些小岛，保护渔民生产和航运。"（注：《第一任国防部长》，190页）

彭老总这番话，入木三分、振聋发聩。即使岁月流逝了半个世纪，我依然能够感受到这位军事家高瞻远瞩的目光。

彭老总在华东军区的报告上批示：

> 进攻上下大陈岛，美海空军亦可能参加，为慎重计，须待朝鲜停战后举行为宜，请主席考虑批示。彭德怀7月24日

7月27日，毛泽东批示：同意你的意见。在朝战结束前不要进行对浙江上下大陈岛的作战。朝战结束后何时进行此项作战，亦须慎重考虑。

第一次攻打大陈列岛的计划就这样搁浅了。也就有了上一节谈到的，父亲计划以自己战区的力量逐岛争夺的行动。

停战的曙光出现了。朝鲜战局在北纬三十八度线上渐渐稳定下来。

父亲回忆说："美国在朝鲜战场上被拖住了，自顾不暇，是个机会。我有了新的计划：从北向南逐岛攻击时间拖得太久了，不如先拿大小金门，直捣他的要害，其余的必然不攻自破。"

1953年9月7日，华东军区向军委提交了一份新的作战方案——收复大、小金门岛作战方案。

毛泽东批示："于1955年1月底前完成解放金门的一切准备工作。"（注：《第一任国防部长》，192页）

当年华东的作战处长，后来担任福州军区副司令的石一宸回忆，那时他随我父亲到厦门做战场勘察，架起高倍望远镜从各个不同的角度观察金门的地形、海域、岸滩，研究潮汐。为了实际检测部队能否利用退潮后裸露的滩涂向前机动，石说："叶飞带着苏联顾问乘船走，张参谋长说，从滩涂上走过去试试，我们挽起裤筒，双手提着鞋子，如同赶海一样，一步一个脚印地蹚着水向前走……"

高层工作一个很重要的原则是，在重大方案上报之前，一定要和上方有一个沟通过程，说明方案的背景，这样做的理由，以及自己的解决措施。要充分给足上级领导考虑的时间，使最后形成的决议具有坚实的共识基础。同时，这样也可摸清上方的意图，以修正、完善自己的方案。我们的行话叫它为"务虚"，或者叫"瞄准"。得到上级的首肯后，剩下的就是走报批程序了。急急忙忙地，不仅不宜通过，同时也是缺乏尊重的表现。甚至还会留下强加于人的印象。万一出了问题，事后揪起责任来，保不齐扣你一个搞突然袭击的帽子。

1953年7月,父亲随陈毅到北京向毛泽东"瞄准"来了,他们将要鼓动毛泽东同意他们去做这样一件事——攻克金门。一同来的还有叶飞,他是福建驻军的最高长官。

父亲晚年谈起这一段,仍兴致很高:"毛泽东听完汇报后指着我说,你就担任金门前线的总指挥吧。"

"那你怎么表的态?"我追问道,我比他的兴致还要高。

"我吗?我跟着说,这样大的规模我怕指挥不了,叶飞同志担任会更合适些。

"他听了就笑起来,说你这个同志啊,人家韩信点兵还要多多益善嘛!陈老总马上说,主席定了,你们就抓紧落实吧!

"主席又说,朝鲜快停战了,你们都还没有去过,可以看一看去嘛。"

毛泽东拍板了。这就有了前面所说的,9月7日,华东军区向军委上报的那个攻打金门的正式方案。总参谋部研究了这个方案,于10月6日向军委提交了对华东军区这一方案的批复意见。

彭德怀10月12日批示:"按此计划进行准备,其中个别有修改。"

10月15日总参代军委正式批复华东军区:攻打金门作战行动的代号为"联合作战演习"。

华东军区再次磨刀霍霍了。

金门岛,位于福建省东南的厦门湾内,从空中鸟瞰,中段狭窄,两端宽大,像一只蝴蝶翩舞海上。岛上海拔最高的太武山为它的右翅;金门县城在它的左翅;1949年我军登陆失利的古宁头地区就在它的翼尖上。两翅间的蜂腰部南北不过三公里。金门岛由十二个小岛组成,其中大嶝、小嶝、角屿三个岛被我军控制。金门主岛距大陆最近的地方,是一个名叫四围头的突出部,不过四千余米,这个距离太近了,不用说用大口径火炮射击,就是步兵营装备的八十二迫击炮,都可以打到它的滩头;在金门诸岛中,被我军控制的角屿,与敌距离就更近了。涨潮时不足二千米，退潮时仅为八九百米，用当时装备的苏式郭留洛夫重机枪都可以控制它的滩头。

从战役上看，当年金门作战的实质，不是个打的问题，而是个战场建设问题。

父亲晚年回忆说："打下大、小金门不难，难在要抗住国民党从台湾增援的压力。当初叶飞他们打金门，就是被国民党的增援部队打下来的。因此需要海空军力量对金门周边海域的遮断。但福建地区的交通不足以支持大规模海空军的作战行动。要修建机场、锚地、炮兵阵地、油料、弹药、物资仓库。主要从陆上，这就离不开公路、铁路，主要靠铁路。海上通道被大陈列岛阻隔，过不来。"

福建，是个多山的省份，素有"八山一水一分田"之称。连绵不断的崇山峻岭，阻隔了进入福建的交通。多山导致福建的河流短小，不但航运价值不高，而且下游没有大规模的冲积平原，使得经济腹地狭小。一直到上世纪80年代改革开放以后，交通都是阻碍福建经济发展的瓶颈。清人顾炎武曾称它为"崎岖硗确之地"，就是说没好地方了。1910年，省内有了首条铁路，为漳（州）厦（门）铁路，全长二十八公里，时速十多公里，货载二千斤，日载四十人；福建人自己感叹："蜀道难，闽道更比蜀道难。"

当时，金门诸岛守军共计五万一千人。考虑到打响后来自台湾和澎湖的增援兵力，华东军区计划使用步兵九个师、炮兵三十个团、工兵三个团、高射炮兵十五个团、空军六个师（十七个团），海军部分舰艇、海岸炮兵及布雷飞机分队……

根据这一规模，仅登陆艇就需七百艘。加上战场建设所需，概算约四亿七千万元（旧币）。父亲说："陆军编为一、二、三个梯队，东海舰队全部投入，共约××万人参战。在厦门到集美之间修建海堤，便于向前机动；130、152（注：指不同口径的火炮）阵地设在石狮，在那里可以覆盖整个金门。在漳州、连城、晋江、惠安、莲塘等地方分别修建一线、二线和预备机场。还要修建鹰厦铁路、福州铁路……"

　　石一宸回忆说，我们向粟总长汇报后，张爱萍想趁军委还没有批复前，先向军兵种的首长们吹吹风。我们在北京跑了一大圈，张爱萍感慨地说，就等一句话喽！又过了几天，张爱萍耐不住了，说，你先回去，督促前指早做准备，我一个人在北京等批示。（摘编自《儒将石一宸》，223页）

　　他终于等来了……

　　12月21日，彭德怀批示："攻金门问题耗费巨大，和陈毅同志商定，暂不进行，待勘察后再准备"；"预算甚大，无十分把握，宜暂缓准备，待侦察后看情况再决定。"

　　12月22日，毛泽东批示："请彭处理。陈毅同志意见，目前不打金门为有利，否则很被动，且无攻克的充分把握，我同意此项意见，需近五万亿元，无法支出。至少1954年不应动用如此大笔经费。"

　　12月23日，陈毅致函彭德怀："主席批决由你处理，我再建议拨万把亿修铁路，黄老（克诚）有此意，如此对于闽省国防有帮助，请决定。"

　　石一宸继续回忆道：张爱萍从北京打电话来，声音很大。

　　"一宸同志吗？吹啦！"

　　"什么？"

　　一向精明干练的作战处长石一宸，这回竟没听懂……

　　两天后，12月25日，华东军区接到军委正式通知：攻金门准备工作暂停。

战略的契机

　　父亲带着满心遗憾回到了华东。

　　他回顾说："方案被否决了。但问题呢？并没有得到解决，该怎么办？"

叶飞在他的回忆录中写道：金门失利我终身难忘，我想戴罪立功……但机会丧失了，没有攻下金门岛，对我来说始终是一大遗憾。

兵法告诉我们，只有在天时、地利、人和三种因素交织在一个点上时，战机才能到来。历史并非慷慨，攻占金门的机会一旦失去，就永不再来。

我也是个军人，也曾在最高统帅部机关工作过，我能强烈地感受到，曾为此呕心沥血的方案，在最后一刻被否决时的痛苦与无奈。虽然面对的事件年代久远，但我仍能跨越时空，触摸到那一代军人跳动的心。这种遗憾不仅仅属于父亲，也属于华东战区所有的指战员，属于每一个献身于祖国统一的军人们。

历史将它永远搁置起来了。金门之痛是华东之痛，也是中华民族统一之痛。

朝鲜停战了，战后的远东要重新洗牌。国、共两党，再加美国，台湾海峡的棋局更加扑朔迷离。

父亲对我说："毛泽东原来的想法是朝鲜停战后腾出手来解决台湾问题，所以同意我们做进攻金门的准备，并要我和叶飞到朝鲜考察。但回来后，就有了变化。毛泽东的意思是，打了那么多年的仗，终于停战了，在国际国内一派和平的气氛中，不好再进行大规模的军事行动了，台湾问题的解决只好再等机会了。"

这大概就是当时毛泽东的态度吧。

那么蒋介石呢？朝鲜战争，谁是最大的受益者呢？南北朝鲜无论谁先打的谁，无论谁是谁非，不是本文研讨的范围，反正是恶斗了几年，把个三千里江山搅得个天翻地覆，最终又回到了原来的起始线上，用北京土话说，"忙什么啊，您嘞？"在这场恶斗中，美国和中国是最他妈冤的，被自己的两个小兄弟莫名其妙地拖下水，死伤过百万。苏联要鬼得多，煽风点火，虽然出血不多，但也获益有限。倒是周边的小日本和远在南边的老蒋，这回算是抄着了。日本从"二战"的罪犯，摇身变为美国和西方的盟友，战时经济使它走出战后萧条的低谷。蒋介石呢？这个偏安的小王朝，在大难临头时，朝鲜的开打，使他终于躲进世界级拳王美国大哥的羽翼下，有了美国第七舰队的保护，谁还怕谁啊？反倒越发的有恃无恐起来。但是，好景不长，朝鲜停战了，毛泽东可以从朝鲜抽出身来了，下一个目标呢？自然就是台湾岛。统一中国，是历代开国君主留芳青史最为重要的功业，他蒋介石何尝不明白呢？

备感神伤的蒋介石，为前途计，他决心要拖住美国。

美国呢？自他在朝鲜被中国共产党的利爪挠了一把后，三弟法国又被个越南的胡志明在奠边府搞得一败涂地，当然背后还是中国和苏联的支持。它已经切切实实地感到了马克思可怕的预言在悄悄地降临，《共产党宣言》的第一句话就是："一个幽灵，共产主义的幽灵，在欧洲徘徊。"现在何止是在欧洲，而是在世界；何止是徘徊，而是在渗透！在蔓延！在进攻！太可怕了。"二战"后，雅尔塔协议搭建的两个世界各自的势力范围正在起着变化，天平正在倾斜。西方世界必须联合起来，就像中世纪的君主一样，为保护自己的封地而战。

这是个签订军事联盟的时代。像21世纪各国热衷于签订WTO、OPEIC等经济合作协议一样，半个世纪前的世界正在忙于签订一系列的军事协议。《北大西洋公约》、《东南亚防御条约》、《巴格达条约》、《中央条约》等等；社会主义阵营也不示弱，为了保卫自己既得的领地，相继组建了国际共产党和工人党情报局、经济互助委员会和华沙条约组织等与之对抗。

这是一条锁链，从柏林墙下开始，南下经巴尔干半岛这个火药库，穿过中东、中近东那个永远不会平静的阿拉伯世界，向东，经南亚次大陆,收编东南亚诸多的亚洲小龙,再缓缓向东北迂回到达日本,在太阳升起的地方截止。

这个新月形的防御锁链,半个世纪以来,把地球分成了两个世界。

但是,明眼人不难看出,在这个链条中唯独缺少一个环节——台湾。台湾处于新月形防线的中央,位居要冲。台湾的小王朝当然愿意成为锁链中的一环。蒋驻美"大使"顾维钧于1953年10月向美国正式提出了签订结盟条约的建议。

这当然是好事,但打了一辈子仗的美国总统艾森豪威尔却心存顾忌。《条约》一旦签订,哪一天蒋介石冒险发动对中国大陆的进攻,不就把美国拉下水了吗?经历了朝鲜噩梦的美国,无论如何再也不愿意随随便便地为小兄弟们大打出手了。

蒋介石让步了,1954年6月,国民党"外交部长"叶公超通知美国"大使"兰金,只要美国同意签署《共同防御条约》,蒋介石"愿意放弃任何可能为美国反对的进攻共产党的军事行动"。

这是一个隐含着众多潜台词的条约。《条约》规定,如果缔约一方遭到武装"攻击",另一方将"采取行动,以对付共同的危险",明确表明了美国的第一个目标:阻止大陆武力攻占台湾。但同时,《条约》又规定,蒋对大陆采取军事行动,必须征得美国政府的同意。这又意味着蒋介石反攻大陆的计划将受到美国的钳制;意味着美国将促成两岸分裂现状的固定化、永久化,像南北朝鲜、南北越南和东西德国一样,最终形成"两个中国"和"一中一台"的历史格局。

毛泽东被激怒了。

毛泽东在政治局会议上讲话:"在朝鲜战争结束之后我们没有

及时（约迟了半年时间）地向全国人民提出这个任务，没有及时地根据这个任务在军事方面、外交方面和宣传方面采取必要措施和进行有效的工作，这是不妥当的，如果我们现在还不提出这个任务，还不进行工作，那我们将犯一个严重的政治错误。"（注：《中华人民共和国外交史（1949—1956）》，337页）

不难听出，他在责怪谁了。

中共中央紧接着发文："现在我们面前仍然存在一个战争，即对台湾蒋介石匪帮之间的战争，现在我们面前仍然存在一个任务，即解放台湾的任务。"

7月23日，《人民日报》发表社论，重申"中国人民一定要解放台湾，不达目的，决不罢休"。

8月11日，周恩来在政府委员会做外交报告，强调台湾是中国内政，不容外人干涉。政府委员会通过了一定要解放台湾的决议。

8月22日，各民主党派、群众团体发表联合宣言，拥护解放台湾。

美蒋条约，使中国大地，群情激愤。

美国的反应同样是强硬的。

8月3日，国务卿杜勒斯声言要用美军"保护台湾和澎湖列岛"；"如果他们（中国共产党）试图征服自由中国的领土，那就意味着同美国开战"。

8月17日，美国总统艾森豪威尔向记者表示："对台湾的任何侵犯将遭到美国第七舰队的反对。"

8月19日，美太平洋舰队司令斯图普率六艘美舰侵入大陈海域，连续每日出动飞机一百六十余架次在空域活动。

还在对朝鲜战争做反思的美国，又一次因为小兄弟要走上拳台了。

中国共产党没有选择。既然挑战，就只能是捡起手套，拔剑出鞘。它要向世人表明，共产党人不是清王朝，不是北洋军阀政府，不是蒋介石的国民政府，一个软弱的任人宰割的中国已经一去不复返了！这就是开国一代人的性格特征和思维方式。对他们来说，无论在任何时候，尊严都是第一位的，在跪着生和站着死之间，中国共产党只能选择后者。

华东军区再次向军委动议。父亲说："我们认为，打这一仗的条件成熟了。"

《大陈列岛登陆作战方案》又一次摆在了毛泽东的桌子上。

仔细研究美蒋《共同防御条约》就不难发现，在它洋洋洒洒的篇幅中，有一个致命的死穴：美方的立场是，可以协防台湾和澎湖，但协防区不能包括大陆沿海诸岛。从军事的角度看，蒋介石的防御是攻势防御，他的防御前沿一直伸到对方的鼻子底下，目的显而易见，为了袭扰和攻击对方；而美国人的意图是收缩回台湾本土，目的同样显而易见，既利用台湾封锁中国大陆，但绝不能被蒋介石拖进一场新的中国内战中去。仅仅为了远在大洋彼岸别国的几个小岛，而卷入一场旷日持久的战争，这一届总统还不得下台？美国总统艾森豪威尔在国会演讲时称，这个岛子"不过是太平洋西岸几块比较大点的石头"。由此，可以做出这样的判断：看准美蒋的矛盾心态，利用《条约》中的分歧缝隙，抓住战机，突然而迅速地夺占沿海岛屿，美国应该不会出兵，也来不及出兵，也不应该由此引发中美之间大规模的军事冲突。

敢不敢干？这就要考验一个领导人的胆识了！

我曾详细地问过父亲再次上报作战方案时的想法，他说，你看看我填的词就行了。这是1955年1月18日战斗结束后的当天他写的一首词：《沁园春·一江山登陆战即景》。上半阕结尾是："雄师易统，戎机难觅，……望大陈列岛，火海汪洋。"反射出他渴望战机而不得时的焦虑心情，以及终于如愿以偿的感慨。下半阕笔锋一转，从激烈的战场转到了国际政治舞台上，道出了战前自己的思考和筹划，他写道："料得帅骇军慌，凭一纸空文岂能防……"这一纸空文，就是指的美蒋《共同防御条约》。

借助政治上对这一条约的反对力量，瞅准这一条约双方的分歧点，一拳头砸下去，这就是大陈列岛登陆作战的玄机和奥妙。

即使美国再强大，即使第七舰队拦阻游弋在海峡上，也挡不住中国共产党统一大业的决心，何况，老虎也有打盹的时候呢！

机会永远属于做好准备的一方。

这里要强调的是，当时为什么只打大陈，而放弃近在咫尺的金门呢？既然美国不会出兵，为什么不趁此良机一举夺占金门，扫平沿海的敌占岛屿，而求得一劳永逸呢？

今天我们再回过头来看这个方案，这的确是个充满了政治智慧的作战方案。它的战略着眼点是：在蒋台湾海峡防御体系中，选择处于敌防御翼侧，兵力较弱、易于速战速决的大陈列岛一举攻占之；而对有重兵把守、敌将拼死争夺的金门，则采取打而不取的牵制性行动。同时，对我来说，大陈与金门相比，经济、政治权益相对更重。大陈收复后，即可解除浙江当面，南起温州，北到宁波、杭州、上海一线的敌情威胁。而金门近在咫尺，完全在我控制之下，留下这个棋子，有利于在今后的台海斗争中掌握主动。可以说是有理、有利、有节。

留下金门这个岛，便于我牵制对手。这个构想，在当时的战略层面上，是否就有这样长远、清晰的认识？军事学术界看法并不一致。在1954年之前，能找到的根据，还是我前面所说的，没有把作战目标圈定在金门的主要原因，是战场准备和战争消耗过大。父亲在回忆这段历史时说了一句至关重要的话："在战略问题上，中央当时并未明确。"

在一江山总攻前夕,1954年8月13日军委下发的《关于对台湾蒋匪军积极斗争的军事计划与实施步骤》中规定的斗争方针仍然是,先打弱小之敌占沿海岛屿,打则必胜,逐岛攻击,从本年度起,到1957年逐步解放浙闽沿海岛屿。(注:《第一任国防部长》,198页)这里所说的逐步解放浙闽沿海岛屿,当然也就包括大小金门了。只是在一江山一战之后,才引起了台海斗争的各方在政略与战略的调整和变化。

这大概也佐证了毛泽东自己的话:"人的正确思想,只能从社会实践中来,只能从生产斗争、阶级斗争和科学实验这三项实践中来。"

不过这已经不重要了,最后的结果是圆满的。每当我和父亲谈论历史,每当我刨根问底,试图从他那里揭开隐藏在事件背后更深层次的原因时,他总会说:"我没有第一手材料,无法回答。还是留给后人研究查证吧。"时光已经过去了半个世纪,笼罩在台湾海峡上空的面纱已经揭开了,人们终于可以通过大量解密了的文档,了解到当时各个政治集团鲜为人知的背景。

后来知道的事实是,美国一直都在策划让台湾彻底脱离中国。

从1947年开始,美国就提出了台湾由联合国托管的动议;1948年底,美国开始散布"台湾在'法律上'还不是中国领土"的言论。1949年3月,美国务院新闻发布人称:"台湾地位在战时与库页岛完全一样,其最后地位将由一项和约决定。"1954年初,美国提出将中国大陆沿海岛屿问题提交联合国安理会讨论。试图将台湾问题国际化。

美国人也太天真了!太一厢情愿了!他蒋介石何许人也?为了寻求美国的保护不假,但要以分裂自己的祖国,背叛自己的民族为代价,蒋介石能干吗?蒋介石不是汪精卫,不是溥仪,他毕竟当过北伐的英雄,是领导过中国抗战的委员长,他能把自己绑在历史的耻辱架上吗？他对美国人说了："NO！"

1954年2月28日，蒋介石在台北举行的"国父纪念日"大会上就国际形势发表长篇讲话，强烈谴责在外岛"停火"和"两个中国"的设想是"荒谬绝伦"，称"大陆台澎均我土地，中华民国领土不容任何人割裂"，斥责提出此主张的"民主国家"是"不守正义"、"不讲公理"、"乘人之危"、"落井下石"的"自私自利者"。

现在看来，蒋介石还真是条汉子！因为反对台独，蒋介石在历史上的进步作用凸显出来。这是一个各种政治利益交织的一仗。因此，金门必须留在蒋介石手里。金门在，蒋介石就不会和美国人穿一条裤子，台海国共两党之争就永远是中国的内政。

打，要打痛，打出自己的威风来；但不能打跑，不能把美蒋打到一块去，不能打出两个"中国"来。大陈岛作战方案恰好符合了后来国家大战略发展的要求，打中了美蒋分歧的死穴。

目标，一江山

"目标，一江山！"这是军队行动时下达命令的术语。炮兵指挥员的口令是："目标，一江山，高地，两个齐射，放！"航空兵指挥员的口令是："目标，一江山，分三个批次，起飞！"登陆兵指挥员的口令是："目标，一江山，成展开队形，冲击！"……

一江山岛成了整个大陈战役的首要的突击目标。

但是，把攻打一江山岛作为整个战役的突破口，却费尽了周折。

从宁波驱车向南沿着去温州的高速公路跑上两个小时，就到了中国最发达的经济区长三角南翼的城市台州。在台州海面，星罗棋布地散布着一百零六个大小岛礁，主岛大陈，成众星捧月之势。这里是浙江最大的渔场，在历史的鼎盛时期，它曾是个繁华的海上渔镇。战前，蒋介石偕宋美龄专程上岛，临海伫立，家乡奉化虽只一水相隔，但已成千山万水。成者为王，败者为寇，往日繁华，已是过眼烟云。他站立的这块石头，被当今有些商业头脑的人，包装炒作一番，成了大陈旅游一景。

1951年9月，胡宗南进驻大陈；1953年8月，刘濂一接替，增调了四个军官战斗团，守军总兵力达一个加强师一万八千余人，同时又整编了流窜的海匪武装共六个突击大队，并配有海军十艘战舰。建立起以大陈为核心，包括鱼山、一江山、披山、南麂山等岛的大陈防卫区。美国也在岛上设立名为"西方企业公司"的情报机构。大陈成了蒋介石在浙江当面反攻复国的指挥中心和海军进攻大陆沿海的前进锚地。

华东军区作战会议曾几次研究过这个问题。父亲在回顾这件往事时说："当时争得比较凶的是首战放在哪里打。"

总参作战部副部长，当时的浙东前线总指挥部参谋长王德在他的回忆录中写道："在先攻上下大陈或先攻一江山岛或先攻披山三个方案中，开始主张先攻大陈的占多数，他们认为敌指挥中心在大陈，只要当胸一拳，毁其心脏，其余岛屿，自可不战而得；主张先攻披山的也不少，认为该岛守敌较弱，容易取得首战的胜利；根据敌情、地形和可能集中的船只等情况而选择一江山为进攻目标的，却不是很多……"（注：王德《华东战场参谋笔记》）

很明显，这次战役的基本形势对我军是有利的，优势在我一方。大陈守军不足两万人，且又分踞于六个岛屿，岛间首尾相距正面达二百公里，各岛无法在战术上取得配合和支援。同时，这个敌人远离台湾，按当年装备的性能，海上航行要十至二十个小时，飞机支援的留空时间最多也就二十分钟。没有航母这个作战平台，支援大陈的远海作战是无法想象的。在大陈海域，我军完全可以取得制空、制海权。

敌方的强项是，经过多年设防，已构建形成了永久性的防御工事。地堡、堑壕、雷场、各种障碍物遍布整个岛屿和水际滩头。敌火力密集,且有坦克作为反突击的力量,敌舰驻防大陈海区,与陆上相互呼应。大陈各岛四周全系岩岸陡壁,纵深山地纵横,海面遍布暗礁,利防而不利攻。

我方的困难是,大陈主岛距离大陆五十公里以上,只能靠舰炮和航空火力支援,而用于火力支援的舰只和轰炸、强击航空兵又不足,难以形成对上陆部队有效的火力掩护。

基于对敌我双方基本情况的分析,作战会议形成两种意见:

一种意见是,以突袭的方式,使用一部兵力攻击大陈外围的一江山岛,吸引敌注意,集中主力直取上、下大陈,在敌人没有做出反应前,一举攻占大陈。

另一种意见是,战役分三个阶段。首先以海、空军和岸炮部队实施预先打击,夺取战区制空、制海权;然后攻占外围屏障一江山岛,建立炮兵阵地,摧毁大陈防御体系;最后发起对大陈主岛的攻击。

会议上,争论是激烈的,气氛是紧张的。不难看出,争论双方潜在的立论基础是对使用兵力数量和可能的评估上。

按照我军解放战争和入朝作战的经验来看(那时我军还没有作战条令),予敌三到五倍的优势,这一仗就可以打了。持一举攻占意见的同志认为,现在无论在兵力还是在火力上都远远超出这个比例,应该是有胜利把握的。何况,直取大陈可以保证战役的突然性,而分阶段的行动,等于把意图告诉了对方。愚蠢!

反方当然也不示弱。华东军区的所在地南京,是何许地方?是当时军事思想最为活跃的地方。江南多才子,这且不说,重要的是,新中国的第一所高等军事学院建在这里,由我国著名的军事家刘伯承元帅执掌。华东和其他战区的大批的部队指挥员和高级参谋人员来到他的麾下,按现代战争的标准,回炉锻造。刘帅年轻时毕业于苏联伏龙芝军事学院,在这所学院的大门上写着这样一段赫赫有名的话:"一切战术要适合一定的历史时代,如果新的武器出现了，则军队的组织形式与指挥也要随之改变。"这大概就是刘帅办学的宗旨吧。虽然取得政权才短短的几年，但人民解放军中新的因子生长起来了。有这么一部分人，他们开始直面一场新的战争，以一种全新的眼光来审视和挑战曾经有过赫赫战功的前辈们了。

他们首先对使用的兵力兵器做了详细的计算。海上的登陆作战和我们过去习惯的陆地攻防作战有着本质的不同。由于没有地形可以遮蔽和利用，部队的战场机动完全要靠火力来掩护，也就是说获取绝对的海、空优势，是登陆作战最基本的条件。他们是这样计算的：

从世界主要国家军队渡海登陆作战的原则看，登陆和抗登陆双方的兵力对比通常是三比一或五比一，也就是，防御方如果是一个师，进攻一方至少应该是三个师以上。同时，按美军在仁川登陆的情况看，一个登陆兵通常需要五至七个保障兵。摆在华东军区面前的问题是，打这样的一场仗究竟需要动用多少兵力呢？

据此，大陈守军一个加强师约两万人，我方登陆部队则应在六万至十万人，保障人员应不少于三十万至七十万人。如果取其下线，按六万登陆兵计算，那么需要多少登陆舰艇呢？一艘登陆艇装载五十人，一艘登陆舰是五百人，再加上火炮、装备，这样算下来，仅装载登陆兵的登陆舰船就不下几百艘，这还不算其他战斗舰艇和辅助舰艇。

再者，大陈岛是个不足十五平方公里的小岛，敌人苦心经营多年，部署完善，工事坚固，火力密集，属于要塞式的防御。对这样的岛屿进攻，在作战样式上，华东军区当时给它起了一个特别的名字，称之为"对中等筑城海岛的进攻作战"（注：华东军区《大陈战役总结》）。现在看来，这应该是个创举，它在登陆作战中引进了一个新的概念。这与美军的诺曼底登陆、仁川登陆，以及我军对海南岛的登陆在作战性质上都有本质的区别，这些属于在宽大正面的作战行动，突袭成功的可能性大，主要战斗发生在抢占滩头后抗击敌人的反突击阶段。而大陈和一江山作战，近似于美军硫磺岛、塞班岛作战,主要在于抢滩上陆,夺取滩头阵地。由于敌人部署密集,上陆地段狭小,突袭的可能性很小,只能强攻。再则,大陈与金门不同,它远离大陆五十多公里,我军炮火无法掩护,全靠海空军的火力,无形中增大了对装备兵器的要求等级。对这样一个小岛,兵力多了摆不开,少了突击力量不够,只能是在狭小正面上,多波梯次地投入,这就更加增大了在战役准备阶段隐蔽企图的困难和航渡中编队组织的难度。这样一分析,直接攻打大陈,显然是胃口太大。因此,战役的首次突击目标应该是大陈外围的一江山岛……

华东的作战参谋们对组织这场战役的分析,在当时应该是很了不起的。在短短几年内,就由指挥筹划单一陆军的运动战,发展到诸军兵种的合同作战。当然,现在下这个结论还太早,一切要看这一仗打得怎么样才好说。

但他们竟遭到了斥责:"你们吃了几碗干饭?给老子上课啊!"
是啊!这些分析,这些名词,听起来是那么的陌生,甚至都有危言耸听之嫌了,也不看看是在谁面前咋呼?

"首长啊!这可不是您当年啊……"参谋长王德这句多少带有打圆场的话还没讲完,"啪"地一声,有位首长拍了桌子:"我他妈操你姥姥的!"

"不他妈就是两万吗,老子一仗就消灭了他十几万。不要在这里长别人的威风。我就不信,还有操不开的×!"首长真地动肝火了。

父亲在晚年回忆时是这样表述他当时的意见的:"直接打大陈本岛,我认为这样有危险,把握不大。守敌虽不足两万人,但在我陆海空三军协同登陆没有经验的情况下,一下子投入一个整师是很困难的;同时,登陆编队在航渡中要经过头门山和一江山,必定会受到敌人侧射火力的袭击。而首战选在一江山,这些就可以避免了。一江山守敌一千余人,距大陆近,在我岸炮火力射程之内,可以弥补我舰炮火力和轰炸航空兵的不足。更重要的是有把握保证在美军没有做出反应前，短时间内一举突袭成功。一江山又是大陈的门户和前哨据点，俞大维（注：国民党国防部长）自己就说过，一江不保，大陈难守。从一江山打进去后，可俯瞰大陈，大陈就是瓮中之鳖，唾手可得了。我们计划打下一江山后，把炮兵送上去，三五天后，一举夺取大陈。一江山既是敌人外围的强点，又是它整个防御体系中的弱点；首先攻占它是必须的，也是有把握的。"

怎样考虑美国出兵的问题？他的看法是："美国不应该会出兵，也不应该会引发中美之间大规模的军事冲突。这取决于我军突然而迅速地行动。退一步说，如果美军干预，我已先期占领了一江山，站稳了脚。即使撤，我也撤得回来。"

他在这里用了"不应该"三个字，这只是个推理判断的结果，是个主观性的词汇。作为军事上的判断，恐怕只能是这样的，因为风险是无时不在的。所以，力争首战速战速决，抢在美军没有做出反应前，造成既成事实，使局面不可逆转，应该是这一战的目标，也是最高指挥员把握的关节。

"那种把大陈一口吃掉的办法，雄心可嘉，但力不从心。"

父亲统领的是一群有解放战争和抗美援朝实战经验，又经过刘帅亲自教育的，具备了新型知识结构的参谋人员。

战争将检验他们。

父亲回忆说，"他们一定要坚持，只有拿到军委去了。他们的主意也不能说坏，但困难和风险太大了，特别是在当时。彭老总批准了我的方案。"

人是需要鼓励和安慰的。父亲说："王德同志遭到训斥后很难受，我跟他讲，算了，不要在意这些，做好我们自己的工作吧。"他还说，刘帅当时也在南京，宽慰我，说上面还是有数的。我到北京汇报工作,去看望罗帅,他那时住在东交民巷,也和我打了招呼,闷头把工作做好,不要在意别人说些什么。

父亲曾对我说过:"调我任参谋长时,陈老总要我兼个副司令,我都认为没有这个必要。后来军委考虑到几个大战区的领导人都兼了地方工作,军事工作主要在参谋长这里,所以给参谋长都下了个副司令的命令。华北的杨成武、中南的黄永胜、东北的邓华、西北的彭绍辉、西南的李达、华东就是我了。我还是坚持自己不兼。我对陈老总说,我们华东不乏战将,我就不要兼了吧,这个位置留给其他同志会更有利于工作和团结,我会全力做好我的参谋工作的。陈说,那你一定要这样,就自己和彭老总去说吧……"

我的父亲真是天真得可爱,他怎么就不想想,华东是不乏战将,但华东也不乏骄兵悍将!他又一次因为推辞职务,而使自己居于人下,当意见相左时,他别无选择,不是放弃,就是得罪。这样的情况他以前经历过,后来又有过多次。

这种对待名誉地位的态度,在陈老总领导下,在领导层中形成了一种风气。父亲回忆:"当时要叶飞同志也兼个副司令,但叶飞也是这个态度,说我把福建的工作做好就行了。"早在这以前,陈毅就对曾在新四军工作过的同志说,三野部队是由新四军和山东八路军两部分组成的,在任职上,新四军的同志风格要高一些。在新四军长期工作的钟期光和来自山东兵团的唐亮资历、职务相当,但钟期光主动提出,政治部主任由唐亮担任,自己做副主任。在淮海战役中,三野和二野协同作战,二野堵截增援的黄维兵团,围上了,打不下来。三野上去,才把黄维吃掉,三野一些同志为此沾沾自喜。陈老总知道后大发脾气,召集三野的干部开会,他说,你们得意个屁!二野为了挺进大别山,把重火器都扔掉了,攻坚能力当然会受影响。如果没有二野牵制住敌人,我们能打得这么顺利?打了几个胜仗,穿上缴获来的呢子军装,拿了汤姆式("二战"时期的美式冲锋枪)就以为了不起了,耀武扬威的。就你们,进了大上海，连个冲水马桶都不会用，土包子！

父亲在个人名利前的豁达态度，的确给他的工作带来许多人为的困难，但我认为，党是看到的。党内许多领导同志，特别是直接领导过他、接触过他的，周恩来、刘少奇、陈毅、彭德怀、粟裕、黄克诚、刘伯承、罗荣桓、叶剑英、邓小平、罗瑞卿等都了解他的人品。对这个主观意志很强，喜欢标新立异，且又浑身长刺的张爱萍，即使他顶撞过他们，或许与他们意见相左，但对他都是给予信任和宽容的。

许多分歧的背后往往是理念的差异。是的，隔海相望，区区两万之众，十来个孤岛，这对一支曾经有过二十年战争经验的军队来说，的确是个不起眼的小仗。数百万的敌军都在我们手中灰飞烟灭了，我军有的是令敌人闻风丧胆的英雄，这理应是我们的骄傲。但如果我们睁开眼睛，看看世界呢！就在我军通过运动战几十万几十万的歼灭敌人的时候，在苏德战场上、在北非战场上，上千辆坦克的会战出现了。轰炸伦敦、柏林，动辄上千架飞机。在太平洋战场上，双方上百艘战舰对峙，一仗就击沉三四艘航母，击落数百架战机。这种高度工业化社会的战争规律，将是今后我军面临的课题，值得我们去认识、去思考。在朝鲜，我们骄傲，因为我们和世界级拳王美国碰撞过，但那是山地作战。面对大海又会怎样呢？

一条海峡，真就这么难吗？

1949年10月24日至28日，我十兵团二十八、二十九军攻打金门，登陆部队三个多团九千零八十六人全军覆没。

时任十兵团司令的叶飞在谈到金门失利时说：

"最重要最主要的教训就是，当时蒋军有海军，有空军，在解放战争中基本没有被消灭，而我军空中没有掩护，海上也没有海军支援。渡海攻取厦门之战，第一批登陆部队使用足够装载八个团兵力的船只，在敌空军轰炸下，已经非常危险，幸而克服了这个危险,顺利攻克厦门。好事往往会变成坏事,我们因攻取厦门的胜利,而没有重视渡海作战中的困难,没有接受这个教训,结果在攻金门时碰了这个钉子。"

叶飞,是我军战功赫赫的将军。正因为如此,他的话,字字是血,是十兵团九千多官兵用生命换取的教训。

面对汪洋一片的茫茫大海,没有绝对优势的海军和空军,武力攻台就是一句口号。从一定意义上说,如果我们过去的运动战、歼灭战是农业社会的产物的话,那么渡海登陆作战,就是工业化社会的产物。台湾海峡之战,是一场实力的较量之战。解放台湾将是一场检验国家综合实力的战争,是一场比拼现代化程度的战争,是一场打钢铁、打高技术的战争。为什么台湾问题久拖不决?关键在于国家的实力和军队的现代化程度。一切历史的光荣,都要在这条海峡面前重新检验。

我的这些话,即使放在改革开放了二十多年后的今天,也未必能得到主流意识的赞同,何况半个世纪前呢?这是两个不同观念的较量。看看我军多年来的教材吧,四渡赤水、陕北三战三捷、三大战役……这些贯穿着战场机动特色的战例,我不否认它的辉煌,但在掌握了制空权、制天权的天基平台的对手面前如何保障军队的机动和生存呢?

现在还可以找到父亲当年发表在《人民前线》上的文章:"目前我军正在进行着的现代化、正规化的国防军建设,就是一个伟大而艰巨的学习运动。"(注:1952年10月25日《人民前线》杂志151期)他对所属部队的干部说:不要总以为自己的部队过去如何能打仗,有战功,看不到新的历史条件下的新变化。不要总是老子、老子地称呼自己,什么"老子的部队如何如何;老子革命多年;老子什么时候就当了什么干部……"(注:《张爱萍军事文选》,133页摘要)

"老子当年消灭了八百万蒋匪军。"这是很多将领挂在嘴边的常话。他们大多来自赤贫的农民，揭竿而起，一把菜刀杀出来，一身血污，坐了天下，今天他们眼里还有谁呢？无怪毛泽东说：游击队不可冒"油"，野战军不可撒"野"。

我们的高级指挥员，我们的元帅和将军们，你们说呢？

父亲是直接向彭老总汇报的。彭总同意这个计划，还有他更进一步的考虑。从美蒋在《共同防御条约》中的讨价还价看，美国在台湾海峡问题上的底线到底画在何处，一时尚无法看清。彭老总的顾虑是有道理的，因为后来正式签署的文本证实，除明确了美蒋共同防御的领土为台湾、澎湖外，又增加了一句很关键的话："将适用于经共同协议所决定之其他领土。"彭当时认为，不妨先在一江山这个小岛上刺探一下，以摸清美国的底牌，这样做不至引起大的风险。但必须取胜，否则可能助长敌军气焰，甚至可能引起美国公开宣称"协防"，所以他说，杀鸡也要用宰牛刀。

8月2日，彭德怀主持会议，批准了父亲对作战方案的设想。

8月24日，中央军委正式批准华东军区关于大陈列岛战役行动方案。

8月27日，中央军委批准成立浙东前线指挥部，直接归军委指挥。华东军区参谋长张爱萍任浙东前指司令员兼政委。

前指副司令员共四位，他们是：华东军区空军司令员聂凤智；华东军区海军副司令员彭德清；华东军区海军参谋长马冠三；浙江省军区代司令员林维先。参谋长是华东军区副参谋长王德。

与此同时，浙东前指又成立了空军指挥所，聂凤智任司令员；海军指挥所，马冠三任司令员。不久，又成立了登陆指挥所，二十军副军长黄朝天任司令员。后勤联合指挥所，林维先任司令员。海军的实际指挥是华东海军司令陶勇。

10月31日，父亲被任命为副总参谋长，也就是说，浙东前指的司令员兼政委是由一名总参的副总参谋长担任，可见这场战役作战指挥层次之高。

1954年12月9日，战役决心下达到参战部队。

一江山，终于成了攻击的目标。从此，这个小岛一举成名，成了我军首次陆海空三军联合作战的标志，永远载入了我军的战史。

天空和海洋

翻开大陈列岛作战的档案卷宗，你会看到，早在正式作战方案批准前，作战行动就开始了。

军委最后批准的华东军区的作战方案是这样的：

整个作战分为两个阶段。

第一阶段，夺取战区制空、制海权，形成孤立、围困、封锁大陈守敌的战场条件。

第二阶段，对南、北一江山岛同时实施登陆突击，全歼守敌。尔后，完成对该岛的防御，粉碎敌可能的反击。

对大陈的攻击另行下达。

……

参战兵力（略）、任务区分（略）、作战编组与装载等（略）。

从第一次攻击大陈岛的动议，到毛泽东最终批准这个计划，已经整整两个年头了。

究竟这场仗是什么时候开始的，恐怕谁都说不清楚。实际上，自父亲调任华东军区参谋长后，这么多年来，海峡双方围绕着沿海诸岛的作战行动一直就没有停止过。在1954年8月24日中央军委正式批准大陈作战的方案之前，海、空军和拔除近岸敌占岛屿的作战行动就已经开始了。

翻开历史，你会发现，许多今天讲起来策划周密的大规模军事行动，往往是由一个突然事件和冲突而触发的。台州外海的大陈海域盛产各种鱼类，入汛以来，南来北往的渔船云集于此，高峰时竟达五千多条，约十万之众。3月18日凌晨，我护渔的"兴国"、"延安"两舰与来犯的敌"太"字号护卫舰、"永"字号扫雷舰交火；在三门湾附近活动的我巡逻艇也遭到六架敌机的袭扰。情况报上来后，华东战区立即给海军下达作战命令。下午14时38分，我海军航空兵米格—15战机两架进入南田上空，与对猫头洋海域进行骚扰的四架敌F—47遭遇。两架对四架，空中缠斗一直逼近到大陈岛上空，这是非常危险的，在敌地面对空火器的威胁下，我机把敌一直压到距海面七十米，两机近到四百米时才开的火。真是玩命！这就是著名的南田空战，也是我海军航空兵组建以来的第一次空战，击落敌机两架，我无一伤亡，开局二比零。

父亲立即电话向参战部队祝贺，省委书记江华亲临慰问，军委海军给予嘉奖。历史记住了这两位空中英雄的名字，他们是海军第一代飞行员：长机崔巍，僚机姜凯。

双方由此展开了浙东海域制海权、制空权的争夺，拉开了大陈列岛战役的序幕。这一天是1954年3月18日。

为什么要早在大陈战役未批准前，专门组织海空军争夺制空、制海权的作战呢？后人在整理和研究这个历史事件时，往往是很难理解的。

父亲说："兵无常势。你要打人家，就要先考虑人家会打你。要想到可能出现的最恶劣的情况。一旦敌人发现我们有发起战役的征兆，有可能先发制人，抢先对我沿海城市实施轰炸，如上海、杭州、宁波、福州等，那就会引起很大的麻烦；从海上也可对我舟山、象山、海门等港口进行炮击。分散、牵制我作战力量，稳定大陈的防守态势。蒋介石的海、空军力量在解放战争中并未被削弱，后来又得到了美国的援助，在数量上是我参战兵力的若干倍，而且又有海上作战的经验，应该说，敌占优势，不能不防。但不是不能打,我们比敌人离战区要近得多,这是我们的长处,天时、地利在我一方。"

父亲在讲述时,一再强调这一点的重要性。你想,战役行动还没有批准,就遭来敌人的报复,万一上海落下颗炸弹,炸得你人仰马翻、断水断电的,领导层还不迁怒于你?搞什么名堂?这个惹事的家伙!没等敌人打你,自己就先被撤职查办了。

"首先是加强沿海重要城市和港口防轰炸、防炮击的准备。最重要的是,主动寻找战机,彻底打垮他在浙东沿海的海空军力量。我们把轰炸部队、强击部队、歼击部队在沿海展开;把鱼雷快艇、巡逻艇推进到田岙岛、白岩山附近;把炮兵部署在头门山、白岩山、羊屿,摧毁驱赶一江山、披山和进入岛屿之间的敌舰船。"

一个指挥员不仅要考虑对敌斗争,也要兼顾到内部的各种制约因素,创造对自己有利的政治环境,才能使自己的计划一步一步地得以实现。这大概也是和平时期军事斗争的特点。

他有两个朋友,也是他得力的助手。

前指副司令兼空军司令员聂凤智,他在朝鲜战场任中朝联合空军司令员,以聪明机智和大胆著称,面对世界空军霸主美国,把我们这个年轻的空军部队指挥得虎虎生风。他比父亲小四岁,父亲对他非常赏识,提起他时说:"这是个有本事的家伙,朝鲜空战、沿海空战,实际上是他指挥打的。"上世纪80年代空军司令员人选更迭时,父亲在军委工作,曾力荐过,但最后聂被安排为南京军区司令员,父亲说:"可惜了,这个人放在空军作用会大得多。"

聂凤智回忆道:朝鲜战场打的是大机群空战,不习惯于打单批单架或小编队偷袭性骚扰的敌机,在担负防空作战的一段时间内,一度没打好;在轰炸、强击部队中,也需要由陆上转入到海上的问题。

空军二十师副师长张伟良,第一次率队出击,袭击停泊在大陈湾的军舰。投弹后看见浓烟升起来了,特别兴奋,立即向指挥部报告战果。返航时他不放心，又转了一圈，妈的！是国民党军舰上放的烟幕，够狡猾的，愣是把自己给涮了。那时政治工作搞得特好，这边机场上欢迎的人群还手举鲜花，敲锣打鼓地准备迎接载誉归来的空中英雄呢。

张伟良写道：我一下飞机，就低着头赶紧从飞机后面溜掉了，坐上吉普车直奔指挥所向聂司令报告，聂司令，我没有完成任务……可庆功会都准备好了，张爱萍司令员亲自到会讲话："应该奖赏你们，你们取得了胜利还作检讨，很可贵。"……当张爱萍司令员亲自给我戴大红花时，我难受地退缩了……我回头看见自己的战友，他们和我一样，眼睛里滚动着泪水，我们心里清楚，这是首长给我们鼓励。我们都说不出话来……

真滑稽！我就此事问父亲，他说："怎么不记得？是有个飞行师长，姓张，那次吴法宪还去送行。看一支部队，看信心、看勇气。像他那样的人，我相信，一定会成功的！"

在当时的技术状况下，要提高命中率，唯一的办法就是降低投弹高度。为了避免被敌防空火力击中，就要巧妙地利用地形，紧贴海面，躲过敌方的雷达，或绕过岛礁，从山谷中穿进去，从背后攻击停泊在港湾中的军舰。这需要高超的技术和胆量。张伟良师就在玩命地训练这个高难度课目，飞行员的行话叫超低空掠桅轰炸，也就是低到快要碰到船上的桅杆了。轰炸航空兵部署在杭州笕桥机场，从模拟的山谷飞出来，返场时一个大转向，正巧从西湖边擦过。父亲曾坐在山顶上，看战机从他脚下的山谷中一架架掠过，风把帽子都吹跑了。可能是飞得太低了吧，空军司令刘亚楼三次给张伟良打电话："你疯了！怎么搞到西湖上来了？知道吗？毛主席在杭州！"

刘亚楼把张伟良传去：怎么说了就不听的！我空军司令怕你什么飞机，掉到我头顶上我也不怕。但毛主席在这里工作休息！知道吗？

不过他又笑了：毛主席听到整天隆隆的飞机声一再说，训得好！但你们动静也实在搞得太大了嘛！

1955年1月10日，张伟良师奉命出击。从上、下大陈间的海面上掠过，第一次投弹就命中了，这是一艘美国总统杜鲁门送给国民党政府的"中权号"坦克登陆舰。冲天的火焰喷射出来，这一次再也不是烟幕了。

在最后解放一江山和大陈列岛的作战中，张伟良师战功赫赫。张本人被授予"一级战斗英雄"称号。

张伟良这回可受之无愧了。

王德在他的回忆录中写道：

"张爱萍司令员很早就向我们明确提出：海空军要先于陆军投入战斗，边打边练。要积极寻找战机，千方百计地消耗敌人，破坏敌之心理稳定，使敌由强变弱，使我由弱变强，从而夺取战区制空权、制海权，从空中、海上封锁、围困敌岛，力求在我对一江山岛发起进攻时，敌难以对我进行空战和海战。"

父亲自己说："我不会放过任何机会，在实战中锻炼我的部队，锻炼我的司令部。"

华东军区海军司令陶勇，新四军的一员战将，也是个锋芒毕露的家伙。他并没有参加到前指来，不是不要他来，是他自己不来。他当着很多人的面说："我看前指设海军指挥所就是多余的！"

回忆到这一段情节时，我问父亲，他笑了笑，说："是他亲自部署海军的作战行动。"

"作战会上，陶勇和苏联顾问吵架。我是想给苏联同志留面子的，有不同意见不奇怪。但顾问不干，一定要我表态，说你这个司令员要讲话。那我就不客气了，说我们海军司令的意见是正确的，我完全赞同。顾问不高兴了。我们吃饭叫他也不来，他自己打开个手巾铺在草地上，吃面包和香肠。我说你那个东西没有我们的好吃，叫人送去，后来他也吃光了。我对顾问说，我们两个布尔什维克好好谈谈怎么样？他回到华东军区告了我的状，后来又告到北京彭老总那里，我才不管他这套呢。一江山胜利后，他到机场来，拥抱我说，欢迎胜利的将军。我很感动。后来我去苏联访问，他请我在莫斯科吃烤鸭，哪里能好吃？是布尔什维克，就应该这样。"

一个彼此信赖，相互支持的领导核心，是胜利的保证。

按作战计划，一江山渡海登陆作战，至少需各类舰船一百二十五艘。可华东海军只有五十九艘。陶勇从青岛海军基地、华东军区公安司令部、福建军区、浙江军区和二十二军，又征调了六十艘船只，但仍有缺口。父亲亲自跑到上海，从江南造船厂、上海港务局又弄来十七艘登陆艇。到一江山岛作战前夕，华东海军共征调了各类船艇一百四十四艘。

火力是登陆的首要问题。登陆兵在海上是完全暴露的活靶子，要靠强大的火力压制住敌人，也就是首先摧毁敌人的地堡群，然后对堑壕里的敌人要打得他抬不起头来。登陆上岸后向纵深发展时，也是个难点。因为远在大陆的海岸炮和空军怕误伤自己部队，不便以覆盖火力压制敌人，而要靠舰艇的随伴火炮对点状目标进行随机射击，所以增加舰船的火力就尤为重要。海军和兵工厂的工人们把喀秋莎火箭炮搬上船，又把登陆艇和渔船改装为火力船，陶勇和彭德清坐镇上海，用二十一天时间，改装了七十七艘船只。

海军给敌人最大的震慑要数击沉"太平号"了。"太平号"护卫舰（当年称它是驱逐舰）排水量一千五百吨，是浙东海域敌我双方最大的一艘军舰。它自恃个头大，经常耀武扬威地进出这个海域。

都过去这么多年了，父亲说到它时，还用拐杖使劲地往地上一杵："打的就是它！这是一艘支援大陈的常备舰，炮艇是对付不了它的，必须用鱼雷攻击。"

上世纪50年代初，中国向苏联购买了三十六艘P—4型鱼雷快艇。这是一种铝质艇体的快艇，排水量约二十吨，两台柴油发动机，最高航速四十六节，战斗定员十二人。配备四百五十毫米口径鱼雷发射管两具，双联装十四点五毫米机枪两挺。它像狼群，在岛礁众多的台州列岛海域，隐蔽待机，纵横穿梭，一旦扑到猎物，立即将他撕碎。但不幸的是，它是个瞎子，艇上没有雷达，完全靠岸上雷达指引寻捕目标。在海战中，尤其在夜暗和雾天，多次发生狼群找不到猎物，或半路丢失猎物的情况。

当时的雷达是用巨额外汇进口的美国SO—8型对海警戒侦察雷达。那时雷达工业在我国还是一张白纸，不但不能制造，就连修理厂所也是凤毛麟角。父亲组建海军时，在上海华东海校设立了最早的雷达专科班。1952年5月，第一批八名学员毕业，在青岛筹建了我国第一座海军雷达站。

老天不负苦心人。1953年，海军的第一批雷达兵随雷达站由朝鲜回国，在浙东前线的高岛开设。这个雷达站几乎是开在敌人眼皮子底下，用高倍望远镜都可以看到一江山敌人的活动，其危险和困难可想而知。据当年雷达站的老人回忆："那时敌人非常猖狂，即使万里晴空，敌人军舰也停在我岛前方两三海里的地方，打炮一百多发……我们把雷达天线进行特别伪装，除盖上涂有多种颜色油漆的帆布，还插上许多树枝。因为海军制服都是白色，很显眼，平时在山上活动，我们都是光着膀子，装成渔民一样。由于敌人封锁，海岛淡水特别稀少，都实行定量配给，每天早上洗脸刷牙用过的水都用大汽油桶储存，一般洗衣洗澡都去海边，洗完后再用经过大油桶沉淀过滤后的淡水冲洗，不然，身上衣服上会留下很多晶体粉末，使人感到很不舒服。"

战争的进程是扑朔迷离的。其实，一开始谁也没有想到要锁定"太平号"。1954年5月，也就是击沉"太平号"的半年前，为了整个战役的需要，必须扫清敌占外围岛屿。5月15日夜，我军发起了夺占东矶列岛的作战行动，依次攻克了东矶山、蒋儿岙、高岛、头门山。原舰队司令员邵震写过篇回忆，记载了这期间战况的变化：当时判断，敌人失去与岛上的联系后，必然会派舰船靠近核查情况，这就给我提供了绝好的战机。果然，第二天拂晓，敌出动了四艘舰船，连旗舰"太和号"也跟过来了。双方发生了战斗，因天气变坏，能见度降低，遂脱离了接触。东矶山的战斗，引起了海军各级的兴趣，迅速把青岛的鱼雷快艇调过来，隐蔽在东矶列岛待机。但敌人不来了，这一呆就是半年。（注：邵震《浙东海上作战片断回忆》）

这段话告诉了我们，扫清外围引来了敌舰，敌舰的光顾，引起了我海军的食欲。但等我布下了圈套，野兽却不来了。什么叫狩猎？就是捕获猎物要等待，要能耐得住性子。费了这么大的功夫，要抓，当然要抓大的。据文献记载："张爱萍于25日登上高岛核实了这一情报，定下攻击'太平号'舰的决心。"（注：《当代中国军队的军事工作》，261页）

从制定计划算起有半年了，这一天终于来了。在这之前，鱼雷艇在海上隐蔽待机了十三个昼夜，14日零时5分，高岛观通站雷达发现"太平号"出现在一江山岛东北海面，鱼雷编队立即出动，对准敌舰的侧腰部，展开成一个扇形，这是最佳的攻击队形……"太平号"的噩运来临了。

战史记载："1954年11月14日第三十一快艇大队155、156、157、158、159、160六艘鱼雷快艇和414、415、505、506四艘护卫艇，在浙东大陈至鱼山之间海面，击沉蒋匪'太平号'护卫舰。"（注：《海军组织建设大事记》，85页）

由于指挥位置不同，当事人之间回忆的角度也就有所不同，父亲回忆时讲得非常详细："这个大家伙总是黄昏出动，先到一江山、头门山转一圈，再返大陈基地，这是它活动的规律。我专门到头门山的雷达站蹲了一晚上。用八艘鱼雷艇（注：和战史记载有些出入），由象山港出发，为了隐蔽企图，黄昏时再折转到头门山西南伏击，待敌人进入到一江山海域后就出击。不巧那天敌人恰恰就改变了航线，走一江山的外海，到鱼山列岛。一进外海，我鱼雷艇就不行了，我们的艇只能抗三四级风浪。没有十分的把握就不能动，打草惊蛇，它就不来了，我决心等。果然，天快亮时，报告它回来了，是四艘一起攻击（注：具体数量有误）。很快接到报告，说是打中了。但我看雷达上的光点还在晃动，我以为没打中，就和海军的同志们说没有关系，下次再打它。后来敌舰到了大陈时沉没了。"

据在一线的目击者描述：一串串炮弹、一排排照明弹、一颗颗求救信号弹，划破长空，从"太平号"舰上冉冉升起，红红绿绿，煞是好看。很快，两艘敌舰慌忙从大陈港内驶出，但不敢向"太平号"军舰靠近，害怕遭受第二次打击，打了几串信号弹，又急匆匆缩回港内。这时荧光屏上仍然可以清晰地看到"太平号"军舰明亮的回波信号，但位置略有变化，经过观察测算，航速只有一二节，肯定它已失去控制能力，只能随海浪漂流。三点半钟，东方拂晓，天空微明，从望远镜隐隐看出，一艘拖船急速向"太平号"军舰靠拢，并且用粗大的缆绳，拖着它向大陈岛行进！航速很慢很慢，移动不到一海里，"太平号"忽然像一个昏迷的醉汉，拽着拖船，跟跟跄跄，直向海面倾倒。拖船惊恐万分，魂不附体，赶紧砍断缆绳，脱身而去。

据高岛雷达站的同志描述："天亮以后，一轮红日高高升起，万里天空，白云朵朵，辽阔海面，波光粼粼。雷达已经关机，并且作好了天线伪装。赵班长、小金和我都十分振奋，跑步冲出坑道口，围在纪副大队长的身边，轮流用他的望远镜观看胜利的美景。这时，几艘军舰围了过来，一艘大型拖船又向'太平号'靠拢，这个排水量一千五百二十吨、舰员二百二十多名、各种大炮十八门的庞然大物，突然一反常态，如同一匹疯狂的野马，狂奔乱跳，东倒西歪。大型拖船惊恐万状，力不从心，回天无术，只好一刀两断，落荒而逃。

"'太平号'军舰作完了各种精彩而惊险的表演以后，已经筋疲力尽，开始向前俯冲倾斜，挣扎短短五分钟时间，就迅急完全沉入海底！

"新华社记者华明同志，立即抓住这个千载难逢的绝佳良机，对着放大四十倍的大型望远镜，拍下了"太平号"军舰沉没的历史珍贵镜头。接着又在坑道口的雷达天线旁边，为纪副大队长、朱副站长、赵班长、小金和我等几个雷达人员拍了合照。"

海军作战的环境是残酷的。海上只有第一，没有第二，不打则已，打则必胜！败了，唯一的去处就是葬身海底。

见微而知著

兵法，讲究的是个"奇"字，出奇制胜。

但一江山岛太小了，小到只有零点七平方公里。在这狭小的地段上，密密麻麻地修建了明、暗地堡一百五十四座，四周的岩石上层层叠叠打凿的尽是机枪发射孔。四周只要是能提供船只停靠的岸滩，早都布满了水雷和轨条砦，加之绵密的交叉火力网，叫你插翅难飞。剩下的难以攀越的陡崖石壁，也布置了倒打火力控制。怪不得大陈守备司令刘廉一自称是"固若磐石"呢。

是啊，巴掌大的一块地方，能登陆的地段人家都想到了，硬往上冲那是拿鸡蛋碰石头，人是肉长的，人再多，总多不过子弹吧？登陆部队总指挥、二十军副军长黄朝天，亲自化装成渔民，登上一条打鱼的机帆船，一直驶到离一江山岛岸仅二三千米的海面上侦察。他后来回忆说："才知道我们将要遇到的困难比设想的还要严重……乐清礁、黄岩礁、海门礁都是悬崖陡壁。"（注：国防大学《风驰虎跃一江山》，272页）而这三处恰恰是预定的登陆地段。

父亲说:"对设防到这种程度的敌人,就是要在他认为不能登陆的地段登陆,在他认为不能登陆的时间登陆。邓艾伐蜀的故事听过了吧。"

三国后期,司马昭伐蜀,蜀将姜维聚兵坚守剑阁关口,魏军久攻不下。魏将邓艾亲率精兵沿西面的羊肠小道绕过剑阁,迂回蜀国内地。这支部队,逢山开路,遇河架桥,跋涉七百余里,最后,他们来到一条绝路上。面对眼前的陡壁悬崖,高山深谷,带的干粮吃完了,饥饿疲惫,军队的意志开始动摇。身为主将的邓艾,当机立断,用毡毯裹着身子,率先从悬崖峭壁上滚了下去,将士们一个个也跟着滚了下去。这支军队终于被邓艾带出了绝境,从蜀军的背后江油杀出,一举夺占了蜀国的都城成都。

在我党的高级干部中,不乏雄才大略之人,解决问题,举重若轻。但父亲不是这种风格的人。他有想法,而且是奇想,但对实现想法,一定是事必躬亲。他做起事来,一丝不苟,而且特细。批的文件,密密麻麻,眉头、边旁,全都占满了。只要是分内的事,什么都管,几乎没一样过问不到的。在他身边工作过的同志都说,只要是首长交代过的事,不管大小,你就准备好吧,指不定哪天就冷不丁地查问下来。你有困难,办不了,不要紧,你提出来啊!他会认认真真地和你一起研究,但你要糊弄他,可就一点面子都不给你留,大会小会的把你提溜出来,挖苦的那个难听啊!他的秘书就和我讲过,下面部队提出要退役一批军马,队列部批复同意。首长把承办人找来询问缘由,回答说"大概是老了吧"。什么?"大概"两个字是该你用的吗?首长脸一下子就沉下来了,说:"既然你是管马的,以后就叫你马大哈吧!"搞得人家无地自容,谁还敢再掉以轻心?下部队,哨所、仓库、家属院哪都去,尤其边边角角的,什么食堂、伙房、厕所都不放过,检查完了,再来听你的汇报。父亲这个人,生活上很粗心,吃什么、穿什么从不计较,一顿饭下来,你问他吃的什么,他会很茫然。但对工作上的事却是记性特好，过目不忘，尤其对路、对人，只要是走过一次，见过一面，就像是刻在脑子里了，多少年过去了，仍然一见如故。他的这种工作态度和作风，把个周围的人都累个贼死。他的几任秘书，私下都说，跟着首长真累；当我的面说，你爸爸精神真好；反正都是一个意思。总理、少奇、彭老总、陈老总就很赏识他这个特点。陈毅对他说，彭老总点将要你跟他去朝鲜，给他当参谋长，我就是不放，还是留你在东南沿海，给我当参谋长吧。

别人评价他，说他雄才大略，有大将风度。但他自己不这样看，用他的话说："不要以为自己有多大本事，都只是个普通人，如果还算是有点成绩的话，得益于两个字：认真。"我接受父亲的这个观点，靠别人、靠运气，不如靠自己，靠自己的勤勉，靠认真，靠仔细。生活中细致而微小的事物，虽然不会咄咄逼人，却在"细微之处见精神"。

一个意想不到的收获。

为了选择突破地段，他亲自研究航拍照片，一张一张地翻来覆去地看，发现拼接部有一小段缺口，也就是航拍时，一段狭长的海域被遗漏了。是空中侦察方案的问题？不该啊！他马上找来空军情报参谋，一问，断定是飞行员偏离了拍摄航路造成的。为什么？为什么不按规定航线拍摄？情报参谋推测，很可能下面是敌人的高炮阵地，为了规避，飞机偏离了。父亲说，你把这个飞行员给我找来。他对这个年轻人说，我知道战争是要死人的，我并不主张去白白送死。这个飞行高度和速度都是经过周密计算的，按守岛敌人现有的地面火器是难以击中的。我，要求你再飞一次。

为搜索敌人的工事、火力点和海域情况，空军共派出飞机十七批六十架次照相侦察，十七批三十四架次目视侦察，其准确率达百分之八十左右。

父亲回忆说，这个年轻同志的这次拍照非常成功。就在这条缝隙中，有一块距离一江山岛很近的岩礁。这是块很重要的石头。叫什么名字，他已记不清了。我也查了一下，也没有搞清，可能是叫擂鼓礁，很响亮的名字。重要的是，在它前面还有很多块礁石，依次指向一江山岛。有趣的是，有的照片上有，有的照片上就没有。不难判断，是暗礁，涨潮时淹没了，退潮时裸露出来。

就是它！把它圈下来。为什么不登上去呢？这是观察敌岛的绝佳位置。

二十军第六十师侦察科长利用夜暗，三次泅渡登上前面的礁岩，潜伏在石缝中观察，最近处离一江山岛仅三百米。涨潮时全身浸泡在海水中，退潮时他们就把雨衣翻过来，在暴烈的阳光下潜伏拍照，拿到了一江山岛岸滩和潮汐线的第一手资料，为最后确定登陆地段立下了大功。

我曾看过台湾方面写的一江山战斗，很血腥，尽管文章描述的守岛蒋军如何的英勇，但对比起共产党的军队来，从战役高级指挥员，到军长，到侦察科长，到飞行员，在国民党军队中恐怕还找不到像他们这样敬业、这样智慧、这样敢冒险的人。南京军区创作员陆柱国写过本小说《踏平东海万顷浪》，后来被改编成电影《战火中的青春》，主角雷震林的原形就是这位侦察科长。

最后确定的方案是，登陆地段就选择在西北角的突出部——黄岩礁和海门礁。这是个与登陆作战条令不甚相符的地段，怪石嶙峋，像鲨鱼的牙齿般的露出水面，伴随着岩头浪和漩涡。岩头浪，就是那种冲上峭壁后反弹回来的海浪，铺天盖地地压下来，不要说打仗，就是平时航船通过，也要惊出一身冷汗。但正因为如此，这也是敌人火力配置最弱的地段。这里离一江山的次主峰最近，只要利用满潮时节，不用涉水，就能出其不意地直接而迅速地登岛上岸，拿下制高点，割裂敌防御体系，各个歼灭。父亲说："这就是栈道，邓艾偷袭江油的阴平栈道。"他拿起桌上的眼镜盒比做登陆艇，把另一只手掌立起来，说："你看，登陆艇就这样直接撞上岩石，但不能停，还要开足马力，顶住，保证登陆兵冲上岸。就这个动作，我们反复演练。"

后来国民党方面的回忆文章说，共产党的部队几乎是从海那边的岩石顶上突然冒出来的，可怕之极！

前指决定，改变我军夜战惯例，战斗在白天发起，白天航渡、白天登陆。这是父亲的意见，我们登陆船只性能各异，驾驶、协调的水平有限，白天有利于航渡编队和准确抵岸。而且，登陆地段狭窄，夜间谁都看不清，撞在一起，还不成一锅粥了？何况，我已握有制空、制海权，可以保障昼间航渡和登陆的安全。根据当时潮汐推算，确定午后12时30分起航，15时满潮时刻登陆，抢滩突击。这样距天黑还有四个小时，拿下岛上制高点，基本结束战斗，应该说，是够用了。

为了隐蔽战役意图，指派陆军部队在柴桥地区进行训练，把南边的披山作为攻击的假定目标，给敌人的判断造成错觉。指挥所设在宁波天主教堂里。事先，公安局迁移了附近的一些居民。登陆部队远在乐清礁半岛的芦苇丛中，隐蔽进行三个多月的训练。三军实战演习的地点选在远离战区的穿山港，给空军下达的任务是，演习期间绝对不准一架敌机窜到大陈、一江山以北一线。演习一结束，各部队立即分散。后来证明，敌军对我作战意图一直迷惑不解。

模拟现地的实兵演练是在最炎热的季节进行的。

当年跟随父亲的秘书丁慎勉回忆："我们到的那天晚上，天气热极了。军里请吃饭，还喝了酒，吃的好像是猪头肉吧。那时哪里见过冰箱，食物可能有些变质，军里也是的，吃什么不好？结果当天夜里首长就拉稀了，拉了二十次，坐在马桶上，拉得人都站不起来了。可把大家吓坏了，赶紧找医生。第二天是听汇报，军里建议改天，首长躺在那一个劲地摆手，连说话的力气都没有了。吃中午饭时他醒了，说要听演习方案，他站不起来，就用了张躺椅，就是南方那种藤子编的，把他抬到作战室，他是躺着听的。第二天计划是到现地看部队抢滩上陆的行动，肯定是去不了了。但他就是不让变。我和军里说，既然首长定了，先这样安排准备，到时候再看。第二天一大早，我不放心，上楼去看他。可把我吓了一跳，你猜怎么啦？他在那儿做起体操来了，做的就是他自己编排的那套操，拳打脚踢的，好像一切都从来没有发生过似的，奇了！……"

我和兄弟们背后说到父亲时，总爱引用小林园夫描写革命党人的一首诗《那家伙》：

那家伙，像剃刀一样锋利，机器一般不停地工作。

所谓自己的时间，那家伙从未有过，承担了最棘手的工作，那家伙从未叹息过。

那家伙，充满信心的眼睛，总把我懦弱的心灵鞭策。那家伙，磷光闪烁的眼睛，把我留恋世俗幸福的心灵谴责。

拳打、脚踢，腿都站不直了，那家伙的眼睛，却透过牢房的铁网，向我投射着磷火。

……

我爸，就是"那家伙"！

"D"日

真实的战争，永远不会像电影那么传奇。就在前线紧锣密鼓地准备开打时，上面的决心似乎出现了漂移，虽然只是些蛛丝马迹，但足以使在前线的父亲惴惴不安。

1954年6月至8月间，随着我国外交和舆论对美蒋签约的强烈反响，美太平洋舰队司令斯图普率舰艇六艘入侵大陈海域，并连续每日出动飞机一百六十架次在大陈空域进行示威性活动，台湾海峡危机日渐生成。毛泽东先后两次批示，6月1日，在粟裕的报告上批示："处理正确，不要先向美军开炮，只取守势，尽量避免冲突。"（注：《毛泽东军事年谱》，853页）8月21日，他又在防空军司令部的报告上批示："请注意，需确实查清没有美军美舰的时机，方可对上下大陈进行攻击，否则不要攻击。"（注：《彭德怀年谱》，576页）历史往往在重复，毛泽东思考的点位，与1952年7月，彭德怀对攻打大陈时所持的异议，可谓相映成趣。

11月10日，美国总统艾森豪威尔发表谈话，要求国民党停止袭击大陆，以缓和局势。但紧接着，11月下旬，美蒋在大陈海域举行三次联合军事演习，并通过新闻媒体一再宣称《共同防御条约》即将签字。双方都在使用软硬两手，时局扑朔迷离。

11月30日，军委电告华东军区，12月20日攻占一江山岛，以迫使美蒋不能把浙闽沿海岛屿包括在《共同防御条约》范围之内。可是，两天后，12月2日，《共同防御条约》还是在美国签字了。

12月9日，华东军区报告，作战行动准备完毕，请示按原定12月20日发起攻击。

毛泽东于12月11日在华东军区的报告上批示："彭德怀、粟裕同志：因美军正在浙东海面作大演习，攻击一江山时机目前是否适宜，请加考虑。"

当日，华东军区接到上峰来电：不必太急于攻占一江山，可延至1955年1月，也可不必选择一江山为目标。

这个变化太大了。可延至明年1月，就是说，具体时间还不定；也可不选一江山，连作战目标也要变？搞的什么名堂？不打一江山，打哪儿？就在这前一天，也就是12月10日，华东军区前指向参战部队下达了战斗命令，由张爱萍、聂凤智、林维先签发。箭在弦上了，怎么办？怎么和部队讲？

若干年过去了，现在我们终于知晓了事情背后的原委。张震在他的回忆录中披露：作战方案已经毛主席批准，战斗即将发起之际，华东军区的一个领导同志向总参报告，兵力不够，时间仓促。陈赓将意见报告给毛泽东，毛泽东表示了如上的意见（注：摘编自《张震回忆录》，494页）。何以这样犹豫再三？大战待即，举棋不定，乃兵家大忌。张震又说：我问为什么这样处理？回答是，上报告的这个同志"从来是敢负责的"（注：《张震回忆录》）。笑话！难道身为前线司令员的张爱萍就是不负责的？

针对军委12月11日电报，父亲经再三斟酌，发了一份力陈自己意见同时又给军委留有余地的电报。12月16日，他和王德署名报告：

　　一、此战仍以攻取一江山为宜。鉴于登陆部队战术训练、三军协同作战训练、各类舰艇准备和机场扩修最后期限于55年1月10日前完成，故可于1月中下旬进行作战行动。

　　二、鉴于1月中下旬及2月天气严寒，可考虑延至明春（3、4月份）；或放弃一江。打此小岛准备复杂长期，不如集中力量，力求于明年内打大仗。

　　三、（略）

从这份电报看，父亲坚持"仍以攻取一江山为宜"，这是他的决心；"故可于1月中下旬进行作战行动"，这是最后期限，因为这样多的部队不可能在敌人眼皮子底下按兵不动。"或放弃一江"，和"力求于明年内打大仗"，如果军委再定不下来，那只有放弃了。既是对军委"也可不必选择一江山为目标"意图的理解，也是他失望和无奈心态的反映。甚至是有情绪了。

苏军《战役学》中最突出的一个观点是："战役目的的坚决性"。我这个搞战役的人，一开始对这句话并不以为然，目的有什么坚决不坚决的？目的应该是明确，意志才谈得到坚决，总以为是翻译的缘由所致。其实，在决策集团的主观意志中，在决心基本一致的前提下，总会有谨慎和冒险、犹豫和果敢之间微妙的差异。这时，就用得着苏军战役学中的这句话了："战役目的的坚决是战役组织的前提。"在战争生死的较量中，这种势在必得、破釜沉舟的胆气甚至是冒险往往成为最后胜利的关键。这或许也是一江山作战留给我们军事指挥员的一点小小的感悟吧。

大概都是从战争中走过来的，五天后，也就是12月21日，彭德怀报请毛泽东，以军委名义复电华东军区："关于发动攻击一江山岛登陆作战时间问题，应积极准备，只要准备好了，确有把握就发起进攻。"

这回总可以算是尘埃落定了吧？

但时机过去了。在这种反复的更改和变动中，时间像水似的在流淌着，新年的钟声把人们带进了1955年1月。

严寒的大陈海域，是风高浪疾的季节，所有的渔船都休眠了，对岸的国民党终于可以松一口气了。因为在这个季节是不可能进行海上登陆作战的，有谁会顶着日夜呼啸的狂风、冒着六七级的涌浪去横渡海峡呢？美军顾问团分析，以共产党海军现有的舰艇吨位，和空军的导航设备，不可能在这样冬季多风和阴雨季节，发起任何规模的渡海登陆作战。第七舰队驶离大陈海域，到菲律宾躲避寒冷去了。

当时我军司令部沿用的是苏军的作战术语和队标。战斗发起的日期，用俄文字母"Д"表示，即"Д日"。也就是现在军语说的，到底哪一天是"D日"？华东军区前指的所有人都知道，老天爷留给他们寻找D日的机会越来越少了。

父亲说："大家每天都在听聂凤智那个气象站的汇报。"前指对空军气象站的专家们开出的条件是：寻找风力不大于五级，浪高不大于四级，能见度、云量和云高，均要适于炮兵、舰艇和航空兵执行战斗任务的天气。要快,更要准!

但气象站的回答是:浙东沿海的冬季,几乎没有符合上述条件的好天气!

父亲说:"几乎没有,不等于绝对没有。再给我找!"许多重大的事情,成功与否,取决于自信;取决于在几乎没有中找到"有"。我相信,这种时刻,焦虑是必然的,但希望不能没有。同世界战争史上所有指挥渡海登陆作战的将军们一样,等待好天气,是他们唯一的、至高无上的企盼。

辩证法告诉我们,必然存在于偶然之中,在任何偶然的东西中都会找到必然的因素,这就是规律。空军气象专家们走到当地打鱼的船老大们中去了,难道1月的台州海域真的没有天气放晴的日子吗?他们搜集了二十年来的我国海洋气象预报,参考了北起苏联库页岛,南至印尼广大海域的气象资料,经分析综合:浙东沿海的冬季的每年1月16日至20日,是好天气时段!这一消息,使前指一下子沸腾起来了!

上天不负苦心人。

1955年1月6日,张爱萍、王德报总参谋部:

> 气象测量结论:17、18、19日风、浪、潮汐适宜海空作战(18日最好,19日后可能开始转坏)。为此,于17日前完成一切作战准备。18日定为D日。
>
> 登陆部队于17日拂晓前进入石浦港待机。由于16日夜仍有五级以上风浪,随伴火炮舰艇于17日黄昏时到达石浦港。
>
> 18日拂晓前,登陆部队到达头门山、高岛、蒋儿岱进攻出发阵地。如18日天气变坏,则在石浦港待机。
>
> 我于17日晨自现地出发,当日夜间到达头门山前进指挥所。海前指马(注:华东海军马冠三参谋长)亦于17日夜到达。

特报。

明确简捷的作战报告,铁一样冰冷的字句,但我相信,每一个当过兵的人,都能感受到字里行间燃烧的激情。从浙东前指成立算起,父亲已经苦心准备了四五个月;从争夺制空权、制海权的斗争算起,父亲已经准备了将近一年;从任华东军区参谋长算起,父亲已经准备了整整三年了。现在,这场战争终于不再是军用地图上的红蓝标示线了,也不再是毛泽东、彭德怀办公桌上的往来公文了,即将到来的,是火与血的洗礼。

谋事在人,成事在天

登陆部队陆军第六十师参谋长王坤说:张爱萍总指挥对我说,"你先去,到达头门山之后,迅速沟通联络,一旦中央军委最后批准部队行动,我向你发出'东风'两个字。明白?"我说:"明白!首长。这是说,万事俱备只欠东风。"

"不对,是万事俱备,不要东风!首长纠正说……"

周瑜火攻曹操船队,要得是强劲的东风。但登陆部队期待的是风平浪静的大海。

1月17日晨曦,父亲和参谋长王德率前指陆海空三名参谋,从宁波出发。他们将经奉化、临海到海门,再从海门渡海抵头门山前沿指挥所。一路上,他不时地将手伸出窗外,试试风力的大小。"风,怎么还不停啊?"

上午10时,车进入临海公路段。正前方,横着一排军人,这是在搞什么名堂?一名军官上前敬礼:报告首长,军区来电话,请您立即到军分区接通和上级的联系。那时我军的通信还是相当落后的。军区电话到时,父亲正在从基本指挥所向设在前沿的前进指挥所转进途中。军区只好通知沿途各单位,见到前指车辆立即拦截下来。

华东军区转来总参谋部的紧急通知:"立即停止作战行动。"

昨天晚上,也就是1月16日夜,总参谋长粟裕批示:

> 作即办复:不要太过于紧迫,总之充分准备,完全有绝对把握攻占才行。因此我们意见时间仍可推迟。望你们再行检查。
> 粟裕 16/1

1月17日,也就是今天,总参谋部正式批复:

> 爱萍、王德二同志并华东军区:1月16日电悉。我们认为1月18日攻击一江山为时过早,必须继续充分准备,在气象良好的条件下,确有把握才能发起攻击。可推迟至2、3月份。

据当时在场的参谋人员回忆,首长脸色阴沉,说了句:"莫名其妙!"他和王德嘀咕了一下,听不清在说什么,只是一直板着个脸,然后说:"给我要陈赓!"

父亲同陈赓是老相识。1935年9月,一方面军长征到达哈达铺后,改为陕甘支队,父亲任二纵十三大队(原三军团所属红十三团)政治委员,陈赓任大队长。父亲很喜欢陈赓的豁达和顽皮,两人配合得很好。父亲说行军过程中,女同志要小便,就披件雨衣,蹲在那,陈赓过去就要撩人家的那块遮羞布,吓得女同志们哇哇乱叫,追着他打,他可高兴了。但邓大姐(邓颖超)、蔡大姐(蔡畅)在,他就不敢了,装得可老实了。后来他们为打马步芳的骑兵还发生过争执,但事后都不计较。父亲这时找陈赓,因为他现在是主管作战的副总参谋长。

父亲说:"一听我的声音,陈赓就哈哈大笑,我就知道你这个家伙会给我打电话!我可不想笑,我说,不能接受!我讲了三条,一是,部队已经全部进入待机地域,气可鼓而不可泄;即使撤出来，整个作战企图和我们设计的这套打法都将暴露无遗，使敌人警觉，给今后重新组织将造成极大的困难；二是，新的义务兵役法刚刚颁布，参战老兵，大多经过入朝作战、解放战争，又经过长时间的三军协同作战训练，兵员素质很高，如推迟，都复员回家，以后重新训练新兵，不知要花多大力气；三是，18日气象预报天气良好，当面敌情无变化，战区无美机、美舰干扰，从种种迹象来看，敌人尚未发觉我作战意图。天时、地利、人和，失之而不再来。"

"陈赓在电话里问我，那你有绝对把握吗？"

"我说，绝对二字怎么讲？"

父亲曾和我多次说过，在他的一生中，从来不用绝对二字。即使后来在主持国防工业期间，多次组织两弹一星的发射，不可预见的因素太多了，何况我们每一次发射都要和政治联系起来。但他从来不用绝对这两个字，对上不用，对下也不用，也不要求和赞成别人用。对上使用这个字，是不负责任的。要求部下给你打这个包票，也是不敢承担责任的表现。他说，我们是唯物主义者，相信任何事情都有他的偶然性，绝对二字不是一个指挥员应该使用的字眼。即使别人对你拍着胸脯说绝对，你也不要信他。关键在于检查他是不是把一切该做的都认真地、尽力地去做了。自己做出了判断，自己定下了决心，当然，自己就要承担责任，这就是一个人的作风和风格。有了百分之九十的把握，就应该下决心。一旦出现了超出我们主观以外的因素，也就是现在习惯说的，不可抗之力，那只有承认失败、承担失败，而且是坦然的、不透过地承担自己该承担的责任。既然是一级领导，就不要只当传声筒。

"陈赓说，他向粟总长报告。"

"我说，你要知道，明天我就要开始行动了！"

在场的当事者王德是这样叙述这件事的：

"据粟裕总长身边的参谋张剑同志回忆：张爱萍司令员与陈赓副总长在电话中交谈了很久，开始陈赓副总长试图说服张按总参电报指示精神，暂缓执行对一江山的作战行动。张司令则坚持建议于18日发起进攻，并反复阐明利弊，请求陈赓副总长代向粟裕总长转报我'浙东前指'建议执行16日原计划的理由。"

"张爱萍将军终于说服了陈赓副总长。陈还问他：'你有绝对把握吗？'张答：'把握肯定有，只要美军不介入。但，"绝对"两字不好说。'"

就在等待总参回话的时候，参谋方宗岳将华东军区某领导的命令抄件递上来："把部队撤回，停止攻击一江山岛作战计划。"

这位领导是1954年上半年到任的，那时大陈作战计划的先期实施实际上已经开始。

方宗岳回忆：首长看了一眼，手一挥，说了两个字"出发！"

这究竟是为什么呢？就在其他人都主张大打时，父亲力排众议，坚持初战只打把握更大的一江山，军委肯定了这个方案。但在行动的关头，怎么上面反而倒都认为这是一场没有把握的仗呢？从总参谋部表态的暧昧上，看得出，他们对这一仗是持有怀疑的。难道真的做错了什么吗？

我找到的只是当年父亲在开战前两个星期给军委的一份报告。

> 军委和军区：根据对一江山作战准备情形看，其兵种器材之多，工作之复杂费时，陆海空军部队既无现成经验（连每一艘船的装载，均需多次研究试验），以及缺乏现成的登陆器材等等，都说明不是如像我们现在这样的一个临时性的只指挥作战的机构所能担负的。
>
> 此次，并非是一切都由原部队准备好，我们仅做临时战斗准备。而是连调查征集并修装舰船、运送物资、扩建机场、舰

船基地、作战训练等等全部准备工作，都要由我们来完成。今年及以后，解放东南沿海诸岛任务更加繁重，其准备工作和作战指挥，需由专门的领导组织才行。如照现状下去，不仅对作战工作有影响，对军区全盘工作亦有影响。

我建议（略）

本知无不言态度，仅呈参考。张爱萍 1 月 4 日于甬

字里行间，看得出父亲的怨气和无奈。是啊，前指，只是一个作战指挥机构，陆海空军的装备、战场保障、后方和各项勤务保障，应该是战区的任务。如果战区不能很好地配合，反而掣肘，再加上个人恩怨，那事情就难办了。但父亲的信只能就体制质疑，除此，他还能说什么呢？

时任二十军副军长、登陆指挥所司令员黄朝天在他晚年的回忆文章中说，当时，也是军区领导命他撤回部队，他没有服从。他说登陆部队归前指指挥。他是他的老首长，也许因此得罪了。但他认为自己没有错，作为一名军人，能参加这样一次战斗，他终身为此骄傲。

父亲应该欣慰了。一个团队，一个同仇敌忾的团队，一个团结在他周围的、对他无比信赖的团队，是赢得胜利最重要的因素。即使失去了这次机会，那么下次，或者是再下次，他们一定成功！

总参谋部为什么会对这次作战行动一再提出质疑，张震在他的回忆录中已有所披露，还是华东军区自己内部不同意见所致。回顾历史，排除人为因素，这也给了我们一个借鉴。和平时期，在局部战争中，面对现代化的诸军兵种的协同和保障，面对错综复杂的战场建设和准备，由战区派出前指显然是不妥的。既然是由战区负责保障，前指一定是由统帅部派出，级别高于战区，才可能做到保障服从作战的需要，而不是掣肘。这也可以算是对我军在研究未来作战的指挥体制时的一个参考吧。

苏联作家艾特玛托夫写过一部长篇小说,题为《一日长于百年》。当一桩策划已久的大事件终于来临时,每一分钟都会像一年那样漫长。

北京,中南海。

陈赓迅速向总参谋长粟裕汇报。粟裕遂要陈赓速报彭德怀。此时的彭德怀正在中南海参加政治局会议,在得到报告的同时,即打断会议,向毛泽东报告前方指挥员的判断和决心。毛泽东没有马上表态,当即征询了刘少奇、周恩来、朱德的意见,然后对彭德怀说:授权你来下这个决心吧!

总参的否定意见是经报彭德怀同意的,可见彭老总对打这一仗也有所犹豫。但是,他当即表态"相信前线指挥员",他说:我们都是打过仗的,按爱萍的意见办,战斗照原计划进行!

作战处长石一宸回忆:我立即以最快的速度报告了张总指挥。当时,许世友副司令员正在作战室,他听说军委已批准了,大声说:"坚决支持张参谋长的意见,不要再干扰张参谋长的行动。"他的话很简单,但很有力,表达了他的态度(注:《石一宸将军亲历三次"台海危机"》)。

真是好事多磨。打不打这一仗,自三年前的动议,到部队发起攻击的前一天,从最高领袖到政治局、到军委、到总参谋部,又层层走了一圈。这对力挺打这一仗的总指挥来说,就只能干好,不能有误了。我相信,这时,对父亲来说,真的是没有退路了。

父亲说:"一路上,风力还是没有减弱的迹象。黄昏时到的海门,气象突变,海上起了大风大浪,我们是坐登陆艇上头门山的,摇晃得厉害,16号晚上前移集结的船只在风浪里互相碰撞。我一到指挥所就打电话给聂凤智问气象,我要他让徐杰同志直接跟我讲,他说,西北风已经过去了,现在是个尾巴,明天就没事了。我听了觉得太玄乎了。追问他是真的假的,不行就说不行,没有关系的,我们再想办法就是了。他说是真的,没问题的。我和王德商量,一边准备天气转好按计划登陆,但如果还是不好,就再等一天。通知部队做好防空,空军无论如何要保证不能让敌机进入我待机地域的上空。"

前指空军气象科科长徐杰回忆:"1月17日夜晚,电话铃响了,是前指打来的,说海上风很大,登陆部队的隐蔽棚多处被吹走了,首长很关心天气。我和台长和预报员研究,认为不是天气图上大系统的变化影响,估计是小股冷空气尾部在海上扫过而产生的。我又和上海气象台通了电话,会商结果,证实了这股大风的来龙去脉,是副冷风尾部带来的短时大风,已经向南移去。"

父亲继续回忆:"等到半夜还是那么大的风浪,我想没有希望了,与其眼巴巴地盼着,不如睡觉。回到下面帐篷里,可怎么也睡不着。也许是太困了,不知什么时候一下子睡过去了。猛地一睁眼,天放亮了,心里一惊,就往外跑,呵!"

……

风平浪静。父亲没有去形容当时大海的样子,但我能想象得出:一望无际的大海宁静得就像熟睡的婴儿,深蓝色的天幕上,几颗晶亮的星星正向他眨眼睛呢!东方发白了……

1955年1月18日,当天的气象预报是:大陈海域云量为零至三,云高三千五百米,风向中午前北至西北,午后转东风,风速每秒三至四米,能见度十公里以上。这对航空兵、舰艇部队、登陆兵和炮兵都是一个绝佳的天气。

1月份的大陈海域,预测只有三天的好天气。但实际上17日并不好,徐杰写道:"而18日傍晚,大批舰艇返航后,海上的平静就消失了,风力逐渐增大,云量也布满天空。19日,对大陈轰炸,机场上空云量减少,但能见度较坏,11时才转好;但下午执行任务时,目标区上空天气急剧转坏,云的层次增多,云底高有二千米,但飞行员报告下面还有一千三百米的云层。"也就是说,投弹高度只剩下七百米,这对轰炸机是危险的。

徐杰又说:"急剧的天气变化,我们未能事先分析出来,但谁也没有去注意我们这次失误,因为战果是明显的,大陈的敌指挥部被我空军炸掉了。"

1月18日,只有这一天,偏偏被他们抓住了。

大海和天空,垂青于这些为共和国的统一而战的军人们。

战争奏鸣曲

在刚刚过去的17日下午,在距一江山岛以南直线距离不过八十海里的披山列岛,已是浓烟滚滚。我轰炸机群在歼击机掩护下,从容不迫地狂轰了披山守敌。当日夜间,浙江军区又组织了十余艘机帆船,抵近披山实施佯动炮击。国民党大陈防卫部一下子将注意力转向披山,电令披山守军做好一切抗登陆准备。

18日凌晨,我参战舰艇一百余艘分别从定海港、石浦港、檀头山锚地起航,分别抵达头门山前进阵地。我120迫击炮连当夜以木帆船秘密运至大茶花礁阵地,炮兵射击引导分队和侦察分队则登上百夹山抵近观察,头门山炮兵群已作好射击准备,而参战部队的全部无线电则保持绝对静默。

这里的黎明静悄悄。

战斗是早上8时整开始的。据目击者描述,远方的天空中突然响起了飞机的轰鸣声。刹那间,一江山岛顿时火光闪烁,烟雾腾腾,一江山成了雾岛。

9点以后,突然一切都安静下来了,烟尘随着风渐渐散去,一江山岛在朦胧中依稀可见。

敌我双方都沉默着……整个海域出奇地寂静,只有平静的海水和耀眼的阳光。

父亲在二十军副军长黄朝天等人陪同下，来到头门山北岙岸滩。站在他面前的是第一批突击队员，他们将在几小时后登上一江山岛。他们和这场战争的总指挥的目光交织在一起，他们相互都知道，在他们中间，有的人也许能活着回来，有的人就永远回不来了。据父亲身旁的参谋人员和警卫人员回忆说，司令员对他们一个一个的都凝视了很久，默默地没有说话。

只有风吹着军旗猎猎作响，他是要记住他们吗？

二十年前，在长征途中，在争夺遵义外围老鸦山的战斗中，他也组织过敢死队。所不同的是，他那时作为红十一团的政治委员，是亲自率领敢死队冲在最前面的。父亲曾对我回忆过，他说："团长邓国清负伤，彭老总对我下了死命令。攻了两次没拿下来，伤亡非常大。我收拢部队，准备第三次冲击……"父亲讲述时没有多少细节，在岁月的流逝中往事已被打磨成粗线条，但红十一团的老同志还记得："我们都学作政委的样子，把上衣一扒。他是一手驳壳枪，一手大刀片……"

二十年，这么一晃就过去了。今天，他要对他们说些什么呢？

许久，他才平静地说："天气转好了，风力减弱了，空军火力准备效果很好，快到12点了，炮兵要开始了，一直会打到你们登陆。海军的舰炮也在支援你们。记住，14点30分，你们要登上前面这个小岛。我会和你们在那里会面。祝你们成功。"

声音平和而又委婉。

12时05分，突然炮声大作，四万发炮弹，雨点般倾泻下来。整个天空和海洋都战栗了。

一江山，成了一个燃烧的岛。

让我们回到北京。

1月18日上午9时，中南海，居仁堂，总参谋部作战室。

从彭德怀传记组提供的材料中我们得知，彭德怀、粟裕、陈赓和各总部、各军种、兵种的首长都来到这里。首先由作战部长王尚荣汇报："美军尚无异常调动，其海空兵力仍在菲律宾和日本。……现在美蒋双方似均未发现我军之作战意图。"

很明显，军委关注的重点仍然是美国的反应。

彭德怀对这场仗开打后的局势走向，做出了自己的判断，他说：我们都是打过仗的，作战指挥有它的程序。美军也不例外，首先要判断我们是不是攻岛，是攻一江山？还是攻大陈？还要搞清我方的兵力。早上的航空轰炸敌损失不比1月10日大，所以敌人不至于判断我们这次就是登陆。待到他判明了，虽然有预案，但总要根据情况修订，决心最后要由白宫定。行动前，还要在台湾解决协同问题，规定行动中的政策界限，再逐级下达，需要相当的时间。动用的兵力越多需要的时间也就越多。我估计，一两天内美军是难以来到战区的，这就给了我军比较从容的时间。只要能占他一两处滩头阵地，后续部队就能源源上去。加上明天一天，能攻得下来，顶多伤亡大些。当然，打仗这种事，不能只想顺利，或许遇到意外情况呢！比如，大陈敌舰和台湾的空军会不会倾巢出犯？部队抢滩时会不会遇到大量水雷？总之，成功与否，今天下午是关键。（注：摘编自《第一任国防部长》，203～204页）

这是一场特殊的战争，打了他的小兄弟，大哥会做出什么反应呢？何况他们兄弟之间还有个生死契约呢！

再切换到一江山前线。

第一次炮火袭击后的十分钟，登陆部队分三个编队起航了，他们将要分别进攻南、北一江山岛的三个地段。起航的暗语是：起床！

海上的航渡约两个小时，离登陆兵抵岸前的十分钟，海岸支援炮兵群进行最后一次火力急袭。是为了向他们勇敢的步兵兄弟致敬吧，他们以最大的速度射击着，因为在这以后敌我双方将交织在一起，再打就会有误伤。前面纵使是刀山火海，步兵兄弟，只有靠你们自己了！

下午2点29分，二十军六十师一七八团二营首先登上一江山岛的最北端乐清礁这块狭长的地段。

二十军的前身是新四军一师，参加过黄桥决战，著名现代京剧《沙家浜》演的就是他们的故事。解放战争中作为华东野战军主力，转战于华东战场，参加孟良崮战役，全歼国民党军"五大主力"之一整编第七十四师。参加淮海战役、渡江战役、上海战役。他们进上海后，不进民房，露宿街头，透过大上海这个窗口，第一次向全世界展示了人民军队的风采。朝鲜战争爆发后，参加了第二次战役，在长津湖战斗中，出现了特级战斗英雄杨根思。我问为什么决定使用这支部队？父亲说："这是我们华野最过硬的部队。"

首批上陆的五连很顺利，在艇上只伤了一名战士。但六连因为搞错了方向，连长未经请示就决定在湾部登陆，遭到三面火力夹击，由于携带的速爆炸药被击中引爆，两个排未离艇就伤亡二十余人。下艇后，又遭排子手榴弹杀伤，被压制在滩头上，战斗中什么事都有可能发生。但六连指挥员身先士卒，终于突破了敌第一道堑壕，稳定了局面。

第二路在一江山的东面登陆。一连遭到敌水线地堡的突袭，又没有利用炮火开辟的通道，反而机械的自行组织爆破，滞留了四分钟。在暴露的水际滩头上，在敌人绵密的火力下，生命的消失是以每一秒钟计算的。连长、指导员、副连长相继牺牲，只剩下副指导员一人。三排在排长率领下从峭壁攀上去，才解了围，夺占了第一线阵地。其他几个连都还算顺利，控制了一线滩头后，第二梯队也随即上陆。

第三路，是一八〇团二营的部队，夺占南一江山岛。几个连都还顺利，五连只用了十一分钟，就连续突破了敌两道防线。只是其中二排在接近暗滩时，登陆艇被三枚火箭弹连续击中，全排二十五人仅剩下五人。这五人中，还有三人带有轻伤。七连打得很勇猛，只用了三十分钟就从滩头打上了山顶，夺占了160高地。但它的三排由于动作迟缓，也是在滩头铁丝网前停留了三四分钟，全排仅剩下六人。

岛屿登陆作战，是所有战斗中最惨烈的。因为它没有任何掩护。

第一波上陆后的半小时，也就是下午3时，第二梯队营上陆，团指挥所在海门礁开设。登陆部队指挥员黄朝天副军长报告："步兵一七八团、一八〇团四个加强营全部登陆完毕，感谢海军、空军的密切支持！"

两个小时以后，我军夺取了敌核心阵地。

1955年1月18日前指给军委、军区的战况报告：

18日16时前我军已全部控制南、北一江山岛，正在肃清残敌。海、空兵力已展开形成对大陈方向的警戒防御。

我已率前指部分人员上岛。

张爱萍

作战处长石一宸的阵中日记是这样记载的：

08：00 第一次航空火力准备

12：07 头门山岸炮行破坏射击

12：20 支援炮兵群火力准备

12：15 登陆部队起航

13：05 船载火箭炮兵射击

13：05 海军舰炮火力准备

13：40 船载直瞄炮兵群进至射击线对滩头行压制射击

14：00 第 2 次航空火力准备
14：00 登陆第一梯队完成展开，实施抢滩登陆
14：29 登陆第一梯队攻占敌人第一道堑壕
15：55 登陆部队占领各制高点，战斗基本结束
19 日 2 时前，残敌全部肃清

石一宸说："整个参战的部队，就是一支交响乐队，乐队指挥就是张爱萍。"是啊，陆海空军分别是弦乐、管乐、打击乐。各兵种呢？步兵、炮兵、工程、通信、雷达，应该就是小提琴、大提琴了；还有长号、圆号、黑管、萨克斯等等，都代表什么呢？护卫舰、登陆舰、扫雷舰、轰炸机、强击机、歼击机，还有气象、机务、后勤……这是一支战争奏鸣曲。

让历史来做结论

彭德怀向毛泽东报告："攻克一江山岛，全歼守敌，仅三个小时就结束了战斗。"毛泽东说："从军事上看是胜利，但从政治上衡量，还有待于观察和考虑。"汇报时，作战部副部长雷英夫等做了记录。

是啊！一个重大的历史事件，必将对后世产生深远的影响，对这一事件的决策正确与否、得失与否，只能由后人告诉我们了。

一江山岛主要战斗基本结束后，我军即转入了对大陈之敌的防御准备，19 日晨 5 时前，防御部署调整完毕。

上午 11 点钟，我空军和海军航空兵冒着蒙蒙细雨对大陈岛发起攻击。敌指挥所、通信站、气象站是第一批受难者，大陈岛成了瞎子、聋子。紧接着，岛上唯一的水库也无可幸免，两万军队、一万居民连喝水也困难了。

当日夜，我鱼雷艇大队以一江山为掩护，偷袭了在大陈海域活动的敌舰船，炮舰"宝应号"被这群狼撕咬，带伤逃回港湾。岸上的枪炮对着黑暗的海面乱放了一通，狼群守候到天亮，看看实在是没有什么可吃的了，才悻悻地返航睡觉去了。大陈守军这才体会到，失去了一江山的掩护，就再也不能像以往那样，随随便便就出去走动走动了。

看到一江山岛上居高临下的解放军乌黑的炮口，大陈岛还能坚持多久呢？更重要的是，坚持下去还有意义吗？

大陈，已是人家嘴边上一块唾手可得的肉了。

该政治发挥作用了。

《人民日报》发表社论：我们从9月3日起，一个多月里，击落击伤你六十二架飞机，击沉了你的海军主力舰"太平号"和另外四艘军舰，同日晚又击沉了你一艘，现在一江山也丢了，你们订立的"共同防御条约"有用吗？这只是个幻想啊！

语句中充满了嘲弄。

又一篇评论员文章说："美蒋签订的任何条约都是一纸空文，中国人想打就打，想什么时候打就什么时候打。"这段话是从毛泽东在送审的清样上的眉批演绎过来的。原话是："我想在哪打，就在哪打；我想什么时候打，就什么时候打！"毛泽东有时候很老成，有时候也很孩子气呢。

台湾方面。当日即召开高级军事会议，蒋介石表示决心："大陈岛将作最后的坚持。"第八十四师全部抵达大陈，并向大陈运送了物资八百吨。大陈非战斗人员、居民一千二百余人分批疏散南麂岛。伤员、家属约六百人撤往台湾。

美国反应的声势更具恐吓性。国务卿杜勒斯说："中国人民解放军的行动将牵连美国，是一个国际冲突。"艾森豪威尔总统向美国国会提出"特别咨文",要求国会授权,在他认为必要的时候,使用武装部队"保卫台湾"和"军事上的外围阵地",并扬言必要时将使用原子弹。

美军驻菲律宾第十七特混舰队、在香港的第七舰队旗舰和在日本的第十五特混舰队重巡洋舰,分三路驶向我战区以东外海集结。美第七舰队司令普赖德称:"目前对大陈岛的任何进攻,都将被美国解释为干涉第七舰队的任务。这种干涉可能遭到美国方面的报复。"美海军特遣舰队航母战斗群,在浙东海域外侧起飞战斗机四九六批二千二百二十四架次。据目击者称,大陈海面上六个航母群,黑压压的一大片,战云密布。

父亲晚年回忆这段历史时说:"我们从头门山下来,准备休息五天,再攻打大陈。我们研究,认为美国来了,这场战斗可能成问题了。但我知道它不过做做样子,不会直接参战。它还能老在这里?一江山丢了,它大陈怎么守?就在这时,我接到北京的命令,说现在美国干涉,战斗要停一下。陈老总也打电话告诉我,无论如何,你们海空军不能出航,怕引起西太平洋战争。我们研究,不主动出击可以,但他飞到了我们海岸线上空,还就要打它。"

美国这个黑老大,真的要为小兄弟打上一架?

台湾"外交部"的叶公超、顾维钧要求杜勒斯发表"带暗示行动的公开声明"。杜勒斯冷冷地说:在当前情况下是"无法去吓唬谁"。他还说,美国"鼓励中华民国国民党撤出大陈",当然,"美国将提供海上和空中保护"。

父亲回忆说:"看得出,美国很谨慎,它气势很大,但飞机和舰只都在大陈一侧,目的还是在于掩护大陈本岛。彭老总打电话给我,说美国的杜勒斯找了苏联外长莫洛托夫交涉,要我们答应放蒋从大陈撤出去。后来我知道,杜勒斯与苏联外长莫洛托夫通了热线。他问,美军如果协助大陈的国民党军撤离,中共军队会不会阻挠呢?莫洛托夫幽默地说,这个吗,怎么能问我呢?你该去问问中国的总理周恩来啊！哈哈，他也就是这个出息！"

美国第一次因为一个小岛的争执，请求他的对手来替自己斡旋了。

蒋经国亲赴大陈组织撤退，代号"金刚计划"。但历史的细节远不止这么简单，蒋经国对美国是否真会掩护自己撤离仍心存怀疑，同时他也无法断定共产党就一定不会攻击他。但他还能有别的选择吗？

台湾旅美作家江南在《蒋经国传》中这样描述：

台湾来的船团，杳无音讯。（蒋经国）早起盥洗完毕后的第一件事是要同伴刘毅夫"请看看海上有船来吗？"刘说："我充分了解望洋兴叹的心情了。"

2月5日，经国收到一个宪兵的短柬："我们在哪里，你就到哪里，哪里危险，你就到哪里。"不错，是"在凄风苦雨中，共生死的感叹心声"。但除此还有什么办法呢？他是总政战部主任，职责所在，又是父亲的儿子，人伦责任，只好"吃吃人家所不能吃的苦了"。经国本想搭机回台北，看看究竟。"怕民众误会"而"迟迟未做决定"。

7日，阴雨连绵，春寒料峭。经国告诉刘毅夫："到外边去望望吧，今天该有船了。""夜雨已停，仍是满天低云，我（刘毅夫）跑出渔师庙，上了附近的海边小山头，向东一看，吓，真来了，大概是一艘美国海军的扫雷舰，也许是联络舰，舰身的号码是124号。再往屏风山外边看去，有更多数不清的战舰，像鲨鱼群似的往大海域涌来。我立即跑回渔师庙，报告了蒋先生，他只微笑地点点头，一句话也没说。"

其中之味，不是当事者，谁能品尝得出？

2月8日，"金刚计划"付诸实施。预定在八天半内分批撤走岛上全部军民 33777 名。由美国提供全部运载舰船。

　　同日 18 时 30 分，浙东前指下达作战命令：解除第六十师进占大陈岛的任务，派公安第十六师在国民党撤离后，进占大陈岛。海空军任务按原计划不变。

　　这里还有一个小小的插曲：就在"金刚计划"实施的第二天，即 2 月 9 日 19 时 29 分，两架美战斗机擦边进入，刚过浙江松门上空，高炮部队这帮家伙手特快，一个齐射，当即击落一架。战况报上来后，父亲说："坏了，给周恩来惹麻烦了"；"报上去，陈老总说了声，乱弹琴！"父亲说："我一直在等反应，不想美国第七舰队司令在答香港记者问时说，有一架飞机因为迷航失踪了。哈！"

　　以后的事情是，美机起飞四架，我也起飞四架，空中对峙；第二天，美机起飞八架，我也起飞八架，又是对峙；终于有一天，美机起飞一百多架次，我也起飞了一百多架次。

　　像两个小孩子打架，有意思吗？父亲说："这已经不关我的事了。"

　　2 月 12 日，公安十六师先头连登上大陈。此时风光秀丽的大陈岛，只剩下一个不肯走的老人和他养的一只猴子。房屋全部都烧毁了，地雷遍布。排雷时，我一排长牺牲……

　　两天后，我军先后进驻披山、鱼山、北麂山、北龙山和台山诸岛。

　　到了第九天，南麂山岛的守军还不想走。父亲说："炸它！"

　　第十天，我军轰炸了南麂山岛，海军的狼群又从三面盯上了南麂山岛。

　　可怕！三天后的一个夜晚，该岛守军逃往台湾。

　　至此，浙东沿海敌占岛屿全部收复。

　　对这场仗，军内军外，国内国外，议论者不少。有人认为伤亡大了。伤亡大者说，敌我伤亡一比一点二三，不仅高于我解放战争的比例；也高于美军在硫磺岛登陆一比一点二一的伤亡比例。不同的意见是：战役计算和战斗计算是有区别的。一江山战斗仅仅是大陈列岛战役的突破之战，大陈是不战而得，把他两万人放掉了。从整个战役来看，加上这两万，敌我对比应该是二十比一。纵观历次战役，都是攻坚阶段伤亡远远高于扩张战果阶段。所以，从整个战役看，是得大于失。

也有说，打个芝麻大的小岛，何致兴师动众？但彭德怀就说："告诉张爱萍，给我杀鸡用牛刀！"没有大规模的陆海空军的狂轰滥炸，大陈能撤吗？美国能出面叫停吗？没有真正实力的显示，台海能平静吗？蒋介石能放弃反攻大陆吗？"用霹雳手段，显菩萨之心。"美国不甩它两颗原子弹，战后的小日本能对他俯首帖耳吗？这，就是战略！

还有议论，说这一仗根本就不该打。我也曾和父亲讨论过，我问到，"通观一江山作战的始末，我怎么觉得上面好像一直挺犹豫的。"我又问："这么多年了，对一江山一直没有好好宣传过，有许多人讲这和彭德怀挨整有关。是吗？"

每次谈到这里，父亲总是沉默着。是他回答不了呢？还是根本就不想回答。我很难做出判断，因为他不是个爱打探小道消息的人，也不是个很在意别人对自己评价的人。

为纪念一江山胜利五十周年，2005年国防大学编了一本书《风驰虎跃一江山》，书中写道：第二次世界大战以来，大规模的全面战争并没有出现，而地区性的局部战争成为了主要危险。把一江山作战放到历史的格局中考察就不难发现，此战已经具备了当代局部战争的某些特征。在这场作战中显现出来的众多的特点，如：战略的目标、战役的组织、战斗的规模，三者高度统一；世界各大国介入一个敏感地区的争端，使政治、外交、军事斗争各种手段紧密交织，相互制约；国家最高决策层直接参与并干预到具体的战斗行动……等等，这些都区别于我们战争年代传统的作战模式，以至外军评论是"有限战争的典型战例"。这次战役所反映出来的带规律性的经验，对我军建设特别是军事斗争的准备具有重要的启迪作用。

可惜我们认识它，已经是在半个世纪之后了。父亲和当年曾在一江山岛上叱咤风云的许多英雄们已经作古了。

随着一江山岛上空战争的烟云渐渐飘散，国共之间长达二十八年的战争该画上句号了。虽然后来还有过炮击和空中、海上的冲突，但大军压境的战争状态毕竟是结束了。蒋介石呢？反攻大陆的梦想也随之烟消云散。台湾海峡的军事主动权完全转入我军手中。

台湾海峡战争的冬眠期渐渐到来了。

中共最高决策层从一江山岛这个袖珍式的行动中摸到了美国人在台湾海峡的底线。《军委关于对台湾和沿海蒋占岛屿军事斗争的指示》中提出："台湾问题是西太平洋矛盾焦点，涉及美、蒋和我们三方，全部解决问题是将来的事。"（注：郑文翰《秘书日记里的彭老总》，337页）

但双方都还在喊，因为，一定要收复台湾，是坚持"一个中国"的立场；反攻大陆，也是坚持"一个中国"的立场，相互对立的双方，背后的理念又是一致的，都不愿意自己成为中华民族分裂的罪人。这大概就是对立统一的辩证法吧。

一江山岛，成了国共两党内战走向终结的见证。

写这本书时，我查阅到网上台湾方面对这场战争的描述：

> 共军于拂晓即开始以机群、炮舰及岸炮，轮番炸射一江山岛上我军碉堡、阵地、水际及滩头防御设施。一江全岛，已全

部笼罩在弹幕下，硝烟弥漫，火光闪烁。至中午，岛上我军阵地、工事、通信，遭受严重破坏，各部队间，已失去联络掌握。午后，共军以小型登陆舟艇为主体的登陆船团，分由南田至海门一带港湾驶出，在大型作战舰艇掩护下，向我一江山海岸抢滩登陆。我忠勇守军，虽予猛烈阻击，但共军借其人海战术，冒死攀登上岸。在战斗过程中，王生明司令，一直坐镇指挥所，指挥所属作战。最后，王司令在电话中报告刘司令官："敌军已迫近到指挥所附近五十公尺处，所有预备队，都已用上，我正亲自指挥逆袭中，我手里还给自己留着一颗手榴弹……"……话未说完，电话机中传来"轰"地一声，通话就此中断。刘司令官和我们围在电话机旁的人，都知道王司令已经壮烈殉国，无不热泪盈眶，悲恸不已。王司令虽已成仁，但一江山岛我军仍在继续各自浴血奋战……

现年六十二岁的陈学连，当年是大陈防卫司令部派往一江山支援部队的一员，因风浪过大，部队半途折返，陈学连当场落泪，因为，他的父亲是一江山守军的一员，天涯咫尺，他只能困守大陈，等待父亲必然的死讯。他说："那时候我们年纪轻，只知道想报仇，你到哪里报仇？那儿都是海水一大片，你总不能自杀吧！对不对？""哪还有命回来，心情上很苦闷，就待在那里啦。"

对一般人来说，战争是残酷的、血腥的，但战争之所以在人类社会的进程中独具特色而让人难忘，成为文学和人性永恒的主题，也就在于它的残酷和血腥。英国战略家富勒的名言："除非历史能教会我们如何去展望未来，否则军事史只是一部人类血腥的浪漫史。"

我们不能展望历史，但能回顾历史。一江山战役已经过去了近半个世纪，当年剑拔弩张的国共之争，随着老一代人的逝去已经变得依稀而遥远。国民党居然沦落到了在野党的境地，他们的政敌共产党甚至为他们惋惜起来。对比搞台独的民进党，好像还是老熟人交情要深些，在北京，两党新一代的领袖握手拥抱。

　　撤逃到台湾的大陈居民，许多辗转去了美国，他们在异国他乡，艰难创业，聚而不散。20世纪90年代初期，这帮人回大陆投资，希望能重建家园。但愿有一天，海峡两岸的炎黄子孙能永不再战。

　　战争，你是人类历史花园中一朵带血的花。

　　毛泽东是深谋远虑的，由一江山争夺而引发的第一次台海危机，毛泽东说了，还需要看，看清在这场三角博弈中的走势，权衡其中的利弊。他需要时间。因为他知道，摆在这个新兴的共和国面前的真正对手，是世界上的超级霸主——美国。

　　毛泽东也是个预言家，他说的政治上还要看，不仅体现在时局上，也折射在许多参加过这场战役的人的命运上。

　　父亲在战后即赴总参谋部任职。他不想去，他说："上面人事关系复杂……"但哪里不复杂？南京军区（战后华东军区撤销）党委向军委上报了《党委常委对张爱萍同志的意见》的报告。报告里说他骄傲自负，自以为是，独断专行，不好合作，看不起其他领导同志……

　　一切源于一江山。刘帅找了他，说，我们还是了解你的，但留在这里能干什么？你还是到总参去吧。父亲说："我想想也是，既然在这里也干不出什么名堂了，那就走吧。"

　　后来，父亲去南京军区检查工作，张震当时是军事学院的院长，他请父亲和南京军区的领导一起吃饭，当年参加作战会议的领导同志对父亲说：爱萍啊，干了这一杯，过去的事就算了吧！我问父亲，你怎么说，他说："还有什么可说的？一口就干了呗！"

　　是军人，就该豪爽些。

　　若干年后，南京军区的一个领导同志因为历史上的一个处分向军委申述。父亲已经是军委领导人了，他出面讲了公道话。这位同志很感动，写了一封信，为当年附和批评我父亲的事感到很歉意。

父亲说:"这种小事,都过去了,哪个还会记得它。"

父亲走后,王德和司令部其他四个处长也倒霉了,说他们是父亲的小圈子,后来在运动中一个个都被查出有历史问题,结果又一个个把他们都撵出军队。王德分到山东省计委。他伤心透了,找到父亲。父亲也急了,叫秘书去调查,找了北京市公安局,查出了有二十一个叫王德的,逐个排查,总算把他历史上的事给说清了。父亲又找了陈老总,最后由陈出面,才把王德又弄回军队。不过还好,任了总参谋部作战部副部长,总算人尽其才了,以后又出任大军区的参谋长。其他几个人的下落我就不清楚了。

一江山岛啊,你见证了多少人间的沧桑。

第 5 章
最高统帅部

1955年3月,父亲赴北京上任,虽然他任副总参谋长的命令在头一年的10月就下达了,但由于一江山作战的原因一直拖到现在。

总参谋部是中央军委组织全国武装力量建设和实施作战指挥的最高军事领率机关。他在副总参谋长的这个位置上,一直干到"文革"初,前后共十二年,经历了由彭德怀、林彪主持工作的两届军委,和粟裕、黄克诚、罗瑞卿三任总长。直到"文革"后,他出任国务院副总理期间,还兼了一段时期的副总参谋长,那时的总参谋长是邓小平,但他们基本上都很少参与总参的日常工作了。"文革"前父亲在总参工作的这十年,正是被党史界称作是"社会主义建设在探索中曲折发展"的时期,他的人生经历和心路历程,也在这个曲折的过程中变化着、沉浮着。

彭老总

我童年和少年时代的生活环境,是随着父亲的调动而变换的。我们一家人跟着他走过了祖国的许多地方。1955年夏天,我们全家从南京迁至北京,住进了什刹海前面的一条胡同里。这是清朝张之洞的官邸,一分为二,切了一半给地方,军队占的这一半又分成四家住。甘泗淇、李贞夫妇，王震、杨勇、苏静、张震寰、张瑞等都先后在这里住过。"文革"中，我们一度被扫地出门，刘贤权、于步血进驻，后来他们政治上失势，也先后被撵了出去。楼台依旧，人事已非。我们要算是最老的房客了，从1955年一直到现在，组织上几次调整住房，父亲都不同意，他说："我就老死在这里了。"

父亲到总参报到后的第一件事，就是去见彭老总。

彭德怀元帅是父亲在红军时期的老首长。父亲曾不止一次地说过，他一生中，真正值得他敬仰和钦佩的就那么几个人，周恩来、彭德怀和陈毅。他再横，在这三个人面前，也是毕恭毕敬的。周恩来的顾全大局、认真严谨和对待下级同志的平等友善；陈老总潇洒的人生态度和文学造诣；每每提及，父亲都是称颂不已。而在人格上，对他影响最大的要数彭老总了。在纪念彭德怀诞辰九十五周年的纪念大会上，父亲说出了他发自肺腑的一句话："他是一个真正的人！"

军委领导和总参谋部当时都在中南海居仁堂办公。父亲回忆，彭见到他的第一句话就是："知道为什么调你来吗？"彭告诉他，去年军委开了一个会，要搞精简整编，腾出力量搞现代化、正规化，这是项长期的工作。调你来主抓编制体制，就是要加强这方面的力量，更好地落实军委这个决心。彭问我父亲："整编是要得罪人的，怎么样，有这个信心吗？"

你怎么回答的？父亲说："很干脆，一句话，你有我就有！"

彭老总怎么说？"要干，就不要怕，要大刀阔斧。从今天起，你就搬到我这里来办公。"

父亲想了想，又补充了一句："他说，反正我也用不了这么多地方。"

也够干脆的！（注：当时总参谋部在中南海居仁堂，不久搬到北海旁边的旃檀寺。彭在六楼,总参首长都在五楼。)

总参谋部实际上就是全军的司令部,整个人民解放军的军事工作都在这里归口。清朝以后,编练新军,沿袭下来的习惯,通常是把军事工作分为三块,即军令、军政、军训。军令是指作战指挥系统,包括作战、情报、机要、通信;军政系统包括编制体制、兵员征集、武器装备、地方武装、部队行政管理和机关直属部队;军训则是部队和院校的教育训练,也有把军事学术研究包括进去的。我军是把情报单独分出来的,也就是多了军情,共四块。父亲在总参谋部是分管军事行政系统的副总参谋长。这也就是为什么彭老总要找他谈话的原因。

彭德怀和父亲之间的相识相知是在长征路上。

父亲是五次反围剿时由共青团中央调到红三军团来的。红三军团是彭德怀领导的平江起义发展起来的队伍,后来和毛泽东、朱德领导的红一军团会合,构成了红一方面军,长征时期也称中央红军。父亲回忆这段经历时说:"我在红十四军负伤后,辗转来到中央苏区,在共青团中央工作,兼任少先队总队长,主要是搞青年工作和红军的动员扩编。五次反围剿开始后,和以往几次不一样,送上去的部队越来越多,但下来的伤员也越来越多,仗越打越大,根据地却一天天缩小。大家心里都像是压着块石头。我再也呆不下去了,坚决要求上前线去。"

不难想见,一个来自团中央的小知识分子,走入骁勇彪悍的红军队伍时的尴尬情景。对于在血水里浸泡过的红军将领来说,这帮上面机关来的家伙,除了会舞文弄墨、喊喊口号外,还能干什么?即便是偶尔提起来,也是不屑一顾的神情,"你说的是团中央派来的那小子吗?"初创时期,不像现在行政上三六九等分得这么明确,团中央不敢说它有多么了不得,但它的级别可不低,共青团书记是参加政治局会议的,少先队总队长也是中革军委十五人成员之一。

父亲说，毕竟自己离开作战部队已经四年了，他申请先进红军学校。何长工是校长，安排他在高级系。但父亲的想法是，要带好兵，就要通晓基层连队的那些套路，他说，还是和连排干部一起受训好。分到三军团后，他深知自己是中央机关下来的，严于律己，处处谨慎，可终归还是出了次洋相，而且是在彭德怀面前。他说了这段故事：

"渡过湘江后，部队伤亡极大，连续几个昼夜的急行军，疲劳极了。半夜，通信员送来电报，通知天亮时带部队到军团部集合。我实在是太困了，一下子睡过去。等一睁开眼，天已大亮，手里还攥着那份电报，惊得汗都出来了。等我带着队伍赶到时，只见军团长彭德怀站在路边土坡上，在苏区，彭德怀的严厉谁不晓得？他铁青着脸，两眼直瞪着我。"

是啊！对于要强的他来说，怎么会犯这样低级的错误？"我还能说什么？报告！我睡着了。彭老总挥了一下手，只说了两个字：跟上！晚上宿营时接到军团司令部的通告，以后通信员在送达命令时，必须叫醒指挥员，签字后才能离开。这是我第一次直接面对彭老总。

"我不能原谅自己，心里非常难受。这一生中，不知多少次想起过这件事，想起我自己，想起彭老总。"

这个小故事，不知为什么他总是提及，一直到我自己也成了带兵的人后，面对上级，面对下属，才真正理解了这里的含义。

娄山关—遵义之战。

这是以红三军团为主打的一场硬仗，也是红军长征以来的第一次大捷。一渡赤水后，由于大量的战斗减员，彭德怀决定取消师一级番号，把他手下的残部整编成四个团，直接指挥。父亲的红十一团担任穿插任务，要赶在敌增援前夺占遵义。但行至遵义城北十字坡时突然遭敌反击，团长邓国清负重伤，父亲即率一个连抢占附近的制高点，以压住失控的态势。也许是杀昏了头吧，往前冲的太猛，后续部队跟不上，敌人反扑下来，他四顾一看，周围全是敌人，只剩下了自己……彭雪枫1936年在红大学习时写过一篇短文，真实地记录了这个片段："因为过于狠心了，张政委一个人跑到最前边的连里。敌人一个营实行反冲锋，这个连寡不敌众，又无地形可利用，于是塌下来了。落在后尾的张政委不得不打手枪，边打边退……张政委回头又看见那个青年战士跟在后头。敌人紧紧追来，大喊道：'小赤匪不要跑，捉住你！'"（注：1954年版《中国工农红军第一方面军长征记》，158页、159页）

我曾问过父亲，生死关头，你想到的是什么？他说："有什么可想的？不要把子弹都打光了。"

他数着枪匣里的子弹，边打边向悬崖边退去，万一打光了，就跳崖。他说："宁死也不能当俘虏。危急关头，王平带了侦察排赶到了。"王平当时是红十一团的政治主任，自团长邓国清负伤离队后，他们两个就成了搭档。纪念红军长征六十周年时，父亲写了篇文章，题目就是《王平同志救了我》。他写道："不是王平，我也许难以幸存……"

紧接着就是遵义外围的老鸦山争夺战。关于父亲组织敢死队的故事，我在上一章曾提到过。他说："老鸦山主峰丢失后，彭老总急了，下了死命令，要我们红十一团从翼侧攻上去，无论如何把主峰给他夺回来。我们两次冲锋都被敌人打下来。我组织起敢死队……"

现在的军队中已经没有"敢死队"这个名称了，连《军语》词典中都找不到了。现在叫突击队，是根据战况的需要，一种临时性的编组。但父亲说，不同的是，敢死队是自愿的，也就是"愿意跟我上的，站出来"！

对一个前线指挥员来说，你可以选择攻击路线，可以编组战斗队形，可以灵活地使用火力，但是，你不能改变任务，不能延误时间。面对一次次失利、一次次被敌人反击下去，一批批战士倒下，你已经没有任何选择了，平时的豪言壮语，都要在此刻经受检验，你，必须拼死一搏。

父亲回忆说："这是道死命令。出发时，正赶上陈赓的干部团上来了，他们从正面，我们在翼侧，两支队伍，一鼓作气，把敌人赶了下去。"

如果陈赓的团没能及时赶到呢？我提出了一个假设。

"没有假设。"父亲摆摆手。

彭德怀在给中革军委的报告中说："红三军团在娄山关、遵义城和老鸦山诸役中，减员很多。现在只有一个团能维持原编制，每连也只有五六十人。其余各团，每连只能编四五个班……"（注：《中国工农红军第三军团史》，352 页）

娄山关—遵义，这是一场血战，毛泽东用诗的语言记录了它。我和父亲侃诗，我说毛泽东的诗词中，你最喜欢哪首？你说呢？他反问。我说，公认的《沁园春·雪》和《蝶恋花·答李淑一》自不必说了。但说到意境，当数《浪淘沙·北戴河》这首："大雨落幽燕，白浪滔天，秦皇岛外打鱼船，一片汪洋都不见……"像一幅画，太美了。他听完，沉思了一下说："毛泽东的《忆秦娥》这首你读读。""西风烈，长空雁叫霜晨月；霜晨月，马蹄声碎，喇叭声咽。还有呢？"他背诵道："苍山如海，残阳如血。"

娄山关！父亲当年亲历过的战场：马蹄、军号、西风、冷月、苍山、残阳……红军将士的浴血奋战，在领袖的笔下超凡入圣。

那年，他二十五岁，年轻气盛。战评会上，他回忆说："对老鸦山一仗，我有看法，我说他们是保存实力，见死不救，我才不管他们高兴不高兴呢！"父亲说了些什么，说的对不对，这并不重要。他不是三军团的老班底，一个外来的就敢如此放肆？你不看僧面，总还要看佛面嘛。但父亲说："彭老总支持了我的意见，把他们一个罚下去当连长；一个罚下去当伙夫；哈哈！当然，很快就回来了。""彭不是那种爱搞小圈子的人,对干部一视同仁,看不惯拉拉扯扯那一套。下面的干部也一样,和黄克诚、张宗逊,还有彭雪枫、杨勇、王平,我们该吵的就要吵,但大家仍然很友爱。一个领导人自己很正派,带出的部队风气也就正派。"

在遵义红军烈士陵园里有一座雕像,粗砺的花岗岩雕刻着两个相拥在一起的红军指挥员,它表现的是当年战场上我父亲怀抱着牺牲的战友邓萍。基座上有父亲的题字:"邓萍同志千古"。史料记载,红军二次攻打遵义,红三军团参谋长邓萍来到红十一团前沿,与张爱萍一起观察地形,被敌冷枪击中头部。父亲的雕塑像还戴着一副眼镜,其实年轻时的他是不戴眼镜的。战场,就在邓萍墓的山脚下,临着一条河,距敌人不足百米,想来他们是潜伏进来的,当年这里的树丛荆棘似应更繁茂些。现在这里成了公园,属遵义城区,早上晨练、晚上跳舞,人很多很多。

我找到父亲在1936年写的文章《第二次占领遵义》,该文收集在1954年出版的《中国工农红军第一方面军长征记》中。文中详细记载了这个事件。因为写作时间距邓萍牺牲才一年,我相信会比父亲后来的回忆要更准确些。文中记载,父亲带着参谋长蓝国清,陪同邓萍抵近敌前沿,三人隐蔽在距护城河五十米远一个小土坡的草丛里,他们要寻找一条便于部队向前运动的路线,以便夜幕降临时发起总攻。按作战条令,这个距离比一线步兵班的冲击发起阵地还要靠前,太冒险了。父亲回忆:"军团的命令是,一定要在拂晓前拿下遵义,因为天亮增援的薛岳部就可能赶到。"也许是担心停留时间过长吧,蓝国清曾建议转移,邓萍没有同意,说这里便于观察。但谁也没想到的是,一个小通信员居然从后面摸上来,是要报告什么情况,邓萍交代了一句,那个小战士就趁着薄暮飞身跑回,这一下,把他们三个给暴露了。那样近的距离,一排子枪弹扫过来,惨剧就发生了。父亲后来回忆说:"那是九响棒棒(一种步枪,俗称九响枪），从前额打进，后脑壳出来，血溅了我一身……他是黄埔六期的。"

"我向彭老总汇报，他在电话里就骂开了，你们这些猪狗养的，都给我去死光好了！""他向军委汇报说，我们的指挥员都在部队的前面，故干部减员相当大。"事后彭老总说了一句话，父亲说他至今都难忘："革命的路还很长很长，你们都不要做无谓的牺牲啊！"

在《中国工农红军第一方面军长征记》中，还收集了父亲写的一篇关于乌江战役中的文章，记述了红十一团抢占龙安河对岸高地，保障乌江渡口的故事。这是"背水一战"，用兵之大忌。他亲率七连抢渡过河，他们只有一条船，一点一点地把部队渡过去。刚一上岸，对面敌一个营就反扑下来了，他写道："同志们！我们背后是河，不能退！退就等于死！"（注：张爱萍《手榴弹打坍了一营敌人》，选自1954年版《中国工农红军第一方面军长征记》）

我请父亲回顾这个战例，他说："政治委员是干什么的？就是出现在战场上最危险的地方的！"湘江战役，红四师首先过江，在界首以南的光华铺、枫山铺阻击桂军第七军的进攻，保障渡口，掩护中央纵队和红九、红五军团渡河。父亲说："我那时已经调到师里。敌人从四面八方地压上来。中央纵队是大搬家，伤员、辎重多。徐老（指徐特立同志）、蔡大姐（指蔡畅同志）他们过河慢，我一急就喊，我的老祖宗吆，快一点啊！彭老总来了，他手一指，把师指挥所给我开设到最前面去。这件事给我印象很深。人家讲彭老总骂人，我说他不是骂人，是严格要求，战争嘛！他要求别人做到的事自己首先做到，他的指挥所就一直在最前线。"

雪山草地是红军长征走过的最艰难的路段，寒冷和饥饿导致大量的非战斗减员。追杀了一路的蒋介石这时竟然都围而不攻了，他坐等着他的对手一步步走向死亡。父亲回忆说，为了顺利地通过草地，部队开始筹集粮食，庄稼地里有些没有长熟的青稞，搓下来烘干了可以当粮食。他们团是断后,前面的部队过后,地里的青稞已所剩无几。父亲带着部队从早到晚的在地里搜寻着,要求是每个人准备好自己的那一份。他们当然知道,面对眼前这片一望无际的草泽泥潭,这点点青稞意味着什么。白天搜寻,晚上烘烤,在荒芜的草泽中,夜幕下篝火点点。通信员因为终日忙着送信,没有时间准备干粮,父亲就把自己准备的那份给了他,自己再去寻找。可到哪里去找呢?地里的青稞像过筛子似的滤了好几遍,天都黑了,他一个人还在那里默默地搜寻。彭老总不知怎么知道了,很感慨地对部队说:"都看看吧,你们的政治委员在干什么!"父亲说,彭老总从来没有当面表扬过他,这话是彭雪枫告诉他的。

我后来参军当了班长,父亲写信说,一个班长要做什么?……要照料好战士的双脚,行军前看看他们的鞋袜合不合适,宿营下来要检查有没有脚打泡的,烧好热水让全班战士都烫了脚后,自己才能休息。记得我给你讲过"吮卒病疽"的故事吗?照顾好自己的士兵,比通晓战术更重要。

这是火与血的洗礼。一个合格的指挥员就应该是,战场上身先士卒,勇敢不怕死;战场下关心部属,吃苦在前;同志之间,秉公直言,不徇私情。在长征路上,这个共青团来的小布尔乔亚式的红军指挥员,终于被彭德怀认可了。

从这以后,一直到全国解放,十几年时光转瞬间过去,我父亲就再也没有在彭老总直接领导下工作过了。但这段历史,却成了他们人生中不可磨灭的记忆。听父亲说,他和彭老总并没有过更密切的接触,他们之间只是谈工作,关于更深层次的话题,从来都没有涉及过。他们的相识相知、相互信赖,都溶化并生成于这艰苦的岁月之中,怕是只有从战场上下来的人,才能够读懂它吧。

彭老总在朝鲜抗击了世界头号强敌美国,为新生的共和国立下了头功，回国后由他主持军队工作，威望如日中天。

彭老总对这支军队自有他的考虑，他的目标是：让这支军队脱胎换骨。

什么叫"国防军"？就是用现代国家的武装力量体制来替代军队长期实行的战时军事共产主义体制；按和平年代工业化国家的要求，改造这支以翻身农民为主体的军队。

他推行义务兵役制，替代志愿兵役制；薪金制替代供给制；颁布军官服役条例，实行军衔制。用现在时髦的语言，就是和国际接轨。这是一套全新的治军理念，彭老总并非一介武夫，而是一个卓具战略眼光和政治理念的治国安邦的伟人。

他提出，要用上五年到十年时间，达到武器装备现代化，编制体制合理化，军事制度和军事训练正规化。

什么是建设现代化军队的保证呢？他说，就是建立起自己的军事工业。

什么是正规化？就是做到"统一的指挥、统一的制度、统一的编制、统一的纪律、统一的训练"，以及与此相适应的高度的"组织性、计划性、准确性和纪律性"。

这样讲，是不是太抽象了，毕竟他的部队还是土包子居多嘛。那就给你们树个样板，看得见，也摸得着。这就是苏联红军。

口号是毛泽东提出来的："建设我军为世界上第二支最优良的现代化军队。"第一支当然是苏联军队了，怎么也不能不把老大哥放在眼里啊！

1954年冬天，在渤海海峡南面的山东半岛上，刘伯承亲自组织了合成集团军进攻战役演习；第二年，也就是1955年的冬天，叶剑英又在海峡的对面，辽东半岛上，组织了更大规模的三军抗登陆战役演习。两个元帅出面连续组织大规模的三军联合演习，一时间，掌握诸军兵种联合作战的指挥艺术，成为衡量新时期指挥员的重要标准。

命运的大门向他开启。父亲虽然错过了解放战争指挥大兵团作战的良机，但在全军向现代化进军的今天，他作为我军首位亲自指挥过现代合成军队联合作战的指挥员，被选调进入总参谋部，成为彭老总和粟裕总参谋长手下负责具体计划、组织和实施的领军人物。他，又一次让同僚们对他刮目相看了。

落实军委提出的现代化、正规化的任务，工作涉及到总参、总政、总后。就军事工作领域，重头戏在父亲主管的军事行政系统。就像长征中夺取娄山关主峰一样，父亲在他上任的第一天，就被彭老总找去，彭德怀有理由相信，当年这个共青团出身的年轻指挥员，今天也一定不会让他失望的。这一年，父亲四十五岁了。

和平年代的总参谋部

在中央统一组织下编写的《当代中国军队的军事工作》一书应该是一本权威性的著作。书中把从自建国以来，至1987年这三十八年中的军事工作，划分成三个阶段。第一个阶段，截止到1957年前，称其为是"军事工作生机勃勃，节节胜利"的阶段；后面呢？文中写到："后来，由于左的思想干扰，特别是十年文化大革命的破坏，军事工作曾遭受到挫折和损失。"它又说："1954年至1965年，中国人民解放军全面进行了正规化、现代化建设。前四年发展比较顺利，后八年遇到了几次挫折。"（注：《当代中国军队的军事工作》，27页、40页）

父亲的回忆印证了从1954年至1957年、1958年的这段结论。他回忆说："粟裕同志任总长的时期，是总参最好的时期，也是我心情最愉快的时期。也可以说，是军队建设最好的时期。"至于后面八年怎么评价，他没有再提及。

当时总参谋长是粟裕。他和父亲都来自华东，新四军时期他是一师师长，战斗在苏中地区。父亲是三师副师长，后来到四师当师长，战斗在苏北、淮北地区。解放战争初期，他们又同在华中军区任副司令。从1954年的任免名单看，副总参谋长有九人之多，但多是兼职或挂名。如王震是铁道兵司令，兼副总参谋长；另外各大军区司令也都兼副总参谋长，但他们都不到任。真正在总参上班的、处理日常工作的副总长只有四人：管作战的陈赓、管训练的张宗逊、管情报的李克农和管军事行政的我父亲。父亲和这几位在战争年代就曾在一起共事，岂止是熟悉，他们可以说是亲密的战友加朋友。他和张宗逊同在彭老总领导下的三军团，张宗逊是红十团团长，父亲是红十一团政治委员，长征路上是一道打过来的；和陈赓是陕甘支队的搭档，陈赓任十三大队大队长，父亲任十三大队政治委员；和李克农是在武汉八路军办事处的同僚。军委秘书长黄克诚就更不用说了，黄是新四军三师师长，父亲是副师长。

父亲回忆说："粟裕对我很信任，很放手，但也很讲党的原则。陈赓，对同志很真诚，不狭隘。他管的作战和哈军工，有时懒得跑了，就叫我去。涉及到军事行政方面的事情，由我先拿出方案，提交总参办公会讨论，再报军委彭那里。大家办事都按共产党员标准，集中领导，分工协作，相互间开诚布公。

"我们也争，但从不计较，相互间从来没有隔阂。没有哪个是你整我、我整你的。有时开会晚了，就说去打牙祭吧，到后海的烤肉季，还有全聚德，轮流坐庄，自己掏钱。我们的几辆吉姆车一到，老板就跑出来了，都认识了嘛。"

政治清明、人事和谐。父亲说："我和他们都有过争论。和粟裕，抗日战争结束，国民党大举进攻，为了掩护战略转移，粟裕提出在华中打运动战。我不同意，我认为敌我力量悬殊太大，应该以游击战为主，不放弃有利条件下的运动战。后来我负伤了，粟裕同志指挥得很出色。我们在对台作战上也有不同的看法，但我们都是同志式的争论。和陈赓我们也争。长征时过六盘山前，在固原打马步芳的骑兵,我们意见不统一,陈赓拗不过我,是按我的意见打的。在总参讨论设立防化兵的问题上,我们意见也不一致。但这些都不影响相互之间的友谊。

"各副总长和下面的参谋也相处得很和谐,参谋、处长有事情直接上楼来请示。我那时每天最多半天在办公室,处理一下文件,下午就到各部,各处室去转,有问题当场就解决了。彭老总负责军委工作,有意见有看法,都可以向他提出来。这是军队建设最好的时期。"

这是一群出类拔萃之辈。他们从战争中走来,今天他们荟萃在我军的最高统帅部,为建设一支强大的国防军,又携起手来。总参搬到旃檀寺后,父亲不再坐车上班,每天早上从家里出来,三个秘书陪着他,环克军负责军务编制;吉振贵负责动员、行政;严彦负责科技、装备。他们和我们都住在一个院里,每天四个人相约,穿过北海公园北门,步行到位于北海西边的国防部大院上班。在他的带动下,许多住在地安门一带的总参、总政、科委的干部也都步行上下班。公园管理处还专门为军队的同志在公园西面开了一个小门,方便大家进出。上世纪80年代,我调总参工作,开电梯的老职工笑话我:"你真没出息,还坐电梯?你爸可从来不坐电梯,都是自己小跑着上五楼。"是啊,时过境迁,当年开电梯的小姑娘都成老大妈了。

首都北京是祖国的心脏。每年"五一"、"十一"的晚上,我们都能跟父亲上天安门城楼,能见到毛主席、周总理、朱德总司令这些只有在画报上见到的伟人们。我们这群孩子最大的愿望就是和毛主席握手,但警卫人员老是轰我们。父亲点拨我,不要在这里挤,到城楼边的电梯口去等,上面风大,毛主席也就是上来坐坐,一会儿就会走的。果然,一个巨影在簇拥下过来了,我兴奋地大叫:"毛主席,我要和你握手!"可能是声音太大了,他好像愣了一下。毛泽东,古铜般带有赭石色的容颜是舒展的,他的大手软软的,任由我的小手去握着、摸着，看得出，他觉得有趣。后来我才听人说，手软如绵，乃尊贵之躯。父亲说，不错，很勇敢！总理又是一种风格，他过来时，就像一阵风，敏捷而潇洒。我们兄妹都抢着和他握手，他喜欢用力握着，再顽皮地甩你一下。他回过头对父亲说："都是你的？"朱总司令则像个慈祥的老爷爷，许多小朋友都围着他要握手，他说，"不要挤，都能握到的。"

开始我在八一学校读书。这是一所干部子弟学校。小朋友们问我你爸是多大的官？我回家问父亲："爸，你的官有多大？副总长和司令谁管谁？"父亲勃然大怒，恶狠狠地盘问我："谁要你问的？"当我说出缘由，他说："我就不赞成搞子弟学校，风气不好！"下个学期，我就被转到一所普通小学了。上学前，他对我说："记住，你和普通老百姓的孩子是一样的。将来长大了，要靠你自己！"

当时中国军队的现代化、正规化是以苏联为模式的。

1920年苏联国内战争结束，红军是五百五十万人；经过四年的精简整编，到1924年，锐减至五十六万人，几乎减了百分之九十；1945年"二战"结束时是一千一百三十六万人，到1948年，减为二百八十七万人。

我军的情况就复杂些，精简整编大约有九次之多，除了战争形势的影响外，政治因素也是一个重要方面。只说建国初前十年的四次精简整编。

第一次是在1950年下半年。战争结束了，五百七十万之众的军队确实是太庞大了，毛泽东下决心裁掉了一百五十万。不想朝鲜战争突然爆发，反倒一下子激增至六百二十七万人，成为我军历史上兵力最多的时期。

第二次是1952年底，全国范围的剿匪作战已取得了胜利，朝鲜战局呈现出比较稳定的态势。于是精减了二百一十九点九万人，总人数降为四百零六点四万。

第三次是1954年到1955年底,在彭德怀主政时期。父亲就是在这个时期调入总参的,彭老总要求他具体抓好精简整编的落实工作,就是指的这一阶段。

当时,毛泽东规定,军政费用支出不得超过国家财政的百分之三十。彭德怀说,那就再精减一次。这次不同的是,要多减机关,少减部队;多减步兵,少减特种兵;多减战士,少减干部;减少部队建制单位,增建学校。总的指标是,全军总兵力减掉百分之二十;步兵师数量减少百分之二十五;在总部和军兵种、大军区新组建一批通信兵和防化兵部队。一减一加,最终达到,陆军裁减百分之五十,军费支出由百分之三十四点二降到百分之二十五以下;全军转业干部和复员战士达到五百万人;常备军总额不突破三百五十万人。并由此做到:编制、定额、定型、定员四个统一。彭老总对父亲说,总参谋部,你要在两年内给我实现这个目标。

即使这样,彭德怀还是不满意。一年后,他又说,从军费开支来看,用于吃、穿、训练、修理、办公杂支、工程建筑、动员复员的费用,占去大部分,这样怎么能迅速提高军队的装备质量呢?因此还要裁减。重点是,平时没有迫切需要的勤务部队,可办可不办的学校,任务重叠或者可以合并的机关部门。1957年1月中央军委召开扩大会议,通过了《关于裁减军队数量加强质量的决定》,这就是通常说的第四次精简整编,它延续了近两年,到1958年底才算结束。

父亲成为第三次精简整编决定的落实者和第四次整编方案的主要策划者和制定者。他说:"不是零敲碎打,而是要从根本上设计,把战时编制转为平时编制,做到平战结合。"

父亲在总参主管我军编制长达十年;主管武器装备长达三十年,他对军队编制体制和武器装备的建设和发展形成了自己系统的思路和方法。我后来也曾在大军区的组织编制部门工作过一段时期，有机会多次带着问题与父亲作长时间的讨论。他搞编制的主导思想是："作战决定编制。"

他说："不先研究透战争，不对未来打什么仗、和谁打、怎么打，有个基本的思路，就谈整编，谈精减，谈编制，谈装备，那是天方夜谭！

"一上来就喊，给我减掉一百万。为什么？减谁？为什么不是一百二十万，也不是八十万？最后的结果，只能是平摊。这个部门分十个，那个部门分十个。要不了几年，又都回来了。"

"搞编制的人，包括搞装备的，一定是要懂作战、懂训练的。只有把作战研究透了，才能去谈编制，去谈装备。"也就是我们通常所说的，编制是静态的战术；战术是行动的编制。

和21世纪的今天不一样，"二次"大战后的世界，是一个两极对抗的世界。20世纪50年代中期，经历了百年动乱和战争的中国，处在两大阵营对抗的东方前沿。面对敌对势力的颠覆和以美帝国主义为首的战略包围，国家大战略的基本立足点是准备和防止第三次世界大战；国家安全的主要威胁来自以美国为首的帝国主义阵营；对未来反侵略战争的基本设想类同于苏联卫国战争的模式，只不过，增加了核战争的内容。

但中国又不同于当年的苏联。

彭德怀对未来战争的描述是这样的：帝国主义军队对我国的侵略，主要方向来自海洋。因此敌人不可能像德国法西斯进攻苏联那样，在一个早上出动几百万军队，同时在全线展开，这对我们是有利的。不利的是，在漫长的海岸线上，可供登陆的地点甚多，而我工业、人口又多在沿海，不能轻易地过多地放弃这些地区。为此，要在沿海实行重点设防，配置坚强的守备部队，坚决固守。同时掌握强大的机动部队，在一定纵深内，对突入之敌实施歼灭性打击。

要在我预定设防地区内抗击敌三至六个月,这样才能避免国家在战争初期陷入大混乱,使国家由平时状态转入战时状态(注:摘编自郑文翰《秘书日记里的彭老总》,530页)。

这就是父亲说的:"精简整编必须服从对战争状态和作战指导的宏观预测。"彭老总接着提出要求,军队的编制必须区分为守备部队和机动部队。他认为,前者不应超过总量的四分之一为宜。多了,机动力量弱,则攻击力不足;少了,或轻视设防的重要性,让敌人轻易进来,也会陷入被动。

一个国家的工业化水平直接影响着军队的装备水平,军队使用什么样的武器装备,也会影响和制约着编制。彭老总提出,根据我国的工业水平和装备水平,应该争取达到,在防御时,一个陆军师可以抗击美军一个陆战师;在进攻中,一个军能够在航空火力支援下歼灭美军一个师。因此要求这次整编,多保留军部,并达到一个军部具备可以指挥四至五个师作战的指挥、通信条件(注:摘编自郑文翰《秘书日记里的彭老总》,530页、531页)。

从一个职业军人的角度来看,统领军队,他的确是个行家里手。

针对1952年依据苏军模式编制上存在的问题,父亲提出了我军陆军师编制的新方案。他认为,考虑到我军还不具备在沿海地带全部歼灭入侵之敌的力量,因此,不仅要组建适应沿海地区作战的守备师,还需要编制在纵深适应山地作战的野战师;同时,南北战场应有区别,区分为重装步兵师和轻装步兵师,以适应平原地和山岳丛林作战。在处理平战关系上,由于技术保障条件有限,考虑到平时管理、训练的效率,坦克、重型火炮、雷达、舟桥、工程机械、大功率电台等技术性强、保障困难的兵种装备,单独组成师团,隶属军或战区管理,平时通过演习合练相互熟悉,战时加强给作战师。解决平时管理和战时使用的矛盾。

鉴于现代条件下作战对火力的依赖,在现有装备的基础上,步兵班不再编制轻机枪，集中到排编制机枪班；排不再编制迫击炮和火箭筒，改为连组建炮兵排；营编制炮兵连和重机枪连。以便各级指挥员掌握火力和集中使用火力。

……

这是一个推行新政的年代。

实现军队现代化、正规化的目标，是一种改革，它不仅是物质和制度上的变化，也是一种内在机制的变化。它将不可避免地冲击我军固有的传统，只不过在当时，它不是突变的，而是渐进的。

毛泽东在《井冈山的斗争》这篇著名的文章中写道："红军士兵大部分是由雇佣军队来的，但一到红军即变了性质。"为什么呢？毛泽东说，因为红军废除了雇佣制，使士兵感觉不是在为他人卖命，而是为自己打仗。毛泽东为之感慨："红军至今没有什么正规的薪饷制，只发粮食、油盐柴菜钱和少数的零用钱……这样冷了，许多士兵还是穿两层单衣。好在苦惯了。而且什么人都是一样苦，从军长到伙夫，除粮食外一律吃五分钱的伙食……"

毛泽东问到，生活如此菲薄，战斗如此频繁，仍能维持不敝，靠的是什么？他回答说："靠的是民主主义，军队内部的民主主义，就是官兵平等、士兵有说话的自由、废除了烦琐的礼节、经济公开。士兵自己管理伙食，从菜钱中节余一点，名曰'伙食尾子'，每人能得六七十文。"

简单而质朴，但管用！

毛泽东又说：对新来的俘虏兵，他们感觉简直是两个世界。虽然红军的物质生活不如白军，但是精神得到了解放。"同样一个兵，昨天在敌军不勇敢，今天在红军很勇敢，就是民主主义的影响。红军像一个火炉，俘虏兵过来马上就熔化了。中国不但人民需要民主主义，军队也需要民主主义。军队内的民主主义制度，将是破坏封建雇佣军队的一个重要武器。"

这就是革命战争年代我军的建军宗旨。

我们怀念那个时期，因为我们从那里走来，走向了胜利。但我们能永远这样吗？彭德怀有他自己的说法。

他指出了供给制所产生的若干弊端：不是按需要，而是按标准，需要不需要，照样供给；供给标准难以照顾到现实中的特殊情况，形成供给上的不合理和不公平；不是按劳取酬，而是一律供给，因而产生供给上的平均主义，难以鼓励上进；由于供给制的关系，不能不规定按军职来限制结婚等等。

他分析，当我军还不可能从国库中来领取军费，而要靠自己打土豪筹粮筹款，靠自己动手生产，或只靠农民交公粮来维持军费的时候，实行薪金制当然是不可能的。

他指出："可是，现在的情形已经不同了。如果现在不实行薪金制，则数十万以军事工作为职业的军人，将不可能以自己的薪金来赡养其家庭。"他又说，这只是对于职业军人，也就是对于军官来说的；至于士兵，当兵是一种义务，且只限于很短的期间，对于士兵，还是实行供给制，除保证其一定标准的伙食、服装外，另发一些最必需的零用费。

改革的萌芽产生了，不要以为对商品的认识只是我们后人的智慧。我们不谈国民经济的计划体制会怎样，单就军队建设来说，面临着生产方式和经济基础的冲击，我们过去战胜敌人的看家法宝，似乎受到了挑战，不再好用了。

但，什么才管用呢？

父亲入主总参军事行政领域时，彭德怀的新政已经铺开了。官兵佩戴了军衔，干部住进了家属院。部队的营房都修成大通间，以营为单位集中，一个连住一间。周末，排以上军官可以回家，部队交由司务长代管。战士一律剃光头，戴船形帽，大家叫它"牛逼帽"……

参谋长向来是部队的大管家。对全军来说也是这样,只不过,是在总参谋长领导下,副总参谋长分工负责罢了。父亲调任总参,并负责军事行政工作,部队的日常生活的吃喝拉撒、鸡毛蒜皮的事都归口到他这里。这倒挺适合他的特点,精力旺盛、事无巨细,又不怕得罪人,而且对分工的利弊得失又不是很计较。彭德怀和粟裕真聪明。用我父亲自己的话说:"分配我干什么就干什么,我不在乎做什么,只是干了,就要干好。我大量的时间是下到部队去,看看这些新的政策和规定究竟有什么问题没有,及时拿上来讨论修改,尽快制订符合部队实际的新的规则。"他又说:"中国太大了,哪里可能一个规定,东南西北什么都管的呢?但军队又必须高度统一,所以,就要到部队中去,发现问题。问题不能积压。""我去,从不给下面打招呼,这样才能真正看到问题。"

我们那时称军人,都要冠以革命两字。现在还是不是,离开军队久远,我不知道了。但革命军人也是人,是人,就有衣食住行、七情六欲,就要生儿育女。战争、和平、现实、传统,交织在一起。

各项规定陆续出台。步兵团团部在乡镇,后来叫公社。陆军师师部靠近小城市或县城,野战军军部靠近中等城市。进城了!老婆们可以找到工作了,孩子们可以上学了,这对刚刚从战火中走过来的革命军人来说,真是个天大的享受。

不久,部队营区也发生了变化。学苏联时,一到节假日,军官们都回家了,部队就交给司务长管了,这像话吗?连长、指导员和部队必须住在一起,于是又恢复到战争年代那样,以连为伙食单位,一个排在一起居住。营部单独设立,团里设有家属区。老营长、老教导员家属可以随军了,但记住,只有周末才能团聚。不过,团级干部可以每天回家,终于能享受老婆做的饭菜了……

都不愿意戴"牛逼帽"怎么办?那玩意是不好看,洋鬼子的脸型是长的,亚洲人是圆的,扣上个牛逼帽,也太滑稽了。父亲回忆说:"什么都好办,就是帽子最难办!打仗要戴钢盔,帽子往哪儿塞啊?尤其是大檐帽,所以,军帽一定要是软质地的。"还是换成传统的解放帽吧,但衣服又配不上了,干脆连苏式套头的军装也换掉。"军装是按苏联样式,我也不赞成,它那个套头式不行,受了伤脱不下来。后来搞了两年,还是按我的办法改过来了。"新式军装的推行,从此给服装领域带来了个新的板式——解放式。这种中山装的改良型服式,在"文革"中曾盛行一时。"不过战士军装没有下面的口袋,给水壶、手榴弹袋让出位置。我建议采取美式的软肩章,大家也都不同意。"进入和平时期的中国军队,一步一步地在调整自己。

父亲抓正规化有他自己的原则和做法,他说:"正规化要讲,管理部队要严格,但我们不能搞国民党、日本人的那一套对待士兵,我们是人民军队。"学习苏军时,强化部队上下级的等级意识,强调下级见到上级要敬礼。父亲说:"下级见到上级要敬礼不错,但也要强调上级必须还礼,而且要主动握手。"他补充说:"对我军来说,礼节,更多的是官兵之间友爱的表示。"

"强调拥军不错,但还有爱民呢!地方政府和老百姓优待军人,军人呢?没有特殊情况的时候,要和群众一样。而且特别强调军人要谦让,在公共场所要有礼貌,要让座,要守规矩,还要讲卫生!不能过于强调军队的特殊性,我们是文明之师,要给全国人民起表率作用。"用现在的流行语说,就是"形象大使"。

形象重要,但不能偏废内容。父亲说:"军人上街买菜、抱小孩,这不是什么坏事,不应该阻止。"

"纠察人员对被纠察人员,一定要先行敬礼,这是同志间平等尊重的表示,即使这个同志犯了规矩。我自己也常出去检查,对士兵也是先敬礼。李平现在还在干这件事。"

李平,我很熟悉。他曾任总参军务部副部长,上世纪80年代退休后,痛感军风日下,于是每天早上站在旃檀寺北门,亲自纠察进出国防部大院的军人们的军容仪表。他已经不能穿军装了，一个老百姓居然敢拦阻军人，甚至还要登记违纪人的名字，熟悉李部长的人也就算了，老首长嘛，顶多绕道就是了，但许多新来者就不干了，口角难免发生。杨得志总长听说后，大怒，说，是我请他来纠察你们的。父亲讲的就是这件事。

父亲的秘书丁慎勉回忆。我随首长到图们江的边防哨所，那里的战士们穿的是布棉鞋，雪地巡逻时很容易被打湿，冻伤很多。首长要大家把鞋都脱下来，他一个个看。一个战士的大脚趾被冻掉了，首长问你叫什么名字，回答是朴顺义。首长站起来说，我这里向你赔礼了，是我们领导机关的工作没有做好。回北京后经和总后协调，一律配发了靴子。五个月后的一天，天下大雪，首长突然叫住我，去，问一下朴顺义的靴子解决了没有？谁是朴顺义？我有些发蒙。首长说："你可真是不受其苦，不入其心啊！"五十年后的今天，丁慎勉说："朴顺义，这个名字，我永远不会忘。"

军委迟浩田副主席也和我讲过，上世纪50年代，他在华东，是团政治处副主任。上面说，爱萍首长要来检查工作。我们怎么等也等不来，后来才知道他早去了下面连队。当我们几个团领导赶到时，他和战士们正聊得欢呢。有个浙江籍战士，说话别人不好懂。你爸爸就让他把自己的名字写下来。那些战士哪见过这么大的首长啊，紧张得不行，钢笔又不出水。首长说，我看看，是过去那种自来水笔，笔尖堵了。打了盆水来，教大家怎么清洗。都是些农村兵，不懂也不奇怪。他脖子上挂着一部照相机，说，都过来，我给你们照张相。这是我第一次见到你父亲，过去我们的军队就是这样的。他沉思了好久，动情地说："留恋啊！"

"彭带着我们去给毛汇报，毛说，解放军现在可漂亮了，你们身上那两块砖头是干什么的啊？"回忆中父亲多次提到这件事，联想到1965年取消军衔时他并未反对的态度，看来他是挺欣赏毛泽东这句玩笑话的。

"军衔是指挥的级别，是授予指挥员的。什么是将军？将军是指挥不同兵种联合作战的指挥头衔。我提出机械化师的师长必须授准将军衔，但其他同志说，那样将军就太多了。是嘛，现在什么人都搞个将军。离开了作战指挥，搞军衔就没有意思了。"

父亲饶有兴致地回忆这些细小琐碎的往事。我知道，那曾经是他的生活。

在新的变化面前，军队管理的形式方式不改变是不行了，但军队的宗旨不能变，两者的结合点又在哪里呢？从父亲的回忆中，我能明显地感觉到，他似乎在感情上，对于我军在战争年代形成的独有的道德理念和内在机制是留恋的，虽然他明白，走向未来与继承传统之间相辅相成的关系，就像许多从战争年代走过来的老同志一样，父亲内心的天平似乎更倾向于后者。

一把板斧

还记得前面我讲过的吗？在我父亲报到时，彭德怀用了一个耐人寻味的词："大刀阔斧"。是的，彭德怀完全能预料到，面对这样一架庞大的战争机器，要使它灵活轻便地运转，需要一把厉斧。

这支军队经过22年的浴血奋战，产生了它的十大元帅，十位大将，五十七名上将，和上百名中将，上千名少将。他们各个踌躇满志。今天，要带领他们迈进现代化之门，要裁减那些战功赫赫的部队，要关闭他们长期统领的部门，要改变他们习惯了的带兵方式，彭老总何尝不知道这项任务的艰巨。谁来领受这个任务？我想，在他脑子里肯定会闪现出许多的面孔，但他偏偏看中了张爱萍。除了资历、战功、学识、人品这些必须要考虑的条件外，恐怕还有一个极为重要，但又不好言表的因素——个性。要狠，但不能蛮；要计划周密，步骤稳妥。要敢干，还要能说；只有理直，才能气壮。敢得罪人，但不是只对下，不对上，分人行事。原则性要强，可办法要多，但又不能油滑。关键是不能有私心，要能舍得这顶乌纱帽。老实说，这样的干部有，但并不多，张爱萍可以算是一个。历史上的不说，就拿打一江山来说，百折不挠，关键时刻，敢于负责。台海危机过去了，现在慢慢回味，不是这家伙力挺，还不定怎么样呢！

华东军区的那封告状信，还真帮了个忙。状告他不认真理解上级的意图；岂有此理！难道上面反对打一江山？从中央到军委到总参谁说过不打了？是你自己理解错了嘛！至于骄傲、固执，这和坚持原则、据理以争，怎么区别得开？独断专行和力排众议同样也分不清嘛！说到生硬粗暴，对一个面对强敌的将领来说，未必就是缺点……要干成事，还真就要有张爱萍那股子拗劲。我们还就欣赏这种人。这种人不是多了，而是少了！

这样看来，张爱萍无疑是个要找的合适人选了：一个能作为板斧使用的冲锋陷阵的人！

父亲根本就没有意识到受领这项任务对他意味着什么；会将他带入怎样尴尬的处境；又将给他今后的人生带来什么恶果。甚至在他退休后，在和我谈起他自己的这段往事时，他都没有朝这方面去想过。如果他也像我这样去揣测他的上级，一事当前，先去分析个人的利弊得失，那他就不是张爱萍了，也就不会有他自己辉煌的历史了。所以，这就是为什么在生活中，聪明过人的人，往往成不了气候。当然，我还不能算是这种人。

父亲晚年回忆说："那时的机关，是按苏联编制搞的，共八个部，除总参、总政、总后外，还有训练总监部、总干部部、总财务部、总军械部、武装力量监察部。此外，还有军委办公厅和总参办公厅两个办公厅。总参内部又有十几个部、局。体制重叠、庞杂，不合理，必须精简。"

军委只是党在军队中的委员会，对下行使职权是通过总参谋部的。而按苏联模式建立的八大总部，实际上实行的国防部体制，也就是政府管理体制。要管理这八个方面，军委就必须成为实体，建立自己的办事机构。父亲说："我还是认为按我们传统的司令部体制为好，提出撤销它五个，恢复到司、政、后三大部。总干和总政合，财务和后勤合，军械、装备合，军务部和队列部合，训练总监部合并到总参，监察部干脆撤掉，没什么可监察的！军委办公厅和总参办公厅合，没有必要搞成两个。"

"其他同志都赞成我，但粟裕不肯去汇报，说你去和彭说去。"

"彭老总基本同意我的设想，但还是有些顾虑，他对我说：总干正在评军衔，工作任务很重，合并会不会影响工作？训总部长是叶剑英，弄到总参下面是不是合适？最后，彭老总决定保留总干部部和训练总监部，其他部合并。"

彭老总考虑的还是很周到的。

拆庙历来是复杂微妙的，一直搞到1957年才算最后敲定下来。1958年，军委扩大会议决定，训练总监部、通信兵部、防化学兵部划归了总参；总干部部、军事法院、军事检察院划归了总政；军械部归属总后；撤销了总参谋部警备部；撤销了省兵役局，并入了省军区，将市县的兵役局改为人武部。

父亲说："机关合并还是比较顺利，但牵扯到军种就遇到问题了。当时是陆、海、空、防空、公安五个军种，防空军是按苏联模式搞的，它分战略空军和国土防空军。但我们的防空军没有飞机，机场、雷达、气象、勤务都要靠空军，一旦要用都得向空军借，这样的防空军没有意思。公安军也没必要搞，我在浙江军区工作时，就认为把大批野战军改成公安军不合理，并向陈老总反映过。到总参后，调查得多了，更是认为边防有省军区，内卫有内卫部队，再搞个公安军，纯属多余。"

　　解放初期，空袭频繁，我国幅员广大，重点目标多，因此效仿苏联的做法，建立起独立的防空部队。防空依靠的是歼击航空兵和地面高炮，而防空军自己仅有高炮、雷达、情报、探照灯等兵种部队，歼击航空兵全部编配在空军。实际上，我们的空军就是一支防空部队，直到现在除少量的战场支援力量外，也没有苏美那样的战略轰炸部队。因此，要地防空任务是由空军和防空军一起担任的，而且空军逐渐还唱了主角。这种交叉的体制和相近似的任务，以及保障、勤务部队和装备的重叠配置，在当时显然是不适宜的。

　　军委、总部在研究这个问题时是慎重的。后任军事科学院院长的彭老总当时的秘书郑文翰日记中记载："1956年11月5日，上午参加会议，研究统帅部机构问题，取得了一致意见。注：这个会议由黄老（注：黄克诚）主持，主要研究军队整顿组织编制问题，为军委扩大会议做准备。

　　"7日，今天上午十时老总等从济南飞回。座谈会谈统帅机构问题，大体取得了一致意见，又谈军兵种问题，对空、防（注：空军与防空军）关系如何解决辩论了许久。

　　"23日，讨论兵种问题。大家把许多矛盾和困难都提出来了。但在如何解决上面，意见纷乱不一，最后仍由黄老提出，以现状为基础加以改善的办法，大家均表同意。"郑文翰在日记上注释道："彭于1956年5月19日军委例会上说：建立防空军早了一两年，装备、技术和干部条件都不具备。……空军与防空军合并事曾一再商讨，但军委扩大会议上并未做出决定。"

　　在军委尚且如此，可见意见分歧之大。父亲说："我两次登门征求他们的意见，做说服工作，但人家都拒而不见。"

　　那当然，你要拆人家，人家能干吗？

　　果然，在议案上会讨论时，对方摔出话来："吃我？历来是老子的部队吃掉人家！"父亲一听，顿时就炸了。去了几次你都躲着不见，今天又说出这样无道理的话来，他拍着桌子喊道："老子今天就是要吃掉你！"

满座哗然。会议再也无法开下去了。

1957年1月中央军委扩大会议，确定撤销防空军，将防空军并入空军，建立空防合一的新体制。中央军委第九十九次会议正式下文。

5月16日，总参命令：军委空军、防空军从5月17日零时起正式合署办公。原防空军各部队、学校根据国防部7月26日命令，番号均改为中国人民解放军空军某某部队、某某学校，原防空军军种名称正式宣布撤销，空防合并工作至此即告结束。直到1975年10月，探照灯部队全部撤销。

公安军，这个曾是我军五大军种之一的部队，是体制变动最大的军兵种。

可以追溯到第一次精简整编，1950年4月解放军陆军部队分编为国防军和公安部队。组建了正规公安部队、地方公安部队和边防公安武装三支力量，罗瑞卿出任司令员兼政委。直到1955年，改称为"中国人民解放军公安军"，正式成为人民解放军的一个军种，总员额四十余万人。

1957年1月，中央军委作出了撤销公安军军种番号和领导机构的决定。公安军领导机关缩编为总参谋部警备部。从此，公安军作为一个军种消失了。

一直到1982年，中央决定将担负内卫勤务任务的部队，同实行义务兵制的武装、边防、消防警察统一组建为中国人民武装警察部队。先后列入武警部队序列的有：武警内卫部队、武警边防部队、武警消防部队、武警警卫部队、武警黄金部队、武警水电部队、武警交通部队、武警森林部队等。从此，武警部队作为国家武装力量的组成部分，重现于世人面前。

　　历史在循环着。当年在公安军机关的安置问题上，父亲和公安军司令，后来成为他的顶头上司的罗瑞卿发生了冲撞，一个倾向削减，一个倾向保留，虽然未见得有什么大碍，但总归是官场的忌讳。"文革"来了，新账老账一起算。我们背后说他，这种得罪人的事，办起来，怎么就一条筋？这不，终于落进自己挖好的陷阱里去了吧！

　　1957年，在军委扩大会议上，彭德怀指定父亲就三军发展的比例和重点问题向大会做一个说明。父亲一贯的看法是，鉴于国家经济实力和未来反侵略战争的作战指导，"陆军仍将是战场上的主体。在国家经济的现有条件下，我军应以陆军为主，在海、空军的发展上，优先发展空军。这是一个全局。

　　"我的观点是，陆军要重点发展火炮、坦克和野战防空武器。现代的战场是炮战而不是枪战；没有坦克就无法形成突破能力；战场防空主要靠陆军自己，不可能过分依赖空军。

　　"空军主要是保障国家重要目标和主要战场的制空。空军以歼击机和地空导弹为主。发展强击机和中近程轰炸机，突击敌战役后方、交通线和破坏敌战役的集结、展开。空军还无法执行战略轰炸任务，因为我们不可能取得敌方上空的制空权，所以现阶段不必考虑发展远程轰炸机。我预言，空军无法保障陆军的防空，几十年都不行。刘亚楼也同意我的观点。

　　"搞大海军没有那个条件。根据近海防御的原则，以发展水面中小型舰艇和潜艇为主，然后是航空兵。对登陆来犯之敌，不能依靠海军在海上歼灭，还是要立足陆军在沿海纵深地带消灭敌人。另外，海军还有个隐蔽的问题，总不能像甲午海战那样吧。至于海军自己也想搞飞机，目前怎么做得到？我看是不现实的。

　　"这些想法是我和粟裕、陈赓讨论后，报给彭老总批准的。但讨论时，不是很好统一，都在争。"

是啊，各路诸侯哪个是说说道理就能摆平的？

父亲有些恼怒了，他说："我们都是小米加步枪过来的，为什么离开了陆军就不从全局出发考虑问题呢？"

显然，这是一句带有责备味道的话。会场上没有人说话了，沉默。在座的一位佩戴上将军衔的司令员冷冷地摔出句话来："张爱萍，我看你没有后台就不敢这么硬！"

这是什么话啊？父亲顿时勃然大怒，用手指着他喊："那我今天就告诉你，我的后台就是共产党！"

这回可真是鸦雀无声了。两个上将拍了桌子，其他人该说什么好？

当晚，总参动员部部长王平上将来找我妈妈，他当时也是整编领导小组的成员。妈妈回忆："王平说你也劝劝爱萍，他在这样的领导位置上，对别的同志说的话完全可以不去计较嘛。计较了，既伤同志间的感情，也有损自己的形象。"

你怎么和我爸说的？我问妈妈。

妈妈说："我转告了王平的话，你爸说，是啊！是老毛病了，多次下决心改，总是不自觉地又犯，江山易改，本性难移啊，我一定改。"

我很想听父亲亲口说说这件事，他说："事后想起来，我的方式是不好。但研究工作问题，提有什么后台，怎么讲出这样无原则的话呢！我是很愤怒。"

又何止这一次。父亲回忆："我是冲了些，特别是面对萧劲光那样的老资格，还有叶帅。海军最后还是提空、潜、舰。我想算了，他们已经放弃大舰了。"

黄克诚就不像我父亲的脾气。他在回忆精简整编这段往事时说:"那时,我们各军兵种都在初建,领导者都是身经百战的将军,魄力大、个性强、工作积极性非常高,都要在新岗位上做出新贡献,都向军委、总参、总后强调自己的重要,争得不可开交。……我说,我们都是高级将领,都懂得战时不能平均使用兵力,现在建设不是也一样吗?海军要舰艇,当然合理,但费用大、时间长,不是我们目前力所能及的。海军目前重点是海防,搞些见效快、费用低的小型舰艇,不是更实际些吗?建设空军比海军费用要少些,需要更急些,所以我们考虑重点在空军。"(注:《黄克诚自述》,284页)

你看,同样的意思,讲出来的话就不一样了。他到底比父亲大八岁。

黄克诚还说:"像这样摆情况、讲道理,同时虚心倾听并吸收大家合理的意见,一般就比较容易解决问题。个别坚持己见的,仍然争论不休的,我们也不妥协。这时重要的在于保持冷静,不怕吵、骂,坚决不动摇。对吵骂凶狠者稍有退让,那就只会鼓励大家都来吵骂,弄得更乱、更无法处理了。当然,这样做要得罪不少人,使一些军队高级干部不满,也只得听之任之了。"(注:《黄克诚自述》,284页)

彭在总结会上说,这次精简整编是有成绩的,但也发生了一些不愉快的事情,影响了团结,都应该做自我批评。他强调说,作为总部,是领导机关,更应该主动些。

我问父亲,这话是批评你吧?他说:"没有印象了。干这种事,哪能让人人都顺心?关键看事情办得怎样,他爱怎么讲都行。"

黄克诚讲的得罪人,是注定的了,否则,彭德怀也就不会把我父亲调来做这件事情。在以后的政治运动中,这批人,陆续都遭到了报应。父亲还算是最走运的,一直挨到"文革",才有人指着他的鼻子说:"张爱萍,你不是很狂吗?充当彭德怀的打手,砍这砍那的,没想到今天砍到自己头上了吧!"指的就是这次整编,在研究国家武装力量体制时,父亲提出,国家军事委员会主席理应由国家主席来担任。天晓得,没过多久,毛泽东说他不当国家主席了,要刘少奇来当。文化大革命中,刘被打倒,清理他的党羽时,就有人出来揭发,张爱萍此举的目的,就是为刘少奇篡夺军权。这种事红卫兵说说也就算了,总参党委还真是煞有介事地报到林彪和毛泽东那里。真是叫人哭笑不得。

争吵归争吵,但争吵中也贯穿着许多愉快的回忆。上世纪50年代党政军领导机关一般周末都举行舞会,追溯源头,许多老同志讲是从延安带过来的。父亲在回忆这段往事时说:"我在战争年代的生活很严谨,解放后,陈老总说我,你这个家伙也太古板了,扑克下棋娱乐活动都不参加,以后我来教教你,就先从五子棋学起吧。后来在杭州工作时,少奇同志来这休息,省委军区举办舞会,是王光美同志教会我跳舞的。"妈妈跟着回忆说:"后来调北京工作,中央机关也常有舞会,主席、少奇同志、总理、朱老总一进场,乐队就奏起慢四的舞曲,主席跳得很稳健,总理的舞姿最潇洒了。一般他们不会跳很长时间,领导同志一退场,你爸他们这批军队的少壮派就喊,乐队,来个快的!你爸是快三跳得最好,就看他在舞场上一圈一圈地不停地转。刘亚楼花样最多,跳着跳着,甩开舞伴,一个人在舞场中间表演起来,是俄罗斯舞曲,苏联红军舞,大家围着给他鼓掌助兴。"那时我们还小,对这样的场面只能留有模糊的印象。我们这些六七十年代成长起来的孩子,正赶上大讲阶级斗争的时代,哪有几个会跳舞的?"文革"结束,在改革开放的八九十年代,跳交际舞又盛行起来,我们兄弟在家里也学跳舞。父亲那时已经退休,拄着拐在一边指导,怎么迈步,怎么旋转,说着说着还非要来个示范。他的腿在"文革"中折断了,随着年岁的增长,断接处逐渐萎缩,连行走都困难了,怎么能跳舞呢?但哪里能说服他,由几个人架着,我几乎是把他悬空抱起来的。他的腿在地板上蹭着、划着,激昂的、快节奏的舞曲似乎又把他带回到了那个辉煌的年代，他的眼里流露出兴奋的光。那是一个充满朝气的热血澎湃的时代，他们，第一批共和国的将军们，以他们旺盛的精力，推动着我军现代化最初的起步。

那眼神告诉我：青春，你有多美好！

翻开历史的记录：从1957年初到1958年底，又转业和复员了一百万余人。几年下来，步兵部队精简百分之五十一点二，各级机关精简百分之二十七点二，全军总人数从六百二十七万降至二百三十七万，精简了百分之六十一点二，是新中国成立后人民解放军人数最少的时期。尤其是陆军，仅为新中国成立时的三分之一。在步兵减少的同时，海、空军和特种兵得到了加强，占到了全军总人数的百分之三十二，与陆军达到了一比二。实现了人民解放军由陆军向合成军队的过渡；战时体制向国防军体制的过渡。

在总部领导机构上，将八大总部，总参谋部、总政治部、总后勤部、总干部部、武装力量监察部、总财务部、总军械部、训练总监部合并为三总部：总参谋部、总政治部、总后勤部。

将原有的五大军种，改为陆军、空军、海军、炮兵、装甲兵、工程兵、铁道兵、防化兵、通信兵等，三大军种六个兵种的诸军兵种领导机关和部队。

成立了我军第一个军事理论研究机构——军事科学院。在各总部、大军区、军兵种司令部和军事院校，分别成立了相应的军事研究专业机构，到20世纪60年代初，全军拥有各级军事研究机构达一百六十余个，专业研究队伍达二千余人。

成立了国防科学技术委员会，建立了在中央军委领导下的常规武器、导弹核武器、航空、舰艇、电子等科学技术研究部门。同时协助国务院建立起了我国自己的国防工业体系（注：以上均摘编自《中华人民共和国军事史要》，军事科学出版社）。

彭德怀和他的团队在一步步实现他们改造这支农民军队的初衷。

庐山云雾

"不识庐山真面目,只缘身在此山中。"庐山,对当代中国人,它的知名度要远远高于享誉了五千年华夏文明的三山五岳,因为它和中国人民的命运紧紧相连。新中国成立后,中国共产党内的几次大的政治斗争,都在这里剑拔弩张。庐山,这座长年被云雾缭绕的大山,因为见证了历史的血雨腥风,而更增添了它的奇幻和神秘。

1959年夏天,中国共产党八届八中全会在这里召开。

作为会议亲历者的父亲是这样回忆的:

"1959年春天,西藏发生叛乱,我代表总参去西藏组织平叛。平叛结束后,回到成都已是7月中旬。紧张了一段时间,军区的同志们都劝我在成都休整一下,我也想爬爬峨眉山。可到了成都,晚上就接到了军办的电话,通知上庐山参加中央全会。

我一听是开会,又是中央全会,就不愿去。这种会,一点意思都没有,不就是举举手嘛。我当即打电话给在家值班的黄老(注:黄克诚总参谋长)请假,说平叛的总结还没有做,就不上山了。黄老同意。谁知当天深夜11点,黄老又来电话,说中央规定不能请假。我回到北京,又赖了几天,这时军队的中央委员们差不多都上山了,只剩下陈锡联、杨勇和我(注:黄克诚已于7月17日上庐山)。我们三人是一架飞机走的,你们和妈妈、妹妹一起去送我,还记得吗?"

怎么不记得。起飞前,我们要看飞机,父亲说,上来吧,就叫机长模样的叔叔带我们去看驾驶舱,还说,只看不动!我印象是到处是仪表。飞机要起飞了,我们向爸爸还有其他的叔叔们道再见,陈锡联走过来一把抱过我妹妹说,再什么见?一起和我上庐山!我妹妹小时候是个人见人爱的小姑娘。父亲说,这怎么行,中央开会不好违反规定的。杨勇在旁手一挥说,就说是我的女儿!要他们来找我好了。我妈急了,这么热的天,她连个换洗的衣服都没带……

没等她说完，杨勇和陈锡联都说，这还成问题吗？到山上再买嘛！就这样，他们抱着妹妹飞了。

我和妈妈望着呼啸而起的飞机慢慢消失在蓝天白云里。他们真不同于今天的将军们。

但是，等待他们的，绝不是简单的举举手就完了的事，这些欢快豪放的将军们很快就傻了。

上山的当天，就得到通知，第二天，召开中共中央全会，会议主题：批判清算彭德怀、黄克诚、张闻天、周小舟反党集团。我查了一下会议的文件，开会日期是8月2日。这么说，父亲他们这批最后上山的，是在8月1日。这一天正巧是军队的节日，她已经走过了三十二年的艰苦历程。明天，她的元帅和大将将要在这里接受审判。

即使在今天，我都能想象得出，这个消息，对于这三个上将来说，不啻于听到敌人对我发起原子袭击的消息更让他们目瞪口呆的了。

党内高层在庐山上的这场厮杀，起始于一个被戏称为"神仙会"的活动。

研究党史的人，一般把庐山会议分为前后两期，前期是神仙会，也就是政治局扩大会议，主流是反左；后期为反右倾。也有将会议分成三个段落的，7月2日到16日，彭德怀给毛泽东的信印发前，为神仙会；16日到8月1日，也就是父亲他们最后一批人上山前，为反右倾；8月2日到16日为八届八中全会，是大批彭黄张周反党集团阶段。父亲参加的正是批彭黄阶段的会议。

在这之前的一年，中央提出了社会主义建设时期的一整套的方针、政策和办法，这就是总路线、大跃进和人民公社，习惯称之为"三面红旗"。由此在全国范围内形成了全民办水利、全民办钢铁等几十个全民大办的运动；神话般的以农业高产放卫星为主要内容的大跃进运动；以及以一大二公、吃饭不要钱为主要特征的人民公社化运动。这"三面红旗"在极短的时间内席卷了神州大地，但同样又在极短的时间内带来了灾难性的后果。国民经济出现了严重的混乱，导致了巨大的经济损失。毛泽东开始下令刹车，用了半年多的时间纠正这些被称作是"极左"的愚蠢而荒唐的游戏。对毛泽东来说，在党的历史上，除了中央根据地丧失、红军被迫长征外，恐怕还没有遇到过这样叫人紧张、为难和尴尬的挑战。在全党上上下下顶风迎浪、不断检讨下，形势慢慢趋于稳定好转。毛泽东复杂而沉重的心情有所缓释了，是到了可以让大家开怀畅谈，总结一下经验教训的时候了，以便继续鼓劲干下去。夏天到庐山，一是避暑；二是远离尘嚣。毛泽东是个浪漫洒脱之人，庐山风光奇秀，那就都来当一回神仙吧。这就是神仙会的来由。但他怎么也没想到，这番好意，竟会惹出乱子来，彭德怀这家伙，把整个好心情都给搅黄了。

　　庐山会议最初的基调是在充分肯定成绩的前提下，认真总结经验教训，统一思想认识。但在讨论中不少同志谈到了大跃进以来的严重问题，要求深入纠左；也有不少同志则认为纠左已经过头，泄了群众的气。彭德怀属于前者。他发言后，仍感言犹未尽，对一些同志坚持的左倾情绪深表忧虑，于是给毛泽东写了一封信，希望能深入透彻地交换一下意见。毛泽东给这封信加了《彭德怀同志的意见书》的标题，批示印发会议。于是，会议又围绕着彭德怀的《意见书》，展开争论。形成了支持、反对和基本同意信的内容又不赞成某些提法等三种意见。张闻天支持彭德怀的观点，从理论的高度上作了系统的发言。毛泽东对此发表了观点尖锐的讲话以示他的反击，会议的基调立即改变，形成了"一边倒"的对彭德怀、张闻天的揭发和批判，许多人纷纷收回自己的发言，划清界限。人们怀着保卫毛泽东威信便是维护党的团结的信念，参加了这场斗争。由于黄克诚、周小舟是支持彭德怀，后来又没有顺风转向，加上他们还有串联的"非组织活动"的嫌疑，便被划入彭张联盟成员。彭、黄、张、周被迫作了检讨。毛泽东联系历史说彭德怀是"三分合作、七分不合作",使批判斗争进一步升级。会议最后通过将彭、黄、张、周定性为"具有反党、反人民、反社会主义性质的右倾路线的错误"的"反党集团",撤销了他们的职务。不久在北京又召开了军委扩大会议,揭发批判彭德怀、黄克诚的"资产阶级军事路线",追查了彭德怀"里通外国"的问题,并追逼以彭为首的"反党军事俱乐部"成员。最后定论为,彭、黄"是十足的伪君子、野心家、阴谋家","篡军、篡党、篡国的阴谋由来已久",并实行了对他们的软禁。

父亲上山的时候,庐山上对彭老总的批判已经搞了半个月。也许是怕他们上山后乱放炮、犯错误吧,当晚,周恩来通知他们参加预备会,介绍了前一阶段的情况,特别指出:"彭德怀和张闻天的《意见书》,是右倾机会主义向党、向党中央、向毛主席、向总路线的进攻。这有着深刻的思想、历史根源;是有纲领体系的活动。"

8月4日晚上,由刘少奇主持,几个常委参加,又专门向父亲他们几个晚上山的中委和候补中委传达政治局常委会议的精神。林彪先讲话,其他几个常委也都讲了话。总的基调是:"彭德怀发生这件事不是偶然的,有的同志说,他有魏延的反骨。毛主席去年5月讲防止党的分裂,就是指彭德怀同志。"

林彪说:"他(彭德怀)野心大,想大干一番,立大功,成大名,握大权,居大位,声名显赫,死后流芳百世。他非常嚣张,头昂得很高,想当英雄,总想做一个大英雄。他参加革命,包含着很大的野心。毛主席才是真正的大英雄,他觉得他也是个大英雄。自古两雄不能并立,因此就要反毛主席。"

留下的会议简报,折射了当年的情况,现在重看,许多中央委员们、大区书记们,在发言中无限上纲、牵强附会、无中生有,作风之恶劣,令人震惊:

——毛主席说的军事俱乐部,首先是一个国防部长,一个参谋总长,总是密切合作的了。……山上山下,党内党外,国外都有。

——他反对政治挂帅,第一书记挂帅,正是对毛泽东同志的。

——彭信上说,一般不追究责任,意思是特殊的还要追究,既然领导错了,就得改组领导,只不过没写出来罢了。

——彭德怀拿匈牙利事件作比,什么意思。

——他们的锋芒是对着毛泽东同志,其目的是企图分裂党,实现他们的恶毒阴谋。

——这是阶级斗争在党内的反映,与党外资产阶级的猖狂进攻遥相呼应。

——这封信,是经过周密预谋的。

康生的讲话就更令人毛骨悚然了:"他们的言外之意,是否有改换中央委员会的领导或改换主席之意呢?"

三十年后,当我看到这些逐渐披露出来的内幕时,我真为我们的一些中央委员们脸红,他们之中有些还是我敬仰的人。我这一生也参加过无数次党内各式各样的会议,包括生活会、批判会,但他们的道德水准真不如一个普通的基层党支部。

父亲说:"这就是逼着你表态嘛。"他在会上也做了违心的发言。

他究竟说了些什么呢?会议的亲历者李锐,在他《庐山会议实录》中记录了父亲和其他几个曾与彭老总一起工作过的老同志的发言,我摘要如下。李锐写道:

可是,不少人还是讲了一些心里话。

董必武说,彭信只是有几个论点不大对……

杨勇说,从小参加革命,就在彭领导下工作,尊重他,怕他,又不大怕他。他经常骂人,他说,高级干部觉悟高,骂,有什么了不起,他就不骂战士。彭有包袱,一是自以为忠心耿耿;二是自以为功劳大。大跃进同打仗一样,不能没有伤亡,对勇敢作战的部队扣一大堆帽子，就会瓦解士气。

李志民说，在彭总领导下十六年了，有感情，也有迷信。这一次如不参加会议，是看不出他是野心家、阴谋家的。

王震说，我承认他是民族英雄，但不是一个合格的共产主义战士。

书中专门提到我父亲，说张爱萍分在第二组，8月5日轮到他发言：

"在彭直接领导下工作时间不长，过去对他信任、钦佩、尊重，为他的坦率、正直和艰苦朴素所迷惑，也是受他这些影响很深的人。虽然对他那种骂人、训人、蛮横态度和事务主义的工作作风有些反感，但总以为他就是那样脾气，原谅过去了。军队干部挨他骂的人，是相当普遍的。就是黄克诚同志，也是被他骂得最多的，可能是被他整服了的人。记得在陕北保安'红大'学习时，有一次他从前方回来，在闲谈中，曾对彭雪枫和我说，我这人脾气不好，喜欢骂人，你们都是挨过我骂的人，很对不起，等等。当时好像是检讨，但并无多大改正。"

父亲在批彭时捎带提到了彭对黄克诚的态度，这么说，是想为黄克诚做点开脱。虽然在历史上，他和黄在作战指导上有过分歧，甚至有一些芥蒂。

李锐的书中也记载了我父亲对黄克诚的态度：

"张爱萍的发言中还说，黄这个人，公正、坦率，工作中的原则性，生活的严谨、艰苦朴素，对自己影响很深。从这次揭露的问题，才提高认识、提高警惕。"

李锐最后感慨地说："可是，这些比较客观、公允的发言，是越来越跟整个会议的气氛不相适应了。"（注：李锐《庐山会议实录》，290页、291页）

庐山会议后，军委召集会议继续批判揭发彭黄。父亲说："回到北京后，开军委扩大会议，分成两个组，一组批彭；一组批黄。

新任总长罗长子，非要我主持第二组批黄。我推辞了一下，不行，我知道这是推不掉的。开会时我说，你们大家有什么就说什么吧！开始显得冷清，但有几个人调子很高，这边说完又到那边（指在批彭组发完言又到批黄组这边发言）。林身边的几个人调子高不奇怪，只是吴法宪的发言让我震惊，他揭发黄，贪污了金子，让唐棣华（黄克诚同志的夫人）带走。黄向来是以艰苦朴素著称的，而且在三师时专门提名他（吴法宪）担任政治部主任。"原总政治部青年部处长林晖对我说："当时调我去紫光阁做记录。吴对黄落井下石，说他是伪君子，一一列举了许多实例。你父亲在会上只是敷衍了几句，一句也没有批黄的，我为他捏了把汗。时间久了，再具体就记不清了。"

批彭黄时一面倒的现象，和长期以来形成的党内生活制度有关。在我党历史上，在解决党内矛盾和进行党内斗争时，多是采取生活会的方式，开展批评与自我批评，或发动广大党员和群众给领导提意见，即所谓的整风。这种形式体现了党的各级领导干部必须置身于党和人民监督之下的党内生活的准则，是一种发扬民主的做法，起到了积极的作用。但在特定情况下，这种形式又容易给权谋政治提供土壤。批谁整谁，错误的性质，往往由书记定调子，常委统一口径，骨干统一思想，开起会来，群起而攻之，上纲上线，批判揭发，历史的、现实的，一起算总账。庐山会议就是个典型。一上来就宣布矛盾的性质，然后就是扣帽子：彭在历史上就从来没有合作过；彭参与了高饶的阴谋活动；彭要分裂党，搞非组织活动；他这次借机发难，是野心的大暴露……等等。完全是一言堂。如果仅仅是几个和彭成见较深的人也好理解，恰恰，附议的，调子很高的是一向在党内地位很高的，在下级心目中备受信赖和敬重的党的其他领袖们。分组表态、揭发时，居然又有那么些知情人站出来，揭发的问题又是那么的触目惊心，里通外国；要苏联红军来解决中国的问题；搞军事俱乐部的非组织活动……

这里没有仲裁者，也没有陪审团，更没有辩护律师，当然也不会允许中央委员会听取对立双方的证词；没有，也根本不可能给被告人讲话和辩护的机会。在座的即使有看法，又能怎么样？你再对彭有好感，人家揭发的问题，你又不在场，何况许多是历史问题，你知道吗？你只有听的份，不信也得信。只要你向最高权威提出挑战，那就全党共诛之，全国共讨之。在这种体制下，个人是没有任何抗争的可能的，只有被碾成齑粉，随风飘散。

　　吴法宪在他的回忆录中说自己揭发黄克诚实在不是故意的，也许吧，是慑于一种无形的压力？这就更让人感到恐怖。在如此的政治氛围中，我不知道像父亲这样的表态，如何能过得了关。十年后，也就是1969年"文革"中，我看到江青的讲话。是审查八一电影制片厂的电影，江青说，有很多的毒草，如《海鹰》、《怒海轻骑》等，是为彭德怀树碑立传的。八一厂的同志解释说，当时都是总参、总政审查过。江青不依不饶，追问是什么人审查的？答：张爱萍。江青大怒道，张爱萍是个什么人？是个彭黄漏网分子！当时我们就是要整他的……

　　江青的话证实了当初确实是要株连一批人，父亲也在其中。但为什么后来没有整他，是谁替他开脱了，就不得而知了。二十五年后，父亲担任了军委领导工作，他和我说，现在他才知道，当初杨得志也在被整之列。在批彭时，杨说了句彭老总在海防建设上还是有贡献的，结果被他的一个副司令告发。后来不知是哪位元帅替他说了话，逃过一劫。父亲说："像杨这样老实的人，过去又没有和彭在一起的历史渊源，都要整，那我们这些人还跑得了？"

　　那个副司令，我父亲平时对他印象是不错的。真是人心叵测啊！

　　讲起庐山会议，父亲直到晚年仍非常感慨。他说：
　　"大跃进，开始我是拥护的，能早日实现共产主义谁不高兴。

58年炮击金门，从连城下飞机，到上杭、龙岩、漳州，树都砍光了，到处是大大小小的炼铁炉子，乱七八糟的。后来到建瓯、建阳，杀鸡宰牛的，说是要进入共产主义了。回北京向彭老总汇报完，闲谈中说起一路的情况。我说，共产主义怎么能这么实现呢。北戴河会议后高兴的情绪慢慢消失了。我认为和彭老总可以交心，对彭老总说这些，是下级对上级的信任，他能听得进不同意见。后来上了庐山，发给每人一份彭老总的万言书，我觉得万言书写得不错，但当时也不敢说。大家都发言，我不发言也不行，逼得你表态，想来想去，只好应付那几句。但我是想不通的，对大跃进有意见，就是反毛主席吗？我对大跃进就有意见，我也反毛主席吗？没有这个道理嘛。我替彭老总难受，心里想，老总啊，你怎么对毛主席说是小资产阶级呢？有气，说说我们这些人也就算了。"

我妈妈后来回忆："庐山会议结束后，你爸对我说，是我把彭老总给害了，我真不该对他讲在福建看到的那些事情。"

父亲晚年，我们常在一起谈论对他人生有着重要影响的人物，谈得最多的就是彭老总了。

父亲比彭老总小十二岁，正好一轮。他回忆，真正与彭亲密的，深受彭赏识的是彭雪枫。黄克诚的许多回忆文章也记载了他自己和彭之间生死相随、情深义重的亲密关系。相比我父亲呢？耐人寻味的是，在父亲的回忆中，几乎都是彭老总批评他的事。除了前面讲的他因为困乏而耽误了集合这件事外，父亲还说过：

"1935年11月直罗镇战斗，我写了个侦察报告给毛主席和彭老总。先送到彭老总那里，他问我，你这个报告，看过第二遍没有？我说，没有；为什么？我说，我相信我写的不会错。彭老总把报告甩给我，说，那你就拿回去再看看吧！我看了，真的错了几个字。"

中国书写的老习惯是自右向左竖行排列，但父亲书写却偏偏跟惯例相违，是从左往右竖着写，他说，这样的好处是，一只手写，一只手的拇指按住写过的部分,这样即使没有灯光,也不会错行、叠字,而且用毛笔时还不会蹭着袖子。这是战争年代养成的习惯。父亲说,彭并没有批评他,但从此以后,他每次写的东西,都要再看一两遍才放心。

《中国工农红军第一方面军长征记》收集了父亲1936年写的文章《彭军团长炮攻太子圩》。红十一团为夺占敌堡垒,连续发射了四五发炮弹都没有命中。父亲写道:"真没有卵用呵!"这时,彭德怀亲临前线,说,为什么架这么远?移到我这里来!结果还是没有击中。彭说:"你们真是不中用!"然后亲自瞄准。父亲形容他:"半新不旧的军用皮包挂在左肩,一个半旧的牙刷,插在皮包外面,右肩下还挂着望远镜,背上背着一个半旧的斗篷。"他对我父亲下命令说:"一打中就冲!"彭老总亲自瞄准的这一炮正中堡垒的脚下。文章写道:"冲呀!冲!彭军团长高高举起他那个破了的红军帽,在空中不停地指挥着大喊起来:前进!都前进!消灭他干净!"文章结尾是:"每个人都在高唱:我们真快乐!我们真快乐!我们真快乐!"

对彭德怀,父亲说过,彭也有缺点,甚至是很明显的缺点,在有的问题处理上是错误的,"如对粟裕,虽然不全在他。"但为什么彭德怀会对父亲的人生理念和性格生成产生这样大的影响呢?

父亲说:"一个人要立言、立行、立德,关键是立行。"彭德怀和党内的有些领导人不同,他的部下对他的敬仰,不是听他的说教,不是因为他著书立说,而是为他的行为、品格、作风所感染,为他的人格魅力所折服。

跟解放军的许多将领一样,他出身低微贫寒,但在他身上,却丝毫没有流氓无产者的匪气和发迹后贪图享乐的农民阶级的短视。他刻苦、俭朴、不好声色,与部属同甘共苦的苦行僧主义,对我父亲影响极大。他们都不是享大福的人,而是做大事的人。

彭功高盖世，是人民解放军的创始人之一，但他没有自己的山头。长征后期，中央为了统一陕北地区红军的指挥，决定恢复红一方面军番号，他主动提出把自己一手拉起来的红三军团并入红一军团。这支由彭德怀领导的平江起义为基础的红军队伍，在经历了艰苦卓绝的长征后，由初期一万七千八百人，仅存下了两千人。当他面对这批同生共死的弟兄，看着和他一样衣衫褴褛的红军将领时，这个岩石一样的硬汉，也落泪了。

彭手下的许多红军将领，包括我的父亲，那种刚硬作风，明显地带有彭德怀的影子，耿直正派，不屈服于邪恶势力。

虽然彭德怀在主持军委工作期间也错误地对待了像刘帅、粟裕、萧克等这样一些德高望重的老同志，但就其思想体系来说，他是反对树立凌驾于全党之上的个人权威的。抗战期间，我党的领导层和国际国内的一些反法西斯的民主志士有了更多的接触，彭就是在这时开始思考民主、人权思想和共产主义思想体系的关系，坚定了马克思主义建党学说中新型人际关系的理念。虽然由此长期受到猜忌和冷遇，但他不惧孤立，在庐山仍秉笔直书，为民请命。

彭关心的是群众的疾苦和部队基层的生活，在他主持军队工作期间，数次调低高级干部的工资，增加了营以下干部的薪金。对比军队中一些人用心于领导人的生活，是否能睡好、吃好、玩好，喜欢什么样的文工团员等等，人品之高下，不言而喻。

父亲就是在长期的战争和工作中，贴近地目睹和感受了彭老总的"立行"后，对他的钦佩和敬仰在不知不觉中升起。

因为淡，看似白；因为清，看似无。庄子说："君子之交淡如水，小人之交甘如醴。"君子之交不是酒肉之交，不是利益之交，是心与心的交流，是一种天地共存的默契。俞伯牙弹琴，钟子期如痴如醉，因为他们达到了相通的境界。何谓君子？孔子说："不知命，无以为君子。"知天命之人，明道之人才是君子。

彭老总影响了我父亲的一生。

父亲从庐山回京,全家都去机场接他,我们兄弟几个都希望自己最先看到爸爸。第一架飞机落地,人们熙熙攘攘地下来,好多小孩都喊着自己的爸爸冲上去。第二架飞机落地,又没有,这时接机的家属们都陆续走完了。直到第三架飞机徐徐落地,我们才看到下来三五个领导人,我一眼就看到了父亲,再一个就是彭德怀,他还是像往常那样沉着个面孔,撅着个嘴,一个如石头雕刻的人。有人回忆说,彭是和贺龙、刘伯承一架飞机,反正我和哥哥都没有看到,别人不好说,但贺龙就凭他那小胡子,我们是绝不会看走眼的。在汽车上,我听见父亲对妈妈说,出大事了……

父亲后来和我说:"王尚荣(注:当时任总参谋部作战部长)找我,说飞机不好安排,都不愿意和彭老总一架飞机。我说,这种事不好勉强,都上前两架吧,彭和工作人员安排在后一架上,我们就陪他一下吧。到济南时,天气不好,停留了一会儿。面对面地坐着,不知该说些什么,彭也不吭气。大家沉默了一路。"

庐山会议后,父亲曾见过彭老总一次,彭只说了句:"反正我不是反革命。"还是相对无言。

一直到"文革",在一次批判彭德怀的大会上,父亲被弄去陪斗,双臂反剪,强行摁下头,胸前挂个大牌子。批斗会是由三总部、海空军、各兵种、各军事院校、国防科委等联合组织的,批斗曾经创建了他们、抚育了他们成长的元帅。一起被斗的还有黄克诚、杨勇。父亲说:"我几次抬头想看看彭老总,但彭一直没有抬头。"

我想,彭老总肯定会知道的,他不再像庐山时那样孤独了,曾经和他一起爬雪山、过草地的三军团的红军将领们,此时也同他一起被地狱的烈火煎熬。这对他不知是安慰还是悲哀。

后来,父亲被关押,受尽磨难。但或许正因为有了这样的经历,父亲才可能在那些漫长的茫茫黑夜里重新审视他为之献身的事业,重新审视他自己的人生并推及别人的人生。在此获得顿悟。

1972年,父亲在囚禁中折断了左腿,被匿名保外就医,住进三〇一医院。当他听说彭老总被监禁在楼上时，就一定要去看看老总。他刚动过手术，硬拄着双拐爬上去。在门口，被哨兵喝住。父亲装作找错了房间，故意大声喊："我是张爱萍！这不就是我住的房间吗？为什么不让我进去？我是张爱萍啊！"吵闹声惊动了专案组和院方保卫部的人，硬将父亲架出去。父亲说："也许彭老总能听见我的声音。"他是多么希望彭老总能知道，他没有被忘记，他的部下在怀念他，让他听一听他部下的声音吧，哪怕仅仅是带给他一丝的安慰呢！

彭德怀，1974年11月29日15时35分被折磨致死。在他的骨灰处理报告中写道："彭德怀是里通外国、阴谋夺权的反党分子。我们意见，将其化名王川，尸体火化后，骨灰存放成都公墓。"

火化的费用是从彭德怀那少得可怜的狱中生活费中支付的。他的肉体连同他读过的六十二本书一起，在烈焰中化为灰烬。点点火花在烟雾升腾中闪烁一下就熄灭了，他把痛苦和希冀留给这个世界，他，终于可以解脱了。

对人死后究竟有没有灵魂，从来就纷说不一。但我相信是有的，只不过他是以另一种形态存在着，存在在父亲和我的心中，存在在许许多多中国军人和老百姓的心中，激励他们走完人生。

又一届新的军委成立了。林彪接替彭德怀任国防部长并主持军委工作，罗瑞卿接替黄克诚任总参谋长兼军委秘书长。

1959年10月20日，成立军委办公会议，负责军委日常工作。办公会议的成员是：罗瑞卿（总参谋长）、谭政（总政治部主任）、杨成武（副总参谋长）、肖华（总政治部副主任）、邱会作（总后勤部长）、肖向荣（军委办公厅主任）。张宗逊、李克农、彭绍辉和我父亲，以及陈赓等几个老的副总参谋长都没有再进入。当然不全是政治上的因素。父亲是第二年，彭黄问题处理结束后，也就是

1960年5月增补的。这是一个微妙的人事安排。从工作需要来说，他是主管军事行政事务和武器装备的副总长，军队大量的日常工作都在他这里。从政治上考虑，他是上一届班底的老人，处理军委日常工作也的确需要有一个红三军团的人参加，这样给人的印象要公允些，毕竟这是一段历史。何况父亲并不是彭德怀平江起义的老班底。毛泽东早在这之前就对上一届军委班子说过，总参各方面军的人都要有。这样就增加了彭绍辉，他作为四方面军的代表。黄克诚当总长后，又把杨成武调来了，他是一军团的。

早在庐山会议前，军队高层发生过两件事情，一件是反教条主义；一件是批判粟裕。父亲这个人，除了工作，其他的事情，一概不闻不问，尤其是涉及到党内人事关系问题，能不听就不听。他自己说，在总参他是个壮劳力，下去跑的事多是派给他，他也很乐意。工作日志记载，这个期间他大部分时间都在基层和边防跑。这两件事，我曾问过父亲，他的表情有些木讷，没有道出更多的缘由，只是说：

"有一次，粟裕和我谈起，觉得委屈，都掉了眼泪。我说，别这么没出息，干脆，开诚布公地、直截了当地找他谈一谈嘛！"父亲这里说的"他"是指谁，我也懒得再问了。

粟裕被免去了总参谋长的职务。一年后，彭德怀、黄克诚也倒了。不久，陈赓、李克农相继谢世。

时事如棋局局新。

彭德怀的罪行之一，就是分裂党。彭德怀被打倒后，党真的团结了吗？

鸦雀无声，恰恰是最可怕的。别人怎样我不知道，但我知道我的父亲，他的内心蒙上了一层阴影。他说："上有所好，下必效焉。搞小圈子，吹吹拍拍，拉关系。我知道，过去的宗派又要来了。"

父亲给罗瑞卿写了封信，说自己长期在总部机关工作，陷于事务，希望能到军区去，做一些实际工作。罗看后说，难道你就这么不欢迎我来吗？

父亲和罗瑞卿在红军大学时就很熟悉，彼此都可以讲出一些他们之间鲜为人知的，甚至是个人隐私的笑话来。后来同到武汉八路军办事处工作，我看过他们的合影，照片背面有罗的题字："送给爱萍小弟存念"。父亲说，在这个时候写这样的请调信是不合时宜的，引起误会就更不好了。他对罗表示，愿意收回这个请求。

父亲说："罗这个人，工作有魄力，有干劲，能决断，雷厉风行。他对我是很信任、很放手的，对我的那摊工作也是很支持的。只是副总长之间的关系很紧张，有的人把他们过去那套拉拉扯扯的作风都带进总参谋部来了。"

"粟裕同志那时的和谐气氛没有了，相互间不交心。"怎么办呢？他经常想起彭老总："他对革命这样大的贡献，说了真话，结果就这样整。我觉得党内这些事真没有意思。我更坚定了自己的信念，一心扑在工作上，自己按原则办事。凡和我关系不大的、能不参加的活动和会议我都懒得参加。对党内这些事，不听，不问，不参与，管你驴打死马，还是马打死驴的……我也帮别人说过话，那是因为有人违背了原则，我才站出来。

"我一年大部分时间，都是在下面跑。我分管的那摊，都是在边远荒凉的地区，50年代是部队、边防、海岛；60年代就是发射基地、试验场、工厂和研究所。我愿意到那里去，和下面的干部、战士、科学家、工程技术人员在一起艰苦创业，心情是舒畅的。"

在随后的这段时期里，就像他自己说的："大部分时间都是在大西北、大西南的各个国防工业基地度过的。"在这个时期，他写下了许多边塞风格的诗篇。

在青海柴达木，检查原子弹基地的建设，他写下这样的句子：

> 独立阳关上，古人西出叹凄凉。

在新疆，他写道：

> 长笛一声天山外，最难大漠起春风。

到铀矿基地，他模仿李白诗的句式：

> 朝辞衡阳云雾间，夕阳穷攀南岳山。

登上巴颜喀拉山，在黄河、长江的源头，向东眺望，他写道：

> 源头同是莹洁水，清浊何以多变迁？

他在诗中想说些什么呢？当年一起从雪山、草地走过来的弟兄，今天何以如此泾渭分明！

第6章
大漠黄沙

　　自上个世纪40年代，当第一颗原子弹的烟云在广岛上空升起，整个世界就笼罩在这可怕的核阴影之下了。时至今日，国际社会发生的许许多多重大事件，几乎都和这阴影有关，社会历史学家给这一特殊的历史现象起了个名字——冷战时代。作为中国第一颗原子弹试验总指挥的我的父亲，在这场大国的博弈中，他的人生经历又是怎样的呢？

　　庐山会议之后，一直到"文革"前，这七年间，父亲的精力大部用于国防科技和国防工业领域，光顾西北的大漠黄沙，成了他生活的主要内容。用他自己的话说："我这一生是两个三十年。从1925年参加革命，到1956年，主要是从事作战和军事工作；1956年，从主持制定第一份国防科技发展规划起，到1987年退休，基本都是在国防科技和国防工业这个领域里。庐山会议之后，我的主要精力逐渐转向这里，一干就是三十年。"

鱼和熊掌，可否兼得

　　庐山会议的恶果很快显现出来了，大自然的惩罚是不以人类社会权威的意志为转移的，再至高无上的帝王，在大自然面前，也不过就是个肉体凡胎。

  1960年11月14日，中共中央发出《关于立即开展大规模采集和制造代食品运动的紧急指示》，要求全国各地抓紧秋收后的时机，大规模地动员组织群众，采集和制造代食品，以渡过灾荒。中央根据中国科学院的建议，向各地推荐食用玉米根粉、小麦根粉、玉米秆粉、橡子面粉、叶蛋白人造肉精、小球藻等若干代食品。要求城乡大小食堂，自己动手，土法上马，自做自吃。这个灾难究竟有多大，至今我也没有看到官方权威性的报道。学术界说法五花八门，争论的双方，依据的是人口统计，1959年、1960年、1961年，这三年的人口死亡率远远高于之前、之后的正常年份，平均每年增加了一千万。于是有人说，三年自然灾害造成了约三千万的死亡；但反对派说，这只是推断，从法律的角度看，这只是可能性论据，而不是指证性论据。但我知道，当时的中共中央农村工作部部长和主管农业的有些同志是相信这个数字的。

  接踵而来的打击还远不只是没有饭吃的问题。从庐山下来还不到一年，1960年7月16日，苏联政府照会中国，停止执行援助中国原子能工业及国防工业的协议，撤走全部在华专家，终止原定一切设备材料的供应。

  这就是当时所说的60年代初帝修反的反华大合唱。赫鲁晓夫和彭德怀都是大合唱中的一员。毛泽东写下了他著名的诗篇《卜算子·咏梅》："风雨送春归，飞雪迎春到，已是悬崖百丈冰，犹有花枝俏……"托梅寄志，在毛泽东的诗中，孤傲、俏丽的梅花具有了铮铮铁骨和挑战精神。

  负责原子能工业的第二机械工业部决定，为激励全体人员斗志，牢记老大哥背信弃义的这一天，把苏联停止提供原子弹教学模型和图纸资料的日期1959年6月，作为第一颗原子弹的代号"596"，也叫"争气弹"。（注：苏联政府在照会我国前，早在1959年6月20日，苏共中央就致函中共中央，为不影响苏、美、英首脑关于禁止核武器试验条约的日内瓦谈判，暂缓向中国提供核武器样品和技术资料。）

那是个饥饿的年代。原子弹事业何去何从？在中国最高决策层会议上展开了激烈争论。这就是今天广为知晓的关于原子弹的上马与下马之争。

参加政治局会议的军方几个老帅的态度是毋庸置疑的，陈毅说了那句体现他鲜明性格特征的话："中国人就是把裤子当了，也要把原子弹搞出来！"反对派的性格也很鲜明，他们说："老总啊！你还是把裤子提上吧，光着屁股是搞不了原子弹的。"根据李富春、陈云的报告，1960年底，我们国民经济破坏的程度，粮、棉跌到1951年的水平，生猪年底的存栏数和油料产量，跌到不及1949年。轻工业全面滑坡。重工业上去了，但是靠的是增工损农，以农业的损失为代价而支持工业上去（注：引自吴冷西《国民经济调整的领导者》的文中数据）。

面对窘况，要吃饭还是要原子弹？两者都是关乎基本国策的大问题。老百姓没有饭吃，社会就无法稳定；而没有核盾牌，战争就难以避免。

鱼和熊掌，不可兼得！

中国第一颗原子弹爆炸成功三十周年纪念时，父亲对来采访的军报记者说："当时主持会议的是少奇同志，他说，先不忙下结论，调查一下，把原子能工业的基本情况搞清楚了再确定。是陈老总给我交代的任务。"父亲这里说的任务，是指代表中央和军委去调查原子能工业的状况，以便为最高层的决策拿出依据。父亲接着说："我说，我只知道山药蛋，不懂原子弹。陈老总'熊'了我，说：不懂你不会学？谁是一生下来就会的？"

不管你再战功赫赫，不管在你的部队面前再虎虎生威，也不管战将之间如何拍着桌子喊，但在元帅们面前，你就是个小学生。我注意观察过，凡是元帅们交办的事情，不管是哪个元帅，父亲总是极其认真的。有时明知他们要求的不合理，或是做起来有难度，他也总是自己宽慰自己地笑笑，说一句："这是老总们交代的，是不好马虎的。"

爱这支军队，绝不是一句空话。爱戴、信任、尊重、维护，甚至理解和谅解自己的元帅，在军人"以服从命令为天职"的冰冷的信条里，浸透着对事业的共同信念和战斗中结下的生死情谊。

我国的军事工业和军事科研是一个非常庞杂的体系，由军队、国防工业部门、国防科研院所三大块组成，横跨军队和国务院两大系统；分别归口由贺龙和罗瑞卿，以及聂荣臻领导。仅在军队中又分成总参和国防科委两大块，又分别由罗瑞卿和聂荣臻分管。机构多了，头绪也就多了，自然不免扯皮的事。在这之前，父亲是以主管装备的副总参谋长的身份，归口管理国防科研机构的设置、编制，试验基地的建设，武器装备的规划、定型、列编、管理；以及常规武器科研。后来聂老总要他兼国防科委副主任，一开始只是分管基地建设。他路过格尔木的原子能基地，李觉（注：核武器局局长兼核研制基地司令员，人民解放军少将，后为第二机械工业部副部长。）请他去看看，他不去，说，原子弹的研发不归我管，你有什么要求我替你办就是了。李觉说，他要修条铁路。父亲说，这好办，给你调两个团的铁道兵够不够？他后来对我说："这一摊搞得神神秘秘的，我才不去呢。"后来聂老总身体不好，任命父亲为常务副主任，兼起国防科委的全面工作。贺龙、罗瑞卿领导下的国防工办那摊，也要他出任副主任。这样他成了一仆三主，总参副总长，国防科委副主任，国防工办副主任。他这一辈子，一直想把这几摊撮合起来，可就是不行，哪家都不干。没办法，只有靠他这个给三摊都当管家的人，拳打脚踢地来协调了。采访原国防科委副主任、二机部副部长刘西尧时，他说起当年的往事："那年在北戴河开工作会议,晚上我和你爸爸在海滨散步,你爸爸说,别看他们洗海水澡的时候都高高兴兴的,上了会吵得可凶哩!"

父亲回忆说:"总书记(邓小平)找我去,给我打招呼:不要让两个老帅打架喔!"

父亲这个人,不是个爱揽事的人,对不是他分管的领域,他问都懒得问,甚至连听的兴趣都没有。你和他说多了,他就冷冷地给你四个字:"换个话题。"不客气的时候会说:"少打听这些无聊的东西!"

不过,这次可不像李觉让他去看核基地那么简单了,这次是中央点的将,他逃不掉了。

父亲说:"我文化低,得找个高的,我想到了刘西尧。"

刘西尧是湖南长沙人,比父亲小六岁,1934年考入武汉大学物理系,1936年参加革命,以他的学历,可算是我党领导干部中极少数的"内行"了。不久前被任命为科委副主任。刘西尧欣然应诺。

但是,光有个有文化的搭档还是不够的。在正式调查之前,父亲特意找到核物理学家、核武器研究所副所长朱光亚,用父亲自己的话说是"请他赐教"。

今天的朱光亚,可谓大名鼎鼎,不但是中国科学院院士和中国工程院院士,还是第十一、十二、十三、十四届中央委员,第九届全国政协副主席,总装备部科技委主任,中国科学技术协会名誉主席。但是1961年,当父亲来到北京花园路核武器研究所找朱光亚时,朱光亚只是一位年仅三十七岁的青年科学家。冷不丁见到五十一岁的副总参谋长、国防科委副主任张爱萍上将金光闪闪的肩章时,他还真有点不知所措呢。

许多书籍中是这样描述的:没等张爱萍开口,朱光亚就说,我把工作情况向您汇报一下。但张爱萍说,我不是来听你汇报的,我是来向你请教的。朱光亚连连摆手说:"不敢当!不敢当!"张爱萍说:"是真的。请你给我讲讲原子弹。我只知道皮蛋、鸡蛋、山药蛋,对原子弹一点儿也不懂。不懂它又怎么去摆弄它呢?"

父亲常向我们夸赞他。朱光亚沉默少言,面容和身材都略显消瘦。他生活低调,不喜张扬,在公众场合中,你很难一眼发现他。我在总参组织过几次全军性的会议。开会的时间到了,常常会找他:朱光亚怎么没来?其实,朱光亚早就默默地坐在人群里了。于是赶紧请他上主席台。我感觉到,任何人只要和他稍有接触,都会从他炯炯的目光中感受到他超于常人的智慧。看得出,父亲不仅器重他的才华,也欣赏他做人的风格。

父亲说:"朱光亚成了我的第一位老师。"朱光亚,这位美国密执安大学研究院原子核物理专业博士,从此和我父亲结为挚友,在后来两弹一星的事业上,他们携手走过了三十年。

父亲说:"没有更多的时间给我。我跑遍了二机部的机关、厂矿和研究所,只问四个问题,一是,你担负的是什么任务,在全局中的位置?二是,进度和遇到的难题?三是,解决这些难题,需要什么条件,哪里可以提供这些条件?四是,满足了这些,最快什么时候能给我完成任务?"

"一个月后,我给中央写出了报告,就是你们现在看到的这份文件。"他顺手拿起那份四十年前报告的复印件。眉头上有邓小平的批示:

"送主席、周、彭(彭真)阅。无时间,看前一页半即可。"

这份报告的题目是《原子能工业建设的基本情况和急待解决的几个问题》,收集在《张爱萍军事文选》中。我曾认真地研究过这份长达五千余字的文件,与其说是个报告,不如说是篇学术论文。它有别于给最高决策层行文的惯例,佐证翔实,措施缜密,充满了数字和技术名词,带有明显的项目可行性论证书的特点,有些像西方国家政界文件的风格。无怪邓小平要提醒毛泽东,实在看不下去，看看前面就行了。

这个报告的核心就三点：

一是，完成时间定在1964年。父亲回忆说："工业部的同志建议留点余地，我说，既然有把握，为什么往后推？"他在报告上还是写上了"1964年进行核爆试验是可能实现的"。一年后，罗瑞卿给毛泽东的报告上加了"力争"两个字。

二是，当前遇到的困难，主要不是科研攻关的问题（当然，也有），而是工程进展中的问题。也就是说，经过了几年的努力，到这时，原子弹已经基本通过了科研阶段，更多的是属于工程性的问题了，而工程性的问题则是可以预测的，可以通过加大力度实现的。

三是，原子弹工程，看起来盘子很大，但实际上很多东西都蕴涵在国民经济的各个部门之中。

因此，结论是：由中央和国务院出面，统一协调各中央局、各部委、各省市和军队，进行一次全国性的大协作、大会战，1964年进行核爆是完全可能的。

父亲在报告中写道："明年是二机部第一线工程建设和科学研究任务最关键的一年，……要做到这一点，必须从中央各有关部门到有关中央局、省、市都能及时从各方面给以大力的支持。为此，建议……"

他向中央最高决策层传递了一个重要的信息：

问题的关键，不在于钱，而在于组织和协作；

不在于再投入多少，而在于如何挖掘出各个部门的潜力；

不在于争论上马还是下马的利弊，而在于怎样去做，才会成功。

世界上有许多事情都是这样，如果换一种思路，说不定，鱼和熊掌，可以兼得。

他的报告，给中央开出了一个吓人的清单。他举例说："生产二氧化铀所需的树脂，明年需要三百二十吨，而今年才生产了二十吨，还不到十六分之一。要满足二机部的需要，要各种设备一千三百零五项，八万二千台、件。各种仪表四百三十六项，五千一百台、件；新技术材料二百四十项……"可怕啊！怪不得主管经济的部门坚持要下马呢。

可报告紧接着说，上述这些东西，许多都蕴涵在各部门之中啊！他在列举的同时，也给各个部门下达了任务：

放射化学工厂（用化学方法从原子反应堆中提取钚）需要钢材5万吨，不锈钢材1万吨，由冶金部解决；

生产二氧化铀的特种树脂（专门用来吸附矿石提炼中的铀），由天津、上海负责生产；

二机部所需非标准设备八万二千台、件，由一机部负责四万二千台、件；三机部一万五千零三台、件；

在所需的各类仪表中，一机部二百六十四项，四千七百台、件；三机部一百四十三项，七百八十五台、件；

新技术材料二百四十项，其中，冶金部二百项；化工部八项；建工部十九项；轻工部十一项。

……

有趣的是，报告还顺便告诉各个部门："上述这些，有的有设计图纸、样品和技术要求，有的没有。没有的，要各个部门组织力量攻关突击。"他似乎已经预见到中央同意后要转发这份文件，干脆在这里给你们一次说清楚算了。

报告还提到，"技术专家、领导骨干、医疗和其他保障人员，还需要分别再增加百分之八十到九十。建议由中央组织部在全国范围内抽调。"

"部队支援问题……公路、铁路、热力管线、输水管线、输电线路等，交给军队。"他又补充了一句："装备器材自带。"言外之意,是告诉军队,中央不管了,你们自己去想办法吧。

"电力……扩建火力发电站、水电站增加发电机组、高压输电网建设等,由煤炭部、水利电力部和某某省分别解决。"

"生活供应问题,由甘肃、青海、内蒙古、湖南等省或自治区解决。"

……

他似乎在说,原子弹是国家的事,你们谁都别跑,都有一份。

至于钱嘛,当然也要增加一点喽。报告中写道:"……共需人民币七百八十七万元,折合为一百一十万卢布,一百二十万美金。"他想,这点钱,应该不会让国务院为难的。(注:以上所列数据见《张爱萍军事文选》,238—245页)

我的父亲在两弹一星事业上折腾了大半生,但我对这个事业却是陌生的。在研究父亲的人生时,这个领域的朋友们告诉了我这样的一个理念:

在当今的时代,任何一项高科技事业,都是众多领域先进技术的荟萃,是一项庞大的系统工程。中国这样一个穷国,之所以能在两弹一星事业上异军突起,处于世界的领先地位,就是在于共产党高度集权的领导体制,它能够高效地集中国家的整体实力,把蕴涵在国民经济各个部门中的潜力调动和挖掘出来,集中于一点,形成强大的攻关突破力量。原子弹既是一项科学研究,也是一项庞大的国家工程。在理论和技术上突破了,实现它的关键就看组织了。尤其是再加上上世纪60年代为民族独立、国家富强而艰苦创业的团队精神,奇迹就出现了。这是任何一家公司、企业采用经济杠杆都难以做到的!

现在有些人要算清原子弹的成本了。把这些统统折换成钱,这当然也不失为一种算法,市场经济嘛!但是,即使是市场经济恐怕也不都是用钱能算得清的。抗洪救灾,动用了那么多部队,难道都要加在农产品头上？三峡大坝，用了上千个亿，航运、灌溉、防洪、气候调节，难道也是谁受益就收谁的钱？企业有企业的算法，国家有国家的算法。

我认为，父亲的成功正在于他悟到并把握了这一点。

在中国共产党内，在长期的革命实践中，造就了一批有特殊才干的领导人。他们非常实际，一个猛子扎下去，就能抓住第一手材料；他们又很有悟性，很聪明，能够迅速进入情况，抓住要害。当他们涉猎一个全新的领域，当他们面对许多从未见过的纷杂事务，当他们面对艰深的科学原理和令人眼花缭乱的学术报告和问题时，他们就有这个本事，能很快地领悟到事物的要害所在，能迅速地抓住问题的症结，拿出解决问题的办法。没有"准备期"，也没有所谓的"鸿沟"。一切仿佛是在不知不觉间完成了从外行到内行领导者的跨越。他们不是专家，也永远成不了专家，甚至他们也从未想过要成为专家，而且，如果他们一旦成为了专家，可能就一事无成了。奇怪的是，在他们领导下的专家，无不对他们信赖、敬重，赞叹佩服之情溢于言表。

我可以毫不掩饰地自豪地说：我的父亲，就属于这样的领导干部。

20世纪60年代中期，中国人做成了最为扬眉吐气的事情有两件，一件是炸响原子弹，另一件是建成大庆油田。说到大庆，我想起了余秋里。我觉得，余秋里在中国石油工业上的作为，和父亲在原子弹上的作为非常相似。余秋里原是总后勤部政委，1958年1月，毛泽东亲自找他谈话，称他"儿童团"，说他"精力充沛"，要他和年长他十岁的李聚奎上将对调，出任石油部长。这时的余秋里，可说对石油工业一窍不通。但是，当他用很短时间了解了中国的石油勘探状况后，几乎凭第六感觉，就决定将石油勘探的重点转向东北的松辽平原。当松基3井果然喷油后，他立即强烈地预感到松辽平原可能会有"大突破",于是决定把1960年的石油工作重点转向松辽地区,并正式给中央写报告,请求1960年开春在松辽地区搞一场石油大会战。中央批准了这一请求——赫赫有名的大庆油田就这样在中国经济最困难的时期,在一场历时一千多天的轰轰烈烈的大会战中诞生了。1963年,大庆建成了中国最大的石油基地,1965年,中国的石油已经完全能够自给。在那个特定的历史条件下,时代的语言是:中国人靠"洋油"过日子的时代永远结束了!

当然,父亲也想去学。我哥哥至今还记得,那时候,父亲专门找了一张门捷列夫元素周期表贴在饭厅的墙上。哥哥从哈军工放假回家,父亲还要考考哥哥,但我发现他自己压根没有朝那张表上看过一眼。后来我哥哥说我讲得不对,他记得元素周期表上明明画了两个红圈,标示出了铀235和铀238。其实,他的确不需要下大力气去学这些。需要他们的是深入到第一线的吃苦精神和实事求是的态度;需要的是慧眼识人、任人唯贤和组织协调的领导艺术;需要的是敏锐的洞察力和决断拍板的魄力和勇气;需要的是能够影响和鼓舞周围人的激情和信念;以及那么一点点的灵气。

周恩来和中央专委

在今天众多描写两弹一星的作品中,展现在人们面前的多是毛泽东"中国也要有原子弹"的高瞻远瞩;是陈毅元帅那种"当了裤子也要搞原子弹"的决心;是许许多多的科学家、工程技术人员、解放军指战员们顶酷暑、冒严寒,在戈壁滩上贡献自己青春的艰苦奋斗的感人事迹。但是,又有多少人知道,这颗原子弹的高层领导者们是如何来组建这支大军,指挥这项事业的呢?

光阴似箭,一转眼便到了1962年下半年,那份要在1964年炸响原子弹的报告,送上去快要一年了。父亲遇到焦虑的事时,总爱用他的四川土话说:"过了一天又一天,心中好似滚油煎。"

在困难的经济状况下，这一年，又传来了蒋介石要卷土重来的消息。东南沿海紧张起来，广州军区、南京军区的部队开始向福建方向集结。中苏交恶，不仅直接影响到与朝鲜的关系，连北部和西北部地区也多少使人感到了不安全的阴影。1959年平定叛乱后的西藏边陲，中印关系再度紧张。友好邻邦越南，与美国的战争不断升级；原来主要以防备美蒋进攻的"北顶南放"的战略方针，正面临着多个战略方向的挑战。总参谋部后来向中央报告：国家经济布局在防备敌人突然袭击方面存在着相当严重的隐患。工业过于集中，仅十四个百万人口以上的大城市就集中了大约百分之六十的机械工业、百分之五十的化学工业和百分之五十二的国防工业；人口过于集中，全国除十四个百万人口以上的大城市外，有二十五个五十万至一百万人口的城市；铁路枢纽、桥梁和港口码头，多聚集在附近；几乎所有的水库紧急泄洪能力偏小，而大型水库中，有五十二个位于主要交通线附近，十七个位于十五个重要城市附近……

对形势变化的估计，必定将影响到国家的安全对策以及机制的变化。虽然一切仍是模糊和不确定的，敌人是谁？他在哪里？可能从哪里来？什么时间来？达到什么目的？又会是多大的规模？没人能做出准确的判断。"早打、大打、打核战争"的思想和方针提出来了。

还有另一条历史的主线，即被放大的所谓阶级和阶级斗争理论对整个国家政权稳定所产生的负面影响。自1962年八届十中全会后，"阶级斗争"的提法进一步升级，国内政治和经济的实际走向是两相背离：经济继续维持调整；政治则向越加强调阶级斗争的左的方向发展。但并行只是暂时的，政治总是要统领经济的。当阶级和阶级斗争被强调到非常严重的程度时，倒真是"处处都有敌人"了。于是，反过来又加剧了对形势严峻的判断结论。整个社会的政治形势就在这两种力量的相互作用下，越来越攀高，越来越紧张。

毛泽东说得好："形势比人强。"核战略的精髓是：在核战争中没有胜利者。它毁灭人类的巨大威力，可以使任何战争的野心家回到谈判桌前来。

共和国需要核弹。

父亲的这份报告当时是一式两份：送书记处一份，送军委一份。书记处那份邓小平批示上报毛泽东。军委那份呈送了林彪，贺、聂两位老总，以及罗瑞卿。

现在重新审视这份报告，它确留有一个尾巴。"要统一抓起来"，这句话好说，但做起来可就难上加难了。怎么抓？谁来抓？谁有这样高的权威和能力？父亲的这份报告没有涉及。我想，这大概就是邓小平为什么要直接呈送毛泽东，而毛泽东也需要思考的问题吧。我问父亲为什么不再写得具体些，他说："这就不关我的事了。"

武器装备涉及的领域非常之广：军队陆海空军和各兵种；国防工业系统；国防科研系统；国家科委和中科院系统；国民经济各部门，如邮电、冶金、化工、交通、轻工等等。上述这些机构和部门，又按常规武器、战略武器的不同门类，以及研究、生产的不同方式，分别归口在由军委和国务院双重领导下的国防科委、国防工办以及总参谋部来管理协调。国外称这一领域为：中国的"军事—工业界集团"。这里涉及到的经费、利益、人事、产权等等，没有哪个部门是可以单独统起来的。遇到矛盾，只有靠领导人个人的权威来协调。如贺老总、聂老总，既是军委副主席，又是国务院副总理；他们分别执掌国防科委和国防工业委员会。罗瑞卿职务就更多了，总参谋长、副总理、书记处书记。贺老总的国防工委解散后，成立国防工办，罗为主任，他还分别担任了国务院军工产品定型委员会主任，就是说，制造什么、合不合格，由军方说了算。但你毕竟是国务院副总理，总不能看着军工厂揭不开锅吧？最后还得是和稀泥。

原子弹工程如此紧迫，必须统一领导，形成合力。下面怎么都好办，但上面怎么办？国防工办、国防科委、总参谋部三家，似乎哪家都不足以牵这个头，似应有一个统领协调这三家的更高层、更具权威的组织形式。这就意味着需要在军委副主席、国务院副总理和书记处书记之上的超重量级的领导人挂帅出场了，只有这样的人物，才能具有这样的权威，才能统领起这支大军，才能组织这次以炸响原子弹为目标的空前规模的大会战。

　　符合这个条件的大人物，在全党当时只有两位，他们是：周恩来和邓小平，一个国务院总理，一个党中央书记处总书记，从中择一。

　　1962年10月19日刘少奇主持中共中央政治局开会，听取国防工业口的汇报。他说：导弹和原子弹都需要中央有一个专门机构来抓，做组织工作、协作工作，下命令的工作。这两弹要搞个小的机构，不这样抓，这里一拖，那里一拖，时间过去了。这种尖端，各国都是这样抓起来的。我们社会主义要抓得更好。无非是创造条件，使它能够顺利地前进。（注：《刘少奇同志生平年谱》）

　　十天后，罗瑞卿以他个人的名义给毛泽东和中共中央提交了一份报告，报告中重申了在1964年爆炸第一颗原子弹是可能的；再次强调了原子弹的研制"绝非一个部门所能单独办到的"，明确提出"在中央直接领导下成立一个专门委员会"。报告是这样写的："根据少奇同志的指示，我们考虑，最好是总理抓总，贺龙、富春、张爱萍、先念、一波、定一、荣臻、瑞卿、赵尔陆、王鹤寿、刘杰、孙志远、段君毅、高扬等同志参加，组成这个委员会……"

　　这份为原子弹专门成立的委员会的报告上去的第四天，毛泽东就批准了。

　　毛泽东的批示是："同意。要大力协同做好这件事。"

　　毛泽东一下子就抓住了要害。"大力协同"是针对谁讲的？当然是指中央了，这样的事情，必须由中央亲自组织协同。毛泽东的这句话，不仅是对这颗原子弹，它后来成为了我国两弹一星事业最基本的方针——大力协同。

这一天是1962年11月3日。

但这个小组织叫个什么名称呢？周恩来说，既然是专门为搞原子弹成立的，就叫它"专门委员会"吧！在党的历史上有过类似的情况，为处理某件特殊的重大事件专门组成的高级别的委员会，如清除叛徒等。于是，周恩来在中南海的西花厅主持召开中央专门委员会第一次会议，宣布了中央十五人专门委员会成立。这时距父亲的调查报告递交到毛泽东那里已经过去十一个月了。

毛泽东在中央专委成立的请示报告上的批示我是后来才看到的。他在"1964年"底下画了道线，在"少奇同志已原则同意"和"最好是总理抓"画了道线，在贺龙、富春、张爱萍三个人名字下画了线。他看得很仔细，还把王鹤寿的名字勾到了前面。中办下发时给它加了个标题：《罗瑞卿关于加强原子能工业领导问题的报告》，并对名单的排列顺序按职务做了调整；若干年后在一些权威性的书籍中，不知为什么把罗瑞卿的名字拿掉，改为《关于成立原子能工业领导的中央十五人专门委员会的建议》。忌讳什么？罗瑞卿是个军人，是总参谋长、公安部长，当初他可是当仁不让的。

中央专委的成立，标志着原子弹工程的组织指挥级别，由国务院部委一级一下子跃升到中央常委一级，是建国以来级别最高、权威最大的工程指挥部。这在全世界都是罕见的。形势决定了中国必须在最短的时间内拿到进入核俱乐部的门票，形势把周恩来推到了前台。因为只有周恩来才有这个能量调动、协调全国各地各部门的人力、物力、财力；只有周恩来才有这个权威和能力，卓有成效地组织全国范围的党政军民的大协作。

原子弹成功后，大家发现这个办法太好了，集中全国的力量搞大型工程，非要这样的权威组织不行。于是这个委员会后来又把导弹、卫星、运载火箭、核潜艇都囊括进来。简称中央专委。这个办法一直延续下来，历届的国务院总理都是当然的专委主任。

父亲在这份报告上加上了自己的意见：

"军队方面已有贺、聂和你（注：指罗瑞卿）参加，我不必再参加了，至于属我们要办的具体工作仍照办。供考虑。张爱萍"

这行吗？

父亲回忆说："专委开会后，罗对我说，我们这些人都还兼着职，总理的意思是，下一步，原子弹要靠你上去抓了。你要全力以赴。"

"聂老总也交代了罗，这是关键性的一年，全靠爱萍去跑了，他在总参的工作就让其他同志分担吧。"

其实专委办公室是分两条线的，从人员分工看，一条是赵尔陆负责的继续完成原子弹的研发任务；再一条是由我父亲负责的，组织原子弹从制造到试验的全国大协作。父亲回忆说："我参加书记处的会议，小平同志对我说，毛主席已经定了，你就放手大胆地干吧，干好了功劳是你们的，干坏了，就算是书记处的。至今回忆起来，言犹在耳。我到下面去检查工作，一是说，周恩来总理挂帅；二是说总书记的这句话。这就是党中央的声音。每次都是热烈鼓掌。"

父亲成了周恩来的助手。在周恩来直接领导下，负责具体的组织与落实工作。如果说，周恩来是会战的总指挥的话，在贺、聂、罗这些副总指挥下，父亲的角色就相当于参谋长了。不久，中央专委任命他为中国第一次核试验总指挥。

父亲回忆时一再地说："应该说，原子弹，是周恩来一手抓出来的！"

在周恩来身边工作是马虎不得的，尤其是把这样重大的事情托付给自己。我妈妈回忆说："经常是睡到深夜，总理的电话来了，你爸爸会一下子跳起来，我想给他弄点东西吃，哪里有心思吃啊。从总理那里出来，也不回家，马上部署工作。好几次都是司机老安回来说，要拿换洗的衣服，首长直接去机场了。"父亲常会苦笑着说："总理这个人啊，也太事无巨细了。他交代过的事，马上电话就跟过来了，问你办得怎么样了。"

谈起总理，父亲总会有许多话说："总理要求的不仅严格，而且严谨。他交代要保密，临走时，就一定要你把口袋都翻出来，有没有做过记录，做了就当着他的面撕掉。他还要我们，凡给他的绝密报告，一定要在信封上署明'亲启'两个字，并且一定要亲自封上信封。批完了退回时，他自己也这么做。这样无关的人，包括秘书都不知道信的内容了。"

凡是去过国防科研单位的人，无论在试验基地、研究所、工厂还是机关办公室，总会看到这样一幅醒目的标语："严肃认真、周到细致、稳妥可靠、万无一失"。这四句话十六个字，是周恩来对国防科研工作的要求，长期以来一直成为了科研工作的座右铭。父亲退休后，科工委整理编写两弹一星大事记，查询它的出处和时间。这四句话内容完整，语言工整，猜测一定是批在什么文件上的，可就是找不到出处。老人们回忆都说是当年听张爱萍传达的。于是问到父亲。他们在1995年1月来函中说，查到在中央专委第十一次会议上，和以后专委的两次小会上，总理有类似内容的讲话，提到"更细致、更周到、更妥善"，"从难、从严、从实"，"万一、沉着、万无一失"等相关词语，但就是没有上述的十六个字。父亲说："哪来的什么批示，是我编的。但我不是胡编，总理就是那个意思嘛。"父亲认为要成功领导这次大规模的会战，必须要提出一个使全体人员能够共同遵循、通俗易懂的行动口号。总理的指示，不仅是对他个人的叮嘱，也是全体参试人员共同遵循的原则。他在飞机上和刘西尧一起回忆，根据周恩来谈话的精神概括出了这四句话。他对来开会的各位领导说，你们回去，都给我把它写在墙上，要写得大大的，一目了然，告诉所有参试的同志们，总理在看着我们，等着我们给他报告好消息呢！

直到现在，国防科研战线一直把这四句话作为行动的准则。你想，总理在人民心目中的形象是何等的神圣啊。每当面临重大的试验时，总会想到周恩来在叮嘱着自己：不要着急，要细了再细……

父亲说过这样的话："彭德怀教我做人；周恩来教我做事。"

周恩来是何许人也！父亲说他自己，1925年，在家乡刚刚参加革命活动时，就听说了周恩来的大名，他是第一次大革命的领导人。在他这个十五岁少年的心中，就曾幻想过将来也成为像周恩来一样的职业革命家。父亲和周恩来最初的交往可以追溯到三十年前。1930年，那时父亲只是个小连长。他在红十四军负伤，打断了左臂。伤愈后，组织上要留他在上海做秘密工作，他不愿意，非要去作战部队。由于红十四军已全军覆没，他向组织要求到中央苏区的红军部队去。和他接头联系的是欧阳钦，他是军委的联络员。欧阳钦说，你留下，是恩来同志定的，考虑到你曾是上海地下党的，情况熟悉。再说你的手也打断了，怎么打枪？父亲回忆说："恩来同志定的怎么啦，我还不能反映自己的想法吗？我左手不行，还有右手嘛！"欧阳钦很为难，说我试试看。父亲又叮嘱了一句："一定要转告周恩来同志，有一个小兵要去冲锋陷阵！"

周恩来当时是中央军委书记，比毛泽东位置可高多了，在党内是头一两位的人物。对这么个面都没见过的小小的红军连长，他会怎样呢？父亲说："我没有抱希望。"

三天后，欧阳钦又来了，给他带来了好消息，恩来同志批准了父亲的要求，还特别嘱咐欧阳钦带来一句话："代我祝他一路顺风！"

父亲说："我那时还没有见过周恩来，但我永远记住了。后来自己的位子高了，遇到下面同志反映的问题，尤其是对年轻的同志们，我常常会想起周恩来说的那句话：代我祝他一路顺风！"

后来在中央苏区，父亲担任少年先锋队中央总队长，周恩来虽然是党中央的领导人，但仍然兼任少年先锋队中央的党代表。这就给了他更多的和这位伟人接触的机会。父亲说，周恩来精力出奇地旺盛，经常是深夜叫他过去谈工作，谈完了工作，就天南海北地扯乱谈。四川话，就是聊天的意思。常常是"不知东方之既白"。这是苏东坡《前赤壁赋》中最后的一句话："相与枕藉乎舟中，不知东方之既白。"用白话文说，就是我和朋友相互挤在小船里睡着了，不知不觉东方已经发白。父亲谈话时，不时会蹦出他熟悉的句子。

父亲回忆："国共合作，我们在武汉八路军办事处，对外都称是国民革命第十八集团军高级参谋，换了国民党军服，毛料呢子的，高筒马靴，再背个武装带，神气活现的。和国民党打了十年仗，牺牲了多少同志，对这个现实很难接受。周恩来能体察大家的感受，再三给大家讲，中央规定，任何红军的东西都不能带。伍云甫当时就负责这项工作。"

血战十年，今天，为了抗御共同的敌人——日本帝国主义，他们结成了全民族的联合战线。陈赓在他的日记中记载了这个场面：大雨瓢泼，换装仪式完毕后，已近黄昏，大家都身无干纱……（注：《陈赓日记》，1937年9月6日）

父亲接着说："我留下了一顶红军帽子。周恩来心特别细，一个个地检查我们，我只好把帽子扔掉了，偷偷藏了红军的五星帽徽和一枚十年内战纪念章。"父亲还佩戴着这枚徽章偷偷在照相馆照了张相，照片和徽章现在仍保存着。徽章的背后刻着"1927—1937红军十周年纪念章"。

我找到父亲当年写的一首长诗，其中几句是：

十年饮恨血成河,卦旗易我五星蠹;

大义联合御外辱,红星帽徽永珍储。

　　武汉八路军办事处就像八九十年代的美国驻华签证处一样,当年的青年人纷纷要求去延安,应接不暇。但急需扩充的是新四军,可去皖南,青年们哪里能干?说服他们是困难的。延安已经成了中国的麦加,延安的宝塔山,犹如自由女神,张开她的双臂,欢迎向往民主和自由的人们。父亲回忆:"有一次,我对周恩来说,这些青年人死打烂缠,没法说服他们,烦死了!周恩来怎么说,他交代了我一句,今后凡是说服不了的,都交到我这里来,由我来做工作。"父亲接着说:"这就是周恩来。"

　　说到我父亲和周恩来的关系,"文革"中,父亲被批判、被审查、被关押,都有周恩来的签字,他在绝望中,曾几次给周恩来写信申诉,但都石沉大海。但不知为什么,和党内很多老同志一样,父亲心里一直认为,在中央高层,只有周恩来才是了解他的,他没有能为自己说话,那是他确实有了难处。他真的不怪他,只能是自己认命了。在"文革"被打入死牢最绝望的时刻,他想到周恩来,党内还有一个清廉正直的人在,就会在心中残留下一丝希冀,即使那只是一种幻觉。宋平同志在谈到周恩来时说:"文化大革命是一个特殊的历史时期,周恩来还在那里苦撑着这个危局。记得在中央的一次会议上,有同志说档案中有多少错案有周恩来的签名。张爱萍说:对周恩来同志在文化大革命中的评价,不能只看那些档案中的签字,重要的是要看他保护了很多的干部,这些干部在'文革'中虽然受到摧残,但还是保护下来了,这是周恩来同志一个很大的功绩,也是他的领导艺术。张爱萍同志的这番话我觉得比较中肯。我希望研究历史的人,要特别重视历史的真实情况,透过现象看本质,不要被一些历史的表面现象所误导。"

我曾看到这样一首写周恩来的诗,我读给父亲听:

不要误解周恩来忙忙碌碌,事务主义,他其实至高至圣,是伟大的思想家;

不要误解周恩来拘谨韬晦,他其实至情至性,常常洒脱不羁;

不要误解周恩来阴柔委屈,他其实阳刚十足,火辣辣地激荡奔放;

不要误解周恩来吞声忍让,那其实是大智大勇,最有自知和知人之明……

父亲说:"给我抄下来!"

今天,由共和国总理挂帅统领这支大军,原子弹,就再也不是实验室里的一个科研项目了,它,成为国家力量的再现。

就像他们要研制的那颗原子弹,他们要做的,是能量的汇集,如同他们所领导的那批科学家一样。只不过,他们面对的不是铀235,不是原子核,而是共和国的国家机器。他们要使整个国家像原子核一样,在高速撞击下发生裂变,释放出巨大的能量。他们要将国家分散在各个领域的能量捕捉、筛选、调集、汇总,然后,再集中释放出来。科技的、经济的;中央的、地方的;民用的、军用的;直接的、间接的;现实的、潜在的;物质的、精神的;等等……

父亲回忆说:"专委会议之后,我是马不停蹄。在青海传达完后,就到了东北局,接着又到了华东局、西南局。传达中央指示、下达任务、组织协作。东北局书记宋任穷、华东局书记柯庆施、西南局书记李井泉都是亲自主持会议。听到我们自己的原子弹到了攻关会战阶段,听到党中央下了这样大的决心,都非常振奋,他们表示,能为中国的原子弹出力,是无上的光荣,只要中央需要,一切都可以让路。我们把相关单位和部门召集起来,下达任务,研究措施,提出期限,物资和人员逐条地落实。每个大区都指定专人负责联络、协调。可以说,所到之处无不给予支持。我几乎跑遍了研究、生产、协作的单位。一个一个地定点、定任务、定措施、定时限、定责任人……"

在中国,没有一个政党,能够像中国共产党这样,他们既然能够汇集全民族的力量,获得国家的解放和独立,他们当然也能按同样的方式攀登科学技术的顶峰。

那一代共产党人就有这个本事!

超级大国间的禁核协议在紧锣密鼓地酝酿进行。

要迈进核大国俱乐部的门槛,留给中国的时间已经不多了。中央决定,兵分两路,一路人马继续原子弹技术的突破;另一路,迅速组建新的队伍,提前进行试验技术攻关。

这是北京的金秋季节,父亲将钱三强请到国防科委大楼。钱三强,堪称新中国原子物理学界第一人。他的博士论文导师就是著名的约里奥·居里夫妇。1948年他回到祖国时,居里夫妇尽管舍不得他离开,但临行前,约里奥说,我要是你,也会这样做。谁说科学没有祖国?

在听取了这位专家对核试验的意见后,父亲说,给我推荐一个人吧。他回忆的原话是:"要能挂得帅印的。"

程开甲,中科院核物理研究所副所长。

两弹一星功勋科学家程开甲,是我国核试验技术的总负责人。他亲自主持了第一颗原子弹、第一颗氢弹、首次导弹核试验、首次地下平洞、首次地下竖井、首次增强型原子弹等几十次核试验。他在大漠戈壁苦斗二十余年,程老的夫人高耀珊带着孩子来到他的身边。人们这样描绘他们的生活:

天山中有一道山谷;山谷中有一条小溪;小溪旁有一块大

石；大石旁有一座小屋；小屋里住着一个大嫂；大嫂养着一群鸡……

程开甲说，正是有了这样的小屋和小屋的女主人，满目荒芜的戈壁变得温馨，我所做的每一份成绩都有她的一半功劳。

当我们面对今天灯红酒绿的城市喧闹，当我们享受着现代化带来的丰裕和舒适，我真的不知道现在的人们会怎样看待这位大科学家的人生。

根据钱三强的举荐，父亲特聘了程开甲。程开甲说，关键是机构和队伍。父亲说，那我们就说好了，现在就由你来组建这支队伍。

父亲回忆说："看了程开甲开出的清单，我觉得从头来不行，时间太紧，赶不上了。必须利用现有力量，搬现成的。我说，你再开个单子，写明试验需要的东西，科学院哪些院、所可以搞出来，我去找张劲夫。你的任务就是跟踪落实。我用了一句四川土话：寡妇生儿子——全靠别人！"

我惊讶父亲居然会说出这样一句粗俗的话。但细想想，不就是这么回事吗？发挥整体的力量，借助体制的作用，现在叫"搭车"，或者是什么站在巨人的肩膀上……反正一个意思。粗俗的话，我父亲讲过的何止这句。我听一位老专家说起过，他们那时为了熟练掌握操控设备的能力，经常组织演练。张爱萍心疼好不容易弄来的设备，就挖苦我们：你们一个个的怎么都像峨眉山的猴子，光知道扒拉自己的儿子！这倒也是，既然是同一个意思，怎么表述还不都一样？

距和钱三强谈话的一个月零十天，11月26日，程开甲和于敏、陆祖荫、忻贤杰等，果然拿出了《关于第一种试验性产品国家试验的研究工作纲要》和《急需安排的研究题目》两份试验纲领性的文件。

程开甲说:"张爱萍是一位一诺千金、能干大事的领导人。原子弹试验的队伍如果没有这样一位大将挂帅,一切很难如此顺利。"他和我父亲一样,也用了"挂帅"这个词。

靠寡妇生儿子的何止是试验基地。

兰州铀浓缩厂。后来成为中国核工业部领军人物的蒋心雄部长,当时就在这个厂的车间工作。父亲说:"蒋心雄和我说,关键在于一个塑胶膜,我说,还是那句话,寡妇生儿子——全靠别人。你就告诉我,什么地方能做出来。他说,目前还搞不清楚,但上海、天津应该是有这个能力的。我马上找了这两个市,都是第一书记领受任务,召集专家,下达指令,后来还是上海先拿出来的。"

根据父亲回忆的线索,我查到:高压电雷管和高爆炸药是兵器部和兰州化学物理所拿出来的;原子弹装置的一个核心部件的制造加工是航空部一个工厂承担的;中科院数学所和计算所进行了计算方法的研究,物理所参与了理论设计;长春、西安光学机械研究所负责高速摄影机;气象局和大气物理所提供气象保障;水电部电力、铁道部运输、商业部生活物资、卫生部的放射医学和环境监测。所有相关单位和个人的安全和保密,由公安部负责,挂帅者高仑同志为此立下军令状。不过在回顾四十年前这段寝食难安的日子时,他却轻松地讲:"在楼兰古国遗址,我还捡到一个骨头手镯呢!"

据国防科委当时统计,在原子弹研制的关键阶段,全国先后有二十六个部委、二十个省市区,包括九百多家工厂、科研机构、高等院校以及解放军各军兵种参加了攻关会战。在尖端技术、专用设备和新型材料方面,仅中国科学院就有二十多个研究所参与。国防科委、冶金部、化工部、石油部、机械部、邮电部以及航空、电子、兵器等国防工业各部,外加清华大学、南开大学,解放军各总部、各军兵种、防化研究院、军事工程学院、军事医学科学院等等，帮助解决了近千项课题。在中央专委直接领导和组织下，倾全国之力，一路绿灯，各行各业，大力协同，形成了旷古未有的万众一心、协同攻坚的局面。由此，从根本上加快了关键技术的突破，保证了核工业生产、建设和核武器研制任务的按时完成。

中国原子弹研制的时间表是：从1955年，地质队发现放射性异常点开始，用三年的时间提交出第一批铀矿工业储量，建成了重水研究堆和回旋加速器。从1960年4月，开采出第一批铀矿石起，两年后生产出第一批合格的重铀酸铵和符合纯度要求的二氧化铀产品。中央专委成立后，速度大大加快，仅用了一年时间，就实现了整体聚合爆轰出中子的成功；三个月后，兰州铀浓缩厂首次生产出原子弹核装料高浓铀合格产品；又过了三个月，加工出第一套原子弹核心部件。

一切就等待合适的时机了。

青山处处埋忠骨

父亲从事原子弹事业的时候，我还小，有关他和原子弹的故事，都是后来听到的。也许是原子弹那超出人们意想之外的巨大神威吧，和它联系在一起的故事，也都蒙上了神秘和浪漫的色彩。

第一颗原子弹，父亲他们称它叫邱小姐，这是一个密语代号。我后来向第二炮兵司令员李旭阁（注：总参作战副部长，我父亲的随行参谋。后为人民解放军第二炮兵司令员）问其缘由，他当时是原子弹试验总指挥部办公室主任，是密语代号的发源地。他说："第一颗原子弹是在塔架上试验的，形状像个球，根据谐音，就叫它邱小姐。第二颗，形成了武器化，要空投，才造成炸弹状。试爆前，有一道工序，插雷管，代号梳辫子。"世上万事万物，原本无所谓美丑善恶，都是因为有了人，在人们不同的审美视角下，不同的心态和情感下，才会变得光怪陆离、美轮美奂。原子弹是个可怕的武器，但在中国的科学家和创业者们眼里，她却成了个有生命的含情脉脉的女孩子了。

当然，给邱小姐梳辫子可不是闹着玩的。

海晏——制造第一颗原子弹的地方。

坐上刚刚通车的青藏铁路列车，出西宁约百公里，就到了海北藏族自治州的海晏县。这是青海高原上一个叫金银滩的地方。蓝天白云、荒草无际，有一首歌《在那遥远的地方》，唱的就是这里，第一颗原子弹爆轰试验基地就设在这个地方。原子弹和王洛宾的歌曲使金银滩扬名，前几年当地出了本杂志，就取名《金银滩》，他们请父亲题了刊名。

1992年基地解禁后，青海省军区作训处的同志陪我去过。当年的禁区，已人去楼空，一座座低矮的堡垒式的建筑匍匐在荒凉的地面上，暗红色的残垣断壁映入眼帘。这便是生产重水和核弹配件的工厂遗址，代号是"西宁100信箱"，为我国核事业做出巨大贡献的九院就在这里起家。"祖国的需要就是我的志愿"，当年来到这里的青年科学家和技术人员最多时达八百多人，参加基地建设的解放军和工人达一万五千多人。现在这里已移交给地方，列入全国重点文物保护基地，成为青海省海北藏族自治州的州府所在地，改名为西海镇。

要离开了，我回头瞻望，在父亲题写的纪念碑上，十二个金色大字"中国第一个核武器试验基地"在夕阳熹微中闪亮。纪念碑高十六点一五米，代表着原子弹研制成功的那一时刻：1964年10月16日15时。

王洛宾的歌唱道："人们走过了她的帐房，都要回头留恋地张望……"

在那个基地开始建设以前，二机部就在北京附近简易的棚子里开始了原子弹的研制，父亲奉中央命令去二机部调研时，他们已经掌握了制造原子弹的基本原理，正在进行一系列部件的试制、试验工作。父亲说："当时只剩下一个技术关键问题未解决，正在沿着两个途径研制，专家们认为这两个途径都有成功的把握。"核物理学家陈能宽回忆："张爱萍和我们一起到官厅水库做试验，找来个铁桶，把手榴弹放在里面，用当年流行的话说，这叫土法上马。成功后大家兴致不减，一定要坐船游游湖，不想风浪变大，好不容易才回到岸上。张爱萍说，我站在这里都替你们捏把汗，几个大科学家翻了船怎么得了啊！"当年的艰辛创业，在回忆中变得轻松而有趣。

1963年春天，核研究所从北京迁出。在北京生活多年的科学工作者们，就要离开大城市到遥远的青海去了，李觉请父亲去做动员报告。

我没有找到报告的原本，也许当时就没有记录。但许多亲历者仍向我讲述了动员报告的大致内容，事隔四十多年了，记忆犹新，只是每人的说法不一，可能是听的人心情不同，层次不同，存留的记忆也就不同了吧。但有一点是共同的，这是一场慷慨激昂的演说，多少年后回想起来，仍然令人心潮澎湃。

有人说："我这才知道，大首长也很浪漫的。你父亲说，你们要去的是'黄河远上白云间'的地方。那里确实很苦，但绝不是'西出阳关无故人'。我们早在你们之前，就开辟了基地，在等着欢迎你们。你们这一代人，要亲手在戈壁滩上建起一座现代化的城市。"

还有人记得是这样讲的："俗话说，知识分子手无缚鸡之力，可是你们这些知识分子，其中还有不少是大知识分子，将亲手放飞我们的原子弹！你们就像春风一样来到玉门关外，唐朝诗人王之涣的'春风不度玉门关'将永远成为历史。"

两弹一星功勋科学家、著名物理学博士陈能宽说："我还从未听到过哪一位高级首长做过如此动人的演讲。永远忘不了这位上将把'春风不度玉门关'的诗句改成了'春风已度玉门关'。大家的情绪一下子被鼓动起来了。当时我就想，这个将军不一般，不像我所接触过的某些领导，'通不通，三分钟'，而是真诚、细致、入情入理。我相信跟着这样的领导，有干头。我的确是心甘情愿地带着试验队伍，唱着歌、写着诗，来到大西北的。后来的实践，验证了我的这一感受。"

许多大科学家是为他的人格魅力所感染、所打动的，他们回忆时还能清晰地记得我父亲当时的原话："一个人来到世上，无非两条路，一是要做官，一是要做事。要做官的，你们就留下，我那里无官可做；要做事的，就跟我走！戈壁滩上能做成惊天动地的大事业！天苍苍，野茫茫，到处青山埋忠骨。愿意跟我走的，现在就签名！"

"到处青山埋忠骨！"多么熟悉的语句。1964年，我参军。我对爸爸说，既为军人，就要誓死报效国家。我向他提了三个要求：一到有仗打的部队去，不当和平兵；二到先头连队，不在后方；三要到步兵班，刺刀见红。这当然也算是走后门了，属不正之风之列。父亲对秘书环克军说："给军务部打招呼，就说，我支持这样的想法。今后凡有这样要求的战士，都可以同意。"当我来到担任抗美援越作战任务的部队时，接到父亲在大西北写来的信，几个毛笔写成的大字：

"到处青山埋忠骨，何必马革裹尸还！"

一个从岗位上退下来的老知识分子，当我采访他时，他说："是你父亲的一场报告，影响了我的一生。我这一呆就是三十年。"

就在这以后，没两年，三线建设开始，山、散、洞，备战备荒；紧接着又赶上文化大革命，一切正常的秩序都被打乱了，知识青年上山下乡，连回来的奢望都没有了。这批人在极端艰苦的条件下硬挺到80年代初。父亲出任副总理，分管国防口，开始着手整顿、调整"文革"以来处于混乱中的国防工业体制和布局，清还历史的欠账。征得邓小平认可和胡耀邦的支持，经与赵紫阳多次协商，讨价还价，才从当时极其有限的财政中，拨出一笔款项，逐步将长期奋战在艰苦地区的这批人陆续安排，返回他们在北京、上海的故里，算是叶落归根。他们现在的住所大多是80年代初建的小单元，五十平方米左右，这在当时已经是令人羡慕的了，但和现在九十平方米的经济适用房比起来，还是简陋、寒酸得多了。

后悔吗？我在采访他们时问。

"不！"几乎是异口同声。

如果再给一次机会选择呢？

"也许就不去了"；"也许还去"；"谁知道……"说法不一。

每一个时代都有自己时代的英雄观，社会因此而具有活力。他们已经不可能再去重复上一代人的丰功伟绩了，但战争的轰鸣还在他们心中激荡，刚刚诞生的共和国的蓝图还等待着他们去描绘。他们生长在一种得天独厚的时代环境中，他们年轻的心充满了人生的使命感，激动不安，跃跃欲试。

回头审视历史，总有说不出的歉意，但不知是在替谁。一个人的命运，往往离不开时代的选择。我和父亲谈论起这些献身于国防科技战线的同志们时，他总联想到当年在华东海军时，受他影响和他一起创业的那批青年知识分子们。他会若有所思，沉默不语，猛地蹦出一句话来："陈老总当年就说过，不要让人家骂我们共产党是过河拆桥啊！"

我国杰出的核科学家邓稼先的夫人许鹿希回忆：1986年6月邓稼先病重时，杨振宁到医院看望，闲谈中提到国家颁发奖金的事，许鹿希说："人民币十元。"杨问："不是开玩笑吧？"邓稼先纠正说："不是十元，是二十元。原子弹十元；氢弹十元。"

也许是受市场经济的冲击吧，1985年经济略有好转后，模仿社会上，专门经中央批准，破天荒地对两弹一星有功人员颁发了特等奖，奖金总数一万元。怎么个分法？九院领导们八成也是第一次遇到这种事，当年那么多人抛家舍业地来到这个不毛之地，一呆就是二三十年啊！谁没有做出过贡献？不说贡献，奉献总是有的吧？献了青春献终身，献了终身献子孙。没办法，九院自己又掏了十几万元，按十元、五元、三元三个等级分下去。原子弹、氢弹两个项目，邓稼先得到了二十元。

这难道是钱吗？杨振宁当然会明白，这是共和国颁发给他侄女婿的两枚勋章！在许鹿希的家里，至今挂着我父亲为邓稼先题写的横幅："两弹元勋邓稼先"。

还是在1985年，一次会上，我父亲遇到了多日不见的邓稼先，说你瘦了，气色不对，必须马上住院检查。邓还想说什么，我父亲这边已经亲自要通了三〇一总医院的领导，从会场直接送邓去了医院。诊断结果是恶性直肠癌，必须马上手术。那天，父亲拄着拐杖，在手术室外静候了整整五个小时。他批示："国防科工委和核工业部应指定专人随时与邓夫人和医院取得联系。"

邓稼先去世后，父亲写了挽诗，其中有一句是："踏遍戈壁共草原，群力奋战君当先。"一个"共"字，道出了两个人友谊的缘由。

许鹿希说：人们也许会奇怪，张爱萍，一个革命家，一个上将；邓稼先，一个科学家，一个院士；一个1910年生人，一个1924年生人，相差了十四岁；一个是四川人，一个是安徽人。两个截然不同经历的人之间，竟会有如此深厚似海的情谊。为什么？

许鹿希写到："这是什么原因呢？只用一句话就可以解答：榜样的力量是无穷的。人们看到张将军这样的老革命家在领导中国的核武器事业，所显示的民族英雄精神，使邓稼先他们向张爱萍学

习，为了祖国强盛，个人的一切在所不计。"（注：许鹿希《至纯情谊众心所归》）

我父亲呢？他为什么这样看重和珍惜与邓稼先的情谊呢？也是一句话就可以解答，他写道："君视名利如粪土，许身国威壮河山。"

英雄相惜啊！这就应了我本书开头扉页上的那句话了，爱因斯坦评价居里夫人："第一流人物对于时代和历史进程的意义，在其道德品质方面，也许比单纯的才智成就还要大。"

2002年，一个偶然的机会我到了地处四川绵阳的九院。他们告诉我，80年代初，由于你父亲的力挺，九院终于从大山里搬出来了。老院长胡仁宇像是在讲故事："当初国防科工委主任陈彬来检查工作，晚上闹肚子，出去找厕所，老也不见回来，去找找吧，看他在那儿冲鞋子……他狼狈地说，是不能再待下去了。"

九院，荟萃了共和国的精英，它无论到哪儿，都会给当地带来好运，绵阳被誉为科学城。新一届中央领导非常重视，朱镕基总理来过后特拨了巨款用于九院的建设和人才培养。现在每个分配来的大学生，每人都能获得一套住房，平均工资在四五千元……九院，再也不是邓稼先时候的九院了。

听完了一些当年创业者的故事后，总难免疑惑。无疑，物质条件是科研的保障，但物质条件好了，就一定会出成果吗？过去的那股精神能保持得住吗？青年学者的论文为什么一定要由领导、由学科领头人署名呢？搞科研的人，做学问的人，热衷于搞关系、搞经营，究竟是好还是不好呢？下了班，科研大楼里再也见不到昔日那灯火通明的景象了，我们的专家们，他们都到哪里去打发业余的时间呢？难道这就是市场经济运营的规律？

九院，曾是大科学家的摇篮。什么样的人才能称得上是大科学家呢？一个大科学家又是在怎样的环境下造就出来的呢？为什么在那样一个艰难的时代，会出现如此众多的大科学家？是偶然还是必然？当年在青海金银滩的时候，伴随着算盘和手摇计算机，他们唱着"在那遥远的地方，有位好姑娘……"后来他们搬到桐梓，住在大山沟里，父亲去看他们，说："不会寂寞的，当年司马相如就在你们眼前那块石头底下读书的嘛！"邓稼先接着说："是啊，旁边九曲山大庙里，文曲星张亚子还在看着我们出成果呢！"

这就是一个大科学家应有的人生态度！他们曾如群星灿烂……

马兰——第一颗原子弹的试验基地。

现在这里已经是很繁华了。展览室里，有父亲戴着墨镜、斜挎一个军用水壶和一架德国造莱卡相机的照片，皮肤被大西北的紫外线晒得黝黑；还有手拿防毒面具，穿着防化服的照片。解放军报社著名摄影家孟昭瑞对我说，这张照片是他抢拍的。他得意地说："你找找，开国上将穿防化服、戴防毒面具的照片，这可是独此一张。"

从这里往前，就是无人区了，一条公路在荒漠中蜿蜒。自从二十多年前停止大气层核试验以来，戈壁的烈日和风沙已经完全摧毁了它。汽车驾驶室里的温度为摄氏五十度。迎面而来的不是风，是火焰，是燃烧弹的气浪。

在荒漠中建立核试验场，是世界核大国共同的做法。美国的内华达核试验场，位于拉斯维加斯西北约一百公里外。在美国迄今进行的一千零五十四次核试验中，有一百次大气层试验和八百二十八次地下核试验，是在这片沙漠上进行的。

父亲到大西北之前，戈壁滩上所有新设的点，都是按苏联专家的办法编号命名的。父亲来到后说："也太没有想象力了。"他看到盛开的马兰花，就说，记下来，这里就叫"马兰"；二十一基地靠近孔雀河，父亲说，孔雀开屏，我们一定会成功，就叫"开屏"吧；兵站建在靠近泉水的地方，旁边甘草繁茂，起名"甘草泉"。有个单位，人员来自天南地北，为了住房发生了口角。父亲说，到处荒沙，有什么值得你们争的？干脆把他们住的地方改叫"团结村"吧。以后新同志来了，问起名字的出处，看他们怎么解释；为了生活方便，女同志集中住在一起，起名为"木兰村"。父亲住处的名字就更特别了，帐篷多，又聚在一起，为了找起来方便，给插了块牌子，标明是首长住处。父亲把牌子拔掉，在帐篷上写了一个很大的"响"字，说，告诉大家，按这个字就可以找到我了。

父亲说："戈壁滩气候多变，昼夜温差很大。白天帐篷外温度摄氏四十二度，棉帐篷内高达摄氏四十七度。我们的防化兵训练一次，从防化服里倒出来的汗水就有一至二公斤。而夜间又需要穿上棉大衣。孔雀河水含矿物质较多，水质又苦又涩，开始喝下去腹泻的人高达百分之六十。后来我们就改挖渗水井，又专门组织从二百多公里外运泉水，情况才有所改变。水贵如油。早上洗完脸，就将洗脸水留下，中午再用它擦脸，晚上再用它洗脚，洗完后才倒入菜地浇菜。"

跟他的秘书说，当时正值缅甸总理奈温访华，基地官兵就在背后叫他"耐温将军"。

我妈妈回忆："你爸爸难得回趟家，偶然回来一下，晚上做梦都在喊'水！水！'经常是一下飞机就直奔总理那里，时间紧就来个电话，说是在总理那儿汇报工作，要马上飞回去，就不回家了，带的东西交老安直接送机场。一次，李旭阁打电话来说，他给总理送材料回来了，晚上要飞回去，问有什么要带给首长的。我听说是架空飞机，知道戈壁滩干旱，就赶紧把司机、警卫员、炊事员、公务员都发动起来，上街去买西红柿、小红萝卜、黄瓜、西瓜，成筐成筐地买，北京这些东西最便宜，几分钱一斤，都带上飞机。你爸说杜甫是'家书抵万金'，你这是'家货抵万金'，说我干了件大好事。这些瓜果蔬菜分下去，可把大家高兴坏了。你爸他把西瓜啃得只剩一层皮，还舍不得扔，放在桌上，办完事回来，再用它擦擦嘴，烧开水时，还把它扔到壶里煮。我当时还给你爸写了句话，你看看……"说着她小心地抖开了一张发了黄的纸条,上面写着:"千里送鹅毛"。"你爸爸一直保存着它,夹在他的小本子里。"

在东大山哨所旧址,还可以看到用碎石砌在半坡上的字。据说是当年父亲经过此处,哨兵请他出示证件,随行人员说是总指挥首长,不料哨兵回答,这就是根据总指挥首长的规定,任何人不得例外。父亲当即为哨所题字:"东大山哨要道站,车来人往夜不断。一丝不苟严把守,保卫钢铁运输线。"哨所里的士兵们用石块堆砌了这四句诗。如今,四十年过去,那个哨所早已撤销,那些士兵们也该进入花甲之年了,岁月的流逝,早已把砌在山坡上的诗句吹打得模糊一片,但张爱萍三个字还依稀可见。

我们在北京的家。

父亲是第一颗原子弹试验的总指挥,但在戈壁滩的生活,他说的并不多,我们都是听别人讲的。小时候和父亲的沟通,大多是在吃晚饭的时候。妈妈的习惯是,只要能等就一定要一家人到齐了才开饭,这时她总会督促我们把功课先做完。经常是一边做着功课,一边肚子咕咕作响。父亲回来,总会说,怎么这么晚了你们才吃饭?看得出,他的脑子还停留在他自己的事情上。那是三年困难时期,粮食都按定量,而且多是糙米和杂粮,父亲属于高级干部,可以配给些细粮,每餐饭给他专门蒸一小碗白米饭,他坐下来第一件事是用筷子把这碗饭划成四块,我们兄妹一人四分之一。妈妈总要说,你工作累,他们小孩子皮实得很。父亲通常是理都不理睬,只对我们说,吃!我是一口就吞下去了,他总会跟上一句"真是个鲁智深!"我们几乎每天都在重复同样的程序,终于有一天,有了例外。杨尚昆的儿子杨小二来我们家玩,留他吃饭。父亲说,你是客人,这碗白米饭就归你了。后来我去杨家,也留我吃饭。他们在中南海的食堂吃,邓小平一家也在那儿吃饭。杨尚昆介绍说,这是爱萍的孩子,我们的小二到他家去,把他们唯一的白米饭给吃了,今天我来回请这小子。邓小平说,那你还不放开肚皮吃!我回去和父亲谈起来,他神情凝重地说:"昨天在总理那里研究工作,搞得很晚,总理说,弄点吃的吧,端上来每人一碗清汤面。总理说,现在连毛主席都不吃肉了。"我当然不会觉得这有什么严重的,也许是我们没有和他产生共鸣吧,稍顿片刻后,他说:"你们都住到学校去,和老百姓的孩子去过一样的生活。"

四中并不是个住宿制学校,不多的床位只提供给少数外地或是农村来就读的孩子。我们家离学校不足十分钟的路程,学校自然不能批准。父亲叫秘书专程找了党委书记陈模,转达说不能允许我们的子弟从小养尊处优。陈模书记非常理解,她专门找我去,讲了许多道理。直到我长大后,经历了人生的风风雨雨,才深感其中的益处。

我有生以来第一次尝到了吃不饱饭的滋味。

困难时期,都吃"双蒸饭",就是把米泡足水蒸一遍后,再泡上水蒸一遍。这样看起来有满满一大碗,但实际上还是那么多,是精神会餐,一顿饭要不了几口就结束了。但食堂的汤是随便喝的,下课铃一响,大家就箭一般地蹿出去,抢先去捞汤上的那点油花子。我几乎整天都是饥肠辘辘的,永无宁日,见到些什么,不自觉地会想,这能吃吗?到了周六下午,先把学校那份晚饭吃了,然后再回家吃晚饭。哥哥说:"你的吃相是不是注意点,爸爸妈妈看了会伤心的。"我很不好意思,吃的时候,总是克制住自己,尽量多嚼几口。可哥哥还是照样骂我,"你这个家伙,怎么就说不听的?去照照镜子,看看你那个馋样!"

每当这种时候,父亲总会说一句:"今天就让他过一次共产主义吧。"

妈妈的关心当然就更细致了。每次只要我和哥哥一上桌,立马就会风卷残云般地吃掉桌上一切可吃的东西。有一次吃完饭,妈妈问我饱了吗,我说,如果有,还能吃点。她说人家送了几个椰子,吃不吃?这当然不能放过了,只要是能吃的东西。我折腾了个半天,把椰子劈开,挖里面的椰肉吃,很香很脆,有点像花生米的味道,这下终于真正地饱餐了一顿。回到学校后,睡到半夜,就恶心起来。那玩意油性很大的,终于忍不住了,"哇"地一声,将胃肠里的东西喷射出来。我又睡在上铺,飞流直下,恶臭难当。同学们都气坏了,你他妈的吃的什么玩意?这么臭!还让不让我们睡觉了?一直到现在,我一闻到椰子味就恶心。

父亲似乎很满意我们能自觉地接受这样的生活。他说:"读过墨子吗?我就是欣赏他的苦行僧主义。""儒家轻视种田的人,也就是劳动人民;墨子则躬耕于田野,自食其力。儒家讲究衣冠周正,食不厌精;墨子却穿粗布,吃粗粮,就是'衣短褐,食藜藿'。他的学生跟了他三年,手脚就起了茧子,皮肤晒得像黑炭。今天的人就应该学习墨子,精神上有追求,生活上能自律。"

不久,学校开展节粮活动,自报公议。现在的上海市委副书记罗世谦,那时是我们班的辅导员,他找我说:"你出身在革命家庭,应该要求进步。"我说:"那还用说,我一直就很进步。""进步可不是句空话,党和国家现在遇到了困难,你用什么实际行动为党分忧解难呢?"你看这家伙,从小就是块书记的料!我说:"行!要我做什么吧?""节约粮食,你带个头吧。"我说:"他们都节约多少?三斤?那我就节约五斤怎么样?""好样的!"罗世谦很兴奋。一天后,他又来找我:"别的班有人提出节约八斤了。"我说:"我他妈节约十斤!"罗世谦说:"对!我们决不能落后。"又过了一天,大喇叭广播,说全校最高的节约十五斤。我一听,立马表态:老子报它个二十斤……就这样,指标步步攀升,最后我提出的指标是每月为国家节约三十斤。回到家,我兴致勃勃地告诉大家,我每月节约三十斤粮食,是全校第一。父亲一听:"你吃的这碗饭是几两米,知道吗?乱弹琴!"当然,说归说,经学校最后评审,批准我节约三斤,每月定量是三十斤。罗世谦对我说:"记住,要感谢党的关怀!"

父亲长期在大西北,托人带回一小桶黄羊油。这可是宝贝!打开一看,布满了绿茸茸的霉点。妈妈把表皮切去,但里面仍然处处是渗进的霉点,只有切成薄片,将霉一点点地挑去,再在锅里一炼,就成了黄澄澄、金灿灿的黄油。虽然很膻,但毕竟是油啊!它帮助我们度过了那个寒冷的冬天。令我没有想到的是,那一大碗被剔除来长满了绿霉的油渍,居然被炊事员老黄捡了回去。我是偶然迈进他家门的,老黄正在专心致志地炼油呢。锅里满是爬满了绿茸茸长毛的油块,他专致地轻轻地撇去它们,露出锅底一层薄薄的油,晶莹透亮。他的两个孩子瞪大了眼睛,围在锅边,像他一样的专注。老黄有些尴尬地朝我一笑。

我黯然神伤。

人民已不再抽象。他们是皖东北根据地给过我父亲和九旅一粥一饭的老乡们,是如老黄那样为我的衣食住行付出过劳动的认识和不认识的人们。我写了篇作文,记述下这个故事。我在结尾写道:我以为这个国家只是我的,我以能为她去吃苦而感到自豪。但老黄那尴尬的一笑使我明白,自己又算得了什么呢?结尾,我引用马雅可夫斯基的一句诗:"不管我今后走到哪里,我都永远不会忘记,和我一起挨过饿的——祖国。"

支撑这个国家的是他们,为这个国家承担苦难的也是他们。记得我曾把这篇作文给父亲看过,他若有所思地说:"应该记录下来,再也不要让人民为我们党来承担责任了。"

大跃进是历史的错误。

既然是历史的错误就有其历史的原因。相当多的共产党人,包括父亲在内,甚至包括像我这样大小,连屁事都不懂的孩子在内都知道,中国太落后了,为什么就不能发挥出我们战争年代的那股劲呢？为什么不能再鼓足些干劲，早日改变贫穷的面貌呢？

什么是大跃进？吹牛皮、亩产万斤、饿死了人是大跃进；但大兴水利，大搞农田基本建设，也是大跃进。全民炼钢，砍光了树，遍地小高炉，是大跃进；但干部、技术员、工人三结合，大搞技术革新，也是大跃进。办食堂，吃饭不要钱，是大跃进；组织大协作，会战戈壁滩，搞出原子弹，也是大跃进……

蛮干、不尊重科学、浮夸作假、欺上瞒下，并不难纠正。真正的教训在于开创了个人意志凌驾于全党之上的先例，这才是中国共产党人真正的悲剧。

死亡之海

人们都说，塔克拉玛干大沙漠是"死亡之海"，但真正的"死亡之海"是位于塔克拉玛干大沙漠边缘的原子弹爆心。罗布泊西北的戈壁腹地，1964年10月16日下午3时整，一次巨大的核裂变将这里的一切都消灭掉了。在过去的三十多年里，这里曾四十多次爆炸过原子弹和氢弹，现在，它已经沉寂下来了，而且可能会永远沉寂下去，它留给世人的是永恒的死亡。这就是"死亡之海"。

在全国民众毫不知晓的情况下，中国原子弹事业就在这片被誉为是"死亡之海"的荒漠中紧锣密鼓地进行着。

1963年5月至11月，成功地进行了七次局部缩小尺寸的分解爆轰试验。

12月24日，整体缩小尺寸的聚合爆轰试验获得成功。

二十天后，1964年1月14日，兰州浓缩铀厂生产出了作为原子弹装料的高浓铀。

聚合爆轰出中子试验的成功和高浓铀核装料的获得，标志着原子弹的主要技术难关已经攻克。周恩来写信祝贺。

6月6日进行原子弹一比一模型爆轰试验，也称冷试验。试验获得圆满成功。

与此同时，新疆罗布泊核试验基地的飞机场、道路、通讯等四十余项工程基本完工。

轰轰烈烈的基地忽然沉寂下来。所有的人都在等待，等待最后时刻的到来。

我后来问父亲，你紧张吗？"紧张！"比打仗呢？"大概还要紧张些。"为什么？"事关重大。"

中国的一切问题都是和政治紧紧相连的，两弹一星从一开始就不仅仅是个科学技术问题。从现在披露的文件看，直到1964年9月22日前，也就是实际爆炸的二十四天前，最高决策层还在等待。他们需要一个恰当的时机，以便这颗原子弹能够把令人窒息的国际政治时局炸开一个缺口；他们需要用这颗炸弹来证明，证明中国人的志气，证明中国党的正确，证明中国人民是压不垮的。

但是，如果它炸不响呢？

我相信，谁都不会因此而责怪，但内心的、不可名状的遗憾和愠怒总会是有的。不是早就说过了吗？"万无一失"！既然一切试验都通过了，为什么拿到现场就不灵了呢？是技术问题，还是责任、态度、作风问题？可既是科学研究，哪里可能万无一失？但这是政治，政治要求科学必须万无一失！

许多人都亲眼看见过试验失败后领导人沮丧的神情。20世纪90年代初，岢岚二十五基地，长2捆试射，航天部部长林宗棠坐镇指挥，火箭点火升空几秒钟后爆炸。林脸色骤变，清场后，他仍一个人默默地呆坐了好几个小时，一句话都没有。即使是一个毫无利害关系的旁观者，都能感受到他内心深深的痛苦，为他难受。

作为中国第一次核试验总指挥的我的父亲，没有理由不紧张。

二十四年后，1988年，亚星一号发射成功，西昌基地沸腾了。

在前方采访的军报记者江林从现场打电话给我，问我父亲在哪儿。我说住院了，我正陪着他呢。江林说，亚星一号，是你父亲和温伯格中美两国国防部长共同签署的项目。现在，事业成功了，但他们两个开创者都退休了，我想向首长问几个问题行吗？

我把话机交给父亲。

您看电视了吗？"没有。"父亲回答。为什么？"我看得太多了。"您不再关注了，是吗？"大概是吧。"

……

江林后来和我说，和你父亲谈完，我可真有点蒙了，不知该怎样报道。后来，又采访了几个科学家，他们也说，谈什么？不想谈。我又采访了观察跟踪站的女兵，她们说，什么感想？我们只想睡个好觉。

退休后，父亲和我说："偶尔想起来还会紧张。所以，我想都不去想它。"

1964年10月13日，也就是爆炸前三天。试验总指挥部全体人员在父亲带领下游览戈壁滩上的楼兰古国遗址。这可以说是他的一个习惯。1945年他在华中军区任副司令，在津浦路破袭战役的前夜，他顺道游览了皇藏峪，这是刘邦、项羽楚汉相争的地方。父亲说："司令员是张鼎丞，他听说我游览去了，急着说你这个家伙，第二天就要开战了，还有这个雅兴？"

楼兰，这个罗布泊边上的神秘古国，早在一千六百年前就消失了。楼兰人是否随着家园也一起迷失在历史的尘烟中呢？遗存在大漠黄沙之中的古城遗址，能够帮助我们找到答案吗？几年前，当父亲第一次从飞机上俯看这里的遗迹时，他就想，等到原子弹试验成功后，我一定要来这里看看。可今天他突然改变了，他说："不是成功了再来看，而是看完了再成功。"他亲自动员朱光亚、周光召、陈能宽、王淦昌、彭桓武，这些掌控着现代人类最高文明的学者们，在这颗原子弹起爆的前夜，一定要跟他去看看这个十几个世纪前就消失了的古代文明。这两者之间会有必然的联系吗？核弹，这个标志着现代科技的最高领域，难道也会和眼前这些被黄沙掩埋了的古代灿烂文化一样，最终在人类历史的长河中，消失得无影无踪吗？

王淦昌说："爱萍同志在原子弹爆炸前夕组织我们来这里游览，确有大将风度。但我心里还是在嘀咕：原子弹能不能响呢？"

一直跟在父亲身边的李旭阁说："看得出，所有的人都紧张，这可是全党全国人民的重托啊！"

呈现在这些科学家眼前的，只是残露在黄沙中的城垣遗迹和颓败的佛塔。

唐代边塞诗人王昌龄写得好："黄沙百战穿金甲，不破楼兰终不还！"

中国的最高决策层都在关注着罗布泊。

周恩来9月21日致信毛泽东："……急需待主席回后，当面报告，以便中央早做决定。"

第二天，即9月22日，周恩来向毛泽东、刘少奇和政治局常委们汇报了首次核试验的准备工作和试验方案。会议作出了"早炸"的明确决定。

中国的首次核试验的时间表猛然间迫近了。

9月23日16时40分至17时40分，周恩来又召集会议。参加会议的只有十一人，核心中的核心。他们是：周恩来、贺龙、陈毅、张爱萍、刘杰、刘西尧、郑汉涛、刘柏罗、周家鼎、王亚志、李旭阁。

周恩来说：不应知道的人就不要让他知道。要实施封锁。

他又说：这个时期就根本不要写信了。你们也不要私事打电话。上梁不正下梁歪。什么消息也不准漏出去。参加试验的有六千多人，上万的人。我们现在在舞台上，他们在暗处，不要还没搞就嚷出去了。你们两个（指父亲和刘西尧）从今天起不要接见外宾了，埋头苦干，是无名的工作，决定了松不得。

他又说：准备好了，打个电话给我们，不要说具体时间，就说20日之前，我们就知道了。电报要用有线电报，加保密。保密问题，不能假手许多人……希望你们家里也不说。不要一高兴就说出去。我老婆是老党员、中央委员，不该说的我也不说。任何人不该知道的，不要知道。前几天开会的人不一定都通知。我们决定这个事，也只是常委、军委两位主席、彭真同志。

周恩来问：万一不响，今年能再做一个吗？

父亲回答：要隔两三个月。

总理说：只好待明年了。不响外边也不会知道，也要准备不响。（原子弹）的确是吓人的，主席更大的战略想法，不一定用，既然吓人，就早响。

总理说：还要防止响了以后他马上报复，也不一定，但总是要有些准备……

然后是分工：总参和空军作出防空部署；刘杰负责资料、仪器设备的转移；陈毅进行对外宣传工作的准备；张爱萍赶赴试验现场组织指挥……

当晚，父亲即召集核试验指挥部紧急会议。他回忆说："我站起来要走，总理说，掏掏你的衣兜，有没有纸条。总理当时规定，会议的内容不准做记录的。……运输要学习荷兰人做法；要求通信兵部，有重要通话时，其余通话统统拆线；命令一旦启动，不准再对外通信；从上到下逐级检查落实。我自己从没有给家里通过电话……"

两弹一星是科学，但科学也相信运气。

前苏联的电影《驯火记》就有这样的描写。决定发射二十次，前十九次都成功了，但到最后一发，也就是第二十次，掉下来了，那前面的成功还有什么意义呢？因为最后的结果是失败。但如果当初的决定就是试验十九次呢？那结果就是成功。

1980年，向太平洋发射洲际导弹。准备了不同设计的三发弹，第一发，父亲亲自到场指挥，成功了。第二发，我去看，在科委指挥所，失败了。钱学森解释说，是一、二级分离早了零点几秒。我回去说，好不容易去看一次，还失败了。父亲说，那是你运气不好。

我当然知道这是在开玩笑。但我和国防科工委试验部门的朋友们闲聊时，他们却极其认真地说："没错，就是和运气有关。你父亲到场肯定成功，从1960年第一发导弹算起，只要他在，几乎没有不成功的。每次大家都叨咕，张爱萍来不来。他是福将，命硬，他来了，就撑得住。"

我大惑不解。

我问过父亲，他回答得很简单："没有窍门。一是下去；二是过细。"

我见过这样的首长，往往是部门都协调好了，带着大队人马，发射前一两天到，听一下汇报，发射后有个讲话，基本是照稿子念上一遍："我代表党中央、国务院、中央军委，向你们全体人员表示热烈地祝贺……"云云。当然，参加一个开工或是落成典礼什么的，是完全可以的。但这是科学，来不得半点马虎，老天爷是不吃你这套的。

两弹一星工程有它极为特殊的地方。横向参与的部门、单位多不说，研发、生产；主体、保障；地方、军队……几乎涉及到科研、经济、军事、党政等各个领域。最难的是，各单位派来的多是业务主管部门的领导，是一个领域的权威，平时老大惯了，除了自己的顶头上司，谁的话能听？

你想，这帮人聚在一起研究问题，情况会是个什么样？还不个个振振有辞，有了问题，谁会承认是自己的？隔行如隔山，都能找出一万条理由来为自己辩护。一发弹，上亿个零部件和线路，一个矛盾被掩盖下来，上了天，就爆开了。1986年美国挑战者号航天飞机的爆炸，其原因就出在一个密封圈上。其实发射前一个工程师就发现了，但哪一级领导又能因为一个小人物模棱两可的报告而拍板取消发射呢？结果是不了了之。

　　正如父亲自己讲的，没什么诀窍。就像周恩来要求的那样，最高指挥者必须亲临现场，必须事必躬亲、事无巨细、心细如发，拼精力、拼耐心、拼勤奋，每一个环节都要过一遍，因为只有你，具备最后的拍板权。他总是在发射前一个月就到位了，协调会总要参加几次。一个部门一个部门地摆问题，当场拍板。参加的多是司局级的领导，他一个副总理，军委领导，谁敢在他面前强词夺理、油嘴滑舌？

　　东—5发射前，检验部门说，油路上像是有个阴影。谁的责任？争执起来。父亲说，有了疑点就给我搞清，最后是七机部的一个副部长，父亲说他记得好像是张镰斧，亲自爬进发动机舱里，拿着检查胃镜的仪器察看，是一根鞋带。为一根鞋带折腾了好几天，要是上了天，堵在油路里，不堪设想。父亲说"五定"是怎么搞的？给我追！五定，就是每一个岗位都要定人员、定职责、定位置、定动作、定关系。查的结果是装配人员中有人丢了根鞋带。父亲大怒，"不是规定不许带任何东西进来的吗？"有人在一旁嘀咕说，鞋带不好算是故意带进来的东西吧。"那就把鞋带统统都给我解下来！"

　　几年后，我的朋友淮淮，航天部外事办的干部，去这个地方。进车间时，门卫叫她把鞋带解掉。为什么？回答是不容置疑的："这是张爱萍的命令！"

　　愕然。什么时候下的命令？"不知道，反正我来这之前，大概总得有十来年了吧！"门卫讲了他的师傅，上一届老门卫留下来的故事。

　　"没有哪一任领导愿意去改这个规矩。"门卫补充道。

　　"是啊，"淮淮和我说，"一个厂长怎么好改动副总理的指示呢？"

　　也许，他们根本就不想改，为什么不叫后人都记住这个故事呢。

第一颗原子弹正迈着神秘的步伐向中国走来。李旭阁的工作日志记载：

6月下旬，第一颗原子弹试爆工作就绪，形成了距爆心8公里范围内的效应试验圈。

8月25日至30日，全试验场区进行单项和综合演习。

9月26日上午8时15分，试爆前的最后一次中央专委会结束，张爱萍一行乘空军伊尔—14飞机离京。

10月4日，原子弹运抵核试验场区。

10月8日，王淦昌、郭永怀、彭桓武、邓稼先等乘专机到试验场区，进行最后的调试验收。

10月9日，最后审核结束，张爱萍在上报中央的报告上签字。

10月10日23时10分，乘专机将报告送达总理办公室。与王亚志同志办理结交手续，坐等结果。

10月11日凌晨，周恩来批示：同意一切布置，从10月15日至20日之间，由你们根据现场气象情况决定起爆日期和时间，决定后报告我们，你们来往电话均需通过保密设施由暗语进行。

10月14日18时，试验总指挥部确定：试爆日期定于10月16日；起爆"零时"，视当日风向风力确定。

10月14日20时30分，邱小姐上试爆铁塔塔尖。当晚，狂风骤起，风速达18米／秒。黄尘蔽天，沙石飞舞，钢丝绳将铁塔打得当当作响。

父亲说："幸有预演时的经历，没有吃惊。"
又是一个一江山之夜。
还是李旭阁的日记：

15日9时，听取气象汇报。10时30分，张爱萍确定起爆

"零时"为 10 月 16 日 15 时。

中央随后批准。

1964 年 10 月 16 日清晨 4 时 30 分，随张爱萍进入爆心做最后视察。

12 时，接周恩来指示，如无特殊变化，不必再来往请示了。"零时"后，无论情况如何，立即同我直通一次电话。

14 时 30 分，进入距铁塔六十公里的白云岗观察所。

在父亲的书架上摆放着各式各样的石头，他经常向我们炫耀。我说，没一块值钱的。"你懂什么？"他拿起一块像焦炭似的东西问我："这是什么？不知道吧，哈哈，这是运载火箭返回大气层时烧焦的弹头碎片。这玩意可是用碳丝织出来的。当时，可是费了番功夫。你看，都烧成这个样子了。"

他又拿起两块石片敲着，侧着耳朵说："听！多清脆。知道吗，这可是爆心的石头，海底的化石，我拣回来的。世界上再也没有了。"

在蘑菇云下，所有的石头都将熔化成液体。

李旭阁的日记记到这一天的下午 3 时。目击者称：

……读秒到零，起爆！一刹那间，一团巨大的火球腾空而起，天空和大地燃烧起来，太阳都变成灰色的了。随后就是一声巨响，向外扩展，又被绵延的天山反射回来，如巨雷碾过头顶。紧接着冲击波横扫着无边的戈壁……火球在翻滚，在升高，在膨胀，橘红、靛蓝、绒白的变幻着……终于，它定格成一朵直塑在空旷的天地之间的蘑菇云。令人恐怖的美丽！

玩邪乎了！中国人凿开了上帝埋藏在地下的石棺，释放出了能够毁灭人类的巨大能量。

这一天是 1964 年 10 月 16 日 15 时。

惊愕之余，足足等了四分钟，父亲才拿起电话，向周恩来报告："成功了！"

没有回音……沉默。

父亲说："总理沉默了一会儿说，是不是真的核爆炸？我也愣了。是啊，凭什么说是核爆炸？谁也没见过核爆炸，真正的核爆炸该是个什么样子嘛！"

不亲临其境，怎么会感受得到那股让大自然都颤抖的神力呢！

要回答周恩来是不能用"地动山摇"这样的词汇的。父亲问身边的王淦昌。王淦昌望着六十公里外那朵鼎立在苍穹之间的巨大云柱，什么爆炸能制造出如此奇观呢？他沉默了一会儿，也做了个判断性的回答："应该是的。"

父亲告诉总理他所看到的景象，在六十公里外看见蘑菇云升起来了，这样大的威力，不可能是普通炸药所能，根据火球、声响、蘑菇云的高度等爆炸的景象来判断，应该可以判定，是核爆炸！但要以最后检测到的数据为准。科学嘛！

几分钟后，周恩来电话转达毛泽东指示，要查清是不是真的核爆炸，国外不相信怎么办？

毛泽东说过："那东西可以吓人！"他当然最关心的是要让全世界都相信，中国人在戈壁滩上折腾出来的这个家伙，的确是个真的！

在现场的人是不会想那么多的。还有什么比亲眼见到的这团耀眼的火球更有说服力的呢！他们冲出堑壕，喊啊，跳啊，哭啊。他们顺势倒在沙坡上，双脚乱蹬沙石，互相拥抱，将帽子抛向天空。

有一张照片，他们把父亲和几个科学家抬起来，抛向天空。

两个多小时后，父亲签发了一份经多方专家检测并认定的报告：中国第一枚原子弹的威力，估计在两万吨梯恩梯当量以上。根据总理指示，报告送达毛泽东、周恩来、林彪、贺龙、罗瑞卿。

原子弹，以它超自然的神力，被称之为人类的终极武器。

中国西部戈壁荒滩上爆炸的这颗原子弹，在一夜之间，使一个贫弱的国家与世界超级大国坐在一起言和了。对抗的双方，最终走向平衡。

意义还不仅在于此。不到一年，1965年8—9月美苏两个超级核大国，向联大提交了"不扩散核武器条约"草案，1968年6月联大核准该条约草案，1970年3月5日《不扩散核武器条约》正式生效。该《条约》中有一条规定，非核国家不得研制核武器。我和父亲讨论过，如果在《条约》通过前，我们仍然搞不出原子弹来该怎么办？他说："……那会很麻烦的。周恩来担心的正是这一点。"

在老一代共产党领导人的政治理念中，中国要成为核大国，但中国又要成为一个主持正义和对人类前途负责任的大国。虽然中华人民共和国当时还被排除在联合国之外，虽然在信仰和价值观上还存在着差异，但在世界政治舞台上，尊重人类共同的道德规范是必须的，中国不可能去扮演无赖的角色。

1964年10月的这一响，为中国赢得了这个历史的机遇。

相互制衡的时代到来了。历史学家、社会学家称它为核时代。

我的车在这片被称作是"死亡之海"的荒漠中缓缓地行驶。沿途经过了好几个早已废弃的营房，那是参加核试验部队的住处。很多遗弃的物品和器材上，依稀可见1964年的字样。接近爆心很远处的房屋都被摧毁了，奇特的是，残垣断壁中，所有的房子都没有了屋顶，那是被冲击波过后产生的负压掀掉的，它们向天敞着大口，要同上苍对话。

它们要告诉我们什么呢？

"原子弹不是武器，可能永远都不会用到它的。它只是一种精神，中华民族自强不息的精神！"父亲讲完了他的故事后说出了他的结论：

"倒了这种精神，就只好去乞讨了。"

2000年，我国经济实力到达了历史的新高峰，GDP超过了法国，仅次于美国、日本、德国、英国，成为世界第五。中央奖励了一批两弹一星的有功人员，授予他们功勋科学家光荣称号。

在中共中央、国务院、中央军委举办的颁奖大会上，有人记起父亲当年在动员大会上讲过的话：

在座的有读过《封神演义》的吗？

来无影、去无踪、千里眼、顺风耳、移山倒海、撒豆成兵⋯⋯

今天，你们的工作就是变神话为现实。

将来，后人们也会为你们封神的。记住，你们中的有些人，将来是会上共和国的封神榜的！

四十年后，国防科技战线上被"封神"的科学家有：于敏、王大珩、王希季、朱光亚、孙家栋、任新民、吴自良、陈芳允、陈能宽、杨嘉墀、周光召、钱学森、屠守锷、黄纬禄、程开甲、彭桓武；追授的有：王淦昌、邓稼先、赵九章、姚桐斌、钱骥、钱三强、郭永怀。

共二十三人⋯⋯

第7章
桃花源

1965年9月2日，十多个摘去了帽徽领章的军人，出现在苏北一个偏僻的小山村里。这是什么地方？他们为了什么到这里来？

方巷，原名方家巷，江苏省扬州市邗江县界内的一个小村子。1958年成立人民公社后改称大队。方巷大队共包括十二个生产队即十二个自然村，有三百六十三户人家，一千四百九十五口人。

苏北最贫瘠的地方。

严重的问题在于教育农民

1965年8月，毛泽东号召军队参加农村"四清运动"。从1963年起，根据党的八届十中全会的决定，在中国广大的农村，掀起了一场轰轰烈烈的社会主义教育运动。

父亲当时正在大西北忙于氢弹和远程导弹的试验工作。通知他回来参加总参党委会，讨论落实毛泽东关于军队参加"四清运动"的指示。应该说，这不是一件让党委一班人感兴趣的话题。总参谋部是个什么性质的单位？它是党中央、中央军委掌控管理军队的指挥中心。一去大半年甚至一年，且不说长期脱离领导层面的政治生活，就是下到农村和农民同吃同住，这对开始发胖了的将军们恐怕也不是一件轻松的事情。现在想起来，当时他们不过四五十岁，但有些人保养得已经很在意了。据首长们身边一些工作人员回忆，总参有的领导人已经开始染发了，也就五十出头吧，油黑锃亮的头发，算是在全军带了个头。虽然还是布军装，但每天是要熨烫的，进食补药也成了每天的功课。走到哪，保健医就跟到哪。一般人哪里晓得，高级干部中，生活差别可大了。手里都有权，就看你怎么用，为谁用。其实这点点个人享乐的事，在今天算个屁啊，但当年，在机关中传播，往往使人咋舌。

到农村去走一走，一直是父亲的心愿。一则在长期的紧张后，换一下思路有好处；二则自抗战胜利后，他就离开了农村，二十年来，他常想起许多往事。他有一个愿望，希望有机会回到当年抗战的地方去看一看，看看那些在艰苦年代曾与之鱼水交融的乡亲们。他解放后一直在军队工作，尤其是长期在高层机关，人民的生活究竟怎样了，他们幸福吗？有什么困难吗？他曾为之憧憬的美好社会真的在一步步地接近吗？所有这些对他这个身居高位的将军来说，不能说是一点都不知道，但却如雾里看花。今天，中央要求军队参加"四清"，久寓内心的这个情结，可以如愿以偿了。

"四清运动"最初是针对农村大队、生产队干部的，从"清账目、清仓库、清工分、清财物"的所谓的"四清"开始的。逐渐发展到带浓厚政治色彩的"清政治、清经济、清思想、清组织"的"四清运动"；最后到指向整党内走资本主义道路的当权派。今天看来，这场运动打击了农村中贪污盗窃、投机倒把和封建迷信的歪风，对一些农村基层干部多吃多占，强迫命令，欺压群众的作风，以及集体经济管理上的缺点，起到了一定的抑制作用。但由于混淆了两类不同性质的矛盾，使政治上的"左"倾错误再度发展，直至上层，最终导致了长达十年的文化大革命。

在我印象中，最早听到"社教"这个词是从我妈妈那里。她和其他两个阿姨去听了王光美同志的报告,也就是7月5日在中共河北省委工作会议上做的《关于一个大队的社会主义教育运动的经验总结》报告,后来被称为是桃园经验的那个讲话。关于桃园经验,《刘少奇年谱》1964年8月19日条目的解释为"其主要内容是:先搞扎根串联,然后搞四清,再搞对敌斗争;对待基层组织和基层干部是又依靠,又不完全依靠;四不清干部不仅有受地主、富农和资本家影响这个根子,还有上面的根子,不解决上面的根子,四清就搞不彻底;四清的内容已经不止是清工、清账、清财、清库,而是要解决政治、经济、思想和组织上的四不清"。

当时我妈妈她们讲了些什么,我已经记不清了,只觉得和她一起去听报告的阿姨讲起来挺激动的,可能是被报告的内容所感染吧。这么多年了,只留下了一些模糊的印象。一个是震撼,吓了一跳,农村许多政权都不在我们手里呢!再就是,电影里一个江姐式的党的工作者又回来了,不仅勇敢而且敏锐。但印象最深的还是父亲那种不以为然的神态,他突然蹦出句:"危言耸听!"噎得那个阿姨半天说不出话来。我妈妈赶紧打圆场:"你又没有下去,就会说风凉话!"父亲还是他常惯于的那种不屑一顾的样子,好像听都没在听似的,只顾急匆匆地吃他的饭。

关于"桃园经验"与毛泽东的关系,据刘源、何家栋合写的《"四清"疑团》一文(注:收入郭家宽编《你所不知道的刘少奇》一书,河南人民出版社出版,2000年7月第1版。2001年2月3日的《文汇读书周报》以《毛泽东为什么要打倒刘少奇》为题,转载此文)谈到"桃园经验"由中共中央批转推广过程:毛泽东看了《桃园经验》,很欣赏,将这份总结批转全国,以示推广。还推荐给江青和身边工作人员看。毛多次鼓励王光美,让她到各地去讲,在中央的会议上要刘少奇根据《桃园经验》修改"前十条"。

后来,毛更推出陈伯达在天津小站搞的经验。陈一下去,就搞出三个反革命集团。什么"夺权"、"黑帮"、"反革命修正主义分子"等词汇都是从这里创造的。毛多次举例表彰，批转全国，倍加赞赏。

从目前已公开的档案中，仅有1964年8月27日毛在印发《关于一个大队的社会主义教育运动的经验总结》上的批语及有关注释。毛泽东的批语是："此件先印发此次到会各同志讨论一下，如果大家同意，再发到全国去。我是同意陈伯达和少奇同志意见的。"（注：《建国以来毛泽东文稿》第十一册，144—145页）

军队介入"四清"已是后期了。前期的"四清"是怎么个清法呢？原来在邗江附近的句容县参加社教的江苏省干部李自强，后来被派到父亲领导的社教工作队，负责内勤工作。他写书回忆自己前期参加"四清"的经历：集镇上的供销社卖面点和烧饼油条，职工学习后，自我对照检查，有些人就承认，贪污没有，但多吃多占还是有的。"行，只要说出来就好！"怎么个多吃呢？"每天上班，开锅时吃根油条，有时也吃碗面。"这下该给你算账了。一年三百六十五天，一天一根，就是三百六十五根；三分钱还是五分钱一根，你来店里有几年了？这样算下来一加，还不得多吃了几千根下去。通常吃油条的都算成是五六百块钱；吃面的是七八百块钱。退赔吧！有的人就把家里的柜子、箱子全搬出来退赔。生产队的队长、会计也有多吃多占的。晚上开会，拿出两斤米烧个饭什么的，集体吃了。开始也是自我检查交代，一算账，全部退赔。每个生产队都要查出个三五百块钱，当时这可不是个小数了，尤其是在这样贫穷的地区，哪里见过这许多的钱。退不起怎么办，干部的愁帽就戴上了，有的人就想寻死上吊。李自强说，他在的那个生产队，队长就上吊了，其他工作团也都有两三个自杀的。光句容就死了一百多，吊死的、跳河的、喝农药的，都有。后来中央发现了，这样搞下去，农村基层组织还不全乱套了？于是又下发了二十三条，要求纠偏，迅速把干部解放出来抓生产、抓工作，多吃多占就不算是贪污了。各地立即成立了检查组,成了检查工作队的工作队。检查出来一律免于退赔,各地一统计,百分之八九十的都推翻了。新的矛盾又产生了,原来的工作队受不了了。他妈的,折腾了一年,就这个成果啊!

李自强的这本《我的一生》没有出版,他写好后寄给了我的母亲,他们当时同在一个社教工作队。李自强写道:又兰大姐,这是一本小人物的自述……云云。当然,我没有亲历不敢断下结论,别人讲得不排除是些局部现象。但薄一波是"四清运动"的参与者,他在《若干重大决策与事件的回顾》一书中第1123页中写到,自1964年9月至11月的三个月中,刘少奇以中央名义下发了多份文件,进一步促使了运动中"左"倾错误的发展,"其影响最大的,是桃园经验和天津小站地区夺权的经验"。并指出由此发生的"打击面过宽的现象自然不可避免,自杀等事件在各地屡有发生"。(注:薄一波《若干重大决策与事件的回顾》,1114页、1115页、1125页、1127页)

父亲的社教工作点选在扬州地区。说到扬州,李白一句"烟花三月下扬州",把个扬州城变成了繁花似锦、温柔富贵之乡。腰缠十万贯,骑鹤下扬州。历代商贾店家、梨园子弟、墨客骚人、青楼粉黛,如过江之鲫,千帆竞会,觥筹交错,一掷千金。但就在扬州城外几十里路的乡下又是什么样的呢?

苏北的农村实在是太穷了。穷到什么程度了呢?还是李自强说:许多人连裤子都穿不上。男人们用块布围在腰上,到了插秧季节,男的下田整个不穿衣裳。妇女出门总要带把伞,田里车水的男人都是精屁郎当的,好遮挡一下啊!整个镇上只有一家供销社,根本就没有商业。老百姓的房子都是草房,东倒西歪的;吃的都是山芋杂谷。没钱娶老婆,只好兄弟俩合一个女人,像这样的人家一个生产队总有个把两户。

方巷或许会比句容好一些，毕竟是平原嘛。但它的贫穷也是超乎了这些北京来的干部的想象。这地方洪旱灾害不断，农业常年歉收，随处可见人畜同居一屋，吃糠咽菜喝稀粥更是普遍现象。经济的落后，带来的是文化的落后，全村百分之九十五的人是文盲，人与人之间除了为鸡毛蒜皮吵嘴打架外，外界的事情都与他们无关。有的人连毛主席是谁都不知道，更不用说其他社会生活的大事了。世界有多大，地球是圆的，这些最基本的自然地理知识，对他们简直就像是天方夜谭。说起来，方巷大队也有十四名党员。可人们说，不知道什么是党员，也不知道大队有这么多党员，只知道有些人是不下地的，整天的是吃喝赌博——以当时"四不清"干部的标准衡量，这里的干部都可称为"四不清"了。人们生活在贫穷和愚昧中。他们从整体上麻木了。

和当时大寨人的战天斗地相映，这，也是中国的农村！

父亲对"四清"的回忆极其概括："严重的问题在于教育农民。"

再问，他只是说："去看看我那时的讲话，不知道还保留下来了没有。他们搞的那套不行。中国问题是农民问题，只有农民觉悟了，才会有出路。"

他们？父亲没有具体讲"他们"指的是谁。

1965年初，也就是父亲下去"四清"之前，中央的"23条"下来了，即中央《农村社会主义教育运动中目前提出的一些问题》。这是一个纠偏的指导性文件。它虽然对1964年以来"四清"运动中某些"左"的偏向作了纠正，但又提出了"这次运动的重点，是整党内那些走资本主义道路的当权派"这个更为偏激的论点。

父亲这个人很奇怪，身为高级干部，但很少见他去研读上面颁发的文件，你要和他谈点如何理解文件精神之类的话题，他会很没兴趣的，充其量也就敷衍你几句。要他干事，只要交代任务和目的就行了，怎么干，他有自己的一套主意，对他说方针、办法、经验，说了也白说。这也可能和长期在统帅部机关工作有关，法规、政策都是出自自己的手，看了别人搞的东西，往往嗤之以鼻。我后来在总参工作时间长了，看到别家搞的文件，甚至是红头文件，也是不屑一顾，什么玩意啊！这帮秀才，就会空谈，哄哄领导可以，连语句都不通。

我看过他在"四清"工作期间做的报告，上来头一句就是："严重的问题是教育农民"；第二句话："这是毛主席讲的"；第三句话："要问我怎么个搞法？就是按这句话去办"。什么前十条、后十条、二十三条的（注：统为中央当时下发的有关"四清"工作的指导性文件），也不知他看了没有，提都不提。反正在座的都不如他官大，是些省里地市县的干部，面对这个中央来的大首长，大家全给镇住了。

他当然有自己的道理。只有农民从整体上的觉醒，才是我们民族振兴的根本出路。教育农民，是党在现时期的基本任务，是农村工作的重点。还有什么文件压得过这些呢！

当然，这里指的农民，是包括农村基层干部在内的。教育农民，也包括了教育农村基层干部，这就是方巷的做法。他解释说，农民，是一个大概念，是基于党和民众关系意义上的概念，并不是狭义的指务农的人和当村干部的人。这是一个政治原则性问题，否则就会人为地把农民划为两个阶层，扰乱和恶化农村的阶级关系，后果是严重的。他认为，中国农村贫穷的根子不在几个"四不清"干部身上，即使换掉所有的干部，让和他们同样蒙昧的农民替代，带来的只会是混乱，贫穷仍然是贫穷，愚昧仍然是愚昧。

贫穷使人愚昧，愚昧加重贫穷，中国的农村就是在贫穷和愚昧的怪圈中恶性循环。要打破这种恶性循环，唯一可行的，就是唤起广大农民兄弟的自主意识，教育他们认识到，人不是猪狗，做人应该有奋斗目标，有奋斗精神，应该有志气，用自己的双手一定能改变家乡的面貌，改善自身的生活环境。

共产党不是欺负压迫他们的统治者，而是他们的亲人。我们都来自于他们，我们原本就是农民的儿子。

他说："我们几十年革命战争不就是这样走过来的吗？怎么都忘记了呢？"

苏北，对他并不陌生。除了抗日战争在苏北外，早在大革命失败后，他就在这里组织过农民暴动。1929年冬，经周恩来安排，他离开上海地下党，从江阴北渡长江，来到刚刚组建的红十四军，在通如泰地区（南通、如皋、泰州）组织农民暴动，打土豪、分田地、办夜校、发展农会，成立农民自卫军，建立红色政权。可惜的是，在"立三左倾盲动主义"主导的时期，红十四军，这支刚刚组建的新军，脚跟还没有站稳，就奉命攻打泰州、南通，威逼扬州、无锡、苏州，进而图谋南京、上海。这种飞蛾扑火式的狂热行动，最终导致了全军覆灭。

就在他今天站立的这块土地上，三十五年前，在攻打老虎庄的战斗中，红十四军军长何昆就牺牲在他身旁。

父亲写过一篇回忆文章纪念他的军长：

老虎庄，如皋城外围敌人的一个据点。父亲管它叫土围子，像个城堡，四周环绕丈把高的土墙，外面再绕上圈一人多深的水渠。这在二三十年代军阀混战的中国农村是相当普遍的。一些恶霸地主，常是勾结官府，自立帮会，招募乡勇团练，对周边农户实行野蛮的、近乎农奴制的封建统治，整个一个《水浒传》里祝家庄、曾头市那些恶霸的翻版。这种在中央政权默许下崛起的地方黑恶势力，自然成为革命首先打击的对象。在今天看来，这种土围子是不堪一击的，一般步兵配属的随伴火炮就可以击穿它。但对当时拿着梭镖、土铳的农民军来说，付出的代价可就是数百上千条生命了。父亲回忆说，当时攻打如皋城有上万农军，拿着铁锹、锄头，点着火把……

这是另话，还是说打老虎庄。由于部队屡攻不下，军长来到前沿观察，苏北有那种稻草垛子，一两个人高。何昆军长对父亲说，你个子高，在下面托住我。但还够不着，于是父亲肩上又托住个警卫员，何昆再站在警卫员肩上，这样从稻草垛子上就可以看清土围子里的情况了。何昆军长兴奋地大喊，把机枪给我递上来。用现在的话说，是打他丫挺的！结果，就在打得痛快时，被敌人的狙击手一枪击中。父亲说："像棵大树一样就掀下来了。"

何昆，又名李维森，父亲年轻时曾真诚爱戴过的上级和战友。他是黄埔军校四期学员，参加过北伐，意志极其刚毅顽强。蒋介石搞"四一二"政变他被捕，后逃脱；遂即投入了广州暴动，再次被捕；后又被他越狱逃脱。这次，奉中革军委之命来此组建红十四军，在老虎庄，他终没能逃过这一劫。

听说，何昆的遗骨后来被老虎庄的敌人掘了出来，抛在乱葬岗子里。解放后安葬烈士，当地政府还曾找过父亲询问一些细节，后来就是凭这个弹孔比对出何昆头骨的。

何昆以后，红十四军由参谋长薛衡竟代理指挥，组织攻打附近的顾高庄。不料遭到增援的国民党正规军的侧击，薛在掩护部队撤退时不幸中弹，栽倒河里。这情节也和《水浒传》里打曾头市的描写类似，起义军遭伏击后，晁盖被史文恭一箭射中。薛负伤后还想泅到对岸，但终没有了气力。第二天，当人们找到他时，尸身半浸在水中，双手还紧紧抓住岸边的芦苇，似乎是要挣扎上岸……

第三任军长李超时，红十四军覆灭后，被叛徒指认出卖。国民党江苏省主席叶楚伧设宴亲自劝降，李超时军长搬起桌上的砚台砸向在场的叛徒王益之（注：时任中共泰兴县委书记）。1931年9月19日，他被押到镇江北固山英勇就义。

"何处望神州，满眼风光北固楼。"北固山，头枕波涛，雄峙大江，一千四百年前梁武帝为它题写"天下第一江山"。上世纪80

年代,随父亲重游故地,从甘露寺到祭江亭,凭栏远眺,父亲问,辛弃疾的《永遇乐》会背吗?我只记得一句:"千古江山,英雄无觅……"父亲用手拍打着石栏,断断续续地接着:"想当年,金戈铁马,气吞万里如虎。"他的思绪又回到了苏北,"……烽火扬州路,可堪回首,……一片神鸦社鼓。"停了很久,他突然又跳出一句:"风流总被,雨打风吹去。"

如皋县党史记载:红十四军失败后,国民党反动派到处捕人。杀人权操纵在地主恶霸手里,他们挨家挨户地抓人,抓不到男的抓女的,抓不到大人抓孩子。很多是,在哪家抓的,就杀在哪家门口。……有的用绳子扣成一串,用机枪扫射。卢港东南的六十亩地,就是集体杀人的屠场……(注:摘编自《如皋人民革命史》,101页)

三十年后,1960年在这里修建军用机场,选址在老虎庄的北面。当地的老人们回忆:"你父亲来视察,问老虎庄在哪里?说是在河的对岸。你父亲把手一指说,把它给我平了!后来机场就压在它上面,从此,老虎庄就从地图上消失了。"我很怀疑这个故事的真伪,但我不想去跟父亲核实。因为,假如我也从当年的血雨腥风中走来,一定也这样!

这是片他们曾经洒过热血的土地。

父亲说:"苏北的人民为革命付出的太多太多了,到今天还是这样赤贫,我们共产党人有什么理由去责怪他们?想想吧,我们自己又为他们做了多少?!"

像我父亲这样的以农民运动、农民战争起家的老共产党员们,怎样面对今天的农民,面对今天的农村,该怎样去做,难道还需要谁去教他们吗?不用怀疑,他们一定会有自己认定的理念和一套办法。

理想的缩影

还是李自强的回忆：

"来来来，小李，新任务来了。中央有个大首长，到这来搞社教，你和董副书记陪他蹲点，你主要搞文字工作。

"……他们搞社教的方法跟句容就不同了。他们不谈什么四清四不清，直接学毛主席著作，大宣大讲毛泽东思想。号召农民都学习老三篇，学了还要会背。文章那么长，农民怎么背的了呢？于是就摘警句，油印出来发给大家。背下来后，再讲是什么意思。老三篇开讲后就收到效果。小册子随身带，处处学起来。学呀学的，慢慢就开窍了。张爱萍叫我每天下去收集新人新事，编起来，再发下去。好事还真不少：有的为五保户做饭、洗衣；有的自觉到田里干活；有的好事做了不知是什么人。"

人们的精神面貌和社会风气开始起了变化。李自强说："学了四个月后，干部才开始对照自身的缺点错误。属于什么性质的问题，自己评议，自己给自己定案。多吃多占了，退也行，不退也行。很多干部说，原以为工作队是来整人的，没想到是来教大家怎样做人的。一个大队长，谈出自己多吃多占，不要他退赔，一分钱也不要他赔，只要认识就行了。他还是把钱交了，要取信于民，工作劲头不得了，日夜奔忙，哪家有困难马上就帮助去解决。"

"和战争年代在根据地的做法一样。"父亲谈起社教，总是这句话。

中国革命实际上就是农民革命。对父亲来说，家乡的农民协会、农民夜校；苏区的共青团、少先队、农民自卫军；抗日战争中的根据地建设，哪一件不是在教育农民、发动农民、组织农民呢？面对方巷朴实的农民，关键在于启蒙。启蒙靠什么？学文化，明事理。要让他们明白，共产党是帮助你们过好日子的，共产党里有个毛泽东，他可是个了不起的人物，像太阳。要听他的话，跟他走，毛主席怎么说，我们就怎么做。农民是相信这个的嘛！

毛主席是怎么说的呢？他说啊，每一个人都要为集体，为国家，只有锅里有了，碗里才会有，这就是为人民服务；一个人不可有私心，要有公心、对别人要有爱心，像一个叫白求恩的外国老头，不远万里来帮咱；还有呢？还要肯干、实干、苦干、持之以恒地干，就像古代的愚公，把山都给搬走了，咱还种不好一块田？这就是老三篇。后来父亲又加了一篇《反对自由主义》，他说我这里是老四篇。告诉农民，要克服恶习和散漫，没有纪律，什么事也做不起来。

他们把毛泽东的著作编成课本，边识字，边明理。父亲在封面上题写书名：《学习毛主席著作三字经》、《毛主席语录识千字》。他说，要让老百姓能看得懂，有兴趣，还要能朗朗上口。我揣测父亲可能多少是受到当时发行的《毛主席语录》的启发。从1961年5月1日起，《解放军报》根据林彪指示的精神，在每天的报眼上选登毛主席语录。我记得当时有些警句，父亲还剪下来压在写字台下。后来总政治部在1964年印成了十六开本的《毛主席语录200条》，经全军政工会议正式命名为《毛主席语录》。为了便于战士携带，改为六十四开大小。父亲亲自参加编写的这两本小册子，就有些类似毛主席语录，也是六十四开本，只不过要薄些。不同的是，《学习毛主席著作三字经》里并不是毛主席的原话，而是按三个字一组讲解革命道理，如：共产党、爱人民；勤劳动、讲卫生……属初级本，对象多为老人、妇孺。《毛主席语录识千字》则是高级本，全部引用毛泽东的原话。它从《语录》中摘取比较通俗易懂，又贴近农民生活的句子，如："人民，只有人民，才是创造世界历史的动力。"等等，共千把多字，学完这本，就可以练习读报了。在贫瘠封闭的中国农村，这两本印得很漂亮的小册子，的确很抢手。

一年后，文化大革命来了，说他这是亵渎毛泽东，以学文化取代学毛选,把林副主席提的老三篇改为老四篇,用心何其毒也……真他妈的惨!

当然,这不是方巷农民说的,是上面领导机关说的。

父亲毕竟是个农民的儿子,对新农村有他自己的蓝图。

他说,苏北这个地方沟渠河道很多,疏通河道,一可以运输;二可以积肥;三可以改善环境。现在还留下他挽起裤腿、打着赤脚,与社员一起挑泥的照片,那年他五十五岁。他们车干了四十四条河沟,挑出了五十多万担塘泥,给大队所有的麦田上足了肥料,1966年夏收时,方巷大队的小麦增产百分之二十六,达到历史最高水平。

方巷农业收成不好的原因是抗灾能力弱。地势东低西高,低的抗不住涝,高的挡不住旱,所以旱涝都不收。工作队请来两个技术员帮助勘察地形,并帮助大队制订规划,挖河筑堤、东水西引、清塘蓄水、挖泥积肥。父亲像一个生产队长一样,亲自带队,组织群众挖河筑堤。总参的领导来干,附近的驻军哪里还坐得住,也参加进来,和群众一起疏通河道,修筑防洪大堤。这条堤被称为"军民团结堤"。

工作队还帮助方巷建起了粉坊、石磨坊、蚕房,又在河塘里撒鱼苗养鱼。还从县农技站请来技术员,指导群众种桑树发展养蚕业,插白柳发展编织业,种银杏树和各种果树增加副业收入。有人担心会不会被说成是搞资本主义?父亲说:"那就让社会主义看着他们都喝西北风吧!"

方巷大队还成立社员歌唱队、老人演唱组、孩子演出队、红领巾小乐队。开起了俱乐部,墙上挂了毛主席像,摆放了书籍和毛主席诗词、歌曲集,还挂中国地图和世界地图。方巷的农民终于知道这个世界有多大了。

父亲特别喜欢树林,他退休后回到家乡,说树怎么都没了?小时候屋前屋后全是一片青山绿水。陪同的官员说，58年大跃进全砍光了。父亲勃然大怒道："58年、58年，一提就是58年，58年到今年有多少年了？你们都是干什么去了！"他在方巷带头植树，和我妈妈亲手在河边栽了两株青松、一片红梅。他对老乡们说："以后我们都生活在桃花源里了。"

他对我说："在没有接触马克思主义前，影响我的是孙中山的三民主义，民族、民权、民生；再之前，我向往的是陶渊明桃花源里的理想社会。"

"武陵人，捕鱼为业，缘溪行，忘路之远近。"父亲突然拖长了嗓音吟诵起来。

"《桃花源记》，我从小就会背，现在记不住了。你背背看。"他说。

中学语文课都要求背的，现在哪里还记得。我说开头第一句好像是"晋太元中"。

"不错，陶渊明是东晋浔阳人，今天的九江。'浔阳江头夜送客'，白居易被贬官的地方。"父亲一手击案，随着节拍断断续续地、跳跃地搜寻背诵着他记忆深处尚存的词句：

> 忽逢桃花林，夹岸数百步，中无杂树，芳草鲜美，落英缤纷。……有良田美池桑竹之属，阡陌交通，鸡犬相闻。其中往来种作……黄发垂髫，并怡然自乐。

他解释道："扩大耕种、修建水库、种桑养蚕、组织起妇女搞编织、修公路发展交通，陶渊明想到的，我们在方巷都做了。"

"黄发垂髫，是什么意思？知道吗？"他问。

是老人和小孩的意思。

"对！我们在方巷把老人和小孩都组织起来了。整个精神面貌和风气都改变了，一扫过去那种懒散、猥琐、浑浑噩噩的样子。

"……自云避秦时乱（注：原文是'自云先世避秦时乱'，父亲背诵时掉了'先世'二字）率妻子邑人，来此绝境……

"'文革'关在狱中，我就想，能活着出去，我就带着你们和妈妈到这样的地方去。

"问今是何世，乃不知有汉，无论魏、晋。

"'文革'放我出来，毛泽东说，都是桃花源中人了，不知有汉，何论魏晋。毛泽东是叫我们这些人出来了不要乱说话。五年了，与世隔绝。"

父亲说到这里，不正应了《桃花源记》中所写到的："此人一一为具言所闻，皆叹惋。"

小院的风，合上了翻开的《桃花源记》，长时间的沉默，我们相对无言。

《桃花源记》的结尾是这样写的："……寻向所志，遂迷，不复得路。……后遂无问津者。"

是啊，书写到这里，我在想，当那一代人渐行渐远，离我们而去时，对这段历史，还会有问津者吗？

平民教育

我对父亲说，在方巷的做法和晏阳初很相似嘛。

"谁是晏阳初？"他问。

你连晏阳初都不知道？哈！我心里想。晏阳初是和梁漱溟、陶行知齐名的近代平民教育家！你的四川老乡，巴中人。上世纪20年代留美的洋博士，回国后举家到定县落脚，推行一套独特的平民教育方法……

父亲说："喔，是这样，那讲来听听。"

我说，他认为"五四"提出的赛先生（科学）和德先生（民主）的口号，是急功近利的。科学和民主不建立在国民普及教育的基础上，只是一句空话。这和毛泽东"严重的问题在于教育农民"

在认识基础上是接近的。

父亲说:"教育农民的思想是毛泽东一贯的思想。更早是孙中山的思想,他在遗嘱中说'必须唤起民众'。他这个话是有所指的,清王朝被推翻了,但它留下的是一个文盲充斥、民智滞后的社会。我在读高小的时候,每天出早操,校长都带着大家背诵。"说着,父亲背诵道:"余致力于国民革命凡四十年……"

我很感慨,你们那一代人真了不起!教育的目的,就是为国家为民族从小造就人才,这才是读书育人啊。哪像现在的教育制度,就为了考个高分,将来好吃香的喝辣的,真是一代不如一代。我说,你不是搞了个《毛主席语录识千字》吗?晏阳初也编了本《平民千字课》,他认为认识千把个汉字后,农民自己就能学了。

父亲说:"学文化和明事理是一致的。毛的老三篇,加上《反对自由主义》,是道德教育,怎样做人,做个什么样的人。所以把识字和学毛选结合。"

我说,晏阳初也提到文化和道德的关系,但他更系统。他认为中国老百姓存在的"愚、贫、弱、私"四大病症,由此针对性地派生出四大教育法:

以文艺教育攻"愚",培养平民的知识力;以生计教育攻"贫",培养生产力;以卫生教育攻"弱",培养强健力;以公民教育攻"私",培养团结力。

父亲说:"你把这些都给我写下来。"

对于"五四"以来民主主义教育家所倡导的平民教育思想,父亲年轻时也曾致力过这个目标。但是,共产主义者和民主主义者在教育的目的和内容上又有所不同。共产党人认为,在一个封建、腐败、战乱充斥的社会里是无法实现上述目标的。只有首先进行阶级革命,建立一个独立、平等、民主的共和国,人民才有可能真正享有受教育的权利。父亲说:"只有通过革命推翻腐败政权,才有可能建设一个新的社会。过去叫公民课，我在中学教书时，教的就是这个。李中权就是上的这门课。"

李中权，原北京军区空军副司令，开国少将。他写书回忆他的学生时代：我们"聚精会神地听一位新来的青年教师讲课，他高高的个子，端庄的脸庞，双目炯炯，很有朝气。……给我们讲起了苏维埃，讲起了列宁、斯大林领导下的公民们，怎样在工厂和农庄里愉快地劳动幸福地生活。大家被他的讲课吸引了，完全陶醉在一种美妙的憧憬之中。……先生，我们中国能有这一天吗？他语气坚定地说，能！中国人民一定能有这一天的！

"……他沉思地喃喃地说：问题是怎样才能早日迎来这一天。……必须动员起全国民众，一齐把反动派消灭掉……热血青年们，都来参加拯救国家的斗争吧！

"后来，我才知道，他叫张爱萍，是个见过大世面的人。"（注：《李中权征程记》，16—18页）

唤起民众，改造社会——这才是共产党人教育的宗旨。

应该说，父亲对社会主义的新农村不是很了解的，对党在农村的政策也没有系统研究过，对1962年包产到户的来龙去脉也不是很清楚。我问过他，他甚至连农业六十条、农业八字宪法都没有在意过。建国后，他的工作和生活基本上拘于国防现代化建设这个相对封闭的领域。何况，他对自己分内的工作出奇地投入上心，而对别人管辖的领域几乎是没有一点兴趣。他独创的对农民进行社会主义教育的这套方法，虽然得到了中央的肯定并加以宣传推广，但据我观察，并不是基于他对社会主义时期农村政策有多深的研究，我也无意在此对他本人加以拔高。我只是认为，这一切得益于他自小的农村生活，得益于长期的革命战争，得益于组织农民运动和农村根据地建设的经验。长期的革命实践给了他感悟和积淀。

他，就是个农民的儿子。

我们祖上是从湖北孝感因为躲避战乱而逃亡川东北来的贫苦农民，到父亲是第八代了。父亲自己回忆说："我父亲十二岁时，祖父就去世了。祖母经营一块菜地，家里没有男劳力，全靠她自己，天不亮就下地，黑了才回来。小时候屋子里有两张床，一张是妈妈的，陪嫁过来的，我和哥哥都上小学了，还同妈妈睡在一起。还有一张是单人床，父亲的。……爷爷去世后就常受人欺负，要霸占那块菜地，奶奶就和人家打官司，她不会写状子，要花很多钱请人代笔，奶奶从中悟到不识字不行，就一定要让父亲读书，地里活她一人干。我上学之前放牛，上学后是早晚放牛，牵牛到水田边，喝完水再牵回牛圈。……那时的说法是，高小毕业就是秀才了，中学毕业等于举人，大学就是进士。开始只让哥哥一人读书，我就赌气，认为是瞧不起自己。后来母亲说，上学一个人就要四五十块大洋，你爸爸犯愁，到处借钱也借不到。我哥哥就说，还是让弟弟去吧。考中学报名要一块大洋，要连续考几天，借住在城里一个亲戚家。父亲母亲再三叮嘱，人家要开饭时，一定借口躲出去，免得人家为难……"

父亲说，他哥哥英年早逝，解放后，他把哥哥的两个孩子带出来，送去学习，参加了革命工作，倍加关照，算是了了他的一个心结吧。

听着父亲娓娓道来的贫寒的童年和略带辛酸的回忆，怎么也无法和眼前的他联系在一起。父亲和革命队伍中许多出身赤贫的同志不同，到了读书年龄，家境逐渐宽裕了。他的父亲由种地，逐渐搞些手工业，腌制酱菜、酱油醋、染布什么的；农忙时还请了雇工。有了产品，自然要推销，叫跑生意，就是经商。父亲离家参加革命后，爷爷还在镇子上开了铺子，比游商进了一步，现在的说法大概叫零售业。

估算起来，父亲离家参加革命时，家境算得上是个中农或富农了，后来土改时划为小地主。我们小时候，听说爷爷是地主，就想他大概和黄世仁一样。父亲说："你们的爷爷其实是很善良很勤快的。你们奶奶刚嫁过来时，送亲的人说，你们张家的堂屋还不如我们伍家的猪圈。你爷爷就受不了了，非争这口气不行。他因为读过些书，见过世面，又能吃苦，家境就慢慢好起来了。"

我们说，不对！地主都是剥削农民的。

父亲说："也应该有区别。恶霸地主，欺压老百姓的就要打倒。但像你爷爷那样的，自己有一块地，农忙时请个帮工，主要还是靠自己劳动，这样的，旧中国的农村，也不是少数几个，没有必要统统都整倒嘛。你们爷爷有些旧思想，从旧社会过来，不奇怪，我们还是要靠教育，提高觉悟，帮助他们改掉旧社会的习气。我每月寄60块钱给他，一大家子人，也不能算多，保持在中等生活水平线上，既不要饿肚子，也不要因为儿子当了官就神气起来，脱离了群众。当然，作为他，还是要自觉接受改造。"

我妈妈也说："你外公是资本家，可他在家乡组织抗日救亡队，把我们一个个都送到革命队伍里来了。一解放，就把自己的果园、农场捐献给了国家。他说，希望看到新中国富强起来。"

我们听得目瞪口呆。地主、资本家也有好的？我在中学上政治课时，就对老师说了这样的话。老师说，你这是反动言论，记住，永远不要再说这样的话了。可惜，我不是好学生，我没有记住老师的话，以致长大后吃了大亏。

后来在大学毛主席著作，斗私批修的热潮中，父亲给我写信："你要记住自己先天的不足。我和你妈妈都出身于剥削阶级家庭，不可避免地带有资产阶级的意识，多少会影响到你们，你们也有个改造世界观的问题。"

是不是指的上面他讲过的这些呢？我没有问过他。中国共产党领导的中国革命，就其实质是土地革命。这是一场阶级的大搏杀，从整体上打倒和消灭地主阶级，把土地分给农民。在阶级斗争的洪流中，一切个体都将被冲刷得干干净净。

中国农村的出路究竟在哪里？作为我父亲来说，他毕竟只是个军人。今天来看，他在方巷的所作所为，带有明显的质朴的情感，是他自幼生活的环境和共产主义的信念告诉他，在这样一个贫瘠落后的农村，他应该做些什么。十三年后，安徽小岗村发生的事实证明，针对一大二公的人民公社来说，包产到户毕竟激发起农民生产和致富的热情。但历史的发展同样也提出了，在商品经济的汪洋大海里，这些刚刚脱贫了的农民能够抵抗外来资本的侵入吗？要想占领市场份额，仅靠农产品的优质廉价是不行的。他们仍然需要组织起来，形成有当地政府支持的农产品加工和贸易集团。只有觉醒的有现代企业思维的强有力的农民组织，才能在市场经济的角逐中抗争，而不是个体的农户。也许，像我父亲那样的上一代人对生产关系的理念，超越了中国农村低下的生产力，但我相信，他们认定的方向是正确的。这就是，从整体上教育和组织农民。

毛泽东思想的信徒

在当时中国社会的整个政治气氛中，方巷在短时间内翻天覆地的变化不会不引起反响的。省委书记处书记许家屯同志来了，他高度赞许了我父亲的这套做法，并请他在扬州地区召开的三级干部政治思想工作会议上就"四清"问题做一报告。父亲一口气讲了三个小时。

还是围绕着他的那个中心——教育农民。农村存在问题不假，根子在哪里？在我们共产党自己身上！是我们进了城把农民忘了，把革命战争中依靠群众、发动群众、联系群众的三大法宝忘了。出了问题，不去找自己的毛病，反倒抓这个、整那个，有这样的道理吗？

怎么办？就一条，到农民中去，去学毛主席的著作。

他的话，掀起了轩然大波。他在台上观点鲜明、激扬挥洒的报告内容和风格大受欢迎。新闻媒体的宣传铺天盖地而来，《人民日报》、《解放军报》、《解放日报》、《新华日报》连续报道，《解放军报》的社论是《根本之中的根本是学习毛主席著作》；《人民日报》的社论是《引导广大农民学习毛主席著作》，它说：希望"全国每个县、每个公社以及所有做农村工作的同志们认真一读"。

人们不禁要问，既没有查四不清干部，也没有把矛头对准走资本主义的当权派，何以就旧貌换新颜了呢？这些有悖"四清"规定的非常规的做法，得到全社会的认同。

方巷大队出了名，真成了全国农民学习毛主席著作的"方向"。几个月内，二十六个省市十七万人先后到方巷参观学习，工作队忙得不可开交。

1965年11月23日，林彪在苏州专门听取了父亲关于方巷大队"四清运动"的汇报。

还是几天前，父亲在扬州地委做报告时，会场里来了个穿着风衣戴着口罩的女人，夹杂在各地来学习的听众之中。她的特殊装扮立刻引起保卫部门的注意，经总参工作队的同志辨认是"林总的夫人叶群同志"。她在附近的洪泾大队搞试点，也在倡导学习毛主席著作，与方巷不同的是，洪泾不是从抓群体入手，而是抓的个人典型顾阿桃。不用说，"立即请叶群同志到主席台上就座"。叶群说，林总就在苏州，很关心军队同志参加社教的情况。不几天，林办的通知就来了。

庐山会议后，自林彪主持军委工作以来，提出了与彭德怀时期重点不同的一整套建军思想和方针。1960年9月14日至10月20日，中央军委在北京召开扩大会议，会议召开的前两天即9月12日，林彪在军委常委扩大会议上做了关于政治工作"四个关系"的讲话，提出了"四个第一"思想："人的因素第一、政治工作第一、思想工作第一、活的思想第一"。

其内在的含义是，在人和武器的关系中人的因素第一。也就是说，在现代化和革命化的进程中，革命化是首要的，提高军队战斗力的根本途径是勇敢、不怕死，是苦练二百米内的硬功夫。在军队各项工作和政治工作的关系中，政治工作第一。因此在全军开展四好连队和五好战士活动，是军队日常管理和部队生活的基本内容。在政治工作中，事务性工作和思想工作的关系，是思想工作第一。因此，在全军掀起学毛主席著作高潮，抓好部队指战员的思想革命化，是全军各级党的组织的中心工作。学习系统的理论和结合部队干部战士的实际，做好思想工作，在这两者的关系上，以后者为主，这就是活的思想第一。他强调，抓活思想，就是要抓思想革命化，开展好学习雷锋的运动，要改造世界观，批斗私字一闪念。

林彪的这些讲话，当时给人以耳目一新的感觉。尤其是面对国内自然灾害和国际上的孤立，他的这套理论和方法，给人民解放军注入了一支强心剂。后来，经过毛泽东的肯定和推动，发展到全国。毛泽东赞扬说："谁说中国人没有创造，四个第一就是个创造。"他在这里指的"创造"，显然是对马克思、列宁主义经典而言的。毛提出，工业学大庆、农业学大寨、全国学习解放军。学解放军什么？就是四个第一。

不仅如此，在军事思想上，林彪发表了他震极一时的《人民战争胜利万岁》一文。在这里他提出了无产阶级世界革命的目标，共产党人的终极目标是世界大同，中国革命的胜利仅仅是第一步，亚非拉是世界的农村，要借鉴中国革命的模式，以农村包围城市的战略和政略，消灭帝国主义和世界上一切反动派。他给了热情高涨的当代中国青年以崇高的理想和历史的使命感。所有这一切告诉人们，他显然不仅仅是个中国军队的领导人了，他在思考国际共产主义运动的方向和目标问题了。而这类问题通常是教父级的马克思、列宁才能关注的领域。

此时的父亲，心境虽然与彭德怀时期有很大不同，但对林彪政治建军的主张是拥护的。这种拥护，或许多少可以反映出我军绝大多数高级干部当时的心态。在过去长达二十二年的武装斗争中，物质条件是那样艰苦，武器装备是那样落后，人民军队靠什么打的天下？所有那一代的人都会回答：靠人的精神，人的理想和信仰，而不是靠金钱和物质。至于毛泽东思想，父亲早在陕北红军大学就信奉了。"八大"取消了毛泽东思想的提法，林彪主持军委工作后在军队重提毛泽东思想，大力提倡学习毛泽东思想，对于那代军人，不可不说是"为之一振"。

不难想见，像我父亲这种人，不管他是否因为彭老总受到的不公正的待遇而在政治上感到如何地压抑和苦闷，但就他的意识形态体系来说，他接受并且拥护林彪所提倡的"四个第一"的思想，而且身体力行。用他自己常教导我们的话是，不要因人废言。他就是以这样的心态，走入了林彪主持军委工作时期的这段历史。一方面，他努力远离政治斗争的漩涡，尽量以繁忙的工作充实他全部的心灵空间；另一方面，他真诚拥护并实践着"以毛泽东思想统帅一切"的指导方针。

父亲向林彪的汇报，是在苏州林彪住的园林里进行的。

这个汇报的《纪要》当年是以总部红头文件的形式下发给全军的，我摘要点如下。

张爱萍汇报："四清运动的根本目的，就是用毛泽东思想武装全体人民群众，为建立农村政治工作奠定基础。所以我们在方巷大队搞四清运动，一开始就大讲毛泽东思想，大学毛主席著作。把毛泽东思想直接交给人民群众，武装人民群众的头脑。"

林彪说："毛主席的思想在人民群众中威信是最高的，影响是最大的，是推动四清运动的最好武器。这样不仅有了四清的办法，还有了道路、有了方向。"

当汇报到省委、地委都在推广方巷的做法时，林彪说："应该推广。思想好，认识好，各种业务、各项工作都会好的。"

张爱萍汇报："现在是用军队这套学习办法在试行，还没有来得及总结,还不知道能否在全局上行得通。"

林彪说:"地方工作是做没有穿军衣的军人的工作。现成的武器不用,是最笨的。"

当汇报到群众精神面貌发生了迅速变化时,林彪说:"中国要兴旺,就要用毛泽东思想武装人民。用主席的话去解决问题,是一定见效的。"

张爱萍汇报说:"不识字的农民也能学好毛主席著作。"

林彪说:"毛主席的书就是为人民写的,就是讲的革命道理嘛!"

张爱萍汇报说:"农民群众迫切要求识字,学文化,我们将毛主席语录编印成识字课本,这样既学了毛主席著作,又学习了文化。"

林彪说:"既学了主席著作,又识了字,办法好。群众的文化水平提高了,就能更好地学习主席著作了。"

"中国要兴旺,就要用毛泽东思想武装人民。用主席的话去解决问题,是一定见效的。"林彪到底是更高层面上的人物,学毛泽东的书,已经不是单纯的四清社教了,是整个中国走向兴旺发达的大问题。

整个60年代,有三个人给中国人留下深刻印象——雷锋、王进喜、陈永贵,算是代表了工农兵。讲事,也有三件事让人难忘——大庆、大寨、原子弹爆炸,也是工农兵。方巷农民学毛选,在林彪的推动下,走向了全军全国。

这是又一次"原子弹爆炸"。1964年10月16日,父亲在现场指挥了第一颗原子弹的成功爆炸。这颗原子弹带给人们的,不仅仅是对核裂变巨大能量的震撼,也是对毛泽东思想光辉的崇拜与折服。二者都如同一千个太阳那样亮。如果说,在此之前,因为三年困难,还有人对脚下的路产生过疑问和犹豫,还有人怀疑三面红旗,怀疑庐山会议,怀疑党和毛主席的英明伟大,那么,这颗原子弹的爆炸,将一切怀疑都摧毁了,将所有人的心都征服了。

毛泽东说："前途是光明的，道路是曲折的。"他还说："梅花欢喜漫天雪，冻死苍蝇未足奇。"

还是上中学的我，读到了贺敬之的《雷锋之歌》。他用革命年代马雅可夫斯基式的排比句式和慷慨奔放的激情，对"人为什么活着"、"人怎样活着"这一命题层层追问。它在中国大地上被广为传诵，使无数青年在价值观上获得顿悟。他的许多句子至今仍然记忆犹新："假如现在呵／我还不曾／不曾在人世上出生／假如让我呵／再一次开始／开始我生命的航程——在这广大的世界上呵／哪里是我最迷恋的地方？／哪条道路呵／能引我走上最壮丽的人生……"

如何评价这段历史，不是本书的目的。但就60年代极端困难的状况下，充分调动人的主观能动性，发扬革命战争年代的精神，众志成城，林彪打出的旗帜未必不是一个绝佳的选择。虽然，大多数的人们当时还都没有认真想过，他们吃糠咽菜的局面是怎么会在一夜之间就到来的。

父亲就学习毛主席著作这个题目，当年给我写过不少信，后来被收缴了去。一晃四十年过去了，无意中竟发现被奇迹般地保存在军事博物馆的档案中。纸底已经发黄，但字迹清晰：

> 你如何带着你讲的那些问题去学毛主席著作的呢？望下次来信说清楚。要懂得：以思想带任务者胜；以任务带思想者败。爸 1965年4月4日1时
>
> 时时事事用毛主席的思想分析问题，"思想好，能分析，分析好，大有益。"（注：引自毛泽东诗《好八连》中的句子）
>
> 做什么，学什么，学什么，用什么，反复用，反复学，做到学用没有缝。我这里的不识字的农民同志，真的把学用做到没有缝隙。
>
> 我的身体很好，望勿念。农村工作和生活还行。挑四十斤

的担子（塘泥），一次还可挑个把钟头咧！望你什么时候，什么事情，都是心情愉快的。爸 1965 年 12 月 6 日

读议比用。愿你努力学用主席著作，有事情请教主席著作和群众！

凡是想、做、说，都要照主席著作去办，遇到问题，不论是想、说、做，都要按主席思想做（如未学过，或记不得，就即（及）时看主席著作；如已学过，又记得，就照办，也不必再看书了）。爸 1966 年 2 月 24 日

难道真的是遇到了什么问题，都能在毛主席著作中找到答案吗？难道真的能够一丝不苟地按照毛泽东的教导去做吗？

一个战士问我，毛泽东思想能够一分为二吗？这真是个古怪的问题。我当然要从毛主席著作中寻找答案了。毛主席在《矛盾论》中说，世界上一切事物都是对立统一的，真理也是如此，任何真理都是绝对真理与相对真理的统一。毛泽东思想是真理，当然也应该是一分为二的啦。

这并不是什么大事，很快就过去了。半年后，文化大革命到来了，有人把这事给翻腾出来。这下子麻烦大了！你这小子反了，这不明摆的反动言论嘛！起初，连里倒不是很在意，但从团里、师里、军里，越往上越起劲，越是知识多、文化高的地方，知识分子多的地方，越能上纲上线。文化大革命说是整知识分子，还不如说是知识分子整知识分子自己。连里也顶不住了，你就认个错，说是听别人讲的不就完了吗？又要到毛主席著作里找答案了。毛主席说，那不可以，坚持真理要五不怕，杀头都不要怕！你怕什么？真理往往在少数人手里嘛。大家都说，邪乎了，这小子学毛选学得走火入魔了，可惜啊！就这么弄个反革命，也太不值了。军里派工作组下来了，他们向上汇报：四连同情的人、糊涂人还大有人在，正像毛主席说的，看来阶级斗争搞到军队内部来了。

高级干部是不是会客观一些呢？

一直关心我成长的军副政委，他在我的心目中是个有理论水平的人。我整理好自己的思绪，系统地向他阐述了毛主席著作中相关的论断和自己的理解。他听后只说了两个字："放毒！"

军政治委员在大会上说："不管他是什么人，也不管他有什么背景，只要敢反对毛主席，就要把他打翻在地！"所有人的目光一下子都集中在我的身上。

口口声声捍卫毛泽东思想的人们为什么连领袖的原话都不能认同呢？

我终于写信向父亲求救了。不久，父亲给我寄来一本艾思奇在中央党校的讲话。他说：真理是一分为二的，不是指的错误和正确；而是绝对和相对的对立与统一。马克思主义是一分为二的，列宁在他的基础上发展了马克思主义，解决了帝国主义时代无产阶级革命问题；列宁主义也是一分为二的，毛泽东又发展了列宁的学说，解决了在半封建半殖民地国家里进行无产阶级革命的问题。但是毛泽东思想呢？艾思奇没说，他回避了。到底是大哲学家！可有这些已经足够了，我再次相信我是正确的，我不再只学习毛选了，我开始读马克思、读列宁、读黑格尔、读费尔巴哈、读康德……我这才发现，在这方面毛泽东并不是唯一的。

我再次希望和所有反对我的人们论战。然而，已经没有机会了，我已经被周围的同志们所唾弃。他们说，像你这种人，有什么资格谈毛泽东思想！

山雨欲来风满楼，越来越令人不安的政治空气，似乎预示着将发生什么，就像大地震到来的前夕，飞禽走兽都不安地奔走躁动，人们不知为什么一下子都过敏起来。当时三总部在北戴河办了个毛主席著作的学习班，小组讨论时，不知怎么提到《三国演义》，通古博今的军委兼总参办公厅副主任王兴纲，一时兴致所致，口无遮拦。父亲是总参党委副书记，也是学习班的负责人。一位不久前调入总参的副总长跟父亲说，这是个对待毛主席的态度问题，也是阶级立场问题，王在旧军队干过，建议组织上查查他的历史。父亲反唇相讥："难道共产党就用《三国演义》定人家的罪吗？"

我和父亲曾信仰过的毛泽东思想，终于被炒作成了神明的教义。更可怕的是，这一切，正在成为党的主流意识。

父亲给我的来信极其简单，他用毛笔在一张宣纸上写道："彻底的唯物主义者是无所畏惧的！"

我是后来才知道的，毛泽东本人并不认为"四清运动"要达到的目的仅仅是用毛泽东思想武装农民。"四清运动"实际上是文化大革命的前奏。这一点，在1965年1月毛泽东已经做了暗示，他为"四清运动"制定的目标是："这次运动的重点，是整党内那些走资本主义道路的当权派。"这一目标终于在一年后的文化大革命中得以实现。父亲还只是尽心尽力地用毛泽东思想武装他周围的群众，力求让更多的农民相信毛泽东思想，将毛泽东思想落实在改造中国农村的行动中。

1966年夏天，毛泽东亲自发动的文化大革命开始了。像"四清"一样，绝大多数群众，包括绝大多数高级干部，他们仍然不假思索地听从毛主席的号召，狂热而虔诚地投身其中了。

直到今天，回顾那段往事，我依然十分感慨。有人说，没有毛泽东，便不会有文化大革命，这当然不错。但毛泽东的个人作用是在一种什么样的基础上才能得到这样的发挥？是什么条件使毛泽东具有了那样突出的个人作用，使他觉得需要时就能发动文化大革命，并把它维持了十年之久？

谁也想不到的是，恰是在这样一场大多数人心甘情愿投入的风暴中，一大批信仰毛泽东和毛泽东思想的人被送上了祭坛。

这其中，有我，有父亲，也有林彪……

第8章
大彻大悟

父亲回顾他的历程,把经历"文革"作为他人生的第三个阶段:"我这一生回忆起来有几个转折。……'文革'被关起来,就算是第三个阶段了。"

回首那场灾难,历史已经整整走过了四十年。记述这段不堪的往事,我的心态已经平和。父亲在这场灾难中被关押了五年,他在狱中折断了一条腿,九死一生;我们全家也随之颠沛流离,濒临家破人散。当年在风口浪尖上的许多人物,早已作古。许多伤心的往事和恩恩怨怨已在时光的流逝中随风散尽。

但我仍然坚持要把这些曾经发生在父亲和我们全家身上的遭遇和苦难记录下来,因为,从根本上说,这是我们的党、国家和民族的苦难和不幸。父亲自从他投身于革命的那一天起,就没有离开党和国家命运的个人悲欢,他的荣辱乃至生命,都和这个党,和这个国家融合在一起了。

话题是从巴金的《随想录》谈起的。父亲说:

> 我同巴金不同,他对文化大革命一开始就是痛恶的。我虽然也不理解,这后来成为我的罪状之一,但对破四旧、立四新、树立社会主义的新风尚我是拥护的。当然,对后来的打砸

抢，包括对我个人揪斗，这些法西斯暴行，我是愤恨的。但在运动中检查自己的错误是虔诚的。原因之一，它是我们党发动的一场革命。我可以抛弃家庭出来革命，但我不能背叛党和人民。正因为如此，在长达五年的囚禁中，才感觉到特别痛苦。也正是这样的痛苦，使我对我们的党，对我们为之奋斗的理想，有了深层的解悟，达到了我过去不曾企及的深度。可以这样说，文化大革命给我们留下的痛苦和创伤，是一件宝贵的遗产。我在中央全会上曾多次提出一个同样的问题："文革"带给我们的教训，全党认真地思考过了吗？我同意巴金先生所疾呼的"勿忘文革"！

走出桃花源

许多回忆文章在追述当年时都是这样的说法：1965年11月，上海党的机关报刊登出了《评新编历史剧〈海瑞罢官〉》，整个中国被一种严酷、紧张的空气笼罩。山雨欲来风满楼，一场大的政治斗争眼看就要来临。追忆当年，能有多少人会有这样的敏感度，我不知道。但起码在我所熟悉的生活圈子里和层面上，在父亲和我们全家，似乎一点也没有感觉到这种气氛。

1966年3月16日，父亲在苏北乡下，填写的一首词："东风浩荡，红日照方巷，绿波滚滚千重浪，农家儿女欢畅。"看得出，方巷带给他的欢快心情。

但就在这同一个月里，他的直接上级、总参谋长罗瑞卿跳楼。罗在软禁中，因不堪忍受对他的诬陷，以死抗争，结果换来的是被截去了一条腿和罪加一等的屈辱。

父亲回忆这段往事，是从"上海会议"开始的。

1965年12月8日，在上海锦江饭店召开了中央政治局扩大会议，后称"上海会议"。会议的议题是什么？中办回答是客气的：我们只授权通知会务接待事项。现在回过头来琢磨这几个冷冰冰的字，应该是个先兆。但按惯例还是应该有所准备，直到上了南下的列车，父亲说，一路上他都在准备会上发言的提纲。基于社会主义教育运动的不断深入，他想，应该利用这次机会，结合在方巷搞社教的体会，就农村开展社会主义思想和文化教育的问题，向中央陈述自己的意见。

父亲回忆："车到上海，晚上见到叶剑英同志，他告诉我，罗瑞卿，他犯了篡军反党的严重错误。我很吃惊。"

"文革"后，中央对许多重大事件重新做了结论，但这个会，至今扑朔迷离。从现在一些回忆文章中能找到些蛛丝马迹，军队中得知此事的也就是"文革"初期的那几个风云人物，连军委副主席贺龙都蒙在鼓里，可见之诡秘。会议究竟是怎么回事，版本很多，对一些细节我也没有兴趣去核实。父亲的回忆大致是："上来就是分组会，叶群先介绍，她是几个组地跑。中心是罗如何逼林下台，就记得说罗踢了走廊里的猫，含沙射影地说了些什么话，很无聊的事，记不清了。"

和父亲分在同一组的，有刘少奇、陈毅等他熟悉的领导人。可能是太突然了吧，父亲说："我记得很长时间没有人发言。最后是陈老总先打破沉闷，他说，爱萍，你在总参工作，总长出了问题，你这个副总长应该清楚嘛！你就先给大家说说吧！"

"和陈老总之间讲话一向很坦诚。我说，我不清楚叶群讲的这些情况，给我的感觉，林总对罗长子是很信任、很放手的，罗也总是说哪件哪件事都是经过林总同意的。谁晓得会出这种事，我是第一次听到。"

这句不经意讲出来的大实话，后来居然给他惹来杀身之祸！你是副总长，你说你不知道，难道是我们造谣？我们在无中生有？既然是以中央名义召集的会议，又特意安排了叶群介绍情况，不管她本人是出于什么目的，也不管提出的问题是否具有说服力，都不能简单地只看作是她个人行为了。依照父亲一贯的组织观念，对中央提出的问题，是必须认真思索的。父亲说："当时我既没有看到倒罗的实质，也没有意识到一场更大的风暴即将来临。我只是从思想上、作风上提醒自己，在成绩和功劳面前决不能向党伸手，告诫自己，不要走到罗的道路上去。我从罗的工作作风和思想作风方面做了批评性的发言。"显然，这种认识与会议的基调是极不适应的。

这里有一个细节，或许对研究那段历史有所帮助。父亲说，他考虑到刘少奇同志是主管"四清"工作的，希望能向他汇报一下方巷社教的情况。刘的秘书挡驾了，说少奇同志感冒就不谈了。但刘少奇又主动来电话约谈。父亲说："这次谈话，比起与林彪那次，要冷清得多了。整个汇报，就是自己在唱独角戏，少奇同志缄口不言。当谈到发动农民群众学习毛主席著作时，少奇同志只说了四个字，好嘛！好嘛！"

这是怎么啦？刘是开辟华中抗日根据地时期我父亲的直接领导人，父亲对刘是十分敬佩的，刘对我父亲也是器重的，何况刘还是第一个向全党提出毛泽东思想的人。父亲接着说："他这样心不在焉，我还是第一次见到。"

会议结束前，肖华通知说，军队的同志都留一下。父亲说，我请假，社教工作马上要结束了，都在等我，我没有什么可说的了，还是想尽快赶回去。第二天，肖华又通知，林总说既然都有事那就散了吧。事后，听说军委办公会议成员都去了苏州林彪那里，只有父亲没有接到通知，虽然他当时就在距离苏州很近的邗江。他们都谈了些什么就不知道了。父亲身边的一个秘书私下里和别人嘀咕，看来我们首长被划入另册了。秘书间相互通消息，年轻人总归要敏感得多。

我问父亲知道这回事吗？他摇摇头。

1966年，北京的开春是寒冷的。中央军委在北京召开会议，正式给罗瑞卿定性。

从故纸堆里，我找到了当年作为会议文件下发的某领导人的一份发言，从中可以品味出当时的气氛。这个平时和罗工作关系最密切的人说：

"罗瑞卿的问题我早就有所察觉。到了1965年，罗瑞卿反对林副主席的活动就更疯狂了，公开地跳出来，反对林副主席，逼林副主席交权、让贤。……他就打电话要我到他那里去，他就大骂林副主席。……罗就要刘亚楼向叶群同志提出要林副主席接受四条。……企图打击林副主席，挑起各军区对中央和林副主席的不满……"

然后就是无限上纲："他近几年来之所以特别仇恨林彪同志，并不是他和林彪同志有什么私仇宿怨，而是由于他的地主阶级本能和个人野心所驱使的，他想从这里打开一个篡军反党的突破口。""是一个野心家、阴谋家、伪君子，是党内军内的极端危险分子。是一颗定时炸弹。""是一个最喜欢最善于撒谎、造谣、挑拨、抵赖的人。""罗瑞卿的错误，是篡军反党的错误，是阴谋搞反革命政变的严重罪行。"

今天再来看这些发言，真不敢相信是出自我党高级干部之口。父亲回忆说："我还是固守我的老原则，实事求是。对犯了错误的同志，即便是他曾疏远过我，是一就是一，是二就是二，不清楚的事不瞎说。我从心里鄙视那些政治投机者，都是些无耻小人！"

联想罗、林以及和他们走得很近的几个人耐人寻味的关系，现在突然发难，而且是必欲置之死地而后快，这本身，就很蹊跷。但直到这时，父亲的认识，还只是出于同情弱者的人性本能，和对政治投机者的鄙视。他说："我仍然迷惑不解。毛一直对他是特别信任的，就说是他自己要替代林，这也不能算是反革命啊。怎么就会恶化到了这一步？不解。"

听到罗跳楼的消息后，父亲惊愕中带着激愤："为什么要自杀？枪林弹雨都过来了。是就是，不是就不是，怕什么？横下一条心，顶下去！"

顶下去？真的那么容易吗？他无论如何想不到，不要多久，就该轮到他自己来实践这句话了。

两个月后，陈毅通知我父亲到中南海周恩来总理那里去一下，说是有事要谈谈。到总理、陈老总那里谈工作，本是件经常的事。父亲到了后，陈老总说，总理一会儿就到。闲聊中，陈问父亲，彭罗陆杨的事知道了吧，有些什么看法啊？

在这之前，军委召开会议传达了5月16日中央政治局通过了关于开展文化大革命的通知，这就是后来被称为《五一六通知》的文件。彭真、罗瑞卿、陆定一、杨尚昆四人被定为反党集团，简称"彭罗陆杨反党集团"。

父亲回忆说："我简单介绍了一下开会的情况。他既然问到我有什么看法，我就说，对中央的决定我没有异议，但我就是看不惯有那么一批投机分子，人家在台上的时候拼命巴结，出了问题就落井下石，从什么时候起，我们共产党内搞成了这种风气！

"陈老总听了哈哈大笑起来，知道叫你来干什么吗？我听不明白了。

"陈老总说，说大也不大，说小也不小，你张爱萍身上无小事。你看看吧，说着拿出一封信，有人把你告了！我一看是揭发我在会上说的几句牢骚话。就是坐在我旁边的那两个人写的。后排的那个人做的证。"

父亲那时正在组织第三颗原子弹试验，从大西北的试验场风尘仆仆赶回北京，参加这次"打招呼会"。

所谓打招呼，是党内在重大决定出台时，尤其是重大的人事调整时，先在一定范围内通报一下，以免核心层里有人乱说话，搞得工作被动；同时也可摸摸每个人的政治态度。"文革"时政治气候多变，分别打招呼都来不及了，干脆一勺烩，开会，于是在"打招呼"后面多了个"会"字。后来成了一种固定的工作模式，凡事先几个人捏咕好了，再给常委外加骨干、亲信们通气，江青给这种形式起了个名字："吹风会"。言简意赅，告诉你，看明白了，该把握什么风向，别糊里糊涂地犯错误。

别看开个会，里面学问大了。由谁来吹风？定个什么调子？话讲到什么程度？都是有一套潜规则的。真正的大佬是不会轻易出场的，上台前吹风的这个人，一定要是个亲信的铁杆打手，现在商圈里习惯叫操盘手。暗示众人，该跟谁，不跟谁，以谁划线，怎么划线，别站错队了。能争得吹风的角色，对其本人今后的仕途是至关重要的。

也许就因为对这种官场政治的深恶痛绝吧，在吹风会上他竟口无遮拦。我们看到这封告状信的全文，是在三个月后，1966年9月军队领导机关文化大革命开始，信以大字报的形式公布出来。原信写于1966年5月23日，由总后、科委、总参作战部三个高级干部署名。信中说："在向高级干部传达彭罗陆杨的会上。张爱萍在下面散布说，'说好就好得很，说坏就坏得很，现在说坏，就那么坏？他（彭真）又不管军队工作，为什么军队的事情老向他汇报？还不是看见人家势力大了，自己去挤！去靠！去年国庆节还请人家吃狗肉呢，现在讲起来倒这样轻松。我看，党内投机分子就是多，各种各样的投机分子！'张爱萍第一句和最后一句为最恶毒，要害指向毛主席、林副主席和坚持正确路线的同志。"

父亲继续回忆："这时总理进来了。陈老总说，他已经不打自招了，看来他是搞阳谋的，不是搞阴谋的。"

"总理听完说，弄清楚就行了。"

"总理有事要走，临出门时又转回来，又叮嘱了我一遍，并指着陈老总说，还有你！你们两个都要管住自己的那张嘴！现在是什么时候啊，可不要乱讲话哟！切记！切记！"

在《五一六通知》中，引用了毛泽东一段著名的话："混进党里、政府里、军队里和各种文化界的资产阶级代表人物，是一批反革命的修正主义分子，一旦时机成熟，他们就会要夺取政权，由无产阶级专政变为资产阶级专政。这些人物，有些已经被我们识破了，有些则还没有识破，有些正在受到我们信任，被培养为我们的接班人，例如赫鲁晓夫那样的人物，他们现正睡在我们的身旁，各级党委必须充分注意这一点。"这段话，后来被解释为是发动文化大革命的纲领。十五年后，1981年中共中央《关于建国以来党的若干历史问题的决议》中，把这一天确定为文化大革命正式开始的日子。

两天后，也就是5月18日，林彪进一步演绎了这段话的意思，他说："这里最大的问题，是防止反革命政变。从我国历史上来看，历代开国后，十年、二十年、三十年、五十年，很短时间就发生政变，丢掉政权的例子很多。最近有很多鬼事，鬼现象，要引起注意。可能发生反革命政变，要杀人，要篡夺政权，要搞资产阶级复辟。"

毛泽东和林彪的讲话传达到全国后，在阶级斗争天天讲的中国社会的政治生活中，立即形成了一种令人骇然的气氛，加上主流媒体连篇累牍的报道（现在叫炒作了），一种反革命修正主义分子正在篡夺党和国家最高权力的巨大错觉被全党和舆论所认同。我不知道中央委员一级的高级干部中，有多少人心里真正会相信这些话，要搞政变，要杀人，要篡夺政权。

父亲说："在当时，对中央开展文化大革命的决定，对把矛头指向党内走资本主义道路的当权派，对社会主义时期要继续革命的理论，我并没有反对，也不可能去反对。"可以想见，长期以来形成的习惯，要求他自觉地去认同并努力去理解。

但他又说："唯独使我不能接受的，是这种没有事实依据，或事实不清，也不允许本人澄清事实，就上纲上线，口诛笔伐，全党共讨之，全国共诛之，现实问题和历史恩怨一起算总账的做法。"

对彭真，父亲并不熟悉，只知道是个重权在握的人物。罗瑞卿、杨尚昆他在红军时期就熟悉，但也就是工作关系。和陆定一，在中央苏区时，陆是团中央的宣传部长，我父亲是秘书长。解放后接触不多，但他的知识和文采是我父亲所能认同的。可现在呢？父亲说："有错误就批评，有罪行就法办，先把事情搞清楚嘛！罗瑞卿是什么问题？杨尚昆是什么问题？陆定一、彭真？我不是在为他们说好话，我也没有必要为他们说好话。说是反党集团，总要有组织活动的事实嘛！还有要防止反革命政变，说的那样吓人，摆出事实来嘛！"

尤其令他怒从中来的是，那些上台揭发最凶的、调门最高的、标榜自己最正确的人，偏偏就是过去吹捧得最肉麻的、跟得最紧的，用他的话说，是"把人家门槛都踏破"的人。而对这样政治品质恶劣的、一副谄媚相的奴才，上面偏偏还就欣赏，破格提拔重用，官位节节高升。这叫什么风气？这是党的会议吗？顺我者昌，逆我者亡，这不是把封建王朝最腐朽的那一套搬到共产党内来了吗？父亲说："过去历史上就是这样，但那是王明时期。党内过去有过，已经被纠正过的嘛，怎么轮到自己也是这样呢？"

他由旁观到抵触，由愤然到怀疑。他有点管不住自己的情绪了。

后来批判我父亲，指责他居然说自己不知道，不知道这就是在包庇！在干扰！在抵制！父亲反唇相讥道：既然你早就知道了，为什么不向中央报告、揭发？说你政治上投机，脚踩两只船都是轻的！

总理离去后，陈老总又把父亲留下，两个人做了长时间的谈话。父亲回忆说："谈了他对党内、军内许多不正常现象的看法，联系到历史，很中肯，推心置腹。"

但总理和陈老总苦口婆心的告诫，对父亲起作用了吗？

我妈妈说："你爸爸回来我问他，他这种口无遮拦的毛病，真让我担心。但他只是说了句，无耻小人！看来他满不在乎。"

其实，在乎，也晚了。

1966年8月18日，毛泽东出人意外地身穿绿军装，出现在天安门城楼上，同"百万群众共庆文化大革命"。这是文化大革命中第一次无产阶级司令部和革命阵营亮相的大会。毛泽东发表了他那篇讨刘檄文《炮打司令部》，虽然当时只是在党内高层传达，但毛泽东的意志不胫而走，全国人民还是得到了这样一个信息：在共产党中央内部有一个资产阶级司令部，他们是一群反革命分子，妄图夺取国家的最高权力，我们和他们的斗争是过去革命斗争的延续，是一场你死我活的阶级大搏斗。

人们不禁要问，那他们究竟是谁呢？在党中央内部，谁是无产阶级司令部的，谁又是资产阶级司令部的呢？今天，在这个文化大革命的动员大会上，就可以看个究竟了。

天安门上站在伟大领袖左右的军人们的镜头尤为引人注目，这无疑是在告诉全国人民，这场文化大革命的基石是枪杆子。但对军方上层来说，还有更深一层的含义，看见了吗？军队无产阶级司令部的雏形已经搭建起来了。虽然在以后的几个月中，各总部、军兵种、国防科委、各大军区，为争无产阶级司令部的入场券一直在拼杀，此起彼伏，领袖身边的人中也有中箭落马的，困兽犹斗嘛！争斗一直延续到九大才算基本稳定下来。毛泽东曾有话，树欲静而风不止。原想一年，没料到搞了三年，真是阶级斗争不以人的意志为转移啊！一时生出许多感慨来。

就在这前一天晚上，8月17日深夜11点，父亲接到了第二天上天安门的通知。八届十一中全会结束了，毛泽东要登上天安门，检阅红卫兵。但父亲的工作日程已经安排好了，和工程兵、铁道兵的两位副司令第二天一早飞济南，组织这两个兵种抢搭黄河浮桥的演习。

天安门广场上人潮涌动，黄河边激流奔涌。这是周恩来总理亲自交代给他的任务。在黄河上架设浮桥，不完全是军事上的需要，也关系到国计民生，每年黄河泛滥，解决好这个问题，将会减少国家和人民的损失。现在，参加演习的部队已经到位，一切工作准备就绪。父亲后来回忆说："我只认为上天安门这种活动，和过去的'五一'、'十一'没什么两样，我又不是什么领导人，多我一个少我一个有什么要紧。那边部队都在黄河边等着……"

果然，一夜之间，大字报就铺天盖地而来了。在国防部大院，从总参到科委，从一楼到六楼，到处贴满了批判父亲的大字报，共五万张。这样大的势头，在三总部也是空前的。在无产阶级和资产阶级两个司令部的决战面前，每个人都面临着选择、站队。不上天安门而去黄河边，他再次表现出了在严酷的政治斗争面前的天真与弱智。

"三反分子"、"疯狂反对毛主席、林副主席"、"恶毒攻击无产阶级司令部"……"张爱萍"的大名，被用红笔打上大叉。"炮轰张爱萍！""火烧张爱萍！""把张爱萍打翻在地，再踏上一只脚！""张爱萍不投降，就叫他灭亡！"

有一张上写得很生动："毛主席说，梅花欢喜漫天雪，冻死苍蝇未足奇。让张爱萍在大字报的海洋中灭亡吧！"

还有一张写得更活灵活现："张爱萍来看大字报，一副不屑一顾的样子，革命群众质问他，他用鼻子说：'哼！'"

群众发动起来力量是巨大的，找你点问题并非什么难事。罪行分现实的、历史的、工作中的、平时生活的。年代久远，当时揭发批判了些什么，只是些模糊的印象了，好在找到一份当年"文革"小组整理汇总的、供批判用的材料，让我摘录一些有趣的内容：

"八届十一中全会上，中央印发了陈伯达就派工作组写给毛主席的信，陈述了自己反对派工作组，以及被刘、邓反对的经过。张爱萍在简报上批道：'从文字上看，态度不分明。'事后他竟说，既然是中央全会，我一个共产党员为什么不能表达我自己的意志？"

但父亲最后还是被迫做了个被称作是"极不像样"的检查："在十一中全会上的发言，我现在能够想起来的，一、派工作队的问题。我认为这些同志自己做错了，有了自我批评，是应该欢迎的。我还说，如果我去搞这项工作，也可能会犯同样的错误。后来，总理召集我们，讲了主席炮打司令部的大字报，大家才说，原来刘少奇有一条资产阶级路线啊……"（注：《1967年3月8日总参谋部第一次批斗大会上张爱萍的发言》）

父亲真是天真得可爱。后来我问起他，十一中全会上，风向已经一边倒了，你还不赶快地转？他说："我最鄙视的就是这种两面的风派式人物！控制不住，就有感而发了。"事实上，陈伯达当时是赞同刘邓向学校派出工作组的，父亲从他给毛泽东闪烁其词的揭发刘邓的信中就看出来了。这一点在《陈伯达其人》一书"在毛、刘对峙的日子里"一节第252页上有详细的引证。

继续引证揭发材料：

"张爱萍根本就没有服气，他在西北组发言中有这样的一段话：党里流行一种给主要领导人提意见就认为是反主席、反领导、反党，又不调查，偏听偏信自己亲近的人。"

列举的罪证主要来自父亲在文件上的眉批。他工作上抓得很细，但在言谈举止上有时却大大咧咧。现在，这些文件都一一被挑拣出来，成为了证据。

军委办公厅揭发：

在八届十一中全会会议文件的附件"《人民日报》6月2日评论

员文章《欢呼北大的一张大字报》》上，在该文引用毛泽东的话："危害革命的错误领导，不应当无条件接受，而应当坚决抵制"的空白处，张爱萍写道："不要把反对自己意见的人，都看成是反自己，反党的。"

在彭罗陆杨罪行材料上批："从材料上看，问题并不是那么严重。"

在中央文革小组第六十一期简报上，张爱萍批写赞扬王光美在清华大学下食堂。

再就是周围同事们的揭发了。

总政某副主任揭发："张说彭罗的材料就那么多，错误不那么严重。"

科委某副政委揭发："张住院时说，文化大革命是一场争权夺利的斗争。"

身边工作人员揭发："张给邓小平写信说，有的地方饿死了人……"

数军务部揭发的最有意思。这是关于军马退役处理工作总结报告，有一句："老实马使役时间太多，调皮马不用。"张爱萍在这句话下画了两条粗杠，写道："我军对人也是如此！！"让人禁不住捧腹大笑。

父亲是什么态度呢？我看到当年总参"文革"小组的材料："张爱萍用讥讽的口气朝我们说：就这些吗？他这是在向党、向革命群众挑衅！"

与此同时，国防科委也掀起了批判父亲的浪潮。和总参一样，到处贴满了打着红叉的大字报。不同的是，科委的大字报集中在部院合并问题上。部院合并是指国防科委所属的研究院和国防工办归口的各个工业部，在管理体制上，是合还是分。这本是个纯粹又纯粹的工作问题，到了"文革"，全都成了政治问题，成了立场问题，成了是站在哪个司令部的一边，谁夺谁的权的问题。

大字报虽然数量多，帽子大，但仔细分析起来，它的基本内容就是一个，围绕打招呼会上的那封检举信展开的，并由此引申。张爱萍之所以攻击林副主席信任的人，就是攻击在林副主席和他直接领导下的军队无产阶级司令部；因此，这就是站在了资产阶级司令部一边，反对文化大革命，反对伟大领袖毛主席的；由此导出，张爱萍，你就是资产阶级司令部的人，就是刘、邓的人，就是和彭罗陆杨一样的反党分子。

两个阶级、两条道路、两个路线的理论，导出了党内的两个司令部，又顺藤摸瓜地连带出从中央到各部门到各级地方组织的众多的成员、死党。终于导致了党内长达十年的一场混战。

毛泽东怎么也制止不住了。

一江山的胜利，原子弹的成功，方巷社教的轰动效应，这个当初被人们称作是张爱萍三张王牌的业绩，渐渐地把他推向事业的巅峰。用他自己的话说："我从来不依附谁，我凭自己的实干！"他不信，共产党会打倒像他这样的人。他也不信，党内就不能讲真话了。

但他错了。文化大革命，毛泽东说了，是一场政治大革命；林彪也说了，就是要革那些革过命的人的命！

当一个人处在自我感觉良好的状态下时，噩梦就离他不远了。

暗箱操作

为什么我的父亲在运动初期一下子就成了众矢之的呢？这一夜之间铺天盖地而来的五万张大字报又是怎么回事呢？为了搞清这场

劫难的缘由，探讨造成这种丑恶现象的党内生活的机制，我曾千方百计寻找有关迫害我父亲的原始资料。不是因为仇恨，而是为了负责，对自己的良心、对历史，也对未来负责。下面恕我不厌其烦地引用档案的原文（注：摘引自中央专案审查小组立档《关于张爱萍专案审查材料》共73卷2108份），以证实历史上确有的罪恶。

查到的文件登记表明，早在1966年9月就在暗中布置收集我父亲的所谓反党言行了，打印了"关于张爱萍问题"的报告初稿。但奇怪的是在所有有关的档案卷宗中，都未找到该报告的正文。遗失了？或是销毁了？但报告的附件还在，罗织的主要罪名有：包庇罗瑞卿；同情刘少奇、邓小平；为彭罗陆杨鸣冤叫屈；诬蔑文化大革命；反对毛主席；反对林副主席；反对杨代总长……共十八项。于是，几天后，就有了前面所说的一夜之间那铺天盖地而来的五万张大字报。

这是谁策划谁布置的？作为还在正常工作的总参党委副书记、党委常委的他，居然被蒙在鼓里，一无所知。

1967年1月，总参测绘学院造反组织抄了我们家，并将父亲扣押。周恩来总理知道后，强令马上放人。这又是谁指使的？

我查到了1967年1月25日"文革"办公室传达上面精神的电话记录稿："把张爱萍问题写个报告，把他的错误讲一讲，他属于反党反社会主义反毛泽东思想的错误。我们本来要搞他，因为王（尚荣）雷（英夫）问题就搁下了。请×、×好好研究一下，可叫校、院去搞，先把他放回来。"

"可叫院校去搞，先把他放回来。"这就是答案。

1967年3月8日，揭批反党分子张爱萍的大会正式拉开帷幕。领导者给这个大会起了个非常形象的名字——追斗会。这个会一直延续到28日，共追斗了二十天。

可能是太丑恶了吧,"文革"结束后,所有与之相关的材料统统都在销毁之列。但我还是听到了一盘3月8日这天批斗我父亲的录音,那是早年的圆盘磁带,用老式录音机才能播放。

随着磁带嘶嘶啦啦的转动,一阵又一阵令人颤栗的疯狂呼叫把我带回到了1967年。我听到了父亲当年的声音。他痛苦无奈的低哑嗓音,被台下震耳欲聋的声讨所淹没。他的检查进行得非常艰难,讲不了一句,就会引来众多的呼喊声:"不许放毒!""打倒张爱萍!""张爱萍要向毛主席请罪!向群众低头!""敌人不投降,就叫他灭亡!"……偶尔也会冒出父亲微弱的反抗声:"还让不让我说话了……"你很难想象这一切发生在我军的最高统帅部,很难想象他们曾是一些挂过将校军衔的人。有些领呼人的口音还能辨别出来,因为不少是身边经常接触的、我管他们叫叔叔的人。我不怪他们,在这种恐怖的气氛中,越是亲近的人就越是需要洗刷自己。

父亲回忆说:"你检讨吧,就喊口号打断你;不开口吧,又说你是顽抗。这哪里是党的会议?"

我查到的卷宗标明:

1967年2月15日《关于批判张爱萍的请求》报告:"张爱萍反对文化大革命,反对毛主席,反对林副主席,问题性质十分严重,要求召开党委扩大会议,对他进行追斗和揭发批判。(签名)"

报告上有林彪的圈阅。

林彪的字样出现了。其实父亲心里能不清楚吗?他说:"看得出,这五万张大字报围绕一个中心,要扳倒我!因为我从不依附他们。"

父亲回忆说:"在会上不允许我申辩,我找军委和中央的领导同志。林彪办公室的秘书态度最坏,不仅不转,而且非常粗暴,说你不好好检查,打什么电话!总理那里态度要客气得多,表示会尽快转告。但这些电话没有能够帮助我,反而电话机马上被拆走了。"

是啊，即使是英雄，到了这一步，小人的气也得受了。我常看到小摊上卖的一些印刷很拙劣的刊物，登载一些林彪身边人写的文章，除了披露些林彪和叶群的一些无聊琐事外，都是把自己打扮得如何无辜无瑕。不知这些文章的作者是真是假？

父亲那天的检查稿至今仍留在家中，面对那发黄的稿纸，我唏嘘不已。

父亲首先对批判他表态："我拥护总参党委把我作为批判对象的决定。同志们给我写了许多大字报，促使我重新认识自己，在文化大革命中彻底改造世界观，保持革命晚节。"然后是对彭罗陆杨问题表态。最后是对本单位无产阶级司令部的领导表态。但这有用吗？

就在父亲检讨的同天，3月8日这天，叶群收到一封信："叶群同志请转林副主席：现将张爱萍的反党言行、信件、在文件上的批语等反党材料选印了若干份呈上，请阅示。现送上两份，请林副主席批呈主席一份。此致敬礼！（签名）"

材料列举的罪状共十条：一、反毛主席。因为《红旗飘飘》丛书上曾发表过父亲写的《少奇同志在淮北敌后》的回忆文章。二、是彭黄反党集团的漏网分子，彭德怀的黑干将，也没有举出有什么组织上的联系。三、反林副主席。出自于没有同意在核试验基地修林副主席纪念亭。父亲说，在人迹罕见的荒漠里搞这个不是太荒唐吗？你们谁同意谁就批。结果还真有个领导大笔一挥批了三十万，"九一三"以后又给炸掉了。父亲1975年重新工作后，看见残存的遗迹，惋惜地说，既是历史，就应该留下来。四、对批判彭罗陆杨不积极，在京西宾馆讲恶毒攻击的话。这倒是沾点边。五、主张部院合并。后来一查，竟然是毛主席批准的，滑稽。六、主张撤销防空军和公安军。这也算罪行？再一个就是地主阶级的孝子贤孙，每月给地主分子父亲寄钱；同杨尚昆关系密切；对批判罗瑞卿不满；

为驻地工作人员开办食堂，笼络人心，等等。

第二天，林办又接到电话，一是问对送上的信有什么精神？再是请转告叶群同志，要求尽快解除张爱萍的职务，停职反省。

又是他，迫不及待了。

果然，叶群马上批示："尽快写个报告，报林副主席批一下，再送主席批。"

当天，叶群的批示就传回来了。总参3月9日电话记录："传达首长指示，以党委名义写一个报告。根据张爱萍错误严重程度和态度恶劣的情况，会议一致要求，建议将张爱萍停职反省。这事，首长同叶群同志讲过。叶群同志说，很快写个报告，报林副主席批一下，再送主席批。"

3月10日，给林副主席，并报毛主席、中央军委《关于张爱萍停职反省的请示》的报告送至叶群处。其中写到："张爱萍明目张胆地把攻击的矛头直接指向我们伟大领袖毛主席，公开的为刘、邓和彭罗陆杨鸣冤叫屈。""问题是十分严重的，是一系列的。""至今还对党采取对抗态度。"

林彪3月16日批示：呈主席阅。十六（日）

毛泽东在两个半月后批示：此件压了很久，今天才看了一遍，现退还。5月30日

接下来是周恩来批的五个字：周恩来已阅。（原件没有注明日期）

什么意思？他们同意了吗？不好说；那他们不同意？也不好说。按惯例理解是三个字："知道了。"如果你非要说，是经过某某批准的，也无大碍。这也是一种艺术。一个八大的中央候补委员、中国人民解放军的上将，就这样被打倒了。

在"文革"中，每一个被打倒的干部，都有他自己特殊的经历，但在他们这些故事的背后，多多少少都会找到许多相近似的地方。上自国家主席，下至县委书记，有多少是被群众揭露出来然后被群众打倒的？所谓的群众运动，说到底都是上面的旨意。无怪

"文革"中流行一句话："什么叫群众运动？实际就是在运动群众。"

远在广州的军区司令员黄永胜特地写来揭发信："张爱萍和彭德怀关系很深。林副主席指示，军队中特别是高级干部中，不能埋下颠覆的种子。最近又说，兵坏坏一个，将坏坏一窝。我建议总参党委对张彻底审查。此信如你认为有必要，请转呈林副主席一阅。"

为什么要特别提到黄永胜这封信？这封信源于军委办公厅向全军发过的一个通知，要求各单位送交揭发批判张爱萍反党言行的材料。奇怪的是，现在居然找不到文件签发人是谁，这样一个发到全军的通知竟然没有人对它负责。

父亲停职后，每日的"功课"就是被拉去批斗。总参、总政、空军、海军、国防科委以及下属的各科研院所；有斗他个人的，也有陪绑的，彭德怀、黄克诚、罗瑞卿、彭真……有关的和无关的。

他说："开始我还注意听听，都是些言之无物的东西，就由得他说吧。被斗的没有哪个服气的，我印象中，彭老总的头总是昂着，那些人整他就更凶。所谓搞你喷气式，就是把你的胳膊拧到背后向上抬，逼迫你弯腰低头。"

通常是一早被押走，连续十几个小时的批斗，"喷气式"和挂"黑牌子"无情地损伤了他的身体。父亲左臂负过伤，每次批斗都被人强拧着。一次他终于大汗淋漓昏倒在地上了。空军的一个干部将他扶到后台，给他水喝。父亲说："我没有能问他的名字，但我很感激他。"

妈妈说："成天提心吊胆的。只是，人的承受能力往往连自己都会吃惊。后来摸出点规律，一般都是清晨4点，警笛的怪叫声一响，就知道来抓人了。赶紧弄些吃的，否则一天下来，人都虚脱了。只要人能回来，就是好的。"

但有一天，他没有能够回来。

1967年3月29日，《建议成立张爱萍问题专案组》的报告上送。

林彪批：呈主席批示。毛泽东批：照办。（两人都没有注明时间）专案组的工作是卓有成效。

1967年6月7日，中央专案组二办四人联名给江青写信，指控"在张爱萍直接控制下给了敌人大量情报"。

9月19日，专案办整理出"张爱萍历史问题材料"，对其党籍问题、被捕问题、国民党少将问题等提出怀疑。

这无疑是个利好消息。党委领导人立即指示："拟派人去上海调查张爱萍的历史问题，查阅敌伪报刊、档案和党史绝密资料，提审在押人员等，请张春桥帮助。"并在公函上亲笔批示："同意写信请春桥同志帮助。"时间是10月18日。

12月14日，在伪苏州反省院档案中，发现了一个叫张瑞的人写过一份自首书。南京军事学院造反派送上报告："张爱萍原名张瑞，曾在伪苏州反省院自首。"

他完了！张爱萍彻底完了！大喜。又是这个领导人批示："这是提供了一个很重要的线索，应立即派得力的同志去追查清楚。并将此件送军委办事组全体成员。"

12月18日，军委办事组向中央报告："将张爱萍隔离审查"，因为"张爱萍问题专案小组审查张反党罪行和历史问题时，发现张爱萍有特务嫌疑和假党员问题，他还和潘扬案件有直接牵连……军委办事组讨论，同意总参党委的建议，将张爱萍交由北京卫戍区看管，隔离审查。"

林彪批示：呈主席批示。林彪 28日。毛泽东圈阅。

1967年12月26日，父亲被宣布正式逮捕。

两个月后，苏州消息传来，张瑞不是张爱萍。真他妈的扫兴。好在此时已经将张爱萍以审查为由关押入狱，反正目的达到了。他们相信，在无产阶级专政的机器面前，任是铁人也得招供画押！

父亲被抓走的这天，正是12月26日。从此开始了他长达五年的铁窗生涯。

妈妈回忆这一天:"下午,单位来人,说急着要找份文件,催我快去单位。我心生狐疑,交代了你爸爸几句,就匆匆跟他们走了。到单位等了很久,主任才进来,他说接上级通知,现已对张爱萍实行隔离审查。我立即要求回家,这一别不知什么时候能再见到,还能不能见到,这种生离死别的事,在那个年月看得太多了,但他们不许……"

妈妈在民航局工作,是经吴法宪介绍的,吴的夫人陈绥圻"文革"时是民航革委会成员。她们还曾是患难之交。

我读过一部苏联纪实体的文学作品《古拉格群岛》,这部百万字的长卷引起了我对往事痛苦的回忆。苏联大清洗期间的捕人方式是在夜间,在寂静的深夜里将你从睡梦中拖走,让你连裤子都来不及穿。相比之下,我们要仁慈得多了,略施小计,从好处想,或许也是避免谁都不希望看到的场面。

父亲对这一天的回忆是:"你妈妈一走,专案组就来了,蒙上了我的眼睛,我知道他们要下毒手了。我想要等到你妈妈和三子、艾子回来,临别,也该给你们留下句话啊!但已经办不到了。直到五年后,出了狱,才知道是他们早就安排好了。"

我那年在军队,几十年过去了,在父亲平静的叙述中,我仍然能看见他像犯人一样被蒙面押解的那一幕,我的心在作痛。

"车子绕了很久。解下蒙布,是一间潮湿的小黑屋。我不知道是在哪里。

"有一块床板,一张小凳。窗户都糊上了,灯老是亮着。皮带、鞋带都没收了。走路要提着裤子,睡觉脸要朝外,坐着要双手抱膝。门上有个小洞,外面蒙块黑布,便于向里观察。一人两个碗,开饭时从门底的洞递出去。上厕所要提前报告,有时等不及了,屎尿就拉在裤子里。除了提审就是写交代材料。"

我妈妈接着讲:"我预感的这一天终于来了,我们曾相互勉励,我说，只要你挺住，我就能挺住。现在，我唯一的希望就是临别和你爸见一面。他们一直关我到深夜，估计是那边都办完了吧，才放我回家。看见三子脸上挂着泪睡着了，他看见我就哭了，说爸爸被他们抓走了。其实，你爸被抓走时，三子已经放学回来了，被他们关在外面，他是在窗户里看见你爸爸被带走的。"

父亲在生活上是个随遇而安的人，在人际交往上，也不是个爱计较小事的人，但他也绝不是个能随便就冰释前嫌的人。从"文革"后期被放出来，一直到他老年，他和我们讲得最多的就是这段经历。看得出，这在他心上留下了多大的伤痕。

他说："这一夜，我眼泪一直在流，天亮了，枕头全都打湿了。斗罗瑞卿，是用箩筐抬上来的，一个人上去就打他耳光，把他打趴在地上，绷带撒了一地，他拖着一条断腿在地上爬。我当时就把拳头攥起来，你敢上来，老子就要打你！但现在我很绝望。我想不通，究竟做了什么坏事，会落到这步田地。

"我一生坐过国民党的监狱，坐过租界里的英国巡捕房，流血负伤不下十几次，不论怎样困难，我从未流过泪。参加革命以来，从来都是党指到哪里就打到哪里。在我的戎马生涯中只打过一次败仗，中了敌人的埋伏（注：本书第一章有详述），毛泽东知道了，还鼓励我说，哪里有百战百胜的将军呢！你们都知道的有一首歌，唱的是我把党来比母亲。我实在是想不通，在战争年代，打了败仗，尚可原谅，而今天，为什么就非置我于死地呢？"

无论这个故事讲过多少遍，偶然碰及到这个伤口，我们全家人，讲的、听的，总会是泣不成声。

覆巢之下，岂有完卵

说说监狱外面我们的故事吧。

从1966年下半年始，家里的这种状态，再加上因毛泽东思想能否一分为二问题而背上的反毛泽东思想的罪名，在部队这样一个思想、纪律、言行高度军事化的集体里，我的处境是可想而知的。

其实连队也没有整过我，只是上面经常会问到我，看到连长、指导员及周围的同志们因为我而如临大敌，我时常会歉疚。我总是自觉地按他们的要求汇报思想，说到伤心处往往眼含热泪。连长赖子英是个武夫式的军人，见不得别人伤心，赶紧打断岔开。政工人员相对就冷静得多了，告诉我日记信件应该主动交给支部，以示自己对组织的坦诚，组织对每一个愿意革命的同志还都是一视同仁的。家里寄来的信件很难得再收到了，也不知是投递的差错，还是有别的原因，没有根据的事不好瞎说的。不知从哪一天开始，我成了个珍稀动物，除了受到特别的关照外，我不再有同类。家在千里之外，渺无音信，我常一个人坐在营房边的山坡上，望着落日。

父亲早些时候曾给过我一封信，是写给温玉成的，温是广州军区副司令。父亲说，其他人都不太熟，如果真的有什么难了，拿着这封信找找他，看在老战友的情分上，或许能帮帮你。那时我还不知道父亲岌岌可危的处境。信上说，目前每个人都在接受考察，在考察中把子女牵扯进来加以责难，是不大妥当的。

他已经对自己和孩子们的命运预感到什么了吗？

我来到军区司令部大门。

我曾多少次进出这里，但那是执行任务，而今天怀着个人的希求，以戴罪之身偷跑出来，我难免惊恐。我被盘问，说是找温副司令，一个电话打进去了。好长一会儿，回话说，温玉成副司令到北京开会了，先把信留下，在这里再等一等，有人出来见你。焦虑中正巧碰上军区青年部张部长路过，我曾是军区树立的学毛选和五好战士代表，自然很熟悉。他说，怎么会呢，温副司令刚才还在给我们开会呢。我疑窦丛生，不安起来，既然没有结果，还是快回去的好，但我已经走不了了。"嘎"地一声，一辆吉普停下来，保卫部门来人了。在审问我的过程中，我听出来，是军区打电话到团里，说你们的兵都跑到温副司令家里闹事了,被截在军区司令部门口,要团里马上来人处理。我不想去设想这和温玉成副司令是否有直接的联系,我只见过他一面,他来检查工作,团里汇报我是刺杀标兵、特等射手,他说:"先叫他当个班长试试!"

这件事发生后,再把我留在支左部队显然是不合适的。我被遣送去到罗浮山脚下的留守处农场,开始了一年的喂猪生涯。砍树劈柴,清理粪便,下河捞水浮莲,这是猪能够吃的东西。在烈日下,我赤膊挥动着利斧。我的功力渐长,一斧子下去,碗口粗的木头保准会一劈两半飞出好远,好个一分为二,清脆而且利落,路过的老乡常会有喝彩声。看着罗浮山飞溅的瀑布,看着连绵起伏的重峦叠嶂,震耳欲聋的"文革"口号、头晕目眩的红色海洋,渐渐离我远去。

弟弟从东北插队的边远山村里来信了,他写道,《基度山恩仇记》里有这样一句话:"当上帝还没有把他的全部秘密揭示给我们之前,人类的一切智慧只包含在这四个字里:'等待'与'希望'。"

留着我这样的人,终究是个麻烦。一年后,在坦克团指导员和两个战士的护送下,我踏上了回家的路。

望着窗外飞驶而去的南国风光,回想四年前父亲在原子弹试验的戈壁滩上给我写下的话:"到处青山埋忠骨,何必马革裹尸还!"我热泪盈眶。

真像是一场梦啊。

一个背包,一个挎包,和当年离家的时候一样。

当我猛地出现在妈妈面前时,她先是一愣,随即泪如雨下。我紧紧地抱住她,很久她才说出话来:"怎么这么瘦啊?"

"爸爸,他在哪?"

妈妈打开抽屉,摸索了一会儿,打开了一个手帕包。啊!那是一块劳莱克斯表。我当然认识!这是父亲的!它光彩夺目,名贵、脱俗，是表中之王！

妈妈告诉我，爸爸在被抓走前的一些时候，有一天又被拉出去批斗，他走出家门又折回来，把手腕上的这块表褪下来说："留给阿胜吧。"

啊，父亲，我不知道未来会是什么样的，不知道我们一家人将各自流落何方。但我相信，总有一天，在茫茫人海中，我们父子会凭着这块珍稀的信物得以相认。

……

哥哥也被抓走了。

他是哈军工六六届毕业生，同学们把他的行李物品带回来了。事情起因于他在无意中看了一张传单，是刘顺元（注：曾任江苏省委代理第一书记，后任中央纪律检查委员会副书记）的女儿刘小林拿给他的。一个自称是中国共产党非常委员会的组织，发出了《告中国共产党全体党员书》，它向全党紧急呼吁：

中国共产党在危机中！林彪、江青、康生、陈伯达一伙野心家、阴谋家，为了攫取党和国家的最高权力，正在利用毛泽东个人的独裁专制和帝王欲望，假以巩固无产阶级专政的名义，疯狂迫害大批忠实于党的干部。全体共产党员们，为保卫党，为维护共产主义的理想和信念，捍卫人民政权，行动起来，和他们进行殊死的斗争！落款为"中国共产党非常委员会"。

天底下还会有这样的事？他们讲出了我想不明白也不敢去想的那些话。

刘亚楼的儿子刘煜奋继而告诉我，中央文革查得很紧。这份传单在哈军工流传很广，黑龙江省革委会主任潘复生无奈中想出一阴招，从看过传单的学员中，挑几个家里有问题的，先抓起来交了账再说。刘小林第一个被抓，她父亲刘顺元，曾被点过名，说他是个老右派，不抓她抓谁？再一个是贺平，贺彪的儿子，老子也倒了，他后来成了邓家的女婿，和毛毛结了婚，先抓了再说；再一个宫著铭，上中学时是我们班的高材生，我的好友，他父亲宫乃泉，新四军的卫生部长，1957年被定为右派，这次当然跑不了。再一个就是我哥，反正张爱萍倒了，抓他白抓。

我们终于要离开这个住了十几年的家了。这个地方要腾出给新调军委工作的在青海支左立了功的刘贤权住；刘倒台后又给了体委的于步血；于倒台，又搬了出去。小院里桃花未谢，正是应了那句诗："人面不知何处去？桃花依旧笑春风。"

搬家不难，家都抄了几次，已经没什么东西了，家具又全都是公家的，不让搬。只是舍不得那点煤球，要烧炉子啊，我和弟弟借了辆板车，干了一晚上。那时真年轻啊。

服务处派了辆车、几个职工，拉来了几件旧家具。跟随了父亲二十年的司机老安特地跑来，张罗着叫他们顺带着搭把手。他对我说，总得表示一下啊。我没听懂。他说："买上几瓶啤酒，大饼和熟肉，请大家撮一顿啊！"又说："长这么大的个子，怎么什么都不懂呢？"我恍然领悟，推上自行车就走，临出门，他还叮嘱了一句："别忘了带条烟！"

老安热心地代我们张罗着，我和妈妈、弟弟在另一间屋里默默地等待着他们吃完。临走，他们相互商量着说，这些破家具还拉回去干什么，干脆都给他们算了。我第一次知道了什么叫应酬。

"文革"让我这个官宦人家的子弟，从世界革命的热情中慢慢地沉寂下来，沉寂到了世俗的平民社会。"文革"使我终身受益，学会了在逆境中生存。

后来我被安排到了工厂。我的身份是"可教子女"，这是"文革"时期的一个专用名词，它的全称应当是"可以教育好的子女"，是针对家庭出身不好的，如地主、资本家、右派、走资派的孩子们提出的一项政策。厂里还是挺同情我的，鉴于我还是个共产党员，因此还担任了"可教子女"学习班的班长。我们上午检查批判自己,下午在工地劳动改造,劳逸结合。同班的一些资本家、地主的孩子对我说,你是幸运的,你爸终有解放的一天,可我们呢?永远没有希望。难道真的就有天生的贱民吗?看着这些和我一样戴着红领巾长大的青年工友们,他们的话,对我不知是安慰还是刺痛。

"文革"结束,1978年9月17日中共中央批转《贯彻中央关于全部摘掉右派分子帽子决定的实施方案》;1979年1月11日中共中央作出《关于地主、富农分子摘帽问题和地、富子女成分问题的决定》;12月17日中共中央批转《关于对原工商业者的若干具体政策的规定》,摘掉了扣在资本家和他们的子女头上的帽子。这些当然是后话了。

转瞬间,1970年的春节要到了。北京阴霾的天空飘飘洒洒地降下瑞雪,父亲被关押已经整整三个年头了。他在哪儿呢?他还活在这个世上吗?前不久有传他狱中肝病发作死了,我们不信,但又怕信,这么多年了,连一点音信都没有,为什么单单是传说他因肝病而亡呢?他在60年代初的确是被怀疑过有肝炎,难道这仅仅是巧合?在党的高级干部中,死,已经不是罕见的事情了。比较熟知的人中,刘少奇死了,贺老总死了,许光达大将死了,薄一波的夫人死了,陶勇夫妇都死了,刘小弟的父亲刘彬(注:刘彬,冶金部副部长,张闻天的夫人刘英的弟弟)也死了……

这一天,来了一群着国防绿的军人,他们交过来一包衣服。是父亲的!他在哪儿?为什么带回这些?来的一大群人都像泥塑似的沉默,只有一个人说了一句话:"签字!"他们拿了收据转身齐刷刷地走了。

这是一包发霉腐烂的脏衣服,汗衫已经变黑,千疮百孔。妈妈含泪整理着,我们尽量找好话来安慰她。在一件大衣袖口的破缝里,意外地发现了一个小小的纸卷,是爸爸带出来的,再找,又翻出来一些,总共有二十来卷吧,都是写在报纸的白边上的,大小不一，我们一幅幅地拼起来，慢慢看懂了里面的意思，这是一篇《绝命书》。我把他抄录下来，作为历史的见证。全文如下：

  我现在被关在我也说不清是什么地方的一间黑屋子里。看管得很严。现在是冒着危险给你们写信，还不知能不能送到你们手中。不管能不能我都要写。

  现在最大的问题是入党问题和特务问题。他们说达县党是1930年建立的。我的入党介绍人张、戴也是1930年入党的。因此，我1928年由张、戴介绍入党是假的。他们说，调查我提供的证人有几个不是党员（这就怪了！不知他们什么时候退党的），他们都不承认与我发生过党的关系，也没有介绍我参加红十四军和到中央苏区去。其他的证人找不到。究竟怎么回事，我也弄不清楚——他们怀疑我是国民党或特务组织设法让我混入党内、军内的。

  我从未梦到我的历史上还会有这样蹊跷离奇的情节。真叫人哭笑不得。

  我甘愿承受没有正式入党而冒充党员混入党内的罪过，愿接受任何处分。但我无法承认参加了特务或其他反革命组织。也不是怀有破坏党和革命的反革命目的而冒充党员混入党内的。

  他们说，我受伤住进上海医院后，院长（日本特务）把我拉入了特务组织，或者让我承担了特务交给的任务，然后才送我到中央苏区的。

  我反复回忆，在医院及以后，从未同日本人交谈过，更未参加什么组织接受什么任务。我无法承认。我说他们的说法是推论，没有事实，没有证据。他们说我不老实，不坦白交代，抗拒到底。

  二十天趴在床上写了二万五千多字的申诉（交代）。错的承认，罪责承担，不对的正面说清情况及道理。不知能不能起到点作用？也许还要拉出去斗争，还不知是怎样个结局？！

要实事求是，我是不应该被监禁的。我不是特务，没有反党、反革命的思想言论和行动，不是反革命修正主义分子。当然，工作中的错误是有的，并且有的很严重。但总不应该关起来吧。我几次要求上级来人给我谈话，就是没有人来。只是专案组的以群众名义来审、来定，态度粗暴、蛮横。

如不承认（我又无法承认）是混入党内的叛徒、特务、反革命修正主义分子，就是抗拒到底死不悔改。很可能要判无期徒刑或死刑。

如能经陈总转告总理，在做决定之前，中央派人来听我的申诉，或许还有效，或许还有救。我知道这很难，也不知道陈总、总理现在怎么样了！

冤情难诉，证人不予证明，无可奈何，只好听天由命了！看来问题得不到解决了。悲惨的命运，只好背到无期徒刑或死刑去了。我也不怨。只是女儿的那句话"爸爸，我们还有出头的日子吗？"常在耳边回响。泪水不禁滚滚而出。苦了、累了你们一生！

你们应该在忠于毛主席、毛泽东思想、毛主席革命路线的基础上，奋发向上，挣个出头的日子。不要管我的死活。孩子们要把妈妈照顾好。我对她愧痛最深！你们大的要关心小的，帮助小的成长。我未能把你们培育成人，反辱你们终生，愧痛万分，死不瞑目。要把身体搞好，经受磨炼。

狱夜沉沉何时旦，心烦意乱不能眠，一家六口难团圆。

四十二年从党命，落此下场心中寒，冤情辨明待何年？！

泣泪于狱中。

还有一些零星的纸条，上面写着：

日夜唯一痛苦的是累了你们，日夜怀念你们的下落和健康。要是有法知道你们真是都很安健，可减轻我的一些痛苦。

衔冤情，无处张。受凌辱，身名戕。殃及妻儿女，愧痛难当！

有一张是我弟弟生日那天写的："往年生日喜气洋，十八不庆泪两行。未见三子长成人，竟然年少历风霜。"

难道真的没有希望了吗？他问自己："但愿日出浮云散，明年今日可补偿？"可希望又在哪儿呢？人到了绝境，唯一的希望是不要殃及孩子们。忘掉我吧！他写道：

如果家里人宣布脱离关系，可能会有好的前途。

这是什么时候写的呢？从内容和留在报纸边角上的日期判断，可能是在1968年的1月至4月。啊！已经过去整整两年了。

这些纸片，就像浩瀚的宇宙中，从遥远的河外星系传递来的远古的信息。我们头顶的星空，实际上已是多少万光年前留下的影像了。

"文革"专案

父亲回忆"文革"："不管是追斗会还是批判会，光凭喊喊叫叫是不行的，要置一个人于死地，要他永世不能翻身，只有把他和境外的敌人联系在一起。因此专门制造罪状的机构就产生了，这就是专案组，我叫它专暗组，因为他们专门在黑暗中干暗害别人的勾当。"

"文革"最黑暗的一页已经翻过去了。随着"文革"的被否定，"三种人"被追查，专案组的内幕也渐渐曝光了。我在下面把这些发生在高层的制造假案的过程尽可能详尽地公示出来，可能比仅仅述说自己的苦难对今天会更有意义（注：摘引自中央专案审查小组立档《关于张爱萍专案审查材料》，共73卷，2108份）。

　　父亲专案组的组长最初由总部的一名副职领导担任，他同时还兼任该部的"文革"领导小组组长。后来改由军委办事组成员兼任，相当于日后的军委常委和军委常务会议成员来兼任这一职务，级别是相当高的。专案组成员由总参、国防科委的领导人组成。下设专案办公室，负责具体审问、调查工作。

　　专案办主任、副主任都具有一定的革命资历：都是1938年入伍，1939年入党的三八式干部。一个行政十级，原系总参二级部副部长；一个行政十一级，原系总部系统保卫部门负责人。

　　按时间记录下他们的办案的方式和过程：

　　罪行之一，混入党内的阶级异己分子。

　　1967年4月，"张爱萍专案组"成立，首先展开了对张爱萍入团、入党问题四个多月的调查，调查结果，认为和本人的叙述基本相符。

　　9月13日，专案组报告："专案办公室与南京军区保卫部分头派人外出进行了五次调查，从4月中旬开始到8月中旬止，历时四个月，跑了五个省，到了上海、苏州、无锡、南京、宁波、芜湖、广德、成都、重庆、达县、大竹、南充、岳池等地，共走访一百三十五个单位，面访了九十多人……据目前止，已掌握的旁证材料看，关于张爱萍的入团、入党、由川去沪、两次被捕、由沪去苏北、从苏北回沪等历史问题的情况，基本上和本人交代相符。"

　　1967年9月28日，专案组印发《张爱萍专案情况汇报》（第一号）：

　　"一、关于入团问题……据张爱萍的同乡、同学和四川历史资料提供的情况来看，张爱萍确于1925—1927年在达县期间曾参加了学生运动……在这些活动中，教师张鲤庭、戴治安是领头的，学生中张爱萍、王荣澍、魏传统、刘灵柱、曾繁福、邓廷璧等最为积极，他们当时都参加了青年团组织。这些情况同张爱萍的交代基本是一致的。

二、关于入党问题……据张爱萍的一些同乡、同学和老党员、老贫农的回忆，一般都听说张爱萍于1928年在达县地区教书期间入了党，并在罗江口一带组织雇农进行过秘密斗争，有一位老贫农李德茂（去年病死），曾给张爱萍当过秘密交通，并留下一个当时送信联络用的铜牌子（由其孙李纯武保存下来的遗物）已交我们带回。总之，所获张爱萍在达中毕业后去上海之前这段历史同张交代基本上是一致的……"

对这个"与本人交代基本相符"的结论，是他们绝对不愿意看到的。于是由当时的政治部领导出面，亲笔写了《张爱萍历史上一点情况》的报告，对专案结论提出质疑，要求推翻并重新调查。"文革"结束后，这个政治部主任交代，他是秉承本单位领导人意图写的。

这样就有了第二轮调查。由于在四川老家没有找到张爱萍的历史疑点，专案组决定调整方向，从张爱萍在上海从事地下工作期间寻找疑点，进而倒过来否定张前期的历史。1967年10月，专案组人员前往上海。他们在上海地下党历史资料中没有查到法南区西门支部的记载，专案组即认为有理由怀疑张爱萍所述的历史是伪造的，进而断定张在四川老家的革命活动也是假的，是混入党的内奸分子。并随即否定了几个月前证明张爱萍确系党员的结论。于12月1日上报了《建议将张爱萍隔离审查的报告》。林彪、毛泽东圈阅。

但是，怎样才能推翻由他们自己花费了四个月时间取证来的事实呢？

专案组重赴四川。有电话记录表明，专案办主任多次通话部署：要"抓住牟仲宇这个重要线索"。

牟仲宇是谁？达县地下党当时的三位领导人：张鲤庭、戴治安和牟仲宇。张、戴是张爱萍的入党介绍人，相继在革命战争中牺牲了。牟于1933年2月被捕后脱党。在前两次走访时，牟都向专案组提供了张爱萍1928年已是党员的证词。

这位专案办主任不愧是搞专案的行家。他深知，像牟仲宇这样有过被捕脱党经历的人，腰板是软的，逼他写个假证词是不会太难的。

1967年12月27日牟再次被传唤。在此前，专案组在达县到处张贴打倒张爱萍的标语，并把批斗的照片和有毛泽东、林彪圈阅的隔离反省的批件给牟和他的家人看。这时的牟，已被收监。于是，在现存的档案中，我们看到了牟写下的《更正过去证言的证明》："自己过去把党团混淆了，1928年，达县只有团组织，没有党组织，张爱萍不可能在那时入党。"

真是下笔有千斤啊！我在这里要说的是，我不记恨这个曾经入党又脱党的老人，蝼蚁尚且贪生，区区一条生命，在强大的国家机器面前只能是被碾得粉碎。

有了这个证言，于是立即发生了1967年12月26日对父亲的逮捕关押和28日的第一次审讯。专案办副主任亲自审讯，他问："如果有人证明介绍你入党的人不是党员，怎么办？"以牟的证言，逼父亲承认是混入党内的。工作日志记载，前后用了七个小时。1968年1月4日，此人又主持了对父亲的第三次审讯，用了九个半小时。他说："看谁熬得过谁？反正我们人多，三班倒，我不把你打成反革命我就不姓自己的姓！"

于是，我们就看到了父亲在数次审讯后的"招供"："如果介绍我入党的张鲤庭和戴治安都不是党员，我也不算是党员。"

于是我们就看到了那张纸上三个鲜红的手印。那是印在他签名上的手印，带血的手印！

1968年1月6日，专案组正式上报了《关于张爱萍假党员问题的定案报告》："张爱萍从来没有参加过中国共产党，是一个混入党内的假党员。"

次日，就是前面提到过的这位总部领导人，会同吴法宪把这份报告批呈上送。他亲笔写道："林副主席，并中央：在铁的事实面前，张爱萍自己供认他1926年入团和1928年入党是编造的。他不是团员，也不是党员，是在1930年来到闽西时混入党内的。即呈主席、总理、伯达、康生、江青、富治、叶群、东兴同志阅示。（他和吴两个人签名）一月七日"

在"文革"后退回的专案卷宗里，我看到了当时魏传统、王维舟、胡耀邦为确认张爱萍是中国共产党党员提供的证词。但他们居然敢压下来！

年代久远，翻阅这些发黄的卷宗，那鲜红的手印仍在刺痛着我的眼睛。在给父亲录音时，我甚至都想跳过这段回忆，因为我看到的，满是带血的伤口。

罪行之二，日本特务。

还是说那个专案办主任。

他在翻阅张爱萍的自传中，看见了这样一段经历：在红十四军攻打黄桥战斗中，张被打断了左臂，后被秘密送往上海福民医院治疗枪伤，伤愈后，被派往闽西苏区。这段错综复杂的历史，肯定可以找到嫌隙。于是他指派副主任带队赴上海调查。

父亲回忆，由于伤势太重，红十四军党的组织将他和另一名伤员副营长曹玉彬送往上海治疗。因为是枪伤，只好藏在运猪船的船舱底下，上面是猪粪屎尿，密不透风，加上天气炎热，人都晕死过去。一直等到夜里，但事先接应的人没有来，无奈中想起了同乡彭丰根大夫。彭是他1929年从达县老家来上海时经人介绍认识的，在饥寒交迫中曾得到过他的周济。彭便安排他们住进了福民医院。住院要有保人，在上海他举目无亲，父亲说："巡捕盘查病房时，脱口说出了彭的名字，很懊悔，自己一旦被查出来，不就连累了朋友？但彭很热心地来看望自己，并告诉说，已经为我取了保，说是同乡，来上海求学，路上遇到土匪抢劫被打伤了。因为那时确实土匪猖獗，抢劫伤人的事时有发生。彭还把在日本留学时的同窗好友，福民医院的院长顿宫宽介绍给我。

"我一生都感激这位彭大夫，没有他在危难时的相助，我是很难度过那样的白色恐怖的。五六十年代，征集回忆录，我专门写了这段故事，登载在青年报上。没有这样许许多多人的帮助，革命是不能成功的。我们共产党不应该忘记他们。"

共产党忘记他们了吗？

专案组来到上海后，在上海市公安局得到这样一个消息，说1933年，彭丰根曾与另外两个中国人一起向驻南京日本武官佐藤幸造出卖过情报。再就是1937年"七七"事变后，日本海军情报部曾设在福民医院内，并在医院设有无线电台。

据此，专案组推定，彭丰根和顿宫宽是日本特务，福民医院是日本特务机关。而张爱萍能够在福民医院治伤，必是加入了日本特务组织。和前面的假党员联系，编织出一个离奇的故事："张在大革命失败后，在四川混入党内，然后假借党组织的名义，蒙蔽了上海地下党，打入了红十四军，完成破坏活动后，拿枪自残，打断左臂，借此潜回上海，在日本人的医院养好伤后，又被派往中央苏区……其反革命的勾当，一直延续至今。"

在审问父亲时，这个专案办副主任说，你就是王连举！王连举是谁？革命样板戏《红灯记》中的剧中人物，王为取得敌信任，举枪自残，被识破后投敌当了叛徒。

父亲在关押期间藏在衣袖里夹带回的条子中，有一张就写道："他们非要我承认是王连举。王连举是谁？莫名其妙！"

就这样审干吗？

但专案组的各级领导们，还是认可了这个连普通人都嗤之以鼻的推断。

现存的1968年1月4日、6日的电话记录上，记载了当时担任张爱萍专案组组长的那个人的话："对张爱萍的问题应该明确是个特务问题"；"追特务问题要从张见彭入手，怎么样与彭认识，治愈后又怎样出院的"。对"张爱萍的审讯要一下能突进去"，使他"跑不了"，要"连续作战，不让他喘息"。

1968年1月8日至1月22日，连续进行了十五次突击审讯。专案组采用拖长审讯时间、罚站、连续突审等办法。父亲回忆，这个专案办的副主任说："你知道保卫部长是干什么的吗？我这个保卫部长就是专抓特务的！"

但审讯未果。

1968年2月，他们转向从彭丰根突破。在此之前，专案组在上海公安局预审处干部闵、胡以及南京军区保卫部干部李的协同下，已用一个多月的时间对彭丰根进行了二十次审讯，逼迫彭丰根供认"张爱萍加入了日本特务组织"，但彭丰根始终否认，而且申明自己"掩护了张爱萍，是为共产党做了一件好事"。

又是这个副主任，他到上海后，改变了策略，抓了彭的女儿彭子都、儿子彭播谷。他先给姐弟俩看了张爱萍被批斗时的特大照片，说："张爱萍是大地主出身，是没有入党的假党员，而且是日本特务。""张爱萍参加日本特务组织还是你们的父亲彭丰根介绍的，张爱萍都已经承认了。"接着，又给他们看所谓"张爱萍的认罪书"中的一两句话。然后说："只要你们的父亲承认这一点，我们可以马上放他回家。"

彭子都姐弟二人探监后，他们立即提审彭丰根。审问之前，同样先给彭丰根看张爱萍被批斗的照片和所谓认罪书中的一两句话，并说:"张爱萍已经交代了问题"。但彭丰根仍坚持说他"不知道张爱萍加入日本特务组织的事";"我是营救过张爱萍的，其他情况我不清楚。"还说:"前次首长找我谈话后，我想来想去，没有的事，不能去害人家啊！"随即遭到专案组呵斥:"头脑太顽固"、"不要自讨苦吃！""摆在你面前的两条路很清楚"等等。在威逼下，最后，彭只好按照这个专案办副主任的授意写了供词：

"把张爱萍介绍到了日本特务机关——福民医院，见了特务头子顿宫宽。顿宫宽亲自给张爱萍做了手术。在住院期间，顿宫宽又布置了日本警察、便衣搜查、逮捕，对张爱萍进行口供、签名，警察又找我询问张爱萍等威胁利诱的手段，把张爱萍圈入了特务机关。（手印）"

专案组如获至宝，这位兼任专案组组长的人也欣喜若狂，当即表示可以定案。1968年3月5日他们向总参党委和中央专案第二办公室写出报告:"张爱萍的日本特务分子问题基本可以定案。"

但是，他们高兴得太早了。这个结论疑点重重：

一、在所有档案材料中，无法找到彭、顿加入特务组织的确凿证据，也无法证明福民医院就是日本的特务机关。退一步讲，即使上述一切属实，也是1933年及1937年发生的事，而张爱萍是1930年在此疗伤的。何以在其本人都未加入特务组织前，就能吸收其他的人加入这个组织呢？

二、彭丰根的供词上，只是说顿宫宽是特务，顿把张爱萍拉入特务组织，但他拒不承认自己是特务，他也从未参加过特务活动。这就怪了，一个不是特务也没有参加过特务活动的人，根据什么能指证特务组织内部的活动呢？大前提不存在嘛！

彭丰根，你这个老狐狸，敢耍我们！

于是下一个阴谋出现了。

专案组向上海市公安局提出要求，将所谓彭丰根1933年出卖情报的事提前到1930年。他们对负责此项工作的人说："从保卫毛主席革命路线的高度上看，这样做也是有过先例的。"上海市公安局，毕竟要老到得多，他们可不像这些不可一世的军人们那样得志便猖狂，何况又没有什么利害关系，去给你冒这个险？将来哪一天翻过来，居然搞一个中央委员、开国上将的假证据，掉脑袋都是轻的。但这些人也得罪不起，他们是拿着总部首长给张春桥的信来办案的（据专案组人员后来交代，说张春桥曾有过指示，但我没有找到直接的证据）。于是便含混地表示，我们再把彭的案子搞扎实些，实际上是以取证为由，给拖下来了。

命不该绝。十九天后，总部那个领导人被突然逮捕。据说，去现场逮捕他的就是和他一起签名上报对我父亲关押审查的吴法宪和那个专案组组长。真是螳螂捕蝉，不知黄雀在后。乱套了，重新洗牌，又是一轮大换班，原先的专案办公室的两个正、副主任于两个月后被逐出专案组。

新接任者，又去了上海，鉴于彭丰根和顿宫宽是1933年和1937年才涉嫌的，在后来的专案报告中就没有再看到有关日本特务的提法了。

"文革"结束后，查证彭丰根是上海地下党外围组织"互济会"成员，他的大儿子是革命烈士。在狱中，彭多次翻案，拒不承认自己写过诬告材料，最终死在狱中。那张有手印的纸究竟是哪来的，人一死，就成了无头案。后来彭平反，已经复职的父亲，在补办的彭丰根的追悼会上，写下了杜甫的两句诗："挺身艰难际，张目视寇仇。"

罪行之三，通敌。

牵连此案的，有总政治部主任谭政，副主任傅钟、甘泗淇、肖华；中共中央总书记邓小平、书记处书记彭真；最高人民检察院检察长张鼎丞；国防部长彭德怀、总参谋长黄克诚；以及公安部长罗瑞卿；中办主任杨尚昆。

这是件什么了不起的惊天大案呢？

华东海军原有个反谍报小组，我们权且称它反间组，其主要成员是上海市委书记潘汉年和公安局长扬帆介绍到海军来的，也是经我父亲同意并报华东局批准的。"高饶事件"发生后，1955年4月潘、扬被逮捕，对"特勤"人员的利用问题就成了其罪行之一。这本是个工作问题，但由于直接领导人错误性质的敌我矛盾化，下面搞具体工作的同志，就被以反革命通敌罪关押收审了。这件事报到彭老总那里，他说，真是胡说八道！他询问我父亲时，父亲极为震怒，拍着彭老总的办公桌说，老子要通敌，还要等到革命胜利吗？后来经总政审查，由彭德怀、邓小平、彭真、张鼎丞共同签署了不再追查的结论性文件备案。两年后，小组成员无罪开释。"文革"中，这些领导同志陆续成为反党的阶级异己分子，此事重新被挖掘出来，没完没了的又追查个够。滑稽的是，最初办此案的罗瑞卿竟也被牵扯进来，他不再是审判者了，反成了包庇通敌的罪魁祸首和后台。下面的同志就更惨了，再次锒铛入狱，一关就是几年。

专案组为什么会对这件事兴趣如此之大？我没有证据，不好说，只能是揣测。历史从来是为现实政治服务的，当初搞，是为了整饶漱石，后来又挂上了潘、扬。"文革"重翻，为的是牵连出一大帮当时参与定案的高层人物，有些像六十一个叛徒集团那样，一网打尽反对派。这件事说难也难，这么些人都打成通敌或包庇通敌？而且是上过书记处和军委例会的。要说容易也容易，毕竟这些人不是死了就是倒了。这件惊天大案实在是太有诱惑力了，如果能把它翻过来，搞成它，不仅是对张爱萍了，也可以将众多的大人物置于死地，那对无产阶级司令部该是多大的一份献礼啊！

怎么入手呢？

早在我父亲还没有被关押前，1967年4月26日，总参"文革"领导小组的一位领导，曾秘密指使："还要查他在华东海军任司令时把我军机密泄露给敌人的罪行。"但当具体办事人员翻开早已由中央做出的决议后，他们却步了。

于是，他们想到了江青。这个女人，在文化大革命中可不得了，号称旗手，她叫谁完蛋，还不是一句话。陶铸、谭震林……都是例子。利用她！如果旗手能有个批示什么的，不怕撬不开这个硬壳。

1967年6月7日这一天，在中央二办的四人联名给江青写了封信：

江青同志并小组同志：反间组是张爱萍一手搞起来的……该组在张的直接控制下给了敌人大量情报……张对审查该组极为不满……

同时提出，过去没有并案审查，没有追究责任，究竟是谁包庇了他？

报告中一一列举了上面提到的所谓包庇人的名字。

这封信又是通过总部那个负责人转呈的，他写道："即呈报江青并复制叶群同志。（签名）"

从保存的原始件上看，江青在这封信上，用粗黑铅笔圈阅，并在一些名字下画了粗线，有邓小平、彭真、黄克诚、张鼎丞、彭德怀、罗瑞卿、杨尚昆。在邓小平下面和旁边都画了双曲线。什么意思，只有她自己知道了。原件上还有谢富治的签字，但都没有批示。

两个月后，原先四人中领头的那个人，又以同样的内容再次上呈，现在已查不出送达的范围了，但档案第5卷宗上，有汪东兴阅后的签名，估计是汪退回的。看来又像是没有结果。

一个月后，总部那个负责人再次催促进展。由于一直没有突破，专案组建议："未查清张爱萍在华东通敌问题，建议逮捕原反间组成员……"

1968年3月2日，他们在上送的批捕报告上写道：反间组是"蒋匪海军司令桂永清亲自任命潜伏上海的特务"，"为潘汉年、扬帆收罗起来"，"张爱萍从潘扬那里接受到海军"，"给台湾蒋匪送情报"等等。

经军委办事组报中央批准，又将原反间组成员抓捕归案。

直到"文革"结束两年后，他们的夫人找到我家，父亲不在，我接待的。我才知道，这些隐蔽战线的同志们，不是被敌人，而是由于自己内部的原因，前后两次经历了铁窗生涯。释放后，专案组仍然通知他们所在单位："先行批斗，然后按党的政策处理"、"起码不能恢复原职务"。家属和亲人们一直受到株连。

是谁，在为共和国牺牲！他们应该做出这样的牺牲吗？今天的人们，不应该让悲剧重演了。

就在逮捕反间组人员的同时，专案组长下达了"可以先审张爱萍"的指示。于是，1968年3月11日、12日和6月27日开始了第二十六次、二十七次和第二十八次审讯。

3月11日的那次审讯，从下午2点一直审到次日凌晨4点，长达十四个小时。

中央二办给江青写信的那个人，一直在密切关注案情的进展，3月15日，来专案组督战，提示要把张爱萍的日特问题和通敌联系在一起考虑。他说："张爱萍对通敌性质还没承认。他就是日本特务，应该说他一开始就是为了给敌人送情报。他是披着共产党外衣进行特务活动的。"

兼任专案组组长的那个总参领导人马上表态："可以按某某（即中央二办的那个人）同志意见办，现在主要是深究深挖张爱萍日特和通敌的具体罪行。"

1968年9月1日，中央二办又将材料并附通敌罪证，送往新组建的军委办事组，李作鹏、黄永胜、吴法宪圈阅后报江青。

我不厌其烦地引证大量材料，只是希望读者能思考一下，这是为什么？

我相信，父亲所受的苦难，并不是最骇人听闻的。肯定有人比父亲遭受的折磨更加残酷，肯定有比审讯父亲的这个专案组更加罪恶的审案组织。

这种做法，在党的任何文件中都找不到依据，但它确实是真真切切地存在着。1974年，我在福建见到和父亲一起养病的罗瑞卿，经过"文革"非人的折磨，他昔日的光彩已荡然无存。我就这个问题请教了这位前公安部长，这种毫无人性的审查的潜规则是从什么时候开始的？但我没有得到明确的答案。这大概已经不能简单地归咎于哪个个人了。

但父亲似乎不完全认同这样的解释。我们和他谈到这种现象应该归于体制的弊端时，他说："什么体制？是人！是用人上出了问题！不要一出了问题就全往体制上推，把自己开脱得干干净净！"曾任北京军区司令员的周衣冰是华东的战将，他敬仰也熟悉我父亲。90年代初，我们在一次闲聊时他说："老爷子（指我父亲）说的话，很多是警句。我在军委常务会议上就听他说过'用好人，办好事；用坏人，就只能办坏事！'现在想来，我看他是有所指的。发人深省啊！"

上有所好，下必甚焉。领导专案组的都是些什么人呢？

设立专案组审查干部，姑且不论这种方式在法制社会中是否合理，令人不能理解的是，"文革"中相当的一批专案组，他们不仅不尊重事实，而且还要捏造事实；千方百计地逼迫、诱导证人做出伪证；甚至毫无顾忌地要求像公安局这样的司法专政机关篡改档案，编造历史；即使事实已经证明了被审查的干部没有问题，纯属是冤假错案，也要误导所在单位，继续折磨他们。这究竟应该如何解释？尤其令人痛心的是，他们不是我们看到的地痞流氓、土匪无赖，而是党的高级干部！是中央委员！是老红军！是三八式！是贫苦的无产阶级！他们曾受党的多年教育，经受了土地革命战争、抗日战争和解放战争的洗礼；他们都曾在中央军委、总参谋部、总参谋部二级部这样地位显赫的部门工作过；他们中有的人甚至佩戴过党和人民授予他们的上将军衔！他们真的是认为党内混入了许多敌人，还是为了迎合某种政治势力的需要，或是为了个人向上爬的野心，才密谋策划、相互配合，做出如此残忍和下作之事。他们究竟是怎样的人，怀有怎样的企图，我想知道。

20世纪80年代中期，原专案办副主任身患绝症，他托人捎话给我，他一生参加革命，只做过这么一件坏事，他对不起老首长，现在行将不久于人世，希望首长能原谅过去，他就能瞑目了。人之将亡，其言也善；鸟之将死，其鸣也悲！转眼十五年过去了，生死轮回，我心中充满了悲凉。我郑重地对传话的朋友说，我一定转告父亲。那天父亲在批阅文件，我在他身边静静地坐下，看着他专致的神态，往事不堪回首啊！父亲抬起头来，似乎有些惊讶，有事吗？我讲述了这个临亡之人哀婉的请求。

沉默，父亲一直凝视着前方空空的墙壁，就这样沉默了很久、很久。

最后，父亲转过头来，他说："不行！这是不能原谅的！"

他的态度出乎我的意料，让我震惊，不！是震撼。他补充道："我绝对不会对这种人说一句原谅的话！这不是我和他个人的问题。不行！绝对不行！"

原谅，一个多么高尚伟大的词，但它绝不是廉价的！人生，有可原谅的，也有永远不可原谅的！他不希求头上笼一层圣洁的光环。

《史记·绛侯世家》记载，为汉高祖诛吕安刘的重臣周勃，身陷囹圄时说："吾尝将百万军，然安知狱吏之贵乎！"古代有一种叫狴犴的怪兽，它有一种嗜血的天性，只要闻到人血就会兴奋起来。李唐王朝的酷吏周兴、来俊臣，把这怪兽的头像作为图腾，刻在监狱的大门上。它张开狰狞的大嘴盯着受刑人血肉斑斑的躯体，它喜欢见到血！

世界上确有这样的人。他们的本性就像狴犴一样嗜血，就像武则天手下的酷吏，当那些被折磨的人，出于求生的本能，不得不在他们拟好的假证明上按下鲜红的手印时，他们就会产生一种愉悦，一种满足，他们一定会为自己的成功弹冠相庆的。

他们制造冤假错案，就是出于他们嗜血的本性，不管他们拥有多高的官阶，他们永远是一群人渣！

又过了十年，在纪念刘少奇的座谈会上，父亲又针对"文革"的话题，旧事重提，语言犀利，愤慨而激昂。果然，在场的有人坐不住了。在一旁看在眼里的方毅说："爱萍同志讲得好，就是要这样讲！大声地讲，公开地讲！"

父亲继续说："有些人，在'文革'中坏事做绝，又毫无悔改之意，到现在还在写文章为自己涂脂抹粉，到处招摇撞骗！"

让思想冲破牢笼

让我们再回到1968年初，父亲的单人牢房。

父亲回忆说："在那间小屋里，顶上窗子糊的纸破了，一线阳光透进来。每天，我就随着这缕光线移动，直到它消失掉。"

父亲的诗："透洞一线光，借光浴我胸。不住幽洞者，安知光贵重。"（摘自《神剑之歌·一线光》）

在与世隔绝的五年中，这是他每天的功课。

父亲在关押三个月后，无产阶级司令部里发生了与他切身利益相关的大事。

那个时代社会生活的特点是高音喇叭林立，尤其是逢到上面有动作了，如党代会、毛主席最新指示、两报一刊评论文章等等，大喇叭会从早叫到晚。在阳光下生活的人们听起来刺耳的这些声音，对父亲这个洞穴中的人来说，成了他排解孤独的最好方式。他说，附近的那个喇叭自称是"东方红人民公社广播站"，就是根据这个线索，"文革"后我们查到他当年被关押的位置。父亲回忆说："一天，我突然听到喇叭里高喊打倒什么人，听不太清，好像是我很熟悉的什么人，谁又倒台了？我又发现看守的小战士在屋外写什么，是当时很流行的大批判稿，一边写，一边嘴里叨叨咕咕地念着打倒……送饭时，我问他，你在批判谁？小战士说，你不认识？这个人，你应该很熟悉嘛！"

"我记住了这个日子：1968年×月×日。我可能有希望了。"

1968年×月×日，毛泽东在北京接见万余名军队干部。林彪宣布黄永胜为总参谋长。我是没有资格去参加这样的大会的，所以我无法记述当时会场的实况。但我在左派队伍里的朋友神秘地告诉了我一切：谁倒了，为什么。文化大革命又一次戏弄了左派自己。其实，就在开会的同时，打倒反革命野心家、阴谋家的大字报就上街了。

求生的欲望又一次燃起。

父亲回忆说："我已经死了的心，又燃起来了，毛泽东还是不允许这些人胡作非为的，党中央还是能看见发生的这一切的。"

我看到了父亲在1968年5月8日和7月13日写的两封信：

毛主席、林副主席、周总理并党中央，恳求在我的问题做最后决定前，能另派一人（一般工作人员也可）听我陈述一次（几个小时）：我对我的许多问题，在当时的全面实际情况。一年多来，我一直还未得到充分陈述的机会。

　　在软禁我将近一年后，又将我监禁起来快八个月了！革命四十多年，竟背个反革命罪名下场！精神上真是痛苦极了！在监禁中，受尽了折磨（时时辱骂，有时还要挨打，更甚的是常常不让大小便，逼得屎尿淌在裤子里）！恐怕许多沾满人民鲜血的战犯，也没有遭到这样虐待过！

他一句一个惊叹号地写着。

之后，他又写下了长达两万多字的申述，从入党、在上海治伤，一直写到文化大革命。

他又写道：

　　伟大领袖毛主席啊！林副主席啊！周总理啊！党中央啊！

　　我向您们保证：我的确不是特务反革命分子！我既未参加过任何反革命特务活动，也从未接受过任何特务的授意和参加任何特务组织。我跟随党和伟大领袖毛主席的几十年的实际斗争中，我未做过一件破坏党，破坏革命的反革命勾当。如果查出我是特务或做过任何反革命勾当，我甘愿接受任何严厉的制裁！

　　可是，总参已把我监禁七个月了！真是苦恼极了！我请求释放出狱，到任何艰苦危险的实际中去长期考察和改造，以期赎我所犯的罪过。

　　敬祝伟大领袖毛主席万寿无疆！万寿无疆！万寿无疆！

　　伟大领袖的亲密战友林副主席永远健康！永远健康！永远健康！

待罪人张爱萍
1968年7月13日　狱中

可谓哀鸿之声。

专案组批示：张爱萍主动写了一个企图翻案的材料。

我不知道这些信最后会送到哪里，但我相信，无论送到哪里都改变不了父亲的命运。就在上文提到的那次大会上，林彪说："……比如像王尚荣、雷英夫、张爱萍等等，他们有自己的账，当时反对他们，批判他们是做得对的，这是党领导的，党批准的，中央批准的。"

林彪终于把事情的缘由说清楚了。没有更高层的默许，仅凭着同级党委的能量，是没有可能扳倒像我父亲这样数量级人物的。这就是为什么，我们总会看到上报材料时一定是要通过叶群这条线了。至于林为什么要这样做？父亲和他本人几乎没有什么宿怨和瓜葛，我想，答案很简单：你不是他圈内的人。你不仅不赞同，起码是不积极，和他一起反对他的政敌；反而还对抗，起码是蔑视他的亲信，那些替他掌控军队各个领域的看管码头的小兄弟们。因此，你不是基本力量，也不是依靠力量，而是异己！所以，即使小兄弟拿掉了，你，张爱萍的案，也休想翻！

可怜的是，父亲当时是不可能听到林彪这个讲话的。当然，也不可能像后来那样深刻地洞察和领悟"文革"中党内这些复杂的政治背景，虽然他身居高位。

就像深埋在矿井下的人，黑暗中隐隐透过一阵清新的风，希望之火重新燃起。他以为自己看到了一线生机。

其实什么都没有发生，那只是幻觉。命运为什么要捉弄他？这种毫无希望的幻觉比绝望来得更加残酷。

在这之后，专案组成员有了调整。新来的专案人员不再审讯父亲了。

"文革"中，我哥哥也坐过牢房，他说，审讯是痛苦，一种被侮辱被损害的痛苦。不审讯也是痛苦，是被丢弃、被遗忘、被判决的痛苦；在时光的煎熬中，你就慢慢地等死吧！

这种中世纪遗留下来折磨政敌的方式，想起来叫人毛骨悚然。毛泽东说过，党内斗争，我们一个不杀。这或许是一种进步。因于斗室，无人对话，无人问津，精神和肉体在无声无息的黑暗和死寂中被慢慢地吞噬，生命之火渐渐地燃尽。

生和死，其实只是时空的转换。无怪林彪即使摔死，也要出逃，因为他知道，那时，他将生不如死。

父亲在偷偷递出的信上写道：

"他们说，调查我提供的证人有几个都不是党员，都不承认与我发生过党的关系……究竟是怎么回事，我也弄不清了。

"我从未梦到我的历史上还会有这样蹊跷离奇的情节。

"他们说……是院长把我拉入特务组织……我反复回忆，在医院及以后，从未和日本人交谈过。

"我甘愿承受没有正式入党而冒充党员混入党内的罪过……但我无法承认参加了特务组织或其他反革命组织。"

当一个人没有了水和食物，他体内的电解质平衡就被打破，生命在消失前会产生幻觉。精神的幻觉要更加可怕，随之而来的就是自我否定、自我迷失、自残和自闭。

"近一年来再没有审问过，要改变是很难了，这是天命！"

"时代坎坷，生明济灭，悔没有早死。"

"早知今日，何不当年战死沙场！"

"今古奇闻称绝，强加之罪，坐任鬓如雪。"

父亲不断地写下这些让人肝肠撕裂的诗句。他，万念俱灰。

一个声音救了他。他说：

"一天夜里，突然听到牢房外传来哭喊的声音，声嘶力竭，毛主席啊，你饶了我吧，我没有反你啊，我给你老人家下跪了……"

哭声、喊声、深夜、牢房，是谁？还有谁和自己关在一起？父亲说："我听得出来，是陈外欧的声音！他怎么了？难道他疯了？"

陈外欧，湖南人，和父亲同年出生，1929年参加革命，国家测绘总局首任局长，中央军委测绘局局长兼中国人民解放军测绘学院院长。1955年授少将军衔。

"我一下子清醒了！我不能这样下去，无论如何不能！我不能疯，我必须活下去！像正常的人那样活下去。

"自己现在这种状态是危险的。精神被整垮了，疯了，人就彻底完了，与死无异，而且更加屈辱。

"我必须从痛苦中走出来，为了自己，也为了你们。"

我在他夹带的字条上看到，那是一张写在报纸边角上的纸条，上面写着：

咬紧牙关，战胜辱难，自力更生，顽强磨炼，奋发图强，方成好汉。要站着死，不跪着生！

下笔的用力，把纸片上戳得满是窟窿。

爱因斯坦的相对论告诉我们，当参照系改变后，时间和空间就改变了，质量和数量也改变了，人的一切习惯了的感知和经验也全都变了。"文革"就是这样一个人类社会天体中的黑洞，它会吞噬掉一切有价值的东西，物质的、精神的。

周围的人每天都用假证来折磨你，他们制造了一个连你都不认识的你自己，要你承认，然后，要你喊出打倒自己的口号，要你自己批判自己，摧毁自己，扼杀自己。

面对一项项的指控，面对一份份的假证，面对一夜夜的审讯，面对你最信任的领袖对你完全否定的批示，面对你以死相从的党对你的抛弃，你必须回答：我是谁？我从哪里来？又将到哪里去？我为了什么而活在这个世界上？当我就要离开这个世界的时候，我又该怎样给自己下个定义呢……

父亲写道："混沌大地，迷津忘返。"

他真的差一点迷失了自己。

他说："我能理解陈外欧，后来我也能理解罗瑞卿了。"

许许多多在敌人面前，在枪林弹雨面前不屈的英雄，当他们被自己所崇拜的人所抛弃，被指责为违背了教义时，他们真的会很惶恐的。因为是信仰抛弃了他们。

要走出绝境，唯一的办法就是重塑自己。要重新审视自己，审视历史，审视自己的信仰和价值观。

我们现在常常看到许多人在做超越体能的尝试，攀援绝壁、横渡海峡、潜入深海、徒涉沙漠……挑战人类生理的极限。这种在狱中战胜痛苦、挑战自我，不也是去突破和超越人类精神所能承受的极限嘛！

父亲说："我要求自己再也不去想什么假党员、特务一类的东西。那是你们的事，你们有本事就替我去搞清楚吧！"

"面壁这个笼子，我能做什么呢？我想，我该去背诗。"

苍生喋血，山河壮丽，沙场征战，即兴抒怀，这叫马背诗，形成战争和军人特有的文体风格，古来有之。

"早些时候曾想过，老了，干不动了，就把它整理出来，也算是对自己一生的交代。现在不正是个机会，何不把过去写过的东西回忆回忆？一首一首的，晚上睡不着，就用手指在肚皮上画，画着画着就入睡了。像陆游说的'铁马冰河入梦来'。一共一百六十首，我都是用脑子记住的。因为没有纸，也不能写。"

坐过监的哥哥也说过，人这个东西很奇怪，在孤寂中，记忆会复活的。

是啊，当许多早已忘却的往事从记忆的深潭中浮现出来，鱼虾一般地在水面上蹦，生命在欢呼、在跳跃，人的思想就从禁闭的牢笼里冲出来了。

"你们可以囚禁我的身体，但我的思想，我的意志，你们囚禁不了！"父亲回忆和专案组的对话。

"文革"结束后，我妈妈把父亲在狱中背下的诗一一记录下来，汇成一本诗集出版，题名《纪事篇》（注：原文如此）。她在后记上写道：

……"文革"中，爱萍深陷囹圄，一方斗室，四壁漆黑，竟给了他一个特殊的时空。五个寒暑的日日夜夜，凭籍（注：原文如此）着长年养成的习惯，思绪像一只展开双翅的大鹏，沿着历史的长河翱翔，重新俯视当年与战友们踏过的足迹和鏖战的疆场。那些哼过的句子又跳出来，在黑暗的牢房里闪烁，默默回味，独自低吟。这里发表的有些诗词就是当时记在报纸边角上，塞在破烂衣物里带回来的。……爱萍常说，自己是战士，不是诗人。写的诗，只不过是遇事遇物有感而发，即兴抒怀。常写记事篇，只为自家看，没有多大诗味。但这些诗确确实实是他漫长革命生涯中，发自内心的真实情感。

他早期的诗作，明白如话，朝气中透着稚气。

最早的一首是他在十五岁闹学潮时写的："五卅工人热血洒，传单雪飞人如麻。"

写他在上海做地下工作时住在亭子间里："残更陋巷传叫卖，涎水画饼充饥肠。"他说："我们这些党的地下工作者，省下每个铜板为了革命，饥肠辘辘，哪像电影里灯红酒绿的。"

在中央苏区，他写道："糙米饭泡南瓜汤，碗底偷藏红辣椒。"他解释说，南方生疥疮的人多，共青团倡议不吃辣椒，开饭时还要检查的。

写长征途中抢渡金沙江："金沙浪激追兵来，笑贼尽拣烂草鞋。"

他中年时的诗逐渐显露出潇洒和自信。

写指挥我军首次陆海空军联合登陆作战："雄师易统，戎机难觅，陆海空直捣金汤。"

原子弹，这个大规模杀伤性武器，在他笔下是："应时而出惊世闻，爆心来去自从容。"

……

就是这些诗，把他带回到久远的年代，带回到血染的战场，也帮助他找回了自己。

屋子里静静的，静得只听见录音机磁带转动的沙沙声。父亲退休以后，我们时常这样面对面地坐着，听他讲述并讨论人生经历的许多重大事件。我不愿意打断他的思绪，我努力体察他来自心灵深处的声音。

就这样，相对无言，很久，很久。

是我打破了沉默，我说："先休息吧，今天已经谈得很多了。"

父亲挥了一下手，说："我在监狱里，反复地去想，眼前发生的这一切，究竟是为什么？但百思不得其解。"

他的思绪从当年痛苦中脱离出来，重又款款而谈：

"是一件偶然的事情，使我一下子全明白了。他们递给我一张九大的公报……"

理性的思考

1969年，又是一个寒气料峭的春天，文化大革命进入了第四个年头，父亲在狱中已经一年半了。

4月，中国共产党第九次全国代表大会在北京召开。毛泽东称它是一次胜利的大会，一次团结的大会。

中央最高决策层的构成是怎样的呢？

九大选出的中央政治局的名单上，有这样两组人马赫然醒目：江青、康生、陈伯达、张春桥、姚文元、谢富治；以及林彪、叶群、吴法宪、李作鹏、黄永胜、邱会作。每组六人，共十二人。不算毛泽东的二十四人中，他们占据了政治局委员中一半的席位。

剩下的十二人的构成是，毛泽东身边的汪东兴；"文革"中造反组织支持的领导干部纪登奎；三支两军的代表李德生；三个党内元老中，朱德、董必武年事已高，刘伯承双目失明；剩下的人中，有历次党代会都是政治局委员的；有的几乎没有文化，连《参考消息》都要秘书誊写成大字才能看的；再有……

真正有治国治军才干的，历史上做出过杰出贡献的，在党内军内享有威望的，同时身体尚可，能主持日常工作的，只有两个人：周恩来和叶剑英。

这就是党的领导核心；这就是胜利、团结的象征。

父亲说："我终于恍然大悟了。"

"这是个宗派集团。非常典型的党内宗派集团。林彪、江青的宗派集团。这都是一批什么人呢？和他们相处了这么多年了，党内的同志还不了解吗？论思想，论能力，论贡献，论人品，论威望，有哪一条摆得出来？只会喊空洞、极左的口号，山呼万岁。"

宗派借着政治运动还魂了。

宗派现象，在党的历史上并不奇怪。据父亲回忆，他自己就经历过多次。

第一次是在中央苏区，清理 AB 团。据《中国共产党大事记》记载：1931 年 1 月 7 日，根据共产国际的指示，中国共产党六届四中全会在上海召开。由此开始，"左"倾冒险主义在全党的统治达四年之久。他们提拔了一些"左"倾教条主义者和宗派主义者到中央的领导岗位，过分地打击了犯"立三冒险主义"错误和以瞿秋白为首的所谓犯"调和路线错误"的同志。并在苏区内"以最大的决心"反对取消派，进行了反 AB 团、改组派和社会民主党等的斗争，许多优秀干部和群众遭到迫害甚至杀害。

父亲当时因为抵制他们乱抓乱杀，便被视为异己，并冠以AB团分子准备处决。父亲说："十三团团长，上午还和我打篮球，下午就被抓了，说是AB团。要我在少先队中肃清AB团，都是十五六的娃子，笑话！""后来我去参加苏区中央局第一次代表大会，顾作霖（注：中央苏区共青团的奠基人。历任共青团中央局书记，红军总政治部代主任，政治局委员，1934年6月病逝）告诉我，说你脑袋差点搬了家。我惊出一身冷汗来。"后来才知道，你张爱萍不是反对吗？不靠我们这条船吗？好，那你也就算是AB团分子！也就划入了打击之列。看来，宗派借路线分歧还魂，在党的历史上已不是什么新鲜事了。

后来，亏得任弼时同志说话。他说，AB团的特征是利用宗族关系发展，张爱萍又不是江西人，他是恩来同志从上海介绍过来的，这样才指派顾作霖负责重新审查，当然，这一切都是背着当事人秘密进行的。真是的，脑袋掉了还不知是怎么掉的。直到全国解放，1949年冬全国政协第一次代表大会期间，父亲特意去看望了在玉泉山养病的任弼时同志。

1984年，纪念任弼时同志八十冥寿，想起五十年前惊心动魄的一幕，联系自己在"文革"中的磨难，两者是如此相似，他感慨万千，写诗怀念解救自己于危难的这位伟人：

　　吾师明察张正义，否定文革要彻底！

父亲曾给我讲过这样一个故事。长征途中，他们红十三团打下天水后，找到个图书馆，这个图书馆现在还在，是天水市图书馆。长征以来，转战于人迹罕见的藏、回地区，几乎与世隔绝，现在突然面对这么多的报刊杂志，他和彭雪枫两个人冲进去，好一顿精神会餐。父亲说，有一篇文章，使他好奇，是彭雪枫指给他看的。文章说，如果以水泊梁山比喻红军的话，毛泽东就是宋江，而彭德怀是林冲，林彪是花荣。什么意思？读过《水浒》的都知道，花荣是跟着宋江上梁山的；而林冲则是自己被逼上梁山的。这就应了一段史实，林彪是在毛泽东创始的红四军成长起来的，而彭德怀则是在平江起义后率部队上井冈山与朱毛的红四军汇合，是红五军的创始人。两支队伍共同组建了红一方面军，红四军改编为一军团，红五军改编为三军团。文章最后问道，现在林、彭分别执掌的一、三军团，同在毛泽东领导下，三个人之间的关系，是不是有点像林冲、花荣和宋江的关系呢？

像不像其实并不重要，任何事物都有他的来龙去脉。父亲讲完这个故事后说："重要的是如何始终坚持党的原则看待和处理这类问题。党不能允许把自己组建和领导的队伍，看成是个人和党闹独立性的资本，任何人都不行！毛泽东说过，党外无党，帝王思想；党内无派，千奇百怪。但党的原则是要搞五湖四海，是全党服从中央，而中央则是民主集中制的中央。"

历史上我军各"山头"的形成，大多与根据地有关，由于长期分离割据的状态，形成了相对独立的体系，我们俗称"山头"。其间分化组合，关系非常复杂。红军时期的一、二、四方面军和陕北红军；抗战时期一方面军改编为八路军一一五师、二方面军改编为一二〇师、四方面军改编为一二九师，南方八省游击队改编为新四军。一一五师后来又分为晋察冀（也就是华北）和山东两股。解放战争中又派生出四个野战军和华北军区，等等。

与我父亲有关系的，在建国后对军队建设影响较大的，主要还是在一方面军，也称中央红军中的一、三军团的矛盾。由林彪和彭德怀分别统领的一、三军团，是中央红军的两个拳头，尤其是在长征中，一前一后地护送着中央纵队到达陕北，付出了重大的牺牲。在中国共产党彻底摆脱共产国际控制，确立起毛泽东在党内的领袖地位的转折时刻，一、三军团战功赫赫。英雄主义是军队的灵魂，敢打敢拼，不服输，争第一，有什么不好？但事事要争个高下，互不服气，把荣誉看成唯一，由英雄主义逐渐生出锦标主义来；为了维护小团体的利益，讲义气、好抱团，宗派情绪也就自然带出来了。

早在1945年少奇同志在中国共产党第七次全国代表大会上做的《关于修改党章的报告》中就专门分析了党内宗派的问题。他说，党内的盲目山头主义倾向，是一种特殊的宗派主义倾向，它没有明显的错误的政治纲领，但有许多不正确的政治观点与组织观点，有严重的排外主义倾向和小团体倾向。他列举说：只记得、只了解自己部分的光荣历史，而不了解或者忽视其他部分的光荣历史；他们在自己内部，有说有笑，生活融洽，照顾周到，甚至无话不谈；而对其他部分的人，则格格不入，冷淡和漠视，没有应有的尊重和照顾；在党的关系上，表现出他们有特殊的山头关系，甚至互相联合，盛气凌人的，而其他的人们，就不得不心存戒惧。

刘最后警告说：这种山头主义倾向，极大多数是盲目的。但这种盲目性，如果一旦被有野心的分子利用，就可能在党内造成严重的纠纷。

许多问题可以追溯到庐山。父亲在谈及"文革"初期传达"彭罗陆杨"和"刘邓"的问题时说："在庐山，彭的问题出来后，把林抬出来；七千人大会，'文革'搞'刘邓'、'彭罗陆杨'都是把林用飞机接回来，利用这股势力。同庐山一样，逼得你发言、表态，不是讲求真理，而是投其所好。这哪里还有什么正常的党内生活啊，是窝里斗，翻旧案。我对这种政治极其厌恶。"

正如父亲所说的，在高压下，你该怎么办？沉默、批判、揭发？小批小揭，还是大批大揭？"文革"中叫划线站队。尤其是和被打倒的人有过历史渊源的同志，压力就更大了。吴法宪在他的回忆录中说，因为经不起压力，违心地揭发了黄克诚。吴这里说的实际上是指黄在战争年代"私藏金条"的事情。这发炮弹对黄克诚内心的伤害几乎是致命的。黄写道："对我揭发中最耸人听闻的是莫须有的黄金问题。""会上一片哗然。我一向被认为是清廉、克己的人，忽然间似乎成了大贪污犯。""我尽管已经背上了'右倾反党'的罪过，但实在耻于'贪污'的名声。"（注：《黄克诚自述》，318—319页）

　　我的父亲和母亲都说过，在他们印象中，吴法宪这个人过去并不坏。在三师时，他的工作很认真，对人也好，黄特别信任他，他和黄克诚关系也很密切。但这次实在是出人意料。父亲回忆说："开始两天很冷清，一般性的表表态。吴法宪的揭发是个重磅炸弹，气氛一下子改变了……我想不到这个人会变得这样无耻，我不能原谅他。"我妈妈后来证实了这点："当时你爸回来就说了这件事。我都不敢相信，他原来对人是很诚恳的。你爸爸说，吴胖子到空军去这才几年啊，怎么就学得这么坏？"

　　父亲这个人，秉性耿直，喜怒都在脸上。联系到他在庐山批彭时的保留和同情，"文革"初期打倒彭罗陆杨和刘、邓时表现出来的质疑，被林彪宗派集团划入另册就不奇怪了。

　　对立面被打倒了，但怎样才能彻底消除他们的影响呢？一时鸦雀无声了，但在人们的心目中，彭黄是敢讲真话的英雄。于是就派生出一条党内斗争的法则：打倒一个人要有三条，批倒、批臭，再踏上一只脚。这就是，从理论上、道理上批得你站不住，什么唯生产力论、阶级斗争熄灭论、机会主义、反毛泽东思想，等等，这叫批倒；还有批臭，把你的历史抹黑，或是揭出你点隐私、脏事，什么作风、经济上的问题，你就被搞臭了；然后做出组织处理，戴帽子定性、劳改、关押、判刑什么的，叫再踏上一只脚。这三条在"文革"中被推向极至，三条铁定了，您老人家就永世不得翻身了。

　　吴法宪这次，就属于在批臭上立了功的。直接下级、知情者出面了，揭穿了黄的画皮，原来是个两面派、伪君子啊！这就彻底臭了。这件事，反映了在人们心目中的一条潜规则，生活作风廉洁的就是好人。即使在党内高级干部中也是如此，像朱总司令、总理、彭老总，你再说他有路线错误，但人家没有谋私利啊！其实，谁好谁坏，就是普通老百姓，虽然远离党内高层生活，但眼睛是雪亮的。所以，"文革"一开始，林彪就针对这个现象提出了"大节、小节"论，说的就是，关键看路线，看站队。腐化堕落怎么啦？只要是无产阶级司令部的，那也是好人犯错误。相反，你再廉洁，是资产阶级司令部的，那也是个伪君子，装的！林彪的这条理论一出，划线站队就成了"文革"的准则，什么老中青三结合，干部四条标准，接班人五个条件，还不都是幌子。打不打倒你，用不用你，关键在于你是谁线上的人，你的后台是谁。

"大节、小节"论的出台，是用人原则的变化，是是非标准的变化，是价值观念的变化。这个法则一出，就像瘟疫，人们不再注重业绩、人品，不再信奉真理和诚信；而是崇尚权势，察言观色，见风使舵，投其所好。残酷的党内斗争，使人的良知泯灭。每个人都岌岌可危，为了开脱保全自己，朋友、部属、亲人之间，不惜落井下石。平时跟得最紧的人，可能就是揭发批判你最凶的人。中华民族几千年来的仁义礼智信，共产党员修养的道德准则，这些文化积淀，统统被一扫而空，真是名副其实的"文化"大革命了。

"文革"结束后整党，父亲对当时负责领导整党工作的中央整党工作指导委员会常务副主任薄一波说："怎样评价整党的成效？党风不正，首先是政治风气不正。从文化大革命开始，就败坏了党的风气，一派谄媚迎合之风！"

父亲曾写过一篇纪念邓子恢的文章，记述了自己亲眼目睹邓子恢在中央苏区被批判的经过梗概。他写道："此事对我震动很大，除了对邓老的崇敬和同情外，对组织上的这种做法甚感不满，乃至以后发展为深恶痛绝。……当时想，共产党哪都好，唯独在对人的处理上，怎么能这样草率、这样无情呢？抓住一点不及其余，无情打击。固然这不是党所要求和提倡的，但行动起来，一些人甚至一些领导人就这样肆无忌惮地去做，好像不这样就不足以证明他们革命，他们是坚定的领导者似的。而一些人对这样做法的后果既无责任更不痛心，一副若无其事的样子，甚至依然悠哉游哉当他的官、行他的权。一旦新的运动来了，就又故伎重演。我认为这样的人很卑鄙，于党于民，只能有害，不会有利。"（注：《人民日报》1996年8月19日）

他的政治态度和处世理念尽显其中。

党内的宗派主义思想和宗派小团伙的存在，其实并不可怕。但是，如果他们与个人迷信和极至权力相互利用和掩护，特别是借助大规模的政治运动和群众动乱这个载体，那它的破坏将是灾难性的、毁灭性的。就像癌细胞，它本来就存在于肌体内，在党的正确领导时期，历史上形成的派别因素，至多是反映在同志关系上的亲疏有别而已。但当党的民主这个免疫系统遭到了破坏，这个魔鬼就被激活了，它会迅速地随着淋巴和血液蔓延，侵蚀整个党的肌体。

父亲说，他看完九大公报后思考的一个问题是："不是我有什么问题；也不仅仅是有人想报复我、整死我；是党出问题了！是毛泽东那里出了问题。"

他说："个人崇拜现象和个人专断作风集中体现于毛泽东身上。马克思主义者是唯物论者，这是事实，每一个正直的共产党人都不应该回避这个问题。

"我再没有去想个人的事情了，我开始为我们党担心了。我个人算不了什么，人总会要死的，落得个这样的下场去死，我没有想到过，是痛苦的，非常的痛苦。但国家的前途怎么办？革命怎么竟会走到了这一步呢？自己出生入死为之奋斗的理想究竟是什么呢？历史上党内也有过宗派斗争，但没有搞到过像这样的程度。宗派势力卷土重来，而且是这样大规模的席卷全党。看来是出大问题了！毛泽东那里出问题了！愁闷，为党和国家的前途愁闷。"

毛泽东，这个名字，在老一代共产党人的心中，他是神圣的。

父亲在数十年的革命生涯中，通过自己的亲身实践，在无数次失败和成功中认识了毛泽东，他和许多党的高级干部一样，真心实意地爱戴和崇敬自己推举的领袖。毛泽东这个名字，已经融化在他和他的战友们的血液里了。但今天，当他身陷囹圄，他不得不去思考自己，思考身边发生的这一切，思考他的导师了。

父亲和许多他同辈的农民出身的高级将领不同，并非掺杂着对毛泽东个人关系的情感色彩。在他参加革命活动的初期，毛泽东还没有成为统揽全党的最高领袖，父亲也并没有在毛泽东的直接领导下工作过，即使偶尔有过接触，毛泽东也没有对他表现出特别的欣赏和偏爱。大革命时期在四川老家搞学生运动；大革命失败后在上海从事地下工作；土地革命初期在苏北组织农民暴动；到了中央苏区后，又长期搞共青团工作；而这些都不属于毛泽东领导的领域，甚至他的直接上级们多少还是毛泽东在党内的反对派和宿敌。他后来到红军，也是在彭德怀领导的红三军团。

我看过一些回忆录，有的人从小就跟着毛主席上井冈山，后来在"文革"中，受到特别关照，某某人来了没有啊？你们把他弄到哪里去了？都是井冈山的老同志了嘛，把他给我找回来！于是平反，于是出席九大，于是家属子女都穿上了军装。还有的，相当于《三国》、《水浒》中的劫法场，临刑前，一声刀下留人，给松了绑，"救命恩人"从此挂在嘴边，逢人便说"也就老人家知我"。还有的人，在人家遭冷遇时，给过特别关照，于是讨来个承诺，说是这个位置将来就非他莫属了。为此还写回忆文章，当成件多荣耀的事。现在人们的观念进步了，对这种梁山好汉似的故事当然是嗤之以鼻的了。但"文革"倒霉时，我的确曾羡慕过，叹息自己的父亲没这个好运而因此遭罪。

父亲对毛泽东的认识是理性的，源于五次反围剿和失败后的长征路上。作为中央红军的一名指挥员，目睹了毛泽东的指挥艺术，亲身感受到了毛泽东挽救红军、挽救中国革命巨大的历史功绩，使他从正反两个方面的经历中信服了毛泽东，自觉地拥戴和维护毛泽东。

他回忆说："五次反围剿时我就觉得不对头了，他们把毛泽东从红军撵出去，自己那套又不行，我觉得红军离了毛泽东不行。

"遵义会议后，在毛泽东的指挥下，红军就主动了。我写了《从遵义到大渡河》，记述了这个时期作战主动权的变化。

"抗日战争时期，毛泽东把游击战提高到了战略的高度，到敌后去建立根据地，开展敌后游击战，确立了在抗日战争中我军在战略上的立足点。一些地区的失败，有些就是违背了这个原则，说到底是害怕到敌后去。那里艰苦，但可以发展。

"我们当年搞出两弹一星，就是靠毛泽东倡导的自力更生、艰苦创业的精神，和《实践论》、《矛盾论》，尊重科学，实事求是。

"把马克思主义和中国革命的实践相结合，这是毛泽东的功劳，也是我拥护他追随他的原因。学习、贯彻、宣传毛泽东思想我是努力的，也是自觉的，过去是，现在也是。对中国革命的贡献，没有人可以超过毛泽东的。没有毛泽东思想，中国革命不知要走多少弯路。这是我亲身的体会。"

……

对党在历史上确立毛泽东的领袖地位，不管现在人们以何种观念来评说，但父亲和我谈起这个话题时，他是坚定的。他说："中国革命胜利的实践已经证明了，这是正确的。刘少奇同志提出确立毛泽东思想在党内的地位，是符合历史要求的，少奇同志在这方面也是有贡献的，这和那些在'文革'前后搞大树特树的人是根本不一样的。"

正是由于他对毛泽东的认同是理性的，不是盲目地带有个人色彩的，所以，在社会主义革命和建设的实践中，他必然会对毛泽东的一些做法生出疑虑。只不过，毛泽东伟大成就的光环一时还不能使他更清醒地去思考。

父亲说:"解放后,还是在华东时,来北京开过几次会,我就看出来了,因为是一言堂,就有人跟着跑,党内生活就不正常了。我回来跟陈老总说起,陈严肃地说,这种话不好瞎说的喔!不辨真伪,不讲真理,而是依附一种势力,仰人鼻息,无原则的歌功颂德,我做不到。陶渊明'不为五斗米折腰',是做人的节操,何况是一个革命者。但个人又能怎样呢?不愿意依附,唯一的只能是埋头于工作,不看,不听,不参与,除了工作关系外,我没有私人间的往来,因为我厌恶党内那些拉拉扯扯的现象。我有时也会发泄一下,所以叶帅送给我一个绰号:带刺!

"关于粟裕同志的问题。当时是突然通知的,在游泳池。我们(指当时总参的几个领导人)到了后就等在那里。毛起来,穿上件睡衣,说找你们来,是要谈谈粟裕的问题。……大家都没有说话。在这样的场合,以这样的口气,谈这样的问题,这做派我真不能习惯。我想起瓦窑堡时自己打了败仗去见他的情景,这次,怎么也接受不了。回来我就跟你妈妈讲了,有变化了,和从前不一样了。

"在庐山,彭老总是不该说你是小资产阶级,但把人家整成这个样子,没有道理嘛。

"彭那时搞海防,要增加一个连都很难,但林上来后,增加多少,都一概同意。××要塞,彭在的时候报过多少次,都打回来了,但林上来再报,一下子要增加上万人,我们当时都觉得不可能通过的,但二话不说,就批了。对彭对林,就是不一样嘛!

"还有对罗。为了拉林彪,就由得他把人家往死里整,党内还有正义吗?还讲一点原则吗?"

……

耳闻目睹的这些片断,给他心中蒙上了一层阴影。也许,在日理万机的繁忙中,在胜利成功的喜悦中,在对领袖的信仰和崇敬爱戴中,对这阴影背后更深层次的原因他还来不及思索,甚至也不愿意去思索，但现在，在这斗室的方寸之地，这些因果缘由开始慢慢地浮现出来了。

他结合自己在方巷搞社教时宣传毛泽东思想的做法说："用毛泽东思想对农民进行社会主义教育，提高他们的素质，启蒙他们的觉悟，树立起依靠自己的力量改变落后的信念。我在方巷搞社教，就是这个指导思想，今天我仍然坚持这个认识。但搞个人迷信，个人崇拜，搞大树特树，搞四个伟大，还有什么……（插话：三忠于四无限）对！就是这些，由此导致完全破坏了党的民主集中制的原则，我是反对的。"

他特别强调说："同时，党允许这些人如此肉麻地吹捧领袖，也是极不正常的，是危险的！

"从庐山开始，党的民主集中制遭到了破坏。到八届十一中全会，到九大，简直是奸佞当道。真正的马列主义者在这里都搞不出名堂，过去为之奋斗的理想已经渺茫。

"我看出来了，……滋生的帝王思想。这是腐朽的，违背历史进程的，这将从根本上瓦解我们这个党。

这不仅仅是父亲个人的看法，党内许多正直的领导人也有他们自己的思考。邓小平说："总起来说，1957年以前，毛泽东同志的领导是正确的，1957年反右派斗争以后，错误就越来越多了"，"从1958年批评反冒进，1959年反右倾以来，党和国家的民主生活逐渐不正常，一言堂、个人决定重大问题、个人崇拜、个人凌驾于组织之上一类家长制现象，不断滋长"，"在那种情况下，真实情况是难于反对。"（注：《邓小平文选》，第2卷295—296页、372页）

邓小平把毛泽东的这一错误和文化大革命联系起来，他说：毛泽东"在生前没有把过去良好的作风，比如说民主集中制、群众路线，很好地贯彻下去，没有制定也没有形成良好的制度"，"我们党的政治生活、国家的政治生活有些不正常了，家长制或家长作风发展起来了，颂扬个人的东西多了，整个政治生活不那么健康，以至最后导致了文化大革命"（注：《邓小平文选》，第 2 卷 345 页）。

在过去了的近半个世纪里，毛泽东以其非凡的思想和巨大的领袖感召力，塑造了我们的国家、生活和时代。我们为生活在毛泽东时代而骄傲。毛泽东在我们心中已经不再是一个个人，一个行动迟缓的老人，他是一个象征，一种信仰，一尊神。我们像一群依赖父亲的孩子一样的把自己的一切交给他安排，虽然毛泽东自己未必就愿意这样，但我们却宁愿相信自己编出的这个神话。当终于有一天觉得被这个伟大的父亲抛弃时，我们曾惶恐过。也许失去了父亲的孩子成熟得更快，尤其是那些曾和毛泽东一起出生入死的老一代革命家们，那些曾经以信仰马克思主义，追求大同社会理想而走上革命道路的人们，当他们面对这种种非理性的现象认真思索时，当他们面对生死而重新审视人生时，他们才分得清作为信仰的毛泽东思想和作为肉体凡胎的毛泽东本人。

毛泽东终于在他的脑海里，从神，又回归到了人。

漫长的铁窗生涯，给了父亲思考的机会，在匆匆忙忙的人生旅途中，他终于可以静静地来审视自己的一生了。他说："就像过电影一样，一幕一幕，看到了自己一生中经历的许多往事。"

现在，他可以相信自己了，他活得堂堂正正，光明磊落，他为这个党、这个国家尽了自己所有的力量。战争年代，他几负重伤，从死亡线上走过。和平时期，他为军队现代化奋斗，为国家创造了核武器的神话。他确实尽力了，他没有做错什么。"文革"刚发生时，他相信触及灵魂改造思想，被关押后，他认为是奸佞置他于死地，他总有一天能为自己讨还清白，可现在他明白了，他不需要这些，不需要还他什么清白，他相信他自己，他还是他，是你们变了，是你们丢掉了自己曾经追求过的理想，把这个国家，把这个党当成自己的封建王朝。

他说:"如果党坚持这些错误,丢掉、背弃自己的宗旨和信仰,那就不是我要加入的党,也不是我要革命的目的。我可以走!"

他说:"经历了'文革',是我人生的第三个阶段。"

这大概就是在文化大革命的炼狱中,给予他最宝贵的人生财富吧。

他在狱中写道:

问君此生曾虚度?十五走上革命路。
枪林弹雨无反顾,建设祖国不停步。
无媚骨,自揣年华未虚度。

父亲从此再没有给中央写过一个字,再没有给专案组写过一个字,他再也不请求复查,再也不要求上面派人来听他申诉。他说:"我保持自己做人的准则。"

他的心从来没有像此刻这样,平静如水。如果说,"文革"前,他的内心还有过对功名的冲动,还有过对事业成败的浮躁;在狱中,还有过澄清洗刷自己的渴望,对自己冲动时失言的懊恼,现在,则完全没有了。

他,只剩下一个想法,那就是要活着出去。他说:

"没有真理,任何人都不能让我低头!我个人也许无法扭转这一切,但我恪守我的信仰和做人的准则。如果我能活着出去,我要把你们都找到,我们一家人走得远远的。"

在幽暗的监狱里,父亲想到了三十八年前,他在长征路上经过的地方,那是云南和贵州交界处的北盘江,江边有一座山叫关岭。当年他率领红十一团抢渡北盘江,掩护中央大队进入云南。他好像又回到了当年,他登上关岭,举目远望,他回忆说:"当时就觉得那地方太美了,简直就是世外桃源。我想,假如我能活着出去,就和你妈妈一起到北盘江的江边去。怎么生活呢?可以开个照相馆,叫夫妻照相馆吧。了此残生。"

大彻大悟。只有经历了炼狱的人，才可能获得如此的彻悟。

自由

1971年9月13日，毛泽东钦定的接班人，"文革"的柱石，掌控武装力量的中国第二号人物林彪，乘飞机外逃时摔死在蒙古温都尔汗的沙丘上。

这件事对中国社会的震动实在太大了！九大以来天下大定的局面全都乱了。

社会上各种被压制的潜流活跃起来。陈正人（注：曾任第八机械工业部部长）给毛泽东写信，他说，记得您在井冈山曾亲口对我们说，要优待俘虏。可我们，现在的待遇比当年的俘虏却差远啦！刘建章（注：曾任铁道部部长）夫人刘淑清也写了信，通过王海容递给了毛泽东，毛泽东的批示是："这种法西斯式的审查方式是谁人规定的，应一律废除。"对毛泽东的这个批示，李一氓（注：中央对外联络部副部长，中央顾问委员会常委）在他的回忆录中俏皮地问道，是啊！是谁规定的啊？至今也没有人出来承认，这个任务大概只有交给将来搞《毛选》注释的同志了。他写道："一些经过长征，有四十多年党龄的干部，党听信半句谣言，就把他们当成反革命抓起来，而且在事情已经弄清楚后，还一直关在那里不理，党对于党自己这样的成员都没有了底。"（注：李一氓《模糊的荧屏》，284页）

我们被允许给父亲送东西了。

时间，在孤独与寂寞中一点点流逝。父亲是1967年底被抓进去的，1968年过去了，1969年也过去了，1970年又过去了，1971年转眼到了秋天，北京的秋天是短暂的，天气渐凉。父亲后来说，突然间收到了家里带来的包裹。已经四年没有亲人的消息了，而顷刻间，亲人缝制的棉衣就在眼前，老泪纵横……他写道：

独处得寒衣，老泪频滴，亲人晰晰在心底，惟有知己！
抱病度难期，岁月艰济，骨肉安危无消息，何时解迷？

狱中的生活在悄悄地改善着。看守的态度不再那样蛮横了，不再因为等不及把大小便拉在裤子里，而是告诉他可以拉在痰盂里，再倒掉了。他搬进了二楼，不再像原来那样阴暗潮湿了。伙食过去吃的是山芋干、稀饭，现在也居然吃到大米饭和蔬菜了。改善伙食的第一天，给他碗里放了三个包子。父亲说："我太久没吃饱过了，狼吞虎咽的一下子就全吃完了。我问，能不能再给一个吃？那个战士斜眼看了一下说，你就不怕撑死啊！又给了我一个。我吃了一半就再也吃不下去了，看来他说得对，是会撑死的。"

生活上的改变，联系到报纸版面的变化，父亲看出来了，林彪的名字不见了，而且他的那个班底也都不见了，一天、两天……好久都不出来了。父亲说："他们完蛋了，但我想不到他居然会这样的死掉。"

早在半年前，专案组又一次上报了关于张爱萍反党反革命罪行的审查报告。归纳为三个问题：一、反党罪行；二、情报资敌；三、包庇叛徒特务。其中第一项仍无限上纲；第二项把通敌改为情报资敌；第三项过去是次要问题，现列为主要问题了。假党员不再提了，日特、叛徒的帽子也没有了。

"通敌"和"资敌"一字之差，多少意味着性质的变化。这件事，外人听起来，耸人听闻，但就情报系统来说，无非是件正常的业务工作，又经过各级组织批准，不管这些领导人后来犯了多大错误，工作毕竟就是工作，又能做出多大的文章呢？从后来查阅到的材料看，这件事，从一开始，上面的态度就有些暧昧，主要是中央二办的几个人在呼风唤雨，专案组是为虎作伥。其实，二办带头的也是总参政治部派去的人。我现在还经常在网上看到他的署名文章，散布一些有关高级干部里鲜为人知的逸闻。估计都是他在搞专案期间的收获吧。

黄永胜批："此材料一般，暂缓上送。"

是不是挺遗憾的？

漫天的乌云终于透过来一缕阳光。五年了，我们生活在黑暗中。我们家庭的第三代出生了，我们给他起名小亮。虽然这只是一点点小小的火花，但那是希望之光。我们在这个婴儿的身上，寄托了对他爷爷新生的企盼。

林彪集团的垮台，使得文化大革命中的许多矛盾一下子尖锐了起来。既然林彪是反党反毛泽东的，那被林彪整倒的干部，他们又应该算是什么呢？平反的要求获得了道义的支持。

仍处在中央核心领导层中的周恩来，成了众多被冤屈的人们唯一可以信赖的救星。他被看作是正义的化身，是走出死牢最后的一点希望。我们开始向他写信申述冤情。

但像我们这样的戴罪之人，又怎样才能与最高层沟通呢？我们想到叶帅。林彪垮台后，叶开始主持军委工作，但我们还是没有办法见到他。我们已经沦为社会最底层的贱民了，摆在面前的，是要寻找一架通天的梯子。

我弟弟是个能折腾的人，他说有王震这么个人，都叫他王胡子，虽也失势，但只不过是被"文革"的台风抛到了边缘。他痛恨"文革"，可"文革"派们就是奈何不了他，说是得到过毛的特别关照，政治上根子很深。这个人，为人仗义、热心，帮助过不少老干部疏通斡旋。眼下，他正在总理召集的一个读书班里，名义上是学习马列，实在是联系沟通各方……这真是个绝好的机会。

必须找到王震胡子！这可能是唯一的机会了。王是二方面军的，抗战时期在陕甘宁边区，解放战争在西北野战军，解放后虽然也挂了副总长，但主要是在铁道兵，后来又在农垦部工作，和父亲关系不深，我们也从未见过他本人。弟弟不知从什么地方剪了张王胡子的照片，还打听到他住在小西天对面的一个胡同里。有这些就足够了。一大早，弟弟就来到他家附近蹲坑。果然，一辆上海牌轿车歪歪斜斜地开进来，钻进一扇大铁门里。那时汽车很少，肯定是来接王震上班的。约摸7点多钟，大门又打开了，车出来，按照片一对，没错，就是他！

第二天一早，上班前，我们陪同妈妈敲开了王震家的大门。他的秘书伍绍祖正在水池子边刷牙，一听我们的身份，立马通报。王震在吃早饭，一见，就握住我们的手说道："张爱萍同志啊！我认识的，他是个好同志！"

眼泪一下子就涌出来了。这么多年了，除了反党分子、叛徒特务外，哪里听过有人称父亲是同志呢？同志，这个名称对我们已经是遥远的回忆了。

王胡子听明来意后，很老到地说："这样吧，你们写个信，做个检讨，总得给老人家一个台阶下嘛。选宁、选基（注：分别为叶帅之子、侄）常来我这里，先递给叶帅，再由叶帅递给总理。你们看，这样行吗？"

我们开始给父亲找错误了，可他到底犯有什么错误呢？看惯了大字报上的口诛笔伐，可这时真还找不出一条应该算在他头上的错误。情急之下，我们想到他在红十四军时期，曾参加过苏北农民暴动，这就算上一条吧。于是写上："历史上执行过立三路线。"

王胡子看到信后，当场就说："不对，立三路线在党内占统治地位的时间只有三个月，是1930年的6月到9月，红十四军打泰州是年底了。应该改成：'在立三路线的影响下'执行了左倾盲动主义的错误路线，似更为准确和严谨。"我们说，这样写，错误是不是说得太轻了？王说，谁知道他看不看，就这样吧。

谁说王胡子是个粗人？

1972年3月31日，周恩来总理在我们的申述信上批示："同意李又兰见面。如需治疗可送阜外医院。周恩来于3月31日"

1972年4月8日上午，卫戍区北新桥小院。

一大早，我们全家人就等在那里了。

一个老人出现了。他满头稀疏的白发，面部浮肿得连眼睛也睁不太开了，两只手臂夹在腰上，慢慢地挪着步子，因为没有裤带，也没有鞋带。他差不多连路都不会走了！

但这确实就是我的父亲，新中国海军的创始人，中国第一颗原子弹试验总指挥，我军首次陆海空军联合作战的前线司令员，开国上将张爱萍！

父亲，五年来，我们积攒了多少话要对你说，可现在，这一切都化作了泪水。

什么话都不要说了，也不知从何说起，一家人相偎在一起，只是流泪和抽泣。本来规定是监视会面的，但现场卫戍区的人纷纷离开座位，这样悲恸的场面，没有人看得下去。

父亲的话语反应非常迟钝，他说："好多话想说，但不知怎么说。"五年的单独监禁，没有人可以说话，好多词汇都忘记了。

否极泰来，本应该是欢笑。他说："笑起来，脸上都觉得发硬发僵。五年了，没有笑过。"

五年的与世隔绝，许多词汇忘记了，甚至连笑的反应都消失了。生命有时特别脆弱；有时又特别顽强。

父亲在狱中写下了他最后一首诗：

春阳日和耀眼红，松柏竹梅生气冲。
寒流难斫蓄芳蕊，风雨过后更葱茏。

在阴暗的牢笼中关得太久了，春天的阳光啊！照得人连眼睛都睁不开了。松柏竹梅，指我们兄妹四人，磨难过去，家人安康，应该是他做父亲最大的心愿了。他说："最使我欣慰的，是你们没有颓废，顽强地生活下来了。"

当他知道林彪出逃摔死在异国他乡时，他写道：

洞中朦胧世奇变，说是冰雪已将融？

真奇怪，有千言万语要说，但不知为什么，最想告诉他的居然就是这件事。也许这也是他最想听到的，果然，诗的最后两句是：

令我精神重抖擞！更觉团圆意味浓。

关押期间，父亲跌断了腿，周恩来批准入院治疗，因未解除监禁，化名"张绪"。1972年11月上旬，在人民大会堂一个会议的间隙，周总理问总参两位领导人："这么多年了，还没有把张爱萍的问题搞清楚吗？中国共产党内有那么多叛徒特务，今天我们还能坐在这里开会吗？"

二办写了关于张爱萍问题审查报告，我见到的只是草稿，未见到正文。共分五个部分，一、通敌问题可以否定；二、日特问题可以否定；三、假党员问题可以否定；四、两次被捕未发现叛变行为；五、犯有美化刘少奇、彭德怀的错误。

1972年11月22日，周恩来批准解除监护。

1975年10月7日，中央专案审查小组第三办公室做出了关于张爱萍同志的审查结论："根据中央军委的报告，经中央批准，于1967年12月25日监护审查，1972年11月解除监护。经调查核实，张爱萍同志历史清楚，政治上没有问题。"

周恩来批准了这个结论。

父亲说："被抓进去那天是12月26日，这天是毛泽东的生日，但他们一定要写在25日，随他们吧。"

宣读了父亲解除监护的通知后，有人提醒他是否应该对中央的决定表示个态度。父亲说："强盗把你抓去再放出来，你还去感谢强盗吗？"

对他，看来五年的关押还不够。

1976年"反击右倾翻案风"开始，父亲再次被打倒。

1976年4月21日，汪东兴在三办关于张爱萍同志审查结论材料上批：应重新审查结论，请中央三办研究处理。

从档案材料上未见三办重新搞审查结论。也许是来不及了吧。

1976年10月，"四人帮"被逮捕。

1977年10月27日，中央三办建议不要再重新结论了。

第9章
艰难的航天之路

　　杨利伟,一飞圆了千年梦。一时间,中国的航天之路,和由此相伴而生的中国的航天精神,成为各界讨论的热门话题。究竟什么是中国的航天之路?它与世界一些发达国家走过的道路有哪些不同?作为中国两弹一星最早的领导者之一的我父亲的经历,或许能够提供一些佐证。

召回

　　1975年,是一个不应该被忘记的年份。

　　文化大革命进入到了第九个年头,但是这场运动离所预定的由"天下大乱"达到"天下大治"的目标,却遥遥无期。

　　父亲是在1972年底获准保外就医的。在关押期间他折断了左腿,是股骨胫粉碎性骨折。在当时极其恶劣的环境下,得不到及时的检查和诊断,他拖着一条断腿,扶住墙才能勉强移动,断裂层面的相互摩擦,致使创伤急剧恶化。两个星期后,他连站也站不起来了,只能靠趴着侧着维持最起码的生活。因为这时已经可以探视了,妈妈给周恩来写信,说即使从最起码的人道主义考虑,也应该给予治疗。这样,父亲被化名张绪进行了手术。第一次手术不成功,创伤面愈合后,里面锔的钉子松动了。几个月后,不得不重新切开,进行了第二次手术。五年的关押,伤残的折磨,再加上两次手术和多半年的卧床牵引,严重地损害了他的健康。他那时也才六十二岁,却给人以风烛残年的感觉。

俗话说:"病来如山倒,病去如抽丝",光明的到来总会是一波三折的。1972年11月27日,我正在车间干活,一早接到专案组安宏生同志电话,说你们家里快来人吧,你父亲不行了!当我们赶到时已是午后,父亲深度昏迷,瞳孔放大。我妈妈说,这就蹊跷了,你爸爸体质虚弱不假,但何以突然就濒临死亡的边缘呢?经她与三〇一医院外科主任李蓝丁分析,疑是中毒,于是立即停用并封存一切药物。

据保留下来的当时病历记载:"11月26日晚9:30出现疼痛、面红、烦躁……所答非所问、谵妄状态……经黄克维、汤洪川、陈树森会诊,认为是阿托品样中毒反映(应)。随即查服用药物,找到曼陀罗籽约六十至七十粒。……11月27日晚症状逐渐减退……"

药典记载:曼陀罗又称醉仙桃、佛花,有剧毒,国家限制销售。

事后,总政治部主任李德生批示查找原因。但你想,对一个尚在监护中的犯人,怎么可能找到答案呢?三〇一医院最终的报告是:"医疗事故,但不排除政治因素。"

1972年12月9日,正式通知恢复使用"张爱萍"这个名字。

九九八十一难。张爱萍,你命硬如虎!

中共中央以文件的形式将林彪发动政变的纲领《571工程纪要》转发下来,以供全国人民批判。它像天籁之声,中国人民第一次听到了来自最高层的反对声音,来自一个文化大革命的捍卫者发自心底的声音:

"十多年来,国民经济停滞不前,群众和基层干部、部队中下干部实际生活水平下降，不满情绪日益增长。敢怒不敢言。甚至不敢怒不敢言。

"统治集团内部上层很腐败、昏庸无能、众叛亲离。

"一场政治危机正在蕴（酝）酿，我国社会主义制度正在受到严重威胁，笔杆子托派集团正在任意篡改、歪曲马列主义，为他们私利服务。他们用假革命的词藻代替马列主义，用来欺骗和蒙蔽中国人民的思想。

"他们的社会主义实质是社会法西斯主义。他们把中国的国家机器变成一种互相残杀、互相倾轧的绞肉机，把党（内）和国家政治变成封建专制独裁式的家长制生活。

"他滥用中国人民给其信任和地位，历史地走向反面。实际上他已成了当代的秦始皇。他不是一个真正的马列主义者，而是一个行孔孟之道借马列主义之皮、执秦始皇之法的中国历史上最大的封建暴君。

"为了向中国人民负责，向中国历史负责，我们的等待和忍耐是有限度的！"（注：以上引自［1972］中共中央4号文件）

我们设法把文件摘抄下来，带到医院，读给尚未解除监护的父亲听，他说："林彪的死，是对毛泽东最大的警告！"

林彪集团的崩溃，文化大革命的胜利者中只剩下江青集团了。1972年底发起了对右倾回潮风的批判，但人算不如天算，这一对反动的反动，不仅没有挽回被林彪带走的对"文革"的信念，反倒使江青集团的势力迅速崛起。在1973年召开的党的第十次代表大会上，他们不仅成为了政治局里最强势的宗派集团，而且王洪文还事实上接替了林彪接班人的位置。

很快，"批林批孔"运动开始了。孔老二，一个人民不认识的"林彪"被抛出来，借以掩盖导致林彪现象直接的政治原因。但遗憾的是，这场袖珍版的文化大革命没有多大起色，当年高喊着"誓死保卫毛主席"、"保卫江青同志"的口号，朝着他们影射的对象猛扑过去、乱撕乱咬的景象并没有如期出现。他们的期盼已成过眼云烟，没有什么人再愿意为他们火中取栗了。

"文革"的信任危机到来了。当时在私下里流传很广的是赵朴初的两首诗《反听曲》，赵朴老写道：听话听反话，不会当傻瓜。夜里演戏唤做"旦"，叫做"净"的恰是满脸大黑花；君不见"小小小小的老百姓"，却是大大大大的野心家；"高举红旗"，却早是黑幡一片从天降；"公产主义"，原来是子孙万世家天下……父亲把它抄下来压在茶几的玻璃板下，不几天就有朋友递话过来说，快撤了，人家把小报告都打上去了……

毛泽东又一次做出了惊人之举。他选定了一个曾被他打倒的铁腕人物来为他收拾残局。邓小平，一个意志刚强的、具有政治智慧和胆略的老一代领导人重新站到了全党和全国人民的面前。当然，这一切都是要以"永不翻案"的承诺为前提的。后来的事实证明，这个玩笑的确是开得太大了。

福州军区韩先楚司令员、李志民政委，邀请我父亲到福建治疗，这是石一宸副司令员提议和安排的。军区后勤部黄副部长介绍说，福州有个老中医林如阁，专治接骨，神奇得很。这时邓小平已复出任总参谋长，经他批准，整个1974年，父亲都在福州治疗。这时正赶上八大军区司令员对调，李志民政委和新来的皮定均司令员给他提供了最好的条件。

中医林老先生和他的两个儿子，果然医术超群，加上父亲的顽强，伤势的恢复有了明显的好转。这时罗瑞卿也解除了监禁，父亲动员他也来福建治疗，罗还有些犹豫，自己戴罪之身，怎好提出这种非分的奢求？父亲说，找小平同志一定能行。罗写了个报告，父亲看了说，直截了当地提要求就行了，遂把报告上有关检讨的文字全都给划掉了。果然，邓小平马上批准了这个报告。

那时，在众多的大军区中，福州军区算是个受迫害干部的避风港。粉碎"四人帮"后，军队开展"揭批查"，清理"四人帮"和林彪的帮派体系。当年在韩先楚手下工作过的福州军区的一些干部，受到了牵连。提交军委常务会议讨论时，父亲说，今天我要为韩先楚和他手下的这些同志说上几句话。毋庸讳言，我就得到过他们的照顾，我的儿子落实政策也是找的他们。叶帅、陈云同志、先念同志，还有罗瑞卿同志，以及他们的子女都得到过这些同志的保护和照顾。在当时那样恶劣的政治环境下，他们顶住高压，向受迫害的同志伸出援助之手，是难能可贵的。"文革"是党犯的错误，怎么能要求下面的同志承担责任呢。除个别品质恶劣，罪行极大的人外，检讨了、认识了、向被整过的同志道过歉了，就不应再追究了。当时参加军委常务会议的几个同志，杨尚昆、余秋里、杨得志、洪学智一致表示赞同。

福建多白兰花，我的父母把它们摘下来，放进瓶子里，再注上蒸馏水，密封起来，以供观赏。我去看他时，屋子里大大小小的摆了十几个瓶子，谁来看望他，就送人家一瓶。和他谈起外面的消息，他也很注意去听，但从不打听，也很少发表评论，你要说，他就听着，默默的。送来的"两报一刊"报纸杂志从来看都不看一眼，撂在茶几下面，堆得多了，公务员就一齐收走。我说，随便翻翻也好嘛，他连眼皮都不抬一下地说："梦呓之语！"

每天，他照例是敷药、理疗、锻炼行走；再就是看《红楼梦》，写诗，练书法。

他说："我过去最讨厌这类谈情说爱的书，可毛泽东说他读《红楼梦》读了四遍，闲来无事，找来读读也无妨。"

他还真有了心得体会。他特意把那首"飞鸟各投林"抄下来寄给我。

> 为官的，家业凋零；富贵的，金银散尽；有恩的，死里逃生；无情的，分明报应；欠命的，命已还；欠泪的，泪已尽；冤冤相报自非轻，分离聚散皆前定。欲知命短问前生，老来富贵也真侥幸。看破的，遁入空门；痴迷的，枉送了性命。——好一似食尽鸟投林，落了片白茫茫大地真干净！

我后来见他时，他指着这首诗说："总有人要怎样的，你看吧，到头来，落了片白茫茫大地真干净！"

1974年八一建军节前夕，父亲接到回京参加建军四十七周年招待会的通知。他不想去，只想远离京城安安静静地疗伤。我们大家都劝他，亮相也是证明自己啊！说你不为自己，也要考虑别人啊，有多少人因为你，而无辜受到牵连啊！这后一句话打动了他。

父亲参加招待会回来说："好多人都是多年没有见到了，恍若隔世啊。"

"宋老鬼（注：宋时轮）把我的拐杖一把抢了去，说你没问题的。人大会堂的地滑得很，我保持着平衡，一点点地蹭，好容易才找到自己的座位。在那张写着我名字的椅子背上，挂着我的拐杖……这个老鬼！他说得对，我没问题！……这是我第一次丢掉拐行动。"

叶帅来到我父亲下榻的京西宾馆。

叶帅是我父亲敬重的领导人。长征中三军团参谋长邓萍牺牲后，由叶帅接任，父亲就在他的领导下作战。抗战在武汉八路军办事处搞统战，叶也是父亲的直接领导。父亲代表共产党方面赴徐州与李宗仁会商台儿庄战役，就是遵从周恩来和叶剑英的部署。父亲喜欢叶帅的诗，他和叶帅还有唱和。50年代搞精简整编，父亲说："我那种六亲不认的劲头，搞得几个老同志不舒服了。""文革"初，叶帅把父亲,还有杨成武、肖华等几个军委办公会议成员找到西山,说诸位在座的就有给刘少奇吹喇叭抬轿子的。父亲说:"我想他大概是在指我了。不过,他说毛泽东能活到一百五十岁,林彪能活到一百岁,那是彭祖转世啊?笑话!"后来,我叔叔张灿明见到他,问起哥哥的事,叶说:"爱萍能有什么问题,还不是某某在整他!"

经历了九年的风风雨雨,文化大革命在改变着每一个人。他们在一起谈到局势,谈到军队,也谈了父亲今后的工作问题。一个月后,11月6日,叶帅又邀父亲去西山他的住处,仍然是谈出来工作的问题。

福建休养的清闲日子结束了。

1975年3月8日父亲被任命为国防科委主任。这一天,距他被打倒解除职务差十天整整八年。从此开始,揭开了"文革"中急风暴雨般的国防工业战线大整顿的序幕。七个月零二十五天后,毛泽东在状告他的信上连续四次批示,他又第二次被打倒了。

父亲回忆说:"我是不想再干的,宋老鬼要我去军科我都不去。"

宋时轮当时是军事科学院院长,是我父亲最真挚的朋友,无话不谈。两人特质同属秉性刚烈、嫉恶如仇。但宋比我父亲老到,在处理人际关系上点子要多,父亲戏称他"老鬼"。宋深知我父亲在"文革"中的磨难,邀他来军科和自己搭班子。宋说,我和叶帅去说,院长、政委你选。出于友谊,他一是想让父亲恢复一下身体;二是两个人在一起也好帮衬着度过这个非常的日子。

父亲何尝不理解老战友的这番苦心。平心而论,去军事科学院确是个极佳的选择。单位级别高,相当于大军区正职,可以说是官复原职。作为研究机构,远离权力中心,人员结构、工作性质相对单纯。在当前各派力量角逐白热化的状况下,阵线混乱,前景叵测,把自己置身于一个安全的、主动的待机位置上,冷眼观潮,积聚力量,以图再起,作为军事指挥员这只是个常识问题。何况,宋时轮又是这么个仗义而且足智多谋的老朋友,两个人搭档,不失为最理想的选择。

但父亲还是无意于官场。他已经心灰意冷,厌倦仕途,他说:"我只是浮萍一叶。"这正应了"爱萍"这个名字,看来他去意已定,只想飘逸江湖。宋时轮后来病逝,父亲写诗怀念他:"笑声常洒真情在,君伴春风带醉归。"一副酩酊大醉,世人皆醉我独醒的样子,跃然纸上。

叶帅究竟和父亲谈了些什么,能把他拉回这条道上?

第一次谈话,父亲以身体不好为由婉拒了,叶颔首微微一笑,说那你再考虑一下吧。一个月后,又找了他。

父亲回忆:"叶帅说,昨天发射了一颗返回式卫星,没有成功。起飞二十秒就坠毁了。"是昨天发射的,还是几天前发射的?因不涉及问题的本质,对确切日期,我也没有去核准。但他们的谈话肯定是在1974年11月5日之后。

叶帅接替总理担任中央专门委员会主任,这颗刚刚坠毁的卫星,是叶帅10月22日主持中央专委会听取汇报后同意发射的。这是今年坠毁的第二颗了。

叶帅说,还记得当年你搞的规划吧?

怎么样了呢?父亲问。

父亲作为聂老总和罗瑞卿总长的助手,最早战略武器的规划、计划、体制编制和基地建设、型号验收都是他分管的,后来又接过了科研试制和组织实施。仅就航天方面,就有近、中、远程导弹;运载火箭;通信、侦察、气象卫星三大领域。只是载人航天和反导系统还没有定论。

父亲说,原计划是1969年发射第一颗人造地球卫星。

他当然记得,1965年10月,运载火箭总体方案论证完成,除发射东方红卫星外,还应具备发射一系列科学探测卫星和应用卫星的能力。1966年5月，长征—1号正式命名，一、二级和控制系统以中远程导弹为基础，配上最新的以固体推进剂为动力的第三级火箭，一举将四百公斤重的卫星推上四百四十公里的圆轨道上。

1970年4月24日21时35分，长征—1号运载火箭在酒泉基地发射，成功地将第一颗人造卫星"东方红一号"送入环绕轨道，近地点四百三十九千米，远地点两千三百八十四千米。虽然比原计划整整推迟了一年，但毕竟凭借着体制的惯性，还是成功了。

但惯性总归是有限的。1972年8月10日长征—1号发射试验卫星失败；1973年9月18日发射又失败；长征—2号发射的返回式卫星，一直拖到了1974年……

11月5日清晨，长征—2号火箭首次执行重型卫星发射。火箭起飞后数秒，飞行姿态即失去控制，摆幅越摆越大，二十秒后，姿态自毁系统起爆，看着如雪片般撒落的火箭残骸，人们目瞪口呆。这就是叶帅和父亲谈话时提及的那颗星。

何止是战略武器？"文革"的冲击，使所有的项目都推迟或中断了。那年头，头头像走马灯似的换，谁上台都要上个新型号，搞出份文件，捅上去，什么培养宇航员，什么反导，不顾现有的技术和经费条件，异想天开。这种文件都经过最高决策层，批了就成了最高指示，谁还敢反对？光三机部搞歼击机，型号就五花八门，一会儿说全民皆兵打游击战，就要研制超轻型的能在土跑道上起降的小飞机；一会儿又要突击敌人后方纵深，要研制载弹量大、留空时间长的。反正都说是战略方针的需要，都说是最高指示，结果都是废铁一堆。

作为中央专委主任的叶帅能不急吗？父亲说："这都是在败这个家啊！"

对国防科技战线来说，20世纪60年代的中前期，是个大丰收的喜庆年代，也是父亲精力最充沛的时光，是他有生以来最为忙碌的时期。从 50 年代中期开始，经十年苦心的积累和付出，终于有了回报，国家经济调整陆续到位，全国人民在毛泽东思想的激励下，同心同德，艰苦奋斗。1964 年第一颗原子弹研制成功，1965 年中程导弹试射成功，1966 年两弹结合的成功，年底，第一枚氢弹爆响。中国实现了能够用于实战的地区性的核打击力量……共和国终于走出了低谷，正在一步步地逼近两个超级大国。直到今天，谁都解释不清，为什么一定要把这些全都毁掉呢？

叶帅和我父亲，谈到了此处，都莫不叹息。父亲回忆，自己不知说了句什么话，叶打住了，似在婉转地制止话题的深入。这使我想起了父亲曾说的，1959 年他从金门前线回京，向彭老总汇报后，谈到了大跃进后的农村混乱状况，彭也是沉默不语，神情凝重。忧国忧民啊！

在纪念李达（注：副总参谋长）的文章中有这样的记载：叶帅要张爱萍出山，谈了三次都没有结果。叶知道李达和张有多年的交情，就让李来做做工作。李来到张的住所说，一起去参加个活动吧。张问是什么活动？李说别问了，就当是去散散心。原来是个讨论中程导弹定型的会议，听着听着，张就忍不住了，激愤地说，你们都是干什么吃的？这么多年了，还在争论中程导弹的问题，居然还都大言不惭地说是什么大好形势……

这篇文章题目叫"李达智请张爱萍"。

父亲还记得 1966 年 5 月 9 日这一天，《人民日报》的号外："我国进行了含有热核材料的核爆炸成功！"这意味着我国已经掌握了氢弹技术，离氢弹试爆不远了。他写道："晴空一声天地愕，烈火燎原磅礴。"展望自己投身的无比壮丽的事业，他又写下诗句："奇迹频年新创，险峰无不可攀。"

但这一切，到 1966 年 10 月 27 日就戛然而止了。当他向军委汇报后，准备返回发射场时，在座的军委领导人却冷冷地说：还是老老实实地交代你的问题吧！父亲说："想到第一发成功时，大家相互拥抱在一起，都落泪了。为什么同志间一下子会变得如此冷漠呢？"他的心都在作痛。

那种冷漠是透人心骨的。我曾看过罗点点写她的父亲罗瑞卿。她说，罗遭批判时，周围的同志们一下子都不再搭理他了，那种冷漠刺痛了他，他选择了死。

还是那句话，"文革"改变了所有的人；或者说，"文革"让所有圣人的灵魂展现在俗人的面前。怪不得直到今天，对"文革"还是讳莫如深呢！

你就这样走马上任了？我在继续我们的话题。

"是的，给我的任务就是在最短的时间内把卫星送上去。说的还是那句老话，落后了是要挨打的。"

他决心出山了。

这天晚上，我们一家人围在一起谈到了很晚。一个戴着特务、通敌、假党员帽子被关押了五年之久的人，怎么一下子又变成了中国国防科技事业的领军人物了呢？我们这一家人，历经了九年家破人散的凄苦，领略了人间的世态炎凉；我们终于从生死罹难的边缘走过来了，从社会的最底层挣扎出来了。不错，我们都为他洗刷了罪名，重新获得信任和重用而欣喜。但真正让我们珍惜的并不是父亲的地位。我们深感自由的可贵，阳光的可贵，一家人平安祥和的可贵，做一个不被歧视和不被欺辱的人的可贵。

但父亲又是怎么想的呢？

是的，他曾经为拖累我们而掉泪。他在狱中曾写道："我这一辈子对不起的就是你们和你们的妈妈，让你们被我拖累，为我吃苦。"

在福建时，在他默默地制作白兰花的标本时，他的案头就压着陶渊明的一首诗："结庐在人境，而无车马喧。问君何能尔，心远地自偏。"远离了人世间的嘈杂，丢掉了物欲，断绝了俗缘，精神就超出于尘世之外了。

但今天，叶帅的召唤，不是他个人的召唤，是我们这个被"文革"搅得满目疮痍的国家和民族的召唤。古老而多难的民族啊，要求这一代人，丢掉他们个人的恩怨和荣辱，为铸造一个强大的国家而奋斗。

铸造大国——使我们这个民族再也不受别人的凌辱和蔑视，这就是一代共产党人自年轻时就铭刻在心的光荣与梦想。

若干年后，已是九十高龄的父亲回忆起自己在狱中的那段日子，他说："第一颗人造卫星升空了，我真很欣慰。每天晚上，它从我头顶上飞过，我还能听到它在唱歌呢！"

什么？我们都哑然失笑："爸，你这是幻觉！"

"我真听到过的。关押在那里，每个晚上都难以入睡，夜很静，它一个小时绕地球一圈，每次飞过头顶时就能听到它在唱歌……"

"你不是说过附近有个东方红公社？不会是他们大喇叭里放的《东方红》唱片吧？"

眼见着一步一步地从无到有，从小到大，战戈壁、斗风沙，两弹一星就像是他的孩子！他不仅为它吃了苦，也为他坐过牢。他能无动于衷吗？

看着他那副认真的样子，我们都沉浸在木然的哀痛中。

面对风云诡谲的政治局势，对父亲的决定，我们全家怎么也高兴不起来。父亲也许是觉察出什么，或许是要宽慰我们吧，他说了一句话，但却更使我们惶惑不安。他说：

"邓小平出来了，说明毛泽东回心转意了。"

真是这样的吗？他们又一次以他们的理念来塑造心中的毛泽东了。

我们都睡不着觉；他也睡不着。这天晚上，他写道：

"久困重围冲破，今朝又催征程。大张浩然正气，还我旧时精神！"

喔！上帝，在他来到这个世界之前，你就安排好了他的命运。

他注定是要被绑在十字架上的。

七机部 230 厂

父亲没有去科委机关上班。这个新上任的国防科委主任直接下到了七机部所属的 230 厂，他在这里蹲点试验。由此，展开了他历时八个月的对国防科技和国防工业领域急风暴雨般的整顿。

在这之前，他做了一件事，连续开了几天的座谈会。

还是战争年代那个办法，找寻主攻方向，集中兵力于一点，一举突破，然后向纵深发展，扩大战果。

突破口在哪里呢？

座谈在总参第一招待所。我们被扫地出门后，父亲放出来只能住招待所了。他的那些旧部，见到当年曾经是英武潇洒的总指挥，现在手拄拐杖，自然都免不了扼腕叹息、唏嘘不已。说起这几年，差不多都有过批斗、关押、审查、下放劳动的经历，说到被折磨凌辱致死的熟人，免不了声泪俱下……

打住吧！父亲说："时间不多了。"

从他们反映的情况中，父亲得到的印象就一个字"乱"！

乱在组织、乱在领导、乱在秩序，我国唯一的从事运载火箭研发的七机部，整个乱套了，失控了。自"文革"九年来，五花八门、大大小小的派别组织不下几百个，他们分别夺取占据了下属各研究院、所、厂、办、局、校的实际权力。总起来又形成两大派，两派各自有后台，有队伍，派系内相互支持、帮衬、依存、声援。"三结合"时都堂而皇之地进入了各级领导班子。真是乱世出英雄，这帮过去处在社会底层的无名之辈一旦夺得权势，那还了得？小人得志，必生出许多乱子来。相互争斗不说，为了标榜自己的革命性，批这个、斗那个，革命口号震天响，就是不干正事。谁要对他们提出点异议，大帽子马上就扣下来，什么反对文化大革命！反对革命小将！复辟狂！保皇党！企图扭转大方向，以生产压革命……大字报铺天盖地。

座谈中，他们告诉我父亲，整个七机部是"有事没人干，有人没事干，有人有事没法干"。他们说，您1965年规划的"八年四弹"任务，到现在，都超过两年了，连影儿还没一半呢！去年三次洲际导弹试验，一发也没打成。急需攻关的项目没人组织，这叫"有事没人干"；专家有的是，可只有参加政治学习、接受批斗的义务，没有参加研制项目的资格，这就叫"有人没事干"；再有，你搞科研，就批你"唯生产力论"、"为错误路线服务"，你按规章制度，把关质量，就批你"搞资产阶级的管卡压"，这就叫"有人有事没法干"。一些老科学家说，几十年前漂洋过海回来到底是为了什么？

他们告诉我父亲，领导都被整怕了，遇事推诿，不敢负责，反复试验，永不定型。弄到现在，新的技术课题攻不下来，定型的武器又拿不出来。他们说，科研项目谁都想上，天上地下，太空海洋，航天飞机、载人飞船……真是五花八门，天花乱坠。只要能捅上去，中央就批，一批就立项，谁敢反对？弄得人力分散，资金浪费。结果是，谁都搞不成。

其实广大群众都有怨气，1974年"批林批孔"，牢骚怪话不少，有一条是：一个儒家（陶鲁笳，当时的国防科委政委）；两个专家（钱学森、朱光亚）；就缺法家。就是希望来个厉害的领导好好整治整治。上面也派过些资深领导，但千头万绪、盘根错节的各类组织，怎么理得清？谁不说自己是革命的，对方大方向是错的。加之中央路线斗争频繁更迭，哪一届领导能呆长？还不都被造反派以执行错误路线的罪名赶下台去。

他们说，周恩来总理接见七机部造反组织代表达三十七次之多，创下了文化大革命中的吉尼斯纪录。他把两派的头头召集在人大会堂，号召两派以大局为重，联合起来，规劝他们，在大批判的同时，也把生产科研搞上去。一国之总理，为安定一个部门，居然如此煞费苦心，可谓旷古奇闻。这些家伙，之所以嚣张，还不是有后台。动不动，江青、王洪文、张春桥就代表伟大领袖毛主席来看望革命小将了。周恩来的苦口婆心无疑与虎谋皮……

父亲听后，提了两个问题：

一是，关键性的卡脖子的环节在哪个单位？

二是，闹得最凶的派性头头在哪个单位？

答复是：都在230厂。

230厂，是开发研制陀螺仪的单位，控制导弹平衡最核心的设备出自于它。

230厂的造反派头头叫舒龙山，也是七机部三结合领导小组成员，这个人造反起家，上挂王洪文，下联七机部最大的造反组织"916"。

父亲说："好！就拿230厂开刀。"

从当时留下的工作日志看，父亲先到的七机部一院。

一院，即运载火箭技术研究院，七机部主力院所之一，下辖十余个设计、生产单位，中国的航天事业就从这里起家。这里，他太熟悉了，从当年规划、立项开始，到选址、征地、编制、隶属关系、人员调配、设备购置、待遇标准，无一不是由他领导的部门计划和审批。"文革"前，他曾多少次在此坐镇督战。

第三天，他就带着他的小分队来到了一院下属的230厂及配套的十三所。开始了他后来被人们戏称为是"1975年七机部大地震"的整顿工作。

父亲说:"我才不去纠缠那些乌七八糟的历史呢!什么这个派,那个派的,都给我恢复生产。以前怎么样我不管,谁要是再捣乱,就给我撵出去!革命,革命,喊什么?不把武器拿出来,不为国家出力,看着苏修美帝讹诈我们,这种人,连爱国主义都没有嘛!"

"叶帅交代我的任务是要尽快拿出东西来,这是专委的决心,也是中央的决定。完成任务,230厂是核心,解决得好,武器就上天了。我就是要从这里打开突破口,以点制面,以点带面,横扫整个七机部!"

"舒龙山只要努力工作,一视同仁。欢迎他成为造反派的好榜样,当然,也可能成为坏榜样。"

后来父亲在回顾这段经历时说:"我知道,给我的时间不会很多的。坐到科委机关里指手画脚一下解决不了问题,何况那里到处是派性,纠缠在里面很麻烦。只有深下去,抓产品、抓型号,先把卫星送上去,全局就活了。整个国防工业系统,七机部是关键,一院是关键,卡脖子的地方又在230厂,搞平台的,没有它,导弹就翻跟头了,所以230厂是关键中的关键。仗就要这么个打法。"

遗憾的是,我没有能够亲眼目睹他当年大战七机部的场面。但从许多亲历者叙述中,我仍然能感受到那一幕,惊心动魄!

科委科技部综合局局长陈保定,当时的小分队成员,1991年9月10日他对采访他的军报记者说:

"一进大院,就是大字横幅:'张爱萍,你来干什么!''不许以生产压革命!'很明显,他们也大有来头。在一幅'张爱萍滚回去!'的大标语前面,他抄起手杖,稀里哗啦地扯个粉碎。在进厂的马路上写着一行大字:'张爱萍,你从哪里来,还滚回哪里去!'张爱萍说,就这样欢迎我吗?那我今天就要踩着你走进去!

"这哪是工厂啊!院内一片混乱,研究室连口水也没有,问他们，说我们不喝水。厕所堵了多少年，污水一直流到大门口，还是我们去了后找了些部件给换上了。暖气很多地方都没有，管子都冻裂了。"

陈保定继续说："科研生产就不用说了，有个车间百分之七十的千分尺都不合格，怎么生产啊？什么都是两派，一天到晚就是搞夺权和反夺权，各派内部的控制也很厉害。动不动就是大批判，谁不听他们的，就揪斗。从德国回来的专家姚桐斌就被他们给弄死了，是活活打死的。其他专家打扫厕所的干什么的都有。"

跟随父亲的邱锦春说："一进车间，密麻麻的蜘蛛网从墙头一直挂到门口，地上厚厚的尘土能印下脚印。机床贴着封条锈蚀斑斑。工人们说，打'文革'开始，这里的机器就没开过。"

"地下室是全封闭恒湿恒温无尘车间，一下去，就矗立着一根一米多高的大冰柱。首长说，天下奇景！到底是搞尖端，钟乳石长到工厂里来了！房顶滴水，有人找来顶草帽给首长戴。他说，这个办法好，以后大家都戴草帽上班吧！……垃圾成堆，汽车进出都是在垃圾上跑。马路都挖断了，你修好了，他又挖开，说是要从工厂把暖气接到猪圈去，猪也需要取暖。厕所的水从五楼淌到一楼，根本找不到人。"

父亲回忆时，我把上述这些说给父亲听，他说："就一句话，惨不忍睹！"

三个月后，父亲向军委—国务院联席会议汇报。记录摘要：

张爱萍：作为战略核武器研制生产的核心单位230厂，实际上已经完全瘫痪了。四个车间一千多工人，只有百分之四在岗，百分之九十六的人已不来上班了。工人们说他们是八九二三部队，以后又改叫八二〇〇部队……

邓小平插话：什么意思？

张爱萍：这是工人们的话。八九二三，就是上午八九点上班，下午两三点下班。后来干脆上午 8 点、下午 2 点来，点个卯就走。一位女工对我说：这几年我们是在吃社会主义！拿着国家给的工资不干活，公家的东西想拿就拿想砸就砸，这在哪个社会能行？这不是吃社会主义吗？

邓小平：吃社会主义？这个话，概括得好！

申丙辰（工作组成员）插话：工人们说了，他们这里只剩下两项制度，一是开饭制度；二是发工资制度，其他的全没有了。

我们还是接着陈保定说："他没有家，只能住海运仓招待所，每天一早，我们都到那集合和他一起走。"

我妈妈说："因为是住招待所，他走得早，早上没有开饭，就自己给他冲点儿麦乳精，匆匆忙忙就走了。晚上很晚才回来，几乎每天都有等谈话的人，往往是通宵达旦。我真担心他吃不消，都这个岁数的人了，他的心脏病就是这个时候弄出来的。"

陈保定说："他的红旗车一到，群众就围上来递申诉信，他也没有警卫员，司机老安帮他倒水，代他收这些信。我们的华沙慢，跟不上，等我们到了，他已经开讲了。

"找他的人可多了，老干部、年轻工人、有意见的、反对派的，什么三教九流他都见，党的作风在他身上很鲜明。有些人觉得他厉害，可我们不怕他。他下到车间，经常连一碗水都没有，他在台上讲演，下面工人就端水给他喝，用大瓷碗，他很豪爽，一饮而尽。下面的人就给他鼓掌。开始没有凳子，就站着和工人讲话，后来他一来工人们就围上来，给他端凳子，让他坐着说，他反倒站在凳子上去讲，听的人围的里三层、外三层。大会、小会，他走到哪儿，人们跟到哪儿。他不光自己讲，是要大家提问，什么都可以提，他来回答。

"他一个一个食堂地看，赶上开饭，就在大食堂和工人们一起吃，没有凳子，找个角落里站着吃。工人们都围着看，我们这伙人成了西洋景。"

邱锦春插话:"食堂的饭菜很差,加个菜吧,首长说,工人吃什么我就吃什么。偌大的食堂,居然找不到一张桌子和凳子,大家蹲在地上吃,首长腿折了,只能站着,菜碗只能放在地上,怎么吃啊?食堂没有开水,有工人用大瓷碗递过来一碗水,他端起来就喝……一个开国上将啊!"

没有经历过社会动乱的今天的人们也许很难理解这些了。从历史上看,凡天下大乱时,总有一批野心家、社会渣滓浮出水面,趁火打劫。自"文革"以来,就有这么一批人,打着造反、批斗走资派的旗号,借助"中央文革"的力量,扳倒一个地区或是一个单位的领导,夺取那里的权力,拉起队伍,占山为王,为非作歹。用现在的语言说,就是一群有官方罩着的黑社会组织,而且更有甚者,他们有些已经取得了合法的头衔,革委会主任、革命领导小组组长,甚至出席了党的代表大会,选上了中央委员。他们上有靠山、下有队伍、横向有照应、社会有舆论。九年的经营,已成气候,尾大不掉。毛泽东也曾恼怒过多次,闹得没边了,上面扳倒了王关戚这样的小爬虫;下面也抓了像蒯大富之流的小头目。之后,又派出军宣队、工宣队,以稳定局面。但请神容易送神难,谁不懂得看上面脸色。你想,这些人都是"文革"的社会基础,你把他收拾了,还不是大水冲了龙王庙,还不搞到自己头上。何况新派的人里,都那么老实?投机者、野心家、阴谋家,取而代之者,大有人在。换来换去,还不是换汤不换药。

父亲自1967年3月就被隔离,就像毛泽东说的:"桃花源中人,不知有汉,何论魏晋……"当他目睹了这一切时,他斩钉截铁地说:

"七机部的问题,千条万条,我看就一条,恶人当道!"

"什么革命造反？什么保卫毛主席？什么反修防修？都是乘着天下大乱，打着毛主席的旗号，拉自己的山头，占山为王，称霸一方。打蛇要打头，要害就在派性，不摧垮这些大大小小的派别组织，不拿掉这批派性头头，就无法实现天下大治，就无法伸张正义，就什么事也做不成，就永无宁日！"

他可没有他的恩师周恩来那样的苦口婆心。他这个学生很干脆："铲除派性，收回权力。"他在土地革命时期开辟中央苏区时不就是这样做的吗？"一切权力归苏维埃！"不同的是，一个是武装斗争；一个是和平方式：给你讲道理，不听？那就敬酒不吃吃罚酒，组织处理——滚出七机部！

陈保定说："张爱萍一来，旗帜鲜明。他讲了两条：一是发动群众，造起舆论，批倒派性；二是组织解决，釜底抽薪。釜底抽薪，就是把靠造反起家、专搞派性的造反派头头，如舒龙山这种人，坚决解除他们的职务。230厂是舒的老巢，张爱萍就是到他那里去演讲，他在全体大会上说，我来，就是来快刀斩乱麻的！张爱萍的魄力和胆识，和他大刀阔斧的作风，真正使我开了眼界。"

陈保定接着说："3月27日的讲话是到230厂的第一次讲话，几乎所有的人都来了，把一个大车间挤得满满的，窗口外都挤满了人，有的人还上到天车上。他边讲、边听、边回答下面群众提的问题。台下不断地鼓掌……那场面就像列宁在1918。

"他讲话从来不用稿子，念稿子哪有煽动力？开始我们按惯例给首长准备好了稿子，他看了一眼说，你们照着念不就行了，还让我讲什么！吓得我们都不知说什么好。他从兜里拿出一张台历纸，一讲就是两个小时。

"他说，同志们，现在我是没有好话讲的，我想讲一点坏话。你们这个地方，讲这个派，那个派。说穿了，就是在利用派性掩护达到他们不可告人的目的，乘着文化大革命，捞取个人的名誉、地位、权力。利用派性搞他的阴谋活动，掩盖他做的坏事。我现在在这里就警告这些人，该猛醒了！我看广大群众、广大干部都是好的，只有你们这些派头头是坏蛋！

"会场上响起了暴风雨般的掌声。'文革'这么多年了，有谁敢讲真话的？有谁敢对这些造反派说三道四的？像他这样在大会上公开骂造反派头头是坏蛋的，还是第一次。人们钦佩他的胆量。"

父亲把他的全部怒火都宣泄出来了。

他说："你们那些人，就跟旧社会里的工头差不多了，哪还有一点共产党人的气味？哪里还有一点人味？

"请你们睡到三更半夜想一想，扪心自问一下，还像一个中国人吗？满脑子的个人利益，满脑子的小山头、小宗派，馒头都不如，是桌子上的小水泡，很快就会干的。只要太阳一照，不用说有太阳，就是电灯一照，也就干了。有人说我骂得太凶了，难道还要我对这种人讲好话吗？办不到！这些人派性迷了心窍，我能给你说好话吗？有的人嫌我糟蹋他，骂得太厉害了，有什么办法，你不改，我还要骂，而且要骂到底。"

他骂得是够难听的：

"把我的专家、工程师都搞到哪里去了？统统找回来！那些狗屁不通的王八蛋，占着人家的位置，蹲在茅坑又不拉屎，还不都撵出去！

"同志们，我们必须整顿，而且一定要整顿。什么你管得着，我管不着？不按国家和人民的利益做事，我就要管！如果说你是玉皇大帝，我也要请孙悟空把你搬下来。我就不怕牛鬼蛇神、跳梁小丑。对这类东西，一句老话，何足道哉！"

在后来的"反击右倾翻案风"中，揭发批判他，说张爱萍在七机部两个月，共讲了五十二次话，去掉八个星期天，等于一天有一个新讲话，而且，他的每次讲话都以简报形式下发，流毒甚广。

他把各单位的领导干部召集起来说：

"工人同志告诉我，这些年来，领导干部是睁一只眼闭一只眼。我问他们现在还是这样啊？你们猜猜看，他们怎么说？他们说现在两只眼睛都闭上了！我的官老爷们，面对这种无法无天的混乱状况，你们真的都是在修身养性吗？……摸摸自己的心口吧，都问问自己，我的党性到哪里去了！我的良心到哪里去了！！

"今天我在这里叫你们一声老同志。所谓老，就是原来曾经在老五院工作过的同志们。在大是大非面前，放弃原则，放弃人民的利益，明哲保身，保位，保官。这种人，还要你们干什么？你们把老五院的思想、作风、干劲给我找回来！今天之前，我不管；从现在开始，我就要管了，而且一管到底！

"发生了问题找谁？找领导！找你们干部！车间里没有开水喝，谁去打？车间主任去打！……拿桶打！"

怪不得红三军团的干部都这样评价彭德怀："彭老总是爱骂人，但他不骂战士，骂干部。谁让你是领导的？"

这就是共产党的传统，红军的传统。

他对工人群众说话的口气要温和得多了：

"我要问大家一句，毛主席的指示，抓革命、促生产、促工作、促战备；备战、备荒、为人民；要准备打仗；这些指示，哪一条在你们这里贯彻了？毛主席说，无产阶级文化大革命已经八年，现在以安定为好，全党全军要团结。在你们这里贯彻了吗？毛主席在去年听了国务院汇报生产情况后说，明年要把国民经济搞上去。又在你们这里贯彻执行了吗？所以，是不是革命派，不在他喊什么口号。听其言，观其行。要看一看，想一想，对的就跟，错的就要打倒！

"工人同志们，我要求你们尽最大的力量，为我们的国家拿出杀手锏来。打谁？打对我虎视眈眈、随时可能发动侵略战争的敌人！我们的杀手锏要直捣它的黄龙府！叫它再也不敢像过去那样欺负我们，奴役我们。这，就是目标！是我们国家的目标！也就是我们工人阶级的目标！"

回忆当年，许多人说，开始，大家还在远远地观望，后来，一传十，十传百。他一来，大家就抢着挤进去听。他不是长篇大论，是叫台下的工人提问题，一个一个地回答。有时骂人，有时说笑话，还有时讲故事，气氛活跃。经常是笑声、掌声不断。连一些工人家属都抢着提问题。当然也有人跳出来和他对着干的，说你张爱萍讲的是"今不如昔"，是否定文化大革命。他说："好啊！你当面讲也行，背后讲也行，到中央那里去告状也行！"

一个领导人的魅力就在于公众之中。在公众场合敢不敢、能不能发挥得淋漓尽致，能不能形成感召力、影响力，使公众接受自己的观点，把选票投向自己，这是西方衡量政治家的标准。其实我们老一代的领导人在他们青年时期也都是这样的。父亲在电视上看到有些领导人在学生的质疑下张口结舌，他说：

"到人民中间去，和群众对话，面对面地宣讲自己的主张，了解他们的疾苦，解释我们的政策，影响他们、启发他们、动员他们，这是我们共产党人最大的本事，当年不都是这么干出来的吗？群众愿意听你讲话，愿意和你对话，是求之不得的机会。刁难你的人总是有的，只要正义在手，走到哪里都不怕他。我看了电视后，给中央写过两次信，建议中央领导带个头，省市各级领导干部，工青妇，人大、政协的领导同志，都走到人民中间去，不要搞什么讲话稿，可以事先准备一下，和老百姓对话，这也是衡量干部水平，认识干部的好方法。不知从什么时候起，这些传统都丢掉了。"

当对陈保定的采访快结束时，他感慨地说："那时真辛苦啊！白天开会，晚上碰头，生病住三〇一，他就把会开到医院里。遇到问题，当即拍板。汇报时，他看卢厂长不对劲了，一问，说是胃痛。张问吃的什么药，他说没什么好药治不了。张马上说有进口的胃得乐，行不行？当时就要我坐着他的红旗车到三〇一去拿。汇报说十三所的郝复俊病了，到了肝癌晚期，他说，散了会我去看他。老郝见到张爱萍，激动地说，你还记得我们这些人，要是再给我点时间就好了，我还能为国家干很多的事。汇报到二院有六七十对长期两地分居的，小孩上学解决不了，他当即要通了北京市长吴德的电话，说一会儿我去找你。吴德问张老总有什么指示，他说，要户口。连幼儿园他都要去走走。二院一些工人没房子，许多中年知识分子的家挤得连人都进不去，他就调了两个工兵营来给大家盖房子。一切为了那发导弹。日以继夜，雷厉风行，关心群众，什么是一个真正的老共产党员，不是电影上的，230厂的干部、工人都看在眼里了。

"他把我留在230厂整整九个月，不让我回来。他对我说，把我们的目的告诉工人阶级和共产党员们。我是个革命的幸存者，很多同志在我身边牺牲了，我是为他们活着的，还有什么不能舍弃！听得人热泪盈眶。

"一直到20世纪90年代，谈起这些往事，230厂好多老人仍非常激动，他们说，像他这样拼命干的人现在没有了！他们问，张主任身体怎么样？告诉他我们想他。

"在张爱萍身边的这段日子，我终身难忘。"

达摩克利斯剑

1975年，元旦的爆竹还没有放完，中国人民就得知了一个让他们目瞪口呆的消息，被他们批得体无完肤的全国第二大走资派邓小平，出任中共中央副主席，中央军委副主席，并兼中国人民解放军总参谋长。他将接替周恩来主持中央日常工作。

当不少人刚要内心窃喜时，第二条新闻更使得人们疑云重重。"文革"理论家张春桥，以中共中央政治局常委的身份，出任中国人民解放军总政治部主任。一个月后，2月18日，中共中央发出通知，将毛泽东关于理论问题的指示发到全国，要求在全国开展学习无产阶级专政下继续革命的理论。

2月25日至3月8日，中共中央召开工业书记会议。邓小平说：现在闹派性已经严重地妨害我们的大局，这是大是大非问题。3月5日，中共中央发出《关于加强铁路工作的决定》，提出整顿铁路秩序。

就在这期间，3月1日，张春桥在全军各大单位政治部主任会议上讲话，指出经验主义是当前的主要危险。江青讲话："经验主义是当前的大敌。"

真有点像今天的股票市场。

4月4日，以现行反革命罪将公开抵制、反对文化大革命错误的辽宁省委宣传部的一名普通干部、共产党员张志新杀害。

七机部和230厂呢？

陈保定说："造反派当然不会甘心，派了很多人盯我们的梢，230厂有个女秘书，走哪儿跟哪儿，讨厌透了。

"就在这时，《人民日报》发表社论：要警惕卫星上天，红旗落地。这实际是张春桥的话。

"大会上，台下就有人把这份报纸给递上来。张老总拍着桌子说：警惕红旗落地？笑话！我张爱萍是卫星上天，红旗也上天。卫星带着红旗上天！

"那时各种小道消息满天飞，四面八方，上下左右都有。很多人都给我们打招呼，这是'中央文革'设的圈套，七机部最乱，就是看着他犯错误，邓小平、张爱萍长不了，早晚还得被打倒。还有许多人要我们提醒张老总说话别太过了，有些是担心，也有些是恐惧，也有些是恐吓。这个期间，反对的大字报就一直没断过。我们提醒他，他说，我倒了，就让群众去判断真理在谁手里吧！"

我那时被安排在南昌陆军学校。晚饭后没事，就往校长王林德、政委董超、副政委杨祖兴家里跑，谈话的中心就是政局的走向。尤其是杨副政委的夫人田阿姨，听到点消息就叫她的孩子找我过去。他们为我父亲的行为叫好，同时也很担心。天有不测风云啊！

省军区政委郑国叫他女儿巧巧带我到省委第一书记江渭清家打探消息，徐敏阿姨和他们的孩子毛毛对我父亲的讲话赞不绝口。江偶然回来见着，总要说，代我问候你爸爸，一要保重身体，二要小心暗箭。省军区大院是我的庇护所，不管到哪个首长家串门，他们和他们的夫人、孩子都对我特别亲。他们都希望有更多的党的高级干部勇敢地站出来伸张正义。省军区谢忠良副司令还专门收集了很多父亲的讲话，他说，你拿去看看，真解气！你爸爸是个硬汉。

有几份传抄的父亲讲话：

"我来的头一天晚上，就贴出大标语，让我滚回去。见他妈的鬼！我要怕早就退避三舍了。这是党交给我的任务，我能够在火线上退却、逃跑、投降吗？

"重说一遍，伸张正义，打击邪气，用不着害怕。捅你两刀子，捅就让他捅嘛，毛主席说死得其所。哪有一个革命者说我革命是为了长命百岁？捅一个洞，进医院；捅几个洞，就进八宝山。为了中华民族，光荣！

"说我讲今不如昔，那是抬举我，我还没有这么讲哟，但今天我就告诉你，就是这个意思！比比过去的老五院，天渊之别！你们说，是不是今不如昔？！他们的导弹、卫星能上天，你们行吗？记住，我会给你唱'虎踞龙盘今胜昔'的，但今天不行，绝对不行，管你报纸上怎么吹，就是不行！

"说我讲今不如昔,就是否定文化大革命。告诉你,我不怕,泰山压顶也不能把我骨头压碎!"

这种话,真的离反革命不远了。

邓小平给予他有力的支持。

1975年5月18日邓访法归来。第二天上午,就同叶剑英、陈锡联一起,在三座门听取父亲的汇报。他说:

"对那些继续搞派性的人不能等了。不管是谁,不管你是915、916,不管你是四五十年的老资格,还是年轻的新干部,凡是搞派性的,老虎屁股都得摸,不然还得了!这么多年搞出来了什么嘛?还在那里闹,还说有理。把七机部闹成了这个样子,不要说社会主义,连爱国主义都没有。"

邓小平又说:"我们对铁道部说,只等一个月。现在对七机部也提出只等一个月,到6月30日为止。从7月1日起,要搞成七一派,毛主席派,党性派。过一个月以后,那就不客气了,对什么人也不等,管你是老虎屁股,还是狮子屁股,都要摸,都要斗,坚决地斗。"

据此,父亲以国防科委名义起草了一个决定,在国防科技和国防工业系统中,坚决解散所有的派别组织。最后期限为7月1日,凡继续坚持搞派性活动的人,一律调离国防系统。这个决定上报了中央后,经毛泽东批准,以中共中央[1975]14号文件的形式下发。迄今为止,在记述1975年整顿和1976年"反击右倾翻案风"的这段历史中,都没有提到过这件事。其实,这是研究文化大革命史的一份相当重要的文献。

彻底搞好整顿,就必须从组织上解决帮派体系问题。后来,七机部造反派头目舒龙山就在调出之列。九年来,毛泽东这次是破例了。

父亲当年的不少讲话,之所以得以保存,是因为一年后在"反击右倾翻案风"中被汇编成供批判用的《张爱萍主任部分言论摘录》。正是这个《摘录》,忠实地保留下了父亲当年的风采。我要感谢这些派性头头们。

经过了五年的炼狱,他已经不是当年在东海前线指挥三军联合作战的张爱萍了;也不是在荒凉戈壁滩上组织第一颗原子弹试爆的张爱萍了;更不是在方巷搞社教对农民大讲毛泽东思想的张爱萍了。地狱之火烧掉了他的纯真,烧掉了他的盲目,烧掉了他远离党内政治斗争的桃花源之梦。也许,他还是他。他忠于他的信仰,忠于他的人生追求,忠于他士可杀不可辱的人格特质,忠于他"到处青山埋忠骨"的誓言。他说:

"我谁也不跟,我只跟随真理!"

但是,能给他多少时间呢?

父亲曾多次大声疾呼"抢时间",他何尝不知道头上高悬的那把达摩克利斯剑呢!1975年4月21日,七机部第一研究院召开东风5号和东风4号方案论证会。父亲意味深长地说了一段话。他说:"今天这个会议,我想给它取个名字,叫'抢时间'。我们曾有过时间,但失掉了。现在你们要帮我把它抢回来。"

会议根据父亲提出的抢时间的要求,确定了一个"三步走"计划:1977年前拿出东5、东4;1978年拿出潜地导弹;1980年拿出通信卫星。重点是,1977年前拿出射程为八千公里的洲际导弹。这个计划,比1965年8年4弹的规划推迟了四至五年。1977年父亲再度复出后依据这个计划,提出"三抓"任务。但时间上又推迟了三至四年,就是说,延误了七至九年。我看过一些经济学家写的文章,说文化大革命在国防尖端上取得很大成就。真令人费解,难道还要用这种忍辱负重的痛苦经历给"文革"贴金吗?

当时,有三个关于卫星的方案:侦察卫星,导航卫星,通信卫星。他拍板第三方案,即卫星研制以通信卫星为重点,集中力量攻关。他说,"专门给它成立一个局",国防科委给我盯住管住它,要"管好管到底"。

安排好卫星后,他又马不停蹄地从新疆到陕西再到四川跑了一大圈,和打仗一样,他必须亲临一线督战。

第一站是新疆戈壁滩上的马兰核试验基地。

马兰,诗一样的名字,她是开在戈壁滩上一朵神奇的花。只有在这里创业同时又具备了诗人情怀的人,才能为这片荒凉的土地赋予如此浪漫的名字。整整十年了啊!自1965年一别,梦魂牵绕。父亲写道:"十年重上阳关道……"

当他走下飞机的舷梯时,早已等候在那里的基地领导人张蕴钰将军拥上来,他们都落泪了。张蕴钰后来说,什么都不要问了,看到张爱萍的那根手杖,九年来经历的一切劫难,都尽在其中了。

1975年10月27日9时,我国的第十七次核试验,也是第二次地下核试验成功。太阳从东方冉冉升起,核裂变巨大的能量自地心深处爆发出来,山崩地裂!

父亲写诗道:"任尔金刚能炸!"

在后来的几年,我随部队执行任务,曾数次往返于西域古道。这是祖国的边陲,四顾雄浑苍凉的戈壁荒沙,肃然生出悲怆之情,古往今来,有多少英雄在这里建功立业。在禁止大气层核试验的国际条约通过前,那一代人,在那样一个非常的年代里,为国家拿到了入场券,使我们今天与世界大国同步。

当阳光洒在它寥廓无垠的土地上时,你总会看到那里幻象出的理想的光环。

随后是七机部所属717厂,接着又飞067三线厂。他呼吁科技工作者和工人们抢时间,抢速度,为1977年拿出洲际导弹这一宏伟目标而努力奋斗。

看着这个拄着拐杖的六十五岁老人的背影，随行的人都说：归山之虎！

抢时间。真的只是像父亲在会上讲的那样，因为"文革"，我们失掉了太多的宝贵时间吗？我问他，他说了句心里话："我知道，他们给我的时间不会太多了。"

"我必须抢在他们前面，把卫星在今年打上去。"

他们是谁？

在政治残局中

抢时间。但一场巨大的政治风暴还是如期到来了。

1975年的毛泽东，已是八十二岁高龄，就要走完他波澜壮阔的一生。这位历史巨人曾经带领着父亲那一代人，打出了一个新中国，使那一代人对他怀着难以言说的崇敬和深情。但是，也是这位巨人，在晚年陷入了一个无法解决的悖论之中。他要收拾这个搞了八年革命的烂摊子，可又绝不允许任何人否定这场在理论上解释不通的大革命。这盘棋已下了九年，到了最后的残局。

5月3日，毛泽东主持政治局会议批评"四人帮"。5月27日、6月3日，政治局连续两次开会，江青、王洪文检讨。

7月25日，毛泽东对张天民关于电影《创业》信的批示："此片无大错，建议通过发行。不要求全责备，而且罪名有十条之多，太过分了，不利调整党的文艺政策。"消息虽是从小道传来，但我们都不怀疑这是真的，欢呼雀跃。

但是，二十天后，钟摆似又摇动了。

8月14日，毛泽东同北大教师芦荻谈《水浒》："《水浒》这部书，好就好在投降。做反面教员，使人民都知道投降派。"《水浒》只反贪官，不反皇帝，摒晁盖于一百零八人之外，宋江投降，搞修正主义,把晁盖的聚义厅改为忠义堂,让人招安了……"

谁是宋江?谁是晁盖?谁是投降派?还有聚义厅?忠义堂?招安?这都说的是些什么啊?从现在看到的当事者的言论中,似乎这件事与当时的政治形势未必就有多少内在的联系。但在影射史学猖獗的年代,这些借古喻今的话,难免使人猜测到底隐指的是什么。

一股忧虑注上心头。难道这一天真的来得如此之快吗?

9月24日,毛泽东会见越南劳动党第一书记黎笋。毛泽东用手指着陪同会见的邓小平说:只有他算一个壮丁。是利好消息!和我们一样,许许多多的人,都在字里行间品味、揣测。这关乎着他们的命运。

但牛市已经到头了。在此期间,8月13日和10月13日,清华大学党委副书记刘冰等人,两次给毛泽东写信,反映同为副书记的迟群和谢静宜的问题。这两封信均由邓小平转呈毛泽东。毛泽东阅过第一封信后,没有表态,阅了第二封信,雷霆震怒。

从现在披露出来的材料上,我们知道了,促成毛泽东态度发生根本性变化的重要原因,是他的侄子毛远新。

在与毛泽东的谈话中,毛远新讲了自己对形势的看法,他感到社会上有一股风,就是对文化大革命怎么看,对"批林批孔"怎么看,是肯定还是否定,主流和支流,三七还是倒三七;一些同志到一起总是议论文化大革命的阴暗面,发牢骚,有的把文化大革命看成一场灾难似的。这一股风,似乎比1972年批极左时还要凶些。

毛远新说:阶级斗争现在不大提了,一讲就是三项指示为纲,我不同意,阶级斗争、路线斗争是纲,现在只剩下一项指示,即生产搞上去。还要不要继续批判刘少奇了?

他说,我很注意小平同志的讲话,我感到一个问题,他很少讲文化大革命的成绩,很少提批刘少奇的修正主义路线……

毛远新向毛泽东表示:"担心中央,怕出反复。"

很多年后，我才看到这些公布出来的材料。我很难断定毛远新的动机。抑或是在有意无意之间，为这局棋"支了一个招"？从常理上说，毛远新，这位年方三十四岁的中共辽宁省委书记、沈阳军区政治委员、辽宁省革委会副主任，不该不了解"文革"中这个国家和他的人民所承受的深重苦难啊！

应该说，毛远新反映的全都是事实。人民对"文革"的反感；对唯恐天下不乱的左派理论家的厌恶；对靠造反起家独霸一方的黑势力的抗争；其实大家都明白，邓小平提出的所谓"三项指示"为纲，不过是借用一下"最高指示"，其中"学习无产阶级专政理论"不过是个幌子，实现社会生活的安定，达到不同族群和阶层的团结，"把国民经济搞上去"，建设一个富强的文明的现代化国家才是实质，才是目的。

问题的要害在于，邓小平和毛泽东之间，谁的主张更符合历史进程的规律？以毛远新的年龄、见识和教育素养，他有这个条件分清是非。我不知道他还和毛泽东讲了些什么，但就上面这些内容看，基点就是错误的。我也在总部工作多年，一项政策出台，我们下去调查，应该了解什么呢？是这项政策贯彻后出现的正面和负面的效应呢，还是下面对制定政策人的态度？明知广大干部群众有意见有看法，不去从中反思自己在政策制定上的偏差和失误，反而以阶级斗争的大帽子去定人家的性，把自己的失误，归结于人民的反动，这样的政治立场和工作作风符合共产党人的宗旨吗？为什么不能果断地纠正文化大革命以来的错误和危害？不是不知道，就连普通的老百姓都知道。根本的原因是，他必须捍卫他家族的地位，捍卫毛泽东说过的每一句话，捍卫毛泽东在中国共产党的绝对权威。即使他是错的。

10月19日晚，毛泽东对邓小平转呈刘冰来信提出严厉批评："我看信的动机不纯，想打倒迟群和小谢。他们信中的矛头是对着我的。小平偏袒刘冰。清华所涉及的问题不是孤立的，是当前两条路线斗争的反映。"

毛泽东同时决定，由毛远新担任他和中央政治局之间的联络员。虽然他的这个决定是以建议的方式提出来的。

据说，邓小平听到决定的一刹那，反应非常强烈。他当然明白，这意味着什么。中国历史上多少宫廷悲剧不都是从这里开始的吗？失去决策层信任、支持的执行层是没有任何作为的。他的政敌们马上就要扑上来把他撕得粉碎。

毛泽东的批示，我们是几天后才从小道听说的。无论从内容还是口气上，都是不容置疑的。尤其是这种做法，符合党内整人的一贯方式。从一件不起眼的小事入手，引爆炸药，炸你个粉身碎骨！批转彭德怀的一封信；彭罗陆杨的一出戏，海瑞罢官；借北京大学的一张大字报；争论有没有天才，导出党内有个马克思主义的骗子，把陈伯达，最后又把林彪揪出来……尤其是批示的最后一句话：矛头是对着我的……清华所涉及的问题不是孤立的，是当前两条路线斗争的反映。已经是图穷而匕首现了。

这一天终于来了。毛泽东说的反潮流是不包括反对他自己的。

上述这一切，父亲一概不知。他当时正在大西北，风风火火地准备发射那颗返回式卫星呢。这颗卫星对他太重要了。前面说过，两弹一星在中国，从来就不只是个技术问题，从它起步的第一天，就是个政治问题。父亲当然清楚，失败对他意味着什么，历史将永远不再给他证明自己的机会了。

11月5日深夜，他在三线的凤州接到陈锡联从北京打来的电话，陈说：小平同志让我转告你，在外面不要乱讲话。

乱讲话？我讲什么了？不就是骂了那帮小爬虫吗？父亲问北京有什么情况；陈说，说不清楚。电话就挂断了。

不祥之兆。

11月8日，父亲准备飞绵阳，到九院去，接到了中央办公厅电话，中央领导同志有重要事请你马上返回。专机已经派出，请到宝鸡机场乘机返京。

他应该是有数的，只不过不知是什么事。他还是推迟了一天，他要做最后的安排。赶到宝鸡要坐四个小时的汽车，他发着高烧。

回京的当天晚上，妈妈给他服了药，看他极度疲劳的样子，原本不想再说什么了，只要他早点休息。但又担心第二天中央的紧急传讯，没有一点准备也不好。于是，犹豫再三，还是告诉了最近刘冰发生的事情。他靠卧在沙发上静静地听着。通常他都是腰板挺得直直的，即使是坐在沙发上，腰从来都不靠椅背。下面垫两个沙发垫子，双手搭载在拐杖上，一副军人姿态。所以我们家的一圈沙发中，总有一个是没有垫子的，谁摊上就坐硬板凳。经常搞得客人莫名其妙，怎么你们家的沙发少个垫子？我们会指给他看，在主人屁股底下呢！今天他是真不行了，高烧且有些胸闷，吸了会儿氧气，他什么也没有说，静静地、默默地听着。他有时常这样，只听不说，脸就像是花岗岩刻成的，冷峻、刻板，又透着威严。很晚很晚了，他睡下又爬起来要长途电话，断断续续地听到，好像是一切发射准备要加快，时间还要再提前。

我知道，他已经没有退路了。

卢晨征的回忆

谁是卢晨征？航天部质量司司长，当年赫赫有名的七机部一院230厂厂长。

为了写父亲的故事，要收集素材。但我知道，以我这样的身份会有碍被访者客观如实地讲述历史，为此，我请了《解放军报》记者江林替我收集资料。

1991年9月11日，江林找到了退休在家的原航天部质量司司长卢晨征。

说明来意后,卢表露出极不配合的态度,他说,你代表组织还是个人?如果是组织,我说的你们也不会用。如果是个人,你了解这些干什么?总之,没有什么好说的。我还有事,就别浪费时间了。

一个格涩的老人。

江林说,对不起,打搅您了,我这就走。但容我说一句话行不行?

据我了解,当年是张老安排你去230厂当厂长的,你们在一起经历了那个动荡、难忘的年月。但我不理解的是,你们这些前辈,你们这些历史事件的亲历者们,为什么都要把这些岁月埋葬掉呢?为什么要它永远地在中国的历史上消失呢?为什么我们的子孙后代就不应该记住他们前人所经历的磨难呢?出于礼貌,也出于自尊,我可以马上从你的房间出去,但我想,你不会是这样一个没有历史责任感的人吧!

卢晨征深深叹了口气,不是我不想说,是现在又有些像当年的味道了。张爱萍啊,难得还有人记住你!是的,你说得对,他是一个不应该被子孙后代忘记的人。

他坐下来款款而谈。以下是他的原话,尽量按他自己的口语习惯记录:

七机部是国防要害部门。张爱萍为什么要到230厂?

"今日长缨在手,何时缚住苍龙?"核爆炸成功了,原子弹搞出来了,但没有运载工具,还是一句空话。运载火箭的关键在平台,平台是火箭的大脑,飞行中滚动、仰俯、射程、精度、命中率全靠它了。平台的设计有了,但制造没有突破。这一点,搞运载火箭的心里都清楚,按张老总的话说,万事俱备,只欠东风。

这是一场攻克关键部位的战斗，张爱萍就是在这个地方冲锋陷阵的。

先要配好厂领导班子。他到230厂时曾选过一个人，是他的秘书推荐的。张爱萍为了保险起见，又从军队调了一个司局级的干部。现在回顾看，这个人也不是个合适的人选，是个老实人不假。应该说，这些人都不是搞企业的人。后来由国务院政工组选人，他们推荐了我。我1953年就当厂长，干过四任厂长。我听说他们推荐了我，就开溜了，跑到胜利油田去了。那里就像是个青纱帐，下到钻井队，就是油田指挥部也别想再找到我。

后来听说是张爱萍发火了，人到哪里去了？给我找！当时我并不知道，以为事情过去了，就偷偷回了趟家。没想到，第二天一大早，刚起床，就看见窗外停了辆军用吉普车，这下堵住我了。进来的人说，带你去见张爱萍。我死活就是不肯去，七机部干部部也来人了，劝我说，你实在不去也可以，先见见汪部长（注：汪洋，当时七机部部长）吧，有什么想法先和汪部长说说。我能说什么？去吧。见到汪部长，汪说张总长找你好几次了，你这样总躲着不好。还是那句话，有什么想法，就当着面和首长说说。我没有法子，跟着他们到了京西宾馆。在外屋先见到宋彬成秘书长。宋说，你就是卢晨征啊，就给了我一个本子一支铅笔，说，拿着，张主任在里面等你，进去吧。

是一间很大的办公室，墙上挂着地图，中间一个大条案，开会用的，桌上好几部电话，像个作战指挥所。屋里光线很暗，我看清楚了，靠里的墙边上，站着个人，背对着我，好像是在看墙上挂的大地图。我猜到是张爱萍。我远远地站着，好一会儿，他看都没看我，说，叫你来，怎么不来啊？声音很慢、很低沉。我说，张总长，你问我啊？他顿了一下拐杖，仍然背对着我说，难道这间屋子还有其他人吗？我壮起胆子对着他的背，讲了三条理由：我说自己身体不好，经常吐血。在张爱萍面前，我不敢说自己年纪大。我说应该调精兵强将，像我这样的老弱病残是不适合的。再者，虽说在机械行业呆了二十多年，但对运载火箭可一点也不懂。这些理由我自己都觉得牵强，最后我还说了点实话。七机部派性斗争得厉害，不是我说的，全国都知道，在这种地方，派任何人去，都是没有办法工作的。自己也很难不被卷进去，也实在不愿意再被卷进去了。

我一边说，他一边还是看他的地图。听完我的话后，还背朝着我。他说，你讲了三条，我只说一条好不好？拿本子记下来：明天上午10点钟到230厂上班。记下了吗？我说，记好了。这时宋进来送文件，我还想说什么，他拉了拉我的手，小声说，别说了。我想，你非要折腾我，我也没办法，但我真的不想上任。

他见我不说话了，回过身来，说了声坐吧。他交代了四个问题，我还记得，是情况、任务、干部、当前首要解决的问题，共四个方面。记得他专门交代说，要特别和几个人搞好团结，他说，和则兴、散则败。我不知过了多少时间，后来批判我时要我交代和张的这次谈话，说用了两小时二十分钟。当时共调了司局长一级的干部二十二人，张只谈了十几分钟，而和你却谈了这么久，要我交出笔记，我说没记录，他们说，有人看见你做了记录。但我就是没有交给他们。

临走，张当着我的面交代宋，你明天9点50分到厂里去，检查卢厂长到了没有。宋送我出来说，明天在家里等着，我去车接你。

那时京西宾馆没有饭吃，我想自己找出路吧，到附近七机部一个干部家里吃了碗鸡蛋面，吃的时候，心情特别沉重。

我回到家，和老伴说，有麻烦了，只能去拼命了，你给我打个行李卷吧。因为明天就要上班了，就要和张爱萍一起去拼命了。晚上我找了七机部几个熟悉的同志，问了一些情况，大家都说糟糕透了。我的心情更沉重了。

第二天我在办公室安了张床，人家告诉我，住在这里也没饭吃，厂里的食堂早垮了。我说，再说吧。

我首先是找人给我上课，导弹是个什么东西？制造工艺的关键在哪里？哪些人可以用？有哪些技术高手？哪些能工巧匠？几天后，我心里多少有了些数。我听说，张老总和我谈完话后，就飞三线，我想他大概是怕我这里一旦不行，就让107（厂）上。

搞这个平台难度是很大的，不能用磨床，只能用车床。一般车出来的精度，只能是三花七，磨床可以达到四花十四，这个厂的能工巧匠可以用车床车出四花十二到四花十三。车出来的产品用棉布一擦就留下了划痕，就算是废品了，可见其精度之高。230厂只有一个姓邢的师傅能做，他是915的。916一个姓李的车工也能做，叫李凯丰。后来又调来一个叫郭崇伟的，是915的。他们之间也争，但都和张老总很亲近，听他的话。怪了！

这些人谁要有病，张都知道，叫人把药送到他们家里，连谁头痛脑热都知道，特别是对916的人。

我当厂长时，配给我一辆专车，后来有人告诉我，是张老总知道我身体不好，专门批的。我当时身体很不好，无法入睡。有天早上5点钟，有人敲我的门，给我送来四瓶胃得乐，说是张爱萍带给我的，市场上买不到，还带话说，让你先吃，再给你找。这个药真的是很对我的症状的，但他是怎么知道的？我百感交集。中国人说，士为知己者死，有个人关心你，他用你时可能不讲理，但他是真的关心你的。过去知道他给工人送药，现在叫人这么早给送来，估计是怕别人知道了。230厂派性斗争那么厉害，他一来，就能团结起那么多的人，是和他深入到最底层关心群众的工作作风分不开的。

有个既无技术又无本事,专门捣乱的916铁杆,张老总亲自过问他的户口问题,还为此找过丰台区的领导,把他的老婆、孩子都办到北京来了。目的是一条,只要能把科研生产搞上去,就要团结。张被打倒后,这个人慷慨激昂地在大会上发言,张爱萍反对毛主席的革命路线,和无产阶级寸土必争,不惜亲自用小恩小惠,瓦解工人阶级,分裂革命队伍。我没有技术,他还亲自给我跑户口……

这个人真无耻!许多人都说,不要脸,你要是真的和张爱萍划清界限,那你就把他给你办的户口退出来啊!张老总是自己身先士卒,吃苦耐劳,千方百计地团结大家,即使对这种人,目的还不是要把我国的尖端事业搞上去?但这些,最后都成了他推行反革命路线的罪行了。

后来批张,除少数916的几个铁杆,绝大多数人都不讲话,没有什么人响应他们搞的这一套。

那时每天都要搞到夜里一两点钟,很紧张,也很疲劳,但还是向前冲,就像黄河大合唱里唱的:我们一天天接近了胜利。

山雨欲来风满楼,空气慢慢就不对了。人们的态度在变化,中间派在疏远我,穆可民、王荣都变了,宋彬成也没有踪影了,我想,怎么就丢下了我?

变天了,我们厂有个邓小平的侄女婿叫杨天荣的,也被抓了。开始批判张爱萍了。他们叫我揭发,我说不知道,就说我装糊涂。后来,周总理逝世了。我开始写交代材料,"文革"已经教会了我写这种东西。我写道:我听说张是反对毛主席革命路线的,很吃惊,经过革命群众的教育,我才认识到。过去我认为张是全心全意地执行中央和军委的指示,对生产抓得很紧、很细，对生产进度了解得很具体，对干部群众搞五湖四海，对工人生活上关心体贴。经教育，才知道，这一切都是反革命。

我把检讨贴出去后，他们急了，说是给张涂脂抹粉。我真想这张大字报有一天能让张爱萍看到。

我没有讲更多的张爱萍的事，但你可以体会到那时是在怎样条件下工作的。

四年以后，那时"四人帮"早已垮台了，向南太平洋发射洲际导弹成功了。导弹的关键就是在这个平台上，从十八个浮子里挑选了一个，真是百里挑一。230厂作为重点已不再存在了，因为平台这个难关已经攻克了。苏美作为航天技术的大国，开始攻关时也是困难的，庆幸的是，这一关我们过去了。发射成功的那一天，我特别地激动，那时我已调到部里技术局了，我没有能去发射的现场，但我能想象张老总也一定像我一样。我们搞出来的平台成了国家核打击力量的一个组成部分，使我们的民族屹立于世界之林。这是张老总，也是他带的我们这支队伍为之奋斗的理想。英雄和历史大概就是这样，恩恩怨怨已经过去。中国的航天之路如此艰难，没有亲身经历过的人是难以想象的。

我是1979年离开230厂的。当年的造反派刘胜浩还在那里，他是舒龙山手下的一条大兽。

厂里停产了，没有人了，一切又恢复到张老总来之前的那个样子，就像黑夜里的一座大坟。寂静得让人害怕。

毛泽东去世了。在追悼会上我见到了穆可民，他老了许多。但我还是忍不住地对他说：老穆啊，你可是张老总器重的人啊，把你从外地调进来，但你是怎么对待张老总的呢？你在揭发他时，是那么不实事求是。假如有一天，你见到张老总，他说，老穆啊，你好呀！我想知道，你怎么回答啊？

穆呆了半天，"哇"地一声就哭了。

我们都没有想到他会这样。我说，也许我说得不对，也许我不该这样说，请你原谅。他流着泪，把头往墙上撞……

穆本身有很重的包袱，他孩子有精神病，老婆也是。他说，我不管谁，能生存下来就行。他就是这个心态。如果连工作机会也丢了，就没有生存位置了。他政治上搞投机的原因可能在于此吧。

派性把人们的心态搞得都不正常了，两派都是，就像走火入魔一样。

卢厂长在采访结束后，用了一句意味深长的话：

喔！中国的航天之路啊……

是啊！中国的航天之路，你走的为什么如此艰难？

在西昌发射中心、在酒泉发射中心、在岢岚基地，以及在美国休斯敦宇航中心……我们见到的是什么呢？是计算机、是大屏幕、是身穿白色工作服的帅哥靓姐，是系着领带的风度翩翩的专家博士，是戴着透明头盔精神抖擞的宇航员，是许多镶着将星的金光闪闪的肩章……

你们还记得230厂吗？还记得那满是垃圾的工厂大门吗？还记得挂着冰柱的车间和生锈的机床吗？你们还记得卢厂长吗？还记得张爱萍吗？还记得他挂着拐站在凳子上，向工人们演讲的那个场面吗？

当神舟载人飞船遨游太空的时候，中国，不应该忘记！

四块石头

父亲这辈子就是喜欢收集石头，他的书房里一直存放着他自己拣回来的许多石头,虽然没有哪块是名贵的,但每一块都有一个故事。还有一件被父亲称之为"四块石头"的东西,也一直保存着。那就是经毛泽东四次批示过的几页文件,父亲在上面写道:"我留着这四块石头以兹纪念。"

"反击右倾翻案风"开始后,毛泽东在舒龙山、叶正光等人状告父亲的信上作过四次批示。1975年11月2日、11月26日(两次)、1976年1月7日,共四次。当时有人就说:张爱萍有什么了不起!毛主席扔四块石头就把他打倒了。这就是所谓的四块石头。

父亲回到北京的第二天,就被通知去中南海开会。

参加会议的只有六个人,除父亲外,其余五人是:中央政治局委员、国务院副总理华国锋、李先念、纪登奎,因叶剑英"生病"而临时主持军委工作的陈锡联,以及国防科委政委陶鲁笳。

李先念首先递给我父亲一份文件,说你先看看吧。文件标题是:《关于对我调离处理的申诉报告》,副标题是:《揭发国防科委主任张爱萍推行"今不如昔"的右倾机会主义路线错误》。署名是230厂革命造反组织负责人舒龙山。

文件的上方印有一行大字:毛泽东11月2日批示:"印发政治局各位同志,请总政酌处。此人是'916'左派。"

舒龙山的信是10月1日写的,内容无非是原有几张大字报的翻版,叙述自己如何受刘少奇、王秉璋、张爱萍的迫害,毛主席的革命路线如何一次又一次救了他。不错,现在,毛主席的革命路线又来救他了,这不,有批示了。尽管这个批示从字面上看不很明确,但这已经足够了。

这一天,果真到来了!它来得是这么顺理成章,这么合乎预料,这么让人一目了然,甚至没有一点涟漪和心跳。因为,所有的中国人也早都预料到了。父亲自他答应叶帅出山的那一刻起,就一直在等待着这一天；邓小平也在等着这一天；胡耀邦、万里、周荣鑫也在等着这一天；甚至连卢厂长也在等着这一天。

他们来到这个世界，注定是要承受灾难的，如飞蛾扑火。

还是让我忠实地记录下父亲对会议的描述吧。原谅我，不管涉及到谁。

李：看完了？怎么样？

张：不怎么样！

李：什么？连毛主席的指示也不怎么样吗？

张：不怎么样！就是不怎么样！（嘿！怎么跟小孩子斗嘴一样。）

沉默……

纪：我问你，"今不如昔"这句话是什么人说的？

张：是右派说的。

纪：你这话是什么意思？

张：还用解释吗？告状的人不是"左"派吗？

纪：那你到底说了没有？

张：还用我说吗？七机部问题你不清楚？

纪：你看看你，讲的话就有这么厚厚的一大摞！（父亲在讲述时，照他的样子，也用手比画着。）

张：你都看过了？没有看到你自己讲过的话吗？

纪：你什么意思？

张："九年无宁日！"就是你说的。忘记了？

纪：你血口喷人！态度很不老实！

又是沉默……

有人站出来揭发了：张爱萍任职后根本没来机关，一下子就跑到七机部去了，其目的是整那里的革命左派，污蔑七机部的大好形势，并动用部队的人力、物力到工厂笼络人心，以批判派性为名搞反攻倒算，在国防科委压制民主，个人说了算……

（讲到这里，父亲解释说："这个家伙起劲得很呢，句句上纲。我奇怪，他怎么讲得这么具体，何时何地，讲过什么，记得一清二楚。真是个有心之人！这几个月里，他可是什么反对意见也没有提过啊！"）

看来，预料这一天迟早要到来的，还应该包括这位一直跟在身边的揭发者了。

揭发批判后，又是难挨的沉默……

李：你说拿出能打到莫斯科的武器，是什么意思嘛！

张：什么意思？阶级斗争为纲的具体化嘛！你们不是老在喊要高举阶级斗争的旗帜吗？

（我们都笑了，用北京土话说，您老真够能矫情的！父亲自己也笑了，说，我的水平，开开他们的玩笑还是可以的。）

会场再次出现沉默……

又是纪登奎发言。父亲回忆，他一口一个路线错误，这种人，由得他说吧。

陈锡联用腿碰了碰父亲，悄声说：你就承认算了。

父亲大声说：你们要我承认什么？

陈：承认犯了路线错误啊。我不也承认过嘛，也没有把我怎么样嘛！

这下可把父亲给激怒了，他吼道：那是你！！

……

华国锋是主持会议的。他一直没开口，冷场了很久后，最后才说：这件事很突然，对毛主席的指示需要一个理解和认识的过程。是不是请爱萍同志回去再想一想。就散了吧。

父亲说："华国锋替我解了围。"

若干年后，父亲在重新回顾这一段经历时说：

"毛的批示来了,把他们都吓坏了,把一切都往我身上推。其实,我哪里会去揭发他们?只是有些人品格太差,还坐这样高的位置。

"后来有人告诉我,李先念在毛泽东面前还是为我开脱过的。不过,当时对他是很有看法的。在汇报七机部的问题时,他也是一起参加的嘛。

"陈锡联是希望我快些过关,他是好心。

"华国锋同志是个很厚道的人,我一直很感激他。对他是不公道的。"

对毛泽东在舒龙山信上的批示,无论当时还是此后二十多年间,我们都不愿相信那是毛泽东所批。毛泽东八十二岁的高龄,还能记住舒龙山这些小人物的名字吗?何况,从感情上讲,我们宁可认为这是有人做了手脚,蒙蔽了毛主席。

前些年,我曾托一个认识毛远新的朋友,特意当面问了这件事。毛远新回答得非常干脆。他说:"当然是主席批的,我是后来才看到的。七机部的舒龙山、叶正光,他都记得。审我的时候,第一条就说我篡改主席指示,可审到最后,全否定了。"

能相信他吗?舒龙山10月1日的信是何时到达毛泽东手中的?何以毛泽东在舒龙山信上的批示和毛泽东同毛远新的谈话都是在同一天?11月2日这一天。这不应当仅仅看作只是一个巧合吧?

但我们也没有理由不信。

毛泽东在张爱萍和舒龙山之间选择了后者。

父亲时常回忆起在长征路上,面对横在红军面前呼啸奔涌的金沙江水,毛泽东交给他任务的那个晚上。战史是这样记载的:
"……由军团后卫改为前卫的红十一团到达皎平渡后,该团政治委员张爱萍奉中革军委命令率第二营和侦察排先行北渡。这支部队抵北岸后,即穿过敌军间隙西进,设法与南岸红一军团取得联系,传达了中革军委要他们改变从龙街渡江的计划……然后，即在龙街北岸渡口，担负堵截滇军北进的任务。"（注：《中国工农红军第三军团史》，365页）

父亲回忆说，是彭德怀带着他去受领任务的。他似乎可以看到，在他们的掩护下，中央纵队和毛泽东登岸后安全北上。前有天堑，后有追兵，他率领红十一团的将士们一直坚持到最后。现在我们看到的长征故事，大多是前卫部队的辉煌战绩，逢山开路，遇水架桥。但父亲说，断后是危险的，也是艰苦的。前边的大队人马过去了，就什么吃的也找不到了。他说，能执行断后任务，是光荣，也是信任！

不！毛泽东应当记得，起码他相信。在红军的生死关头，毛泽东信任他，在金沙江畔托付了他这副重担。父亲对我说，长征走过了千山万水，但毛泽东在他那首著名的长征诗中，只记录下了有限的几个地名："金沙水拍云崖暖，大渡桥横铁索寒。"一"暖"一"寒"。

他孩子般地相信，金沙江的滔天巨浪，毛泽东不会不记得的。

他也常回忆起在瓦窑堡的红军大学；回忆起自己那次打了败仗去见毛泽东时的难受心情；回忆毛泽东曾说过的，你们都是元始天尊的弟子，今天深山学道，明天要下界去普度众生。

他回忆起全国解放前夕，毛泽东叫他去组建海军，为解放全中国未雨绸缪；他那次给毛泽东照相，用的还是莱卡相机，底片和相机至今都还保存着。

现在，他们这些人，在毛泽东眼里究竟是些什么人呢？真的全都成了走资本主义道路的当权派了吗？想打倒就打倒，想关押就关押，他们究竟犯了什么罪呢？

他们之所以敢冒大不敬之罪，能够这样去做，敢于这样去做，不正是因为对毛泽东的信任和对毛泽东思想的信仰吗？是毛泽东自己造就了这样一代共产党员；毛泽东教给他们的人生信条，早已融化在他们的血液中了。他们是不是背叛毛泽东？是不是丢弃了革命的理想，成了既得利益的官僚？只有他们自己清楚，而那些鼠辈有什么资格对他们说三道四！

既然不信任了，为什么不可以让我们去当个普通的老百姓呢？革命了一辈子，过一个清贫但却是安宁的晚年，不该算是个过分的要求吧。彭德怀乞求过，刘少奇乞求过，但他们还是必须去死！

父亲晚年，回忆这段经历。我说，为什么不能也像造反派一样，疏通一下毛泽东身边的人呢？父亲被激怒了："要我对那些小人下跪？对不起，我做不到！"

父亲的心态是恬静的，他已经没有了文化大革命初期被打倒时的那种委屈和困惑。他甚至认为，厄运这次又光顾了他，应该是个必然。

和父亲讨论时我说，毛泽东老了，被周围的人封锁了。父亲说："四人帮是谁支持的？还不明白吗！"

今天，当我们回首往事时，总会发现历史会惊人的相似。

像1975年的这次整顿一样，1962年对大跃进和反右倾以来的错误进行纠正，其动因都不是出自于认识上、理论上的自觉，而是摆在面前严峻的现实。"饥饿"有时也会逼得人们去突破"左"的理论束缚。一方面在高喊坚持三面红旗的口号，一方面又在消减压缩经济指标，颁布推行《工业七十条》，回归到生产队为基础。"高速度"和大跃进被否定了；"一大二公"被否定了；大炼钢铁、群众运动搞经济建设也被否定了；更不用说包产到户对社会主义生产关系的动摇了。

现行政策和理论根基的冲突，导致了更为深刻的危机，在表面困难解决的同时，中央领导层的分歧被激化了。正如毛泽东自己所说的："文化大革命是积累多年的产物，牛鬼蛇神放了多年的毒，主要是在1959年至1962年这四年。"（注：《1966年6月10日毛泽东与胡志明的谈话》）

这次邓小平领导的以三项指示为纲的整顿又重蹈覆辙。安定团结，把国民经济搞上去，就一定会突破以阶级斗争为指导的理论架构；而清除派性，就必然触动"文革"左派集团的根基。正是国民经济的复苏和好转，正是卫星上了天，导致了对文化大革命的普遍质疑和否定。

毛泽东的容忍是有限度的，他的愤怒终于被点燃了。在左的指导思想还不可能纠正，一系列左的理论还没有系统清理的条件下，1975年的这场大戏，只能是以悲剧收场。

父亲说："陈云同志当时就提醒过，你们摸准他了吗？"

困兽犹斗

1975年12月14日，中共中央转发了《清华大学关于教育革命大辩论的情况报告》。老百姓习惯叫它红头文件，明确指出："七、八、九三个月，社会上政治谣言四起，攻击和分裂以毛主席为首的党中央，否定无产阶级文化大革命，翻文化大革命的案，算文化大革命的账。这是一股右倾翻案风。"

全国范围内的反击右倾翻案风运动展开了。

毋庸置疑，国防科技和国防工业系统被宣布为"右倾翻案风"的重灾区。在那次四个副总理谈话后，鉴于父亲顽固的态度，政治局全体成员深夜驱车来到人大会堂，接见在那里等候多时的七机部和国防工业各部的党组成员们，向他们宣布了刚刚做出的决定：张爱萍同志在七机部和国防工业各部门的工作中，犯有否定文化大革命和右倾翻案的错误，经政治局讨论通过，以中共中央的名义正式决定，张爱萍要接受群众批判。

随后，一行人又驱车来到三座门军委办公地点，向早已等候的三总部和国防科委的党组领导成员宣布了同样的内容。

在上述两个地方宣布决定时，邓小平都有一句极其简短而相同的话："七机部和国防科委出的问题，责任在我。"

既是铁腕人物，倒台也有倒台的样子。看来他也早有准备了。

从许多公布的文件看，毛泽东似乎并不打算这样快的就结束1975年以来逐步形成的大好局面。他原本是想两年就结束这场革命的（注：中央文献研究室《毛泽东传》，1757页），但潘多拉盒子一旦打开，想把魔鬼收回来就没那么容易了。尤其是"林彪事件"后，毛泽东对自己不可能没有反思的。九年的时光不算短了，一个国家如何经得住如此折腾？要迅速结束动荡，实现整个社会的安定，于是就有了邓小平出山，有了1975，有了整顿铁路、整顿七机部……但这一切是要有代价的，这使他在晚年面临着两难抉择。要超越自己谈何容易？尤其是对一个功成名就的伟人，一个垂暮之年的老人。如果这一切发生在十年前，或许还有可能，因为1966年他的行为多少带有否定自己的因素。其实林彪死后，他也是有机会的，但他错过了，他毕竟是人不是神。对毛泽东的好意，左右两边都不接受。毛泽东曾要邓小平主持写个关于文化大革命的决议，还定了口径：三七开。但邓小平拒绝了，说我是桃花源中人，不了解。

毛毛在记述她的父亲邓小平时写到："邓小平这种完全不让步的态度，使得毛泽东下决心进行批邓。在毛泽东政治生命的最后关头，他要坚定不移地捍卫文化大革命，他不容许任何人对此存有非议，更不容许任何人翻'文革'的案。这是他所坚持的最后原则。"

但即使这样，毛泽东还是慎重的，他还是希望全党能够团结起来，不至于天平过于倾斜。11月13日，毛泽东写了一个要给老同志打个招呼的批语："桃花源中人，不知有汉，何论魏晋。要估计这种情况。一些老同志打个招呼……"11月22日又批示："即也要对青年人打招呼，否则青年人也会犯错误。"但毛泽东很快又想到，这样反倒会增加复杂因素。23日又批示："还是你们议得好，先给老同志打招呼。青年问题暂缓。因有的还未结合，有的在打派仗（如七机部），有的貌合神离（如清华），召集不起来。"从口气看，显然，他并不赞同七机部的派性。

12月2日晚，李一氓突然登门，他刚随邓小平陪同毛泽东会见了福特总统，还没来得及回家就匆匆赶来了，说是有个重要的情况要告诉。据妈妈回忆："氓公（指李一氓）告诉我，会见结束告辞时，小平同志专门提到了爱萍，他对主席说：'张爱萍去七机部搞整顿，是我派去的。'主席接着就说：'是你派去的，也是我派去的嘛！……对爱萍还是要帮嘛。'氓公说，从毛的态度看，估计问题不致太严重。你赶快和爱萍说说，让他宽宽心。"

这是邓小平一生中最后一次陪同毛泽东会见外宾。由于毛、邓之间联系的管道已经被毛远新所阻断，邓小平只能抓住会见结束后的这个宝贵机会，他没有陈述自己的委屈，而是为部下开脱责任。1975年的邓小平真的令人敬重。

和右派们一样，左派们也绝不会听从毛泽东安排的。

中央文件的精神是，批判"右倾翻案"要联系本单位的实际，于是就有了"批邓联张"，铁路系统则是"批邓联万（里）"，科学院是"批邓联胡（耀邦）"，教育部是"批邓联周（荣鑫）"。国防科委党委和七机部党组共同组成"联席会议"，号召科技战线上的广大职工，打一场批判张爱萍的人民战争。

被调离的造反派头头舒龙山又被请回来主持会议了。

王洪文亲自到会讲话："张爱萍的错误实际上是否定文化大革命在国防科委、七机部的伟大胜利，否定整个文化大革命。"在这之前，王曾找过父亲，一是谈上海发射卫星的事；二是谈舒龙山的事。说你骂造反派头头都是坏蛋，我也是造反的头头嘛！没两天，邓小平就找父亲询问这件事。后来我们知道，向邓密报的人，就是批邓联张"联席会议"的领导成员。可见当时斗争的错综复杂和人心之叵测。

江青更是信口雌黄，参加了政治局听取科委"批邓联张"汇报会议的马捷说，江青在会上调子最高，说："张爱萍不是好人，是个通台湾的特务，要把他彻底打倒。"历史永远都是现实政治斗争的筹码，虽然中央已经为此做过两次结论了。

科委参谋长李光军借随造反派来病房批斗我父亲的机会，背对着其他人，在我妈妈面前伸出手掌，在手心上画了三个点。我妈妈后来说，李光军是在暗示我，别人都不怕，就别被三点水缠住。这个女人可是个疯子，落在她手里可真就完了。三点水，意指江青。在当时极其恐怖的政治气氛下，有些话是很忌讳的，即使是自己人在一起，也都不直说。如"点眼药"就是指邓小平。（注：瞪小瓶的谐音）提到毛泽东时，就竖起个大拇指。

返回式卫星发射成功后，张春桥也出来说话了："这只能说明，卫星上天是个幌子，红旗落地才是他们的真意。"

"四人帮"全体上阵了。反作用力的能量远远超过父亲刚来230厂的时候。那时，父亲手中的王牌只不过是邓小平的"三项指示为纲"；是要为国家拿出杀手锏的使命感；是压抑在人们心中的呐喊。但他的对手现在手中的王牌则是，毛泽东的亲笔批示；权倾一时的"四人帮"的直接点名；以及在全国开展的反击右倾翻案风的运动。三张对三张，在权势面前，正义退败了。

中国当时的政局，就像一架失控了的天平，或像一艘要沉的船，无论在哪边加一点轻微的力，都会造成更大的偏移振幅，毛泽东已经左右不了局面了。

原国防科工委23基地政治委员申秉辰回忆："我那时是国防科委政治部副秘书长，随爱萍首长下到230厂蹲点。记得是10月份吧，把我派到24基地搞整顿，工作还没有完，首长就来电话了。他说'形势不行啦，你赶快回来，还是继续抓230厂'。等我赶回来时，真是已经不行了，刘冰的信公开了，不是你抓人家，而是人家抓你了！"

对方已开始读秒，他们说，张爱萍的再度倒台已经进入了倒计时。

但他还有最后一点时间。他必须要证明自己。

他证明自己的办法不是像他的搭档一样，如何见风使舵，揭发自己的战友、反戈一击。当然，也不是和批判他的人去辩论，用言语说明正义在自己一方。他说得已经太多太多了。

他把全部的希望都寄予那颗星，那颗用长征—2号运载火箭发射的"尖兵"，那是我国第一颗返回式人造卫星。

整整五十年前，1926年，当他只有十六岁的时候，在他加入共产主义青年团的时候，他就会唱："满腔的热血已经沸腾，做一次最后的斗争！"

还在他第一次组织达中同学闹学潮时，他就是唱着这首歌带头冲向军警队伍的。那以后，人们送给他一个"拼命三郎"的绰号。今天，六十五岁的他，又要为自己的理想和信念再次去充当拼命三郎了。他要在沉没之前，去做最后的搏击。

英雄剧从来都是悲剧。

酒泉卫星发射基地。

在空旷的戈壁上，待命起飞的长征—2号火箭在落日的余晖下闪闪发光。

1957年8月，由父亲主持，总参谋部召开专门会议，研究筹建酒泉国家综合导弹试验场规划。开国第一代的将军们邱创成、陈锡联、孙继先、陈士榘、张贻祥、李寿轩等奔赴大西北，组织勘察建设。1960年2月，父亲代表军委和三总部对试验场区进行全面检查。他大胆地提出，从根本上改变苏联专家的方案，着眼将来，建立一个以新型城市为目标的试验基地。同时下决心，引弱水河南下，彻底解决基地和今后城市用水问题。这在当时战备的大形势下，是一个很大胆、很有远见的计划。他们唤醒了沉睡的千年戈壁，奠定了今天这座现代化航天城的基础。

父亲原计划是要亲临第一线指挥的，他多么希望避开这肮脏的、无聊的政治漩涡，将自己置身于"大漠孤烟直，长河落日圆"的雄浑和浩瀚之中啊！他是多么愿意和那些真正干事业的、将自己的青春奉献出来的科学家、解放军指战员在一起啊！他希望亲眼看到我们的卫星升上太空，希望和大家欢呼、拥抱、干杯！

可现在，已经做不到了，他的行动已经受到了限制，戴罪之身是不能放出京的。就像1966年10月，第一颗装有核弹头的导弹试射前夕，他被勒令做出反省。历史又一次重演，他亲自送国防科委副主任兼科技部长马捷上飞机。马捷回忆道，爱萍首长紧紧握住我的手，说了三个字："拜托了！"

马捷回忆：

> 说到这颗卫星，爱萍同志委派我坐镇前沿指挥。他交代我说，这两样东西（火箭和卫星）生于乱世、先天不足，全靠后天的营养。你去代我认真检查，发现一丝一毫的问题，也不能让它升空。一定要万无一失！他不断给我打电话，关心我的身体、生活情况，询问火箭、卫星的检测安装情况。独立在外执行任务，能接到直接领导，又是德高望重的老将军的电话，那是个享受，是股力量，每每听到他的声音，我的心里就热乎乎的。而每讲完一次话，我就觉得有股力量在升腾；更不用说他的电话常常在关键的时候打来，又常常给我以解决问题的办法。他毕竟连续三次担任试验总指挥，对发射过程中的每个环节都了如指掌。什么时候可能发生什么问题，哪个环节要注意哪些事情，他都及时给提个醒。而对一些突发的意外问题，他

又叮嘱你、安慰你沉着处理、大胆处理，出了问题他负责。对这样的领导，你还有什么理由不勇于负责地去工作呢？不过，有一次，他给了我一个对我不放心的误解。就在对火箭和卫星完成测试工作，由技术阵地转入发射阵地，万事俱备、只待发射的间隙，我到距基地不太远的××核反应堆去看看，以丰富一下知识。没想到刚进这个工厂的大门，便接到他追来的电话，他问：你怎么跑到这儿来了？我说想来学习学习。他说：现在不是你学习的时候，要坚守岗位。我问他怎么追到这里来了。他说：盯着你哪，我也有卫星盯梢儿，赶快回基地赶快回基地！我只好进门即出，打道回府。在后来的交谈中，他还提醒我补上这一课。我知道他不是对我不放心，是发射一刻未成功，他就一刻不放心。在卫星临近发射的那段时间，他的电话来得格外勤，有时一夜连打几次。在发射之前的一天，他又打来电话，问准备得怎么样，我说，形势大好，胜利在望。他说，不行，我要给你改一个字，胜利在望还不够，要胜利在握！一切准备都要达到胜利在握的标准。

政治上的巨大压力，使父亲精神更加振作。他把心思都放在了这颗卫星上。他一直住在招待所，他根本无暇也没想去追回"文革"后被别人占据了的家。在招待所与前沿阵地联系不方便，他就干脆住在指挥室里。

1975年11月26日，是个大晴天。一大早，父亲就和总设计师孙家栋等人来到指挥室。父亲再次询问发射基地一切是否准备停当，当得到肯定的回答后，他上报中央专委，下命令准时发射。一瞬之后，前方报告：发射成功，卫星进入预定轨道！顿时，指挥室里一片欢腾，但父亲说：真正圆满的成功，是卫星胜利归来的时刻。

是啊，"尖兵"上天了，他要在太空绕行整整三天，它能按时返回吗？美国为这一尖端技术花了整整十二年时间！我们这次能过吗?

这颗"尖兵"返回式卫星,重约一千八百公斤,携有一台可见光物地相机和一台星空相机,卫星上天后,前者将在轨道上对国内预定地区摄影,后者则同步对星空摄影,以用来校正误差。完成拍摄任务后,装有胶片暗盒的返回舱必须返回地面,方能获得遥感资料。

现在,一切的希望就寄托在它按时返回来了。

整整三天。他上午参加"帮促"会,下午去指挥室;白天应对声讨,晚上和前方通电话。我不知道有哪个国家是这样搞现代化的。

父亲心系"尖兵"。我们全家也是如此。其实我们都知道,成功与否,都不会改变他的命运。功劳和立场相比,在那个人妖颠倒的年代,孰轻孰重,不言而喻。成功了,是文化大革命的胜利;失败了,就是你"右倾翻案"的罪行。

但父亲自己不这样看。人争一口气,佛争一炷香!

时间一分一秒地过去。多么漫长而焦虑的等待!
有一篇采访总设计师孙家栋的回忆文章,我把它整理摘录下来:

1974年,第一颗返回式卫星在飞行二十秒钟后就爆炸了。首次发射失败后,中央决定让张爱萍将军重新领导国防科研工作。

返回式卫星,就是要它回来。卫星从北方往南飞,落在四川。继续往南?走不好就出国了,到了柬埔寨、越南,落到人家国家里去。卫星里装了个炸药包,一旦发现轨道不正常,往南跑得太多,就把它赶快炸掉。但卫星假设不出毛病,正常落下来,分解,把片盒拿出来,谁知道这炸药包出不出毛病?一开盖,里头炸药包崩了,你不就出事了?

一个信任,一个工作上支持。这话就是张爱萍将军说的。张先生他有个口头话,你们大胆去工作,但是要非常认真非常负责。只要是认真踏踏实实,好好办,成功了,成绩是你们的,出了事,是我的。他确实是真心话。那时候还是相对年轻,这么大一件事情交给你去办,那感觉确实是不一样。

11月29日下午,渭南测控中心报告:"尖兵返回大气层,进入角……高度……速度……"

内蒙古、宁夏、陕西、甘肃、四川……返回舱进入大气层的速度是每秒八公里。巨大的摩擦力将周围的空气点燃,它遍体通亮,以二三十倍的音速,排山倒海般地呼啸着从宇宙归来。

最紧张的时刻到来了。指挥室里,操作人员的手就按在炸药起爆按钮上。已经飞过了预定地点,前面就是国境线!再等一等……

父亲回忆说:"紧张程度超过战争。因为不可知的因素太多了,同时影响面也太大了。"

"尖兵"把它的着陆点选在贵州。越过国境,对这颗星来说,也就几分钟的路程。总设计师孙家栋说:"卫星按预定时间返回,落在贵州关岭铁索桥的树林里。奇妙的是,这里正是长征时期张爱萍大获全胜的地方。"

太神奇了,大科学家也相信命运?

意味深长啊!返回舱不偏不倚地落在贵州省西南部北盘江关岭铁索桥旁。这个神秘而雄奇的大峡谷现在已经列为国家级自然保护区了。回收部队和民兵、群众找到了这个庞然大物,这个消息也令父亲暗自惊诧。历史为什么总有意想不到的巧合呢?北盘江关岭铁索桥!四十年前,他正是在这里率领红三军团先遣团抢渡白层渡口、阻击援敌并大获全胜的地方。几年前,父亲在关押中还在念叨,倘若有朝一日大难不死,重获自由,就到北盘江关岭边安个家吧……

"尖兵"的到来,寓意着什么呢?冥冥之中又有什么暗示呢?

面对铺天盖地而来的这场灾难,是噩梦缠身,还是吉人天相呢?我们都在祈祷。

前方的报告说,舱体基本完好,裙部再入大气层时有烧损痕迹。"尖兵"取得了预定的遥测试验资料,只是返回舱的落点偏大了一点。

《解放军报》有篇回忆记载了当时的情况:

> 身穿军装的张爱萍,昂首挺胸地出现在北京站站台上,他要亲自在这里迎接从前方归来的同志们。
>
> 列车徐徐进站,马捷一行走下列车。张爱萍大声说:"欢迎你们!前线归来的英雄们!"马捷一行在大西北有些日子了,他们万万没想到,此时来迎接他们的张爱萍,正在接受批判。"

铸造大国,为这个国家拿出杀手锏,曾是他人生的夙愿。看来,1977年拿出洲际导弹的愿望是无法实现了。他对马捷说:"你们好好干下去吧!"他遂热烈地拥抱了他。但马捷还不太明白。

从此后,他将永远从中国两弹一星的事业中消失了。但他想过了:

"你们要杀就杀,要剐就剐,我无所谓了。我即使不在了,但我的事业总还是留着的!"

他顶着寒风来欢迎胜利归来的战友,他由衷地感激他们。

也由衷地庆贺自己的胜利!

"尖兵"的成功,再次引起世界瞩目。这件事,在当时,对未来,究竟有什么意义呢?就在本书即将发稿送排的前夕,2007年10月24日晚,"嫦娥—1号"发射升空。各大报的通栏标题是:中华民族由此迈开了向宇宙深处探测的第一步;古老的神话《嫦娥奔月》将成为现实。《参考消息》编辑部将自上个世纪70年代以来国外媒体有关我国航天事业的报道系统地整理发表，我看到了有关当年这颗回收卫星"尖兵"的报道：

日本《朝日新闻》1975年12月3日，题目《对苏美接近的大示威》："在美国总统福特访华前夕发射卫星，而在其访华高潮中收回这颗星，是意味深长的——中国洲际导弹试验和进行实战部署日益临近了，它要告诉两个超级大国，中国的存在是举足轻重的！"

"尖兵"发射成功后，11月30日，根据军委的要求，我们替父亲写了份检讨。粟裕同志说，可以听听宋时轮的意见，他点子多。宋说你们就别操心了，就让我的秘书帮助写一个，"文革"的事经历多了，他已经练出来了。宋当时的秘书叫雷渊深，后来从军科军制部部长位置上退休，他的爱人谭小雯，是父亲的好友谭知耕同志的女儿，我曾专门听他们两口子说起过这件事。这份检查，陈锡联看了后特别高兴，说：爱萍同志的检讨很深刻嘛，我看可以过关了。因为没有签字，又给退回来了，但就是这个名字，父亲死活不肯签。陈锡联很无奈，说你这个人怎么这么犟呢？检讨一下过了关不就算了嘛。

对陈锡联，父亲一直心存感激。感激他在危难时对自己的真诚关照。"四人帮"粉碎后，在中央工作会议上，父亲站出来说："陈锡联在那样大的压力下，保护了我。我今天为他说话，不完全是出于个人的感情。我们不能因为有些同志当时在台上迫不得已地说了些话，就一风吹地批判他们。包括吴德同志，他对整顿七机部是给予支持的。不看历史，这样做，就没有道理了。"

"尖兵"的成功，使许多同志为父亲高兴。粟裕当时还在住院，他对我妈妈说："卫星回来了，爱萍的压力会轻一些了。"遂在纸上写了几个字："虎落平阳被犬欺！"

生死由命

陈保定继续回忆：

1976年整个翻过来了，中央批准开两委联席会议（国防科委党委和七机部党组）揭发他。对我倒没有采取什么措施，还让我当特约代表参加会。

他病了。每星期有两次给他送材料，我就借送材料的机会去看他，也不敢和他多说话，相对无言。我每次去看他回来，230厂、211厂的工人都问我，张老身体怎么样了，能不能去看他，你下次再去，告诉他，我们都想他。凤州的工人对调查组说，是张爱萍好还是你们好？我们不知道。但我们知道，他来了，我们还能分半斤猪肉，你们来了，我们连这点肉也没了。

像他这样的人现在没有了，以后也不会再有了。

再以后呢……

就不分配我工作了。

我做了两个沙发，至今还留着。

父亲真的病了。连续紧张的工作，无休止的批判。加上五年的关押，尤其是左腿骨折后，他急于恢复。那时大家都不太懂医学知识，年纪大的人，在高温的药液里浸泡久了，又在烈日下锻炼，大汗淋漓，心脏是承受不了的。恢复工作后，在230厂的夜以继日，身体上、精神上的巨大压力。毕竟是六十五岁的人了。在一次参加批斗会回来后，人就不行了。心肌梗死。幸得三〇一医院的护士小孙发现得早，加上王士雯主任的果断抢救，才得以脱离危险。

我妈妈说，卫星回收那三天，你爸搞得太紧张了。会上批判，他老是上厕所，借机会去打个电话，问卫星又到哪了。父亲说："瞎说！哪有那么回事。"

其实，父亲并不在意别人对他的批判，他经历的太多了。他说："要我听就去听嘛，有什么大不了的！"只是有一个大科学家的发言，使他困惑和难受。这位科技界的泰斗说："张爱萍是个什么人？我看是个魔鬼！他想拉我下水，就像魔鬼在向我招手！"

他赢得了热烈的掌声。

何必这样呢？其实，批判一下也没有什么，在那种环境下，言不由衷的也大有人在，但何必要用这样闪光的语言呢？

纵观"文革"十年，语出惊人的的确不少。在传达彭罗陆杨问题时，总参主要领导人揭发彭真在批判罗瑞卿时的表现，就将其概括为四大阴谋："一是六条清规戒律"，"二是五个不准"，"三是三支毒箭"，"四是五个追查"。批邓时，海军主要领导人也是语出惊人，他说，邓小平是什么人？是个"五毒俱全"的人！哪五毒我也记不住了，总之，这些话马上就上了简报的头条。对政客来说，这是天经地义的，问题是你搞科学的，干吗就非往上挤呢？屈于政治上的压力，无可非议，但借助政治投机，就让人鄙视。我无意否定他的贡献，但名气大，未必人格就高尚！爱因斯坦在怀念居里夫人时说："第一流人物对于时代和历史进程的意义，在其道德品质方面，也许比单纯的才智成就方面还要大。即使是后者，它们取决于品格的程度，也远超过通常所认为的那样。"是啊，还有什么比人格更重要、更具魅力的呢？如果连搞科学的人也缺失了诚信，那中国还有什么希望呢？当然，现在这种观点已经过时了，这样的人大有市场，也就不奇怪了。

父亲心脏病突发，三〇一医院的三〇三（注：保健办公室，负责领导干部的医疗行政工作）立即上报军委。

叶帅电话："你的那些讲话，我都看了，没有什么错误。你沉住气，他们不敢怎么样。"

并下达三条指示：一、对张爱萍的病要积极治疗、精心护理；

二、不允许任何人干扰治疗,医院要负起责任来;三、没有我的批准,不能让张爱萍离开医院。

危难之时,见真情!

聂老总来了。他说:"不是要揪后台吗?让他们来找我好了,我就是你的后台!"父亲的司机老安说,聂老总那里送了几只老母鸡,说老总还特地关照了,叫给我们首长炖汤喝。

"文革"初期,在党内、在中央高层,由于左倾极端主义思潮的影响,工作中的意见分歧、部门管理上的交叉,这些本来很正常的矛盾,被扩大为是两个阶级、两条路线、两种制度、两个司令部的斗争。极大地损害了党内长期形成的亲密的同志式的关系。亲历了自身的磨难,目睹了眼前的浩劫,人们倍加珍惜战争年代形成的友谊,珍惜党的团结,他们在反对、抵制文化大革命错误的立场上又走到一起来了。

从1956年开始,父亲在聂老总手下为中国的两弹一星事业奋斗了整整二十年。父亲桀骜不驯、直来直去的脾气和个性,没少得罪过聂老总。60年代中后期,因为部院合并的问题,再加上国防科委和国防工办及总参在体制上相互交叉的矛盾,有不少误解。父亲解除监禁后,去看望聂老总,一见面,两个人都落泪了。经过了"文革"的炼狱,面对满目疮痍,个人之间的龃龉又能算什么呢?共同的遭遇,反倒增添了他们相互的理解和沟通。父亲回来讲起时还沉浸在悲伤中,他说:"我们拥抱在一起,聂老总拍着我说,什么都不要说了。"

像世界上所有的事物一样,文化大革命在它胜利的口号声中,也在不断地制造着自己的敌人。时至今日,和1966年已大不相同,政治界限已泾渭分明,一边是"四人帮",另一边,是老同志,是人民,是人民军队。

三〇一医院的刘轩亭院长和心内科王士雯主任，不断叮嘱医生护士一定要执行叶帅指示，保护好父亲。所以，父亲的病室门上，总是挂着"不是探视时间不得入内"的牌子，每次，"帮促会"刚开始，医护人员就以输氧、输液、化验、检查或以"特殊治疗"为由，进行搅乱。弄得"帮促人员"情绪全无。对这种恶作剧，这些年轻的女军官们得意地相互间挤眉弄眼，暗自窃笑。

　　我妈妈回忆时说："这第二次被打倒，与'文革'初期被打倒最大的不同是，我们不再孤立了。"是的，父亲再不是孤立的了。面对这场灾难，他不再苦闷，不再自责，不再被千夫所指，不再在孤独中苦思而惶惑不解。他是无数忧国忧民的老同志中的一个代表，是千千万万真正关切党和国家命运的共产党人中的一个代表，在这场严肃的政治较量中，他也许要付出高昂的代价，但他心安理得。

　　毛泽东认为：文化大革命在实质上是"无产阶级反对资产阶级和一切剥削阶级的政治大革命"。但在经过了十年的反对修正主义和批斗走资派的斗争后，奇怪的是，现在，人民全都跑到修正主义和走资派一边去了。还是他另外一句讲得好："军心、党心、民心，不赞成分裂。"

　　我从学校请假回来，看到他躺在病床上憔悴的样子，眼泪就止不住往下淌。他拉着我的手安慰说："你看，我不是好好的吗？"他从枕头下摸出一张纸，上面记着林则徐的半首诗：

　　　　力微任重久神疲，再竭衰庸定不支。
　　　　苟利国家生死以，岂因祸福避趋之。

　　他说："给你的。收好！"

　　"批邓"、"反击右倾翻案风"运动愈演愈烈。

　　造反组织的头头不少被吸纳进运动领导小组，在实质上控制了党委的权力。他们发号施令，使很多参加过七机部整顿的干部受到批判和处理。父亲在病中得知这一消息，愤而给国防科委政委陶鲁笳写了一封信，要求他在党委会上宣读。信中说："我是国防科委党委书记，凡没有经过我主持研究或未经我同意的以国防科委党委的名义做出的一切决定，都是无效的。"

鲁迅说过："肩负起黑暗的闸门，放他们到光明里面去！"这封信，效果如何，很难说。但听说被批判的同志借此反击，他们质疑对自己批判的合法性。两委会成了吵架会、辩论会。

1976年1月18日经中央批准，由国防科委和七机部联合召开批判张爱萍的大会。国防科研和国防工业系统，包括230厂职工及社会各界共七千人参加。

要召开这样规模的一个大会，只能在体育场举行。地址选在先农坛体育场，中央、国务院机关和解放军驻京大单位及新闻媒体都被邀请参加。

先农坛体育场，文化大革命把它变成了一个名副其实的"运动场"。有许多特大规模的批判活动、誓师大会都在这里举行。批斗刘少奇、彭德怀、彭罗陆杨等等。父亲来这里也不是第一次了，时隔九年，他又一次要站在主看台上了。不同的是，他不是陪斗了，而是成了主角。七千人陪他一个人，也不失为一种荣耀。他从一个普通的红军指挥员，成长为领导一个独立方向作战的人民解放军的高级将领，最终成为共和国两弹一星事业的领军人物。今天，他又被推向了更高的层面，他将作为否定文化大革命，掀起"右倾翻案风"的风云人物，在全社会面前公开亮相了。

究竟怎样在公开场合面对千万群众去检查自己所犯的"右倾翻案的错误"；检查自己反对文化大革命、反对毛主席革命路线的错误呢？我们全家都参与了推敲，反复斟酌，既不能犯忌，又不能低头，原则上必须否定自己，具体上又必须坚持真理……

但思路仍然像一团乱麻，没有头绪。

第9章 艰难的航天之路

不难想象，所有的人都想见识一下，曾几何时，这个叱咤风云的人民解放军的上将，一个参加过二万五千里长征的红军老战士，今天在万人瞩目的被告席上，究竟会是个什么"熊"样？

父亲一早就起床了，他刮了胡子，对镜着装。在医院里住久了，会显得衰老疲惫。这是一个重要的日子，影响到他形象的事，在今天是决不允许的。

我们家人都没有陪去，原因很明显，目睹自己的亲人承受磨难和屈辱，谁也受不了。我们偎坐在妈妈身边，企盼着噩梦的结束。

原以为怎么也要大半天吧，没想到伴随他参加批判大会的秘书邱景春同志突然来了。说首长讲完就回医院了。他是专来报信的：

"首长一上台，还是他那个习惯，对着麦克风，把他那根手杖在地上使劲地顿了一下，全场一下子鸦雀无声。"

是啊！这也许就是他的开场锣鼓：你们看看，我的气，盛得很啊！

"可能是首长好久不露面了吧，全场的人都屏住了呼吸。他慢慢从军装口袋里掏出一张纸，全场一下子哄然大笑。是发言稿！"邱景春兴奋地用手比划着说。科技战线的人们对他太熟悉了，这还是第一次看见他讲话居然也念稿子了。

"主持人就喊，严肃点！这是一场阶级斗争！"

父亲根本没有用事先准备的那份讲稿，他不知什么时候为自己拟定了一份只有七十二个字的讲话。我记得在推敲检查稿时，他曾嘟囔过一句："检什么讨？但话要讲！"

七十二个字的全文如下：

> 去年3月我重新工作以来，到了一些单位，接触了一部分干部群众，讲了一些话，也做了一些决定。假如我犯了路线上的错误，将由我个人承担全部责任。与其他同志没有任何关系。

完了？

邱说："就这几句话，首长说完，又把手杖狠狠地在麦克风前顿了一下，扭头就走。"

父亲说过："既然他们要我面对这么多群众，怎么检讨，就不是我个人的事了。我决不低头！"

他没有给解放军丢人，没有给老红军这个称号丢人，没有给1975年的整顿丢人。他也没有给共产党丢人，虽然，批判他是中共中央批准的。

若干年后，写《张爱萍传》时，传记作者贺茂芝采访当时在场的我国著名的大科学家、两弹元勋黄伟禄，他说："太精彩了！我真想为他鼓掌叫好。中国的领导人，如果都像张爱萍这样，中国还能没有希望？"

父亲晚年回忆起他这段经历时说：文化大革命是我思想上一个最大的转变，特别是'反击右倾翻案风'之后，我完全肯定了自己的想法。我没有错，怎么整，都随你。

"'文革'初抓我，自己是怎么回事，整个国家是怎么回事，我还都不明白。所以才会有监狱里反反复复、百思不解的痛苦。76年我清楚了，就是派性斗争，党内的派性斗争。我从来不属于哪个派别，也从不参加到哪一个派别去。你就是整死我，我也不低头，两弹一星和它的事业还留着吧！参加革命，我就没有想过能活到今天。无所谓！"

我问父亲："邓小平1975年搞整顿，你和万里、胡耀邦、周荣鑫被誉为是邓小平的四大干将，你知道吗？"

不想我这一问，竟惹恼了他。父亲忿忿地说："什么邓小平的四大干将？他们是不是我不知道。我不是！我谁的人也不是！"

我很惊讶。他继续说："批斗我的时候，就追我这个，问我和邓，和那三个人有什么联系，有什么组织活动。我说邓小平对国防工业的讲话你们不都看到了吗？大概有两次吧，叶、李先念、包括'四人帮'有几个都在场嘛。"

"你们没有单独的谈话吗？"我问。

"记不得了，也许有，但都是谈工作。"

"说我是邓小平派，是他手下的四大金刚，这是对我的侮辱！一个人怎么能成为某一个人的工具、信徒呢？这是把自己的人格都贬低了。对的、正确的，我能跟着你，不对的、错误的，我怎么能跟着你呢？跟着你，也不是跟你个人，而是跟你的思想，你的路线方针。"

"那应该怎么理解1975年你在邓小平领导下搞的整顿？"我问。

他回答："我们没有任何私下的往来和谋划，完全是从工作出发。整顿是党中央的决定，也是毛泽东的决定。要整顿必然要否定'文革'，因为他们把国家和军队都搞坏了，决不能允许！这里是思想体系的一致，我们之间没有任何个人关系。搞小圈子，搞帮派，几个人搞到一起，叽叽咕咕地，只有'四人帮'才喜欢搞这一套。"

"还有林彪！"他想想，又补上了一句。

批判仍在持续不断。规模在六七千人左右的批判大会，继1月18日后又开了多次：2月5日，2月6日，2月11日，3月1日，3月2日，3月5日，3月24日，3月27日，3月28日，8月5日……

但父亲一律拒绝参加。他说："你有本事就来绑架我吧！"好在有叶帅的批示和三〇一医院的抗争、医护人员的阻扰，主持军委工作的陈锡联的暧昧、拖延，双方就这么僵持着。

国防科委副政委兼政治部主任肖向荣也被列为批判重点。1975年父亲复出，就约了肖向荣和他一起干。肖在"文革"初期就被林彪整肃，经历了九死一生。整顿中，父亲下去蹲点，他坐镇科委机关,和帮派势力进行了旗帜鲜明的斗争。这次当然也列入死整的行列。他在被批斗后,也是心脏病发作,住进了三〇一医院。国防科委革命派的领导人找他,要求他参加群众批判大会,说:"这是对待毛主席革命路线的问题,也是对待毛主席他老人家的态度问题,你好好想想吧!"

这番话对一个老革命来说,有着当今这代人难以想象的分量,肖向荣犹豫了。父亲对他说:"胡说八道的话,哪里能听他的。不能出去,要斗就叫他到医院来斗,骂就由他骂去,不过个把钟头。"肖说,不去,政治上被动,毕竟是毛主席领导的群众运动啊。父亲说:"都到现在了,怎么还这样蠢!什么毛主席领导的?完全是派性斗争!他们算什么组织?宦官朋党,胡作非为!不要去!"

但肖向荣还是说,毛主席有指示,中央也发了文件,作为一个党员,总要见见群众,去说一说真实情况也好。

肖向荣,走了。

他真的是做到了据理力争。面对批判,他坚持自己和张爱萍到七机部整顿是执行毛主席、党中央和中央军委指示的,是正确的,成效也是有目共睹的。但越是这样,对他的批斗就越是没完没了……

据他的夫人余湛讲,一天晚上,他伏案写交代检查,想到自己革命一辈子,竟然落得如此下场,悲从中来,不禁泪如雨下。劝他早点休息吧,他说,待会吧,还差些没写完呢。一觉醒来,再看他还伏在案上,已经昏迷,身子下还是那张没有写完的检查交代。送到医院抢救,终未能挽救回来。他是被逼死的。

肖向荣,曾任军委办公厅主任,1926年参加革命,1955年被授予中将军衔。一级八一勋章、一级独立自由勋章、一级解放勋章获得者。

噩耗传来。父亲激愤地敲着桌子:

"为什么要出去！为什么不听话！……"泪如泉涌。

多少年过去了，每次提到这事，父亲都是那句话：

"是我找他出来工作的，他是代我受过而死。他比我更忠于这个党，他对党是真忠，真忠……"

人民的愤怒终于像火山一样地喷发了。

1976年1月8日，周恩来逝世。

我当时不在北京。有人是这样描述的：这年的清明飘洒着细雨，天安门广场人潮涌动，堆积如山的花圈和挽联，数不尽看不完的现场吟就的诗篇，此起彼伏的即兴讲演，在这里汇成了汹涌澎湃的怒潮。

天安门成了宣泄感情的广场，成了全民公决的广场。

人们亲眼看到了文化大革命以来党内斗争的全过程，亲身体验到了什么人代表着他们的利益，什么人在破坏他们的利益。经过了十年反对党内走资派的斗争，人民一下子统统都站到走资派一边去了。他们又一次涌向街头，有趣的是，带头的还是当年的红卫兵。

没有任何一个大人物在他欺侮人民的时候是可以不受到惩罚的。

我不打算详细地叙述"天安门事件"的过程。我需要提醒的是，成千成万的人们在人民纪念碑前献上的那朵白花究竟是什么？是选票！是一次真正的公民投票。它发出的高昂的声音至今还在耳边炸响：

"中国已经不是过去的中国！""秦始皇的封建专制已经一去不复返了！"

"天安门事件"是以暴力手段结束的。一夜之间，天安门广场上的几十万反对者，便被扫荡一空。但奇怪的是，没有多少人会认为，这是文化大革命的胜利，是"反击右倾翻案风"的胜利。

人们笼罩在不祥之中。

6月间的一天，江渭清悄悄地对我说："毛主席身体不行了。你爸爸知道吗？"停了一会儿，他又说："请假回去一趟吧，叫他一定挺住啊！"

以我那时的年龄，还想象不出毛主席不在了中国的走势会怎样。但很多老同志已经看到了这一步。十年来，"四人帮"这批势力如此不得人心，却又如此猖狂，他们仰仗着谁呢？还不就是拉大旗作虎皮吗！如来佛身边的小马崽，下得界来，不也闹得个天翻地覆吗？狐假虎威，政治上叫造势；商场上叫做局。

谁知道呢！或许马上就要重新洗牌了。

我们和父亲都只一个信念，养好身体，能活下来就是胜利！

第10章
强国之梦

1976年9月9日,毛泽东主席逝世,举国哀殇。

二十八天后,"四人帮"被逮捕,举国欢庆。

中国现代史新的一页翻开了。虽然当时我们谁都不曾意识到。

老马识途

当我急忙从外地赶回京时,父亲还躺在病床上,面容憔悴,白发稀疏。他复出后与"四人帮"的殊死搏斗,加上一年来无休止的揪斗和批判,心脏两次抢救,身体极度透支。

我们拥抱在一起。他瘦骨嶙峋的身体,轻飘飘的,神游气虚。

感谢上苍,没有抛弃我们。自毛泽东去世后,对命运未卜的不安就压在心头,明天将会是怎样的?好起来吗?还是要继续坏下去?十年的磨难历历在目,我不知道,父亲也不知道,我们已经不愿再去想了。曾经沧海难为水,从生死别离的苦难中走过来的人,还有什么可在乎的呢?

好久好久,父亲才拍了拍我的肩膀,说出了一句话来:"可以回家了吧。"

我们终于回到了阔别已久的白米北巷家中。自1967年他被抓走后,我们被扫地出门,已经有十年不曾回过这个家了。1975年父亲复出,总不能老住在招待所吧,当时在军委工作的陈锡联出面过问,把房子还给我们。可怜的是父亲还没来得及住进去,就又被打倒了。父亲自嘲地说:"幸亏没搬进去,否则再被扫地出门,搬来搬去的,还不得累死!"

我陪着他在小院里漫步。月光如水,风吹着树叶沙沙作响。回到自己的家中,没有人打扰和监视,沐浴着融融的月光,踏着地上摇曳的疏影,呼吸一口自由的空气,这是多么可贵啊!一个共和国的开国上将,有家十年不能回,甚至连自己的妻子儿女都不能呵护,落得个无家可归的地步,怎能不让人寒心呢?

1976年10月的胜利,只是党内反对力量的一次临时性组合。报刊上、广播里,天天仍然是"批邓反击右倾翻案风"、"把无产阶级文化大革命进行到底"的口号。国防科委党委还是没完没了地喊"批判张爱萍是毛主席批准的"、"四人帮倒了,邓小平、张爱萍的案不能翻"。

喊了两个月后,1976年12月12日,主持军委工作的陈锡联召集各军兵种负责人会议,他对当时的国防科委负责人说:"你要注意这个问题了。张爱萍同志有错误,毛主席说批批可以,不要过火。但你们在主席去世前写报告,要把张爱萍同志定为'不肯改悔的走资派',并且要求'撤销他党内外一切职务';主席去世后,还报告'要批邓联张,张爱萍不能翻案'。张爱萍同志不过说了句'今不如昔'嘛,别人也讲过,张爱萍同志讲的话也不完全是这个意思。科委你们面搞得很宽,搞得人心不舒畅……"

这是自"反击右倾翻案风"以来,第一次听到中央领导同志为我们讲话,我们全家都感到欣慰。当我们把陈锡联的话告诉父亲时,他嘟囔了一句:"怎么不是这个意思?我就是这个意思,文化大革命就是今不如昔嘛!"

关汉卿的唱词〔黄钟尾〕曲云:"我是个蒸不烂煮不熟捶不扁炒不爆响当当一粒铜豌豆。"

当时胡耀邦也在家中赋闲,我和弟弟去看望他。他是我父亲青年时的挚友,曾一起在共青团中央工作过,长征的后半段,胡到父亲所在的红十三团当总支书记,一起爬雪山、过草地。年轻人之间的友谊是纯真的,这纯真贯穿了他们的一生。

一见面,胡耀邦就问:"你爸爸还好吗?"

我说:"高兴过一阵。后来就不高兴了,还在生气呢!"遂把上面父亲说的话告诉了胡。

胡耀邦禁不住哈哈大笑。忽然他沉默下来,片刻,他慨然道:"问题就出在这里!张爱萍到底是对还是错?邓小平、你的爸爸,还有我,1975年搞整顿,到底是对还是错?'天安门事件'到底是革命的,还是反革命的?推而广之,十年的文化大革命到底是对了还是错了?还有一大批在'文革'中被打倒的干部、被整肃的群众,他们究竟犯了什么罪?如果没有犯罪就整治他们,那谁应该为此承担责任?……是非要有公论,没有是非,就没有正义!一个负责任的政党,一个坚持真理,实事求是,光明磊落的政党,是不能回避这些问题的。中央必须向全党、全国人民做出一个交代,一个是非分明的答案!"

耀邦接着说:"文化大革命是九年无宁日,是今不如昔,你的爸爸就属于最早喊出这个口号的那批人。这些话错了吗?文化大革命该不该否定?即使是毛泽东领导的、发动的又能不能否定?"

这时的耀邦满脸放光,边说边打手势,浑身上下散发出一股不可遏制的冲动和挑战精神,我仿佛看到了一个生龙活虎的团中央的"小字辈"。

耀邦接着说:"把毛泽东的话奉为圣旨,甚至把他错误的东西也加以颂扬、推行，这种人从世界观上，就是和毛泽东思想格格不入的。更有甚者，利用他以打倒反对自己的人，是典型的机会主义，是野心家，阴谋家。"

他又说："毛泽东不是不可以批评的，毛泽东的一些做法，也不是不能改变的。即使他本人也是反对这样做的。有过先例嘛！"

"来，我给你们讲个故事。"他坐了下来。

他滔滔不绝，历史的，现实的，或回顾，或评议。梗概如下：

在延安搞肃反时，中央直属队成绩最大，共抓了七个有特嫌的人，毛泽东很高兴，找我去汇报，要我谈谈经验。我说这七个人里啊，恐怕连一个特务都没有！毛大为惊讶，说说看。我讲了一段自己在中央苏区肃反时亲历的故事。那时和你爸爸在一起，他在少共中央，我在下面做儿童团工作，组织上急传我赶回来。见到一些领导同志后，表情都怪怪的，我有些纳闷，也没有去多想。天热，睡不着，夜深了，翻来覆去的，江西是竹楼，隔着竹篱笆墙，听到说话声，声音很小，但还是听得清的，好像是在说抓 AB 团的事。突然胡耀邦三个字蹦出来，这三个字我是听得真真切切。一个声音说，已经把他弄回来了，今晚处决掉算了……我脑子一下子就蒙了，不行！我死也要死个明白！我跳下床，推开门就冲进去，满屋子人都吓了一跳。我好半天说不出话来，眼泪就下来了。我说，我一个放牛娃，拼死跟着红军闹革命，命都不要了，今天居然把我当反革命，要杀我，你们还是共产党吗？我含着泪，讲述着我苦难的童年和参加革命后的经历。记得坐中间的是顾作霖，他是共青团中央书记，从上海来的知识分子，哪里听过这些，哪里知道众多的红军战士们曾有过的悲惨身世和他们被逼上梁山的苦难经历。顾作霖被感动了，在场的许多人也都被感动了。就这样，我也就被赦免了。

耀邦接着说："毛主席听后，陷入了良久的沉思。后来他改变了当初的许多做法，扭转了左倾主义的审干路线，并亲自为许多人做了甄别。所以，毛泽东说过的话，做过的事，也是可以改变的嘛！一个真正的马克思主义者，应该是实事求是的，敢于坚持真理的。就像你父亲一样，即使是毛泽东批准的、决定的，他也敢站出来反对！"

那时我还不知道，我面前的这个个子不高的叔叔，将是日后率领全党与"两个凡是"作斗争的勇士，是后毛泽东时代中国思想解放运动的旗手。

我陪父亲散步，讲起见到耀邦的情景。

他说："不唯上，不唯书，实事求是，追求真理，对共产党人来说，不应该只是方法，而是信仰。"

我说，你还会继续1975年的做法吗？

他说："当然要更彻底。"

小院里竹叶摇动。有一年父亲出差，从无锡带回一翠竹盆景，十分喜爱。1967年批斗他时，竹叶枯黄，父亲预感到自己可能遭遇不测，说就让它回归自然吧。他把花盆打碎，埋在院子里。天风玉露，十年过去了，这抔竹子的根系蔓延伸展，撬裂地砖石阶，顽强地挣扎出来，竟成了片竹林。竹叶与月光辉映，生机勃勃。他突然发问，你看这竹子像什么？我说，郑板桥比喻风吹竹叶，像是发自民间的哀鸣，他的诗里写道："疑是民间疾苦声，一枝一叶总关情。"父亲说，他是父母官，不言而喻，但我不是县令，我看这竹子倒像是"千层铁甲，万簇吴戈"！果然是军人，铁甲、剑戟、战斗！

父亲出口吟道："窗影千竿竹，傲霜十年重……"后来他把这两句续成一首诗，收集在《神剑之歌》里。

十二年后，耀邦去世。当天，我父亲填词《诉衷情》："肩重任，为国谋，谱春秋，感君勋业，造福人民，光耀神州。"这不像是首诗词，倒像是悼词。这是父亲自我意志的表露，他对耀邦有着自己的评价："光耀神州"。耀邦，耀邦，他曾影响了整个中国。

时间又过去了十年，在耀邦去世十周年际，父亲撰文怀念。虽然父亲曾和我说过，在一些重大问题上，他并不完全赞同耀邦的意见，但他为青年时的挚友在委屈中离去而悲痛。他写道："十年来，他的音容笑貌，他的矢志丹心，时常萦绕我的心头……"（注：《怀念胡耀邦》，第1集1页）

1977年3月7日，叶剑英重新主持军委工作。

叶帅上任后的第三天，总政治部副主任徐立清就来看望父亲。徐"文革"前就是总政副主任了，父亲是总参的老副总长，经常有些工作上的交往。"文革"中两人都被打倒，林彪事件后，相继复出。徐一直保持着我军政治工作人员那种诚恳待人的亲和作风，虽然他在"反击右倾翻案风"时是谨慎的。1976年批邓后，我们已是门可罗雀了，徐的来访，带来的是愉悦和欣慰。徐是代表叶帅来的，寒暄后，他开门见山地说，叶帅首先是抓班子的调整，国防科委是重灾区，他的意思是要你回科委继续主持工作。

沉默了片刻，父亲说，代我谢谢他，不是他的保护，我可能熬不到今天。

未置可否。父亲的那股犟劲我们是太了解了，但我们心里知道，事情不会这样就完的。

果然，叶帅办公室来电话了。电话是王守江同志打来的，叶有好几个秘书，王守江秘书是和父亲最熟悉的，与叶帅那里联系，一般都是通过他。父亲回忆时还专门提到："王守江秘书是个很正派的同志。"

西山，叶帅的临时住所。北京的西郊是连绵起伏的燕山山麓，从西北伸展过来的太行余脉，像两只巨大的手臂，由西到北将这个古老的城池怀抱其中。站在西山的山顶，眺望雾霭中的京都，感受到缕缕的王气升腾。在军委西山院内，叶帅住十五号楼。王洪文、邓小平也在这个院里住过，王还修了一个很大的电影厅。80年代，因为修房子，我们也在这里住过一个时期，后来迟浩田同志住过，张震退休后一直住在这里。

父亲从叶帅那里谈完回到家已经很晚了。为了能让他松弛一下，晚饭时尽量都是由我们讲些社会上的逸闻。但今天他的话很多，多是些过去的趣事，情绪很好，我已经猜出他们谈话的结果了。

晚饭后，照例要在院子里走走，该谈谈正题了。我问，叶帅怎么说？他停下来，望着沉沉的夜空，好一会儿才说："现代化，还是在谈国防现代化。"

因为当时没有记录，只能凭回忆了：

父亲还是没有说正题，他说，威胁来自于北方。叶帅还是强调要重视敌人机械化集群大规模的入侵行动，地面是集群坦克的连续突击，配合它的空降和机降。你是搞作战研究的，你给我说说看。

我说，切断华北与关外的联系，肢解东北；或者攻占河西走廊，孤立新疆，算是中打。打北京就是大打，是打全面战争。大打一般说有这样几个方向……父亲说，拿张地图来。我们家被抄了几次，只找出一本很旧的50年代的分省地图册，这已经很不容易了。我们找出了承德、张家口、大同、贺兰山……

父亲接过话题说，几个方向中，经河套向东，或者由贺兰山直下，我看引起的麻烦会更大些，这个方向更应该引起重视。他把放大镜一甩，以坚定的口气说："我看还是先念同志说得好，即使黄河以北都丢失了，不是战争的结束，而是战争的开始！"

他又深深地叹了口气。这十年，都在干什么啊！我们在打内战，窝里斗，但人家呢？

他开始触及正题了。

叶帅还是老话，75年谈的你还记得吧？因为"文革"，尖兵—2

号拖了六年,就是因为这个才让你回的国防科委。本来两弹结合作洲际飞行,70年代中期就应该实现的。

75年,我们没有做成,投鼠忌器嘛,但今天我们应该是可以了……

未来的战争将是一场空前的立体战、合同战、总体战。我们落后已经不止一二十年了!在今天这个世界上,没有现代化装备的军队,没有核反击能力,就不可能拥有和平。

灾难过去了,我们这些老家伙还能活几年呢?总不能给下一代人就留下这么个烂摊子吧?……满目疮痍。

父亲断断续续地回忆白天的谈话,也不知是叶帅的话还是他自己心里的话,但只要投机,谁讲的又有什么重要呢?

顺带说一句,两个月后,5月17日,叶帅八十岁书怀:"八十毋劳论废兴,长征接力有来人。……亿万愚公齐破立……满目青山夕照明。"也许是上次谈话的余兴未消吧,王守江秘书打电话来说,叶帅要他把这首诗转抄给爱萍同志。王又说,他理解叶帅的意思是,希望也能看到爱萍首长的诗作。父亲当即按原韵奉和一首,其中有句:"青山不老万木兴,昂首旋转旧世尘,高举红旗治天下,远望关山分外明。"不久,叶帅又作《攻关》诗:"科学有险阻,苦战能过关。"王守江同志又将诗作告知,父亲连夜奉和:"合金钢不坚,中子弹何难?群英攻科技,敢破世上关。"中子弹一句似太露,引得世界媒体点评不断。

要你什么时候上任?

"当然是越快越好喽。叶帅追着屁股打。"

母亲说:"叶帅对你爸讲,能大刀阔斧打开局面的,你张爱萍可以算一个!"徐立清后来也转达过这方面的意思,叶帅说:"爱萍这个人是冲了点,但做起工作来,大刀阔斧,是个在困难情况下善于开创局面的人。党在目前,尤其需要这样的干部。"

我问父亲,他说:"什么大刀阔斧,我只算是个老马识途罢了。"

话别时，父亲说想去看看小平同志。叶帅说，去看看他吧，顺便转告他我们的意思。邓那时还没有解放，蜗居家中。1975年底，两人相继倒台，就再也没有见过面。邓后来被宣布为"天安门事件"的总后台，撤销一切职务，老人家刀下留人，保留了他的党籍，被软禁起来。父亲是成天被批斗，造反派追杀到医院里，好在有叶帅指示和301上上下下的掩护，躲过了一劫。两个人离反革命都只差一步了，要不是"四人帮"被抓起来，谁又能想到会有今天的再次重逢呢？我真的为他们劫后余生的相会而高兴。

但父亲讲，邓面无表情，握握手，一指，"坐吧！"

父亲说："问他还好吧，他说，有什么好的，在家吃闲饭。我说，我可是有收获。喔！什么收获？我说，住了一年医院，学会看心电图了。

"你还有这个本事？边说他边拿出张心电图来，你来看看。我看了看说，这是个健康的心脏。他笑了，是我的！很得意的样子，看来他的收获也不小嘛……"

接着父亲谈到要他出来工作。

邓说："为什么不出来？要你出来就出来嘛！出来总比不出来好。"

还谈了些什么？

"没有了。两个字，送客！"

父亲说，他从来就是这样的，有什么你就说，不绕弯子。他听得很认真，也很沉默，是就是，不是就不是，干脆得很。谈完了就送客。但父亲又说，自己的这种感觉，"文革"前好像并不是太明显。

很快，华国锋召见。

此时的华国锋，五十六岁，正值当年，粉碎"四人帮"的伟绩，使他获得了"英明领袖"的称誉。

他对父亲说，你有样东西在我这里，不知道还要不要了？

"奇怪！我能有什么东西放在你那里？"父亲回忆时总会用这种口吻叙述。

华国锋笑而不答，递过一张纸来。父亲一看，竟是自己在狱中的诗！那是1969年冬天的牢房里，他把记录在报纸边角上的几首诗藏在破大衣的棉絮里，希望能带出牢房。但被查获了，又有什么人能斗得过无产阶级专政的国家机器呢。

我后来看到了当年专案存档：1969年6月17日，向江青汇报，张爱萍在关押期间，利用换洗被子的机会与妻子李又兰传信。江青批示："给妻儿信用名字，很奇怪。应搞清指的是些什么人。"专案组对暗语破译后又报：张信中的"季"指张爱萍秘书吉振贵；"朱儿"指朱邦英；"魏"指魏传统等。吴法宪批示："这样解释要讲明根据是什么。"

华国锋1975年1月出任公安部长，他是怎么看到的，又在什么文档中看到的，我就不得而知了。父亲只是说："华说我，你的诗写得不错嘛！我喜欢，就留下来了。"我后来看过这张纸片，那是从小学生练习本上撕下来的，上面抄着三首诗，笔迹既不是父亲的也不是华国锋的，有几句下面画了横线："人妖不分冤不辨，心下油锅，身上刀山"；"锁寒窗难锁热血，坐任鬓如雪"；"入死又生出，何曾梦得枷锁崗，落个革命囚徒，长夜绵绵怎度？""平生戎马不稍歇，难得一闲再操矛"。华国锋保存的这张纸片，已不是被查抄的原件了。谁抄的？不得而知。估计是华看了叫别人抄下来，原件退回存档了。他对父亲说了四个字："完璧归赵。"

还有呢？父亲说：

"华说，专委现在由他来接。他和叶帅商量过了，相信我一定能把两弹一星抓上去。他说，通过75年，他就看出我这个人来了，向毛泽东汇报时，毛泽东说了句，'爱萍这个人好犯上'。"

"好犯上！"不知人们将怎样理解毛泽东的这句评语。我问父亲，他也搞不懂。在父亲眼里，毛泽东是他的老师，老师对这个桀骜不驯的学生呢……这是我知道的毛泽东对我父亲唯一的一句评语。

像毛泽东一样，华国锋和叶剑英又启用了这个"好犯上"的军人。

我问过父亲见到华的感觉，他说，"他很客气，很友善，也很诚恳。但到底和一年前有些不同了。"

什么不同？父亲说："派头出来了。"

1981年，华国锋下台。怎么评价他的作用？我对父亲说，听到一种说法，粉碎"四人帮"，是做了件他应该做的事情。不知该怎么理解。父亲听后脱口而出："说得这样轻松。应该做的事情？那他怎么不做！"

华国锋是个质朴实在的人，在粉碎"四人帮"的斗争中，起了决定性的作用，当代中国史因此改写。但当他被推到领袖的位置，当他面临着翻天覆地的历史巨变时，人民要求他，必须具备时代的感悟力和前瞻力，正确的，而且是果敢的，面对重大的变故，引领时代的潮流。遗憾的是，这一切，他都不具备。他被塑造教化得过于牵拘、陈腐而至麻木。他被淘汰出党的领导核心是个必然。

父亲正式复职的命令是1977年3月下达的。从此，开始了他在两弹一星事业上最后十年的奋斗人生。

浩瀚的南太平洋

这是毛泽东去世后的第一个春天。这一年的中国政坛是令人眼花缭乱的。

1月8日，周恩来逝世一周年，人们又一次涌向天安门。这次他们不仅是为了纪念，更多的是要讨回公道，党必须对去年的"天安门事件"给出个说法。毛泽东去世了，"四人帮"完蛋了，发动文化大革命的核心力量消亡了。一转眼，都过去快半年了，还要我们背负罪名,还要我们承受苦难,这年头,谁怕谁啊!华国锋遇到了严重的挑战。

乱七八糟的事搞得人晕头转向,干脆,谁的都不听,按毛泽东说的办,毛泽东说好就是好,说坏就是坏。华国锋走上祭坛,呼出了两个"凡是":"凡是毛主席做出的决策,都必须维护;凡是损害毛主席形象的言行,都必须制止。"这后半句话,《红旗》杂志发表时,被改为"凡是毛主席的指示,我们都始终不渝地遵循。"

凭什么啊!江青不是毛泽东的老婆吗?不也给你抓了吗?你怎么不按"两个凡是"办了?少来这一套!毛泽东也是人,吃五谷杂粮,就什么都对?于是在理论家们的引领下,"什么是检验真理的标准"的讨论席卷了整个中国大地。

父亲也宣布了他自己的"两个凡是"。他的确不是个理论家,对实现他的目标来说,从这个马克思主义的基本命题——什么是检验真理的标准讨论起,尽管是必要的,但似乎是太遥远了。他有他自己认定的不上书的准则,他重新回国防科委上班的第一天,就在欢迎他的大会上毫不客气地宣布:

凡是在1976年"反击右倾翻案风"中被打击迫害的干部群众一律给我平反;

凡是国防科技系统的领导干部、科技人员和职工,一律限期回到原工作岗位上,给我上班!

自1975年他在七机部的整顿夭折以来,死灰复燃的造反派组织在"四人帮"的直接指示下,仅一年的时间,就迫害批斗干部职工一万六千多人,关押三百零三人,致死两人。"四人帮"粉碎后,竟然还策划搞武装,拉出京郊打游击,可见斗争之白热化。

他对着会场上黑压压的人群说:"不要想抬出谁来吓唬我。有些人一动就是毛主席说的。毛主席叫你们联合起来,不要武斗,你们还不是照样打?什么毛主席说的就不能动?说这话的人,我看,就是对他自己有利的才不让动!毛主席自己也说,什么一句顶一万句？触动了你们这些人的个人利益，半句也不顶！"

他几乎是在喊。整个会场，鸦雀无声。

喔！华国锋，真不该把这个"好犯上"的人放出来。

著名诗人艾青发表了首诗《古罗马的斗兽场》，被赶进去的奴隶，只有杀死别人才有存活的机会。文化大革命，正如一个斗兽场，朋友间、同志间、同事间无休止地揭发批判，各自都伤痕累累。国防科委系统也不例外，十年的内耗和纠缠，剪不断、理还乱的恩恩怨怨……现在，这一页已经翻过去了，还有什么理由再让这些陈年旧账羁绊我们奔赴新的生活呢？

他说："都把心放下来。批过我、斗过我的，我在这里说清楚了，都回到各自的岗位上，好好工作，就是对我最大的欢迎和支持。

"即使在当时，我也知道，多是不得已而为之嘛！揭发一下，喊喊口号，有什么要紧，干什么非要大家都一起完蛋？"

他说："要是还不放心，就让干部部门重新下一次命令。"

对当年的这段经历，后来回顾时，他又做了阐述："孔子说：'不迁怒、不贰过'。不迁怒，好理解；不贰过，不仅自己不要犯重复的错误，也包括不犯别人犯过的错误。'文革'是我们党发起的，是中央委员会通过的，初衷也是有一定原因的，全党都有一个认识的过程。所以，'文革'的责任，在中央，而不在下面。因为自己受到了不公正的对待，有气，就出在其他人身上，是党性不纯的表现。但，这不等于一风吹了。极少数的投机者、阴谋家、野心家，到现在还不知悔改的，通过'文革'，看清了他们的丑陋，就应该坚决清除出党，不能让他们在台上继续蒙骗人民。当然对这些人也不能用'四人帮'的手段，还是给出路，让他们做个自食其力的老百姓去吧。"

他抽调五百至八百人，组建工作队，下到各科研院所、工厂。他说："你们的任务就是按我75年的做法，给我大张旗鼓地整顿，恢复科研和生产秩序……要快！还是那句话，给我的时间不多了。"

一个月后，他制定了一个苦战三年的计划：以1980年为最后期限，完成向太平洋发射洲际导弹的宏伟目标；并以此为龙头，带动全局。他说："不要神龙见头不见尾，我要的是神龙摆尾，倒海翻江！"五个月后，整个计划扩展为三个重大项目的突破。这就是洲际导弹；固体导弹（核潜艇水下发射）；地球同步定点通信卫星。国防科技系统的行话叫三大战役。

将能够搭载核弹头的洲际弹道导弹，抛射到一万两千公里以外，这就意味着，可以从中国本土打到世界任何一个角落，由此打破帝国主义核讹诈的一统天下。中国九百六十万平方公里的土地容纳不下它了，只有到太平洋上去试验，那是中国国家力量从未到达的一个新的疆界——南太平洋。为此，早在1965年就提出，要与导弹研制同步，建立一支新的舰队。任务的期限定在1973年。这就是后来以远洋测量考察名义由海军副司令杨国宇统领的那支庞大的海上编队。中央专委在讨论时，有领导同志提出，你们的这个方案有把握吗？父亲没有正面回答，只说了句，我们当初对第一颗原子弹的预测是在1964年，它果然不就炸响了吗？周恩来听完后说，中央批准了！

1974年，叶帅找他出山，说，你那个"八年四弹"的计划，都超出一年了，还没有实现一半呢！他复出后又制定了一个后续计划，将时间推迟到1977年。现在，时间又到了，东西在哪呢？

当着周恩来面，第一个计划落空了；又当着叶剑英的面，这第二个计划也落空了；制定这个计划的领军人物，他，张爱萍，两次被打倒，又两次再复出。后人会说，这是对那个时代的讽刺；但对他来说，是时代带给他的耻辱和激愤！

我们现在就看他这第三下了。

他开始组织他的团队。这是一个老班底，"文革"，酸甜苦辣，他们都经历了人生的洗礼,今天,他们又走到了一起。回溯往事,我对父亲说,谈谈你的关、张、赵、马、黄好吗?父亲说:"不要用这样不严肃的口气。我们是由共产党员组成的集体,而我,仅仅是这个集体的班长。这是个原则问题。"

他说:"张震寰是我最早的助手。55年,彭老总叫我组织军队科研这一摊,我就在想,什么人合适。正巧在马列学院见到张震寰,他说想回军队。我们在淮北时就熟悉,他是随南进支队过来的,是个有文化的同志,'一二九'的大学生(注:指参加过"一二九"运动)。我说这太好了,就和万毅(注:总参装备部部长)说,放在你那里好了,担任装备部副部长兼科技处处长。从此,人民解放军有了第一个管理科学技术的机构。"

张震寰,温文尔雅,风度翩翩,是个知识型的将军。小时候,我们两家在一个院里住,在一个食堂吃饭。父亲和他上班在一起,回到家还在一起,连吃饭还经常隔着饭桌讨论问题,有时,他干脆就端着饭碗到我们桌上吃。他自己能冲洗照片,维修电器。在我的记忆中,不仅给我讲解过原子弹和导弹的一般原理,还讲过爱因斯坦的相对论,讲解过门捷列夫的元素周期表,他帮我还翻译过俄文的说明书。后来父亲出任第一颗原子弹试验总指挥;张震寰是试验场一线总指挥。我们现在看到的纪录片上,在原子弹倒计时读秒的就是张震寰的声音。

再就是陈彬。后来接替父亲出任国防科工委主任。父亲在三野七兵团时,陈彬是他的参谋处长,以后在总参他又在我父亲领导下负责全军的编制体制。有些人对他颇有微词,但父亲对他却特别欣赏,说:"你们哪里晓得,他的长项是组织计划,工作勤勉,思路清晰,是我的得力帮手。没有他做具体工作,导弹是打不出去的。"国防科工委纪念长征五十周年,大会上,大家要我父亲讲讲长征。父亲说:"要讲长征,在座的陈彬同志最有资格,他是四方面军的,过了两次草地,吃的苦比我要多。我带头鼓掌,欢迎他给我们讲讲……"陈彬去世后，他的骨灰埋在了戈壁滩上。

还有就是马捷。国防科委副主任，他相对年轻些。父亲提到他时说："儿童团！业务精，点子多，聪明好学。靠他在下面跑，抓落实，是我在导弹方面的得力助手，放心。"

政治委员李耀文。"文革"后期肖向荣被迫害致死，父亲在科委就好像断了一支臂膀。出山时，叶帅说，你自己选个政治委员吧。父亲在三野当参谋长时，李耀文是二十六军政治委员，有名的山东四大才子之一。父亲说："选政治委员，关键一条是人品，正直、无私、严于律己。"那天很晚了，父亲说陪我走一趟。我们到了陈彬家里，一会儿，张震寰、马捷等几个科委领导人也到了。他们叽咕了一阵，听不清楚，好像是在说，我们得有个政治委员……然后，大家一起乘车来到了李耀文家里。记得是在木樨地的部长楼，天气很冷，我说，风大，你们都先别下车，我去找找看。敲开门，李耀文和他的夫人一看有这么些人挤在楼梯口，又是深更半夜的，惊愕诧异中忙往屋里让。李耀文从坦桑尼亚当大使离任后一直闲居在家，今夜来的是稀客，也是贵客。李的夫人特意从酒柜里拿出个墨绿色烫金的茶壶要给大家沏茶，李说，那个东西没有用过，可要好好洗干净了。父亲给他一一介绍科委党委班子的每一位成员，看得出，李实在是没有搞明白，只是点头应酬着。我坐在一旁直想笑，是啊，怎么好问你们是来干什么的？告辞时，父亲对李说，今天太晚了，你好好睡一觉，明天我们到北海公园散散步好吗。在这风景如画，白塔倒映的北海边上，两人倾吐衷肠，共话今后的大业。

父亲回忆说："政治工作和业务工作缺一不可。最早根据聂老总的想法，我在总参主持制定老五院（注：1956年成立的我国第一所导弹研究院）的编制，要钱学森当院长，钱问我，他就不明白你们为什么就非要编那个政治部？我说，你为什么要从美国回来？他说，我爱这个国家啊。我说，对了，政治部就是要教育更多的人都像你一样，爱这个国家，为这个国家去奋斗。"

中央军委任命李耀文为国防科委政治委员、党委第二书记。李回忆我父亲时说：我离开军队已经六年了，不要说对国防科研全然不了解，就是对军队都很生疏了。爱萍同志很理解，亲自召集干部大会介绍我，又领着我一个个觐见小平、叶帅、聂老总、徐帅，会见国防工业各部的领导人。李写道："他对我，既有良师之谊，又有战友之情。是我参加革命以来最为尊敬的好领导之一。"

这个团队的结构是：总指挥张爱萍；坐镇大本营的是政治委员李耀文；陈彬管业务，负责全局的组织计划和协调；下面分成两条线：核工业和原子弹，行政指挥由张震寰负责，技术领衔的是朱光亚；航天系统和各种导弹武器，行政总指挥是马捷，技术领衔是钱学森。

这个指挥结构使人想起了一江山岛，又是一次联合军种的作战，是一支在管理和技术上都堪称一流的团队。

对这个阶段的成就，《当代中国的国防科技事业》一书原始稿中是这样评述的："这一重大决策，产生了强大的号召力和凝聚力。国防科技战线安定团结的局面很快形成，科研秩序迅速恢复，各项规章制度走向健全；加速了研制进度，各项配套工程协调发展。局面打开了，一盘棋走活了。随着三抓任务的圆满完成，中国的先进技术在世界上占有了一席之地，大振了国威军威。"

国防科研和国防工业系统与其他地方不同，基本没有受到"两个凡是"的干扰和束缚。这主要归功于1975年的大整顿，特别是经过了1976年的大反复，一正一反、一对一错、一白一黑，是非曲直，一目了然，在人心上、阵线上、舆论上都已经成熟了。再加上父亲旗帜鲜明的立场和他当仁不让的锋利板斧，形成摧枯拉朽之势。

我曾向父亲提过，能不能结合当时真理标准的大讨论谈谈你们的做法？

父亲不屑一顾地说："等他们讨论清楚，我的导弹都发射出去了！"

我愕然。军人有时候是不讨人喜欢。

1977年的"八一"是令人振奋的。

在八一建军节的晚会上，邓小平的巨幅画像突然间被投影在舞台的天幕上，他的身后是飘扬的军旗和嘹亮的军号曲。

刹那间，全场欢声雷动，人们都站起来，以热烈的掌声表达着内心的取向。这件事被中央点名通报，认为这是严重的无组织无纪律的行为，是一起政治事件。邓小平虽然出来了，但他毕竟不是最高领袖，有什么理由打出他的画像？但是，已经没有人去理睬这样的指责了。我们总部的参谋人员之间，竟然拿中央的训斥来插科打诨，就连一贯正统的总政治部，甚至连传达都懒得传达。我第一次感到中央的声音是那么的微弱和无力。对带兵的将领们来说，毛泽东不在了，周恩来不在了，朱总司令不在了，就你们这几个家伙，还指手画脚的，算老几啊？

邓小平，这位淮海战役和渡江战役的总前委书记，在人民解放军的将领眼里，是在彭德怀、林彪相继离世后，军队中无可争辩的统帅。尤其是1975年摧枯拉朽似的整顿，和1976年天安门广场的洗礼，他已经是人民心目中最有胆识的英雄了。虽然这时，复出后的他，只还是虚职，而他自己也只要求分管科技和文教，但实际上，军队和老干部们都不约而同地集合在他的身边，经历了十年动荡和劫难的中国人民，对他寄予了厚望。

"江山代有才人出"。一个新的政治中心迅速形成，中国，这个有着古老传统的国家，需要一个继毛泽东之后的强人。

邓小平当然能意识到自己在历史舞台上应该扮演的角色。从以后陆续出版的有关他的回忆文章中知道，或是在更早，他已经开始思考和运筹有关中国前途和命运的大事了。

当他去迎接一个新时代的来临时,当他准备为党和国家命运去再次搏击时,他必须要选定一个能够信赖而又真正称职的人,把军队托付给他。

他将把目光瞄向谁呢?

十一大即将召开。通常是在吃晚饭的时候,大家把道听途说的小道消息倒出来,一是调节一下气氛,同时也希望抛我们的"砖",引父亲的"玉"。

果然,父亲冒出了一句:"罗长子要出任军委秘书长了。"

"是吗?"我们都感到惊诧。就当时的政治气氛,和以彭罗陆杨的罪名,罗的出山,而且担当如此重任,的确是个新闻中的头条。

"今天见到他,他说,你为什么要推荐我,你看我这个样子还能工作吗?"

罗自腿断了以后,一直坐轮椅。

"我说,孙膑膝盖骨都没有了,还能灭了魏国,罗斯福不也是在轮椅上指挥二次大战的吗?"

"你推荐罗长子?"我们问。

父亲这才说起不久前,邓小平召见他的事。

"邓要我出任军委秘书长,来主持军委的日常工作。"

父亲停顿了一下说,"我知道这样的事是不好随便推辞的,我考虑了一下。我说,军队,说这说那,最根本的还是个武器装备的现代化问题,这非一朝一夕之功。从目前高级干部队伍的现状看,搞军事行政工作的不乏其人,但搞武器装备、抓国防科技的,相对要少得多了。我从56年起就在协助聂老总抓这一摊,整整二十年了。我自己认为,在这方面作为你的助手要更合适些。我今年六十七岁了，再干三年吧，争取把我军装备搞出个样子来，交给你！"

饭桌上静寂无声。

后来才知道，是王胡子的主意，他向邓推荐："爱萍这个人有这个本事。"

父亲接着说："我是诚恳的，我想他是理解的。邓问那你看谁更合适些？我提了罗长子。邓也是那句话，他的腿是个问题。我说，现在这种条件，不比战争年代了，多配两个秘书就是了。"

我们都在沉默。

一个领导人的权力和作用，并不绝对取决于职位、头衔，许多显赫的职位并不见得就握有实权。军委秘书长是这样一个有着相当弹性的职务。

50年代，军委工作由彭德怀主持，他是事必躬亲，日常工作多由他亲自主持议定，秘书长黄克诚的作用和权力不太突出。林彪主持军委期间，虽也是他抓总，但日常工作不管。其他两个副主席，贺龙分管国防工委，后来工委撤销，就管体委去了；聂荣臻分管国防科委，还要分一部分精力管国家科委。为了及时高效地处理军队日常事务，协调三总部和国防科技工业的关系，在军委下面成立了军委办公会议，由三总部和负责国防科技工业的主要领导人构成，军委秘书长负责牵头。这就由总参谋长罗瑞卿出任军委秘书长，直接对军委主席毛泽东和副主席林彪负责，成了军队的大管家，握有重权。父亲当时是军委办公会议成员，因此，他对军委的工作程序和罗瑞卿的组织协调能力是很清楚的。

中央的日常事务，由书记处负责，总书记邓小平就是党中央的大管家。国务院的日常工作，由国务院常务会议解决。为了便于协调沟通，军委秘书长同时还兼任书记处书记和国务院副总理。这样，罗瑞卿的权力和地位自然就十分显赫了，在党和国家的政治生活中，其作用和知名度有时远远超出了其他的元帅、大将。

当然,这也是他后来倒霉的原因之一。这样的体制,有些像董事长和总经理。没事还好,有了矛盾就很麻烦。林后来对罗生出嫌隙,就开始发难。毛搞"文革"需要林,当然就舍弃了罗。国务院周恩来事必躬亲,没有把党委专门作为一个权力层次,直接由总理、副总理组成常务会议,大事小事都直接处理,麻烦自然要小得多。

日常工作中的秘书长负责制,一直延续到上世纪80年代末。1982年,杨尚昆出任军委秘书长,余秋里、杨得志、洪学智和我父亲都是军委副秘书长。后来杨兼任军委常务副主席,提出不再设秘书长和副秘书长,一律改称为军委副主席分工负责。邓考虑当时几个老帅还都在,说一回事,就不要变了吧。直到90年代后,新上任的几个军委副主席有了明确分工,又都参加军委常务会议,秘书长的作用和权力相对就减低了,以至取消。

据说,最早动议是罗出任总政治部主任,没有通过。既然这样,那就改当秘书长吧,于是通过了。我不知道其中的原委,不排除有妥协的成分,但军委秘书长是干什么的?究竟握有多大的权限?和人大、国务院的秘书长有什么区别?也许正是因为这个职务特有的弹性吧,使人们对它扑朔迷离。这件事,体现出动议者在政治上的老到。当然,这只能是揣测。

军队领导体制的新格局形成了,上面有叶、邓压着,具体操作握在罗的手里。"凡是派"们,你就是再有本事,也鞭长莫及了。

罗瑞卿出任军委秘书长后,果然表现出高人一头的能力和魄力。

军队也是重灾区。历时十年的党内斗争,一批批人像走马灯似的上来下去。"文革"开始倒了一批,像被划到刘少奇线上的新四军的干部,划到彭德怀线上的红三军团的干部;父亲就属于在前两类都沾上边的。另外,还有被划到贺龙线上的二方面军的干部;"二月逆流"后,跟几个老帅的多少都沾了包。"杨余傅事件"后,左派队伍中也倒了一批;从庐山下来,"批陈整风",华北的不少干部倒了霉;"林彪事件"前后,倒的就更多了;"批林批孔"又是一批;1976年,"反击右倾翻案风",整下去的多是复出后的干部,属二次被打倒。"四人帮"粉碎后,所有的矛盾都挑出来了。我当时作为工作人员参加了1978年底召开的军委扩大会议,会上吵得一塌糊涂。给我印象深的是总参、海军、空军、福州军区、兰州军区吵得最凶,互相指责,翻旧账。我还记得父亲在会上的发言:过去的事了,吵就吵得清楚吗?都做点自我批评好不好!徐帅主持不下去,搬来了邓,邓走上台来就讲了两个字:"散会!"幸亏没多久广西、云南边境就开打了,否则还得吵下去。对打这场仗的真正动因,直到现在还存有争议。

下面部队怎么样不知道,但在总部工作的同志,绝大部分对罗是很敬佩的。他政治上敏感,善于抓住大事、要事,而且一抓到底。上任后他指示《解放军报》率先对"实践是检验真理标准"的讨论表态。记得他曾来我家和父亲商量,闲谈中还向我和弟弟询问了领导层的动向和下面部队的反映。他的这一举措,在被"文革"搞乱了的意识形态领域,确立了正确的指导思想,使军队各项工作迅速摆脱了"文革"的桎梏。他旗帜鲜明的政治态度和大刀阔斧的作风,使许多同志在"文革"积重难返的彷徨和消沉中,看到了军队的希望。在拨乱反正的思想解放的大潮中,解放军又一次走在全国的前面。军队就需要这样的铁腕人物,我为父亲识人的眼光和举荐的真诚感到欣慰。

遗憾的是,罗瑞卿在这个重要位置上发挥作用的时间太短了。对好强的罗瑞卿来说,残腿似乎是他最大的心病。大约1978年初夏,罗瑞卿告诉父亲要去德国治腿。父亲劝过他,算了吧,在国外有诸多不便,还是把医生请到国内来。可罗说,要光安个假肢呢?看来他是主意已定。后来,父亲率军事代表团去欧洲访问,回到北京就接到罗瑞卿从乌鲁木齐打来的电话。父亲怎么也没想到,这个电话竟是他和罗瑞卿的永诀。几天后,罗在德国动手术时去世的消息传来。

罗瑞卿受尽磨难,苦尽甘来,不想走得竟如此匆匆。父亲写道:"前驱辞世留重任,后继安知畏风波?"他似乎在问谁。大业方兴,他心痛的不仅是失去了战友,也为了这支军队。当然,没有谁是不可替代的,但乱世安邦,要选出一个有胆有识、敢顶风上的领导人又谈何容易?杨勇那里送来罗的讣告草本,父亲修改后作急件送出。他按了电铃,警卫人员离岗,他拄着拐杖去找,刚下过雨,地上又有青苔,一跤摔下去,右手撑地——骨折。正巧约来治腿的一个民间大夫到了,说,别动,马上对上,以后就好长了。行吗?对这个祖传的技术,在场的工作人员都面面相觑。父亲无力地靠在椅子上,半闭着眼睛,把耷拉着的手伸出说:"那你就试试吧。"真是恶治!随着断折的手臂被用力的拉抻,父亲眉头上豆大的汗珠刹那间就像下雨似的淌下来⋯⋯幸亏三〇一的医生赶到了,看着就喊,你们他妈的是要把首长搞出心脏病啊!吓得大家都面如土色。父亲说:"算了吧,是我同意的。"

罗追悼会后,邓小平顺道来三〇一医院看望父亲,我问都说了些什么?父亲回答:"四个字,'无妄之灾'!"

关于推辞军委秘书长这件事,直到上世纪 90 年代,我为这本书准备素材,又问起父亲当初的想法。父亲回答说:"军委秘书长,是我一生中最甘心情愿辞掉的一个职务。"

他内心深埋的秘密是什么呢?

"我六十七岁了,再给我三年时间,我一定要把这个东西打到太平洋上去。"

"这个东西,你们叫它杀手锏也好,叫它核王牌也好,我是叫它打狗棍。有了它,任何人就奈何不了我们了。到那时,我的任务也算完成了。"

起初，他并不太愿意接手国防科研这项工作。按 1955 年军衔评定，上将是战役指挥的最高级别，是实现战略计划的主要执行者。在人民解放军上将一级中，父亲的文化素养是人所公认的。其实他本人的学历并不高，但他当过教员，办过夜校，在共青团工作期间领导过宣传、文化工作，撰写过大量的文章，还有过文艺作品。建国初期，组建海军，组织三军联合作战，又在苏联呆过，都使他在这方面具备了更多的优势。于是，点将就点到了他。他说："要我来搞现代化，我不懂，相比之下，部队工作要轻车熟路得多。但既然是组织托付的，干了，就一定要干好，要干出个样子来，要不，就不要干。"

二十年了。从最初协助聂老总、贺老总，以后又是罗瑞卿总长，在第一线负责国防科技、国防工业和军队武器装备的具体组织和实施工作，到现在全面统领这支大军，他在这条路上，已经走得太远太远了。这次选择，他自己也没有料到，在这条路上，他将再走十年。

但国防科技事业再宏伟，与主持全军工作相比，毕竟只是个局部。对于父亲放弃担任军委秘书长一职，圈内的友人们提起来都颇有微词。

人们对往事记忆犹新。在邓小平 1975 年的整顿中，有四个人令国人瞩目，他们是胡耀邦、万里、周荣鑫和我的父亲张爱萍。

除周荣鑫被"四人帮"整死外，1978 年 5 月，胡耀邦在党校组织了"实践是检验真理的唯一标准"的讨论，率先向凡是派发起了进攻，成为后来改革开放的思想先导。

1977 年 11 月，万里在安徽搞了"小岗村联产承包责任制"试点，直到 1982 年，中国农村百分之八十实行了包产到户，长达二十五年的人民公社体制土崩瓦解。

也是这个时间，1977 年 9 月 18 日，父亲提出了在两弹一星事业上的三项标志性突破。这就是上面说的1980年实现洲际导弹全程飞行，具备覆盖全球的核反击能力，为共和国拿出自己的杀手锏；1982年实现潜地导弹的核潜艇水下发射，取得二次核打击能力，从实战意义上后发制人，实现与美苏超级大国的平起平坐；第三是，1984年，发射地球同步轨道的通信卫星，成为征服太空的成员国。

由于他们的行为和业绩，这几个人，再次成为人们关注和议论的话题。尤其是父亲再次被打倒后，他不低头、不检讨、不揭发，保持做人的气节。他的所作所为，在人民中，在党内军内，尤其在高级干部中广为传颂。很多熟悉的人见了我，都要竖起大拇指说，"老爷子真是条硬汉！"所有这些，大大加重了他的政治量级。

十二年后，1989年6月16日，邓小平说了这样一段话："党的十一届三中全会建立了一个新的领导集体，这就是第二代的领导集体。在这个集体中，实际上可以说我处在一个关键地位。……第一代领导集体的核心是毛主席。……第二代实际上我是核心。"（注：《邓小平文选》第3卷）

这里，邓小平把1978年12月召开的党的十一届三中全会，作为第二代领导集体形成的标志。不久，胡耀邦出任中央委员会总书记，万里到国务院任第一副总理。只有父亲，推辞掉了军委秘书长的职位，固囿他自己认定的，也是立志献身的国防科技事业。

其实，我们从心底都赞同父亲的选择。说实在的，我们不愿意看到他被琐事缠身，更不愿意他在政治的漩涡中，周旋于各巨头之间，上下疏通、左右逢源，调节化解各方矛盾。虽然，这需要机敏，也辛苦劳神，如履薄冰，令人佩服。但相比之下，以他的个性、特长，似乎更适于在一个领域去冲锋陷阵。在党内政治风云的变化中，他看到的、经过的，毕竟太多太多了，他是个什么人，自己还不清楚吗？就像他对邓小平说的那番发自肺腑的话一样，他给自己的定位，就是实实在在地做几件实事。能在有生的几年中,为他热爱的这个国家、这支军队,解决几个最需要的、最紧迫的问题,这就足够了。后来的事实告诉我们,他领导下的"三抓"成功,对提高中国的国际地位和军队的现代化进程,起到了直接的作用。

后来的几年,国防科技事业的发展受到了整个国防建设中许多因素的制约,尤其是在指导思想和人事方面。父亲虽怀满腔热情,却无法挣脱大环境的束缚,他常为此气闷。军队内许多知道内情的朋友们也由此感叹,人微言轻,没有地位和权力,任你再有办法和点子也是枉然。甚至一些不是很熟悉的部队同志见到我都说,军队什么问题,还用调研吗?关键是要有一个敢迎着问题上,敢拍板、敢决断的领导人来主持军队日常工作。无意中讲出些道理来。

我感谢朋友们的信任,但我更理解父亲的选择。

上高中时我曾就人生志向和父亲有过讨论。那是世界观形成的年龄,我在日记本上抄下孟子那段著名的话:"天将降大任于斯人也……"以表明自己的人生抱负。我拿给他看时,他沉吟了一下,淡淡地说了句:"不要志大才疏。"

干吗要泼我的冷水?我觉得好扫兴。他说:

"我不要求你们将来一定要干大事,但,一定要干正事,干好事!

"一个人的志向不是越高越远就越好,能够成就多大的事业,不是自己能够决定的。重要的是,对自己所做的事情,有没有认定不变的信念。

"我这一生从来不去追逐地位、职位,我不去依附任何势力,也不和任何人走得太近,不管他有多大的势力。因为我不用这些去衡量、评价自己人生的意义,包括看待周围的人。我想的是,在自己认定的事业上,尽力了没有,从事的工作,是不是做得最好了。只要这样去想、去做,我对自己就满意了……希望你也这样。"

……

我把这话和许多朋友说起过，反响不一，多是不解，有人说，这是小事业主义者。很多年过去了，在漫长的人生经历中，我才逐渐领悟出父亲给予我的教诲。其实，人生的真正意义，全在于自己对自己的认同。撇开了功利，人生的选择，无所谓对错，也无所谓得失，也用不着后悔。摆脱世俗的困扰，沿着自己认定的目标走下去，体会一生中你最在乎的东西，你的感觉就一定是美好的。

时光飞逝，转眼第三个年头到来了。

应该是检验成果的时候了。担任第一发洲际导弹一线总指挥的马捷写道：

> 1980年5月18日上午10时整，发射部队指挥员刘德普下达了点火的口令。顿时，排山倒海般的隆隆巨响，震撼着茫茫戈壁。导弹于10点0分23秒拔地而起。
>
> 导弹沿着计算好的理论弹道，从华北上空飞出国境，经韩国、日本，在太平洋岛国瑙鲁以东飞越赤道，准确溅落在南纬7.7度、东经172.2度的预定海域。弹头溅起了一百四十米高的巨浪。
>
> 由郭元才驾驶的172号直升机，飞临目标上空，打捞回收了数据舱。

相隔万里之遥的北京发射指挥中心的大厅里，中共中央总书记胡耀邦当着邓小平、华国锋的面，和我父亲拥抱起来，两个鬓发如霜的战友，仍以当年共青团员的方式表达激情。耀邦在庆功大会上说："规模之大，范围之广，要求之高，技术之复杂，组织之严密，在我国都是创纪录的。"

从1965年，决定研制洲际导弹算起，已经整整十五年过去了；倘若追溯到1960年，从父亲主持发射的第一枚导弹，也就是中国导弹武器的起步算起，已经整整二十年过去了。父亲从五十岁已知天命，走到七十岁的随心所欲。

父亲可没那么多感慨，他仍然豪情万丈，挥笔写道：

> 今日雕弓满月，敢平寇蹄狼烟。

我国向南太平洋海域成功地试射了洲际导弹，标志着这个新崛起的东方大国，已经掌握了在未来核大战中对任何敌人的还手能力。世界为之震惊。

核武器是毁灭性的武器，也正是如此，它又是最安全的武器。核大战中没有赢家，所以它又被称之为终极武器。中国，要的是生存的权力，不是战争，因此，她必须拿到这件终极武器。

对两弹一星，邓小平一语中的，拿到了它，中国才能称得上是一个有影响的大国。随着中国的洲际导弹在南太平洋海域的溅落，80年代初，中、美、苏大三角的国际战略格局形成了。

今天，他终于如愿以偿了。还是在十几天前，为了配合这次发射任务，由海军护航的第一支远洋船队将起锚。我国的海军在她三十岁的而立之年，终于可以冲出第一、第二岛链，游弋在遥远的南太平洋上了。1949年4月23日在那个叫作白马庙的小村落里，由父亲组建第一支海军时的情形，人们还记得吗？他是不是也曾想起过？今天，对他又是一个重大的节日，他是一定要去送行的，因为他为自己规定的人生使命将要实现了。他登上了有十层楼高的舰桥指挥塔，他在诗中是这样形容自己的："健步登上海层楼……"当他和穿着漂亮的白色海军服的水兵们一起远眺大海时，他写道：

> 良辰到，驾飞舟，远洋游。
> 看多少风流！

惹不起的人

时间到了。1980年，时间定位在他七十岁的年轮上，他果真是要远洋游了。

洲际导弹发射成功后，他向邓小平并中央军委写了退休报告。

邓小平见到他，只是说，这段时间你搞得太疲劳了，先到罗马尼亚去休息一段吧（注：当时两国军队每年互派休假团）。

这个位于喀尔巴阡山脉的东欧古国是美丽的。幽林峡谷和炽热的矿泉，的确是个疗养的好地方。当父亲一行到达时，大使馆的同志告知，这次罗方是按党和国家领导人的规格接待的，因为，国内来电话了，您将出任国务院副总理。

后来才知道，是王震主动提出让贤。王震原是国务院主管国防工业的副总理，大父亲两岁，他提出退休，建议由父亲接替。在我们最危难的时候，王震帮助了我们，以后又向小平同志力荐我父亲出任军委秘书长；这次，听说我父亲写了退休报告，就自己主动请辞让贤，他说，爱萍同志在这个位置上要比我更合适些。后来王老以他的德高望重出任了国家副主席，成为第二代领导集体的核心人物。可惜九年后，他们在一个重大问题上发生了争执，虽然彼此也都能明白对方的良苦用意，但毕竟有了一层阴影，不能不说是件憾事。

到了这一步，一切都板上钉钉了。征求本人意见的商讨程序已省去，五届人大三次会议全体通过，任命张爱萍为国务院副总理，主管国防科技和国防工业。

父亲当然知道，这个任命寄寓了以邓小平为首的中央集体对他的厚望，也融入了他们对他业绩和人品的肯定。

上任吧，老爷子！

1980年的中国，敲响了商品经济的大门。

中共中央文件上，出现了一个新的名词"小康"。一年前，邓小平用这个普通百姓都能听懂的名词来表述中国现代化的目标。

老新闻回放：

1980年4月18日，新华社播发一篇通讯，兰州附近一个叫李德样的农民，一年赚了一万元。从此，中国大地上出现了"万元户"。

就在同一个月份，邓小平视察北京前三门地区，说出了一句话，住房要商品化。由此启动了漫长的房改之旅。无产阶级从此成了有产阶级——房产。

1980年6月19日《中国青年报》头版头条：苏州市打破了统一分配的传统做法，对六千名青年，实行自愿报名，量才录用。"下海"、"跳槽"顿时席卷全国。国有单位从业人员一下子减少了三千四百七十万。更多农民离开本乡故土闯荡城市。

1980年10月份，北京出现了第一家私人小饭馆，每天接待几百名顾客。

奔小康、万元户、下海、经商、承包、私营、出国、留学、留职停薪、自谋出路……当这些令人眼花缭乱的名词像潮水般涌来时，地处穷乡僻壤的国防工业领域开始躁动了。在父亲召开的第一次国防工业政治工作会议上，来自基层的领导叫苦不迭。国家社会生活的巨大变化，不啻于他们自己鼓捣出来的原子弹带来的冲击波，一时沸沸扬扬，将有军心大乱之势。

在大西南广袤贫瘠的山沟里，众多的国防工厂和基地如繁星闪烁。

长时期的备战备荒，使中国经济处于准战时状态。毛泽东说，各省都要能造枪造炮，打起来，可以各自为战。他还问，江西，你们能造飞机吗？

飞机造得怎样，一言难尽，但步枪、手榴弹则源源不断。

一个导弹工厂往往绵延上百公里；每天传送加工部件，就要上百辆车往返。一个坦克厂，发动机在内蒙古，火炮在四川，装配在湖南。规模过大、分散重复、自成体系、结构单一，这些只从备战一个指标出发形成的布局结构，其恶果已经显现出来了。文化大革命期间，不顾国情和国力，高指标、大计划、高速度，盲目快上，大大超出了国民经济的承载能力。几十年下来，国防工业，这个庞然大物已经步履蹒跚，快走不动了。

二十年来，大批科技人员和青年知识分子怀着报国热情，告别大城市，历尽艰辛，为共和国贡献出大好年华，而他们至今还生活在极其艰苦的条件下。"献了青春献终身，献了终身献子孙。"父亲说："听了，都让人心酸。"

摆在面前的问题是：对于中国这样一个发展中的大国，如何才能在有限的经费条件下，建立起现代化的国防工业体系呢？穷兵黩武是没有出路的，其结果，只能是在与苏美超级大国的军备竞赛中被他们拖垮。这的确是一个很大的难题，但又是必须解决的，刻不容缓的。

他们这一代人在这条路上走了三十年，现在都老了。面对"文革"结束后青黄不接的断代，他们似乎还有责任，要在白发之年，把中国这节列车推出低谷。

国防科技工业的出路在哪里呢？

1981年10月，中南海，国务院常务会议。

赵紫阳：……最后一个议题，关于大亚湾核电站的问题。这件事已经讨论了好几次了，法国的总理也来了，是不是今天就定下来。

这是一次工作例会，涉及到中国核电发展的问题。让我根据父亲的回忆整理节录如下。

张爱萍：秦山（秦山核电站）怎么办？

赵：喔，爱萍同志有什么具体意见吗？

张：我的意见是秦山要尽快上马。

赵：对秦山上还是不上，各个部门的意见不是不统一吗？

张：我先谈远一点的。

两弹一星是搞出来了，但原子弹不能当饭吃。核工业很困难，要扶持，要给它找出路，晚了，人才、技术、设备都会流失、老化掉。摆在面前的，也是紧迫的，是利用搞核弹打下的基础，尽快转型，建立起我国自己的核电工业体系。这不仅是二机部，也是国防工业今后的出路。同时，也关系到国家的能源战略。我们不能说是个产油大国，煤炭有过剩，只是暂时的，核电是支力量，尤其在南方。但核电发展走什么路子？还是老经验，自力更生，把鼻子拴在外国人身上，肯定是不行的。国务院要下这个决心！现在就要下！

下面我再谈谈秦山。

第一，秦山虽小，但小有小的优势。从我国情况看，用得多的还是三十万至四十万千瓦小型的。在大型领域我们还争不过人家，在中小型上突破，占有一席之地，是可能的。秦山搞出经验后，可以向国外输出，路子会走得开。

第二，大亚湾是引进，秦山是自己干，自己干和引进，并不排斥。即使要引进，自己搞过，谈判时，地位就大不一样了。同时也有利于消化。

总之，上秦山，能够带动整个核工业的转型，可以振奋精神，鼓舞士气。我还是坚持这个意见，请紫阳同志考虑。

再补充一点，也是主要的，如果全套引进，我们自己也供应不上核燃料。

……（长时间的沉默）

赵：你们不是报告过核燃料过剩了吗？

张：那是高浓铀，用于原子弹的，过剩了；我现在指的是低浓铀！核电需要的是低浓铀！！（看得出，他似乎有些不耐烦了，老毛病又要犯了。无怪毛泽东说他爱犯上呢！）

燃料供不上，就要向人家买，这就必然受制于人。

……（冷场，又是沉默）

赵：这件事都议过几次了，临到要做决定了，又是意见一大堆。这样搞，工作还怎么干嘛！我在这里再强调一下，以后讨论重大问题时，不要老是请假。

张：凡和我有关的会，我都是参加了。

（会场上另外有人拍了桌子：上次研究你就没有参加嘛！）

张：你那个议程上有吗？事先不通知，不打招呼，这样大的事，临时动议。你们几个说了，就能算吗？！（也拍了桌子。）

赵：是不是都冷静一下。主管的同志清楚吗？

（答：不清楚。）

张：我早就把王淦昌、姜圣阶他们写的报告给你转去了。

赵：我是没有看到，主管引进的同志看到没有？

（答：没有。）

张：我亲自给你的秘书打了电话，他说，给首长看过了，也批了，已经转给计委了。你敢说没有看过？（父亲回忆到这里，得意地说："哈，他一下子把脸涨得通红。"）

（沉默……又是长时间的沉默。）

赵：就这样决定了。说我卖国主义就卖国主义吧！

张：总理，如果你是这样理解的话，那我从此就再不说话了！

方毅：时间到了，是不是先让大家吃饭啊？

耿飚：你们继续吵，我可要吃饭去了（做夹起包要走状）。

这是一次剑拔弩张的会议。关于中国核电发展的争论，在经过了国家各部委的长期论战后，终于把国务院最高层卷进来了。

中国核电起步，路程漫漫。从第一座反应堆建成到第一座核电站，美国用了十五年，苏联八年，英国九年，中国呢？三十三年。

早在1957年，军用核反应堆就考虑了发电问题，只是后来发电部分没有建起来。核武器研制取得突破性进展后，1970年，周恩来总理曾先后三次提出要搞核电站建设。1974年3月31日，中央专委正式批准了三十万千瓦压水堆核电站方案，命名为"728"工程。但是由于"文革"动乱，工程迟迟未能动工。

矛盾是从1977年中法两国政府达成的协议后开始的。法国承诺，提供贷款与中国开展经济技术合作，其中包括一座核电站。

水电部据此筹划在江阴建设苏南核电站。国务院也于1978年批准了从法国引进两套九十万千瓦机组的核电站。

这一动作，引发了一场大争论。争论的焦点是，中国核电的发展，是依靠自己、立足国内，还是引进技术、合作生产或成套进口。

不久，一机部参加进来，认为再搞三十万千瓦的意义不大，1978年8月正式提出停建"728"工程。

二机部马上反击，"728"在科研、设计、设备制造上已经做了大量工作，且国家批准的七个多亿，已花了近两个亿，岂有下马之理？

当时，水电部是核电的主管者，掌握权力和资金优势；一机部是大型设备的制造者；二机部是动力堆和核燃料的提供者，具备核技术的人才优势。

1979年1月，谷牧副总理出面协调各方。

反方认为，三十万千瓦太小，技术落后，国外早已淘汰，没有价值。既然决定进口九十万千瓦系列的，再搞一个技术上把握不大，又无发展前途的大项目，是不合理的。如果仅仅是为了学习练兵，而花掉六七个亿，是否值得？不如用"728"这笔钱来搞核燃料的浓缩加工和勘探。他们还提出，应以国际先进技术为起点，没有必要一步一步地从头搞起。发展核电从九十万千瓦搞起，这样可以避免浪费，加快步伐，争取时间。

二机部恪守自己的阵地决不退让。

最后的表决是：一机部、水电部、国家建委主张"728"工程下马；国防科委、二机部、国家计委坚持继续干下去。三比三平。

不久，美国三里岛核电站发生事故，华国锋说："千万不要这个东西，战争一打起来，人家一炸，你自己放出来的污染就把自己消灭了，现在不能搞。"好嘛！华主席的一句话，把两边都"啪司"了。

但这时的华，他的政治生涯已快走到尽头。一个月后，国防科委又把这件事捅到军委去了。邓小平批示，由二机部抓总。这一招很厉害，授权了。国防科委和二机部把更多的同盟军拉了进来：机械委、化工部、中财委、国家科委、国家能委、上海市……

但争论仍在继续。既然是邓让二机部挑头了，于是，1980年10月20日，二机部副部长、核物理学家王淦昌给我父亲还有其他中央领导同志写信，他写道：

"正确的核电引进政策不应该是全套进口，而应该在实现技术转让的前提下引进关键设备和特殊材料。……引进的主要目的不是引进电力生产能力，而是引进核电技术，最终建立自己的核电工业体系。"

王淦昌直截了当地说："我认为这一重大工程的决策是欠妥的。"

这就是前面提到的那封信。

父亲对这封信很感兴趣，这对困境中的中国核工业，无疑是一针强心剂。

资料记载：1981年3月，在张爱萍同志的主持下，国防科委与二机部（核工业部）联合提出了"核工业应在保证军用的前提下，把重点转移到为国民经济服务上来"（即"保军转民"）的发展方针，小平同志亲自批准了这个方针。从此，核科技工业开始了"军民结合"、"保军转民"的历史性战略转变。

1981年11月，国务院再次批准了"728"工程，1982年11月，又批准这个工程的选址方案，建在浙江省海盐县的秦山。1983年6月1日，我国第一座核电站秦山核电站终于破土动工，正式启动了原子能和平利用，为经济建设服务、造福人民的进程。与此同时，整个核科技工业的军转民工作也全面开展起来。

若干年后，父亲回忆起这段往事时说：

"当我说到，核燃料还要买人家的，就必然会受制于人时，别人都不讲话了。这句话可能刺激了他。过了一会儿，赵突然站起来，说，就这样定了，说我卖国主义就卖国主义吧。

"讲这样的话，是没有道理的。既然是讨论问题，听到不同的意见是正常的，不能因为不合自己的意，就认为是给你扣帽子，这种作风，别人还怎么讲话？

"我当时还是忍耐住了。主要考虑两个，一个是不必争辩了，他是总理，我是副总理，组织上是要服从的；再一个我怕他说我摆老资格。我理解他当时之所以那样急，是第二天要跟法国人拍板。不过，第二次国务院开会时，赵还是说了，爱萍同志的意见是对的，我那样说是不妥当的。

"我曾给谷牧打过电话，提出不管怎么样秦山核电站应该我们自己搞下来，纳入政府规划。后来谷牧还把王淦昌、姜圣阶找了去问情况。他们的态度也是不管怎样，要保住秦山核电站，他们还给赵紫阳写了报告，我也看到了。"

这件事后来提交到书记处讨论。我看到国务院办公厅提交的会议纪要，写法上是按副总理的排名顺序，依次说明每个人的态度。写到父亲这里，对这个挑起事端的主谋，只用了两个字："同上"。看得出，对方底气不足了。我想，大概他们已经能判断出最后的结局了。

胡耀邦最先表态支持。当时的具体文件我没有找到，只看到他后来在 1984 年批示的一段话："我是完全赞成张部长的批语的。有些事关系国家的大计，必须办，咬紧牙关也得办。但是有些同志往往从小处看，顾虑重重，犹犹豫豫，把时间耽误了。因此齐心协力，加油干，这一条很重要。"

很快，更多的党内高层人物表态支持。陈云同志的批示简明，但却严厉："不管广东核电站谈成谈不成，自己必须搞自己的核电站。再也不要三心二意了。"是提醒还是警告？

聂老总敲着桌子质问，为什么要花这样多的钱去买人家的？

父亲批示："将陈云同志对国家计委国防局的批示和材料增送中央政治局、书记处和中央军委各同志。"

我无意于评价事情本身的对错优劣，只是感慨，上一代打江山的这批领导人，果然不同凡响，毛泽东"自力更生"之路在他们心里是根深蒂固的了。

这只是一次工作性的争论，并不能说明赵紫阳，包括支持大亚湾的同志们，就反对我国自己搞核能。父亲说：

"我后来给赵紫阳同志又写过报告，他是很重视的，马上就做了布置，引进了一些设备。"

我曾问过父亲，你为什么站在秦山一边，而反对大亚湾。

父亲说："我没有站在秦山一边，也没有反对搞大亚湾。争论是正常的，秦山和大亚湾，谁先谁后，是个工作问题。自己搞核电，还是引资搞核电，对解决地区的电力困难，发展国民经济来说，都是一件好事。不应该是相互排斥的。但如果从发展我们自己的核电事业来看，不给二机部饭吃，封杀它，只图眼前，急功近利，那就是战略上的短视。核工业，包括所有的国防工业领域，不能只停留在搞武器上，一定要把它引向国民经济之中，它才能生存，才能发展，这是个基本方针。能源问题早晚是个麻烦，要从长计议。这才是国务院研究问题、做出决策的思考角度。"

之所以发生这样的不愉快，我分析，除了父亲说的"受制于人"刺激了其他同志，更重要的是领导体制问题。国防工业横跨军委和国务院两大系统。航天和核工业在业务上直接归国防科委领导，按惯例，重大事项都走军委这条线。核工业向民用转型属重大决策，自然是先向邓汇报，得到邓的首肯后，再提交国务院。过去周恩来任总理时，军委、国务院的重大事项都要经过他，而现在赵在军委并无职务，军事工作他不管，势必产生军委拍板，国务院执行的错位和错觉。听父亲说，有几次，记不起是为了什么事，赵曾问过父亲，大意是军委定的事，涉及到国务院的，他都不知道，显得有些愠怒。我想，问题还是出在沟通和体制上。

但事情并没有到此就画上句号。

不久，小平同志找了我父亲。父亲回来和我说起这次谈话的情况：

"听说你开会都不参加？我说，与我有关的我都是到会的。至于他们谈农业、体育，不归我管，我又不懂，去陪会，我看没有意思。

"都说军队中有两个人惹不起哩。爱萍，你，就是一个！要注意咧。"

对邓，他一向是很尊重的，他觉得邓小平是个务实的人，也是个敢作敢为的人。在两弹一星事业上，邓给过他有力的支持。尤其在 1975 年，邓鼓励他说，不要怕，放开手干。最使他宽慰的是，邓当着许多人的面说："你，张爱萍和我一样，是维吾尔族姑娘，辫子一抓一大把。"很难说这是句表扬的话，但父亲却经常提到，显然他是认为，就凭这句话，说明邓是了解他的，对他在大是大非面前的态度和立场是支持的、鼓励的，而对他的一些毛病和缺点是宽容的，甚至多少还是赞许的。和他自己一样，邓不是个喜欢计较小事的人，看人、用人有他独特的视角和气度。

可这一次呢？为什么不是像以往一样，不就争论本身的是非曲直做出评价,赞许他力排众议的勇气和鲜明的立场,偏偏是批评他的态度和方法。邓好像不是这样的人。为什么就不能提出反对的意见?是他的意见不对?如果看法错了,邓完全可以当面指出来嘛!但他没有。那只能是有一种解释了,就是不应该和赵对着干!不管意见对否,总之,不能对着赵上!他要维护他。

我总想利用个机会帮他排解一下,晚饭后陪他在小院里散步,我问他,你还是因为这件事不愉快吗?

他说:"过去了,就不再想它了。"

我说,你还是应该和邓敞开了谈谈自己的想法嘛。

父亲很难受地说:"没有用的。"

为什么这样想呢?我看他陷入了郁闷之中。

事隔快半年了吧,1982年春夏,父亲去三线检查工作,我正巧去成都,我们一起在金牛坝住了几天。记得是吃晚饭的时候,邱秘书从北京来了电话,我说首长正在吃饭,是不是一会儿再通电话?邱说,是件重要的事。父亲接完电话回来,闷头吃饭。我问他什么事啊,那么重要?他抬起头来说:

"没有我了。"

什么?我听不懂。

"免去了我副总理的职务。"

我们都有些诧异,怎么这么突然呢?

打开餐桌旁的电视,正在播发着每晚七点钟的《新闻联播》节目。新华社消息:

"第五届全国人民代表大会常务委员会第二十三次会议于1982年4月22日至5月4日举行。会议听取了关于宪法修改草案的说明,关于国务院机构改革进展情况,关于……

"会议通过决议,万里、姚依林继续任国务院副总理;任命余秋里、耿飚、方毅、谷牧、康世恩、陈慕华(女)、薄一波、姬鹏飞、黄华、张劲夫等十人为国务委员；免去余秋里、耿飚、方毅、谷牧、康世恩、陈慕华（女）、薄一波、姬鹏飞、杨静仁、张爱萍、黄华的国务院副总理职务。"

原来的副总理除两人外，都改为国务委员了。只有杨静仁和他，被免去副总理职务后，却没有再委任国务委员。父亲果然是被免去了职务。

这叫什么事？搞的什么名堂？我叫起来。

他说："不要瞎议论，退休是正常的，也是我自己要求的，只是没想到这么突然。"父亲这才说，国务院准备搞机构改革，在这之前，是他自己给小平同志、紫阳同志写了退休报告。

正常个屁！一个同志退下来了，组织上总要先谈谈话嘛！别说你了，我们参谋人员离退，部长都亲自谈话。大家在一起工作，也算是个尊重吧。一点招呼也不打，是我们党的传统吗？我说，肯定和那次核电站的争执有关，恨上你了！

父亲说："没有根据的话就不要乱说。"

的确是太突然了，自己的免职居然是在《新闻联播》中听到的，我不知道有哪个党和国家的领导人是这样被解除职务的。

他是干部队伍年轻化这一政策的积极推动者，在全国各大系统中，国防科技和国防工业战线一直走在前面，率先破格提拔了一批在知识结构和文化素质上更具现代化的年轻干部，如伍绍祖、邹家华、聂力等。这几年，父亲对于自己退出领导岗位也一直有所考虑，几次书面提出让位于年轻的同志。但现在，这一突如其来的决定，毕竟令人太难堪了，也太有悖于常理了！不能不使人想到暗箱操作。

但他又能说什么呢？这原本是他自己提出来的嘛！

父亲是个很要强的人，也是很要面子的人。这点我是知道的，从许多生活小事上就能看出来。别看他平时衣着简朴，从来也不讲究牌子、衣料，但随便什么衣服他也是不穿的，他只认定自己挑选过的、认可的衣服，即使再旧再差，他也衣冠得体，坐、立、行，都是军人姿态。天气再热，也不扇扇子，部队会操，再大的雨也不打伞，他说："这就叫上不遮、下不扇，记住，这是带兵最基本的要求！"

我想，他肯定是很恼怒的。父亲自出任副总理后，才仅仅一年半，许多计划才刚刚开始。现在，下去检查工作刚走到半道上，让他何去何从？我说，你不是还要检查三线工作吗？走到半路就被免职了，多尴尬啊！是走下去，还是干脆不管了？我看，打道回府吧。真够恶心人的！

父亲的确有些惶惑。他沉默了一下说：

"计划就不要变了。也好，和同志们去告个别吧。这么多年了，很多同志还住在山沟里，我去再看看他们吧。"

按计划，他还准备到坐落在长卿山脚下的核九院走一趟，那里有他的老朋友邓稼先、李英杰、陈能宽。1962年他动员他们由北京搬到青海，在歌中唱到的"在那个遥远的地方"安了家。原子弹试验成功，1965年才迁到了这里，十个研究所像羊拉屎一样遍布在深山里。一晃快二十年过去了，这个为共和国做出了杰出贡献的精英群体，生活在一个怎样的环境里呢？没有马路、公交，没有餐厅、剧院，没有煤气，甚至偌大的厂区连个供应蔬菜和副食品的商场也没有，孩子上学、家属就业，都成了老大难问题……

不久前，他派陈彬专程去了一趟，商量一下搬迁的事，怎么样了呢？他想，钱还没有最终落实，不好说得太明白了。掌握人类最尖端科学的人，恰恰远离现代文明，陪伴他们的是"遮不住的青山隐隐，望不断的绿水悠悠"。

他这一走，真的是要留下太多的遗憾了。

其实，让人恼火的事情还远远不止这些。

国防工业过剩的生产力往哪里去？整个国民经济本来就机械加工业过剩，随着农村土地承包，乡镇企业如雨后春笋。于是，一场争原料、争市场的商战开打了。面对国防工业特有的技术优势，地方保护主义筑起了强大的壁垒，国防工业原定的找米下锅方针遇到了阻力。生产民品，没有原材料；制造的产品没有市场准入。"国防工业原本就拖了国民经济的后腿，现在又来抢饭碗"；"国防工业是包袱，砍掉算了"……当矛盾提交到国务院常务会议时，又是一场舌剑唇枪。

第三世界的国防部长们又来讨要武器了。父亲这个从来不讲钱的人，突然一改常态，可以，但我可是要收钱的哟！父亲说："他不干，在北京赖了一个星期，最后谈成付成本费。"

这又是轩然大波。外事口态度坚决地说：

"我们不做军火商，是毛主席的原话！再直接不过了嘛！难道还能有歧义吗？"父亲顽皮地说："既然你想请客，那就掏你的口袋吧！"

"变无偿援助为有偿出口，这是挑战我国的基本国策。"父亲说："扣帽子谁不会。你也不要忘了四个现代化才是本世纪的目标！"

"外事领域是毛主席和周恩来总理亲自抓的，不存在'左'的问题！"父亲说："人民解放军难道就是'四人帮'抓的不成？"

不过这次赵紫阳是站在父亲一边的。

凭父亲一贯的个性，不难想见，在为国防工业争取生存权的斗争中，他肯定又是剑拔弩张的。

惹不起的人——这顶桂冠终于戴到他的头上了。

1982年，经国务院批准，我国第一座自行设计建造的核电站，定点于浙江海盐县东南的秦山山麓，故取名为"秦山核电站"。它东临杭州湾，地质构造稳定，冷却水取自海水。1983年破土动工。

父亲批示："请转告核工业部的同志们，现在就要看他们的了。要像搞第一颗原子弹那样，埋头苦干，下决心干出样子来。"

秦山核电站。1991年并网发电，1994年投入商业运行。十年累计发电168亿千瓦时。与燃煤相比，减少向大气排放硫氧化物十四万吨，二氧化碳一千八百万吨。杭州湾依然秀美清新。中国成为世界第七个有能力设计建造核电站的国家了。

大亚湾核电站同样辉煌。1993年并网发电，也是1994年投入商业运行。它的建成是中国改革开放政策的成果。能源缺乏的广东省一直靠北煤南运，省内水系落差小，不具备发电条件，就从核电上找出路。可他们缺电也缺钱，于是利用比邻港澳的优势，"借钱买鸡、借鸡生蛋、卖蛋还钱。"这是一个很聪明的想法，透着商业运作的智慧。1983年，与香港合资，并与法国、英国签订了设备购置、技术服务和贷款协议。主持这项工作的是彭湃烈士的儿子、中国的核反应堆专家彭士禄。彭湃是我父亲年轻时追随的革命偶像；彭士禄是我父亲欣赏的专家型领导干部。

两个项目，两条道路，两种办法，殊途同归。不管当时的争执如何激烈，矛盾如何复杂，也不管后人如何评价，这段小小的插曲，多少折射出改革开放的中国在探索中所走过的曲折历程，展现了那一代人特有的风采。

话虽如此，但我国核电远低于世界发达国家的水平。在能源结构中核电所占总发电量的比例仅有百分之一，远远低于美国百分之二十一点九、日本百分之三十三点四、法国百分之七十七点四。

二十多年来，几乎很少有人对中国长期的能源需求有冷静、清晰的判断，自然对于核电的战略定位更是无从谈起。在80年代崇洋的风潮下，像我父亲这样的共产党培养出来的土包子们，是没有多少人会相信他们的。

直到 2003 年，捉襟见肘的窘相终于露出来了。2005 年，煤炭价格大幅上扬，能源供应全面趋紧。这些因素使得核电在国家能源结构中的地位一再攀升。

1 月 7 日，温家宝总理视察了广东省大亚湾核电站。一周后，中国工程院院长徐匡迪透露，国家已经用"积极发展核电"代替了"十五"规划中的"适度发展核电"政策。

3 月 2 日，国务院召开常务会议，正式宣布将"积极推进核电建设"；至此，传扬了两年的中国核电战略调整，终于在国家层面上获得确认。各界发展核电热情高涨。不仅在沿海缺乏能源的省市，内地的四川、湖南、湖北、江西、广西、重庆等省市，也向发改委提出建设核电的强烈要求。

温家宝总理出行法国之前，向《费加罗报》重申了中国的核电发展目标：到 2020 年，核电装机容量将达到四千万千瓦，占届时全国总装机容量的百分之四。

我想，这大概是父亲最希望看到的了。

不久前，有一部关于秦山核电站的电视纪实片上映。秦山，从你并网发电算起，你应该是十三岁了吧？如果你是个少年，你一定是虎虎生风；如果是个少女，正值豆蔻年华。在你还在母腹中时，我就曾关注过你，我的父亲，为了你的出生，甚至还曾付出过政治代价，开罪了一些政坛要人。我满怀期盼地等待着它的播出。这部片子记载了秦山人艰苦的创业，描绘出秦山美好的未来，铭记下许多为核电做出贡献的人物，但令我伤心的是，唯独没有我父亲的名字。

古记，东海有仙山。站在杭州湾旁的秦山山麓，遥望大海。随着岁月的流逝，今天，父亲他们这一代人，早已像这海面上的晨雾一样，消失在这茫茫的海天佛国之中了。

水头如箭破夔门

将近在一年前，中央和军委高层发生了一次变化。

1981年6月，华国锋在中共十一届六中全会上辞去中共中央主席和中央军委主席之职，胡耀邦和邓小平分别被选为中共中央主席和中共中央军委主席。同年7月10日，中央军委任命杨尚昆为军委常委兼军委秘书长。

父亲忽然间从国务院领导层中消失了，这件事在党内高层引起了议论和疑惑。这如果仅仅是针对父亲个人，问题当然就简单得多了，但这恰恰涉及到国防工业领导体制的走向问题。

对这件事最着急的大概是杨尚昆了。就在父亲被免职的两天后，好像也是在吃晚饭的时候，杨尚昆从北京打来电话，他们在电话里谈了很长时间。电话打完，我们饭都吃完了，叫炊事员把饭菜再热热。我问父亲，有新情况？他点点头："杨要我继续抓下去。"

还要继续干？

"他（杨）说他也是才知道。说这样大的事，事先连气都不通一下。他已经和小平同志说了，还是要我把这一摊继续抓下去，不能放。"

国务院搞机构改革，只知道是把主管各口子的副总理都改成国务委员，原以为不过是个名称变更，谁能想到会是这么个结果。有人慢慢回过味来了。

我说，怎么抓啊？职务都没有了，以什么名义去抓？

"杨的意思是干脆过到军委这边来。具体怎么个搞法，他再协调一下。"

由杨尚昆主持军委日常工作，这件事在酝酿时，邓小平曾征询过父亲的意见。父亲对杨是太了解了，他们在中央苏区就很熟悉。他认为，杨离开军队时间是长了些，但他的协调能力还是很强的，出任军委秘书长，应该说是个合适的人选。

父亲说："邓问我的意见，我说，这个人决断上弱些，但他听得进别人的意见。我赞成他到军委来，我会支持他的工作的。"

杨来军委之前和我父亲也有过一次长谈。他说，小平同志要他到军队来，他是有顾虑的，自己离开军队太久了，军队情况一点也不了解。小平同志说，有什么好怕的？有事就问爱萍嘛！军队的事他还不熟悉？我和他打过招呼了，他会支持你的。

父亲还回忆起年轻时他们在中央苏区组建中央直属机关篮球队的美好时光。看得出，他很动情。他身居高位，但心地单纯，他看重的是同志之间真诚的友谊。一起出生入死的战友，今天都取得了这样显赫的地位，彼此之间还能像年轻时那样推心置腹的谈话，是难能可贵的。

他说："同志间在一起工作，不可能都那么一致。但有一条，只要能交心，再有分歧都不怕，怕是怕在不能交心了。"

他接着说："我原来想就休息了，但人家既然这样说了，就先帮着管一下吧。管他什么名义，反正是共产党的事。等找到合适的人，我走就是了。"

历史又在重复，四十四年前，他应彭雪枫之邀来到魏凤楼那里搞统战，为彭雪枫部筹措粮草，不也是这样吗？盛情难却，何况还是多年的战友呢！

我们乘船沿长江自重庆返京。目的只有一个，看看三峡。

三峡第一峡穿越夔门，是三峡中最险的航道。江岸两侧壁立如削，高耸入云，恰似天造地设的大门。船从陡峭的岩壁间挤进去，脚下水流湍急，耳边山风呼啸，惊涛拍击，如山崩地裂一般。

俗话说："走出夔门便是龙。"父亲指点两岸道："1929 年从这里出川，就再也没有回过头了。"

江水日夜奔流，人却已近暮年。他不自禁地念出一首诗来：

山川壮丽欣重睹，旧梦依稀认血痕。

万千险滩皆稳渡，水头如箭破夔门。

是啊，面对大江东去的宏阔气象，回顾中国革命走过的千山万水，天地间，个人显得如此的渺小。天下熙熙攘攘，皆为利来名往，一个革命者，难道不应该持有更为达观的人生态度吗？

你念的是陈毅元帅的诗吧？我说道。

还在更早一些时候，他和王震商量，将所有涉及国防科研和生产的部门统辖起来，统一领导，结束相互扯皮、各自为战的局面。杨尚昆到军委后，支持这个方案，在半年前，以他和杨尚昆两人的名义提出了《成立中国人民解放军（暨中华人民共和国）国防科学技术工业委员会》（简称国防科工委）的建议。就在他被解除副总理职务后，1982年5月10日中央批准了这个方案。这是他力主了几十年的事，他决定利用最后的时间帮杨尚昆理清做完这件事。为了使大批顶级的大科学家和科技精英们在国防科技的最高决策中发挥作用，他动议组建与国防科工委平行的国防科学技术委员会。并力主陈彬和张震寰分别执掌这两个委员会。他配齐了领导班子，还特别选拔了三个有专业知识高学历的年轻干部，其中最年轻的伍绍祖四十三岁。然后，他正式向军委写出了退休报告。

在这之后，差不多有一个多月的时间，父亲都蹲在葫芦岛海军试验基地，亲自坐镇指挥潜艇水下弹道导弹的发射试验。这件事对他太重要了。

潜地导弹对于实战的重大意义还不仅在于能水下发射，关键它是由固体燃料作为推动力的。第一代导弹，都以液体燃料推动，体积大、加注时间长，存放在发射井里，在卫星侦察和精确制导武器发展的今天，很容易被敌人摧毁。而固体燃料导弹则具备了体积小、机动性强的特点，可以车载着和敌手玩玩捉迷藏的游戏。这个隐蔽、机动的特点，注定了它在我们这样一个奉行后发制人战略的国家中的特殊地位。早在50年代中期，研制固体燃料火箭发动机的工作就开始了；1967年，决定研制与核潜艇配套的固体潜地战略导弹；1977年，父亲第三次复出时，提出了"大打固体战"，把它与洲际导弹、地球同步卫星一起列为三项重点突破的内容。

这发潜地导弹，又被业内人士称之为"一代半"产品。固体导弹本属"二代"，因为最初研制的固体燃料推动力小，需要用潜艇将导弹拖到预定海底潜伏，然后发射，称为"半机动"，所以叫"一代半"。在这之后，有一位年轻的工程师直接向我父亲建议，让海底蛟龙上陆是能够做到的，父亲认同了这个建议，也认同了提出这个大胆建议的人。不久，终于成功地进行了在区域性公路上用运输发射车发射固体地地导弹的飞行试验，中国的第二代导弹即固体导弹从此诞生。这个年轻人是谁呢？他就是后来我国第一代载人航天飞船的总设计师——王永志。后生可畏啊！

父亲没有接到对他离休报告的批复，却接到了新的任命。

新一届的军委组成了。

1982年9月12日，中共十二届一中全会召开，邓小平当选为中央军委主席；叶剑英、徐向前、聂荣臻为副主席，杨尚昆为常务副主席兼军委秘书长，余秋里、杨得志、张爱萍、洪学智为军委副秘书长；中央军委不再设常委。

这个任命是中央对我父亲的信任，同时也是国防科技工业发展的客观需要。

在我国，国防工业是一个相当庞大的系统，它依据军方提出的要求，研制生产武器装备，但它本身是国民经济的一个组成部分。在领导体制上，横跨军委和国务院两大系统，国外习惯称它为"共产党中国的军事—工业界集团"。长期以来，一直由军方和国务院同时兼有职务的领导人担任主管，像贺老总、罗瑞卿、王震以及我的父亲。现在，国务院单方面做出了人事调整，免去了我父亲国务院副总理的职务，这就意味着打破了既成的军工管理体制。当然，不排除在新任命的国务委员中，重新拟定人选。在新产生的十三个国务委员中，耿飚和余秋里和军方是有联系的。但耿飚刚从军委秘书长的位置上卸任，不可能再会接手相对局部的国防工业这一摊，何况他在军内已没有职务了。余秋里呢？当时正在考虑由他或是陈丕显来接任总政治部主任，军队高级干部中，似乎倾向余的要更多些，毕竟余在军队的时间要更长些。所以，余也可以排除。现在的问题是，这次变动，真的是要在军工体制上动刀子吗？后来的种种迹象表明，这仅仅是一次纯人事的调整，只是他们不小心触动了体制。

但这足以引起军方的警觉。撤销国防口，由国务院单独执掌国防工业各部，军队需要什么，就订货嘛！后来的体制变更证明，这种可能性是完全存在的。

军队现代化的核心在于武器装备的现代化。一支军队，当它离开了武器装备的支持，会是什么呢？难道真像赫鲁晓夫讥讽的那样："民兵算什么？在核大战中，它只是堆肉！"

杨尚昆，他何尝不明白，武器装备可是军队战斗力的硬件啊！而这一摊，建制复杂，经费奇缺，加上"文革"十年的折腾，与世界先进国家在武器装备上的差距进一步拉大，成为军队战斗力攀升最难逾越的障碍。

如果军队放弃对国防工业的领导权，听任别人安排自己的命运，那将会是什么状况呢？当然，谁都会说，你放心，我们保证军品优先。对这种空头支票，能信吗？最简单也是最可靠的办法，就是"老九不能走！"张爱萍这个军方派出的死硬派人物，留在国务院，继续执掌国防工业大军，应该说是最合适的。

上述这些分析，是从体制的角度看待个人存在的意义。我想，凭父亲的思想方法，他是不会想到的。他很简单，是个直线思维的人。一定要我干，我就干出个样子；不要我干了，我就休息，颐养天年。

第一次会议上。杨尚昆说，给我们这个会起个名字吧。按过去叫军委办公会议，不是太确切了。小平同志说，老帅们都还在，你们这几个就叫秘书长、副秘书长吧。过去也叫过军委常委会，但军委这次取消了常委，这个名字也不好叫了。父亲说，可以仿照国务院，叫军委常务会议。杨说，好，就这么定。

父亲仍然是负责全军的武器装备和国防科技工业这个领域。另加了外事。

杨最后说，既然中央把军队交给了我们五个人了，谁都不要再提退休的事了，一起再干五年，到1987年，我们五人共进退。这就是被广为流传的五人共进退的约定。

父亲回忆时说："日常工作是我们五个人研究，几个元帅不来，但他们的秘书都列席，便于及时沟通。会后一般是杨去邓那里汇报，遇到重要的专项问题，讲不清楚的，分管的同志也一起去。"

1982年11月19日，在五届全国人大常务委员会第二十五次会议上，通过了国务院提议，任命张爱萍为国务委员兼国防部长。

他又回来了。与过去不同的是，他在军队的职务是军委常务会议成员了，这就进一步强化了军队对国防工业的主导作用。时隔他被免职的第五届人大常委第二十三次会议，正好半年。

但这一届军委，迎来的却是军队和国防科技工业的冬天。

长期的临战体制，使我军兵员和武器装备在数量上居世界前列。因为投入不足，加上改革开放后，订货体制的逐渐市场化，军品成本大幅上涨，装备采购数量不得不减少，即使研制出新型的武器也无法装备部队。空军主战机型落后，海军作战舰艇滞留在中小型上，现代战场中许多重要领域的装备，如武装直升机、空中加油机、战略预警系统、航空母舰和舰载机等，都处于空白。对未来军事技术发展影响最大的微电子技术和信息技术，仍是薄弱环节，严重地拖了各型号武器的后腿。就连相对占优势的步兵常规武器，与周边一些国家相比，从60年代的旗鼓相当、略占优势，到现在已呈现出落伍状态。更为让人挠头的是，原有的武器装备相继进入了更新期，补不抵退。由于大量旧装备超期服役，维修费用急剧上涨不说，老化失修，事故频出日趋严重。工程建设经费的保障不足，使军用机场、码头失修；征地赔偿费的增加，使部队实装实弹的训练减少；油料、备件的短缺，使飞行、舰艇、装甲部队难以行动……

与此相反，国际军事领域的发展却呈突破态势。美苏正在加速对武装力量进行结构性调整。加快更新速度，增强高科技的投入，完善快速反应体制。尤其是接二连三的中东、马岛作战，空地一体的现代战争的理念已初见端倪。难道以马队、长矛对付八国联军洋枪、洋炮的历史还要重演吗？

父亲回顾这段经历时说："再困难的局面我们不是都走过来了吗？"

1982年父亲向中央提出了新时期国防科技和国防工业发展的指导方针。后来被人们习惯地称为十六字方针。

其实，有两个十六字方针。

第一个十六字方针是："缩短战线，突出重点，狠抓科研，加速更新。"

这一条知道的人不多，限于国防科工委机关和总参装备部等率部门。

第二个十六字方针是："军民结合，平战结合，军品优先，以民养军。"

父亲的原话是"以军为主"，上报中央后，邓小平改为"军品优先"。这四个字的改动是耐人寻味的，它最终导致了军工产业后来的走向。

如果说，第一个方针是目标的话，那么第二个方针就是手段、是保障；或者说，一是压缩调整；二是广开财路，一句话：开源节流。

父亲去世后，曾任国防科工委政治委员的伍绍祖在回忆这一段历史时说：过去我们自诩不做军火商，现在看来不按照国际通行的法则开展军品贸易是不行了。为了开创军事科技工业发展的良好环境，张爱萍同志让我负责外事。主要是从两个方面入手，"一是军品贸易；一是突破苏美对我国的军事技术封锁。"爱萍同志向我强调三条："出售武器，是为了增强发展中国家自卫能力的，绝不要掺和到有武装冲突的国家中去；在军品贸易中一定要'一身正气，两袖清风'；一手交钱，一手交货，不能给国家造成损失。"（注：伍绍祖《忆我的工作老师——张爱萍》）

当年，这个清华核物理系的研究生出身的国防科工委副主任，年轻气盛。他骄傲地说：是我们国防工业"率先从计划经济走向市场经济的"。

自20世纪80年代初起，国防科委、国防工办和二、三、四、五、六、七、八机部，分别成立了公司。中国新时代公司、中国燕山公司、中国原子能工业公司、中国航空技术进出口公司、中国电子进出口公司、中国北方工业公司、中国船舶工业贸易公司、中国长城工业公司、中国精密机械进出口公司。父亲规定，国防工业口的公司，必须统一领导，军品贸易的收入必须用于发展军工，统一安排，不得留成。这几个中国字头的公司一挂牌，立即引起了世界金融和贸易领域的震动。很快就与世界几十个国家、地区的政府和民间厂商进行了军品贸易。

国防科工委又出新招，在北京举办了国际防务技术展览。中国馆展出武器装备实物三百多种。

父亲说，光产品不行，技术也是资源。于是在深圳首次举办了以军转民技术为内容和以外商为主要用户的"中国深圳技术交易会"，为军用技术走向国际市场迈开了第一步。两年后，卫星搭载、为国外发射卫星和武器装备改装成为世界的亮点。

开始，国防工业各部还仅仅是搞些小产品，照相机、自行车、缝纫机、洗衣机、电冰箱、摩托车。最突出的是轻骑摩托车，年产量占了全国的百分之八十。父亲说，不错，但属小打小闹！

于是第二波出台了。核工业系统的微型反应堆、核医学仪器设备；航天部的卫星通信、卫星遥感、机器人；兵器部的矿山采掘、石油钻探、大型载重汽车……

军工部门为轻工、纺织、食品、医疗等系统提供技术设备十二万套。民品出口贸易额达到全国机电出口的百分之十。

父亲说，还要广开思路。

国防工业部门开始承担国家重点项目和重大设备的研制和技术攻关。电子对撞机超真空室、主漂移室的工程都见到了航空、航天的影子。

中国的民用飞机也出台了。运5、运11、运12、运7、运8，直5、直9，还有蜜蜂、蜻蜓超轻型农用机。

国防工业在汽车领域也挤了进去。微型车占了全国的一半。摩托车占了百分之六十，铁路敞车已达五千辆。

"六五"期间，国防工业系统一跃成为国家创汇的大鳄。赵紫阳说，真没想到，国防工业几个部居然排居第三，仅次于能源和旅游。这也不奇怪，当时选入中央领导核心的许多领导人不少来自下面或基层，国防科技工业系统又极端保密。父亲说，组织些活动，请他们都来看看我们的实力，或许对今后做决策会有帮助。于是就陆续有了杨村的空军飞行表演；坦克师"59—改"的实弹射击；以及北郊卫星地面站的远程控制……许多党和国家领导人以及各部委都被请来参观，尤其是几个偏于保守和自诩老大的部委，更是在邀请之列。

当大批的银子滚滚而进时,国防工业这棵枯萎的大树,开始复苏了。

1977年,他应叶帅要求出山时,曾立过誓言,要在三个领域突破。洲际导弹成功了,水下发射的固体导弹成功了,现在就要看这第三下了。

假设我们从太空中俯瞰地球,在距地表三万六千公里的冥冥之中,有一条环绕地球的无形轨道,它与地球的赤道平面相重合。卫星在这条轨道上飞行,将会与地球自转的周期(二十三小时五十六分四秒)相同步,它就像似一盏高悬的明灯,静静地挂在头顶的夜空,向人们传递着每晚的电视画面。科学家们赋予了它一个名称:地球同步轨道上的静止卫星。父亲要浪漫得多,他是用诗的语言说话:"玉宇明灯高挂。"

当然,现实就没有那么浪漫了。首先,运载火箭要把卫星连同自己的第三级火箭送入一百至二百公里高的圆形轨道上,在这个被称为是停泊轨道的地方休整调节一下;然后第三级火箭点火,把卫星再送入离赤道三万六千公里的被称为是转移轨道的位置上。这就是卫星要到的高度了。但它待不住,强大的地球引力将它硬拉了回来,它以巨大的速度冲回地球,在离地面二百公里时绕过地球后,又重新冲向三万六千公里的高空。这时发动机再一次打开,但这次不是向后,而是向翼侧喷火,卫星获得了新的速度,克服了地球的引力,于是它在三万六千公里的准静止轨道上,环绕地球,与地球同步运动了。这时地面开始对它控制引导,经过一段时间飘移,最终定点在预定位置上,东经一百二十五度。

完成这个三级跳,前后要历时十多天,飞行六十万公里。可以想见,没有高超的火箭技术和遥测控制技术,是玩不转的。它可以被称作是卫星发射领域的巨无霸了。因为卫星要静止地呆在赤道上空，所以发射场要尽量靠近赤道。为了实现这个飞天梦，很早以前，父亲就撇开了现成的太原和酒泉发射基地，着手在西昌建立发射中心。正如法国选在赤道附近的法属圭亚那而不在法国本土。

卫星发射定在1984年1月。从1983年下半年起，随着时间的临近，这颗卫星就成为我们家餐桌上最热门的话题了。我不是搞科研的，上面提供给读者的关于卫星发射过程的解释，全是听父亲讲的。他也不是专家，只能用他自己理解的最通俗的语言来表述。写这本书时，我曾想核对一下，以免有误出洋相，后来一想，没这个必要，反正发射成功了，父亲当时是怎么说的，我就怎么转述好了，这样可能更好。读者在引用时一定要核对一下，以免误人子弟。父亲习惯地称这个项目是三级跳。为什么？他说他在中央苏区的体育运动大会上拿过一个冠军，就是三级跳冠军。我们说，爸，你真了不起！他说，那算什么，这项比赛就我一人报名，他们都是土包子，不知道什么叫三级跳，当然我就稳拿冠军了。

这显然是个好兆头。

1983年8月，代号331的卫星发射五大系统：运载火箭、卫星、发射场、测控通信、通信地球站，经父亲亲自检查完毕，代表中共中央、国务院、中央军委批准实施。

9月13日，航天、电子、机械三个工业部的试验队和三十四个协作单位，进入西昌卫星发射中心，拉开了决战帷幕。

这是一项宏伟的国家工程。和搞原子弹和洲际导弹一样，这次行动，涉及二十个省，三十个部委，解放军各总部、九个大军区、有关军兵种，所属数以千计的单位。从陆地到海洋，在长达七千公里的航区内，有发射、测控、通信、水文、气象、运输、海上救援等，其中，仅通信就配备600多个台站。在总指挥部下，设发射场区指挥所，测控通信指挥所，卫星通信指挥所，统辖西昌卫星发射中心、渭南卫星测控中心、远望号测量船、32个参试台站和9个试验队。

从10月中旬到12月总指挥部开始挂牌验收。除设备系统外，也包括人员业务水准。我找到了父亲当年规定的人员验收标准，相当具体，极具操作性。他要求检查每个人正常操作的技能、预想故障的解决技能，突发情况的应急处置技能。对单位检查是，五定双岗两想。五定，即定人员、定岗位、定职责、定设备、定协同关系。实行双岗制；两想是操作前预想内容和操作后回想的检查内容。很难相信这是身为国防部长的高级领导的工作方式。但他就是这样，他说：

"国防部长怎么啦？按刘伯承元帅的话说，是胆大包天，心细如丝。"

父亲个性是浪漫的，但做事是极其严格刻板的。他从不相信命运，只相信自己的刻苦和努力。相信功败垂成，在于细节之中。

1984年元旦清晨，火箭进入发射场。五天后，卫星安装完毕。十六天后，远望号抵达预定海域。

1984年1月26日15时，发射进入五小时准备。杨尚昆、杨得志、余秋里、洪学智要来指挥所，父亲说，算了吧。他们说，给你助阵。

发射前三小时，突然发现稳定系统输出信号超出正常值。父亲决定停止，他对几位军委领导说，好事多磨，都请回吧。

三天后，晚八时，火箭升空，一级正常，脱落；二级正常，脱落；啊，三级点火，也正常，指挥大厅里人们的心都提到嗓子眼了。就要进入大椭圆形轨道了，这是第二跳，三级第二次点火，这是人们最担心的关口，就像冰上芭蕾一样，最后一个高难度的抛起四周跳，但是，失败了。九百四十秒后，担心的事到底发生了，速度曲线呈现异常，第二次点火后五秒，动力消失，但星箭已经分离，卫星没有进入预定轨道。此时，卫星姿态不明，增大了在地球背光一面的运行时间，星上镉镍电池无法充电而又呈放电状态，这颗星将沉入莽莽的宇宙之中，它的命运将永远不为人所知晓。

父亲面部毫无表情，他只说了一句话，通知西安，组织抢救。他一直坐等到第二天的中午，十五个小时后，抢救方案报上来了。卫星丢失后，一直围地球转到第十一圈后，被闽西站抓住了，于是连续发了两道断电指令，保持住了星上的能源。再测发动机喉部温度，判定出这颗星是大翻个，底部朝着太阳，躺着飞行。专家们建议再次点火，但又担心弄巧成拙，解决不了反倒打出轨道，残骸落入其他国家，引起外交上的麻烦。父亲说，管不了那么多了，不用你们负责，点火！发射后的第二天下午4点，也就是二十个小时后，渭南测控中心发出指令，再次点火成功。这颗卫星在地球六千公里之外，翻个调整姿态，变换轨迹。三十二秒后，终于进入新的轨道，变成了一颗实验卫星，完成着卫星各系统的测试，进行通信、广播、彩色电视传输的试验。

这是一次真实的星球大战。从这次对事故的处理中，世界可以看到，在几千公里外的太空，中国对人造天体的控制能力，模拟勾画出未来天战的雏形。

父亲认为，这倒也不失为必要的一步，未必就不是件好事，关键在于认真总结。他要求于2月8日前，将这次发射的全部数据集中，远洋船立即返航，用专机空运调集各地的记录磁带。由航天部一院和发射中心技术专家共同分析，找出问题。《当代中国的国防科技事业》一书记载："经过二十多个日日夜夜的忘我劳动，处理分析了全部遥测数据，绘制了数以千计的图表……张爱萍每天都坐镇指挥。"

1984年4月8日，火箭再次升空。这一次非常顺利，火箭在大椭圆形轨道上连续平稳地运行了两天。最后一跳开始了，火箭将把卫星推入准同步轨道。但就在这时问题出现了。工作日志记载的是，父亲是4月10日8时14分接到渭南测控中心报告的：星上镉镍电池超过设计温度，紧接着是卫星外壳和部分仪器温度升高，并且有继续升高的趋势。当时采取的紧急措施是，遥控打开星上全部耗能设备，减低电能储存；同时将卫星调整到让它"躺倒"的姿势，改变太阳的照射角。

温度终于降下来了。但躺倒的卫星是不能通信的。四机部一四八所全所立即动员起来，进行模拟试验。连续几个昼夜，终于找到了解决办法。只要将星调整到一个与赤道合适的夹角，就可以进行正常工作。这期间，不仅父亲睡不着觉，连邓小平都在无时无刻地关注着这颗星。听到化险为夷的消息，马上和父亲通了电话。父亲说："他问了情况后说，爱萍，你替我对大家说，我提前祝贺了！"

1984年4月16日18时28分，经过整整八天的旅行，卫星定位在东经一百二十五度赤道上空。第二天晚上6点，卫星开始工作了。18日上午10点，父亲正式试用这个卫星，和远在乌鲁木齐的新疆自治区第一书记王恩茂通话。秘书把机关起草好的讲话稿递给我父亲，父亲顺手丢在一边，对几千里外的王恩茂喊道："老王！哈密瓜熟了没有？"王恩茂书记也把讲话稿扔掉，大声说："我这就派人给你送去！"这一情景在中央电视台新闻节目中转播，新疆人民第一次和首都人民一起在同一时间里看到了这个场面。

聂老总评价说："这真正可以说，是一次飞跃了！"

1986年2月，广播电视卫星正式开通。到父亲退休时，航天商业运作的大门已经开启，可以承接国外卫星发射的订单了。

1984年10月1日，是共和国的三十五周年大庆的日子。

在这之前，我参加听取了北京军区关于阅兵构想的汇报。我和父亲闲聊时说，搞来搞去还是老套路，正步、方队，没劲！父亲问我的想法，我说，应该突出现代化，这是主题。父亲在军委常务会议上说，从1977年算起，整整七年了，国防工业要向全国人民献礼，把我们的东西统统都拿出来。杨尚昆说，好，就给全国全军鼓鼓劲。

三十五周年阅兵拿出了不少新型的装备，地面进攻力量有各型坦克、装甲车、步战车，还有各种新型的压制火炮，其中装备滑膛炮和复合装甲的坦克，以及四十管火箭炮是个亮点。再就是防空兵器和反坦克兵器。空军是歼7多个型号，歼8一个型号。但反响最大的是，中国人民解放军实现了导弹化，这是现代化军队的标志。各种型号的导弹基本配置齐全。战略导弹东3、东4、东5；潜地导弹巨浪；防空导弹红旗系列；当时最时髦的步兵肩扛式防空导弹红缨也登场了。反坦克导弹红箭系列；岸防导弹和舰载导弹和反舰导弹也拖出来了。相配套的是各式雷达，火控雷达，制导雷达，多波束三坐标雷达，船载单脉冲雷达，车载跟踪雷达。有些是没法参加的，如核潜艇、导弹护卫舰、导弹快艇等。电子方面因为不宜展示，特地组织了专题展览，防空系统和监测系统、银河亿次机、雷达干扰系统、敌我识别系统、导弹引导系统、卫星通信系统、抗干扰坦克电台等等。

这简直就是国防科技的大检阅，他的属下们也太给他露脸了！

我是在电视里看阅兵的。按惯例，坦克装甲部队经过观礼台时，战机编队应该临空。中央台CCTV转播这一段时，专门给了军委领导人很长时间的特写。我看到他们五个人都着新式军装，站成横排，向受阅部队敬礼。这时胡耀邦走过来兴奋地和军人们握手，父亲不断用手指着什么，两人都滔滔不绝。阅兵结束后，我问他，你们都在说些什么啊？"胡耀邦说飞机他看不清楚。我说云层太低了。十年大庆时我就在策划这个东西，北京10月有雾，要到中午才能散去。研究方案时我就提出来了，航空兵一定不能高于三百米，张廷发（注：时任空军司令员）那里有些紧张……"今天他的话又是很多。

我说，写幅字吧。他的办公桌边摆了张餐桌，垫上旧毛毯，放上文房四宝，随时铺上宣纸就可以写字了。写什么呢？他问。我说，就写毛主席年轻时用来自勉的两句话吧：

河出潼关，因有太华抵抗，而益增其奔猛；
风回三峡，因有巫山为隔，而风力益增其怒号！

在改革的大潮中

国庆35周年盛大阅兵的热潮还没有退尽，1984年10月20日，中共十二届三中全会召开了。

从现在看到的许多官方权威性的报道中，对这次大会，都给予了很重的评价，是自十一届三中全会以来的又一次具有划时代意义的大会。会议通过了一个文件：《中共中央关于经济体制改革的决定》。它规定了以城市为重点的整个经济体制改革的方向、性质、任务和方针政策，是指导我国经济体制改革的纲领性文件，标志着改革由农村向整个国民经济领域的全面铺开。

邓小平专门谈到了这份文件，他说："我的印象是写出了一个政治经济学的初稿，是马克思主义基本原理和中国社会主义实践相结合的政治经济学。"他说："有些是我们老祖宗没有说过的话，有些新话。过去我们不可能写出这样的文件，没有前几年的实践不可能写出这样的文件。""写出来，也很不容易通过，会被看作'异端'。我们用自己的实践回答了新情况下出现的一些新问题。"

邓小平对党的许多文件都有评价，但是像这样给予赞誉的则是不多见的。

邓说的这个"异端"也冲向了军事—工业界联盟的古老而封闭的国防工业。

这的确是个新课题。中国这条大船，告别它航行了近半个世纪的航道，开始由计划经济向市场经济转型。国防科技工业这个高度集中的产业，该如何去适应这个开放的、自由竞争的大市场呢？军事工业将在经济转型的巨大变革中，经受剧烈的震荡。

国务院常务会议决定，继四（电子）、六（船舶）机部之后，将二（核）、三（航空）、五（兵器）、七（航天）四个工业部由国务院直接领导。与国民经济各部门一样，纳入整个国家规划，由国务院统一组织和管理。

国防科工委不再归口管理上述四个工业部的全面业务工作。

这是一次深刻的革命，它意味着延续了三十年的我国独立的军事工业体系，从此将不复存在。

建国三十年来，我国建立了独立完整的军工体系。在国家经济管理体制上，军工自成系统。国务院设有国防口，统一归口管理国防工业各个机部。二机部是核工业；三机部是航空；四机部是电子；五机部是常规兵器；六机部是舰船；七机部是战略导弹和航天；八机部是战术导弹（在这之前已经撤销）。国防工业口根据军队的要求和军费的安排，给所属各机部下达军工生产任务。

这次改革，就是要拆掉这个口子，打破民用和军用在管理体系上的分离，下属的各个机部和其他民用部门一样，直接归国务院领导，除保留必要的军品生产线外，一律纳入民用系统。

这里有个小小的插曲。国务院体制调整方案在会上拿出来后，父亲说，他不好举这个手。中央确定的事，当然要服从，这是原则。但这一切来得是如此突然，毕竟涉及面也太大了。

他说："紫阳同志，这个手，我举不起来。涉及到军队的事情，国务院单方面决定是不妥当的。"

赵紫阳说："也好，我们这次会议先不做决定，就请爱萍同志把这个方案带到军委去吧。"

会议还没有散，父亲就打电话给杨尚昆，建议马上召集各总部、军兵种负责同志开会。吃过午饭，各军兵种的司令员和有关部局的领导就集中在三座门了。大家都不知道是怎么回事，杨尚昆也不清楚。会议一开始就炸锅了。具体怎么开的我就不清楚了，反正知道最后推举一个副总参谋长和国防科工委的副主任当代表，与国务院协商。

其实，军队方面也有误解，打破自成系统的国防工业体系，是管理体制上的调整，国防工业并不因此而消亡。只不过，从此，军事工业不再是指从事军品生产的企业的总和，而是指所有军品研制和生产活动的总和；军工行业管理的对象不再是原来拥有产权的军工企业，而是与军用有关的技术和生产行为了。

当然，管理体制的变化必然引起军工产业内在运行机制的变化，以后，军队再要什么，那就拿钱订货。过去是按指令办，现在是按合同办。这就是向市场化的转型的基本内涵。军人们的担心，也不无道理，那要花多少钱，人家才同意卖给你呢？飞机大炮难道也能像电冰箱、洗衣机那样在市场上货比三家吗？

既然是向市场化转型，这就必然导致军工产业的企业化改革。

过去军工科研生产部门虽然也被称之为军工企业，但它们并不是真正意义上的企业。它们既没有生产经营自主权，也不承担经营风险和享有收益分配权。企业生产要素的配置、生产活动的组织和产品的调拨等都是通过政府的指令性计划进行的。

这次改革，就是要把军工科研生产部门转变为具有独立利益的市场竞争的主体。通俗地说，就是转变为公司。军工部门的企业化改革后，各机部一律改为公司，国家只是出资人，企业享有经营的独立权。传统的行政上下级管理模式和隶属关系将被资本联结纽带关系所替代；集团公司真正以效益为中心，并按照市场导向进行开发经营，逐步发展成为自主经营、自负盈亏、自我发展、自我约束的经济实体。

这个前景对大多数人来说，是那么新鲜。当然也有人说，这行吗？是不是有些太邪乎了？

后来听到国务院的几个副总理议论，说又不是断他们的粮，反应这么激烈，真没想到。事情反映到了最高层，稳一稳也好，那就先缓一步吧，邓小平说，分两步走吧，核工业部和航天部暂时不动，其他两个部，兵器和航空先划拉过去。

1984年11月，军委座谈会期间，我和文件起草组的同志们无意中闲聊，谈起这次会议上提到的关于"国防工业自成小天地的时代应该结束了"，大家都不明白这句话是什么意思，指什么？针对谁？我也很奇怪，是啊！这话是有所指的吗？父亲是主管国防工业的不错，与他有关吗？"小天地"，究竟寓意着什么呢？无论发生什么，都是事出有因。不行，我得问个明白。

晚饭后我陪父亲散步，闲聊中谈起了这件事。

"什么小天地？我怎么不知道？"他说。

咳，文件上都有了！你开会肯定又走神了，又在想你自己那摊子的事，也不听听人家说什么。我责怪父亲，并把文件给他找出来。

他看了后说："军工体系是历史形成的嘛！又不是谁非要把住。中央决定了拿出去，我们执行就是了。"

在这样一个重大变动的面前，父亲是什么态度呢？应该说，他不是个保守的人，更不是个把事业等同于个人权力和利益的人。但应该承认，这个变化不在他原有思考的范畴之内，也突破了他对国防工业发展的宏观设计。对这样一个全新的概念，对执行这一举措所带来的方方面面的后果，他和他的机关的确需要一个思考和反复论证的过程。

但问题的性质，似乎不完全是工作层面的。小天地！谁在搞小天地了？小天地与独立王国何异？他对这一说法是难以接受的。其实，不就是盯上了国防科技工业这块肥肉了吗？当初，那样困难，求你们，你们不管，说是要我们自己"滚"，现在滚大了，红眼了，就借着改革之名，一锅端了过去。端就端吧，又不是我个人的财产，何必扣帽子呢？

我曾问过父亲这方面的事情，但他的回答很精练简捷："上面定的。"似乎多一句都懒得说。

但他还是很恭敬地执行了这个决定。

我查到了当时的一份文件。是国防科工委在1984年11月30日给中央军委和国务院的《关于军工体制改革的原则建议》。内容摘录如下：

> 张爱萍同志最近邀科工委在京的几位领导同志，研究了如何贯彻执行十二届三中全会关于经济体制改革的决定和邓主席、杨副主席在军委座谈会上的讲话精神。
>
> 十一届三中全会以后，中央、国务院根据当时情况，决定军工自己"滚"……为了更好地服从和服务于四化建设的大局，军工这支力量，今后应同国民经济各部门一样，纳入整个国家的规划，统一安排。据此：
>
> 一、国防科工委不再归口管理核、航空、兵器、航天工业部的全面业务工作，改由国务院统一规划、组织和管理。
>
> ……
>
> 三、这四个军工部都按照中央的决定，实行政企分开，简政放权，扩大企业自主权。
>
> ……
>
> 另外，也可考虑，将核工业部（二机部）、航天工业部（七机部）……同目前一样，仍由国防科工委归口管理。

文件的详细内容就不一一引用了。不难看出，上述的这最后一句，把核工业部和航天部留下，是根据小平同志最后出面摆平时的意见提出的。

父亲于12月26日在这份文件上批示：

赵总理："杨副主席要我请示你有何指示，以便军委常务会议研究。对此建议，遵你曾对我指示的原则，我说明如下几点意见。……其另外项，可不必要。虽邓主席提出'除二、七机部外'。"

不难看出，他的用词极为恭敬，不是批评过他是个"惹不起的人吗"？但他还是挺倔的。我又不是要饭的！要拿就一起拿过去吧，何必遮遮掩掩的，这样倒也干净利落，又不是我个人的财产！

赵紫阳12月27日批示：同意爱萍同志所批各点。

这份报告，可以证明，军工体制改革的决心，以及改革的方向和总体思路，是中央最高层决定的。和以往不同的是，本着不争论的原则，事先并没有听取国防工业系统的意见。国防科工委只是根据总的意图，提交了贯彻落实的具体方案。把二、七机部也一并划过去，是父亲最后的意见。

父亲晚年回忆时说：

"80年代初，我遇到的问题是，开始改革开放了，全力发展国民经济。国防工业系统，军工产品需求量减少了，研究、生产部门过剩了，除二、七机部还有事干以外，搞常规武器的力量一下子都闲下来了。整个经济有困难，要靠自己。王震同志是最早提出'找米下锅'的，试了以后，这个办法不行。我提出，军工企业搞民品，一定要在国务院的统一规划下进行，统一计划、统一安排。但他们那时认识不到这股力量，把国防工业只视为包袱。核电站的那次吵架就发生在这个时候。但两年后，我们自己搞起来了，民品和军贸都起来了，他们这才发现国防科技力量确实有优势。但又走向另一个极端，一股脑地搬了过去，把这些部门通通转向搞民品，武器装备也不管了。直到现在，也没有把武器装备的研制生产纳入国家统一规划。

"由于国务院把国防工业的几个部，也搞成了像民用部门那样的经营型性质。这就出现了新的矛盾。例如六机部改成船舶工业总公司后，海军要船，双方就只能讨价还价。我在国务院常务会议上提出意见，就我国目前的体制和现状看，武器装备不具备采取一般商品的市场经营条件。尤其是战略武器和重大研制项目，只能是国家行为。

"我看到这样的言论，认为国防尖端科技与国民经济建设的发展现状不协调，是畸形发展。这是不对的，我说是特形。国防科技的领先不是坏事，正是我们的强项。问题在于，应该如何通过国防科技推动和促进国民经济的发展，而不是限制它、削弱它，甚至是取消它。"

父亲自1956年起，到他1987年退休，在武器装备和国防科技工业的领导岗位上，用他自己的话说是干了三十年，实际上是三十二年。从无到有，从小到大，从步枪到原子弹，从步兵武器到太空武器，伴随着我国国防科技工业的发展，形成了他自己独特的思想体系。在他晚年，我曾就我国军事科技工业如何面对新的时代的发展这一话题，和他有过无数次交流。其实，在一个新事物面前，许多决策未必一开始就十全十美，许多真知灼见也未必一开始就被认同。中央的态度是"摸着石头过河"，有了问题，改过来就是了。今天，这一切已成往事，父亲当年关于国防工业改革发展的思想，我不忍被时间的长河所湮没，还是记录整理了下来，提供给关心我国国防事业的朋友们。或许多少还有一些参考的价值。

国防工业要不要改革？父亲认为，当然要！但怎么个改法要从国情出发。美国搞的是市场，苏联搞的是计划，我们是沿袭的苏联。在冷战中，苏联垮了，但是不是因此就转而走美国的路？

80年代初，国防科技工业遇到的最大问题，也是最紧迫、最现实的问题，是规模过大、战线过长的问题；是国家无力支持军工这个庞然大物的问题；是军事科技优势和生产能力没有及时转化为民用的问题。企业转制和市场化是个慢功，市场经济要的是规范、健康的市场，这不是一朝一夕之功。国有大型企业的转制，要等待市场的成熟。当时面对的，对国防工业的方针是压缩和转化的问题，而不是拆掉和转制的问题。因此，应该继续坚持调整、整顿的方针，压缩军品规模，在保住军事科技领先地位的同时，发展民品和军贸，走"以军带民、以军促民、以民养军"的我国自己的发展道路。这就是中国特色。

1. 必须把改革的出发点和落脚点放在准备打赢一场战争上。绝对不能为追求近期经济效益而搞短期行为，更不应单纯以减轻政府负担卸财政包袱为目的，简单地把军工科研院所推向市场。

2. 坚持以军为主。不管国防工业有没有单独的管理体系，它都是客观存在的。国防工业的核心是军，而不是民。走"以民带军"还是"以军带民"的道路，是一个机制问题。不能认为，军就是包袱，就是纯消耗。以军事科技、军事工业反作用于国民经济的例子不胜枚举。我们自己的航天和核工业的发展就是如此，从民用出发投资搞航天、搞核能，几乎是不可能的，因为见不到市场效益。两条路子，可以说是殊途同归。关键哪个是捷径。我个人认为，在市场发育不成熟的80年代中期，立足于自己的基础，做一些调整，比做大手术要好。

3. 改造国防工业。建立一支"精干、高效、小摊子、高水平"的国防科技工业的国家队。政府是投入的主体，是直接的领导者和管理者。

除此之外，对一般军工单位，采取"两条腿"走路的办法，分清主次，决定去留；要稳住军品，放开民品。鼓励有条件的军工企业走自我发展、自我完善的道路。

4. 改制不是绝对不行，但在传统的企业改革尚未进入良性循环，商品市场孕育不够成熟的情况下，对国防科技工业所属单位的转制更要持慎重态度。不妨等待一下，太快、太猛，往往徒具形式。

从1979年到1983年，父亲会同国务院对三线建设进行了调整：一是缩短基本建设战线，调整投资方向，停建、缓建一批基建工程；二是将军工任务严重不足的企业转向民品生产；三是对选址不当，难以维持，或者重复建设的，实行关、停、并、转。1983年底，国务院成立专门机构，对三线建设进行全面调整改造，一是调整企业布局，二是调整产品结构，三是技术改造。

调整、整顿使国防工业逐步实现了适应市场经济的再造，许多企业通过转型已经成为驰名中外的民用集团，如湖北十堰的第二汽车制造厂转制为主要生产系列民用车辆的"东风"汽车集团，重庆兵器工业基地变成占世界产量第一的"嘉陵"摩托车集团。不少三线基地还走出国门，面向国际市场拓展业务，如西昌导弹基地用长征系列火箭为世界多个国家发射了卫星，并成为世界知名的卫星城。通过军民结合的产品改造，到1990年，军工企业的民品产值已经达到一百五十五亿，占当年军工企业产值的百分之七十五，比1985年增长了一点九三倍。经过调整和改造，中西部地区的高技术产业已初显规模，在一些具有相对优势领域初步构建起高技术产业群，如光电子产业、软件产业、新型电子元器件，智能仪器仪表、航空产业、卫星应用产业、生物医药等，形成了一批在国内有较大影响的高技术产业。改革开放后的国防工业的调整和改革，使国防工业成为催生西部开发、实现西部崛起和促进区域经济协调发展的重要力量。

在和父亲的谈话中，我问，你的这些想法是不是过于陈旧？你的观念是不是还停留在计划经济的老套路上？

父亲说："不要以为什么都是商品。市场经济也不是唯一的，国防、环境、社会的公正与公平，就不是市场说了算的嘛！

"改革是必须的，但不是只有照外国的去做才叫改革。国防科技工业体系是历史形成的，是国民经济中的一个极特殊的产业。衡量它的标准不是市场效益，而是战场效益。不是为了获取最大的利润，而是国家生存的安全利益。

"军品供需算不算是市场行为？起码现在不算。市场是买卖双方的事，市场机制是竞争，按四川人说话，是明里标价，袖里还钱。要说算，也是典型的买方垄断市场；或是卖方垄断市场。买和卖，都只是一家嘛。

"再有，军队不是单纯的买武器。从战争需要出发，不仅要考虑军品的价格和质量，还要考虑生产企业的战时应急能力和技术发展趋势；而民品，买的人只考虑价格和质量就够了，没有哪个人会考虑企业的稳定和未来的发展。因此，军品竞争决不能是简单的优胜劣汰，将失败者彻底淘汰出局。

"因此，军工现代企业制度的改革，不能简单照搬一般民用企业的现代企业制度改革方案。

"我不反对改革，我说的也是改革。是步子大小的问题。在国际高科技激烈竞争的时代，我们能取得这样的成果，谈何容易。弯子太大、太猛了，多少年都捋不顺。掉下来，再赶就难了。"

我第一次看到父亲违心地去做他不情愿去做的事情，第一次看到他有自己的见解而不去陈述。那个浑身是刺的张爱萍上哪里去了呢？

我对他说，我认为你的意见是正确的，不是从概念和理论出发，而是从中国改革的现实和国防工业面临的实际出发。但是，我不明白，你为什么不力陈你的意见呢？

父亲说："怎么没有提过？你没有看到这句话吗？'等将来有了钱，可以买上它一万架飞机'。国防工业，国家安全，究竟走什么路？这才是问题的要害和原因。"

"等将来有了钱，可以买上它一万架飞机。"正面理解，是一句劝慰安抚的话，没有钱什么也办不成，大家都忍一忍吧，等国民经济上去了，国防还成问题吗？但父亲似乎有他自己的看法："我们这个大国能靠买武器过日子吗？既然在根本路线上都动摇了，我说何益呢？"用北京土话说，真是个爱"较真"的人。后来在重新印发文件时，这句话给删掉了。

"我们这些人的话听不进去了。外来和尚好念经，有些人就是摸准了这一点，搬出什么专家、学者、洋博士，其实还不是为他们自己的主张代言？"他又说："我是提过意见的，会上大家也都是同意的嘛！但到时候，就没有人出来附和了。还不是察言观色。我想也就算了，由得他们搞吧。"

父亲这个人，他太要强了。本来他已经决定退休了，但在那样困难的情况下，要他把国防工业的担子挑起来，渡过难关，他二话没说。今天，当走出困境的国防工业展现出自身的巨大潜能时，国家要了过去，他又能说什么呢？这次调整是改革的大局，是国民经济发展的需要，局部的利益要服从整体的利益，小天地的时代已经结束了。这，就是基调，就是原则，就是衡量一切的分水岭。虽然小天地之说，未必指的是他，但明摆着的是，也未必就是空穴来风。他为了振兴国防工业可以呕心沥血，可以放弃更高的职位，可以冒着政治上的风险和邪恶势力抗争。但唯独使他忍受不了的，是把这一切看成是为了扩张他个人的势力，把持和经营他个人的小地盘、小天地。他真的很气愤，也非常伤心。他可以忍受艰难，忍受高压，但他唯独不能忍受对他人格上的侮辱，对他拳拳之心的曲解。

他曾想过要说些什么,也想过要争些什么,但最后都放弃了。他说:"没有意义了。"这才是最可怕的!连争的欲望都没有了,连申辩的念头都消失了,连最后一点热情都随风消散了。

沉静在巨大的失望中,这究竟是为什么呢?

我想起来不久前发生的一件事。

父亲率领军事代表团访问美国。他从国际战略格局的利害关系出发说服了美国国防部长温伯格和参谋长联席会议主席维西,达成了中美两军的军事技术交流协议。这是有史以来第一份中美两军最高层的协议。本来是件皆大欢喜的事。可谁知道,外交部驻美使馆有人递了封告状信,说张爱萍违反中央确定的不结盟的原则,和敌对势力搞战略同盟。其实,仅仅是因为美方不同意非军事人员进入参联会大本营,这个人觉得丢了面子,说这是歧视性政策,应该取消会谈。父亲好不容易得来的成果,哪能为这点小事所纠缠,说,那你就不要去吧。于是就有了这封告状信。小平同志看到信后,给了杨尚昆,说让爱萍先看一下,就不要再传阅了,到此为止,有时间,我找他谈一谈。杨把信给了我父亲,父亲顿时就被激怒了,说了声:"无耻!"顺手在信上批了几个字:"如此国防部长理应撤职!"哪晓得秘书也不看,见是小平同志处来的,既然首长批的有话,就把信给退回去了。邓小平一看真气坏了,对我父亲说,你这个张爱萍,看看,看看,你自己写的是些什么?我父亲还嘴硬:

"违反了中央规定的国防部长是该撤职嘛!"

事后,我们都说他,小平同志这样处理,已经很够意思了,你怎么这样任性呢?他也很沮丧,一言不发。

我感到他去意已定。

随着军工管理体制调整的进行,古老的军工企业陆续进入了市场,他们将在市场经济的大潮中搏击,自己决定自己的命运。也许生命就是这样演进的。

当然，代价总是要有的。随着军队建设进入了"忍耐"期，和80年代末对我国的军事技术的封锁，武器装备的发展大为减缓。长达十年的冬眠期到来了。

其实，预警信号在两年后就发出了。

1986年3月，王大珩、王淦昌、杨嘉墀、陈芳允四位科学家向中共中央上书，力陈我国在国际高科技领域竞争中面临的严峻势态，呼吁保持经艰苦努力所取得的位势，继续下大力量跟踪世界先进水平，缩短差距，争取在有优势的领域有所突破。

外来和尚好念经。中央采纳了这个建议，高科技领域本来就是国家的事情，这是天经地义的。于是，由国家科委和国防科工委组织，邀请了一百二十四位专家，制订了代号为"863"的《高技术研究发展计划》。1986年10月，胡耀邦主持召开中央政治局第四十次会议通过。11月，中共中央、国务院正式批准实施。

1986年的军委扩大会议上，再次重申，武器装备现代化的关键是国防科技。

2000年，随着"寓军于民"的提出，我国延续了半个世纪的国防科技工业体系最终成为历史。

……

目前，我国国防工业市场结构特征集中反映在十一大军工集团公司的组织结构安排上。相对于传统行政性军工总公司的组织形式而言，现行军工集团公司的结构安排，与社会主义市场经济发展要求相比，仍然存在许多不相适应的地方。十一大军工集团公司是原国防工业部和军工总公司的"衍生物"，实际上就是附属于政府管理部门（国防科工委）的挂牌公司，仍然带有行政垄断特征。这种市场结构安排，既没有充分体现规模效率原则，也没有充分体现出竞争效率原则。首先，目前的军工集团公司不是依靠市场力量，按照规模效率的原则组建的，而是依靠行政手段，按照传统行政隶属关系组建而成的，内部缺乏必要的分工协作关系，在规模上并不经济；其次，集团公司尽管进行了分拆，但各自在军品科研生产上具有一定的专业分工，大多形成了对某些产品科研生产的事实垄断，集团公司之间难以有效地展开竞争。不仅如此，在一些分系统和零部件生产上，也由于存在"肥水不流外人田"的观念难以充分开展竞争。因而，军工集团公司及其成员企业普遍存在着活力不足和效率低下现象。

从军方的采购来看，也存在着危险的倾向。

《华盛顿邮报》说，从俄罗斯进口武器，现在该是中国"断奶"的时候了，否则就该上瘾了。从纯粹的货币支出看，进口的确比自己研发更合算。但从政治和军事上讲，大国不应该拥有自己的武器研发能力吗？进入90年代后，世界上只有俄罗斯能向中国提供武器，但俄罗斯的国防工业正停滞不前，如果在俄罗斯这棵树上吊死，那么中国武器装备也只能停留在上个世纪80年代的水平了。中国经济远比俄罗斯有活力，也更有资助国防工业的经济实力，自力更生，本身就是创造就业机会，让国防工业焕发青春，为什么就不做呢？新式装备的下线到最后的使用，还有漫长的过程，军人们的感受就更直接了。有几个懂得俄语的啊？何况又是专用名词，翻译成中文恐怕要丢掉了一半，面对科技含量很高的苏—27、苏—30，中等专业水平的维护兵和士官们，真的有些抓耳挠腮了。

父亲回忆说："耿飚和刘华清访美后，布朗（美国防部长）来华。和我谈话时趾高气扬的，张口就是，我们美国是不能卖武器给你们的！我一听就火了，但外交场合不好吵架，我就反问他，是谁要向你买武器了？你在这里给我说说看。他一下呆住了，答不上来。是啊，没有人向他提出过嘛，耿飚、刘华清提的是技术合作。我哪里能饶过他，说你美国是卖给过中国人武器，抗战胜利后好打内战，不过，这倒是帮助我们更快地打败了蒋介石。我在这里要谢谢你！"

在座的美方人员有点蒙。翻译解释说，解放战争后期，我们用的也都是美式装备，只不过那全是从蒋介石手里夺过来的，所以张副总理要谢谢你们。他们愣了一下，也哄然大笑起来。

推陈是否就能出新？这的确是一项艰巨而复杂的工程，思想观念、经营机制、产品开发到市场开拓等方面都要经历从计划到市场的重大转变。二十多年来，中国军转民后的现实状况，还难以完全适应国防力量发展的需要。如何摸索一条中国式的武器装备发展的道路，仍是一个迫切需要回答的问题。

中国武器装备研制和生产的市场化，还有漫长的路要走。

其实，抓住20世纪最后的十几年，以经济建设为中心，迅速摆脱贫穷，追上发达国家的前进步伐，这个决心无疑是正确的。我可以自信地说，没有哪个决策者会怀疑这一点，甚至没有哪个中国的老百姓会怀疑、会反对。反对改革、反对进步的人，在我的生活圈子里真还没有遇到过。问题是，经济的发展一定就是排他的吗？一定是要牺牲国防来换取经济的发展吗？它们是完全对立的吗？能不能找到一个相辅相成的结合点呢？这个命题，推而广之，是不是也一定要牺牲环境、牺牲许多不可再生的资源；甚至牺牲信念和信仰、党和政府的廉洁、社会的公正和公平；牺牲普及教育、全民医疗，以致相当一部分无产者的利益，来换取高速发展呢？国家实力是一个综合性指标，是由诸多因素构成的。它包括GDP，但也包括原子弹和共产党在人民中的威望和凝聚力。国际环境是趋于缓和了，但是不是富国就愿意看到你这个穷国也和他们平起平坐呢？反正毛泽东不相信，他风趣地说，资本主义这个老师，为什么总是不希望他的殖民地的学生们也像他们自己一样呢？狼当然不愿意羊和兔子都变成和它自己一样，也长着厉齿和尖爪，也和它一样喜欢吃肉。这就是世界政治的丛林法则。当初毛泽东下那样大的决心搞原子弹，难道他真的是以为这玩意儿能当饭吃？在改革的大潮中，怎样才能找到一条途径，使社会的各种力量协调地发展呢？

国家大战略的课题提出来了。

国防发展战略的对话

从上世纪80年代后，我和父亲在理念上的沟通，进入到了一个更深的层面。我的一生大半是在军旅中度过的，这时的我，已在总参谋部工作，我们父子之间有了许多共同关注的话题。当初他得知我从军区调入总参时，是很不赞同的。他说："为什么不愿意在下面多做些实际工作？"我说，部队又不打仗，除了安全防事故就是打扫卫生迎接检查什么的，好无聊。到总参来，搞些战略和战役的研究和组织工作，倒还有些意义。他没有再说什么了。我上班的第一天，吃晚饭时，我说整整一天都在眷写档案，都他妈是些没用的东西，新来乍到的，估计是要先磨磨你的性子。我妹妹在旁讥讽道："哈，机关的小职员！"父亲狠狠地说："说了不听，活该！"

他的腿在"文革"中摔断了，闲暇时妈妈总是督促我们拉着父亲一起活动。我们常常是晚饭后，边走边谈，大到宏观的世界战略格局，小到部队存在的许多具体问题，话题是相当广泛的。尤其对下面部队反映的一些问题，我感觉得到，他听得很专注。

自上个世纪60年代以来，我国北部一直面临着来自苏联军事上的巨大压力，老毛子陈兵百万，它的坦克机械化集群，在战略上成机动配置，虽然对它的企图判断不一，但毕竟如芒刺在背。70年代后，苏联军事学说在二战经验的基础上，进一步发展了传统的大纵深作战理论，把大规模集中使用装甲集群进行大纵深突破，作为未来作战的基本样式,这就更增强了中央高层的不安。"文革"结束后,军队生活逐步恢复到正常秩序,针对苏军的动向,在我军各大战区的战役训练中,掀起了研究相应对策和战法的热潮。在之前,邓小平提出了"制止敌人长驱直入"的战略思想,他说,现代战争在一定意义上就是打钢仗、打装备、打后勤。过去是小米加步枪,对后勤依赖还不算很大。现在无论是军需给养、武器弹药、装备器材,都得靠强大的后方供应;把敌人一下子放进来怎么能行?粟裕同志也针对苏军装备上的优势提出了"不远离阵地的运动战"作战方法。张震那时是主管我们业务口的副总参谋长,他在苏军出版的《突破》一书上批示:"研究一下,如何对付苏军装甲集群的大纵深突破,并把研究结果告我。"随着这股热潮在战役领域的逐步铺开和深入,促进了我军战略方针和作战指导思想的变化,形成了在战争初期,以坚固阵地的防御战为主要作战样式的战略指导思想。这在相当程度上回归到了50年代彭德怀的思路上去。新的战略方针形成了,后来的"801"会议和代号为"802"的华北大演习成为它的标志。

当时许多领导同志都前往张家口参观演习,北京军区的领导见到我说,动员你爸爸也来看看。我转达了这个意见,父亲说,安排不开了,这样吧,我写幅字你送去,算是向军区的同志们祝贺吧。他大笔一挥:"但使龙城飞将在,不教胡马度阴山。"秦基伟司令把这幅字送到《解放军报》,刊登了出来。我回来向父亲谈起下面演习部队的热烈反响,他说:"民委转来意见,说是违反了少数民族政策。"莫名其妙,"秦时明月汉时关",历史唯物主义上哪去了?

当然,这都是些生活中的小插曲。这期间,我和父亲闲谈的话题,常是围绕着新的战略方针展开的。他一般多是在听,很少发表意见,但我感到他其实是有自己看法的。

父亲说:"你们做的这件事很重要。50年代和彭老总、粟裕,还有陈赓同志在一起,就在搞这个东西。就战争初期的概念来讲,我看不是大了,而是小了,要朝更困难方面做准备。但我现在思考的还不是这个问题。"

能详细谈谈吗?我当然愿意系统地听一听。

"我考虑的不是打的问题,而是不打的问题……你们算过没有,齐装满员是个什么概念?现在是按三百万常备军算,如果按战时扩编算,苏联二战扩充的兵员超过了一千万,这又需要多少储备?这还只是讲数量,更重要的是,随着科技的发展,武器在更新,作战方式在变化,我们究竟该怎样准备战争?

"这就摆出了个问题:不仅要研究今天的战争,更要研究明天的战争。早打、晚打,对战争准备来说,是大不一样的。如果我们被眼前的局面所束缚,那我们就无力发展。不忘战备是对的,但战争并不是就迫在眉睫,我和杨勇同志就多次说起过。当然,他们有压力也是实在的。"

后来我知道,他的这个思想,曾在军委多次谈过,只是每个人所处的位置不同,利害关系自然也就不同了。军委副主席张震当时任副总长,我在他领导的部门工作,记得一次张震见到我曾说过:"你爸爸说得对,军队建设怎么搞,核心是先解决'战争与和平'的问题。我和他的看法是一致的。"前两年我和哥哥去看望张震,他拉住我们兄弟俩的手说:"你们的爸爸不在了……"他又说:"你爸爸是很有眼光的,他对我们的国防现代化是卓有贡献的。毛主席提出'有什么武器打什么仗';你爸爸他说'我是打什么仗搞什么武器',这就是着眼于客观,一切从实际出发,这是他抓武器装备现代化一个很重要的指导思想,也是他的创造。"

90年代,和父亲回忆往事,我们又回到这个话题,他说:"为什么我会首先提出这个问题来?因为我在军委是分管武器装备和国防科技工业的。既要考虑到国民经济实际的承载能力,又要满足未来作战对武器装备在数量和质量上的需求。所以,必须要求我对未来战争有一个清醒的认识。回答不了这些问题,或者说,没有一个清醒的、理性的思考,要你统帅部干什么?"

新的战略方针的诞生,冲破了多年来军事思想的禁锢,成为新时期军事思想领域的第一次突破。但情况远不是那么简单。战略方针的修订,势必带动和影响国防建设的其他领域。加之许多领导同志都相继发表了以苏联卫国战争为参照背景的针对未来反侵略战争的学术性文章,在这种氛围下,各个相关领域制定和实行的规划、方针,不可避免地带上大打、早打的全面战争的背景,这就使本身已经捉襟见肘的国防经费无形中面临了更大的压力。

一直到1982年新一届军委成立后,他们才慢慢意识到,这个以苏联"二战"模式为框架的对未来反侵略战争的宏观构想,将会给各个领域带来多大的挑战。训练领域提出了在八个重要方向上陆续组织大演习,而每次演习都将是几个亿的花费。国防工程的费用就更大得惊人了,在战略战役的浅近纵深内构筑坚固的防御阵地,那将是怎样的一个天文数字?更不用说,在各个可能的作战方向上囤积强大的反突击预备兵团,这就使武器装备的生产和国防工业面临一个更为吓人的数字,要储备上千万人份的武器装备,不用说新武器的研究了,就是把几年的装备费都给它,恐怕也只能是杯水车薪。虽然这一切并未完全付诸实施,但足以使处于军队建设二线的同志感到压力了。

父亲回忆时感慨地说:"当时很难说服那些同志,谁上来都是要得越多越好。我给他们说,储备这样多的老式装备,有意义吗?结果只能是搞得自己无力发展。有些同志,心情是好的,经验是有的,不容否定,但观念、知识、能力、魄力都不行,目光短浅且狭隘,所以管你什么破铜烂铁都拿来凑数。当然,他们确有实际困难。但问题在于决断。说到底,不在下面,还是出在军委,不敢拍这个板嘛!"

军队面临巨大困难,计划中的"803"演习停止了。我们原想缓口气也好,明年继续干,但紧接着,杨尚昆又亲自叫停了"804"演习,然后,无限期推迟了"805"、"806"、"807"……军队建设走进了一个转换时期。

在当时,战略研究还是个禁区,不像现在,战略论坛、战略协会,打开互联网,比比皆是。记得当时全军只有一本军事科学院编的《战略学纲要》,还是未定稿,通篇是诠释毛泽东的积极防御思想。在人们的思维定势中,只有最高领袖才有资格考虑战略问题,对未来,领袖早就替我们安排好了,一般人只有学习、理解和贯彻的任务。所以,在当时我还不可能意识到,父亲提出的问题,实际上已经突破了军事战略的层面,涉及到了国防发展战略的范畴。

但在最高统帅部和各大战区、各军兵种的领率机关里,活跃着一群具有现代知识结构和改革观念的青年军官们,通过每年例行的战役训练和演习,以及战役理论研讨,把我们这帮青年人联系汇集在一起。其中许多人现在已经走上了我军高层的领导岗位。当我把和父亲的谈话告诉同志们时,立即引起了共鸣。同志们认为,仅仅满足于战略方针和作战指导原则的更新,是远远不够的。现代战争离不开国家经济实力的支持,一个层次更高的、范畴更大的国防发展战略提出来了。它涵盖了作战指导和战争准备;涵盖了军队建设和国家国防力量的建设和发展。它属于国家大战略和国家安全战略的层面。这在当时,无论是对高级干部还是领率机关,都应该是个新的课题。

其实,对战争形势的判断,邓小平早有他自己的说法。1980年对来访的外国人谈起,说是五年打不起来;不到一年,他又说,我看这个仗,十年至二十年也打不起来;后来他又提出更长的时间预测。这对"文革"以来要随时准备打仗的提法,应该说在观念上是一个重大突破。但遗憾的是,虽然他已经实际上是军队最高领导人了,但他这些重要的结论,当时只是作为外事工作动态性文件和讲话在高层机关传阅、传达，并没有形成对军队建设具有约束力的纲领性文件，以及派生出一系列相配套的方针、政策。

我们向军委提交了《关于制定和平时期国防力量发展方针的建议》：

> 长期以来，我们在战争形势的估计上，把战争的可能性扩大为现实的危险性，在工作指导上，模糊了具体战备计划和随时准备打仗的军队使命的界限，致使军队建设长期处于盘马弯弓箭不发的状态。……目前应该抓住国际上出现的有利的和平时机，把国防建设的指导思想从立足早打、大打、打核战争的临战状态，坚决果断地转入到和平时期建设的轨道上来，从根本上增强国防实力，迎接第三次新技术革命浪潮带来的军事领域的变革，为下一场战争做好准备。
> ……

我向父亲提出，请他把我们的研究成果提供军委研究。但父亲不愿意，他说："要说，你自己说去吧。我说的已经太多了。"这多少有些出乎我的意料，我似乎感觉到这里潜藏着什么难言之隐。但想想也好。在这之前，《动态清样》登载了建议的基本内容，并分送给政治局和军委的主要领导人。但没想到，这竟招惹来不少麻烦，搞得上上下下都紧张起来。上面传出话来，什么人在这里瞎发议论！后来还是父亲在这份清样上批了句话，才不了了之。他的批示是："我们这些老同志是不是也应该学习一下这些年轻人的精神？"

也许看我为难了吧，两天后，他打电话给我，说军委几个同志要在北戴河碰碰，然后回来参加八一招待会。全局性的工作是杨尚昆负责，要他听你的长篇大论，火车上倒是个机会。

7月30日晚我特意赶到北戴河，第二天上午挤上了返回北京的军委专列。我先找杨小二，他很热情，马上和他爸说，我们的战略家来了，要找你谈话呢！杨尚昆说，你爸爸告诉了我，有一批年轻同志对军队建设很有些见地，我是很想听听。他说，我们边吃点东西边谈好吗？我哪里有心思吃，赶紧说，我吃过了，您一边吃饭，一边听我汇报行吗？杨尚昆说，你怎么不找你爸？我说，他说他不管，让我找你。杨是个很敏锐的人，当他饶有兴味地听完了我的长篇大论后，第一句话就是："军队建设首先要在指导思想上实行战略性的转变，这个意见好。但问题是早打、大打、打核战争，这话是谁提出来的呢？"这可把我给问住了。是啊，我们的一切立论都是建立在否定这句话的基础之上，如果不能对这句话的出处和它的历史缘由给予确定的解释，那么后面所说的建议都将是苍白无力的。我突然感到自己的浅薄和稚嫩。我说，我没有查过，但只记得最早是60年代林、罗主持军委时喊出来的。他看我尴尬，就把话岔开了。最后，杨说，你先和李希庚（注：军委办公厅主任）谈谈，他在帮我组织讲话，看看你们的那些东西，能写进点什么。

车窗外掠过了崇文门的古箭楼，列车徐徐地进入北京站。我和杨尚昆道别，他握着我的手说："你们一起的还有哪些同志？都代我向这些年轻同志们问好，告诉大家，军委感谢你们。困难啊！军队建设受到国家经济的制约。"我说，杨副主席，下面部队的同志都有这个志气，钱少不怕，和平时期，军事领域一样可以大有可为的。他笑了，说："怎么跟你爸爸一个样。我和你说句心里话，我们其实都是一致的。"

是安慰吗，还是解释？我后悔不该讲那么多，其实他们什么都知道，是有什么难言之隐吗？

九个月后，军委扩大会议召开，主题是裁军和"忍耐"。许多中央领导同志对军队干部语重心长地说："我们要集中财力物力搞经济建设，经济建设搞上去了，加强国防建设也就好办了。""军队装备真正现代化，只有国民经济建立了比较好的基础才有可能。所以，我们要忍耐几年。先把经济搞上去，一切都好办。现在就是要硬着头皮把经济搞上去,就这么一个大局,一切都要服从这个大局。"对此,军队同志表示坚决拥护,理解国家的困难,做好工作,不辜负党和人民的期望。

但杨的讲话中到底还是用了我们建议中的一句话:"要实现我军建设指导上的战略性转变,从早打、大打、打核战争,转到和平时期建设的轨道上来。"这能视同是军委接受了我们"实行战略转变"的意见吗?感谢李希庚同志动了恻隐之心,从我们厚厚一大本建议书中摘出了这句话。但这已经足够了,这段话理所当然地被总部印发的许多文件引用,形成了阐述战略转变的固定用语,战略转变因此而被叫响。这对我们这些年轻军官们应该是个安慰了。过了好久,父亲一次笑着对我说:"军委有的同志问我,大家都在说战略转变,怎么我就记不起是在哪次会议上通过的呢?"

前后参与了这项工作的同志还有:佟炜铭、章沁生、郑威、郭卫平、尹斌、廖世宁、邱晓光,以及《军报》的曾光军、李炳彦。后来父亲告诉我,张震同志在军委会议上还专门提到过你们这些同志。是的,他们不应该被忘记。

和平来到了。但军队究竟怎样利用这个难得的和平机会为战争做好准备呢?转入和平时期的军队又该做些什么呢?今后军队发展的目标和道路又是什么?全军将士又应该怎样去奋斗?我们真的不满足仅仅"忍耐"两个字。

其实翻开领导同志的讲话,忍耐,仅是基于目前国家财政状况,中央对军队同志要顾全大局要求,要能体谅国家的困难,军队建设要在国家大局下行动。但不知怎么搞的,忍耐竟成了军队建设的目标。面对即将席卷全球的新技术革命的浪潮,面对世界军队的高科技化,我们这支有着悠久历史传统的军队,该怎样面对挑战呢?作为一名军人,我们想听到军委发出的号令。仅仅停留在"建设一支革命化、现代化、正规化的军队"这样概念化的口号上是远远不够的。但军委这次会议没有回答，或者说是回答得不明确、不鲜明。起码我是这样看的。

我对父亲谈了自己的看法，军队冬眠；国防工业又让人家拿走了，我们还能干什么？

父亲静静地听着，长时间地沉默着，没有回答我的话，也没有像往常那样，制止我许多出格的牢骚怪话。我很难受，你们为什么都如此沉默？

军队建设进入了忍耐期。

大概是一个月后吧，他忽然找我去，说是抽个空子，谈谈你们的大作。我坐下还没张口，他突然发问："你对今后的战争怎么看？"

我说，一句话怎么说得清楚。

"应该能说清楚，也必须说清楚。"

"你们提出的，抓住相对稳定的和平时期这个机遇，积聚力量，这没有错；要制定一个统一全军行动的方针也没有错。但问题是，怎样准备战争？怎样建设军队？建设出一支什么样的军队？你们的依据又是什么？"

他用手杖顿了一下说："答案是，战争！

"仅仅停留在战争可能推迟的结论上，是远远不够的。我经常说的，未来的敌人是谁；在哪里打；打一场多大规模、什么样式的战争？我们基本的打法又是什么？这些关于战争研究的结论，正是今天我们建设军队的依据。但你们没有回答清楚，这也正是你们这个建议不足之处。你看，是不是这样？

"精简固然不错，但精简成一支什么样的军队才是符合现代战争要求的呢？理由又在哪里？"

他开始详细地阐述自己对制定战略计划的体会："一个好的战略计划的核心是对今后战争的认识。这个问题搞透了，军队建设的依据就有了。国防体制、三军比例、人员数量、武器装备型号数量、作战部队的编成等等，就有了依据。

"最后才是实施计划。要落实就要有个步骤，先减掉多少兵员，先装备哪些部队，分几步到位，等等。对国防工业来说，上哪些，下哪些，按什么比例发展。现在我们是有点本末倒置，上来就讲给我砍掉多少多少万，那怎么行呢？消减兵员、调整比例、研制武器，统统都是为战争服务的。一句话，打什么样的仗，就组建什么样的军队，失去了对战争分析的结论，军队建设就失去了龙头，就是盲目的，经验主义的。

"过去彭老总在的时候，我们也搞过。我们在脑子里对未来战争都有一个宏观构想，根据当时的战略环境，设想敌人主要来自海上，所以加大了守备部队和战役反击力量的建设。后来批他的海防思想，就是指的这个。60年代转向北面，针对苏军作战的特点和三北地形，加大了战略纵深，组建机械化集团军。那时也困难，比现在还困难，但不是无所作为。毛泽东抓两手，原子武器，大办民兵师，就是基于对战争的认识，那时就是准备帝国主义对我全面入侵的。一个让你不敢打；一个让你打不起。

"今后呢？你们好好研究一下。对未来可能面临的战争，不是军委几个人能提出来的，军委只能指出这个方向，这应该是全军的任务，尤其是你们作战、训练部门应该拿出来的。

"我已经老了，很多话，说了一辈子，也不想再说了。还是那句话，不要好高骛远，把自己分内的工作做好……"

以我当时的心气，是不可能对父亲最后这番话有更深层次的理解的。我只觉得有一种冲动，是啊，既然是名军人，就应该下力量把未来战争搞清楚。但这无疑是一座大山，不是几个秀才笔下的文章。它需要对世界发达国家军事学术思想的研究，需要对近期几场战争的剖析，需要对军事前沿科学和发展趋势的了解，我明白面前这个任务的难度了。

我向胡长发部长和我的老局长佟炜铭谈起了父亲的思想。他们二位都是极富创新精神的前瞻型领导人，有着丰富的总部机关工作的经验。他们表示，首长给我们提出的是一个带有指导性的问题，你们战役训练要针对未来作战进行是天经地义的。过去光凭你们局自己搞不行，要扩大范围，发动全军的力量。并同意了我们提出的三项措施：召开全军第一次战役理论讨论会；通过高级干部讲座的形式把军事科研机构、院校、情报系统和各军兵种、各大战区组织起来，赋予他们相应的课题；组织各大战区、军兵种以未来战争为题目，结合各自的作战任务和作战方向进行演习和图上作业。胡部长说，从全军抽调力量，由你来组织，先集中搞几个月，争取拿出一个对未来战争的基本意见，然后作为全军战役训练和演习的依据，在实践中再论证完善。

张震那时已调到国防大学任校长，他说，就到我这里来吧，我把帅园给你们腾出来。帅园，刘伯承元帅曾在这里住过，现在是国防大学最漂亮的地方了。张震开玩笑地说，你们年轻人在这里研究未来作战，肯定可以获得先人的灵感。

在后来的几年里，以突发事件和局部热点地区军事斗争和作战行动为背景的战役演习和学术研究在全军陆续铺开。

在父亲临退休前，我把研究成果《新时期军事斗争的形势、任务与战略指导》摆在父亲的桌上，这是战役训练中针对高级干部学习新时期战略的文集，由迟浩田作序，熊光楷、贺承选、廖锡龙、刘存智、张序三、糜振玉等撰文，探讨了由以往早打、大打、打核战争的全面战争准备，转到今后以应对局部战争和热点方向的军事斗争的诸多战略战役的指导问题。父亲说："是送给我的礼物吗？""这么一大本子，我看不完，还是听你摆摆龙门阵吧。"遂在封面上写道："生日礼物。"我这才看到，桌上放着他的小孙子画的贺卡，噢！今天是他的生日。

早在一年前，1986年12月，军委扩大会议。我参加文件起草。我问父亲，你准备讲点什么？要不要我帮你拉个提纲？

父亲说："我没有什么可讲的。"

还是准备一个好，万一推不掉呢。我说，我们整理了一个材料，把下面部队反映的问题汇总了一下，要不你看看？

他说："不用了，问题不在下面。"

在我国，国防部长是个政府职务。军队领导人的职权是按军委分工确定的，父亲只负责武器装备和国防科技工业。全局性的工作由杨尚昆负责，军事工作由杨得志负责。在这样全军性的会议上，他讲点什么呢？讲国防工业，不如回你自己那摊去讲，讲捧场的话，又多余，想想，还是沉默的为好。

但和我预料的一样，与会者一致要求父亲"讲一讲"，其他军委领导人都讲了，国防部长怎么不讲话？杨尚昆也说还是讲一下好。盛情之下，他还是那个习惯，掏出一张在日历上扯下的纸片。他这次讲话收集在《张爱萍军事文选》中，题目是"和平时期的国防建设"。

我记得他开讲的第一句话就是："民富国富，并不等于国强！"

"不错，国防建设有赖于国家经济的发展，但在集中力量进行国民经济建设的同时，应以适度的财力、人力加强国防建设。"

他停了一下又说："我们绝不能说，待有了钱，即可向外国买武器，这是绝对靠不住的。它即使卖给你，也要受政治上特别是经济上的限制。

"国防建设要有一个过程，特别是高技术的发展，更是如此。没有一定的财力，没有较多的时间，是不可能的。所以在要求国富民富的同时，千万不要忘记逐步加强国防力量的建设。"

然后他就国防建设的主要任务为题，分别阐述了关于武装力量的建设；国防科技和国防工业；国家战争动员体制；全民国防教育；以及军事学术思想的研究与发展。

同时专门就研究未来战争对战争准备的意义以及研究方法做了阐述。

他终于开口了。他的讲话引起了热烈的反响。我想起早在1982年，他在十二次党代表大会上陈述的意见。用他自己的话说：

"当时听到一些言论，引起了我的警觉，这是一种很危险的倾向。搞不好，会犯历史的错误。"

老革命面前的新问题

中国经济终于走到要闯关的紧要关头了。中国这条大船在改革的大潮中搏击，舵手邓小平驾驭着它，迎着滔天的巨浪向前猛冲。他义无反顾。

自1979年改革开放以来，中国经济改革的核心思想是"两放"，即"放权让利、放开搞活"，也就是向企业和地方政府，甚至个人，下放财权和管理权。"两放"政策为中国经济增添了活力，百分之八到百分之十的高速增长让全世界刮目相看。但反映到国家财政收入上，却出现了"两个比重"急剧下降的局面。一方面，政府财政收入占国内生产总值的比重从1978年的百分之三十一点二四下降到1993年的百分之十五点三三，跌幅超过一半；另一方面，中央财政收入占整个财政收入的比重从1978年的百分之六十以上下降到1992年的百分之三十八点六。中央财政收入的萎缩对中国政治产生了严重的影响，其一便是中央财政无力负担维持人民解放军正常运转的经费。邓小平在讨论军费时说，你们不是推荐我当军委主席吗？我的第一道命令，就是砍军费削减军费！国民经济不上去，军队建设也不行。军队的同志要忍耐，要服从大局，你们有意见没有？没有意见，散会（注：摘编自洪学智《深切缅怀小平同志对军队后勤建设的伟大功绩》）！这是实情。从我后来了解到的数字看，军费支出由1980年的百分之十五跌至1992年的百分之七以下。这个比重在当今世界各国中是最低的。发达国家国防支出一般在百分之二十五以上，发展中国家也在百分之十五至百分之二十五之间。人口超过五千万的大国中，没有一个低于百分之十的，多数超过百分之十五。

经费紧张成了当时国家机关和各级政府面临的突出问题。随着改革开放第一批暴富起来的人们在沿海特区灯红酒绿的生活，对钱的渴望，就像瘟疫一样的传播开了。但谁能料到呢，一夜之间，党政军大办公司之风竟然一下子席卷了全国。随着军队要走"自我发展、自我补充、自我完善"的思路的提出，经商之风愈演愈烈。

客观地说，导致军队经商的直接原因，是国家财政拨付的军费严重不足。当时究竟是怎么搞起来的，现在很难说得清了。张震的回忆录中说："80年代中期以后，国家集中财力发展经济。军队服从国家经济建设的大局，贯彻要'忍耐'的方针，军费有所减少，各项经费的缺口较大，不足部分需要军队自筹解决。这种形势下，以盈利挣钱、弥补经费不足为目的的经营性生产逐步发展起来。1988年前后，当时的一位中央领导提出，要给军队一个政策，叫做'自我发展，自我完善'。从此，部队便办工厂、建矿山、搞公司，搞生产经营的积极性更为高涨，干了一些按社会分工不该由军队干的事。"

对军队经商，据我知道，一开始大家热情都还是很高的。我曾和父亲有过一场辩论。我说，人不光有一张嘴；还有两只手嘛！军队有的是有利条件，不信干不过地方。这也是发扬南泥湾精神嘛！再说，国防工业可以搞民品，搞军贸，军队为什么就不行？

"胡搅蛮缠！国防工业和军队不同，它本身就是国家经济建设的部门，军品订货吃不饱，理所当然应该拿出些力量搞民用项目。原子弹要那么多干什么？为什么就不能搞核电站？从性质上说，军工企业发展民品、以民养军，不属于党政军经商的范畴，这和党政军机关做生意完全是两回事嘛！至于国防科工委机关要做生意，那就是不允许的！我要查他们，有没有这种事。"

辩论到最后，没想到父亲竟勃然大怒，脸一沉，喝道："混账话！"

其实我讲的是实情。有甜头的事，谁不想上，既然国防工业可以武器出口，军队凭什么就不能搞？军队做武器生意，各个机部不干了，你从我们这压价买了去，又高价卖出去，抢了我们的市场，那我们就不给你了，看你卖什么。父亲说，军队就不要搞了，国防工业赚的钱是上交国家的，国家再返给它搞技术改造，是用于发展武器装备的。但现在这年头，谁还听这些。拱来拱去，最终还是被他们给拱成了。军工企业可以，为什么我们军办企业就不行？军工企业你卖你的，我们军办企业卖我们的，井水不犯河水。

我的朋友们都说，你爸也太不识时务了！

说到这里，要澄清一个概念。军工企业和军办企业，虽只一字之差，但不属同一范畴。我们通常所指的国防经费、国防支出，或者说军费、军费支出，是指专供人民解放军使用的专项经费，不包括国防工业的支出费用。国防工业和科研的费用在国家财政上归入经济建设支出。按照国家的财政制度，军工企业的税金和利润要上缴国家财政，和军费没有任何必然关系。而军办企业受军队控制，收入归军队所有。

我从来没有被父亲劈头盖脸地如此骂过。他当着家里人和秘书、工作人员很多人的面，痛斥了我一番。我解释说，百家争鸣，这也是一家之言嘛。他根本不听，怒火难消：

"木必先朽而虫始蛀之！我看要垮台就垮在这上面。"

在他眼里，我好像已经是个腐败分子了。我很尴尬，但我能理解他。他有气，而且非常地生气。

他不是个守旧之人，1977年复出后，他一向力主改革开放。在改革中，难免会有各式各样的意见和办法提出，他还是老原则，少数服从多数，下级服从上级，全党服从中央。他也不反对中央提出的"大胆地试,对的就坚持,错了的,改过来就是了"。但这次,他无论如何不能接受了。

他说:"不错,军队经商的目的是为了以军养军,我不否定这些同志的出发点。但要害不在这里。不是个养不养得起军队的问题,而是用这种方式养出来的,是一支什么样的军队?

"是人民可以信赖的军队吗?是在外敌入侵时能够英勇作战、不怕牺牲的军队吗?

"军队一旦向钱看了,军队的光荣就完全玷污了,解放军就再也不是人民军队了,党也不称其为共产党了。这根本不是个方法问题,而是个立场问题。"

我知道,对他来说,在立场问题上,是不能求同存异的!

但真正使他如此愤怒的还不仅在于此。

在这样一个浅显简单的道理面前,怎么就得不到认同呢?是什么人有这样大的能量能影响到中央最高决策层呢。他,作为一个军委和国务院的领导人,作为一个主管我军武器装备和国防科技工业领域的最高领导者,怎么就制止不了呢?何况小平同志自己也早在1978年就说过,"军以下部队坚决不办工厂,为盈利的一律停办,要断这条路。……四处派人拉关系,这样有的坏分子也混进来了。"(注:《张震回忆录》,399页)

像父亲这样的一辈子都在治军带兵的老军人,他们并不主张军队绝对地排斥一切经济活动。早在战争年代,毛泽东就为军队规定了"既是战斗队,又是工作队、生产队"的三大任务。1949年取得全国政权后,军队仍然保留了这个传统。军队办的企业化工厂,是为了生产军需产品、军训器材或修理武器装备。也有些下面部队办了小厂矿和农副产品加工作坊,那是为了地处边远部队的随军家属和他们的孩子们,能够安置他们就业并多少给些生活上的贴补。还有军队农场,为艰苦生活中的部队,做那么一点点"标准加补助"、"斤半加四两"的贡献。再就是军人服务社了，经营点日用百货、理发、洗澡、照相、修理什么的。但这一切和军队经商有什么关系？和军队卖掉自己的武器装备有什么关系？

1985年3月14日，父亲给国防科工委党委写了一封信。他用词激愤：

"有些人要去搞企业、公司经商，就让他们离开军队或政府去搞好了！这种官商或军商，实不是我们共产党领导的军队干的，只有军阀国民党可以。热衷于经商，必然导致腐败。尤其是国防科工委机关，不去向科学技术高峰攀登，而热衷于赚钱，实在可悲！

"不要把自己的人格也变成商品！我自己长期以来，有一句警告自己的话：'勿逐名利自蒙耻'，不知以为然否？请恕直言！其目的，不外望国防科技战线的同志发扬国防科技战线的优良传统而已。"

有一次，来人闲聊，说到国防科工委还在经商，父亲愤然斥道：

"什么公司、公司的，就是借公肥私。什么中心！我看就是以钱为中心！"

人家对他说：现在社会上都这样。他回答：

"我们是干什么的？是搞原子弹的！能和人家一样吗？"

人家又说：首长没听说吗？搞原子弹的，不如卖茶叶蛋的。

父亲大怒："是谁说的这个话，就让谁去卖茶叶蛋好了！"他忿忿地用手杖戳着地板，说："现在就把他从我这里撵出去！"

我们赶快打圆场，人家是说社会上的一种现象，你怎么就骂人家。

人家都走了好久，他还在那里生气。

父亲在军委常务会议上说："军队和政府经商，势必导致官倒，官倒必然导致腐败。穿着军装倒买倒卖，是军队的耻辱，国家的悲哀。提倡部队做买卖赚钱，无异于自毁长城。"

说着说着，又忿忿起来："我们在军委工作的人，如果连这些都制止不了,这样搞下去,将来发生了战争,该杀谁的头?首先该杀我们的。杀了我们的头,还要落下骂名、丑名、恶名!连尸首都要遗臭万年!"

想了想,他又补上一句:"到时候,怪不得别人要打倒你!"

满座皆惊。张爱萍,你这话也太出格了!

但他已无力回天。党政军经商的大潮铺天盖地而来。有人是这样记述的:

三大总部带头,各军种设立了联合航空公司、海洋航运公司。各大军区紧紧跟上,纷纷组建了自己的经贸集团,南方工贸、北方实业……各集团军也不甘落后,大张旗鼓进入商界。当时最为人称道和羡慕的是两个集团军,北方的采矿开煤窑,南方的在特区经营房地产。客观地说,经营所得,确实改善了他们的训练场地和营区条件。省军区、军分区也干得热火朝天,沿海、沿边地区更是全力以赴,有声有色。

整个解放军都已浸泡在商海之中了。

到过海南的人,不会不对公路两侧标有"八一"军徽的加油站留下深刻的印象,在很多城市里,通信兵经营传呼服务的广告,军办旅店、餐馆、酒吧、卡拉OK屋,随处可见。军队也迅速进入了资本运作的领域,房地产业、证券业和期货业。军队不仅参与正常的商业活动,还参与一些非法牟利活动。不知从什么时候起,一下冒出了许多挂军用机动车牌的汽车。车牌一转手就能换来成捆的钞票,对部队而言,除去申请需要时间外,无需成本。当这一情况引起交通警察的注意后,干脆将自己的士兵连同军车一起出租,这就正应了为改革开放"保驾护航"这句话。走私汽车、香烟、燃油,倒卖军火、煤炭、批文,擅用部队装备,出租银行账号,搞国防费搬家,甚至经营色情场所,五花八门,不一而足。对军队这样的特殊社会组织,如何约束它的经商行为,大概是一个无解的方程式,不要说在改革开放的中国，历代王朝，就是在全世界，也没有哪家能做到的。

随着军队下海的深入，军办企业的产权关系也越发复杂了。不同部队单位合股的企业、军事单位与非军事单位合股的企业，军队单位与港资、台资和外资合股的企业。一旦合股，便有了利益上的一致，军队成为唯利是图的商业性组织，在捍卫自己的经济利益上，军队必然会冲锋陷阵的。工商、税务、海关、森林部门的检查，奈何于我？

市场的神奇就在于使人疯狂，为了追求利润的最大化，真是"什么钱都敢赚，什么事都敢办"。

军队经商，大有失控之势。

但问题还不仅止于此。父亲常会说的那句话："木必先朽而虫始蛀之！"真正要命的是内部的腐烂，机制上的变化。市场和战争能融合吗？公司的机制正在替代军队的机制。战争要求军队的是绝对的服从，而市场要求的是等价交换。国家安全是军人的使命；经商使各部队都变成了独立的利益主体。一旦有了切身的经济利益，各单位都希望保守自己的"商业秘密"，谁也不可能掌握全局的真实情况，谁也不知道全国有多少军办的经济实体，有多少官兵、花多少时间和精力，又在从事什么样的活动，它们的盈亏情况如何，经商所得如何分配……

军营的平静打破了。摸爬滚打与经商盈利，同为士兵，但待遇是天壤之别。创收，就要提拔重用"商业能人"，甚至将老板拉入部队，授以军衔，因为他们能帮部队发财致富，军官们可以进高级餐馆，住豪华饭店，乘进口轿车。

沿海驻军和大城市驻军创收的机会多，所得外快大；但西南、西北和北部边疆的官兵则没有那么幸运，有些地方完全无商可经，无钱可赚。

军队的腐败再也无法避免了。它全部恶果，也许只有等到国家出现危机时才会显露出来。

即使在当时，这一现象已引起了许多高级将领的警觉，军委、总部和各级领率机关也多次召集会议研究。据迟浩田回忆，1986年6月，在军委召开的一次谈党风的座谈会上，当时还是济南军区政治委员的他，发言后，爱萍同志当场递过来一张纸条。上面写了两句话："勿逐名利自蒙耻，要辨伪真羞奴颜"；"破世俗一尘不染，立高洁两袖清风。"

后来我和父亲回忆到这件事，他说："这也是我自己的座右铭。"

迟浩田还说，我到总参工作后，爱萍同志那时已经退离了工作岗位，他专门把我约到家里，对我说，要以史为鉴啊！

以史为鉴，历史告诉了我们什么呢？

父亲说："你们读岳飞的词《满江红》，有一句注意到了吗？'靖康耻，犹未雪'……"

这是怎么回事呢？宋朝皇帝为了弥补军费的不足，推行军队经商之略，结果是武功荒疏，军纪涣散，面对一个西夏小国，也是屡战屡败。金兵入侵时，中央政权失控，徽宗、钦宗二帝被俘。这就是历史上的"靖康之耻"。反映社会生活现实的小说《水浒传》，就刻画了张团练、张都监这样一批人，他们既是军队、政府的官员，同时也是"快活林"酒家恶霸蒋门神的合伙经营者和地方黑恶势力的保护者。

父亲说："富国不等于强兵。但愿不要等到哪一天，也像岳飞那样，怒发冲冠、仰天长啸了！"

迟浩田后来对我说："你父亲当时说了一句话让我震动：饮鸩止渴！"

国防大学的金一南教授考证，1936年抗战前夕，日军兵力二十五万人，中国陆军二百二十万人，蒋介石却丢掉了大半个中国；甲午海战时，北洋水师全军覆没，那时他们的装备堪称世界一流；英法联军攻入北京，火烧圆明园，知道他们是多少人吗？两万五千人。

中国军人的耻辱啊！

迟浩田后来撰文《为人顶天立，豪气逐风云》，记载了与我父亲谈话的内容。

十多年后，1998年7月22日深夜。军委江泽民主席提笔写了封信："万年、浩田并军委诸同志：……现已夜深人静，最近一个时期我对群众反映的腐败现象，心里深感不安，……军队必须停止一切经商活动，对军队所属单位办的各种经营性公司要立即着手清理。要雷厉风行，当然也要工作细致。"

父亲在回顾这段历史时说："允许军队经商，是中央政府严重的失职！"

父亲曾和我谈起过这样一件事。一次他向小平同志汇报完工作，闲聊了两句，小平同志说了句话让他久思不解。父亲说："小平同志说，爱萍，我看你这个人是不懂得政治。

"我不明白，我怎么不懂政治了？75年，'四人帮'那样嚣张，我妥协过吗？"

什么是政治？政治源于希腊语，指的是城池或保卫城池；后来的人说法就多了，列宁说，政治是个利益集团；孙中山说，政治就是众人之事；蒋介石说得更邪乎：政治是我养的一条狗，让它咬谁就咬谁！

我能说什么呢？我说，你是个军人，军人热衷于搞政治，不就成了政客。

父亲说："胡说八道！"

我还是想说服他：资产阶级政客的那套东西不可避免地会渗透到党的政治生活中来，我想小平同志指的，大概就属于这个范畴。

我又说，小平同志能当着你的面说，我看，他是太了解你了。

父亲说："反正我就是这个样子，对的坚持，错的改正。我不跟人，只信奉真理。"

我们都沉默不语。

还是前些年，在中央讨论关于《关于建国以来党的若干历史问题的决议》，谈到文化大革命，总的精神是历史问题宜粗不宜细。可他说："'文革'给党带来的灾难和教训，能这样就完了吗？"后来我把黄克诚《关于对毛主席评价和对毛泽东思想的态度问题》的文章拿给他看，说人家这才叫懂政治呢！他并不认同，说："这是两个不同范畴的问题，不要混为一谈。"会上有的领导同志说，"文革"中我们每个人都挨过整，但我们不也都整过人家吗？他"呼"地一下子就站起来，指着人家说："那你说，我整过谁？"回来后，他还忿忿地说："如果真是这样相互整，党就更应该痛下决心了！""都是些没有原则的话！"

我把这些陈年旧账，一一给他翻倒出来。

在党的十二届一中全会上，讨论候选名单时，军队组的许多同志提出，政治局候选名单中，为什么没有张爱萍同志，既然要他进军委班子，而且即将出任国防部长，照例应该是政治局委员啊。胡耀邦同志来军队组参加讨论，他解释说，当时在拟定候选名单时，小平同志的意见是军队占的比例大了。当时秦基伟说，都嫌军队人多，那我可以不进嘛。胡耀邦说，我同意大家的意见，爱萍同志应该进政治局。军队占比例大，也是我们党的传统。不过这件事要请示小平同志。我现在就去。不一会儿，他回来说，小平同志要我向同志们解释一下，他的意见是不要再动了。

这些情况，当时就有所传闻，后来我从父亲那里得到证实。他说："胡耀邦同志和我谈过，还特地提到小平同志说的话，你们不了解爱萍，他是不会计较这些的。"

看得出，父亲的心情是挺愉快的。他对当不当政治局委员兴趣不大，而对邓小平评价他的这句话倒很在意。他深有感触地说："他是知道我这个人的。"

真是个性情中人。

可我们年轻人不这样看问题。我们和他理论。他说：

"政治局是什么？是领袖！党的领袖！毛泽东、总理、少奇同志、任弼时、彭老总，还有老帅们……我们这些人，只是做具体工作的。"

我反驳他，你说的都是什么时候的事了？就你这脾气，什么事都较真，明摆着是怕你进去搅局嘛！

这回真把他给惹恼了，喊道："不知耻！叫你进，你就进啊？自己有多大点本事，有多大点贡献，还不知道吗？位置再高，不干事，还不是照样挨老百姓骂！"

看着默默在吃饭的父亲，我想：像父亲这样一个很透明、很率直、很孤傲的人，在党内能做到这样高的位置，实在是个奇迹。这也许要归功于残酷的战争，归功于创业的艰难，归功于开国元勋们独具的包容海量和雄才大略。实事求是地说，党内最高领导层的人，是了解他，器重他，信任他的，但未必都喜欢他。

1989年，为庆祝建国四十周年，国防科工委编辑了一本大部头的纪念册，文图并茂，特邀父亲为此撰文。父亲发表了篇《回顾与寄语》。这时他已经退休，他要"寄语"什么呢？他对代笔的同志讲了四条：

既然是个叫花子，就要随时准备好一条打狗棍；文章写出来，这一条变成"居安思危"，好听得多了。

告诉他们，等着国家富了，再拿钱去买人家的武器，那是一条危险的绝路！文章写成，坚持独立自主、自力更生为主。

他接着说，不要把我的"统一领导组织下的大力协作、联合攻关"的提法，修改成横向联合，互利双赢的商业语言。文章发表时改为，统一领导，统一组织管理，同心同德，大力协同。

最后转告我的同志们，商品社会了，不要把自己的人格也变成商品卖了！文章发表时改为，发扬为民为国的无私奉献精神。并把它作为第二条。

我说你讲的不错，但不像是寄语。他厉声道："我这是警告！"

他好像越来越不入流了。

邓小平说："贫穷不是社会主义。"有了钱，吃饱了肚子，一切都能办了，也好办了。有些是必须付出的，是必须牺牲的，也许，这就是改革的代价。

若干年后，胡锦涛总书记提出了科学发展观。国家现代化的发展和改革，应该是协调的，经济第一固然不错，但也要兼顾环境、兼顾国防、兼顾资源的保护和节省；兼顾净化社会环境、兼顾公平与公正。为了搞钱，无视腐败、丢掉信仰、扩大贫富矛盾、一切向钱看，这不是共产党人应该搞的改革。

第11章
最后一个"士"

中国历史从东汉至今,在这漫长的两千年的历史进程中,有一种被称作"士"的人。他们无论居庙堂之高还是处江湖之远,或是在朝,或是下野,都心系国家和民族,都重在追求精神的独立,不被名利所累。或独善其身,或兼济天下,穷也好,达也好;出世或是入世;得志或不得志。总之,他们不但以不凡的业绩彪炳史册,更以难得的高风亮节为后人称诵。

如岳飞说:"以身许国,何事不敢为?"

如诸葛亮说:"非淡泊无以明志,非宁静无以致远。"

如李白说:"安能摧眉折腰事权贵,使我不得开心颜!"

回归之路

父亲晚年回忆说:"你们这一代人比我们强。我像你们这个年龄时还很糊涂呢!"

我说,不可能,你们在我们这个年龄已经很辉煌了。我们这一代人,也就是你们的影子,一辈子也只配当个瞎参谋、乱干事什么的。

他说:"衡量一个人,不是官职,而是看品格和才能。"

《论语》中有这样一个故事。春秋时卫国有两个正直无私的大夫，史鱼和遽伯玉。史鱼以耿直敢言著称，他屡次向卫灵公进言，举贤罢佞，直到临死前还叮嘱儿子不要在正堂为他办丧事，以此死谏。遽伯玉则不同，孔子说他是，当国家政治清明时，他克己奉公，努力做事；当国家政治昏聩时，他便藏志隐身而退。孔子说，这是君子。这就是中国历史上至今流传的"忠臣死谏"、"君子退隐"的故事。直谏乃至死谏，其忠可嘉，其诚可鉴。但孔子更推崇的是通权达变的君子之道，看重的是自身的仕途行止取决于对国家政治形势的正确分析，不是"知其不可为而为之"，而是"用之则行，舍之则藏"。

史鱼和遽伯玉，烈士与君子，都是社会的栋梁，但在不同的时期，其价值与影响不同。在和平时期，史鱼那样的烈士有偏激之嫌，似乎不大合时宜；但在关系到国家和民族危亡的时候，遽伯玉似乎就比史鱼逊色多了。

什么时候持烈士之风，什么时候取君子之道，也有个通权达变的问题。四十而不惑，五十而知天命，六十而耳顺，七十而从心所欲，不逾矩。再往后呢？那就应该有更高的人生境界了。能将史鱼和遽伯玉集于一身且能通权达变者，大君子也！

父亲渐渐地不再愿意谈工作上的事。有时我们和他谈起一些外界重大事情，他似乎也置若罔闻。

还是在一年前，他到医院体检，说是肾脏有个阴影，是癌，还是囊肿？活检吧，又怕穿透引起转移，意见不一。耽误下去后果可想而知；但切开如果不是，就白白丢了个肾；谁能对此负责？医疗组面临两难抉择。父亲听了会诊情况，问："一个肾会有什么影响吗？"随即提笔给专家组吴阶平（注：医学泌尿外科专家，中国科学院、中国工程院院士）写了个便条：

"打开，摘除！是，或不是，与其他人无关。我对自己负责。"

透明细胞癌！他被摘除了右肾。

我出差回来去医院看他，桌上放着他写好的条幅："道不同，不相为谋"。后面注明："友人索书，语出《论语》，《史记·伯夷传》，引此言，亦各从其志也。"

他正专注地书写诸葛亮的《前出师表》。

这是一幅长卷，他边写边念叨："亲贤臣，远小人，此先汉所以兴隆也；亲小人，远贤臣，此后汉所以倾颓也！"

"亲贤臣，远小人"之语，出自诸葛亮的《前出师表》。诸葛亮率军北驻汉中以图中原之前，面对暗弱无能、不可雕琢的后主刘禅，心存忧虑，遂将其苦心孤诣、惨淡经营的一派心事，一一流著笔端。《前出师表》因思想之深邃，感情之真切以及诸葛亮高尚的人品，成为千古名篇。

岳飞喜欢《前出师表》，并有一幅手书流传。岳飞自叙曰："宋高宗戊午年秋八月过南阳，谒武侯祠，夜深秉烛，观祠前石刻二《表》，不觉泪如雨下。是夜竟不成眠，坐以待旦。道士献茶毕，出纸索字，挥涕走笔，不计工拙，稍舒胸中抑郁耳。"

父亲喜欢诸葛亮的《前出师表》，尤其喜欢岳飞手书的《前出师表》，这手书，将两位先贤共同的情操融为一体。

还是在上世纪50年代，父亲的好友，著名历史学家吕振羽素知父亲的喜好，送他一幅岳飞手书《前出师表》拓本。

于是，在我们家的客厅里，就有了一片最激荡人心的天地，那就是挂满了整整一面墙的岳飞手书《前出师表》。

闲暇时，父亲尤喜欢凝望着这面墙，手指比画着，嘴里叨念着。过了些时候，他会说："快给我收起来！都挂坏了。"又过了些时候，他会说："那幅字搞到哪里去了？快给我挂出来！"

从小，父亲就对我说过："你看岳飞的字，开头这句'先帝创业未半'，笔体工整，但越写到后来越草，不是潦草，是狂草！为什么？'受任于败军之际，奉命于危难之时，尔来二十有一年矣'……"

父亲的满腔热忱,也曾如岳飞那样奔腾咆哮过。我曾想过,父亲这一代人,有他们治国治军的理念,尤其是对国防现代化建设,有他自己系统的思考,但我想不明白的是,既然有了自己的想法,为什么就不力争到底呢?

"亦各从其志也!"他回忆说,"85年以后,我就逐渐感到再也干不出什么名堂了。占着这个位置,只能是尸位素餐。我想,我是早该走了。"

诸葛亮六出祁山的那种回天乏力的心境;岳飞被宋高宗一日十二道金牌招回的功业未竟的无奈,全都倾注在这张出师表上了。他万马奔腾般的狂草,如江河激流,一泻千里,冲去他胸中的郁闷。

稍舒胸中抑郁耳!手术后,他的头发全白了。

1987年就要过去了,党的十三大在筹备中,自1982年十二大确立的这一届军委就要期满到任了。父亲说:"五人共进退,是当初在第一次军委常务会议上就约定好的,上了纪要的。""常给下面的同志做工作,要他们退下来,我自己都脸红!"

"老骥伏枥,志在千里;烈士暮年,壮心不已。"对自己开创的事业难以割舍,对未来寄予了希望,希望能亲手实现年轻时的梦想,哪一代人不是这样呢?但这一切都不再重要了,重要的是,他们必须要把这个国家、这支军队,交到下一代人的手中。

不久前,我们一家人闲聊,谈到爹妈都老了,我们兄妹今后该怎样生活。妈妈说了一句话:"儿孙自有儿孙福,莫为儿孙做马牛。"

父亲在一旁说:"对一个国家、一个党来说,也是如此。"

"一个人,一直干到死,这是党的悲剧。"

今天,当新的时代呼啸而至时,当他面对渐次进入领导岗位的那些后生们时，还有什么必要再去陈述和力争自己的那些观点呢。每一代人都有他们自己的选择，没有人是可以把自己的意志强加于别人的。

他好像已经意识到，他不应该再是这个舞台上的主角了。

秋天，离任前的他，特意到三线转了一圈。他对中国的大西南怀有一种特殊的眷恋。他要再看一看为之奋斗了半生的国防尖端事业。那里有他的战友们，他们之中的许多人，当年就是在他的启蒙下，告别了大城市，来到了祖国的大西南腹地，如今个个也都是白发苍苍了。一是话别，二是想再听听，自己离任前，还有什么能为他们可办的事情。

他顺道视察了云南前线。他以七十七岁高龄登上了海拔一千四百二十二米的边境主峰，成为我军登上主峰级别最高、年龄最大的高级将领。那是边境上一个普通的骑线点，终年大雾，进入战区就像进入雾区。对方是以炮击欢迎他的。前线指挥员傅全有劝他不要上去了，他说："很久没有闻到火药的气味了，让它们落得近一些才过瘾呢！"他察看了双方对峙的阵地，钻了猫耳洞，开了罐头，啃了压缩饼干。对方只知道有高级别官员上来了，所以不停地炮击，但他们绝想不到中国的国防部长会有这个雅兴。

这场边境军事斗争，实际上是1979年和1981年两次作战的延续。为了国家利益和领土的完整，自1984年4月起，我军在该地区进行了长期的边境反击作战。前线部队提出的"艰苦奋战，无私奉献"、"牺牲我一个，幸福十亿人"的口号，被誉为老山精神。这个精神，伴随着《血染的风采》、《十五的月亮》等感人肺腑、催人泪下的歌曲，传遍了大江南北。

父亲看到了战士们刻在石头上的几个大字："祖国知道我"，他说，就在这里照张相吧。于是就有了国防部长和一线连的战士们在军旗下的留影。他为他们题字："老山精神永放光芒！"

他给阵亡烈士敬献了花圈，正如歌中所唱的："他们的身体，化作了山脉……"

对他来说，战场的硝烟，从此成为永恒。

回京后，他向中央建议，停止作战行动，撤除轮战部队。

延续了八年的战事，戛然而止。

父亲此番南行，还有一项课目，就是圆他一个夙愿：回一趟达县老家。

回家。自 1929 年至今，整整五十八年过去了，一个离家时十九岁的热血青年，已经被岁月打造成一位七十七岁的迟暮老人。在波澜壮阔的历史舞台上，艰难坎坷，与辉煌同在。当大幕徐徐落下时，他回来了，他要看一看生他养他的那片土地。

四川出来做事的人有个共同点，思念家乡。"胡马依北风，越鸟巢南枝"，在他的诗词中，几乎一半都是对巴山蜀水的眷恋。他喜欢川菜，喜欢川戏，喜欢听川戏中亢奋、撕裂的高音。航天部有好几个厂、所都在达县和达县附近，他几乎每年都要到四川三线检查工作，但却几过家门而不入。

父亲说："像我这样位置的人回去，会是什么样子，可以想象得出来。"

他不愿惊动地方，也担心有不自觉的本家借他耀武扬威，败坏了共产党在老百姓中的威信。

记得有一次和他闲谈古今帝王将相，谈到楚汉相争，他说：

"项羽这个人没有多大志向。"

西楚霸王，雄才大略，怎么没有志向？

"项羽说，吾闻富贵不还乡，如锦衣夜行。有了点功名，就要卖弄，这种人有什么出息？"

"我什么时候不在位了，什么时候再回去看看。给你奶奶上上坟，我是个不孝顺的孩子。"

解放了，家乡的人听说父亲在外面当了大官，本家亲戚有出来找的，他也并不是一概拒绝。对年轻的孩子他都积极给介绍工作，希望他们能在革命队伍里成长。我的两个叔伯哥哥，一个去了地质勘探队；一个去了朝鲜战场。但对年龄大、思想意识不好，想出来混事的，都被他给训斥回去了。有个亲戚一路上打着他的牌子，招摇撞骗，混吃混喝。地方政府当然都要给面子的。他知道后，勃然大怒，给当地政府写了封信："凡我家里人找你们办事、提出照顾的，一律给我回绝。记住：现在是人民的政府！"

父亲兄弟姐妹八人，父亲和我三叔早年参加革命。但三叔家人口多，父亲说，还是由我每月寄钱回去吧。他对我爷爷说，我是共产党的干部，我们不能搞特殊化，就按当地老百姓的生活水平给你寄钱。

亲戚中，也有不少讲他怪话的："倒霉的时候，跟着你受株连；现在好了，又怕我们沾你的光。"我曾很婉转地告诉过父亲，我说，你的人缘可不怎么样啊。他说："他们要真有理，为什么不敢当着我的面讲？"

奇怪的是，许多被父亲骂过的人，除了委屈，但都并不嫉恨。还是在80年代经商风潮的时期，我在成都的一个叔伯哥哥就对我说过："深更半夜突然电话铃响了，我想这么晚了，谁他妈的捣乱。一接过来，就听到一个低哑的声音；啊！是咱们老爷子打来的。就说了一句话：'你听着，要做好事，不要做坏事！'还没等我说话，'啪'地一声，电话就挂了。我心里那个难受啊！我怎么了？干什么坏事了？他肯定是听到了我在单位搞三产的什么传言了，连个解释的机会都不给……"事情都过去好多年了，我这个哥哥讲起来还在落泪。他说："老爷子这个人，我知道，他是要我们好，但一想起来，我还是委屈、难受。我想，我这辈子，不管到什么时候，我都不会做坏事了。"

真的，老爷子在家乡人心目中的分量，是太重太重了。

回家，就像萨克斯管吹奏出的一支温馨而忧伤的曲子。

这一趟我没有跟去。听说，父亲拜谒我奶奶墓的时候，天就下雨了。站在母亲的坟前，任凭雨水浇淋，他老泪纵横。

那天晚上，他写道：

  惚见依门依闾望，犹闻唤儿声。

他看见母亲依着门栏翘首期盼着儿子的归来。

  难全忠孝多少恨，此生堪可慰娘亲。

作为儿子，他有遗憾，双亲故去，都没能在床前伺候。但他的一生，足以使他的父母为他骄傲了。

可怜天下父母心！即使生出个好男儿来，那也都是为国家养的。

张家沟，仍留下他童年生活的痕迹。

岁月流逝，房屋依旧。家门口一棵老榕树，巨如华盖，遮天蔽日。这是他小时候栽种的。老乡亲们告诉父亲，"文革"中知他遇难，这棵树竟渐渐枯死。他平反复出后，这树又奇迹般地冒出了新芽，而且一年比一年茂盛。

世上真能有如此奇事吗？父亲感慨地写道：

  门对青山一老榕，风霜雨雪犹葱茏。
  岁月如流沧桑变，顶天立地傲苍穹。

父亲去世后，我们把这首诗刻在他的墓碑上，作为他人格的写照：风霜雨雪，顶天立地。

1987年10月，在党的十二届七中全会上，父亲请求辞去军委副秘书长的报告获得批准，第二天他就把办公室撤掉了。虽然，他国务委员和国防部长的辞呈还要等到第二年的3月人大会议通过方可获准。

1988年，他被授予一级红星功勋荣誉勋章。我看了很多有关这方面的报道，说许多老同志接过勋章时，手都在颤抖，有的甚至热泪盈眶。我很奇怪，我爸怎么只是拿过来看了看，说了句："要这个干什么？"顺手就把它挂在他小孙子的脖子上，说："送给你吧！"我想起这年初，他路过武汉时，登上黄鹤楼。烟波江上，岁月不再，唯天际白云，悠悠千载。父亲写诗："日升日没循地转，雾重雾消何所由？"他似乎在问自己，人生究竟留下什么，才能经得起岁月的考验呢？

父亲的退休生活是恬淡的。每天读书，读得极其认真，遇到疑问处，就拿着放大镜，一丝不苟地查他那本用得很旧的《辞海》。时常会抬起头来，像是在自言自语："唔，我说他们就是用词不当嘛！"

再就是散步，他称之为"走世界"。

北京四合院是方形的回廊，他会一边走一边说："向东……向北……向西……该向南了……"我妈每天要给他统计路程，争取每天都增加一点。

我去看他，他和我妈边走边说："你愣在那里干什么？加进来一起走！"他会大声念道："竹杖芒鞋轻胜马，谁怕？一蓑烟雨任平生……考考你，下一句？接！"我会说："料峭春风吹酒醒，微冷。山头斜照却相迎。"他马上又接："回首向来萧瑟处，归去，也无风雨也无晴。"这是苏东坡的一首词，借途中偶遇风雨，抒怀自己对人生的态度。搏击风雨、笑傲人生；荣辱得失，又何足挂齿？人到暮年，回首走过的路，醒醉全无，无喜无悲，胜败两忘，才是坦荡之人。

他话题一转，风趣地说："四肢断了三肢，肾脏摘掉一个，一只眼睛是人工晶体，心脏安有起搏器。哈哈，我是个机器人了！"

他几乎不再参加官方组织的任何政治性活动。在党的十三大上，他被选为中央顾问委员会常委，但他并不赞同成立这个委员会。他说："休息就休息了，还问个什么？"每次开会，他照例都是请假。按中央规定，中顾委常委，享受政治局委员的待遇，但对送来的各类动态性文件，他从来连看都不看一眼。看得出，他对政坛的事已经非常冷漠了。偶然出去走走，也多是摄影、书画展什么的。每逢重大节日、庆典，给他发出邀请，他总是同样的一句话："我已经解甲归田了，就是个普通的老百姓了，政务性的活动就不去了吧。"

也有例外的。怀念老一代领导人，如刘少奇、彭德怀，以及故去的老同志等人的纪念活动，还有涉及到两弹一星的，这些，他是一定要参加的。有一次，两个纪念活动在时间上重叠，他还因此赶了场子。我妈说他："看把你忙的。"

他喜欢老朋友来看他，尤其喜欢老战友的孩子们来看他。和年轻人，他的话特别多，有时候一聊很久。问起他退休后的生活，他习惯用李白的一句诗来回答："事了拂衣去，深藏身与名"。他抗战时期的战友，后来同在国务院一起任副总理的张劲夫，写诗形容他是："身披便装手持杖，潇洒自如一平民。"

退休后的他，喜欢谈诗论赋。他喜欢李白、苏东坡，犹爱李白的《大鹏赋》，他会一边吟诵一边给你讲述他的理解："……'邀彼北荒，将穷南图'。你看，这只大鹏鸟，一会儿直达北荒，一会儿又折飞南极；'烛龙衔光以照物，列缺施鞭而启途'。烛龙为它照明，霹雳为它开路，多威风啊！'块视三山，杯观五湖'。三山五岳在大鹏的眼中不过是些小小的泥丸，五湖四海在它看来只是些杯杯盏盏……""烛龙，知道吗？传说中人面龙身的怪物，没有太阳，世事混沌，它会嘴衔着蜡烛带来光明。李白诗里常会有这种古怪的东西，'虎鼓瑟兮鸾回车，仙之人兮列如麻'……"

一个曾听他谈过诗的朋友，送他个雅号："仙风道骨"。说："老将军，真奇人也！不知不觉地就跟着他进入了另一个境界。"

他真的是超然物外了吗？

末日到了

1989年的那场风波过后，苏联解体了。

据父亲身边工作过的徐长友和邓德江同志回忆：有一次首长问我们："说我是茅坑的石头，又臭又硬，你们知道吗？"我们说知道。"知道为什么不告诉我？"那是骂人的话啊！首长哈哈大笑："是表扬！又臭又硬的石头，原则性最强。"我们说，太硬了容易吃亏的。他说："我不光是石头，还是搅屎棍，四川人说，闻（文）不得，舞（武）不得。就是不让闻、不让舞，谁也别想摆弄我！"徐、邓二人感慨地说："他没有官场上的那套世故和圆滑，他真像块石头，比石头还硬！"（注：摘自徐长友、邓德江《人格光辉照千秋》）

他过于刚硬的个性，年轻时自不必说，但都到了耄耋好礼之年，有些事，是不是可以超脱一些呢。我和他讨论佛法。他说："你是说的'独善其身'吗？但还有'兼济天下'呢？只谈'出世修身'，不谈'入世救国'，行吗？根除尘缘杂念才能修得正果，当然不错，但释迦牟尼不是还有个'普度众生'吗？天下有事，不闻不问，是哪家的教义？"

毛泽东当年在红军大学教给他的"今天深山修道；明天下界普度众生"，已经深深地烙在他的心中，至死不变。

他去了趟南街村。

他是在报纸上看到的。河南的漯河地区出现了一个共产主义新村，这个叫南街村的小村子，开始他们也搞包产到户，但不久就出现贫富分化。1984年，村党支部书记王洪斌说，这怎么行？哪叫社会主义啊！于是支部做出决定，重新走集体化道路。经过几年奋斗，到 90 年代初，南街村经济搞起来了，产值突破亿元大关。村办企业固定资产增长到四点六亿元，上交税金一千七百多万元。村民的生活也由贫穷直奔小康。尤其令人刮目的是，村里学雷锋、讲奉献蔚然成风，夜不闭户、路不拾遗，好人好事层出不穷。报纸赞誉它是当今社会中，没有腐败堕落的一方净土……

党内没有腐败！社会没有堕落！人民共同富裕！产值破亿！学雷锋、讲奉献！……公费医疗，普及教育，还有绿化！而且这一切还是个村党支部书记干的！奇迹！

父亲拿着报纸，使劲地晃着，对我说："你看看，你看看，你们几个都认真看看！"

他给在郑州的解放军电子技术学院政治委员李殿仁打电话，说你赶快到实地考察一下，把真实情况告诉我。他不是很相信现在的报纸。

几天后，李殿仁回话，哎呀，那地方确实好啊！比报纸上介绍的还要感人呢。还带来一部南街村的纪实录像片。

这就更直观了。南街村哪里像农村啊，俨然是一座城市了。崭新的楼房，宽阔的马路，到处可见的绿树鲜花。南街村的分配方式明显地带有"共产主义"色彩：村民既有工资，又发粮油盐蔬菜等食品用品。住房是统一建造的。家电、煤气灶、沙发、席梦思、落地窗帘等都是村里统一配置的。据说这里人每月可领取二百五十元工资，但许多人家花不了，有几户人家领了工资就上交，说光发的东西就用不完了，还留钱做什么……整个一个君子国嘛。

父亲给中央电视台和人民日报社分别写了一封信：

"恳请播放纪实电视片（南街村）。

"……心境愉悦，深受教育，并感慨万分！不禁想到恳请中央电视台把此片在全国普遍播放几次，让全国党政军民都了解南街村建设社会主义新中国的特色，以受到启迪和教益。

"……更望南街村的群众世世代代永远坚持、发扬这种革命精神,直到走上共产主义!"

1994年7月11日,《人民日报》以显著位置发表了父亲的这封信。

7月24日,父亲收到了中央电视台台长杨伟光的来信。说关于南街村的片子在地方台已经分两次播出,同时表示根据父亲的建议决定在7月30日晚上重新播放。

7月30日晚上,父亲果真早早就坐在电视机前,等候农村节目的播放。可一直等啊等啊,也没见播出。我们安慰他,可能时间搞错了。11点过了,他还要等。我说,问问电视台吧。中央电视台总编室回答,因技术上的问题,没有播放,表示以后再安排。

又一个月,还是没有播放。再问,说是安排了,但什么时候播不好说。

父亲很执拗。一定要到南街村去看看。

李长春那时是河南省委书记,他陪同一起考察。

父亲对南街村的村支部书记王宏斌说:"你讲了很多,但我最欣赏的,是你们领导干部除工作外,能和群众一起劳动;而所得报酬却是中等偏下的。不要把这个看成是小事,这是我们共产党的根子:'先天下之忧而忧,后天下之乐而乐。'

"现在大道理讲得太多了。共产党的官员都能做到了这一条,天下就没有什么事办不成的。你们河南人中,出了个岳飞,他说,文官不爱财,武官不惧死,天下何愁不太平!我们的革命能成功,靠的就是有了成千上万这样的共产党人。

"今天,有些共产党员,利用人民给他的权力,借着搞市场经济,巧取豪夺。这是一群蛀虫!这些人在台上,就永远没有希望!"

王宏斌说,请首长提出改进的意见。

父亲说:"跟班劳动;报酬中等偏下;好!再给你提三点:不要每天都加班到深夜,人的精力终归是有限的嘛;参观的人多,不要都陪,主要精力不在应酬上,在工作上;要发扬'二百五'精神,但不一定总是'二百五'的工资。(注:南街村领导干部月工资定在二百五十元。)人民的生活在提高,共产党员也不能总在水平线之下,水涨船高嘛!但记住,是先有水涨,后有船高。这是党的原则。"

一些企业家经人介绍,请他为企业题字,他都欣然命笔。他说:"我不反对致富,但要勤劳致富,守法致富。对共产党员来说要老百姓富了自己再富。"我们家已经是四世同堂了,但几代人中,很多成员并不是共产党员,他们也没有入党的要求。有时谈起来,父亲说:"看一个人,不能用是不是共产党员来衡量,入了党的,怎么样?有的党员,更坏!你们能做个自食其力的普通老百姓就很好。共产党是先锋队组织,是少数。入了党,就要准备牺牲自己,一辈子为人民谋幸福,心甘情愿地生活在中等偏下的水平线上。做不到,不愿意,没有这个信念和决心的,对不起,那就请你退出这个党。"

他看着南街村的青山绿水,诗兴大发,写道:

山穷水尽焉无路?柳绿花红南街村。

美国政治家,卡特总统的国家安全事务助理布热津斯基,在他的《大失败——二十世纪共产主义的兴亡》一书中写道:共产主义,这个人类社会的怪胎,在经过了一百年的震荡后,终于沉寂下来,它消亡了……他断言"到下个世纪共产主义将不可逆转地在历史上衰亡,它的实践与信条不再与人类的状况有什么关系"。"那些在口头上说实践共产主义理论而实际上却在背离其实质的共产党人,都不再认真地将共产主义理论作为指导社会政策的方针"。

左派杂志《中流》反击道:张爱萍说得多好,国际共产主义运动虽然走入了低谷，但它不是山穷水尽，它的前途柳绿花红……

他们把父亲写南街村的小诗演绎到社会政治学的高度。

不久，这本杂志悄然没世；当然，布热津斯基的《大失败》也下架了。

在这之后，我记得和他曾有过一次对话。

我说，回顾改革开放，你领导的国防科技工业战线应该算是走在前面的，当时是在保持宏观调控的计划经济体制的前提下，放开民品部分，并积极导向市场经济。但随着改革的深入，我觉得你好像越来越不理解这场改革了。

他沉吟了一下，说："屋子里太闷了，我们就把窗子打开，但苍蝇飞了进来了，怎么办？"

当然要打，我说。

他挥了下手，说："打了吗？现在到处都是苍蝇！"

他又说："为了打苍蝇，就关窗子吗？我会去装个纱窗，再把屋子里的苍蝇统统消灭掉。

"钱，无所谓好坏。但在钱的面前，人却有好坏。面对金钱，社会风气败坏，党风败坏，而又麻木不仁，熟视无睹，这才是我反对的。"

这是个美与丑同在的世界。市场、商品、金钱并不是道德的建设者，也不是道德的破坏者，它们只不过是块试金石，检验每一个共产党员在诱惑面前的道德和信仰。真正使他们困惑的，是面对着物欲越来越严重的信仰和整个价值体系的瓦解；我知道，他们担心的不是商品本身带来的邪恶，而是人们对这一邪恶的漠视。而这，才是致命的！

不用怀疑他们会反对改革，正是他们启动了中国社会改革的按钮。就像当初人类打开了深埋在地下的原子核秘密的石棺一样，在带来了利益的同时，也带来了灾难。在商品社会制造出的财富、现代化生活方式和GDP面前，自私、犯罪、欺诈、社会失去正义和两极分化，相伴而生。两者同样都是来势凶猛的。滑稽的是，追求信仰和丢弃信仰，居然都是在他们这一代人手中演化出来的。他们曾在全体中国人心中构建了一座金字塔，但今天却眼看着它在坍塌……

父亲直接要通了中央负责同志的电话，谈了南街村的事。我问他谈的结果，他说："没有明确的态度。"

我说，你这不是为难人家吗？对南街村，社会上反响不一。有支持的，也有反对的；有宣扬的，也有挑刺的；但观望的、怀疑的居多。许多人在问，王宏斌在行，王宏斌以后呢？

他问我怎么看。我说，美好的东西，未必就是现实的。我对它不抱有希望。你这样起劲地为它奔走，难道它真的是今后的方向吗？

他沉思不语，嘴角动了动，想说点什么，但又说不出来。很久很久，他终于挤出一句话来：

"共同富裕总是好的吧。"

我想起在两年前，和他一起讨论什么是社会主义这个命题时，他所下的那个定义。他说："用我自己的话说，什么是社会主义？第一，人民有发言权；第二，共同富裕。这两条，我们都没有做好。

"我们为之奋斗了一生的这个社会，难道不应该更公正、更公平一点吗？"

可这能做好吗？我说，市场经济是要付出代价的，代价就是一部分人被另一部分人吃掉。要想成为发达国家，完成原始积累，这就是代价。没有哪个国家是可以避免的。

"如果革命的结果就是这个样子，我当初就不该参加革命。"他喃喃地说。

我觉得父亲真的老了，他已经不能敏锐地洞察周围的政治气候了。他显得是那样固执，那样的天真，那样的不合潮流。

人老了，但梦还在。父亲的梦在哪里呢？

前不久，团中央的同志送来一些父亲当年写的文章，这是在第二次国内革命战争中，他在中央苏区共青团中央工作时期发表在党的刊物上的。有《列宁青年》、《红星报》、《党的建设》、《青年实话》、《红色中华》等刊物。这些七十年前的文字忠实地记录下了父亲当年的风貌。今天重读那些文字，会感受到在浓烈的小布尔乔亚气味下，他当年热烈如火，勇往直前的革命激情和青春气息。

父亲认真地拿着放大镜一点点地在翻阅着，看着他嶙峋瘦骨的身架，让人心酸。

1933年的《中华苏维埃共和国少年先锋队工作指示》：

"少年共产国际这样指示我们：少年先锋队是一个有阶级纪律的组织。它的目的是从劳苦青年中培养出坚决的革命者和阶级的战士，反对地主资本家富豪劣绅，反对整个国民党，反对一切的军阀与帝国主义。"

1934年《目前形势告全体队员书》："我们难道愿意被屠杀、被奸淫、过牛马生活吗？只要是工农，一刻也不能容忍！只要是工农，就要用自己的头颅和热血，保卫苏维埃，保卫土地，自由，劳动条件的改善，保卫青年的特殊利益！只要还有最后一个人，最后一口气，最后一滴血，便要为苏维埃奋斗到底！"

就像唐僧经历了九九八十一难终于来到西天，父亲说，中央苏区给他的第一印象是，他过去在共产主义小册子里读到的理想社会，现在就在脚下！中央苏区是按照马克思列宁主义关于共产主义社会原理建立起来的工农政权，是依据中国革命战争的特点和需要创建的红色根据地。中央苏区没有剥削，没有压迫；人民群众中，处处洋溢着当家做主人的自豪与骄傲。在党内没有等级观念，上级与下级、政府与老百姓、人民与军队之间，充满了同志式的平等和友爱。中央苏区的生活方式是军事共产主义战时供给制，没有私有财产；有恋人、有夫妻，但没有家庭。在这里，军队和各级政权的领导人，是一群满怀革命理想和抱负的青年知识分子，他们充满了为理想而牺牲的激情。尽管，中央苏区的一切还带有新事物初创时的幼稚、简单、甚至概念化的特征，尽管父亲自己也对它的许多"左"倾极端的现象予以抨击，但它毕竟是人类大同的雏形，毕竟显现了人类追求平等、自由和公正的理想光辉。

我给父亲读报，念到社会主义的本质就是发展生产力……他说："哪个社会不是发展生产力？社会主义区别于其他社会的本质特征，应该是公正与公平！"后来我才知道那篇文章是断章取义。

正因为一生怀抱着一个崇高的理想，父亲一生都唾骂争权夺利、以权势谋私利的政治小人；一生都鄙视贪图享乐、醉生梦死的奢靡生活；尤其不能容忍的是个人凌驾于全党之上的封建皇权意识。"文革"结束后，父亲全心全意地呼唤改革。可是，改革开放一方面带来了经济繁荣，另一方面也带来了贫富悬殊，带来了卖淫、吸毒、走私、警匪勾结的黑社会的恃强凌弱等等，所有解放初期曾经被他们彻底消灭了的社会丑恶现象。这不能不使革命了一辈子的他在晚年陷入痛苦、迷惘、难以容忍的境地。他常自言自语地说："难道这就是我们革命的目的！"

张劲夫同志撰文写道："我和爱萍同志交谈过，我们当初找共产党，革命的目的都很简单明了：一是不当亡国奴，二是让老百姓过上好日子。"（注：张劲夫《平民将军》）

南街村，或许只是个幻影，或许它会被周围市场经济的大潮所吞没，但"共同富裕"这一点，却让父亲那颗日渐衰老的心感到了安慰。这种安慰在别人眼里也许微不足道，甚至不可理解，但在父亲却是那样渴望和珍惜。

或许，这就是他的梦。

我记得父亲曾说过："中华民族振兴的路还很长，我们只是开了个头。做得怎么样？能打几分？要由后面的人来判定了。"是啊，中国以后的路到底该怎样走，这个问题，是不该由他们这代人来回答了。

闲聊时，我曾问过他，你怎么概括自己的一生？他说："没想过。"我说，说你是政治家吧，你又不懂政治，最多只是个身居高位的普通人；说你是军事家吧，按职位评，三十三个军事家里又没你。我想了好久，你大概算是个革命家。他点点头，好像是默认了。

我说，能够说你是个马克思主义者吗？或者说，是个共产主义者？他说："这要由别人去评价，当然，怎么评价都可以。要我自己对自己下定义，那就是追求和坚持真理；孔子讲三畏，我是三不畏：不畏天命，不畏大人，不畏圣人言，再加上一个，不畏权势，恪守自己做人的求真、求实的本质。也就是我的座右铭'要辨真伪羞奴颜'。这些，你叫它信仰也可以，叫它人生观也可以。"

我又说，现在革命没有了，连共产党也都不叫革命党了，我真想象不出，你如果生长在今天这个社会里，你这个革命者能干些什么？他好像是若有所思，他说："我可以当个教员，当个中国近代史的教员。我会告诉我的学生，一生都要为国家为民族去奋斗！"

父亲的生命之路终于要走到尽头了。

2002年1月9日是他九十二岁的生日，全家准备要好好为他庆祝一下，可是，前一天晚上，他突然发病了，而且很重。

他显得焦躁不安，一会儿要起来喝水，一会儿要起来小便，一会儿要坐着，一会儿又要躺下……医生劝他说："不能再折腾了，必须静躺，现在保存体力比什么都重要。"

但父亲做不到。他太自尊了，他根本不允许任何人摆弄他的身体，他一次又一次挣扎着起来，每次都气喘吁吁，大汗淋漓。

父亲是个典型的军人。所谓典型，就是有着不同于众的特有的军人姿态和军人气度，在众多的人群中，一眼就能把你和老百姓分辨出来。他腰杆笔直，站立时从不插手或背手；坐着时身不靠椅背，不跷二郎腿；除睡觉，绝不沾床；衣着简朴无修饰，但却整齐利落。言必信、行必果，承诺的事必须做到。对强者刚硬，对弱者体恤，危难时总有军人站出来。过去我当兵时也还是这样，一入伍，第一件事就是养成教育，按军人特有的习惯，站立、走路、睡觉、着装、讲话，以至一切言行举止。父亲几十年的习惯养成，你要他吃喝拉撒靠别人，对他来说，简直是不可想象的事情。这就是传统意义上的军人，从穿上军装的第一天起，军队就要求他们，在任何场合，都要把自己视为社会的典范和楷模，自爱、自律。当然，现在标准不同了，不再强调从行为上到内在修养的自我约束。

  他是那样的固执，他不允许别人贴近他，在他眼里，生命是有尊严的。看得出，他在挣扎。很快，他身上残存的那一点点精力便耗尽了。

  他再也站不起来了，无法吃饭，无法喝水，甚至不能自主地呼吸了。人们切开了他的气管，插上鼻饲管和导尿管。他的生命之火即将燃尽。

  其实，早些时候我就有了预感。他的话越来越少，时常一个人呆呆地坐着，目视远方。有时看见他屋里的一个小摆设，我会随口说，挺漂亮的哟！他会说："拿去吧，做个纪念。"有时谈到一本书，我说，我先翻翻。他会说："拿去吧，来，给你签上个名。"我知道这意味着什么，我不敢去看他的眼睛，只感到由衷的酸楚。

  我们父子之间，究竟是一种什么情感？他真的是我的父亲吗，还是老师？或是我心目中的偶像？甚至是神……说不清，也许是，也许都不是。

  还是上幼儿园时，他就坚持送我去住校，一直到我上中学、参军，中间只是小学五、六年级是走读。在我幼小的心灵里，父亲是严厉的代名词，几乎就等同于批评。长大后，我们有了思想上的交流,但这绝不包含生活。当我第一次带着孩子去看望他时,因为怕孩子哭闹打扰他休息,妻子买了包糖豆让孩子捏着。这个爷爷看见他孙子时的第一句话是:"没出息,从小就不教好。记住,要斗私!"这种严厉,对比他对我妹妹的疼爱甚至溺爱,我有时也会忿忿。我后来调回北京,就带着老婆孩子搬出去,自立门户。衣食住行从不去沾他的光,甚至家里的车我都不坐,再远再急,也是自己去想办法。对我的做法和态度,其实他是看在眼里的,但他只是说:"我赞成你搬出去。也赞成你自食其力。"有一年春节,他爬上6楼,来到了我那个五十平方米的小屋,和我一家三口欢度节日。后来我分到了九十平方米的房子,又是春节,他爬上了四楼,他和我妈妈商量:"他的房子已经很大了,今年春节,我们是不是就在这里过了?"他完全不像我对我的儿子那样,他几乎从来没有辅导过我的学习,了解和关注过我的生活,包括今后的前途。当我决心放弃上大学的机会立志从军,他只说了句:"人各有志!"但当我到部队时,我的信他每封必回,前后几十封,一张一页,密密麻麻。当我因为坚持用一分为二的观点看待毛泽东思想而被冤屈挨整时,他找了许多哲学书籍寄给我,相关的页面上都加注了眉批,看得出,他的揪心和为我下的功夫。

应该承认,父亲的严厉会使我产生和他的距离感,每每想起总有一份说不清的隐隐的沉重。

我们之间就是这样的一种关系。在我的记忆里,几乎从没有因为自己的事向父亲开过口,希望借助他的权势来帮助我。我不能让他小看了我,因为,我已经生成了这样的信念,即使在自己的父亲面前,萌生这样的念头,都是可耻的!

也许这就是他留给我的财富,也是他愿意看到的。

有个名叫周立人的老同志,战争年代曾在我父亲身边工作过半年,后来这位老同志从溧阳地委书记的位置上退下来,每年入秋都给我家送一篓子螃蟹。他去世前，没有留下别的话，只是叮嘱家人亲友，记住，每年都要代我给爱萍首长送螃蟹。他对我父亲的真挚情感让人唏嘘不止，其实我父亲并没有特别关照过他。当我动情地将这故事讲给我儿子听时，这个新时代的小伙子竟说："在这个故事里，真正让我折服的是我的爷爷。敬仰和爱戴他的人，不是因为他曾给过他们什么利益，而是为他特有的人格魅力所打动。"

像这样的故事很多。他身边的一个警卫员，后来安排工作，父亲说，你当领导不行，在我身边待长了，脱离实际，下基层去，好好补上这一课。这个同志很伤心，他说，我吐出的是血，可首长只看成是口红水……周围人也有说闲话的，无非是别人家首长安排关照身边的工作人员，怎样，怎样。我们听到后很尴尬，但谁也不敢告诉父亲。几年后，这位同志成了一个单位的领导，我去看他，他说："像你爸爸这样的人，衡量他，不能用我们这些俗人的标准。他是我一生最敬仰的人。"

父亲退休后，1993年，党的十四大召开，新一届军委成立。组织上决定任命我为作战部副部长兼战役局局长、战略研究室主任。我考虑再三，给上级写了报告："……根据军官服役条令，我为国家服役已满三十年，我请求退出现役。"我的大半生都交给了这支军队，从普通士兵，直至军委领导人，他们都融入了我的生活。在这个世界上，再也没有什么比对军队更熟悉、更让我留恋的了，但人生似乎还有更值得我去追求和珍惜的东西。军委首长打电话给我父亲说，我们的子弟在部队的不少，但像张胜这样从一个兵当起的，怕也是不多的。他在工作中是有建树的，这次是重用……他执意要走，老首长知道吗？父亲长叹了一口气，回答的还是他在我参军时说的那句话："人各有志，随他吧。"

事后，他只问了我一句话："你不会饿饭吧？"

美国影片《兄弟连》里有这样一段对白：I remember my

grandson asked me the other day, he said: "Grandpa, were you a hero in the great war ?"

"No," I replied, "But I served in a company of heroes."

（有一天我的小孙子问我："爷爷，你是大战中的英雄吗？"我回答："不……但我与英雄一同服役。"）

被人格魅力所征服的影响将是永恒的。也许，他们那一代人来到这个世界上，是赋有使命的。仰望夜空，繁星闪烁，哪一颗星会是他呢？我相信，这一代英雄，他们都是天上的星宿，他们曾经下界来，按毛泽东说的："普度众生"。现在，他们要回归了……

我问他想听点什么，他双眼紧闭，没有任何表情。旁边的护士说，随便放点音乐吧，挑点他平时爱听的。我在录音机里放上一盒《长征组歌》，音乐在病床前回荡：

> 红旗飘，军号响，子弟兵，别故乡。
> 红军主力上征途，战略转移去远方。
> 男女老少来相送，热泪沾衣叙情长。
> 紧紧握住红军的手，亲人何时返故乡？

父亲睁开了眼睛，我看见，一道光亮从他迷蒙的眼里透出，他听见了！

我记得和父亲改一篇文章，原稿中有一个词是"老红军"。我说，红军就是红军，干吗要加个"老"字？父亲说，有没有这个"老"字，可是不一样了。过去组织部门有过规定，1937年7月7日全面抗战爆发前，参加革命的都算是红军干部。但只有参加过长征的红军战士，才能称"老红军"。

父亲说："长征，开始不叫长征。五次围剿敌人是慢慢包围主义，我们的根据地缩小了，于是提出集中主力，突出敌人的堡垒圈，在外围作战，再打回来。当时我写过《外线打敌人》，登载在中革军委办的《革命与战争》上。原打算去湘赣地区同二、六军团汇合打回来，但湘江一战，遭到大失败，只好转道广西、贵州……刘少奇是军团政治部主任，下来了解情况，问部队有什么想法，我说就是一个：要走到哪一天？走到哪里去？他又问我的想法，我说同样，不知道要走到哪一天，走到哪里去。他说：你向部队解释，我们是要找一个能建根据地的地方……彭雪枫比我成熟，考虑得多些，他常自言自语地说，要走到哪里去呢？我说，管他呢，往前走吧……"

父亲说萧克曾经告诉他，说一个出身于英国的瑞士传教士薄复礼，阴差阳错地和他们红六军团在长征路上走了十八个月。我找来薄复礼的回忆，他写道：他们正年轻，充满了青春的活力和革命的激情，他们的热情是真诚的，他们对新世界的追求和希望，对自己信仰的执著是前所未闻的。他们相信自己所从事的事业是世界革命的一部分。

今天，长征已经成为了中外战争史上的奇迹，我们缅怀它，重走长征路，试图领悟它的意义。父亲有他独特的理解视角：没有具体的目标，不知道前面等待着他们的是什么……但这都不重要，因为，他们怀有理想，是信仰的光辉照耀着他们艰难跋涉。

也许，这就是长征留给我们的遗产——革命的英雄主义和革命的理想主义。信仰催生使命；而使命激励他们越过千山万水，到达心中理想的殿堂。

这或许就是他们承载一切重负和苦难的原动力，他的人生，就像长征。

父亲示意拿一张纸来，颤抖地写了几个字："末日到了！"

共产主义的理论和实践在这个星球上确实发生过。从科学社会主义的创始人马克思，到曾经烧红过半个地球的"劳工神圣"的国际共产主义运动，父亲他们这一代人心目中的理想社会究竟是什么呢？我不清楚，也许他也并不是十分清晰。但他确实从年轻时代起，到他的晚年，都恪守着他的理想，追求着他心目中的理想社会。也许他是一个天真的共产主义者，但他确实是坚定的、从不动摇的。

也许，历史自有它运行的规律；也许，今天的社会本来就应该与他希望相去甚远；也许，他终身怀抱的理想永远只存在于梦里……

但怀抱着理想，终身为理想而战的人，本身就是崇高的，信仰是英雄人生和完整人生的必须，他们是时代的英雄。而没有英雄的民族是没有希望的。

人类因为有梦想，才有希望。这个世界因为永远有着高擎着理想火炬的人物存在，人类黑暗的历史隧道才会有光亮在照耀，人类漫长无尽的征程才会有希望在召唤。

2003年7月5日，他走了。

离开政坛十六年默默无闻的他终于彻底消失了。那天，有上万人为他送行。有军队的将军和士兵，有国防科技战线上的科学家和工人，也有我们住家胡同里左邻右舍的平民百姓，长安街再次拥堵。

互联网上有一条帖子：一个时代，一群英雄，一段传奇。

1929年在上海做地下工作的张爱萍。他本人曾指着照片说："眼镜是假的，没有镜片，是个空框子。"

图片上文字为张爱萍本人手迹："耿飚摄 1936年保安红大"。张爱萍与耿飚两人当时同为红大一期一科四组的学员。

红大一期一科的红军指挥员,1936年8月美国记者埃德加·斯诺摄于陕北保安城外。
斯诺《西行漫记》(又译《红星照耀中国》)第三章第四节"红军大学"中写道:"或者对于其中学生的首级赏格的总数出到二百万以上的?"

上图:红军大学士兵在欢唱。
左上戴眼镜者为罗荣桓,其右为张爱萍。前排左起萧文玖、刘亚楼。二排左二杨成武。背雨伞者彭加伦,上方为童小鹏。

下图:红军指挥员用缴获的拍子打网球。
左起:赵尔陆、张爱萍、彭雪枫、陈士榘、萧文玖。

国共合作抗战后,八路军代表应邀出席国民党政工会议。右起:张爱萍、谭政、罗瑞卿、欧阳毅,摄于1937年武汉。

照片上的文字为张爱萍夫人李又兰所书:"罗瑞卿同志以十八集团军政治部组织部长、爱萍以一一五师政治部副主任、欧阳毅同志以一二〇师政治部副主任、谭政同志以一二九师政治部副主任名义出席武汉国民党总政治部召开的政工会议。"

武汉八路军办事处人员合影,1938年摄于汉口大石洋行屋顶花园。
一排童小鹏;二排:右一李涛,右二张经武;三排:右一叶剑英,右二罗炳辉;四排:右一张爱萍,右二聂鹤亭,右三陈家康,右四彭雪枫。
张爱萍说:"我不喜欢和国民党官员打交道,我还是想去敌后作战。"

奇特的军服（图中张爱萍的军装由不同颜色的布拼接而成）。两年后，在皖东北孤军奋战的张爱萍终于迎来了自己的战友，那时他的衣服已经成了这样。右起：韦国清、张爱萍、田守尧、刘瑞龙、韩振纪。1940年8月25日，李雪三摄于皖东北魏营子。

张爱萍和彭雪枫（左），摄于1941年秋。

长征中彭、张分别为红三军团十三团团长、政委，同为红大一期学员；抗日战争中共同开辟淮北敌后根据地。皖南事变后张爱萍率三师九旅接应彭雪枫部东进皖东北。彭牺牲后，张继彭任新四军四师师长。张为彭书写挽歌："多年同患难，长别在战场"。

苏北反扫荡。张爱萍率新四军三师七旅、八旅与两万日伪军在敌后根据地周旋。父亲曾指着照片说:"我拿的不是手枪,是照相机。"1943年初,摄于苏北盐阜地区。

"战地摄影——奔袭"。1943年,张爱萍摄。

张爱萍和李又兰。自拍照,于1944年淮北敌后。我妈妈曾指着照片说:"草鞋是用破布条打的,你爸穿着不会磨脚。"

1944年,李又兰于新四军四师师部淮北半城杜巷,张爱萍摄。
苏北反扫荡中两人离散,十个月后重逢。张爱萍写道:"孑身十月无消息,无消息,角声阵阵,梦魂依依。"

上图：1943年8月20日，美国空军14航空队B-29轰炸日军后在苏北建湖坠机跳伞，被新四军三师部队解救。张爱萍与被营救的美国飞行员合影留念。美方人员为：大队长萨沃埃、领航员奥布赖斯、机械师特尔马克、副驾驶卢茨、机炮手布伦迪奇。

```
Press Conference with MOD of
People's Republic of China,
Zhang Aiping, and WWII B-29
Crew Member.
              June 11, 1984
```

下图：四十年后，1984年张爱萍访美，6月9日又与当年被营救的三位仍健在的美国飞行员（奥布赖斯、卢茨、布伦迪奇，其他已过世）及夫人见面。右三为美国国防部长温伯格，他在新闻发布会上说："这是中美关系史上珍贵的一页，感谢中国，感谢张部长。"张爱萍说："要说感谢，首先感谢美国政府、军队和人民，以及这几位飞行员，你们以强烈的正义感，不远万里支援中国人民抗击日本侵略者。"（图片上的译文为：新闻发布会：中华人民共和国国防部长与"二战"B-29机组成员。）

为筹建海军赴苏联寻求援助,失望而归。1949年于列宁格勒。

1949年8月28日中南海颐年堂，陪同毛泽东主席接见国民党海军起义人员。由此确立了"以解放军为基础，团结原海军人员，共同建设人民海军"的海军建设方针。
前排右起：林遵（原国民党第二舰队司令）、毛泽东、张爱萍、徐时辅（原国民党海军兴安号舰长）、黄胜天；中排右一曾国晟（原国民党海军第六署少将署长）、右二薛伯青；第三排右一金声（原国民党海军办公厅主任）。

打捞沉没的国民党"长治"舰，穿大衣者为张爱萍。1949年于江阴。

终于穿上海军军装了。1949 年于南京。

1950 年 4 月 23 日，海军成立一周年阅兵。

俯瞰一江山

1955年1月18日,登陆部队攀登一江山岛岸滩峭壁。

1955年国庆节在天安门城楼。左起：李克农、张爱萍、邓颖超、陈赓、刘亚楼。

1961年，张爱萍关于原子弹研发情况给中央的报告。
图上批阅文字为："主席、周、彭阅（无时间，看前一页半即可）退邓十一、十七。"

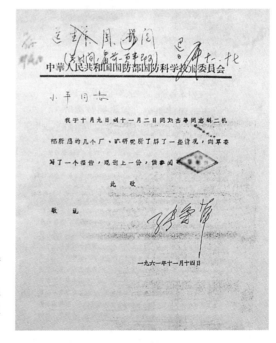

原子弹的领导者们。1962年于中央专委会议间隙。左起：聂荣臻、周恩来、贺龙、张爱萍。

1964年，张爱萍于核爆试验场区。

陪同毛泽东主席接见。

1964年10月16日,第一颗原子弹试爆成功,兴奋的人群将张爱萍抛向了空中。

1964年,张爱萍(上将)和张胜(列兵)。

1965年,在苏北邗江方巷教农民识字。

文化大革命开始了。摄于1967年1月。

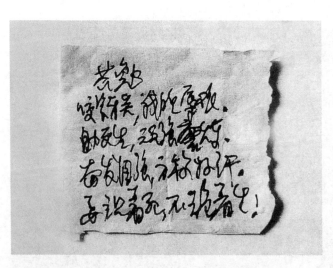

从狱中夹带出的纸片。写着:"共勉 咬紧牙关,战胜辱难。自力更生,顽强磨炼。奋发图强,方称好汗(汉)。要站着死,不跪着生!"

1984年10月1日,第十二届军委常务工作的领导(左起:洪学智、杨得志、张爱萍、余秋里、杨尚昆)在建国35周年天安门阅兵式上。右一为王震。

退休回乡。1987年,四川达州。

2000年,张爱萍九十华诞。